HISTÓRIA DO CATOLICISMO NO BRASIL
(1500-1889) – Volume I

DILERMANDO RAMOS VIEIRA

HISTÓRIA DO CATOLICISMO NO BRASIL
(1500 - 1889) – VOLUME I

EDITORA
SANTUÁRIO

DIREÇÃO EDITORIAL:
Pe. Fábio Evaristo Resende Silva, C.Ss.R.

CONSELHO EDITORIAL:
Avelino Grassi
Ferdinando Mancilio, C.Ss.R.
Mauro Vilela, C.Ss.R.
Marlos Aurélio, C.Ss.R.
Victor Hugo Lapenta, C.Ss.R.

COORDENAÇÃO EDITORIAL:
Ana Lúcia de Castro Leite

REVISÃO:
Luana Galvão

DIAGRAMAÇÃO E CAPA:
Bruno Olivoto

Dados Internacionais de Catalogação na Publicação (CIP)
(Câmara Brasileira do Livro, SP, Brasil)

Vieira, Dilermando Ramos
    História do catolicismo no Brasil (1500-1889): volume I/ Dilermando Ramos Vieira. – Aparecida, SP: Editora Santuário, 2016.

    Bibliografia
    ISBN 978-85-369-0410-8

    1. Igreja Católica – Brasil – História 2. Jesuítas – Brasil I. Título.

15-10924   CDD-282.0981

Índices para catálogo sistemático:
1. Brasil: Igreja Católica: História 282.0981

3ª impressão

Todos os direitos reservados à **EDITORA SANTUÁRIO** – 2021

Rua Pe. Claro Monteiro, 342 – 12570-000 – Aparecida-SP
Tel.: 12 3104-2000 – Televendas: 0800 0 16 00 04
www.editorasantuario.com.br
vendas@editorasantuario.com.br

SIGLAS E ABREVIATURAS

AAEESS	Affari Ecclesiastici Straordinari
ABS	American Bible Society
ACMSP	Arquivo da Cúria Metropolitana de São Paulo
AEAM	Arquivo Eclesiástico da Arquidiocese de Mariana
AHI	Arquivo Histórico do Itamarati
AI	Autor Ignorado
AN	Arquivo Nacional
APCLA	Arquivo do Pontifício Colégio Pio Latino-americano
Art.	Artigo
ASNA	Archivio di Stato di Napoli
ASV	Archivio Segreto Vaticano
ATT	Arquivo da Torre do Tombo
BA	Bahia
BFBS	British and Foreign Bible Society
BN	Biblioteca Nacional
CE	Ceará
CM	Congregação da Missão
CNBB	Conferência Nacional dos Bispos do Brasil
Col.	Coluna
Coord.	Coordenador
Doc.	Documento
Dr.	Doutor
ES	Espírito Santo
EUA	Estados Unidos da América do Norte
Fasc.	Fascículo
Fl.	Folha
Fr.	Frei
GO	Goiás
IME	Igreja Metodista Episcopal
IMES	Igreja Metodista Episcopal do Sul
MA	Maranhão
MG	Minas Gerais
Mons.	Monsenhor
MT	Mato Grosso
O. C.	Obra, artigo ou referência arquivística citada
OFM	Ordem dos Frades Menores
OP	Ordem dos Pregadores
OSU	Ordem de Santa Úrsula
p.	Página

PB	Paraíba
Pe.	Padre
PE	Pernambuco
PI	Piauí
Pos.	Posição
REB	Revista Eclesiástica Brasileira
RIHGB	Revista do Instituto Histórico Geográfico Brasileiro
RJ	Rio de Janeiro
RN	Rio Grande do Norte
RS	Rio Grande do Sul
S.A.R.	Sua Alteza Real
SC	Santa Catarina
SD	Sem data
SDB	Salesianos de Dom Bosco
SE	Sergipe
SI	Societas Iesu
S.M.I	Sua Majestade Imperial
SNT	Sem Notas Tipográficas
SP	São Paulo
STF	Supremo Tribunal Federal
S. V.	Signoria Vostra
V.A.R.	Vossa Alteza Real
V. Ex.ª	Vossa Excelência
Vol.	Volume
V. Revma.	Vossa Reverendíssima
V.S.	Vossa Senhoria

APRESENTAÇÃO

Conhecer a secular presença do Catolicismo no Brasil é conhecer a história mesma do país, tão importantes foram as influências recíprocas que marcaram a convivência da Igreja e da sociedade brasileira nos seus múltiplos aspectos, ao longo dos séculos. Ressalte-se ainda que este foi também o tempo em que a realidade nossa se moldou e amadureceu, até constituir uma original nacionalidade dos trópicos.

A complexidade de tal fenômeno sempre suscitou em mim grande interesse e, durante os longos anos vividos na Europa, não perdi a oportunidade de analisar as fontes de época existentes a respeito, disponíveis nos arquivos do Vaticano e nos da Torre do Tombo de Lisboa. A esses acrescentei igualmente documentos outros, presentes em respeitáveis instituições brasileiras, como o Arquivo Nacional, o Arquivo Histórico do Itamarati, bem como instituições similares da própria Igreja e ainda as sessões de obras raras da Biblioteca Nacional do Rio de Janeiro e das de Mário de Andrade de São Paulo.

Tudo isso me consentiu elaborar a tese doutoral que defendi na Pontifícia Universidade Gregoriana de Roma, em 2005, com o título *O processo de reforma e de reorganização da Igreja no Brasil* (1844-1926), de feliz êxito. Passados dois anos, dita tese ganhou o formato de livro, sendo publicado pela Editora Santuário, mas o interesse que o assunto em mim suscitava não arrefeceu. Assim, retomei-o, levei a cabo novos estudos, acrescentei vários outros assuntos e a obra de 2007 é reapresentada agora, muitíssimo ampliada e enriquecida, em dois volumes, que espero possam estimular outros interessados a aprofundar ainda mais as temáticas desenvolvidas.

O autor

NOTA INTRODUTÓRIA

A nação europeia que colonizou o Brasil – Portugal – teve uma história em que as atividades da religião e da política junto ao povo fiel comumente se mesclavam. Ainda no século VIII, os reinos que mais tarde comporiam os dois países ibéricos, no pressuposto de serem portadores da verdadeira fé, concebiam cada nova conquista como parte do engrandecimento do Cristianismo. Assim, em 1270, o termo "padroado" (do latim tardio *patronatus*, que adquiriu o significado de "protetor") foi utilizado por primeira vez e, basicamente, consistia na outorga pontifícia a certas pessoas da faculdade de apresentar bispos aos cargos eclesiásticos, concorrendo materialmente para a manutenção de tais benefícios. Para os padrões da época isso era normal, pois, até o início da idade moderna, o Papa, além do poder espiritual, agia como supremo árbitro entre os soberanos que a ele recorriam nas dúvidas mais sérias.

No caso específico de Portugal, sua emancipação política foi oficialmente reconhecida por meio do Tratado de Zamora, firmado em 5 de outubro de 1143, por Dom Afonso Henriques (1109-1185) e Alfonso VII (1105-1157) de Leão e Castela, tendo o jovem reino se distinguido na luta contra o Islã. Os papas, reconhecidos, concederam sucessivos privilégios aos seus monarcas, ainda que esta opção bem cedo tenha se mostrado temerária. Uma das primeiras manifestações disso aconteceu aos 23 de maio de 1361, quando o capítulo 32 das cortes de Elvas sustentou a existência da prerrogativa nacional do *exame prévio* dos documentos papais, que seriam publicados no reino. Era um esboço do que se tornaria o *exequatur* ou *beneplácito*, que, muito mais tarde, ganharia contornos precisos no livro das *Ordenações Afonsinas*, cujo título 12 se chamava "das leis que chegam da Corte de Roma, que não sejam publicadas sem a carta do rei".[1]

Mesmo assim, à medida que se dilatavam as conquistas portuguesas, multiplicaram-se igualmente os documentos papais em favor de seus governantes. Por isso, entre 1450 e 1500, foram concedidas 69 bulas, tendo sido Portugal, aliás, a primeira nação a receber a prerrogativa do padroado, a qual não tardaria a ser estendida também à Espanha. Era essa a situação quando em 1492 Cristóvão Colombo chegou à América. Ao regressar para a Espanha após a primeira viagem, o "descobridor" foi forçado por uma tempestade a desembarcar em Lisboa, sendo recebido pelo rei João II de Avis (1455-1495) no dia 4 de março de 1493. Ele falou de sua descoberta, e o soberano pretendeu apropriar-se dela, com base no que dispunha a Bula *Romanus Pontifex*, concedida pelo Papa Nicolau V (1397-1455) aos 8 de janeiro de 1454, e também no Tratado de Alcáçovas, firmado entre as nações ibéricas em 4 de setembro de 1479. Colombo retomou a viagem para Palos, onde desembarcou no dia 15 março.[2]

---

[1] José Antônio Pimenta Bueno, *Beneplácito e recurso à Coroa em matérias de culto*, Tipografia Nacional, Rio de Janeiro, 1873, p. 5-7.
[2] Cf. Manuel Lucena Samoral (Coord.), *Historia de Ibero America*, tomo II, 4ª ed., Cátedra, Madrid, 2008, p. 73-74.

O navegador genovês, obviamente, ao se encontrar em Barcelona com os soberanos espanhóis – Isabel I de Castela e Fernando II de Aragão – informou--os das pretensões do rei de Portugal e eles, apreensivos, expediram imediatamente a Roma uma relação completa da viagem, pedindo a confirmação papal dos direitos que tinham sobre as terras há pouco encontradas. O novo Papa, Alexandre VI (1431-1503), eleito aos 11 de agosto de 1492, redigiu então quatro documentos, genericamente conhecidos como "bulas alexandrinas", para regular a questão. Foram as seguintes: *Inter coetera* (3 de maio de 1493), *Eximiae devotionis* (3 de maio), segunda *Inter coetera* (4 de maio), e *Dudum siquidem* (25 de setembro). A segunda *Inter coetera* foi a mais importante delas e no seu §6.º continha a famosa "linha papal" concedendo aos espanhóis as terras cem léguas mais além de Açores e Cabo Verde.[3]

Dom João II, rei português, rejeitou a doação papal e abriu negociações com Espanha que duraram de novembro de 1493 a junho de 1494. Após longas discussões em Tordesilhas, lavraram-se duas escrituras, cuja decisão principal foi aquela que deslocava o controvertido meridiano de 100 para 370 léguas da Ilha de Cabo Verde.[4]

Tudo isso foi feito sem contraposição ao papado e sem que se colocasse em discussão o direito do padroado, o qual fora gradualmente regulado, até ganhar contornos precisos. Entretanto, o termo foi oficialmente assumido pela primeira vez por Roma em 7 de junho de 1514, na bula *Dum fidei constantian*. Nela, o Pontífice concedeu ao monarca português o direito de apresentação de todos os benefícios eclesiásticos nas terras conquistadas nos últimos dois anos e nas futuras que se viesse a conquistar.[5] Papa Paulo IV (1476-1559) em 1558 declarou que qualquer modificação posterior do padroado, sem o consenso do rei lusitano, seria considerada inválida.[6]

---

[3] TEREZINHA DE CASTRO, *História documental do Brasil*, 2ª ed., Distribuidora Record de Serviços de Imprensa S.A, Rio de Janeiro, SD, p. 13-15; PEDRO BORGES, *Historia de la Iglesia em Hispanoamerica y Filipinas*, vol. I, Biblioteca de Autores Cristianos, Madrid, 1992, p. 33-34.
[4] TEREZINHA DE CASTRO, *História documental do Brasil*, p. 16-17.
[5] MIGUEL DE OLIVEIRA, *História Eclesiástica de Portugal*, 2ª ed., Publicações Europa-América, Mira-Sintra, 2001, p. 138-139.
[6] LUIGI MEZZADRI – PAOLA VISMARA, *La Chiesa tra Rinascimento e Illuminismo*, Città Nuova, Roma, 2006, p. 17.

1

IMPLANTAÇÃO E DESENVOLVIMENTO DA IGREJA NO SISTEMA COLONIAL BRASILEIRO

Não se sabe ao certo quem foi o primeiro europeu a pôr os pés no Brasil. Alguns estudiosos franceses chegaram a sustentar que tal pioneiro teria sido seu compatriota Jean de Cousin, hipoteticamente desembarcado na Amazônia em 1488, mas isso é bastante improvável. Outra versão, baseando-se nos apontamentos de Américo Vespúcio (1464-1512), é do parecer que o barco do espanhol Alonso de Ojeda (1466-1526) atingiu terras sob o 5º paralelo de latitude sul, quiçá na costa do Rio Grande do Norte. Um terceiro possível "descobridor" seria o também espanhol Vicente Yáñez Pinzon (1462-1514), que teria chegado ou ao Cabo de Santo Agostinho, em Pernambuco, ou à Ponta do Mucuripe no Ceará, aos 26 de fevereiro de 1500.[1] Certo é que nenhum deles tomou posse efetiva da nova terra, nem teve qualquer influência na sua história sucessiva. Por isso o personagem que de fato determinou o início da história brasileira foi o português Pedro Álvares Cabral (1467-1520). O "achado" foi registrado na carta de Pero Vaz de Caminha (1450-1500), escrivão da armada, que, além de descrever a "descoberta", falou de um grupo de índios que viu, "sem nenhuma coisa que lhes cobrissem suas vergonhas", explicando que "a inocência dessa gente é tal, que a de Adão não seria maior".[2]

Ao contrário de Colombo, que procurava uma via inédita para chegar à Ásia, encontrando casualmente um inesperado "Novo Mundo", Cabral seguia uma rota marítima conhecida, porque o seu compatriota Vasco da Gama (1469-1524) já havia chegado a Calicute, cidade do hodierno Estado de Kerala, na costa ocidental indiana, em maio de 1492. Isso abriu promissoras perspectivas comerciais entre Portugal e o oriente, motivo pelo qual a partida de uma nova e maior expedição para a Índia foi precedida por um solene pontifical na igreja de Nossa Senhora de Belém no Restelo, celebrado por Dom Diogo Ortiz de Vilhegas (1457-1519). A cerimônia foi realizada num domingo, 8 de março de 1500, e a Corte estava presente. No dia seguinte os portugueses zarparam de Lisboa a bordo de 13 navios onde viajaram 1500 homens. Dentre eles se encontravam 17 missionários, dos quais oito franciscanos (frei Henrique Álvares, natural de Coimbra, superior; frei Gaspar, frei Francisco da Cruz, frei Luiz do Salvador, frei Maffeo, músico e organista; frei Pedro Neto, corista; e frei João da Vitória, irmão leigo) e 9 padres seculares.[3]

---

[1] HERNÂNI DONATO, *Brasil 5 séculos*, p. 42.
[2] TEREZINHA DE CASTRO, *História documental do Brasil*, p. 25-26.
[3] LAÉRCIO DIAS DE MOURA, *A educação católica no Brasil*, Edições Loyola, São Paulo, 2000, p. 20.

Já se teorizou que a frota mencionada teria chegado à costa brasileira de modo fortuito, coisa que Joaquim Nabuco começou a contestar a partir de 1852. Entretanto, ainda em 1877, Américo Brasiliense proclamava: "Foi o acaso e só o acaso a origem do descobrimento".[4] Discussões à parte, a 22 de abril de 1500, a cruz se apresentou às plagas do Brasil.[5] Outro fato foi que, no dia seguinte, Cabral desembarcou e, passados mais dois dias, o mesmo fizeram todos os seus companheiros de viagem. Chegado 26 de abril, domingo, no ilhéu da Coroa Vermelha, fr. Henrique, com a ajuda de outros frades e padres seculares, celebrou a primeira missa no Brasil. Em 1º de março seguinte, sexta-feira, seria celebrada uma segunda missa, desta vez em terra contínua.[6] Os índios locais, fascinados, assistiram ao inédito ritual.[7] Em seguida, Gaspar de Lemos foi encarregado pelo "descobridor" de regressar a Portugal e informar o rei Manuel I sobre o acontecido. No dia 2 de maio a frota retomou a viagem para o oriente.[8]

1.1 – Os primeiros tempos da ocupação do Brasil

Cabral creu de haver encontrado uma localidade insular e a chamou de "Ilha de Vera Cruz", topônimo que foi substituído em 1503 por "Terra de Vera Cruz". Ainda naquele ano o apelativo mudou outra vez para "Terra de Santa Cruz", também este trocado em 1505 por "Terra do Brasil", simplificado como "Brasil" no ano de 1527.[9] Esta última mudança se deveu à descoberta na nova terra de uma madeira chamada "Brasil" (*Caesalpinia echinata*) usada para tingir de vermelho os tecidos. Houve ainda qualificativos mais exóticos como "Terra dos Papagaios", aplicado em 1501.[10]

Um passo inicial em prol da colonização da nova terra foi dado em 1501, quando o monarca português enviou ao Brasil a expedição de Gonçalo Coelho (1451-1512), a fim de investigá-la. Essa expedição explorou cerca de 3.200 km do litoral, tendo dela participado o anteriormente citado Américo Vespúcio e um oficial real, o capitão André Gonçalves, que deveria se informar sobre a utilidade da recente conquista. O parecer de Gonçalves foi que ela não continha nada que fosse de interesse, a não ser certa quantidade de pau-brasil. No ano seguinte, o rei Dom Manuel concedeu por um triênio o monopólio da referida madeira a um grupo de mercadores "cristãos novos" de Lisboa, encabeçado por Fernão de Noronha (c.1470-c.1540). O citado personagem descobriu uma ilha próxima à costa setentrional do Brasil, a que chamou de São João, mas que ficaria conhecida com seu nome, o qual se estenderia depois a todo o arquipélago circundante.[11]

---

[4] Américo Brasiliense de Almeida Melo, *Lições de história pátria,* Tipografia da Província, São Paulo, 1876, p. 8.
[5] Hernâni Donato, *Brasil 5 séculos,* p. 41.
[6] Arlindo Rubert, *A Igreja no Brasil,* vol. I, Livraria Editora Palloti, Santa Maria, 1981, p. 33-34.
[7] John Hemming, *O ouro vermelho. A conquista dos índios brasileiros,* Editora da Universidade de São Paulo, São Paulo, 2007, p. 34.
[8] Paulo Florêncio da Silveira Camargo, *História eclesiástica do Brasil,* Editora Vozes, Petrópolis, 1955, p. 14.
[9] Arnold Wiznitzer, Os judeus no Brasil colonial, Livraria Pioneira Editora, São Paulo 1966, p. 2.
[10] Cf. João Evangelista Martins Terra, Catequese dos índios e negros no Brasil colonial, Editora Santuário, Aparecida 2000, p. 27.
[11] John Hemming, *Ouro vermelho. A conquista dos índios brasileiros,* p. 17-18; Arnold Wiznitzer, *Os judeus no Brasil colonial,* p. 6.

O arrendamento foi renovado duas vezes, após o que os portugueses continuaram a não dar particular atenção à sua descoberta sul-americana. Isso suscitou cobiças em outros europeus, sobretudo entre os franceses, que passaram a contrabandear a madeira do Brasil. Portugal foi informado e o rei Dom João III (1502-1557) enviou embaixadas à França para comunicar a sua contrariedade, mas o comportamento dos corsários daquele país não mudou. Por isso, em 1526, o rei decidiu enviar ao Brasil uma nova expedição comandada por Cristóvão Jacques (1480-1530?), que já tinha estado antes na colônia, entre 1516 e 1519, numa precedente expedição de patrulha em duas caravelas, ocasião em que fundara igualmente uma feitoria em Itamaracá.[12]

Jacques alcançou a costa do Brasil ainda no fim de 1526 e, desde Pernambuco e quiçá até o Rio, perseguiu os corsários, afundando-lhes as naus, aprisionando alguns e detendo os próprios piratas. Apesar de tudo, Dom João III verificou que pouco ou nenhum resultado poderiam dar as expedições de policiamento, pois o litoral do Brasil era demasiado grande para que se impedisse de vez a estada dos franceses. Assim, no final de 1528, Cristóvão Jacques foi substituído por Antônio Ribeiro, que continuou a vigiar as costas, mas, ao que parece, essa foi sua única obra. O governo português mudou então de estratégia e, em 1530, deu início à ocupação sistemática do Brasil. Dom João III encarregou Martim Afonso de Sousa (c.1490-1564) de proceder à criação de núcleos regulares de povoação, além de reconhecer o território e expulsar os estrangeiros intrusos. Daquele momento em diante ganhou impulso, sobretudo no nordeste brasileiro, a produção de cana-de-açúcar, que se tornaria uma das principais atividades econômicas do período colonial. Martin combateu os franceses na costa e foi nomeado donatário da capitania de São Paulo e Rio de Janeiro. Aos 22 de maio de 1532, ele fundou a primeira cidade portuguesa do Brasil, que chamou de São Vicente, porque São Vicente era o santo do dia. Entretanto, Martim Afonso de Souza não permaneceu no Brasil, retornando à Metrópole em 4 de março de 1533. Lá teve seus merecimentos reconhecidos por Dom João III, que o nomeou capitão-mor da Índia. O importante era que a base para o avanço em direção ao oeste da colônia brasileira estava já estabelecida.[13]

Em seguida, entre 1534 e 1536, Dom João III optou por dividir o território brasileiro em 15 capitanias hereditárias, entregues a 12 nobres ou pessoas de sua confiança. Foi um desastre e somente São Vicente e Pernambuco conseguiram se desenvolver. Exatamente neste período, de 1538 em diante, começou a escravização de negros africanos, coisa que recrudesceria nas décadas sucessivas. A partir daí, como sustenta Serafim da Silva Leite SI, o cativeiro "afro" viria a se tornar não simplesmente "uma tolerância legal (como o meretrício)", mas sim "uma instituição que a jurisprudência sancionava, fato legal, teoricamente lícito".[14]

No tocante à política, outra mudança aconteceu em 1548, quando o rei, para facilitar a comunicação entre os donatários e a Coroa, decidiu instituir o governo-geral do Brasil, com um centro administrativo na Bahia. Também a Bahia era uma capitania hereditária, pertencente a Francisco Pereira Coutinho

---

[12] José Honório Rodrigues, *História da história do Brasil*, 2ª ed., Companhia Editora Nacional, São Paulo, 1979, p. 38.
[13] Aureliano Leite, *História da civilização paulista*, Livraria Martins Editora, São Paulo, 1946, p. 62; Agassiz Almeida, *500 anos do povo brasileiro*, vol. I, Paz e Terra, São Paulo, 2001, p. 123.
[14] Serafim Leite, *Novas páginas de história do Brasil*, Companhia Editora Nacional, São Paulo, 1965, p. 342.

(?-1547). Acontece que dito donatário, após sofrer um naufrágio em fins de 1546, foi capturado e devorado pelos indígenas tupiniquins e seu filho aceitou vender a referida capitania à Coroa em 1548. Em seguida, Tomé de Souza (1503-1579) foi nomeado primeiro governador-geral do Brasil, aonde chegou em 29 de março de 1549. Naquele mesmo ano foi fundada a cidade de Salvador, que se tornou capital colonial. As capitanias hereditárias não desapareceram subitamente, mas gradualmente foram absorvidas pelo patrimônio real seja por meio de compra seja pelo abandono dos proprietários. Outras seriam criadas, sob nova direção, até serem abolidas de vez pelo marquês de Pombal em 1759.[15]

1.2 – O Catolicismo semilaical das origens

A afirmação do historiador jesuíta italiano Giacomo Martina (1924-2012), que "aquilo que se diz da colonização espanhola vale 'substancialmente' também para a colonização portuguesa no Brasil",[16] é "substancialmente" inexata. Em primeiro lugar, os portugueses no Brasil não encontraram civilizações indígenas evoluídas como as dos Astecas, dos Incas e dos Maias; além disso, o inteiro processo de colonização e de evangelização sistemática começou dezenas de anos depois da hispanidade e com modalidade diversa. Como diz Maurílio César de Lima, no início, "com os olhos voltados para a Índia, Portugal não deu importância à terra descoberta na América".[17] Ou melhor, nas três primeiras décadas da história brasileira, a presença de brancos cristãos foi algo quase acidental. E não só: a causa do isolamento em que se encontravam, "a maior parte se deixou levar pelos ares do novo ambiente", como bem recorda Arlindo Rubert.[18]

Em relação a tais presenças, vale a pena mencionar os dois degredados que Cabral abandonou no Brasil em 1500, antes de retomar a viagem para a Índia. No momento da partida, "eles se puseram a chorar, mas os homens da terra os reconfortaram e mostraram que sentiam pena deles".[19] Outros náufragos e exilados também acabariam se fixando em solo brasileiro. Dentre os banidos se distinguiu o bacharel da Cananeia. Tratava-se de um judeu convertido, chamado Cosme Fernandes, chegado a 1502 com a expedição de Gonçalo Coelho e deixado sobre a costa de São Paulo. Igualmente célebre foi João Ramalho (1493-1580), vítima de um naufrágio em 1513, que posteriormente teria ajudado Martim Afonso de Souza a fundar São Vicente em 1532 e os jesuítas a fazerem o mesmo em São Paulo, no ano de 1554.[20]

Caso notório foi também aquele de Diogo Álvares Correia (c. 1475-1557), vítima de um naufrágio em 1509 nas vizinhanças de Boipebá, na costa da Bahia.

---

[15] Nesta evolução, já no início do século XVII, continuavam a ser hereditárias as capitanias de São Vicente, Santo Amaro, Espírito Santo, Porto Seguro, Ilhéus, Pernambuco e Itamaracá, ao passo que haviam se tornado capitanias reais Rio de Janeiro, Bahia, Sergipe, Paraíba, Rio Grande, Ceará, Maranhão e Pará. Foram as do segundo grupo que mais colaboraram para a ocupação efetiva do Brasil, evidenciando que era a Coroa quem estava apta a assumir os riscos inerentes à colonização. Em 1759 o marquês de Pombal decidiu por fim às capitanias hereditárias (RONALDO VAINFAS, *Dicionário do Brasil colonial (1500-1808)*, Editora Objetiva Ltda., Rio de Janeiro, 2000, p. 93-94).
[16] GIACOMO MARTINA, *Storia della Chiesa*, vol. 2, Morcelliana, Brescia, 1994, p. 324.
[17] MAURÍLIO CÉSAR DE LIMA, *Breve história da Igreja no Brasil*, Edições Loyola, São Paulo, 2004, p. 26.
[18] ARLINDO RUBERT, *A Igreja no Brasil*, vol. I, p. 40.
[19] JOHN HEMMING, *Ouro vermelho. A conquista dos índios brasileiros*, p. 38.
[20] ARLINDO RUBERT, *A Igreja no Brasil*, vol. I, p. 40.

Diogo Álvares e seis de seus companheiros conseguiram se salvar, mas foram capturados pelos índios tupinambás. Os companheiros de Diogo Álvares acabaram sendo devorados, mas ele, enfermo, foi poupado. O sobrevivente teria tido depois a mesma sorte porque os nativos acreditavam que, comendo a carne do inimigo, conquistariam as suas qualidades. Os tupinambás, porém, desconheciam o uso da pólvora, e Diogo fez explodir um tiro quando caçava um pássaro e isso provocou entre eles tal impressão que acreditaram ser dito português dotado de poderes mágicos e passaram a chamá-lo de "Caramuru", que para alguns significa "filho do trovão" e para outros, Lampreia. Certo é que as relações então mudaram e foi oferecida ao dito personagem como esposa uma adolescente da tribo, chamada Paraguaçu, filha do chefe Taparica. Não puderam se casar pelo simples fato de que não havia um único padre naquela localidade. "Caramuru" prosperou economicamente e, em 1528, visitou a França, a convite de Jacques Cartier (1491-1557), e a Saint Malo, no dia 30 de julho daquele ano, tendo como padrinhos o próprio Cartier e sua esposa; Catherine de Branches, Paraguaçu, foi batizada com o nome de Catarina Álvares. Diogo e Catarina enfim se casaram, tornando o primeiro casal cristão da história do Brasil, tendo desenvolvido em seguida um importante papel na consolidação da aliança entre os portugueses e os tupinambás.[21]

Depois disso, o rei de Portugal confiou a Diogo Álvares o encargo de preparar a acolhida de Tomé de Souza, primeiro governador-geral do Brasil, como de fato acontecera. Paraguaçu se distinguiu igualmente pela vida piedosa que teve nos anos seguintes. Foi ela que fez erigir a igreja de Nossa Senhora da Graça e, além disso, há uma tradição colonial que a associa a um evento mariano. Diz-se que a Virgem Maria lhe teria aparecido em sonho, após o que, foi encontrada numa praia uma imagem da Virgem que tinha o semblante igual àquele com que sonhara. Certo é que Catarina fez construir uma igrejinha em honra da Virgem entre 1531 e 1534. Depois, quando morreu em 1586, deixou a igreja e as terras circunstantes em herança ao mosteiro de São Bento de Salvador.[22]

Entrementes, de 1516 a 1521, Portugal tentou estabelecer feitorias de cana-de-açúcar no Brasil, as quais tiveram algum sucesso. Sabe-se que tais feitorias contaram com certa assistência de alguns clérigos, mas seus nomes são desconhecidos. É igualmente seguro que houve padres em Igaraçu, Itamaracá e Porto Seguro; mas, também nesses casos, suas identidades são ignoradas. Mais segura é a presença de alguns franciscanos, desde 1503, como se verá adiante. Resta o fato, contudo, de que somente a partir de 1532 teve início um regular trabalho de evangelização no Brasil. Na primeira etapa desta nova fase, grosso modo durada de 1532 a 1551, foram estabelecidas algumas paróquias e se instaurou o trabalho do clero secular. No período sucessivo, que chegou ao fim do século XVI, foi

---

[21] Frei José de Santa Rita Durão (1722-1784) compôs um poema épico dotado de 77 cantos, somente para louvar as façanhas de Diogo Álvares. Daí o nome da obra: "Caramuru". Ressalte-se, no entanto, que o autor não hesita em produzir estereótipos sobre os índios ("Bárbara multidão", "gente insana" e "selvagem"). No tocante a aventura de Diogo com o tiro de arcabuz, o fato é narrado com palavras eloquentes: "Desde esse dia, é fama que por nome/ do grão caramuru foi celebrado/ o forte Diogo; e que, escutado dorme/ este apelado o bárbaro espantado./ Nem doutra arte entre nós a antiga idade/ tem Júpiter, Apolo e Marte por deidade" (JOSÉ DE SANTA RITA DURÃO, *Caramuru*, Livraria Agir Editora, Rio de Janeiro, 1957, p. 46).
[22] PEDRO CALMON, *História do Brasil*, vol. I, 2ª ed., Companhia Editora Nacional, São Paulo, 1951, p. 133-136.

erigida a primeira diocese do Brasil em Salvador da Bahia, estabeleceram-se algumas estruturas eclesiásticas e se desenvolveu a ação missionária com os índios.[23]

1.3 – A organização da vida eclesiástica e regular na colônia

Do ponto de vista "institucional", o Brasil das origens era considerado uma possessão da medieval Ordem de Cristo, instituída depois que o Papa Clemente V (1264-1314), cedendo à pressão de Felipe IV da França (1268-1314), dito o Belo, aos 3 de abril de 1312, suprimiu os Templários no Concílio de Vienne, na França. O rei português de então, Dom Dinis I de Borgonha (1261-1325), reuniu os filiados do seu reino numa nova organização, a "Ordem da Cavalaria de Nosso Senhor Jesus Cristo", aprovada pelo Papa João XXII (1249-1334) com a bula *Ad ea ex quibus cultus*, de 14 de março de 1319.[24]

A Ordem de Cristo se expandiu em território lusitano e, da sede original de Castro Marim, no Algarve, transferiu-se em 1356 para o castelo de Tomar, próximo a Santarém, no centro do país. Ato contínuo, aos 26-10-1434, por meio de carta, o rei Dom Duarte I (1391-1438) lhe concedeu a jurisdição espiritual sobre o arquipélago da Madeira, poder este que Dom Afonso V (1432-1481), aos 7-6-1454, estendeu às terras conquistadas; o mesmo fez o Papa Calisto III (1378-1458) um ano depois com a Bula *Inter Coetera*. Foi aí que os portugueses descobriram o Brasil em 1500, motivo pelo qual, eclesialmente falando, ele ficou sob a jurisdição da mencionada ordem militar. Ela exercia seu governo por meio do vigário de Tomar e prior do convento da mesma cidade, com poderes episcopais até 12-7-1514, quando o Papa Leão X (1475-1521), pela bula *Pro excellenti*, criou a diocese de Funchal na Ilha da Madeira e extinguiu a vigararia de Tomar *nullius diocesis*, passando para a diocese recém-criada todas as honras, privilégios e regalias da extinta vigararia.[25] O primeiro bispo de Funchal foi Dom Diego Pinheiro Lobo (?-1526).

Acrescente-se que a Ordem militar de Cristo era muito rica, e os soberanos de Portugal tudo fizeram para se apossarem do seu grão-mestrado. A cobiçada honraria, como direito sucessório, foi obtida por Dom João III em 1522, durante o pontificado do Papa Adriano VI e, daí por diante, como monarca e grão-mestre, o ocupante do trono se encontrou investido de duas potestades (temporal e espiritual) nos domínios que tinha. Por isso, passou a ser direito seu as indicações dos titulares das dioceses, igrejas e benefícios, poder este que, afinal, iria interferir na ação mesma da Igreja nas colônias. Como se disse, "a atividade de Grão-mestre da Ordem de Cristo originou o absolutismo estatal nas terras de missão".[26]

1.3.1 – As primeiras paróquias e a ereção do bispado de Salvador

A questão foi que, no Brasil, a Coroa não conseguia criar estruturas eclesiásticas eficientes. O primeiro sacerdote a fixar oficialmente residência na

---

[23] ARLINDO RUBERT, *A Igreja no Brasil*, vol. I, p. 53.
[24] WALTER F. PIAZZA, *A Igreja em Santa Catarina, notas para sua história*, Edição do governo do Estado de Santa Catarina, Florianópolis, 1977, p. 22.
[25] JOSÉ DO CARMO BARATTA, *História eclesiástica de Pernambuco*. Imprensa Industrial, Recife, 1922, p. 5-6.
[26] HUBERT JEDIN ET ALII, *Brasil 5 séculos*, vol. VI, 5ª ed., Jaca Book, Milano, 2001, p. 718.

colônia sul-americana foi o Pe. Gonçalo Monteiro, chegado na expedição de Martim Afonso de Souza em 1531. Ele se tornou pároco da paróquia da Capitania de São Vicente, onde celebrou a primeira missa no dia 22 de janeiro de 1532. Em 1533, Martim Afonso regressou para a Metrópole e Pe. Gonçalo, por certo tempo, assumiu seu posto.[27]

É escassa, porém, a documentação das paróquias no Brasil durante o período que vai da instituição das primeiras delas até a criação das capitanias hereditárias em 1534 e mesmo do período ligeiramente anterior à ereção da diocese de Salvador em 1551. De acordo com as regras do padroado, era prerrogativa do rei a ereção das paróquias, assim como a nomeação dos seus responsáveis pastorais e isso acontecia por meio de um complicado processo burocrático. Em todo caso, depois de São Vicente, citada anteriormente, em 1544 o pioneiro Pe. Gonçalo Coelho foi transferido para Santos. O seu substituto em São Vicente foi o Pe. Simão de Lucena. Outras paróquias erigidas no período foram:

1. 1534: Olinda, em Pernambuco, tendo como pároco Pe. Pedro de Figueroa;
2. 1535: Igaraçu, também em Pernambuco. O primeiro pároco foi Pe. Pero de Mesquita;
3. 1535: Porto Seguro, Bahia. O pároco foi Pe. Marcos.
4. 1536: Itamaracá, uma ilha de Pernambuco. Não se conhece o nome do primeiro pároco;
5. 1541: Espírito Santo, onde hoje se encontra Vitória. O primeiro pároco nomeado, Pe. João Dormudo, não tomou posse. Fê-lo Pe. Francisco da Luz, confirmado em 1550.
6. 1545: São Jorge. O primeiro pároco foi Pe. João Afonso de Azevedo, que não recebeu a provisão do rei.
7. 1549: Santos, São Paulo. Localidade fundada por Brás Cubas, teve Pe. Gonçalo Monteiro como pároco, depois dele ter estado em São Vicente. Substituiu-o após sua morte o Pe. Fernando Carapeto.
8. 1549: Salvador da Bahia. Teve como primeiro pároco Pe. Manoel Lourenço, cuja paróquia era dedicada a Nossa Senhora da Ajuda. Desta data em diante Salvador se tornou a capital do governo-geral do Brasil.
9. 1550: Santo Amaro, São Paulo. O mais antigo pároco foi Pe. Jerônimo Vaz.[28]

No que diz respeito à organização diocesana, aos 12 de junho de 1514, quando o Brasil era apenas uma terra com escassa presença de brancos, visitados esporadicamente por algumas caravelas, como se viu, seus habitantes se encontraram vinculados à diocese de Funchal. Tal situação durou 37 anos, mas o desenvolvimento do processo colonizador criou uma nova realidade social, impondo a necessidade de um governo diocesano próprio. Nesse particular, o Brasil ficou bem atrás das colônias vizinhas, recorda-se que, até 1546, já existiam 20 dioceses hispânicas. Foi, aliás, naquele ano que se criaram três arcebispados

---

[27] AURELIANO LEITE, *História da civilização paulista*, p. 53.
[28] MAURÍLIO CÉSAR DE LIMA, *Breve história da Igreja no Brasil*, p. 26-27.

na América espanhola: México, com jurisdição sobre as terras que estendiam da Guatemala ao Mississipi; Santo Domingo, que abarcava as Antilhas e a costa caribenha da Venezuela e Colômbia; e Lima no Peru, abrangendo todo o sul espanhol, desde a Nicarágua e Panamá, até a Terra do Fogo.[29]

Para contornar tal problema, Pe. Manoel da Nóbrega SI (1517-1570) solicitou ao rei Dom João III que estabelecesse um bispado no Brasil. O soberano acatou a proposta e se colocou em contato com o Papa Júlio III (1487-1555), indicando para tal ministério um sacerdote de Évora, de nome Pero Fernandes (1496-1556), ao qual depois seria acrescentado "Sardinha". O Pontífice deu o seu assentimento e assim, aos 25 de fevereiro de 1551, com a Bula *Super specula militantis ecclesiae*, foi instituída a primeira diocese brasileira, Salvador da Bahia, como sufragânea de Lisboa. Dom Pero Fernandes era doutor em Direito Canônico e partiu para o Brasil aos 24 de março de 1552, chegando a Salvador no dia 22 de junho seguinte.[30]

Ele trouxe consigo alguns clérigos, paramentos e sinos, e logo tratou de organizar as estruturas eclesiásticas. Assim, aos 6-7-1552, foi instalado o cabido da sé, cujo deão era Pe. Pedro Gomes Ribeiro.[31]

Também se preocupou com a *cura animarum*, instituindo três paróquias: a catedral, dedicada a Nossa Senhora da Ajuda, mais Nossa Senhora da Vitória em Vila Velha e São Jorge de Ilhéus. O seu ministério, porém, foi breve e conturbado porque entrou em conflito com os jesuítas, olhava com certa desconfiança alguns usos indígenas e, sobretudo, teve atritos com o segundo governador-geral do Brasil, Duarte da Costa (?-1560), que tomou posse em 1553. Dom Sardinha acusava o governador de restar impassível diante do comportamento dissoluto de seu filho, Álvaro Costa, e de outros rapazes. O prelado atacou o governador do púlpito, mas seu filho, que não era outro senão o citado Álvaro, organizou contra ele um partido de oposição. O bispo então embarcou para a Europa em 2 de junho de 1556, para apresentar suas queixas. O navio "Nossa Senhora da Ajuda" que o transportava, com cerca de 100 pessoas, encalhou entre a foz do rio São Francisco e Coruripe. Os viajantes conseguiram desembarcar, mas foram aprisionados e trucidados pelos índios Caetés. Era o dia 16 de julho de 1556.

Morto o primeiro bispo, a sede vacante foi governada pelo vigário-geral, Pe. Francisco Fernandes, até que, aos 4 de dezembro de 1559, chegou o sucessor, Dom Pedro Leitão (1519- 1573). Foi sob o seu governo episcopal que se instituiu o primeiro seminário diocesano da colônia, atendendo a quanto dispunha o cânone da sessão XXIII do Concílio de Trento, de 15 de julho de 1563, que decretou a instituição dos seminários diocesanos para "bem formar" os candidatos ao sacerdócio, permitindo aos jovens vocacionados serem "mais facilmente educados na disciplina eclesiástica".[32] O rei Sebastião de Portugal foi o primeiro dos monarcas católicos a acolher a decisão conciliar e, aos 12 de fevereiro de 1569, emitiu a carta de fundação da referida casa formativa baiana. A instituição foi aberta, mas as informações a

---

[29] José Escudero Imbert (Org.), *Historia de la evangelización de América*, Libreria Editrice Vaticana, Ciudad de Vaticano, 1992, p. 77.
[30] Cf. ASV, "Relação do estado das dioceses", em: *Nunciatura Apostólica no Brasil*, caixa 71, fasc. 345, fl. 7.
[31] Walter Magalhães, *Pastores da Bahia*, SNT, 2001, p. 17.
[32] *Conciliorum Oecumenicorum Decreta*, Edizioni Dehoniane, Bologna, 1996, p. 750-751.

respeito são escassas. Sabe-se, porém, que teve vida breve. Felipe II da Espanha, no período em que o Brasil se encontrou sob domínio espanhol, ordenou sua reorganização, mas a situação permaneceu incerta e o seminário foi novamente fechado.[33]

Foi então que aos 15 de agosto de 1576 tomou posse o terceiro prelado diocesano de Salvador, Dom Antônio Barreiros (?-1600); mas, a sucessão episcopal no Brasil permaneceu sempre problemática. A espera de um bispo sucessor durava ao menos dois anos, mas havia casos em que se teve de esperar até onze. O processo era sempre o mesmo: o rei fazia a escolha do candidato e a comunicava ao Papa. O Pontífice analisava e comunicava sua decisão ao rei, que por sua vez participava o fato ao eleito, que podia aceitar ou não. Acontecia em seguida a preparação e as longas viagens. Assim os anos se passavam. Por outro lado, o número das dioceses brasileiras permaneceu reduzido em todo o período colonial, apesar de que, em 16 de novembro de 1676, o Papa Inocêncio XI (1611-1689), por meio da Bula *Inter Pastoralis Officii Curas*, tenha elevado Salvador à condição de Arquidiocese e Sede Metropolitana. O primeiro Arcebispo foi Dom Estevão dos Santos Carneiro de Moraes, C.R.S.A (1620-1672).[34]

1.3.2 – O protagonismo dos jesuítas

Como já foi observado, as paróquias respondiam às necessidades religiosas dos colonos, mas, naturalmente, não podiam satisfazer às demais obrigações do padroado português em relação à evangelização dos indígenas. Diga-se, no entanto, que não se sabe com exatidão qual era o número dos nativos no momento da chegada dos portugueses, apesar de que certos estudiosos os estime em cerca de 5 milhões. Pouco avançados tecnicamente, os indígenas locais não construíram cidades, desconheciam o uso dos metais e tampouco desenvolveram uma escritura. Eles se agrupavam em tribos e não em impérios e grandes sociedades complexas. Os troncos linguísticos principais a que pertenciam eram os tupis--guaranis (região litorânea), macro-jês ou tapuias (região do planalto central), nuaruaques (Amazônia), caraíbas (Amazônia) e outros grupos menores. John Hemming observa que os conflitos e deslocamentos de povos levaram os quatro principais grupos linguísticos a se fragmentarem, o que tornaria possível encontrar depois tribos isoladas falando tais idiomas em regiões remotas do Brasil.[35]

Os jesuítas tiveram um papel essencial seja no processo de conversão dos nativos seja na inteira evangelização do Brasil colonial. Eles se estabeleceram em Portugal em 1540, a pedido de Dom João III de Avis (1502-1557), e dali, aos 2 de fevereiro de 1549, embarcaram em Lisboa para trabalhar na América do Sul com o governador Tomé de Souza. Eles eram seis: os padres Manuel da Nóbrega (1517-1570), Superior; Leonardo Nunes (?-1554), Antônio Pires (1519-1572) e João de Azpilcueta Navarro (1522-1557), ao lado dos irmãos Vicente Rodrigues e Diogo Jácome.[36] Nóbrega provinha de uma família distinta e era também um homem de cultura, pois se graduara em cânones nas universidades de Salamanca e Coimbra. Outro detalhe interessante sobre sua pessoa é que

---

[33] ALINDO RUBERT, *A Igreja no Brasil*, vol. I, p. 183-184.
[34] CF. JOSÉ PEREIRA ALVES, "Os papas na história do Brasil", em: *Jornal do Comércio* (25-12-1929), p. 2.
[35] JOHN HEMMING, *O ouro vermelho*, Editora da Universidade de São Paulo, São Paulo, 2007, p. 107.
[36] SERAFIM LEITE, *História da companhia de Jesus no Brasil*, tomo I, Livraria Portugalia, Lisboa, 1938, p. 18.

incialmente fora um padre secular e somente mais tarde, em 1544, ingressara na companhia de Jesus.[37] Ele, com seus irmãos de ordem, chegou à destinação em 29 de março de 1549, desembarcando em Vila Velha, vilarejo onde habitava "Caramuru" e que havia sido lugar de residência do primeiro donatário. No dia 31 seguinte, domingo, diante de um cruzeiro improvisado, Nóbrega celebrou uma missa a que assistiu o governador com toda sua gente. O padre mesmo relatou suas impressões a respeito desse primeiro contato:

> Eu prego ao Governador e à sua gente na nova cidade [situada no sítio da Vitória, que se passou a se chamar depois Vila Velha] e o padre Navarro à gente da terra. Espero em Nosso Senhor fazer-se fruto, posto que a gente da terra vive em pecado mortal, e não há nenhum que deixe de ter muitas negras [entenda-se índias] das quais estão cheios de filhos e é grande mal. Nenhum deles se vem confessar; ainda queira Nosso Senhor que o façam depois.[38]

Quanto a terra, ele achou-a "boa e sã", mas a respeito dos sacerdotes seculares que encontrou ouviu falar deles "cousas feias", até porque, como dizia, eram a "escória" de Portugal.[39] A parte isso, no começo os recém-chegados realizavam os ofícios religiosos na ermida de taipa construída por Tomé de Souza, em honra de Nossa Senhora da Ajuda (chamada "Sé de palha", funcionaria como catedral após a instituição do bispado em 1551) ao lado da qual edificaram também sua residência; mas, pouco depois, confiaram-na a um sacerdote secular e fundaram outra igreja, numa colina que chamaram de Monte Calvário, para estarem em contato com os índios. Foi o início do grande apostolado que exerceram com os nativos do Brasil.[40]

Um segundo grupo de jesuítas chegou em 1550, na expedição comandada por Simão da Gama de Andrade. Quatro deles eram padres portugueses: Afonso Brás, Francisco Pires, Manuel de Paiva e Salvador Rodrigues. Com eles desembarcaram também sete meninos do Colégio dos órfãos de Lisboa, a pedido do Pe. Nóbrega. Um deles tornar-se-ia mais tarde sacerdote: o Pe. João Pereira. Tratava-se sobretudo de uma manobra tática: aqueles pequerruchos iriam servir de atração para os filhos dos índios do lugar.[41] Nóbrega juntou essas crianças com os órfãos da terra e fundou para eles o Colégio de Jesus.[42]

No dia 8 de maio de 1553, com o segundo Governador-geral do Brasil, Duarte da Costa, partiu um terceiro grupo de 7 novos jesuítas, que desembarcou na Bahia em 13 de junho seguinte. O Pe. Luís da Grã (1523-1609), ex-reitor do colégio de Coimbra, era o superior dos religiosos recém-chegados, que eram os padres Lourenço Brás e Ambrósio Pires, mais os irmãos ainda estudantes José de Anchieta, de apenas 19 anos de idade (ordenado depois em Salvador por Dom Pedro Leitão, em 1565), Antônio Blasques, João Gonçalves e Gregório Serrão. Todos eles foram acolhidos na pequena e humilde casa da companhia em Salvador, onde funcionava tam-

---

[37] PAULA PORTA (ORG.), *História da cidade de São Paulo, a cidade colonial*, Editora Paz e Terra, São Paulo, 2004, p. 192.
[38] MANOEL DA NÓBREGA, *Cartas do Brasil*, Editora da Universidade de São Paulo, São Paulo, 1988, p. 72.
[39] MANOEL DA NÓBREGA, *Cartas do Brasil*, p. 72,77.
[40] MIGUEL DE OLIVEIRA, *História eclesiástica de Portugal*, p. 151.
[41] LAÉRCIO DIAS DE MOURA, *A educação católica no Brasil*, p. 27.
[42] MIGUEL DE OLIVEIRA, *História eclesiástica de Portugal*, p. 151.

bém o colégio. No momento em que chegaram ali, estavam somente um sacerdote, Pe. Salvador Rodrigues, e dois irmãos, Vicente Rodrigues e Domingos Pecorella. Isso foi essencial para a grande obra jesuítica desenvolvida em campo catequético e educativo. Recorda-se que cedo os padres organizaram um eficaz apostolado: Pe. Antônio Pires, por exemplo, foi subitamente enviado pelo Pe. Nóbrega para Pernambuco, enquanto o irmão Vicente se tornou professor, ofício que exercitara por mais de 50 anos, além de ser um grande propagador da fé religiosa. Pe. Leonardo Nunes, por sua vez, depois de trabalhar na Bahia, foi enviado por Pe. Nóbrega para o sul, em companhia do irmão Diogo Jácome, para organizar a catequese dos indígenas locais. Pe. Leonardo, em 1550, fundou em São Vicente o seu primeiro colégio (e terceiro da colônia) e, além de ser professor, tornou-se um dos maiores catequistas das numerosas tribos indígenas do litoral, situadas entre a própria São Vicente e Peruíbe. Ele se deslocava com tal frequência de uma área a outra, que foi chamado pelos indígenas de "Abarébebê" ("o padre voador").[43]

Aborrecia-se, em todo caso, com o desregramento moral de João Ramalho, que vivia circundado de concubinas indígenas e filhos ilegítimos, e foi também o primeiro padre a tomar posição contra o trabalho escravo dos nativos da região. Em 1554, seu superior, Pe. Nóbrega, encarregou-o de ir à Europa para informar Santo Inácio sobre os progressos da missão no Brasil. Pe. Nunes partiu de Santos em 30 de junho daquele ano, mas o navio em que se encontravam naufragou em meio a uma grande tempestade e ele morreu. Seus confrades, porém, deram continuidade ao trabalho iniciado, e Pe. João Azpilcueta Navarro, depois de ter aprendido a língua tupi, compôs para os indígenas orações cantadas. Outros membros da companhia de Jesus, a causa da mesma convivência cotidiana com os nativos das tribos, aceitaram aqueles costumes que consideravam não ofensivos à fé cristã, apesar de que tal escolha fosse vista com reserva por Dom Pero Fernandes Sardinha, anteriormente citado, que entrou em desacordo com o Pe. Manoel da Nóbrega. O prelado diocesano considerava lícita a guerra contra os nativos e se escandalizou ao constatar que os jesuítas toleravam a sua nudez. Como revela Maria de Fátima Medeiros Barbosa, "o primeiro bispo considerava cristão somente o índio que falasse uma língua tradicionalmente cristã". Por causa desse dissídio, Pe. Nóbrega preferiu concentrar as atividades dos jesuítas em São Vicente, a centenas de quilômetros dali.[44]

De qualquer modo, os reforços recebidos da Europa foram constantes e, de 1548 a 1604, chegaram de Portugal 28 expedições missionárias da companhia,[45] o que tornara possível, portanto, elevar a Missão do Brasil à categoria de Província jesuítica – a sexta da companhia de Jesus e a primeira das Américas – em 9 de julho de 1553, separada da de Portugal. Santo Inácio de Loyola em pessoa nomeou o Pe. Manuel da Nóbrega como primeiro Provincial.[46] Lisboa, porém, continuou a ser o centro de onde partiam para o Brasil seja os missionários portugueses

---

[43] HÉLIO ABRANCHES VIOTTI, *Anchieta o Apóstolo do Brasil*, Edições Loyola, São Paulo, 1966, p. 56.
[44] MARIA DE FÁTIMA MEDEIROS BARBOSA, *As letras e a cruz: pedagogia da fé e estética religiosa na experiência missionária de José de Anchieta, S.I. (1534-1597)*, Editrice Pontificia Università Gregoriana, Roma, 2006, p. 51-53.
[45] SÉRGIO BUARQUE DE HOLANDA ET ALII, *História geral da civilização brasileira*, p. 71.
[46] MIGUEL DE OLIVEIRA, *História eclesiástica de Portugal*, p. 152.

seja de outras nações.⁴⁷ Graças a tal colaboração, quando Santo Inácio morreu em 1556, havia já 28 jesuítas trabalhando em solo brasileiro. Pe. Nóbrega exerceu o ministério de provincial até 1559, ano em que foi sucedido pelo Pe. Luís da Grã. Ele, no período do seu mandato provincial, viajou incansavelmente e distribuiu os sacerdotes de sua Ordem nas fundações coloniais há pouco instituídas. A essa altura, a companhia já estava presente ao longo da costa em cerca de seis capitanias: Pernambuco, Bahia, Ilhéus, Porto Seguro, Espírito Santo e São Vicente.⁴⁸

Enquanto isso, também Anchieta e outros confrades haviam se transferido para o sul, chegando a São Vicente no dia 24 de dezembro de 1560. Ali encontraram um bom número de religiosos da companhia: Pe. Manuel de Paiva, Pe. Afonso Brás e Pe. Francisco Pires, além dos irmãos Antônio Rodrigues, Diogo Jácome, Mateus Nogueira, Manuel de Chaves, Pedro Corrêa, João de Souza, Antônio de Souza, Gonçalo de Oliveira, Gaspar Lourenço, Fabiano de Lucena e Leonardo do Vale. O que não perdurou foi o colégio local, que acabou sendo fechado em 1567 "por ser a terra muito pobre".⁴⁹ Mesmo assim, a escolha de São Vicente, lugarejo fundado em 1532, revelou-se sábia porque a capitania que sediava se desenvolvia rapidamente e, na segunda metade do século XVI, contava já com seis vilarejos: a própria São Vicente, mais Santos (fundada em 1536), Conceição de Itanhaém (1549), Santo André da Borda do Campo (c.1550) e Bertioga (iniciada com uma fortaleza erguida em 1551).⁵⁰

De São Vicente, desejou Pe. Manoel da Nóbrega realizar uma fundação bem no interior das terras paulistas e assim criou a missão de Maniçoba, na região de Itu. Lá se estabeleceram os padres Vicente Rodrigues e Francisco Pires, ao lado de outros irmãos coadjutores; mas, constatando que a missão de Maniçoba se achava muito afastada do mar e informado das condições que regiam o altiplano, decidiu Nóbrega transferir para este último o centro das atividades da companhia de Jesus.⁵¹

O novo lugar escolhido estava situado sobre uma colina chamada Inhapuambuçu, na confluência dos rios Tamanduateí e Anhangabaú, circundada por três tribos indígenas: "Piratininga", que tinha como chefe Tibiriçá (catequizado pelo Pe. José de Anchieta e em seguida batizado com o nome de Martim Afonso, em homenagem ao fundador de São Vicente); "Jaraibativa", cujo chefe era Caiubi (tornado João depois do batismo), presumível irmão de Tibiriçá; e "Ururaí", governada por outro aludido irmão de Tibiriçá chamado Piquerobi. Assim, aos 25 de janeiro de 1554, treze jesuítas, entre eles José de Anchieta, fundaram ali um colégio. Naquele dia, Pe. Manuel de Paiva, superior da nova fundação, celebrou uma missa e, como a data recordava a conversão de São Paulo, dito colégio recebeu o seu nome. Foi essa a origem da cidade de São Paulo.⁵²

---

⁴⁷ SERAFIM LEITE, *História da companhia de Jesus no Brasil*, tomo I, p. 131.
⁴⁸ Cf. MARIA DE FÁTIMA MEDEIROS BARBOSA, *As letras e a cruz: pedagogia da fé e estética religiosa na experiência missionária de José de Anchieta, S.I. (1534-1597)*, p. 47-61; SERAFIM LEITE, *História da companhia de Jesus no Brasil*, tomo I, p. 34-35.
⁴⁹ AURELIANO LEITE, *História da civilização paulista*, p. 19.
⁵⁰ Ibidem, p. 18-20.
⁵¹ AFONSO D'ESCRAGNOLLE TAUNAY, *História da cidade de São Paulo*, Edições Melhoramentos, São Paulo, 1953, p. 9.
⁵² NEY DE SOUZA, "Da fundação da cidade de São Paulo até os nossos dias", em: *São Paulo, o Apóstolo e a cidade*, Imprensa Oficial do Estado de São Paulo, 2009, p. 38; AFONSO D'ESCRAGNOLLE TAUNAY, *História da cidade de São Paulo*, p. 11.

O educandário funcionava num barracão de taipa que servia também de residência aos padres. A sua posição estratégica oferecia proteção natural contra eventuais ataques dos índios, mas, em março de 1560, quando o governador-geral Mem de Sá chegou a São Vicente, os jesuítas expuseram-lhe a precariedade de manter sua posse. Diante disso, ainda naquele mês, Mem de Sá ordenou que se transferissem para lá também os habitantes da vila de Santo André da Borda do Campo.[53] Tal vila havia sido criada por João Ramalho, que se tornara também o seu capitão e alcaide-mor, o qual, contudo, não pôde impedir a mudança. Assim, o humilde casario que constituía tal lugar foi arrasado e, aos 5 de abril de 1560, São Paulo foi elevada à condição de vila portuguesa. Para os jesuítas, a localidade serviu aos seus objetivos porque dali partiam os missionários que assistiam religiosamente as tribos da região.[54]

Desde o início os jesuítas, por sua formação e cultura, impuseram-se sobre os habitantes locais, o que, além dos aspectos religioso-pastoral e educacional, se estendia à vida econômica e sociocultural. Esse monopólio terminou em 1588, quando Dom Bartolomeu Simões Pereira, nomeado bispo do Rio de Janeiro onze anos antes, visitou a vila por primeira vez e, estranhando que ali não houvesse uma igreja matriz, exigiu que fosse edificada. Também erigiu a paróquia no dia 26 de agosto daquele ano, ainda que o primeiro pároco, Pe. Lourenço Dias Machado, tenha chegado, proveniente da Angola, somente em agosto de 1591. Padre Lourenço se esforçou para construir a igreja matriz (que só ficaria pronta em 1612), mas, tendo discordado da catequese indígena dos jesuítas, e se desentendido com a câmara municipal, acabou indo para o Rio em 1594. Seus sucessores foram frei Antônio do Amaral, carmelita, que serviu como vigário interino de 1595 a 1599, e Padre Paulo Lopes, que conseguiu que do Rio de Janeiro lhe fossem enviados dois colaboradores, o que gradualmente limitou o poder religioso da companhia de Jesus.[55]

A propósito dos jesuítas, eles constataram que, apesar de os indígenas os procurarem para batismos em massa – no que se destacou Padre Azpilcueta Navarro, pregador que dominava com desenvoltura a língua tupi –, aqueles mantinham seus costumes precedentes quase intactos. Isso levou os padres a adotarem medidas drásticas. Dentre elas estava a opção de concentrar os catecúmenos em grandes e novos vilarejos missionários, organizados pela própria companhia de Jesus. Era a prática da "redução". Padre Manoel da Nóbrega deu o primeiro passo em São Paulo, onde reuniu os habitantes de três pequenas tribos durante a festa de São João Batista, aos 29 de agosto de1553, ocasião em que batizou 50 catecúmenos na nova igreja jesuítica há pouco construída. Os "reduzidos" tiveram de observar o calendário cristão e adotar a vida sedentária, com regular trabalho agrícola, ao lado de costumes igualmente cristãos [monogamia, andar vestidos e o abandono da antropofagia e das lutas intestinas entre as tribos]. Em suma, sua vida diária passou a ser regulada pelo badalar dos sinos.[56]

---

[53] Afonso d'Escragnolle Taunay, *História da cidade de São Paulo*, p. 11.
[54] Cf. Maria de Fátima Medeiros Barbosa, *As letras e a cruz: pedagogia da fé e estética religiosa na experiência missionária de José de Anchieta, S.I. (1534-1597)*, p. 110- 111, 116.
[55] Paula Porta (org.), *História da cidade São Paulo*, p. 193-194; Ney de Souza, "Da fundação da cidade de São Paulo até os nossos dias", em: *São Paulo, o Apóstolo e a cidade*, p. 39-40; Afonso d'Escragnolle Taunay, *História da cidade de São Paulo*, p. 15.
[56] Ronaldo Vainfas (dir.), *Dicionário do Brasil colonial (1500-1808)*, p. 22.

A experiência não se restringiu a São Paulo, pois também na Bahia, em 1557, foram reunidos conversos em duas missões, uma delas perto da Vila de Salvador e a outra próxima ao rio Vermelho. Nos anos seguintes, os jesuítas acabaram atraindo cerca de 34.000 nativos para 11 paróquias nas vizinhanças da Bahia. O esforço dos membros da companhia concentrou-se nos jovens, até porque os meninos índios eram discípulos brilhantes e entusiastas. Tirados da companhia dos pais e abrigados nos colégios, bem separados segundo o sexo, sobretudo os meninos, ao invés de aprenderem habilidades de caçadores e guerreiros, passavam a infância recebendo educação cristã. As crianças formavam, portanto, a maior parte dos batismos em massa e cada aldeia possuía seu coro de infantes. Por outro lado, alguns desses pupilos lançavam mão de sua educação europeia para dominar seus pais e tratá-los com ar de superioridade. Tampouco faltavam aqueles que denunciavam os lapsos religiosos dos mais velhos. Ao mesmo tempo, os padres trataram de desqualificar os pajés, sendo um dos seus meios preferidos para tanto apelo ao ridículo. E não só: as comunidades indígenas eram inteiramente dirigidas por dois religiosos jesuítas que exerciam todas as funções eclesiásticas, atuavam como médicos e gerenciavam os trabalhos agrícolas. Independentemente da sua intenção, tal procedimento acabou se tornando um instrumento eficaz para a eliminação da cultura indígena.[57]

Paralelamente, José de Anchieta (1534-1597) ganhou notoriedade. Depois de chegar à Bahia em 1553, como se viu, ele foi destinado a São Vicente e dali a São Paulo, onde se estabeleceu em 1554. O trabalho que desenvolveu durante 44 anos na colônia foi tão decisivo que ele ficou conhecido como o "Apóstolo do Brasil".[58] De fato, além do seu ardor missionário, Anchieta teve uma importância crucial no episódio da "Confederação dos Tamoios". O motivo foi que, desde 1517, predominava o tráfico de índios escravizados na capitania de São Vicente, que inclusive os vendia para outras partes da colônia. Fruto dessa prática, em 1549, o chefe tamoio Kairuçu foi capturado, escravizado e, enfim, assassinado. Aimberê, seu filho, em 1554 chefiou uma fuga coletiva das fazendas de Brás Cubas, governador da capitania de São Vicente, após o que se aliou a outros caciques das tribos dos guarulhos, carijós e guaianases, com o objetivo de expulsar todos os portugueses. Também o tupiniquim Piquerobi aderiu, nascendo daí a "confederação dos tamoios". Foi então que na manhã do dia 9 de julho de 1562, Jaguaranho, filho de Piquerobi, liderou um ataque contra a Vila de São Paulo, no episódio conhecido como "cerco de Piratininga". A vila se salvou porque Tibiriçá permaneceu leal aos portugueses e, auxiliado por João Ramalho, seu genro, mais oito tribos de convertidos, preparou a defesa. Assim, decorridos dois dias os atacantes foram forçados a suspender o assédio.[59]

A confederação dos tamoios, contudo, não desistira do seu propósito de expulsar todos os portugueses, e a situação se tornou ainda mais delicada porque Tibiriçá morreu em 25 de dezembro de 1562 e João Ramalho, descontente com a precedente extinção da Vila de Santo André, por ato de Mem de Sá, passou a viver retraído e em atitude quase hostil. Justo nesse momento entraram em cena os jesuítas que se dispuseram a ir negociar a paz com os nativos. Assim, no dia 23 de abril de 1563,

---

[57] Cf. JOHN HEMMING, *Ouro vermelho. A conquista dos índios brasileiros*, p. 173,177-180, 182-183.
[58] AURELIANO LEITE, *História da civilização paulista*, p. 25.
[59] JOSÉ TORRES DE OLIVEIRA, *Anchieta e a pacificação dos índios*, Casa Duprat, São Paulo, 1933, p. 5-7; JOHN HEMMING, *Ouro vermelho. A conquista dos índios brasileiros*, p. 198-199.

Nóbrega, com Anchieta, que tinha a vantagem de ser "grande língua brasílica", partiu do forte de Bertioga, próximo a Santos, até as aldeias dos tamoios nas praias de Iperoig (na região da atual Ubatuba), que era o centro de convergência dos confederados desejosos de destruírem Piratininga. O primeiro contato foi auspicioso, quase cordial, e em seguida os padres travaram conhecimento e começaram a se entender com os caciques Coaquira, Pindobuçu (o "Grão Palmeira"), Aimberê e Cunhabebe. As relações melhoraram e os indígenas, como costumavam fazer nesses casos, procuraram obsequiar os jesuítas, oferecendo-lhes suas filhas e irmãs. A recusa dos religiosos inclusive causou neles grande admiração. No dia 14 de maio, os padres se aboletaram numa choupana de um dos principais que havia ido ao Rio e esperaram os líderes para as tratativas. A 23 de maio chegou Pindobuçu e no dia 27 seguinte mais índios provenientes do Rio. Houve dificuldade nas conversações porque Aimberê não aceitava a paz sem reparação, ainda que Pindobuçu fosse mais flexível. Afinal, em 21 de junho, deixaram partir Nóbrega para comunicar aos colonizadores as suas propostas, conservando, porém, Anchieta como refém. O padre ficou prisioneiro mais de um ano, de 21 de junho a 14 de setembro de 1563, período em que pregou para crianças indígenas e compôs o *Poema à Bem-aventurada Virgem Maria*. Em todo caso, a ação dos dois religiosos permitiu que se chegasse ainda em 1563 à "Paz de Iperoig". Os tamoios dali deixaram de fazer uso das armas, enquanto os portugueses atacavam tamoios de outros grupos. As promessas de uma paz duradora, contudo, bem cedo foram desvirtuadas e deixaram de fazer sentido, pois os colonos começaram a escravizar até mesmo os nativos de Iperoig.[60]

Anchieta, da parte sua, em 1578 se tornaria provincial dos jesuítas no Brasil, permanecendo no cargo por sete anos. Retomou em seguida seu trabalho missionário, morrendo na capitania do Espírito Santo aos 9 de julho de 1597. Ele expirou num momento em que a Ordem jesuítica se encontrava em grande florescimento no Brasil: seus membros, que em 1579 eram 124, tornaram-se 163 em 1600, e 180 em 1608.[61]

Também sob outros aspectos o desenvolvimento era significativo, uma vez que, no final do século XVI, a Ordem já contava com cinco colégios: São Paulo (fundado em 1554), Salvador (1560), Olinda (1576), São Sebastião do Rio de Janeiro (1573) e Santos (1585).[62] Como salienta Laércio Dias de Moura, "a educação era gratuita" porque os colégios e escolas eram regidos por elementos da Igreja financiados pela Coroa, devido ao padroado. Assim, até a expulsão dos jesuítas, "realizou-se no Brasil uma experiência de educação pública e gratuita, embora não estatal".[63]

Entrementes, houve também algumas dolorosas perdas, ocasionadas sobretudo pelo trabalho árduo e pela inclemência dos trópicos: Salvador Rodrigues morreu em 1553, Leonardo Nunes em 1554, João de Azpilcueta Navarro em 1557 e João Gonçalves em 1558. Tampouco faltaram os casos de martírio: no ano de 1554, na baía de Paranaguá-PR, dois membros da Companhia, Pedro

---

[60] José Torres de Oliveira, *Anchieta e a pacificação dos índios*, p. 7-11, 13, 16-20; John Hemming, *Ouro Vermelho. A conquista dos índios brasileiros*, p. 204.
[61] José Escudero Imbert (Org.), *Historia de La Evangelización de* América, Libreria Editrice Vaticana, Ciudad de Vaticano, p. 257.
[62] Luciano Figueiredo, *Rebeliões no Brasil colônia*, Jorge Zahar Editor, Rio de Janeiro, 2005, p. 39.
[63] Laércio Dias de Moura, *A educação católica no Brasil*, p. 42.

Correa e João de Sonia, foram assassinados a flechadas pelos índios carijós. Pior, no entanto, aconteceu em 15 de julho de 1570 quando o visitador Inácio de Azevedo (1527-1570), na viagem que fazia para o Brasil com 39 jovens jesuítas, foi capturado nas proximidades das Ilhas Canárias por piratas calvinistas guiados pelo francês Jacques Sourie, que havia partido de La Rochelle. Todos os religiosos – 32 portugueses e 8 espanhóis – foram degolados e seus corpos jogados no mar (foram beatificados por Pio IX aos 11 de maio de 1854). Somente um cozinheiro, John Sanchez, foi poupado, o que permitiu a reconstituição posterior do acontecido.[64] Em 13 de setembro de 1571, uma nova tragédia aconteceria, devido a outro huguenote, de nome Jean Capdeville. Este, à frente de quatro naus francesas e uma associada inglesa, matou mais 12 jesuítas, jogando-os no mar. Dois deles eram padres (Pedro Dias e Francisco de Castro) e os demais irmãos e seminaristas. Escaparam apenas os irmãos Diogo Fernandes e Sebastião Lopes, que sabiam nadar e foram resgatados depois.[65] Apesar dessas tragédias, a Ordem de Santo Inácio continuou a crescer no Brasil. Em 1615 foi instituída uma segunda província, sediada no Maranhão, inicialmente dependente daquela primeira do Brasil e, de 1727 em diante, autônoma.[66]

A composição interna dos seus membros também gradualmente mudou, com o percentual de brasileiros aumentando sempre. Por isso, se em 1549 havia apenas seis jesuítas naturais da colônia, em 1574, quando eles já haviam se tornado 110, 14% eram nativos. Sucessivamente, em 1698, dos 304 jesuítas atuantes no Brasil, 31% eram já brasileiros natos e enfim, faltando apenas dois anos para a supressão, ou seja, em 1757, dos 474 religiosos da companhia, 44% eram filhos da terra.[67]

1.3.3 – O trabalho desenvolvido pelos frades franciscanos

Em que pese seu protagonismo, os jesuítas não foram nem os primeiros nem os únicos religiosos a empenhar-se na atividade missionária no Brasil. Os pioneiros, nesse caso, foram os franciscanos, ou melhor, foram os únicos religiosos a marcar presença no Brasil até 1549. À parte, o fato de que a primeira missa na nova terra tenha sido celebrada em 1500 por frei Henrique de Coimbra, em 1503 foi organizada uma missão franciscana em Porto Seguro, Bahia, onde dois frades portugueses construíram a primeira igreja do Brasil, feita em taipa de pilão e coberta de palha. Era dedicada a Nossa Senhora da Glória, mas dela hoje só restam ruínas,[68] inclusive porque, em 1505, os dois frades foram massacrados pelos índios Tupiniquins, tornando-se os protomártires da Igreja brasileira.[69]

Nova presença de frades italianos seria registrada na mesma Porto Seguro, por volta de 1548; mas um deles morreu afogado num rio e o outro regressou para a Itália. Em todo caso, para além dessas lacônicas informações, nada

---

[64] Cf. SERVILIO CONTI, *O santo do dia*, 3ª ed. Editora Vozes, Petrópolis, 1986, p. 248-249.
[65] HERNÂNI DONATO, *Brasil 5 séculos*, p. 12.
[66] Cf. SERVILIO CONTI, *O santo do dia*, p. 248-249.
[67] ÂNGELA VIANA BOTELHO – LIANA MARIA REIS, *Dicionário Histórico. Brasil Colônia e Império*, p. 51.
[68] Cf. NILZA BOTELHO MEGALE, *112 invocações da Virgem Maria no Brasil*, Editora Vozes, Petrópolis, 1979, p. 29.
[69] FRANCISCO MORALES (COORD.), *Franciscanos en América*, Conferência Franciscana de Santa Maria de Guadalupe, México 1993, p. 442.

se sabe dos mencionados frades. O que se sabe é que houve outros frades da mesma ordem religiosa na Bahia em 1534. O fato foi relatado pelo cronista Irmão Jaboatão (frei Antônio de Santa Maria Jaboatão), o qual mencionou o nome de frei Diogo de Borba; mas parece que confundiu este com outro nome. Ao ciclo português pertence ainda o irmão leigo espanhol frei Pedro Palácios (1500?-1570), membro da custódia portuguesa de "Nossa Senhora de Arrábida". Ele desembarcou na Bahia onde ajudou os jesuítas na catequese dos índios; porém, em 1558, partiu para a capitania do Espírito Santo. Lá, no alto de uma formação rochosa, construiu uma ermida chamada de Nossa Senhora da Penha, na atual Vila Velha. Vivia como ermitão e missionário dos índios dos arredores, tendo falecido em 1570 com fama de santidade.[70]

Dois casos paralelos aconteceram em Santa Catarina em 1537 e 1548. O episódio de 1537 teve a ver com dois navios espanhóis comandados por Alonso Cabrera com destinação ao Paraguai que, na desembocadura do Rio da Prata, foram surpreendidos pelo mau tempo. Um deles, arrastado até a costa da Ilha de Santa Catarina, tinha a bordo cinco missionários franciscanos, dos quais se conhece apenas o nome de dois: fr. Bernardo de Armenta e fr. Alonso Lebrón. Em vez de ficarem na ilha, os frades passaram para o continente, mais exatamente para um lugar chamado de Mbiaçá. Com o auxílio de alguns espanhóis que lá se encontravam e conheciam a língua indígena, começaram a assistir os nativos carijós. Seu trabalho foi interrompido em 1541, pois, contra a sua vontade, tiveram de acompanhar o novo governador Álvar Núñez Cabeza de Vaca (c.1488-1559), que passou por ali na sua viagem ao Rio da Prata. Os frades retornaram em 1545 para dar continuidade à missão, mas o resultado foi atroz. Entre o final de 1547 e o início de 1548, aventureiros portugueses, em dois navios guiados por Pascoal Fernandes, proveniente de São Vicente, e Martin Vaz, de Ilhéus, invadiram a missão, prendendo os índios e levando-os embora para escravizá-los em São Vicente. Parece que frei Bernardo já havia morrido quando isso ocorreu, ao passo que fr. Alonso acompanhou os índios até o mencionado vilarejo e dali regressou para a Espanha.[71]

É conhecido ainda outro caso da presença de franciscanos espanhóis, datado de 1583. Naquele ano passou por Santos, SP, uma frota de navios que iam para o estreito de Magalhães levando vários frades missionários. Três deles desembarcaram e subiram a serra, estabelecendo-se em Piratininga, onde já estavam presentes os jesuítas. Durante dois anos, os recém-chegados viveram numa ermida dedicada a Nossa Senhora da Luz, atuando junto aos colonizadores e aos índios. Um deles, frei Diogo de Guizo, certa vez repreendeu publicamente um aventureiro da Espanha que se encheu de rancor. E um dia, quando tal frade retornava da coleta de esmolas, foi assassinado pelo rancoroso espanhol.[72]

Fazendo um balanço, nos primeiros 84 anos da história do Brasil, a atividade dos franciscanos permaneceu sempre esporádica, sem uma organização metódica e sem continuidade. Nesse período, foram nove os grupos de frades menores que desembarcaram na colônia portuguesa, mas nenhum deles conseguiu criar uma forma estável de presença. A situação mudou em 1584, quando

---

[70] IBIDEM, p. 442.
[71] IBIDEM, p. 442-443.
[72] FRANCISCO MORALES (COORD.), *Franciscanos en América*, p. 443.

Jorge de Albuquerque Coelho, terceiro donatário da capitania de Pernambuco, pediu a frei Francisco Gonzaga (1546-1620), eleito Superior-Geral da Ordem Franciscana em 1579, fundar um convento em Olinda. Como Portugal, desde 1580, encontrava-se unido à Coroa da Espanha, ele apresentou a Felipe II uma solicitação para tanto. Teve sucesso: aos 13 de março de 1584, frei Gonzaga presidiu o Capítulo Provincial franciscano em Lisboa, decretando a fundação da Custódia de Santo Antônio do Brasil, dependente da Província Franciscana de igual nome, sediada na Metrópole. O centro escolhido para a nova jurisdição foi exatamente o de Pernambuco, e, ao mesmo tempo, frei Melchior de Santa Catarina acabou sendo nomeado como primeiro custódio.[73]

Frei Melchior, com seis confrades, embarcou para o Brasil em 1º de março de 1585, chegando no dia 12 de abril seguinte. Assim, o convento aberto em Olinda no ano de 1585 viria a se tornar a casa-mãe dos frades no Brasil. Os anos sucessivos assistiram à expansão contínua da Ordem franciscana na colônia: em 1587, convidados pelo bispo da Bahia, estabeleceram-se em Salvador, após o que, em 1588 abriram uma segunda comunidade em Igaraçu, onde o Superior era frei Antônio do Campo Maior, e ali davam assistência aos indígenas, tendo, com este objetivo, construído três capelas em três diversas tribos. Em 1589 os frades se estabeleceram na Paraíba e, ao mesmo tempo, passaram a trabalhar com as tribos de nativos de Almagra, Guirajibe, Joane, Mangue e Praia, às quais, em 1593, acrescentaram aquelas de Pirajibe, Assunção, Jaaoca e Santo Agostinho. Por isso, quando fr. Melchior morreu em Lisboa no ano de 1618, as bases de sua ordem no Brasil estavam já firmemente estabelecidas,[74] também porque novas importantes comunidades haviam sido abertas. Belém do Pará era uma dessas, onde, em 1617, se estabeleceram quatro frades, tendo como Superior fr. Antônio de Marciana. Foi o embrião do Comissariado de Santo Antônio, no Pará. Uma segunda importante comunidade do século XVII foi erigida em São Luís do Maranhão no ano de 1624. Era composta por 13 franciscanos, liderados por frei Cristóvão de Lisboa. Bem cedo deram início à construção do convento de Santa Margarida, posteriormente chamado convento de Santo Antônio.[75]

No sudeste os franciscanos conheceram igual desenvolvimento, com conventos dedicados à catequese em diversas cidades. Alguns exemplos: convento de Santo Antônio no Rio de Janeiro (1608), convento de São Francisco em São Paulo (1639); Santo Antônio em Santos (1639), São Boaventura de Macacu (na desaparecida Vila de Santo Antônio de Sá, 1649), Nossa Senhora da Conceição em Itanhaém (1654), Nossa Senhora do Amparo no Rio de Janeiro (1658), Santa Clara em Taubaté (1674), Nossa Senhora dos Anjos em Cabo Frio (1684) e São Luís de Itu (1691).[76]

Nesse desenvolvimento se distinguiu frei Vicente do Salvador (1564-c.1635), brasileiro natural da Bahia, que exerceu várias atividades entre a Paraíba e o Rio de Janeiro, além de se tornar professor de filosofia a partir de 1606.

---

[73] VENÂNCIO WILLEKE, *Franciscanos na história do Brasil*, Editora Vozes, Petrópolis, 1977, p. 27, 40.
[74] IBIDEM, p. 41-49.
[75] Cf. VENÂNCIO WILLEKE, *Franciscanos no Maranhão e Piauí*, Editora Vozes, Petrópolis, 1978, p. 18-19.
[76] HÉLIO VIANNA, *História do Brasil,* 12ª ed., Edições Melhoramentos, São Paulo, 1975, p. 105.

Em 1625, permaneceu um ano inteiro prisioneiro dos holandeses que haviam invadido a Bahia; mas, dois anos depois, publicou a *História do Brasil*, considerada o primeiro tratado histórico da colônia. Por outro lado, graças ao progresso registrado, em 1647 a Custódia do Brasil atingiu sua autonomia e, em 24 de agosto de 1657, tornou-se Província autônoma. Chegado o ano de 1659, uma nova frente foi aberta: a custódia da Imaculada Conceição do Brasil, a qual, aos 15 de julho de 1675, também se tornaria província. A expansão numérica dos frades foi igualmente considerável e essa atingiu seu ápice em 1760, quando o número dos franciscanos no Brasil atingiu a cifra de cerca 1.160 religiosos. Aquele, porém, era o período do regalismo pombalino, razão pela qual, no final do século XVIII, começou a se verificar um declínio patente.[77]

1.3.4 – Os carmelitas

Gradualmente, outras ordens religiosas se estabeleceram no Brasil, sendo os carmelitas uma delas. Em 1579, durante o breve período em que Portugal teve como rei o Cardeal Henrique (1512-1580), dito purpurado permitiu a Frutuoso Barbosa, rico habitante de Pernambuco, colonizar às suas custas a Paraíba. Frutuoso foi a Portugal e contatou o recém-eleito Provincial carmelita Damião Costa. Como Damião ainda não fora confirmado por Roma, quem acolheu a solicitação foi o primeiro definidor do Capítulo, fr. João Cajado, o qual concedeu que quatro de seus confrades fossem missionar ali. Eram eles: fr. Alberto de Santa Maria, fr. Bernardo Pimentel, fr. Antônio Pinheiro e fr. Domingos Freire. No final de janeiro de 1580 os frades partiram, tendo como superior nomeado fr. Domingos.

A viagem foi serena, mas, quando se aproximaram da costa, uma tempestade os obrigou a desembarcar em Recife. Paralelamente, a tentativa de colonização foi pouco frutuosa e os carmelitas continuaram a trabalhar aonde tinham chegado. O capítulo português da Ordem reunido em Beja, no ano de 1583, confirmou a fundação que, em 1586, recebeu o reforço de quatro novos confrades. Em 1589 foi aberto um convento em Santos, SP, e um ano depois a Ordem recebeu uma légua de terra para erigir uma nova casa também no Rio de Janeiro. Em 1595, sob a presidência do Prior-Geral Giovanni Stefano Chizzola, organizou-se a passagem da fundação à nova condição de vicariato. João Seixas foi eleito como primeiro vigário provincial. Foram também eleitos os priores dos conventos, que já eram quatro: Olinda, Salvador, Rio de Janeiro e Santos. Em 1600, por ordem do Prior-Geral, a sede da jurisdição foi transferida para Salvador. Crescia o número de noviços, motivo pelo qual, em 1596, Olinda se tornou centro de estudos. O mesmo acontecera mais tarde na Bahia. Acrescentaram-se outras fundações: Angra dos Reis (1593), São Paulo (1596), Sergipe (1600), Paraíba (1608), São Luís do Maranhão (1616), Belém do Pará (1624) e Mogi das Cruzes (1629). Também o número dos frades tinha crescido bastante: eles, que em 1606 eram 99, tornaram-se 200 em 1635.[78]

No ano de 1685 o vasto vicariato do Brasil foi dividido em dois: Rio de Janeiro e Bahia: O primeiro compreendia os conventos do Rio, São Paulo, Santos,

---
[77] Francisco Morales (Coord.), *Franciscanos en América*, p. 444, 447.
[78] Joachim Smet, *I Carmelitani*, vol. II, Institutum Carmelitanum, Roma, 1990, p. 337-339.

Angra dos Reis, Mogi das Cruzes e Vitória, no Espírito Santo; enquanto o segundo – Bahia e Pernambuco – abarcava os conventos de Olinda, São Cristóvão, em Sergipe, Paraíba, Recife, Goiana, Salvador e Rio Real. Em 1715, o vicariato da Bahia contava com 218 religiosos e o Rio 163. Finalmente, em 1720, Papa Clemente XI erigiu as duas províncias autônomas de Bahia-Pernambuco e Rio de Janeiro. Deve-se ressaltar que se formou um vicariato a parte, no Maranhão, que não seria elevado à província. Os carmelitas se estabeleceram ali em 1615, por meio de dois frades, sendo frei Alexandre Moura o primeiro prior. Em 1624, seria fundado um segundo convento em Belém do Pará que, gradualmente, superou em importância o de São Luís. Certo é que os carmelitas do Maranhão e do Pará não assumiram a evangelização dos índios até o final do século XVII.[79]

1.3.5 – A ação de outros religiosos na colônia

Em 1581, também os beneditinos se estabeleceram no Brasil. O primeiro grupo de monges, tendo como Superior Dom Antônio Ventura de Laterano, chegou ao Brasil enviado pelo abade-geral da ordem beneditina de Portugal. Eles foram bem acolhidos em Salvador, seja pelo bispo, Dom Antônio Barreiros, seja pelo governador e pelo povo. Os monges se instalaram na igrejinha de São Sebastião, doada à ordem, com os terrenos circunstantes. O mosteiro progrediu rapidamente e, em 1584, o capítulo geral dos beneditinos portugueses, celebrado em Pombeiro, foi elevado à abadia. Dom Antônio Ventura foi eleito como primeiro abade. Os monges encontraram também uma grande benfeitora na pessoa de Catarina Álvares, viúva de Caramuru. Por testamento, quando ela morreu em 1586, deixou aos beneditinos a igreja que com o marido fizera construir em honra de Nossa Senhora das Graças, assim como as terras circundantes.[80]

Por outro lado, o abade enviou os seus confrades Pedro Ferraz e João Porcalho para fundarem o mosteiro do Rio de Janeiro em 1590. Mais fundações surgiriam: Olinda (1590), Paraíba (1596) e São Paulo (1598). Entrementes, foi também criada a Província Beneditina do Brasil, cujo primeiro Provincial foi Dom Clemente das Chagas, escolhido em 1596.[81]

Após os beneditinos, os capuchinhos fixaram igualmente residência na colônia portuguesa, mas por razões bem diversas, pois os primeiros quatro frades da mencionada ordem chegaram provenientes de Paris, no ano de 1612, época em que os franceses invadiram o Maranhão e pretenderam estabelecer no Brasil uma colônia chamada de "França equinocial". Expulsos os invasores, os frades – que a esta altura eram catorze – tiveram de abandonar o seu convento na cidade de São Luís e deixar o território brasileiro em 1614.[82]

Um segundo grupo, originário da Bretanha, chegaria em 1642, época em que os holandeses haviam conquistado Pernambuco. A esses se acrescentaram mais religiosos bretões e também italianos, aumentando o número de conventos capuchinhos: Olinda (1649), Recife (1656) e Rio de Janeiro (1656). Também dessa vez o resultado não foi satisfatório: em 1654, derrotados, os

---

[79] IBIDEM, vol. II, p. 341-346.
[80] PEDRO CALMON, *História do Brasil*, vol. I, p. 133-136.
[81] PAULO FLORÊNCIO DA SILVEIRA CAMARGO, *História eclesiástica do Brasil*, p. 96-97.
[82] CARLOS ALBINO ZAGONEL ET ALII, *Capuchinhos no Brasil*, Edições Est, Porto Alegre, 2001, p. 8.

holandeses se retiraram definitivamente do Brasil, e os capuchinhos terminaram de novo expulsos em 1698, sob a acusação de serem estrangeiros e suspeitos de traição. A necessidade, porém, de missionários para integrar os indígenas à sociedade forçou os portugueses a mudar de política e assim, em 1705, a Coroa de Portugal autorizou a entrada de frades italianos para catequizar os habitantes das tribos. Por isso, ao longo do século XVIII, o número de religiosos europeus da ordem citada cresceu e os trabalhos que desenvolviam se diversificaram. Com o tempo, e segundo a terminologia então utilizada para as fundações em vias de desenvolvimento entre os frades, foram organizadas três prefeituras dos capuchinhos no Brasil, algo semelhante a vicariatos, que eram as seguintes: Bahia (1712), Pernambuco (1725) e Rio de Janeiro (1737).[83]

Os Mercedários, por sua vez, chegaram em 1639. Tudo começou em 1630 quando os holandeses invadiram Pernambuco e em seguida estenderam seu domínio em boa parte do nordeste brasileiro. Isso isolou o Maranhão e o deixou sem a possibilidade de ser assistido por padres. Como o Brasil desde 1580 tinha se tornado parte do império espanhol, o governador local, Jácomo Raimundo de Noronha, em 28 de setembro de 1637, ordenou ao capitão Pedro Teixeira pedir ajuda numa colônia andina. O capitão reuniu 70 soldados e 1.200 indígenas, e com 47 grandes canoas subiu o rio Amazonas. Supõe-se que, ao aproximarem-se das nascentes peruanas do grande rio, tenham atravessado os Andes a pé, porque é certo que depois de um ano de viagem atingiram Quito, no Equador. A inusitada expedição teve uma ótima acolhida, e o capitão apresentou a solicitação ao bispo diocesano, Dom Pedro de la Peña Montenegro, O.P. (?-1583), para que ele enviasse sacerdotes ao norte do Brasil. Pedia igualmente ao Provincial da Ordem das Mercês, Frei Francisco Muñoz Baena, fundar um convento em Belém do Pará. O Provincial acolheu o pedido e encontrou quatro frades, dois dos quais, sacerdotes (Pe. Alonso de Armijo e Pe. Pedro de la Rua Cirne), e dois irmãos leigos dispostos a partir. A esses se acrescentaram dois padres e assim, aos 12 de dezembro de 1639, a Ordem dos Mercedários abriu em Belém sua primeira casa brasileira.

No ano seguinte eclodiram as hostilidades, uma vez que Portugal se separou da Espanha e o governador confiscou o convento de Belém e ordenou que os frades fossem expulsos. A população reagiu indignada e o governador pediu a Lisboa que eles não fossem perturbados. O rei João IV de Bragança (1604-1656) acedeu e, aos 9 de dezembro de 1665, por meio de uma licença, autorizou-os a restarem. O convento do Pará começou a acolher vocações e isso tornou possível, numa data não clara, entre 1651 e 1654, a abertura de uma nova comunidade em São Luís do Maranhão, a qual seguiu o convento de Alcântara, em 1659, e outros mais. O desenvolvimento durou até o século XVIII quando, a exemplo de todos os demais religiosos, o "pombalismo" lhes impôs uma "freada".[84]

Nesse meio tempo, os Agostinianos descalços haviam se estabelecido em Salvador da Bahia, no ano de 1693. Mais tarde, graças às vocações nativas que

---

[83] ROVÍLIO COSTA E LUÍS A. DE BONI, *Os Capuchinhos do Rio Grande do Sul*, Est edições, Porto Alegre, 1996, p. 14.
[84] EMÍLIO SILVA CASTRO, "A Ordem das Mercês no Brasil (1639-1965)", em: *Analecta Mercedária*, em: *Analecta Mercedária*, Tipografia Dom Bosco, Roma 1993, p. 294-304; CÂNDIDO MENDES DE ALMEIDA, *Memórias para a história do extinto Estado do Maranhão cujo território compreende hoje as províncias do Maranhão, Grão--Pará e Amazonas*, tomo I, Tipografia do Comércio de Brito & Braga, Rio de Janeiro, 1860, p. 119.

eles acolheram, abriram novas comunidades em Pernambuco, nas cidades de Recife e Goiana. A Ordem Agostiniana permaneceu sempre pouco numerosa no Brasil, mas desenvolveu um importante trabalho de cura d'almas. Um dos agostinianos mais conhecidos entre os brasileiros foi frei José de Santa Rita Durão (1722-1784), nascido em Cata Preta, Minas Gerais, autor do poema épico "Caramuru". Também seu confrade, frei Francisco da Assunção Brito (1732-1808), teve um papel relevante, até porque se tornaria Arcebispo de Goa, na Índia, em 1774. Acrescente-se que o Brasil teve dois bispos agostinianos portugueses: frei Antônio Corrêa (1721-1802), Arcebispo da Bahia, e frei Vicente do Espírito Santo (1730-1798), bispo de Goiás. Mais tarde, como se verá adiante, após a independência, chegado o ano de 1824, os agostinianos descalços da Bahia terminariam suprimidos pelo imperador Dom Pedro I.[85]

A situação era mais complexa no tocante à vida religiosa feminina, porque eram poucas as moças brancas na Colônia e, para complicar, não havia religiosas de vida ativa no Brasil (como as Filhas da Caridade), e Portugal se opunha aos monastérios para mulheres. Assim as donzelas que realmente desejavam entrar num convento tinham de deixar o Brasil. Isso, na verdade, era outro problema porque, quando apresentavam pedido para tanto, corriam os riscos de ver tal solicitação rejeitada. Foi o que aconteceu aos conselheiros municipais do Rio de Janeiro e Salvador, em 1603 e 1633, que receberam parecer negativo. Graças, porém, à intercessão do bispo de Salvador e do Papa, foi permitida a instituição de um mosteiro de clarissas provenientes de Évora em Salvador, aos 13 de maio de 1659. Infelizmente, as irmãs consentiram na admissão de escravas para servi-las e isso se tornou um fator de relaxamento da vida claustral.

Com o tempo, para despistar a legislação vigente, surgiram os *recolhimentos*, semelhantes a conventos, mas sem um reconhecimento oficial. O primeiro deles foi instituído em Olinda, no ano de 1576, e geralmente eles eram organizados e mantidos por leigas piedosas, sendo respeitados e assistidos pela igreja local. Além de Olinda, houve instituições do gênero no Rio de Janeiro e no interior de Minas Gerais.[86] A propósito de Minas Gerais, por ordem régia, em 1701, todos os regulares ficaram proibidos de construírem conventos lá e até mesmo de entrarem em dita capitania. Entretanto, o fato de a proibição ter sido expedida sucessivas vezes ao longo do século XVIII demonstra que a norma era burlada.[87]

Os padres da Congregação do Oratório ("Oratorianos") se estabeleceram também no Brasil. Essa congregação, como se verá, nos séculos XVII e XVIII foi a que mais se aproximou das doutrinas jansenistas e galicanistas. Teve a complacência do marquês de Pombal que quis dela fazer a sucessora dos jesuítas. Não foram, porém, bem-sucedidos no Brasil e acabaram sendo suprimidos no início do século XIX.[88]

---

[85] *Coleção das leis do Império do Brasil de 1824*, Imprensa Nacional, Rio de Janeiro, 1886, p. 25-26, 28, 49; ROBERTO JARAMILLO, *Los Agustinos en America Latina*, Centro de Estudios Teológicos de la Amazonia, Iquitos, 1987, p. 226.
[86] MAURÍLIO CÉSAR DE LIMA, *Breve história da Igreja no Brasil*, p. 58-59; RONALDO VAINFAS (dir.), *Dicionário do Brasil colonial (1500-1808)*, p. 148.
[87] ÂNGELA VIANA BOTELHO – LIANA MARIA REIS, *Dicionário Histórico do Brasil Colônia e Império*, 6ª ed., Autêntica, Belo Horizonte, 2001, p. 48.
[88] SÉRGIO BUARQUE DE HOLANDA ET ALII, *Histórico geral da civilização brasileira*, vol. I, p. 74.

1.3.6 – A questão judaica e as visitações da Inquisição

Outra problemática, com que a Igreja do Brasil colônia teve de conviver, foi a situação dos judeus emigrados e seus descendentes. A questão teve suas origens na Espanha, porque, por meio do édito baixado aos 31 de março de 1492, os Reis Católicos Fernando e Isabel ordenaram que todos os judeus não batizados deixassem o território de seus estados, no prazo de quatro meses, sob pena de morte e confisco dos bens. Muitos deles procuraram refúgio em Portugal, onde Dom João II (1455-1495) autorizou a instalação das famílias mais ricas, cerca de seiscentas, em troca de altas compensações em dinheiro. Também foi consentida a presença de numerosos outros por oito meses, mediante pagamento da propina individual de 2 escudos, ao passo que aqueles que nada podiam pagar se viram reduzidos a escravos. Certo é que a maioria acabou ficando em território lusitano, engrossando a já numerosa população hebraica no país. Foi nesse período que muitas crianças filhas dos judeus cativos, de dois a dez anos de idade, acabaram sendo tiradas dos pais, batizadas e enviadas com Álvaro de Caminha para a Ilha de Santo Tomé. Segundo José Hermano Saraiva, poucas sobreviveram,[89] mas Miguel de Oliveira, assumindo o parecer de João Lúcio de Azevedo, sustentou que tais infantes foram entregues a colonos para receberem educação cristã.[90] De fato, Joan Nieuhof (1618-1672), ao passar por São Tomé em 1643, conheceu descendentes deles, descrevendo-os como "gente de aparência muito esquisita".[91]

Relevante para a saga judaica resultou também a morte de Dom João II em 25 de outubro de 1495, pois, como ele não deixou herdeiro direto, teve como sucessor seu primo e cunhado, Dom Manuel I (1469-1521), o qual naquele mesmo ano libertou os judeus castelhanos escravizados. Cognominado "O venturoso", o novo soberano entrou em tratativas para se casar com Dona Isabel de Aragão e Castela, filha dos Reis Católicos, mas a princesa reclamou que se expulsassem os judeus antes da sua entrada no reino. Com base nisso, a 24 de dezembro de 1496, Dom Manuel decretou que todos os judeus e mouros saíssem de Portugal no prazo de dez meses, sob pena de morte e perda dos bens a favor de quem os denunciasse. Os mouros que não quiseram se converter puderam sair livremente, mas com os judeus a situação foi bem diversa. O motivo foi que os conselheiros do rei se deram conta dos prejuízos que a expulsão acarretaria: perda dos enormes produtos que os judeus pagavam, sangria dos valores que levariam consigo, mais a saída de milhares de úteis artesãos. Isso levou o soberano a adotar outra atitude: a comunidade judaica poderia permanecer, tendo, porém, de abraçar o Cristianismo. Com esse fim, foi ordenado em 1497 o batismo forçado de todos os semitas, ao tempo em que se proibia a saída deles pelo mar (o que equivaleu à proibição de deixar o país, uma vez que não era possível entrar em território espanhol), mas também se deu a todos eles a garantia de que por vinte anos não seriam perseguidos por motivos religiosos. Em outros termos, foi imposta a conversão ao Catolicismo, o que também resolvia a

---
[89] José Hermano Saraiva, *História concisa de Portugal*, p. 131-132.
[90] Miguel de Oliveira, *História eclesiástica de Portugal*, p. 131.
[91] Joan Nieuhof, *Memorável viagem marítima e terrestre ao Brasil*, Livraria Martins, São Paulo, 1942, p. 9.

pendência com a consorte espanhola. O resultado foi que os bairros judeus (as "judiarias") foram extintos, as sinagogas transformadas em igrejas e os judeus, ao menos oficialmente, tornaram-se cristãos. Para distinguir os católicos de antiga data dos recém-absorvidos, passou-se a falar de "cristãos novos" (judeus) e "cristãos velhos".[92] Outro apelativo adotado para os judeus "convertidos", usado mais comumente na Espanha, foi o injurioso adjetivo "marrano", corresponde a "porco", ao lado do qual se usaria também o termo hebraico "anussim", que significava "forçado".[93]

A convivência entre esses dois grupos que por séculos tinham vivido separados foi lenta e difícil, e a primeira geração dos judeus que se viram coagidos a abraçar uma fé imposta foi quase toda judaizante ou formada por observantes crípticos dos ritos de outrora.[94] Dom Manuel, no entanto, acreditava que pela ação do tempo as aparências se tornariam realidade; mas não foi exatamente o que aconteceu. A "solução" chegou sob o governo do monarca seguinte, Dom João III (1502-1557), quando se instalou o tribunal inquisitório no país para velar pela reta fé. A instalação não foi fácil, pois, quando o rei solicitou a aprovação do citado tribunal, o Papa Clemente VII (1478-1534), quiçá porque estivesse a par dos excessos acontecidos na Espanha, relutou em fazê-lo. Seu sucessor, Paulo III (1468-1549), cedeu, e com a bula *Cum ad nihil*, de 23-8-1536, atendeu enfim à solicitação, mantendo, porém, a competência dos bispos em assuntos de fé, com o direito de defesa dos acusados, ao lado de garantias contra o sequestro de bens, caso fossem condenados (o que não foi acolhido em Portugal).[95]

A inquisição portuguesa tinha jurisdição sobre todas as colônias e sua ação se estenderia até 31 de março de 1821. Na metrópole ela contou com três tribunais permanentes: Évora (desde 1536), Lisboa (1537) e Coimbra (1541).[96] Cada um deles possuía um inquisidor próprio e todos eram presididos por um inquisidor-mor. As questões brasileiras eram resolvidas pelo tribunal de Lisboa, que realizou seu primeiro auto de fé – não relativo ao Brasil –, a 20 de setembro de 1540.[97]

Acrescente-se que, malgrado a "legenda negra" existente sobre o célebre tribunal, as condenações à morte que ele emanou foram bem menos numerosas de quanto crê. Prova disso é que, nos quase três séculos em que permaneceram em atividade, dentre as 25.000 pessoas que passaram pelos autos de fé, os três tribunais, Lisboa, Coimbra e Évora, sentenciaram à pena capital, respectivamente, 366, 355 e 351 réus. E, dentre eles, somente uns poucos, por suficiente força de caráter, foram queimados vivos.[98] Como comparação – salvas as óbvias diferenças de contexto –, recorda-se que o terror revolucionário francês, entre 1793 e 1794, executou cerca de 16.500 pessoas. Se a essa cifra

---

[92] José Hermano Saraiva, *História concisa de Portugal*, p. 132.
[93] Marcos Silva, *Cristãos-novos no Nordeste: entre a assimilação e o retorno*, Editora UFS, São Cristóvão, 2012, p. 10.
[94] Arnold Wiznitzer, *Os judeus no Brasil colonial*, p. 1.
[95] Maurílio César de Lima, *Breve história da Igreja no Brasil*, p. 69.
[96] Miguel de Oliveira, *História eclesiástica de Portugal*, p. 135.
[97] Arnold Wiznitzer, *Os judeus no Brasil colonial*, p. 2.
[98] Maurílio César de Lima, *Breve história da Igreja no Brasil*, p. 70; Arnold Wiznitzer, *Os judeus no Brasil colonial*, p. 101.

se acrescentar os que expiraram na prisão ou à espera de julgamento, os mortos superam a casa dos 30.000.[99]

No que diz respeito ao Brasil, chamou atenção dos inquisidores a causa do consistente número de "cristãos novos" que se refugiou nos seus confins. Muitos deles continuavam ligados à fé antiga, sendo que, no recôncavo baiano, tinham até uma casa de culto localizada no engenho de Heitor Antunes, em Matoim, que funcionou durante décadas. Em Pernambuco, também havia numerosos "cristãos novos" e, como na Bahia, possuíam igualmente um local de reunião conhecido como a "esnoga", situada na fazenda de Bento Dias em Camaragibe.[100]

Em ambas as capitanias se moveram processos contra os "cristãos novos", por causa de suas práticas judaizantes. Mesmo assim, a inquisição nunca foi formalmente introduzida no Brasil, ainda que por volta de 1580, o tribunal de Lisboa tenha outorgado poderes análogos ao bispo de Salvador, e também os jesuítas foram autorizados a auxiliar os prelados diocesanos no preparo do processo contra os hereges e a extraditar os acusados para ações inquisitórias em Lisboa. Depois, em 1591, o Arquiduque Alberto d'Áustria (1559-1621), inquisidor-geral de Portugal, nomeou Heitor Furtado de Mendonça, visitador de São Tomé, Cabo Verde e Brasil.[101]

O referido visitador chegou à Bahia em 9 de junho de 1591 e no dia 28 de julho seguinte, após nomear a comissão inquisitorial, publicou um auto de fé, mais uma Carta Monitória e um Termo de Graça para a cidade de Salvador e seus arredores num raio de uma légua. Da população se exigiu, num prazo de trinta dias, fazer confissões e denunciar culpados, se quisesse obter um tratamento magnânimo. Deviam ser denunciados vários delitos como bruxaria, sodomia, heresia e práticas judaizantes. Os judaizantes, obviamente, eram os mais visados. O resultado foi que mesmo pessoas proeminentes acabaram sendo denunciadas. Apesar de tudo, não obstante a grande quantidade de processos contra os judaizantes, dadas as dificuldades advindas da insuficiência de provas, somente alguns deles foram levados para o tribunal da inquisição sediado em Lisboa.[102]

Em seguida, Heitor Furtado de Mendonça foi para Recife, aonde chegou no dia 21 de setembro de 1593. Lá tomou medidas semelhantes àquelas de Salvador, visitando também Itamaracá e Paraíba. De novo foram apresentadas várias denúncias e, perante a mesa do Santo Ofício, compareceu em 21 de janeiro de 1594 até mesmo Bento Teixeira (1561-1616), autor da *Prosopopeia* e considerado o "pai da poesia brasileira". Ele foi preso em 30 de agosto de 1595 em Pernambuco, enviado para Lisboa e submetido ao auto de fé público em 31 de janeiro de 1599 para abjurar as suas heresias. Acabou sentenciado a usar hábito penitencial por toda a vida, mas, mesmo assim, escapou de punições mais rigorosas.[103]

Após a partida do visitador Heitor Furtado de Mendonça do Brasil no final de 1595, o bispo de Salvador se viu novamente incumbido de preparar os processos contra judaizantes e hereges, sempre contando com a ajuda dos jesuítas para

---

[99] ALAN FORREST, *La rivoluzione francese*, Isocietá Editrice Mulino, Bologna, 1999, p. 70.
[100] MARCOS SILVA, *Cristãos-novos no Nordeste: entre a assimilação e o retorno*, p. 41.
[101] ARNOLD WIZNITZER, *Os judeus no Brasil colonial*, p. 10.
[102] ARNOLD WIZNITZER, *Os judeus no Brasil colonial*, p. 10-12, 20.
[103] Cf. URI ZWERLING, *Os judeus na história do Brasil*, Outras Letras, Rio de Janeiro, 2013, p. 64-65, 67, 71.

a extradição deles para Lisboa. A isso se seguiu uma nova visita da inquisição à jurisdição diocesana da Bahia em 1618, desta vez conduzida pelo futuro bispo Pe. Marcos Teixeira de Mendonça (1578-1624). O padre desenvolveu grande atividade na igreja local dos jesuítas, de 11 de setembro de 1618 a 26 de janeiro de 1619, período em que 52 pessoas compareceram diante do tribunal para denunciar outras 134, entre as quais, 90 judaizantes. Os relatórios da visitação atestam que durante 25 anos, aproximadamente, os "marranos" do Brasil e os judeus confessos de Flandres mantiveram contínuas relações uns com os outros. Outro particular é que, em 1618, os judaizantes já não eram mais chamados de "cristãos novos" e sim "membros da nação". Apesar de tudo, os resultados concretos dessa visitação foram insignificantes. Muitos "marranos", no entanto, ficaram alarmados e preferiram deixar o Brasil, fugindo para a região do Prata.[104]

Existem ainda menções de uma visitação em São Vicente, no ano de 1628, por parte de Luís Pires da Veiga, quando se inquiriu um único acusado, o flamengo Cornélio Arzão. Outra hipotética visitação teria ocorrido no Rio de Janeiro, por volta de 1637, bem como mais uma, de data incerta, no Pará. No século XVIII, em 1774, o tribunal ganharia novo regimento que restringiu, mas não eliminou, a pena de morte.[105]

Enquanto isso continuavam vigentes os "Estatutos da pureza do sangue" que, de Portugal, se estenderam ao Brasil. Eles estabeleceram que os "cristãos novos" não eram iguais aos "cristãos velhos", por considerar que ser judeu era algo que se transmitia por meio de sangue. Assim, como os primeiros eram dotados de "sangue infecto", não podiam ocupar funções públicas nem serem admitidos às ordens religiosas, ao lado de discriminações mais. Para burlar tal legislação, muitos descendentes de judeus ocultavam a própria condição, além do que, seja a causa de casamentos com cristãos que pelo sucessivo afrouxamento do controle, eles acabaram se deixando absorver pela sociedade circundante. Certos elementos da sua cultura, porém, sobreviveram, e o judaísmo ainda estava vivo nos anos de 1700, como bem o demonstram o clamoroso caso do escritor e dramaturgo carioca Antônio José da Silva (1705-1739). Filho de uma família hebreia, após o pai, João Mendes da Silva, receber a acusação de ser um "judaizado", Antônio José teve de partir com os seus para Lisboa em 1713. O pai acabou voltando ileso para a família ainda naquele ano, mas, anos mais tarde, o filho Antônio foi convidado por uma tia, de nome Esperança, a professar a religião de Moisés que ela ocultamente seguia. Por isso, aos 13 de outubro de 1726, depois de ter sido preso e torturado, num auto de fé Antônio José teve de abjurar, assinando também um termo em que prometia o mais inviolável segredo sobre tudo o que vira e ouvira quando inquirido. Antônio regressou então a Coimbra onde concluiu com distinção seus estudos jurídico-canônicos. Depois disso se dedicou a escrever peças teatrais; mas, em 3 de outubro de 1537, após denúncia feita por uma escrava cabo-verdiana de sua mãe, chamada Leonor Gomes, foi expedido pela inquisição contra ele mais um mandato, acusando-o de apostasia. Novamente preso, apesar dos testemunhos favoráveis dos frades dominicanos, frei Antônio Coutinho, frei

---

[104] Arnold Wiznitzer, *Os judeus no Brasil colonial*, p. 27-31, 34-35.
[105] Maurílio César de Lima, *Breve história da Igreja no Brasil*, p. 71.

Luiz de São Vicente Ferreira e frei José da Câmara, ao lado de outros, que afirmaram ser o acusado um bom cristão, inteiramente arrependido de sua antiga apostasia, a sentença final foi condenatória. Perdida a última esperança, procurou Antônio os consolos da religião, que encontrou no confessor jesuíta Francisco Lopes. O drama se encerrou em 18 de outubro de 1739, domingo, quando o estrangularam pelo "garrote", dando depois seu cadáver às chamas. A septuagenária mãe do condenado, Lourença Coutinho, mais a consorte Leonor e a filinha de apenas quatro anos de idade foram obrigadas a assistir à execução.[106] Entretanto, antes que o século XVIII acabasse, no ano de 1773, um edito pombalino aboliu a distinção entre "cristãos velhos" e "novos".[107]

1.4 – As tentativas de infiltração protestante na Colônia

A presença protestante no Brasil se fez sentir ainda no século XVI, cabendo a dois luteranos o papel de precursores. Hans Staden (1525-1576), alemão, chegou primeiro, em duas viagens que realizou entre 1548 e 1555. Na segunda, sua embarcação naufragou na costa de Itanhaém; porém nativos tupiniquins o levaram para São Vicente. Integrou-se aos colonos, mas foi depois capturado pelos índios tupinambás, que o detiveram em Ubatuba por quase nove meses. Entretanto, os tupinambás eram aliados dos franceses e um capitão da França convenceu o cacique Abatí-Poçanga que o prisioneiro era um compatriota dele. Libertado e levado para a Europa, Staden narraria suas peripécias na obra *Viagem ao Brasil*, publicada em Marburgo, Alemanha, no ano de 1557. Antes da captura citada acima, tivera ele a oportunidade de se encontrar com o segundo luterano (e também alemão) que desembarcara – Heliodor Eoban Hesse (1529-1585) – chegado em 1554. Hesse igualmente morou certo tempo em São Vicente, mas de lá se deslocaria para as plagas cariocas. Essa originária dupla de luteranos, contudo, não fez prosélitos no Brasil.

A iniciativa de implantar efetivamente o credo protestante na América portuguesa ficou por conta dos calvinistas. Tudo começou em 1555, quando Nicolas Durand de Villegaignon (1510-1571), francês natural de Provins, dispôs-se a levar a cabo uma empresa de colonização no Brasil. Como, porém, não possuía recursos econômicos para custear tal façanha, recorreu a Gaspard II de Coligny (1519-1572), que ainda era católico, e por meio dele, à própria coroa da França.[108] A invasão que se projetou não foi, portanto, uma "iniciativa calvinista", inclusive porque esta recebeu o apoio do Cardeal de Lorena. Além disso, Villegaignon era membro da Ordem de Malta.[109]

O desejo de apropriar-se de um percentual do comércio das especiarias, então controlado pelos portugueses, era outra motivação de peso, e o monarca francês, Henrique II de Valois (1519-1559), cedeu dois navios, auxílio financeiro e a licença de levar criminosos para ajudarem na realização da conquista. Antes de iniciá-la, Villegaignon teve o cuidado de ir secretamente à região de Cabo

---

[106] Joaquim Caetano Fernandes Pinheiro, *Estudos históricos*, 2ª ed., Livraria Editora Cátedra, Rio de Janeiro, 1980, p. 292-305.
[107] Boris Fausto, *Storia del Brasile*, Fabula, Cagliari, 2010, p. 45, 49.
[108] Sérgio Buarque de Holanda et alii, *História geral da civilização brasileira*, vol. I, p. 148.
[109] Ibidem.

Frio em 1554, onde estabeleceu relações com os índios tamoios e se informou sobre os hábitos dos lusitanos. De volta à França, concluiu os preparativos, partindo do Havre aos 15 de julho de 1555. A chegada à baía da Guanabara aconteceu em 10 de novembro seguinte e, assim que os barcos ancoraram, o citado líder pediu ao frade franciscano André Thévet (1502-1590), que viera na expedição, celebrar uma missa agradecendo a Deus o êxito da travessia.[110]

Os franceses fizeram da Ilha de Sergipe o centro de suas atividades, onde viriam a construir o Forte Coligny; mas a administração do novo domínio não foi simples. O clima tropical era de difícil adaptação, tendo frei Thévet adoecido e ido embora três meses após a chegada; jovens tripulantes, apesar da oposição de Villegaignon, estabeleceram relações adulterinas com índias, e a antropofagia praticada pelos nativos causou grande mal-estar no chefe invasor. Por tudo isso, em 1556, ele se encontrou com insuficiente número de homens, o que o motivou a buscar ajuda fora. Escreveu então ao rei e a membros da nobreza, porém minguados resultados obteve. Mais atenção conseguiu de seu ex-colega João Calvino (1509-1564), com quem havia estudado nos educandários *La Marche* e *Montaigu*. Calvino, a exemplo do "consistório" de Genebra, concordou em colaborar,[111] ainda que seu propósito, naturalmente, fosse aquele de fazer prosélitos. Importa que logo se organizou um grupo "missionário" liderado por Phillipe de Corguilleray (senhor Du Pont), com a assessoria dos pastores Matthieu Verneuil, de 50 anos de idade, e Guillaume Chartier, de 30. Os outros membros foram André la Fon, Jacques Rousseau, Jean de Léry, Jean du Bourdel, Jean Gardien, Matthieu Verneuil, Martin David, Nicolas Carmeau, Nicolas Denis, Nicolas Raviquet e Pierre Bourdon. Jean Crespin (c.1520-1572) diria que a iniciativa foi colocada em ato "rendendo graças a Deus pela ampliação do reino de Nosso Senhor Jesus..."[112]

Os "arautos" genebrinos partiram a 10 de setembro de 1556 e se dirigiram ao porto de Honfleur, na Normandia, onde, no dia 19 de novembro, se juntaram a trezentos soldados-colonos. Boa parte desses últimos fora recrutada pelo Marquês de Coligny, que se tornara huguenote convicto e procurava um refúgio para seus irmãos de fé, perseguidos em solo pátrio. Dali todos eles zarparam numa frota de três navios carregados com víveres, ferramentas e peças de artilharia, sob o comando de Legendre Boissy, senhor de Bois-Le-Comte, sobrinho de Villegaignon. Após uma exaustiva viagem, chegaram à destinação em 7 de março de 1557.[113]

Três dias depois, no Forte de Coligny, Pierre Richier e Guillaume Chartier celebraram o culto e, no domingo de ramos, 21 de março, a "ceia", na que Villegaignon veio a receber o pão e o vinho, abençoados ao modo calvinista. Padre Agnello Rossi afirma que ele abjurou ao Catolicismo naquela ocasião,[114] mas a aludida "conversão" tem suscitado dúvidas, porque as palavras que o citado líder proferiu ali não seriam "comprometedoras". Vasco Mariz e Lucien Provençal, citando outros autores, sustentam que se tratou de "duas invocações com considerações teológicas bastante

---

[110] Vasco Mariz – Lucien Provençal, *Villegagnon e a França Antártica. Uma reavalição*, Nova Fronteira, Rio de Janeiro 2000, p. 73-75, 85.
[111] Vasco Mariz – Lucien Provençal, *Villegagnon e a França Antártica. Uma reavalição*, p. 79, 85-87, 90.
[112] Jean Crespin, *Histoire des martyrs*, vol.2, Societé des Livres Religieux, Toulouse 1887, p. 453-454.
[113] Vasco Mariz – Lucien Provençal, *Villegaignon e a França Antártica*, p. 90-91, 104; Carl Joseph Hahn, *História do culto protestante no Brasil*, 2ª ed., Associação de Seminários Teológicos Evangélicos (ASTE), São Paulo, 2011, p. 64.
[114] Agnelo Rossi, *Diretório Protestante do Brasil*, Tipografia Paulista, Campinas, 1938, p. 15-16.

nebulosas, em que faltam precisamente os traços principais da religião calvinista".[115] O evento, aliás, não aconteceu sem polêmica, pois dele também participou o ex-dominicano Jean Cointac (dito também de Bolés), chegado junto dos ministros de Genebra, que questionou a ausência de paramentos e vasos sagrados. Ele desejou ainda que se usasse pão ázimo e fosse misturada água ao vinho, além de levantar questões mais, tomando como base os Padres da Igreja, quais Justino Mártir, Ireneu, Tertuliano e outros. Villegaignon aderiu às objeções, por entender que os antigos tinham mais autoridade que os doutores modernos; porém, naquele momento, não se chegou à ruptura, pois as partes simularam estar de acordo.[116]

Entrementes, os franceses conseguiram fazer muitos aliados entre os índios tamoios, tradicionais inimigos dos portugueses, mas, por outro lado, os rivais dos tamoios, os temiminós, chefiados por Arariboia (batizado depois como Martim e tornado fundador do vilarejo que se transformaria mais tarde na cidade de Niterói) em 1564 se uniriam aos lusitanos. Outro particular foi que os citados tamoios, em relação à religião, demonstraram ser bem menos receptivos de quanto o foram em campo militar. Os calvinistas se colocaram em contato com eles, mas o resultado foi frustrante e isso pode ser atribuído também à repulsa que os nativos da terra e os brasileiros em geral causavam nos invasores. As palavras de Jean de Léry, nesse sentido, ao recordar tal experiência, são esclarecedoras:

> O país era totalmente deserto e inculto. Não havia nem casas nem tetos nem quaisquer acomodações de campanha. Ao contrário, havia gente arisca e selvagem, sem nenhuma cortesia nem humanidade, muito diferente de nós em seus costumes e instrução; sem religião, nem conhecimento algum da honestidade e da virtude, do justo e do injusto, a ponto de vir à mente a ideia de termos caído entre animais com figura de homem. [...] Apesar das prédicas feitas a este povo bárbaro, nenhum indivíduo quis abandonar a sua crença e converter-se.[117]

A situação dos huguenotes no Rio se complicou mais ainda, porque Villegaignon rompeu literalmente com a doutrina deles. O Pastor Chartier foi enviado à França para pedir instruções a respeito, mas, antes que chegasse o resultado da consulta, passada a ceia de Pentecostes, o líder dos invasores declarou Calvino herético e transviado da fé.[118]

Ante tal repúdio explícito, os calvinistas, por meio de Du Pont, fizeram-lhe saber que não eram mais seus súditos. As discussões se tornaram tão exacerbadas que, em outubro de 1557, os reformados tiveram de se retirar para o continente, a meia légua do Forte de Coligny, fixando-se num lugar chamado *La Briqueterie* (a atual Olaria). Enquanto esperavam uma embarcação que os levasse de volta para a Europa, alojaram-se em cabanas ali construídas por franceses que Villegaignon expulsara anteriormente, como "bocas inúteis". Alimentavam-se de raízes, frutas, peixes e de alguns legumes trazidos pelos índios, a quem agradavam dando-lhes suas camisas e outras

---

[115] Vasco Mariz – Lucien Provençal, *Villegaignon e a França Antártica*, p. 105.
[116] Jean Crespin. *Histoire des Martyrs*, vol.2, p. 457.
[117] Jean de Léry, *Viagem à terra do Brasil*, Livraria Martins, São Paulo, 1941, p. 31, 86.
[118] Agnelo Rossi, *Diretório Protestante do Brasil*, Tipografia Paulista, Campinas, 1938, p. 15-16.

vestes.¹¹⁹ Afinal, no dia 4 de janeiro de 1558, os 16 refugiados conseguiram embarcar para a França a bordo do navio *Jacques*, depois de pagarem cem escudos ao comandante. Por causa, porém, dos problemas da embarcação e da escassa quantidade de comida, cinco deles – Pierre Bourdon, Jean du Bourdel, Matthieu Verneuil, André la Fon e Jacques le Balleur – regressaram num batel ao Forte Coligny. Villegaignon se surpreendeu ao vê-los, mas os acolheu e prometeu de repatriá-los, desde que se portassem bem. Não o fizeram: eles acirraram os ânimos contra o líder do forte, após o que tentaram fugir para São Vicente. Só Jacques le Balleur conseguiu; mas, ao pôr lá os pés, acabou preso e levado para Salvador, onde ficaria de 1559 a 1567. Dali foi mandado de volta para o Rio, cidade onde sua história teria o desfecho derradeiro, como será analisado em seguida. Nesse meio tempo os outros membros do grupo a que pertencera já haviam sido processados por alta traição.¹²⁰

No breve período em que os quatro permaneceram no cárcere, fora-lhes ordenado responder por escrito, dentro de doze horas, a várias questões teológicas. Jean du Bourdel, com a ajuda dos demais, compilou então a "confissão de fé da Guanabara", contendo 17 artigos que sintetizavam a doutrina calvinista. Nicolas Durand de Villegaignon acusou-os de heresia e os condenou à morte, poupando somente André Lafon, que recuou em suas convicções. Assim, a 9 de fevereiro de 1558, Bourdel, Verneuil e Bourdon foram estrangulados, sendo seus corpos jogados nas águas da Baía de Guanabara. Vinte anos mais tarde, Jean Crespin, ao publicar a *Histoire des martyrs* que compôs, referiu-se ao trio como vítimas, cujas vidas teriam sido sacrificadas no Brasil, "para manter a verdade do Evangelho".¹²¹ Ainda em 1578, Jean de Léry, na obra *Histoire d'un voyage fait en la terre de Brésil*, tampouco hesitou em atribuir a queda mesma da França Antártica a Villegaignon, por não ter ele, como dizia, permanecido "fiel à religião reformada".¹²² Descrever o citado líder francês como vilão, aliás, tornou-se um lugar comum da literatura protestante, e também Maria Graham afirmaria: "Villegagnon comportou-se com tal tirania que muitos dos huguenotes foram forçados a regressar para a França. […] A traição de Villegaignon foi a causa da ruína da empresa".¹²³

A derrocada dos franceses na Ilha de Sergipe, porém, aconteceu com Villegagnon ausente, pois ele, deixando o comando em mãos do seu sobrinho, Bois le Comte, retornara à França em 1559, na vã tentativa de conseguir ajuda. Justo naquele ano, a rainha regente de Portugal, Catarina d'Áustria (1507-1578), veio em auxílio do governador-geral do Brasil, Mem de Sá (1500-1572), enviando uma armada com dois galeões de guerra sob o comando do Capitão Bartolomeu Vasconcelos da Cunha. O governador juntou então mais oito embarcações às duas naus citadas e partiu para o sul, engrossando as tropas que o seguiam com novas guarnições agregadas em Ilhéus, Porto Seguro

---

¹¹⁹ JEAN CRESPIN, *Histoire des martyrs*, vol.2, p. 464.
¹²⁰ VASCO MARIZ – LUCIEN PROVENÇAL, *Villegaignon e a França Antártica*, p. 116.
¹²¹ JEAN CRESPIN, *Histoire des martyrs*, vol.2, p. 465.
¹²² JEAN DE LÉRY, *Viagem à terra do Brasil*, p. 227.
¹²³ MARIA GRAHAM, *Diário de uma viagem ao Brasil e de uma estada nesse país durante parte dos anos de 1821, 1822 e 1823*, Companhia Editora Nacional, São Paulo, 1956, p. 19.

e Espírito Santo. No dia 21 de fevereiro de 1560, o contingente adentrou na Baía de Guanabara.[124]

Pouco depois teve início o ataque ao Forte Coligny. A arremetida decisiva aconteceu em 15 de março seguinte e, após dois dias de combates, os setenta franceses restantes, junto de seus oitocentos aliados indígenas, renderam-se. Certo número de combatentes da França regressou para a Europa, mas outros se refugiaram em terra firme, apoiados pelos índios tamoios. O local por eles escolhido foi Uruçu-mirim, aldeia onde hoje se localiza o Outeiro da Glória e a Ilha de Paranapuã.[125]

Paralelamente, as enfermidades transmitidas pelos brancos haviam dizimado centenas de nativos, dentre os quais o *tuxaua* tamoio Cunhambebe. Aimberê o sucedeu e retomou a luta, debalde tentando a adesão dos Guaianases. Até Tibiriçá ele sondou, mas o cacique de São Paulo reafirmou seu apoio aos portugueses. Houve intervalos não violentos, sem que se estabelecesse a paz. Era esta a situação quando, no dia 6 de fevereiro de 1564, Estácio de Sá (1520-1567), sobrinho de Mem de Sá, com canoas e guerreiros atracou fora da Baía de Guanabara, fazendo depois um reconhecimento desta. Hostilizado pelos índios lá residentes, enviou emissários a Nóbrega e Anchieta, a fim de consultá-los a respeito. Os dois jesuítas aceitaram o convite e, no dia 31 de março, eles e os demais concordaram que o melhor a fazer era buscar reforços e provisões em São Vicente. No domingo que se seguiu, os padres celebraram a missa no local onde existira o Forte Coligny. Estácio partiu então para São Paulo e, após meses de preparação, retornou com uma pequena expedição, adentrando na Baía de Guanabara em 28 de fevereiro de 1565. Um dia depois, entre o Pão de Açúcar e o Morro Cara de Cão, lançou as bases da cidade do Rio de Janeiro, que serviria de suporte para a peleja em curso. A regente Catarina interveio novamente, enviando, em maio de 1566, outra esquadra, sob o comando de Cristóvão de Barros, com ordens para que o governador-geral dirigisse a expedição ao Rio. A referida armada chegou a 19 de janeiro de 1567 e, no dia seguinte, teve início a operação militar. O primeiro combate aconteceu em Uruçu-mirim e as forças lusas triunfaram, capturando 9 ou 10 invasores, depois executados. Três dias depois seria destruído o último reduto da resistência, o Forte de Paranapecu. Até Bois le Comte retornou para a Europa, e a presença de franceses na área urbana e arrabaldes do Rio de Janeiro chegou ao fim.[126]

Aimberê não tombou em Uruçu-mirim, mas pereceu por afogamento junto de sua esposa Iguaçu pouco depois. Também Estácio de Sá, ferido que fora no rosto por uma flecha envenenada durante o citado combate, expirou um mês mais tarde. Rio de Janeiro, nesse meio tempo, tornou-se uma nova capitania da colônia, tendo sido governada de 1567 a 1569 por Mem de Sá. Sucedeu-o a Salvador Correia de Sá (1602-1688), outro dos seus sobrinhos, que por sua vez seria substituído por Antônio Salema. Após ter tomado posse em março de 1575, ainda naquele ano, Salema decidiu eliminar a presença dos derradeiros

---

[124] AGUSTO TASSO FRAGOSO, *Os franceses no Rio de Janeiro*, Biblioteca do Exército Editora, Rio de Janeiro 2004, p. 51-52.
[125] JORGE COUTO, *Portugal y la construcción de Brasil*, Editorial MAPFRE, Madrid 2007, p. 300.
[126] AUGUSTO TASSO FRAGOSO, *Os franceses no Rio de Janeiro*, p. 56-57; Jorge Couto, *Portugal y la construcción de Brasil*, p. 305.

franceses, refugiados havia vinte anos no último bastião da confederação dos tamoios, situado na região de Cabo Frio. Para tanto, recrutou tropas de brancos provenientes da Baía de Guanabara, do Espírito Santo e de São Vicente, apoiados por centenas de nativos temininós catequizados, e deu início à luta, conseguindo cercar o reduto dos inimigos. Estes tiveram de se render, sendo consentido aos franceses se retirarem, exceção feita a três diretores da defesa, um inglês, outros dois naturais da França e o pajé tupinambá, que terminaram sumariamente enforcados. Pior destino se reservou aos tamoios: mesmo tendo capitulado, foram massacrados a centenas, enquanto que aproximadamente 1.500 deles acabaram escravizados. Os vencedores ainda penetraram pelo interior destruindo aldeias, assassinando mais indígenas e apresando numerosos outros. Os poucos silvícolas sobreviventes procuraram refúgio na Serra do Mar e adjacências. Também este brutal episódio se enquadrou na lógica da chamada "guerra justa".[127]

Os jesuítas, paralelamente, exerciam grande atividade, principalmente porque o Pe. Manuel da Nóbrega, livre da função de Provincial, dedicou-se em tempo integral à questão do Rio de Janeiro, nos anos de 1560 e 1567. Foi exatamente o colégio da companhia de Jesus daquela cidade, do qual ele foi fundador e primeiro reitor, o lugar onde morreu. Isso aconteceu em 18 de outubro de 1570, mesmo dia em que ele completou 53 anos de idade.[128]

1.4.1 – O "caso" de Jean de Bolés

Quanto aos demais jesuítas, bem mais tarde, no "clima" da questão religiosa, eles ficaram na mira de certos maçons. Foi o caso de Joaquim Saldanha Marinho que, em 1873, imputou a Anchieta possuir "uma nódoa indelével" a "conspurcar" seu nome. Isso porque, segundo ele, o padre prolongara a agonia e depois ajudara a enforcar um calvinista francês, a quem chamava de João Bolei.[129] Passados quatro anos, outro maçom, Ubaldino do Amaral, apenas mudando o nome do condenado para Jean du Bodel, afirmou que o citado personagem ficara preso e atormentado durante oito anos para abjurar, terminando executado pelo missionário com requintes de crueldade:

> Foi o Bodel levado para a forca, assistido de Anchieta.
> Cena medonha! O carrasco, pouco adestrado no ofício, prolongava o padecimento da vítima. [...] Interveio o missionário. José de Anchieta ergue as mãos [...] Direis que elas se erguiam para o céu implorando piedade, invocando em um supremo apelo o Justo que também morreu supliciado por motivo de religião... [...] Não; era José de Anchieta que, dando sua lição ao carrasco, estrangulava ele próprio o padecente![130]

Essa invectiva seria repetida pelo pastor presbiteriano Álvaro Reis (1864-1925), que, em 1896, na obra *José de Anchieta à luz da história pátria*, dedi-

---

[127] Cf. LUÍS DONISETE – BENZI GRUPIONI (ORG.), *Índios no Brasil*, Global Editora, São Paulo 1998, p. 107.
[128] AURELIANO LEITE, *História da civilização paulista*, p. 23.
[129] JOAQUIM SALDANHA MARINHO, *A Igreja e o Estado*, Tipografia Imperial e Constitucional de J. C. Villeneuve, vo. I, Rio de Janeiro, 1873, p. 263.
[130] UBALDINO DO AMARAL, *Clericalismo*, Tipografia Hildebrandt, Rio de Janeiro, 1910, p. 39-40.

cada ao maçom Campos Sales, reiterou ter sido o padre Anchieta autor do aludido suplício. A única diferença é que, no caso, ele denominava o condenado de João de Bolés.[131]

Um enfoque diverso sobre o assunto seria dado pelo jesuíta Hélio Abranches Viotti (1906-2000). Ele salienta que, nos dois meses que passou no Rio de Janeiro após a derrota dos franceses, Pe. José de Anchieta se deparou com o caso de dez invasores aprisionados no combate de Uruçu-mirim e de mais outro, cujo nome não menciona, mas que se sabe tratar de Jacques le Balleur, trazido de Salvador. O governador português mandou enforcar os citados combatentes para exemplo e terror, enquanto Le Balleur, descrito como "fanático huguenote", terminou confiado a Anchieta para que fosse preparado para a morte, reconciliando-se com a Igreja. Dito huguenote inicialmente repeliu o padre de forma decidida, mas depois acabou mudando de atitude. Foi então que chegou o momento da execução – recordando sempre que Anchieta não era o carrasco nem tinha autoridade para impedir o enforcamento – e o algoz embaraçou-se com a sua "função". O padre, temendo pela salvação eterna do convertido, que poderia renegar a fé nos transes do suplício, chamou então a atenção do executor para que fizesse corretamente dito ofício. Além disso, o condenado, como se viu, não se chamava Bolei, Bodel ou Bolés.[132]

Existiu, contudo, um *Monsieur* de Bolés de trágico final, que não era o personagem mencionado acima, mas sim Jean Cointac, citado em precedência. Depois das desavenças com os calvinistas no Rio, Cointac se desentendeu também com Villegaignon, retirou-se do Forte de Coligny e, ao final de 1558, buscou refúgio em São Vicente. Lá, iniciou nova celeuma, desta vez com os católicos, coisa que fazia com certa destreza, pois conhecia latim, grego e algo de hebraico, sendo também bastante versado na interpretação protestante da Bíblia.[133]

Padre Luís da Grã procurou dissuadi-lo, mas, baldados seus esforços, denunciou-o. Jean Cointac acabou indo para a Bahia, onde conheceu Mem de Sá, partindo depois com ele para o Rio. Ao chegar, ensinou aos portugueses o modo de penetrar no Forte de Coligny; porém o processo junto à inquisição corria. O polêmico personagem foi então preso e enviado para o tribunal de Lisboa em 1563; mas, ao que parece, reconciliou-se com o Catolicismo. Passado certo tempo, porém, ele publicou alguns escritos polêmicos, que lhe custaram a deportação para Goa, na Índia. Foi seu fim: o tribunal inquisitório dali o condenou à pena capital em 1572.[134]

1.5 – Os protestantes holandeses no nordeste do Brasil

Outra tentativa de instalação do protestantismo seria levada a cabo pelos holandeses. O primeiro ataque que desferiram aconteceu em 1615 quando a esquadra de Joris van Spielberg tentou apossar-se de Santos e São Vicente, sendo

---
[131] Cf. Hélio Abranches Viotti, *Anchieta, o Apóstolo do Brasil*, p. 129.
[132] Cf. Hélio Abranches Viotti, *Anchieta, o Apóstolo do Brasil*, p. 125.
[133] Pero Rodrigues, *Vida do Padre José de Anchieta SJ*, Loyola, São Paulo 1981, p. 34.
[134] Maria de Fátima Medeiros Barbosa, *As letras e a cruz: pedagogia da fé e estética religiosa na experiência missionária de José de Anchieta, S.I. (1534-1597)*, nota 129, p. 157-158; Vasco Mariz – Lucien Provençal, *Villegaignon e a França Antártica*, p. 111.

enfrentada e derrotada pela coluna de Serra Acima comandada por Sebastião Preto.[135] Isso não desestimulou a cobiça das Províncias Unidas dos Países Baixos, que, aos 6 de junho de 1621, instituíram a Companhia das Índias Ocidentais, semelhante à sua congênere Companhia das Índias Orientais, criada em 1602. Depois de muitas considerações, a Companhia decidiu invadir o Brasil, também por motivações religiosas. Isso seria inclusive admitido mais tarde pelo teólogo reformado Caspar van Baerle (1584-1648), abrasileirado como Gaspar Barléu: *"Os mais religiosos pediam suas razões à religião e à conveniência de propagar uma doutrina 'mais pura', alegando que se deveria acender o facho da fé para guiar os povos que tateavam no reino das trevas..."*[136]

Assim, a 28 de março de 1624, o exército invasor zarpou para conquistar a Bahia. No comando estava o almirante Jacob Willekens (1564-1649), mais o vice-almirante Pieter Pietersen Heyn (1577-1629) e Johan van Dorth (1586-1624). Chegaram a Salvador em 8 de maio, conquistando-a em 48 horas. No dia 11 seguinte, Enoch Sterthenius celebrou por lá o primeiro culto calvinista. Nesse ínterim, o governador-geral Diogo de Mendonça Furtado, outras autoridades e os jesuítas permaneceram recolhidos num navio. O governador foi enviado preso para a Holanda (onde ficou até 1626), enquanto Van Dorth, feito administrador da conquista, destinou a sé local para os ritos de sua confissão. Outras igrejas acabaram transformadas em armazéns de pólvora e de provisões.[137] O quinto bispo de Salvador, Dom Marcos Teixeira de Mendonça (1578-1624), e a maior parte dos habitantes se refugiaram no vilarejo Espírito Santo. Dom Marcos orientou a resistência até morrer com as forças exauridas aos 8 de outubro de 1624, após o que assumiu seu posto o ex-capitão maior da Paraíba, Francisco Nunes Marinho. Seguiu-se uma luta de guerrilhas e emboscadas, em que até mesmo Joahann van Dorth terminou assassinado por Francisco Padilha. Veio então da Europa Francisco de Moura e Salvador foi cercada. Para completar o assédio aos invasores, no dia 29 de março de 1625 chegou também uma grande frota luso-espanhola sob o comando de Dom Fadrique de Toledo Osório (1580-1634). Em 30 de abril os holandeses se renderam, assinando a capitulação no convento do Carmo. Depois de recuperada a cidade, o almirante espanhol entregou o governo a Francisco Moura e fez vela com sua armada.

A perda da Bahia não foi suficiente para que os holandeses desistissem, porém eles escolheram um novo objetivo: Pernambuco, a mais próspera dominação do império português, principal região produtora de açúcar da colônia. Por isso, em 26 de dezembro de 1629, enviaram uma potente frota para apossar-se dela, sob o comando supremo de Johnkeer Diederik van Weerdenburgh. Os holandeses atingiram a enseada olindense a 14 de fevereiro de 1630 e até 3 de março seguinte conquistaram toda a costa vizinha, Recife inclusa. Já então havia pastores protestantes dentre eles, a exemplo de Johannes Baers (1580-1653), que escreverá depois: *"Fiquei em Olinda dez semanas [...] e ajudei a*

---

[135] AFONSO D'ESCRAGNOLLA TAUNAY, *História da cidade de São Paulo*, p. 24.
[136] GASPAR BARLÉU, *História dos feitos recentemente praticados durante oito anos no Brasil*, Livraria Itatiaia Editora Ltda., Belo Horizonte, 1974, p. 11.
[137] FRANCISCO ADOLFO VARNHAGEN, *História das lutas com os holandeses no Brasil desde 1624 a 1654*, Edições Cultura, São Paulo, 1943, p. 72-73.

introduzir ali a prédica da Palavra de Deus e o 'verdadeiro' culto divino".[138] Só que, além da tentativa de implantar o "verdadeiro culto", os calvinistas se entregaram a atos de vandalismo anticatólico, conforme descreveu frei Manuel Calado (1584-1654), contemporâneos dos fatos:

> Ficaram os holandeses senhores da vila [de Olinda] e [do] Recife, e começaram a saquear tudo com grande desaforo e cobiça. [...] Outros entravam nas igrejas e, depois de roubarem os ricos e custosos ornamentos e fazerem em tiras muitos deles, quebravam em pedaços as imagens de Cristo e da Virgem Maria e de outros santos e as pisavam com os pés com tanta coragem, e desaforo, como se com isto lhes parecesse que extinguiam a fé Católica Romana.[139]

Os luso-brasileiros, no entanto, não haviam desistido de lutar e se fizeram fortes numa colina das redondezas, onde organizaram o Arraial do Bom Jesus. O arraial estava numa posição estratégica e, dali por bom tempo, foi possível manter os invasores acuados numa faixa litorânea. Foi aí que Domingos Fernandes Calabar (c.1600-1635),[140] um senhor de engenho de Porto Calvo, traiu os defensores aos 20 de abril de 1632, vindo também a professar a fé reformada em 20 de setembro de 1634. Sua deslealdade propiciou a avançada terrestre dos batavos, e o próprio Arraial do Bom Jesus teve de capitular em 8 de junho de 1635, o que foi fatal para a resistência.[141]

Daquela data até 1637, os holandeses alargaram suas conquistas, conseguindo dominar grande parte do nordeste brasileiro. Em seguida, instituíram em Pernambuco um conselho político que, além de reger a "república", controlava também os negócios da guerra e do comércio, segundo as leis vigentes na sua pátria. Dito conselho, de 1637 a 1644, foi presidido por Johan Maurits van Nassau-Siegen, conhecido no Brasil como João Maurício de Nassau (1604-1679), num momento em que o *status* dos católicos submetidos já havia mudado. Recorda-se de que em Recife igrejas, como as do Corpo Santo e a de São Francisco, foram transformadas em templos calvinistas, e os padres que nos primeiros tempos ousaram ficar, segundo frei Manuel Calado, tiveram de agir às escondidas, até atenuar o rigor dos

---

[138] JOHANNES BAERS, *Olinda conquistada*, 2ª ed., Instituição Brasileira de Difusão Cultural, São Paulo, 1978, p. 12-13, 93.
[139] MANUEL CALADO, *O valeroso lucideno*, primeiro volume, Editora Itatiaia Limitada, Belo Horizonte, 1987, p. 51.
[140] Domingos Fernandes Calabar (1600-1635), descrito por frei Manuel Calado como "um mancebo mameluco, mui esforçado e atrevido", segundo o mesmo frade, aprendeu em pouco tempo a língua flamenga. No ano de 1630 ele se tornou um dos primeiros combatentes dos invasores; mas, em 1632, preferiu a eles se unir, tornando-se, nos três anos seguintes, responsável por muitas vitórias dos batavos, que com seu auxílio conquistaram Igaraçu e Itamaracá em maio de 1632 e o Rio Grande do Norte em 1633. Entretanto, em 1635, Matias de Albuquerque, que escapara do arraial do Bom Jesus e dera início a uma retirada geral em direção à Bahia, reconquistou Porto Calvo após seis dias de cerco. O Major Alexander Picard se rendeu no dia 19 de julho e, cumprindo os termos da capitulação, entregou Calabar. Os luso-brasileiros organizaram uma junta para decidir seu destino, a qual estabeleceu que ele deveria morrer enforcado e ter o corpo esquartejado, por ser traidor e aleivoso à sua pátria e ao seu rei. Antes da execução, contudo, Matias de Albuquerque mandou chamar frei Manuel do Salvador para que ele se confessasse. Segundo o frade, Calabar o fez "com muitas lágrimas e compunção de espírito", reabraçando o Catolicismo. Depois que os luso-brasileiros partiram, chegou o governador holandês Sigismundo Vandscop que vendo pendurados nos paus da trincheira os pedaços do condenado, com a cabeça espetada numa estaca, mandou juntar os restos e os fez enterrar na igreja local (MANUEL CALADO, *O valeroso lucideno*, p. 54, 62-64; ARNOLD WIZNITZER, *Os judeus no Brasil colonial*, p. 52).
[141] DÉCIO FREITAS, *Palmares, a guerra dos escravos*, 2ª ed., Edições Graal Ltda., Rio de Janeiro, 1978, p. 55.

invasores.¹⁴² Isso se dera em 1634, quando os Estados Gerais baixaram um édito concedendo parcial liberdade de crença religiosa a católicos e judeus. Jesuítas e franciscanos então retornaram para suas comunidades, e as celebrações, incluindo procissões em dias de festa, voltaram a acontecer.¹⁴³

Contemporaneamente, as comunidades protestantes dos invasores se multiplicaram, contando com dezenas de pastores para servi-las, alguns inclusive de outras nacionalidades. Também foram instituídos dois presbitérios (Pernambuco e Paraíba) e, unindo ambos, o Sínodo do Brasil (1642-1646). Funcionavam ainda consistórios (conselhos) nas igrejas locais, o que completou a organização eclesiástica calvinista.¹⁴⁴ O culto, segundo Joan Nieuhof, "tanto no que respeita à doutrina como à prática, era estritamente regulado pelas prescrições do sínodo nacional de Dordrecht".¹⁴⁵ O procedimento de certos ministros reformados, contudo, mereceu objeções de Joaquim Vicente Soler, ainda que ele próprio fosse colega deles. Soler denunciava que "os pastores são cachorros mudos pela maior parte; uns, em vez de cultivar o Campo do Senhor, cheio de más ervas, cultivam as terras e os campos que se adquiriram; [...] Os outros negociam para si e para outrem, e quase todos são gozadores veneráveis que procuram as boas mesas".¹⁴⁶

Da Holanda chegara igualmente, a partir de 1635, certo número de judeus que havia fugido de Portugal por temor da inquisição. Mais semitas vieram em seguida, e como ambas as levas tinham parentes "cristãos novos" em Pernambuco, aqueles aproveitaram das circunstâncias para se circuncidarem e se declararem judeus publicamente, ainda que outros tantos tenham preferido não fazê-lo.¹⁴⁷

A comunidade judaica instituiu então duas casas de culto em Recife: a primeira foi a *Kahal Kadosh Zur Israel* ("Rocha de Israel"), tida como a mais antiga sinagoga das Américas, inaugurada por volta de 1636. Nela, a partir de 1642, exerceria o rabinato Isaac Aboab da Fonseca (1605-1693), português emigrado para Amsterdã em 1612. Uma segunda sinagoga surgiu em Maurícia (parte do Recife construída pelos holandeses a partir de 1638), de nome *Kahal Kadosh Maghen Abraham* ("Santa comunidade escudo de Abrahão").¹⁴⁸

A convivência dessas três confissões – católica, calvinista e judaica – não foi tranquila. A tolerância religiosa não fazia parte do horizonte cultural da época e assim nem o clero deixou de clamar contra a dominação dos hereges, nem os pastores atenuaram sua oposição ao Catolicismo. Houve ainda casos pontuais de perseguição, como o ocorrido em 1636, quando todos os jesuítas foram presos e embarcados para a Holanda. Depois, os "cristãos velhos", ao verem os "cristãos novos" indo para as sinagogas com os judeus recém-chegados, passaram a considerá-los traidores, culpando-os de terem concorrido para a consolidação do domínio batavo. Para complicar, nos primeiros anos da ocupação os mesmos "cristãos velhos" tiveram de depender de intérpretes judeus, que se aproveitaram da situação tentando enriquecer o mais rápido possível.

---

¹⁴² MANUEL CALADO, *O valeroso lucideno*, p. 87.
¹⁴³ JOSÉ DO CARMO BARATTA, *História eclesiástica do Pernambuco*, Imprensa Industrial, Recife, 1922, p. 27.
¹⁴⁴ ANTÔNIO GOUVÊA MENDONÇA, *O celeste porvir*, Edições Paulinas, São Paulo, 1984, p. 19.
¹⁴⁵ JOAN NIEUHOF, *Memorável viagem marítima e terrestre ao Brasil*, p. 70.
¹⁴⁶ JOAQUIM VICENTE SOLER, *Dezessete cartas de Joaquim Vicente Soler*, Editora Index, Rio de Janeiro, 1999, p. 11.
¹⁴⁷ MANUEL CALADO, *O valeroso lucideno*, p. 100-102.
¹⁴⁸ SÉRGIO BUARQUE DE HOLANDA ET ALII, *História geral da civilização brasileira*, vol. I, p. 241.

Arnold Wiznitzer salienta que, frequentemente, ditos judeus se comportavam com arrogância diante dos portugueses, chegando mesmo a zombar deles.[149]

O resultado foi que católicos se associaram a calvinistas conseguindo limitar a liberdade de culto da comunidade judaica. Por isso, entre 5 e 14 de 1638, "os dois conventículos de Recife foram fechados, e o governo decretou que dali por diante o serviço religioso dos judeus só se pudesse realizar em casas particulares e a portas cerradas".[150] De outra feita, também a parte católica se viu em maus lençóis, pois, naquele mesmo 1638, os ministros protestantes exigiram e conseguiram que sofresse restrições, razão pela qual as procissões ficaram impedidas e as bênçãos dos engenhos se tornaram de competência dos ministros reformados.[151] Foi também proibida a vinda de visitadores do bispo da Bahia, a substituição de religiosos falecidos com outros novos, ou ainda, sob a alegação das necessidades de guerra e exaurimento do tesouro, pagar dízimo aos padres.[152]

Teve mais: em 1639, trinta e sete regulares, provenientes de conventos franciscanos diversos (Olinda, Serenhaém, Igaraçu e Paraíba), e também de comunidades beneditinas e carmelitas, foram recolhidos na Ilha de Itamaracá. Ali permaneceram um mês, período em que foram despojados e maltratados, após o que vieram transportados e abandonados em praias desertas de colônias espanholas, onde quase todos morreram. Outros, durante o trajeto, foram jogados vivos no mar.[153]

O proselitismo protestante no Brasil, entretanto, foi um fiasco, como acabou admitindo Gaspar Barléu:

> É muito tênue a esperança de conversão dos papistas, pela sua inveterada opinião de verdade, a qual dificilmente se lhes arrancaria, pois julgam que devem guardar a religião e as cerimônias recebidas de seus maiores e que seria abominável abandoná-las.
> Temos só um predicante que pode falar-lhes em português, mas nem um só papista que deseje ouvi-lo. Obstinados pelos conselhos de seus padres, a quem dão lucros, e presos pela superstição, fizeram-se surdos à voz dos nossos. Preferem as velharias retumbantes às novidades, e antes querem uma religião esplendorosa e ornada que uma menos brilhante e vistosa.
> Poderíamos instilar na infância os nossos preceitos, antes de estarem os espíritos imbuídos de outras doutrinas; mas os próprios portugueses a instruem entre as paredes privadas e, com prematura solicitude, gravam nessas tabuinhas rasas seus ensinamentos.[154]

Os calvinistas não deram particular atenção aos negros, serviram-se deles como escravos e até tentaram proibir o casamento inter-racial.[155] Com os índios foram mais indulgentes e, ainda em 1625, retornando da fracassada invasão da Bahia, os holandeses pararam durante seis semanas no norte da Paraíba e dali levaram consigo para a Europa seis jovens potiguaras. Quando se apoderaram

---

[149] ARNOLD WIZNITZER, *Os judeus no Brasil colonial*, p. 63.
[150] JOÃO ALFREDO LIBÂNIO GUEDES – JOAQUIM RIBEIRO, *História administrativa do Brasil*, vol. 3, Editora Universidade de Brasília, Brasília, 1983, p. 376.
[151] JOSÉ DO CARMO BARATTA, *História eclesiástica do Pernambuco*, p. 28.
[152] GASPAR BARLÉU, *História dos feitos praticados durante oito anos no Brasil*, p. 52.
[153] MANUEL CALADO, *O valeroso lucideno*, p. 98; MAURÍLIO CÉSAR DE LIMA, *Breve história da Igreja no Brasil*, p. 55.
[154] GASPAR BARLÉU, *História dos feitos praticados durante oito anos no Brasil*, p. 136-137.
[155] JOSÉ ANTÔNIO GONSALVES DE MELLO, *Tempo dos flamengos*, 2ª ed., Secretaria de Educação e Cultura do Pernambuco, Recife, 1978, p. 186-187, 190-191.

de Pernambuco, ditos nativos já haviam aprendido o holandês e aderido ao seu credo. Assim, foram mandados de volta em 1631 e atuaram como intérpretes e aliados dos batavos. Chegado o ano de 1645, os holandeses realizaram uma grande assembleia com seus aliados indígenas em Tapisserica, reunindo 120 representantes de 17 aldeias. Ali se constituiu três câmaras para coordenar a ação dos nativos, escolhendo-se conjuntamente três regedores: Domingos Carapenha para Pernambuco e Itamaracá, Pieter Poti para a Paraíba e Antônio Paraupaba para o Rio Grande do Norte. Pieter Poti, cacique da aldeia paraibana de Massarupe, comandou um contingente de seus guerreiros em apoio dos invasores e enviou eloquentes mensagens a outros chefes tribais – inclusive a Felipe Camarão, seu primo católico, aliado dos portugueses – na tentativa de fazê-los mudar de lado.[156]

Tampouco faltaram protestantes proselitistas entre os nativos, no que se destacou o pastor David van Dooreslaer,[157] ao qual se juntaria Johannes Edouard. Dooreslaer se ocupou de sete aldeias na Paraíba e Edouard de outras tantas em Goiana. Predicantes outros tomaram iniciativa análoga, a exemplo de Vicente Joaquim Soler, que pregou para as tribos próximas de Olinda. Valenciano de origem, ele tinha sido frade agostiniano até aderir às doutrinas de Calvino na França e manter relações com uma certa Maria. A filha deles, Margarita Soler, tornou-se amásia do conde Nassau, morrendo depois de paixão e tristeza quando tal líder a desprezou.[158]

O resultado do labor protestante também neste caso foi pouco frutuoso. Os Tapuias, por exemplo, aceitaram fazer uma aliança antiportuguesa com os holandeses, mas jamais aturaram a vida metódica de um aldeamento ou as arengas doutrinárias dos ministros reformados. Por essa razão, a maior parte das aldeias até certo ponto disponíveis era composta por tupis. Estavam assim as coisas quando, a partir de 1638, a chamada Igreja Cristã Reformada da Holanda deu início a um movimento sistemático para a conversão dos nativos. Chegado o ano de 1642, Doorenslaer, Edouard e Kemp apresentaram ao Conselho Supremo uma exposição solicitando que os filhos dos "brasilianos" (entenda-se, tupis) fossem separados dos pais desde cedo e educados em regime de internato em conventos expropriados, como aqueles de Ipojuca, Igaraçu e Paraíba. O Supremo Conselho submeteu a proposta ao Conselho dos XIX, que a acatou. Em 1642 foi indicado para tanto o convento de São Francisco em Maurícia; mas os índios não aceitaram se separar dos seus filhos e, em fevereiro de 1644, os do Ceará trucidaram vários holandeses. No mês de abril seguinte, o Conselho Supremo escreveu ao Conselho dos XIX [diretores da Companhia das Índias Ocidentais], informando que, "para não criarem aversão a este Estado, era melhor deixá-los como desejavam e ordenar que os predicantes e enfermeiros nas aldeias empregassem esforços para instruí-los na religião e na vida civil, tanto quanto possível". Era a confissão do fracasso: os holandeses abandonavam a obra da catequese.[159]

E isso não era tudo: em 1644 o Conselho Supremo expediu uma mensagem para Holanda informando que os índios que haviam enviado para lá, a

---

[156] FRANCISCO DE ASSIS PEREIRA, *Protomártires do Brasil*, Departamento Estadual de Imprensa, Natal, 1999, p. 66-70; JOHN HEMMING, *Ouro vermelho. A conquista dos índios brasileiros*, p. 423; FRANCISCO DE ASSIS PEREIRA, *Protomártires do Brasil*, Departamento Estadual de Imprensa, Natal, 1999, p. 66-70.
[157] JOÃO ALFREDO LIBÂNIO GUEDES – JOAQUIM RIBEIRO, *História administrativa do Brasil*, vol. 3, p. 376.
[158] MANUEL CALADO, *O valeroso lucideno*, p. 190.
[159] JOSÉ ANTÔNIO GONSALVES MELO, *Tempo dos flamengos*, p. 207, 211, 215, 220-223.

fim de receberem uma educação especial, ainda que continuassem firmes no protestantismo, longe estavam de possuírem uma conduta ideal. Isso porque, como dizia, "Pieter Poti e Antônio Paraupaba, cuja educação na Holanda custou tão caro à Companhia", eram "mais perversos e selvagens na maneira de viver que os outros [tupis] brasilianos".[160]

Houve, contudo, indígenas protestantes fervorosos e mesmo quase teólogos calvinistas de Bíblia na mão. Foi o que verificou Padre Antônio Vieira durante sua missão na Serra do Ibiapaba, na divisa entre o Piauí e o Ceará, para onde afluíram os índios de Pernambuco, Paraíba e Rio Grande do Norte – e também Antônio Paraupaba antes de partir definitivamente com sua família para a Holanda em 1654 –, quando o domínio holandês decaiu. Segundo Pe. Vieira, muitos nativos, "nascidos e criados entre os holandeses", tendo sido doutrinados por aqueles, estavam "tão calvinistas e luteranos como se houvessem nascido na Inglaterra ou Alemanha".[161]

Paralelamente, a Igreja Católica continuava a enfrentar a hostilidade dos protestantes e as restrições ao exercício do ministério do clero, o que levou Pe. Antônio Vieira a compor no ano de 1640, em Salvador da Bahia, o *Sermão pelo bom sucesso das armas de Portugal contra aquelas da Holanda*, convidando os católicos à resistência:

> Finjamos, pois (o que até fingido e imaginado faz horror); finjamos que vem a Bahia e o resto do Brasil a mãos dos holandeses; que é o que há de suceder em tal caso? – Entrarão por esta cidade com fúria de vencedores e de hereges; não perdoarão a estado, a sexo nem a idade. [...] Entrarão os hereges nesta igreja e nas outras; arrebatarão essa custódia, em que agora estais adorado dos anjos; tomarão os cálices e vasos sagrados, e aplicá-los-ão a suas nefandas embriaguezes; derrubarão dos altares os vultos e estátuas dos santos, deformá-las-ão a cutiladas, e metê-las-ão no fogo; e não perdoarão as mãos furiosas e sacrílegas nem às imagens tremendas de Cristo crucificado, nem às da Virgem Maria.[162]

Em 1644, pouco depois de os maranhenses expulsarem os invasores de seu território, Nassau entregou o governo ao Grande Conselho e deixou o Recife a 11 de maio.[163] Seguiu então para a Paraíba e dali para a Holanda no dia 22 do mesmo mês. O governo triunviral que o sucedeu era composto por Hendrick Hamel, Adriaen van Bullestrate e Kidd van der Burgh (pouco depois substituído por Pieter Jansen Bas), e sua chegada ao poder pareceu confirmar os temores do Padre Vieira, pois protestantes e judeus passaram a ultrajar a toda hora as crenças da população indígena.[164] Pior: no dia 16 de julho de 1645, no Rio Grande do Norte, Pe. André de Soveral SI (1572-1645) celebrava a missa dominical para 69 fiéis numa capela dedicada a Nossa Senhora das Candeias na fazenda de Cunhaú, município de Canguaretama, a 80 km de Natal, quando ele e todos os presentes foram massacrados pelos holandeses

---

[160] JOHN HEMMING, *Ouro vermelho. A conquista dos índios brasileiros*, p. 429.
[161] JOSÉ ANTÔNIO GONSALVES DE MELO, *Tempo de flamengos*, p. 223-224.
[162] ANTÔNIO VIEIRA, "Sermão pelo bom sucesso das armas de Portugal contra as da Holanda", em: *Sermões do Padre Vieira*, vol. III, Oficina de Miguel Deslandes, Lisboa, 1683, p. 486-487.
[163] JOSÉ DO CARMO BARATTA, *História eclesiástica do Pernambuco*, p. 30; FRANCISCO ADOLFO VARNHAGEN, *História das lutas com os holandeses no Brasil desde 1624 a 1654*, p. 226.
[164] JOÃO ALFREDO LIBÂNIO GUEDES – JOAQUIM RIBEIRO, *História administrativa do Brasil*, vol. 3, p. 405.

e índios potiguaras, seus aliados, sob a chefia de Jacob Rabbi, um alemão a serviço dos invasores. Depois da carnificina o corpo do Pe. André foi reduzido em pedaços. Passados apenas três meses, aos 3 de outubro de 1645, sucedeu outro massacre, no qual cerca de 80 católicos, entre os quais Pe. Ambrósio Francisco Ferro, português dos Açores, foram assassinados na comunidade de Uruaçu. Os martirizados sofreram sevícias atrozes, sobretudo o padre Ambrósio, que teve o coração arrancado pelas costas. Também nesse caso o executor foi Jacob Rabbi, que o fez com 200 índios liderados por Antônio Paraupaba, em São Gonçalo do Amarante, distante 18 km de Natal. Os mártires de Cunhaú e Uruaçu foram beatificados pelo Papa João Paulo II em 5 de março de 2000.[165]

Daí o apelo católico da "Insurreição Pernambucana", quando esta eclodiu em 1645. O próprio calvinista Nieuhof reconheceu que "os portugueses não pretendiam tanto provar a lealdade devida ao [seu] rei quanto recuperar a liberdade de consciência".[166] A essa altura o triunvirato holandês foi substituído por um conselho de cinco membros que se reuniu, pela primeira vez, aos 16 de agosto de 1646. Um deles, Abrahão Touwels, faleceu apenas dois dias depois e o novo governo, no dia 5 de setembro daquele mesmo ano, mandou divulgar um édito de perdão para todos os rebeldes, garantindo-lhes a liberdade religiosa. Era tarde. Em 1648, além do Maranhão, os holandeses já haviam perdido o Ceará, o interior do Pernambuco, Alagoas e Sergipe. Olinda foi reconquistada em 24 de abril daquele ano, e o triunfo decisivo dos insurgentes se consumou na segunda batalha dos *Guararapes*, em 19 de fevereiro de 1649. Foi ali que Pieter Poti caiu prisioneiro, após o jogarem numa enxovia, onde viu passar seis meses preso. Ele se viu submetido a variadas formas de tortura, mas ainda assim não abjurou o protestantismo. Morreu ao ser levado num navio para Lisboa em 1652.[167]

A guerra estava perdida para os holandeses e dentre os primeiros a escapar estavam os pastores calvinistas que, ainda em 1645, ante a aproximação dos rebeldes, já haviam abandonado o interior.[168] Enfim, aos 27 de janeiro de 1654, Sigismund Von Schkoppe (1600-1670), último governador-geral holandês no Brasil, capitulou, firmando a rendição da Campina da Taborda – uma campina que ficava em frente ao Forte das Cinco Pontas – ante o general Francisco Barreto de Menezes (1616-1688). As fortalezas que os batavos ainda ocupavam foram entregues aos portugueses, os judeus do Recife tiveram de ir embora e todo resquício calvinista foi eliminado.[169] Por outro lado, o pároco e coadjutor de Recife pôde tomar posse de sua igreja, e os franciscanos retornaram ao convento de Santo Antônio que tinha sido transformado em fortaleza e arsenal. Gradualmente, também outras igrejas e conventos foram restaurados.[170]

---

[165] Ronaldo Vainfas, *Dicionário do Brasil colonial (1500-1808)*, p. 72; Francisco Adolfo Varnhagen, *História das lutas dos holandeses no Brasil desde 1624 a 1654*, p. 258; Francisco de Assis Pereira, *Protomártires do Brasil*, p. 5, 14-15, 19, 35.
[166] Joan Nieuhof, *Memorável viagem marítima e terrestre ao Brasil*, p. 125.
[167] Francisco de Assis Pereira, *Protomártires do Brasil*, p. 5, 72-73.
[168] Arnold Wiznitzer, *Os judeus no Brasil colonial*, p. 108.
[169] Cf. Maurílio César de Lima, *Breve história da Igreja no Brasil*, p. 54-56; Barão do Rio Branco, *História do Brasil*, Conselho Estadual de Cultura, São Paulo SD, p. 36; João Alfredo Libânio Guedes – Joaquim Ribeiro, *História administrativa do Brasil*, vol. 3, p. 409-410.
[170] Arlindo Rubert, *A Igreja no Brasil*, vol. II, p. 126.

2

AS ESTRUTURAS ECLESIÁSTICAS DA COLÔNIA, A PROBLEMÁTICA DOS ÍNDIOS E DOS NEGROS E AS MANIFESTAÇÕES ARTÍSTICAS

Depois de ter estabelecido o governo-geral em 1549, com capital em Salvador na Bahia, dadas as dificuldades de administrar o imenso território colonial, por três vezes dividiu-se o Brasil em duas partes. E não deu certo. A primeira divisão aconteceu entre 1572 e 1577, quando houve um governo-geral com sede na Bahia, liderado por Luís de Brito e Almeida, e a outra no Rio de Janeiro, em mãos de Antônio Salema (?-1586). Em 1577 se refez a unidade sendo o novo governo chefiado por Lourenço da Veiga (1530-1581). Durante seu mandato, teve início a célebre "união das duas coroas" entre a Espanha e Portugal, durada de 1580 a 1640. Então, em 1608, o rei espanhol Felipe III (1578-1621) repartiu o Brasil uma segunda vez, mas, como antes, a iniciativa não vingou e em 1612 a união foi reintroduzida. O governo-geral único dessa etapa teve Gaspar de Souza (1550-1627) como primeiro titular. Os sucessores foram Luís de Souza, segundo conde do Prado, que governou de 1617 a 1621, e Diogo de Mendonça Furtado. Sob o governo deste último, a Espanha criou uma terceira divisão em 13 de junho de 1621, instituindo o Estado do Brasil, com capital em Salvador, que se estendia de Pernambuco a Santa Catarina; e o Estado do Maranhão com sede em São Luís, nos territórios que iam do Ceará à Amazônia, além de compreender partes do atual Tocantins. O governador nomeado para o estado maranhense, em setembro daquele ano, foi Francisco de Albuquerque Coelho de Carvalho.[1]

Essa terceira divisão foi mantida até a ascensão do marquês de Pombal, que impôs a reunificação. Rio de Janeiro, a partir de 1763, tornou-se a capital da inteira colônia. O primeiro vice-rei a se estabelecer nela foi Antônio Álvares da Cunha (1700-1791). Nesse meio tempo, a metrópole colonial havia organizado as "entradas" com o objetivo de penetrar na parte interna do território, descobrindo suas riquezas e nela construir vilarejos. As primeiras jazidas de ouro, porém, foram descobertas tardiamente, entre 1693 e 1695, onde hoje se encontra Minas Gerais. Nesse caso, a proeza foi realizada por grupos particulares de São Paulo, que organizaram expedições com esse fim,

---

[1] JURANDIR CORONADO AGUILAR, *Conquista espiritual: a história da evangelização na Província Guairá na obra de Antônio Ruiz de Montoya, S.I. (1585-1652)*, p. 74; JOSÉ DE ANCHIETA, *Cartas, informações, fragmentos históricos e sermões*, Editora Itatiaia, Belo Horizonte, 1988, p. 193.

popularmente chamadas de "bandeiras". Os "bandeirantes" encontraram novas minas em Goiás e em Mato Grosso, fazendo o século XVIII ficar conhecido como o "século do ouro". Portugal se apropriou da sua parte do achado, ao impor que um quinto de todo o ouro encontrado fosse para a Coroa. Também a organização política mudou, com a instituição de novas capitanias, todas desmembradas de São Paulo: Minas Gerais, criada em 20 de setembro de 1720, que teve Vila Rica (atual Ouro Preto) como capital; Goiás, emancipada aos 9 de março de 1748, cuja capital era Vila Boa de Goiás (hoje, cidade de Goiás); Mato Grosso, criada em 9 de maio de 1748, tendo como sede Vila Bela da Santíssima Trindade (mais tarde, em 1835, substituída por Cuiabá).

O crescimento da população e da produção de riquezas da colônia ensejou ainda um fato novo e não desejado: a formação do sentimento nativista, que provocaria os primeiros movimentos emancipatórios do Brasil. Para melhor exercer o controle, Portugal mudou também o *status* político da sua colônia que, de 1720 em diante, se tornou um vice-reino. O primeiro vice-rei foi Vasco Fernandes César de Meneses (1673-1741), visconde de Sabugosa, que permaneceu no cargo até 1735.

Um aspecto pouco recordado da realidade do Brasil de então foi que, até o século XVIII, o idioma português ainda não era utilizado por muitos dos seus residentes. No início da colonização, a língua dos indígenas tupinambás (tronco Tupi) era falada em grande parte da costa atlântica e, no século XVI, começou a ser aprendida pelos portugueses, que restaram sempre uma minoria da população. O resultado foi o largo uso daquele idioma nativo, denominado de "brasílico". Depois, o fato de quase não virem mulheres de Portugal contribuía para que os lusitanos se unissem com as indígenas, gerando numerosos filhos mestiços ("mamelucos"); e tanto eles quanto seus rebentos falavam a língua nativa com desenvoltura. Os jesuítas, também nesse particular, tiveram um papel fundamental, porque o Pe. José de Anchieta aprendeu o idioma e o sistematizou numa gramática, impressa em Coimbra no ano de 1595, com o título de *Arte de Gramática da Língua mais usada na Costa do Brasil*.[2]

Tal gramática se tornou de uso comum, e a sistematização que fez acabou sendo chamada de "língua geral". Obras mais se alinharam à novidade, como o *Catecismo em Língua Brasílica*, composto pelo Pe. Antônio de Araújo SI em 1618, considerado o primeiro do gênero na colônia, e a *Arte de Gramática da Língua Brasílica*, do Pe. Luís de Figueiroa (1573-1643), publicada em 1621. Esta última, com emendas e aditamentos, aos 16 de junho de 1685, recebeu autorização para uma segunda edição.[3] Outros idiomas indígenas foram igualmente codificados, propiciando a elaboração de novos manuais e catecismos. Para os kariri, povo de etnia tapuia, residentes na região nordestina banhada pelo rio São Francisco, o jesuíta Luís Vincêncio Mamiani (1652-1730) compôs o *Catecismo da Doutrina Cristã*, impresso em 1698. Afora isso, a "língua geral", a partir do século XVI e especialmente no século XVIII, difundiu-se também noutros troncos linguísticos, tornando-se importante veículo de comunicação e catequese entre diferentes etnias, ainda que a Amazônia tenha conhecido uma forma específica (*nhegatu*). Tão influente era a "geral" que, mesmo em

---

[2] Maria de Fátima Medeiros Barbosa, *As letras e a cruz: pedagogia da fé e estética religiosa na experiência missionária de José de Anchieta, S.I. (1534-1597)*, p. 263.
[3] Luiz Figueroa, *Arte de Gramática da Língua Brasílica*, Tipografia e Litografia de Lambaeris e Companhia, Rio de Janeiro, 1880, p. VIII.

São Paulo, ela predominou até os anos de 1700, inclusive no uso doméstico.[4] Foi aí que suas diferentes versões sucumbiram. O governo pombalino, por meio da Lei do Diretório dos índios de 3 de maio de 1757, proibiu-as no Estado do Maranhão (que então compreendia o hodierno Maranhão e a Amazônia), estendendo tal interdição ao restante da colônia no dia 8 seguinte, ao tempo em que impunha o português, que afinal viria a triunfar.[5] Mesmo assim, até o século XIX, alguns focos da língua proibida resistiram. Porém, em 1851, Pe. Manuel Justiniano de Seixas testemunharia que ela já estava "quase morta".[6]

2.1 – As dioceses da colônia e as Constituições primeiras do Arcebispado da Bahia

A estruturação episcopal da Igreja brasileira foi deveras lenta. As paróquias continuaram a se multiplicar, mas a organização das dioceses permaneceu sempre deficiente. Por esse motivo, durante longos anos, Salvador foi a única diocese do Brasil e, depois de ser elevada à arquidiocese em 16-11-1676, permaneceria como única jurisdição do gênero no Brasil durante 216 anos![7] Teve como sufragâneas durante o período colonial as seguintes dioceses (exceto são Luís):

1. São Sebastião do Rio de Janeiro: erigida como prelazia pelo Papa Gregório XIII (1502-1585) por meio do Breve *In supereminenti militantis Ecclesiae* de 19-7-1575, originariamente era sufragânea de Lisboa e compreendia um território imenso, que se estendia da capitania de Porto Seguro, na Bahia, até o Rio da Prata, no hodierno Uruguai. Seu primeiro administrador apostólico, que tomou posse em 1578, foi Bartolomeu Simões Pereira (?-1603). Dita prelazia foi elevada à diocese em 22-11-1676 com a bula *Romani Pontificis pastoralis sollicitudo* do Papa Inocêncio XI (1611-1689), como sufragânea de Salvador. Muito mais tarde, em 27-4-1892, o Rio se tornaria a segunda arquidiocese brasileira, quando o Papa Leão XIII, com a bula *Ad universas orbis ecclesias*, reorganizou a hierarquia eclesiástica no Brasil.
2. Olinda: erigida como prelazia aos 15-7-1614, com a bula *Fasti novi orbis* do Papa Paulo V, aos 16-11-1676, sob o pontificado de Inocêncio XI, tornou-se diocese com a bula *Ad sacram Beati Petri*. Olinda

---

[4] Ronaldo Vainfas, *Dicionário do Brasil colonial (1500-1808)*, p. 346-348.
[5] Esta versão da história, sustentatada por prestigiosos intelectuais como Sérgio Buarque de Holanda, tem hoje seus contestadores. Leandro Narloch sustenta que "apesar da grande influência indígena nos casamentos e nas alianças políticas, o idioma que venceu aquela mistura cultural foi o português. [...] Os índios e mestiços se esforçavam para falar português. Índias aprendiam com seus maridos brancos, mamelucos frequentavam escolas de gramática nas aldeias – já há vestígios de recibos de pagamento para aulas de português. Mesmo Domingos Jorge Velho, bandeirante que aparece nos relatos como índio tapuia, arranhava a nossa língua. Existe até hoje um testamento que ele escreveu, em 1654, para o amigo Diogo Coutinho de Melo, provando que ele falava e escrevia em português (Leandro Narloch, *Guia politicamente incorreto da história do Brasil*, 2ª ed., Leya, São Paulo, 2011, p. 13).
[6] Manuel Justiniano de Seixas, *Vocabulário da língua indígena geral para o uso do seminário*, Tipografia de Matos e Companhia, Pará, 1853, p. V.
[7] Walter Magalhães, *Pastores da Bahia*, SNT, 2001, p. 13.

foi governada pelo Pe. Antônio Teixeira Cabral de 1616 a 1622, ao qual se seguiu Pe. Bartolomeu Ferreira Lagarto, que assumiu o cargo de administrador apostólico de 1624 a 1627. O primeiro bispo "verdadeiro" foi Dom Estevão Brioso de Figueiredo, que exerceu tal ministério de 1677 a 1683.

3. São Luís do Maranhão: criada pelo Papa Inocêncio XI em 30-8-1677 por meio da bula *Super universas orbis Ecclesias*, era sufragânea de Lisboa. O primeiro prelado diocesano nomeado para assumi-la foi Dom Antônio de Santa Maria, que morreu em 1677, antes de tomar posse. A diocese de São Luís, somente em 1828, seis anos depois da independência do Brasil, tornou-se sufragânea de Salvador.[8]
4. Belém do Grão Pará: erigida aos 4-3-1719 com a bula de Papa Clemente XI *Copiosus in misericórdia*. O primeiro bispo que teve foi Dom Bartolomeu do Pilar, O. Carm. (1667-1733).
5. Mariana: erigida em 6-12-1745 com a bula *Candor Lucis aeternae* do Papa Bento XIV. Seu primeiro Ordinário de lugar foi Dom Manoel da Cruz Nogueira, O. Cist. (1690-1764).
6. São Paulo: erigida junto de Mariana, o processo de sua criação começou a tomar forma no dia 22-04-1745, quando o rei Dom João V assinou o decreto que assim dispunha. Tal iniciativa foi confirmada pelo Papa Bento XIV com a mesma bula que criava a diocese de Mariana. O primeiro bispo da nova jurisdição paulista, desmembrada do Rio de Janeiro, foi Dom Bernardo Rodrigues Nogueira (1695-1748), natural de Coimbra, doutor em cânones e que havia sido ordenado padre em 1722. Sagrado bispo em 1746, ele tomou posse no dia 8 de dezembro daquele mesmo ano.[9]

Houve também duas prelazias criadas no século XVIII: Goiás e Mato Grosso;[10] mesmo assim, a causa dos limites naturais de um território imenso e também devido ao controle da Coroa, o inteiro trabalho da Igreja no Brasil demorou a atingir uma articulação nacional. Como se sabe, o Concílio de Trento determinou que ao menos a cada três anos cada província eclesiástica realizasse um sínodo provincial. Portugal acolheu oficialmente os documentos tridentinos em 1564, mas a medida mencionada jamais foi levada a cabo. O segundo bispo de Salvador, Dom Pedro Leitão, bem que realizou um pequeno sínodo com o seu clero, e também o quarto bispo da mesma diocese, Dom Constantino Barredas (1550-1618), em 1605 tomou a decisão de elaborar Constituições adaptadas à realidade eclesial nativa; mas essas nunca foram impressas, caindo logo em desuso. Assim, as decisões eram tomadas com base nas Constituições do Arcebispado de Lisboa, que, sob vários aspectos, não podiam se acomodar à realidade brasileira. Foi então que o quinto Arcebispo de Salvador, Dom Sebastião Monteiro da Vide (1643-1722), depois de tomar posse em 22 de maio de 1702, decidiu compor novas constituições. Para tanto, convocou um concílio provincial em Salvador em 12 de junho de 1707, convidando todos os bispos sufragâneos a participar. Dom Sebastião contava com

---

[8] José Pereira Alves, "Os papas na história do Brasil", em: *Jornal do Comércio* (25-12-1929), Rio de Janeiro, p. 2.
[9] Maurílio César de Lima, *Breve História da Igreja no Brasil*, p. 95.
[10] Sérgio Buarque de Holanda et alii, *História geral da civilização brasileira*, p. 60.

a competente assessoria de doutores em direito canônico e em teologia, bem como com integrantes do cabido da catedral e das ordens religiosas.[11]

Quanto aos prelados diocesanos convidados, eles pertenciam às dioceses de Angola e Rio de Janeiro, que possuíam titulares em exercício, ao contrário de Santo Tomé e Pernambuco, então vacantes. O do Rio não compareceu por motivos de saúde e, ao final, conseguiu participar apenas o prelado de Angola, Dom Luiz Simões Brandão (1672-1733), que chegou em 25 de fevereiro de 1707. Este último, porém, ainda não estava sagrado, por não ter atingido a idade exigida pelos cânones. Mesmo assim, os editais da reunião foram publicados na sé em 5 de junho e o início dos trabalhos se revestiu de grande solenidade. No dia 12 seguinte, como previsto, a reunião começou. No dia 20, foram convocadas ao palácio episcopal as congregações para a leitura final e deliberação das célebres *Constituições primeiras do Arcebispado da Bahia*.[12]

O volumoso documento conclusivo, impresso em Lisboa em 1719 e em Coimbra no ano seguinte, na sua versão original tinha 622 páginas. Na introdução, o bispo apontava as linhas mestras que o norteavam:

> Fazemos saber que reconhecendo Nós o quanto importam as Leis diocesanas para o bom governo do Arcebispado, direção dos costumes, extirpação dos vícios e abusos, moderação dos crimes e reta administração da Justiça, depois de havermos tomado posse deste Arcebispado em 22 de maio de 1702, e visitado pessoalmente todas as paróquias dele, e cuidando a grande obrigação, com que devemos (quanto em Nós for) procurar o aproveitamento espiritual e temporal, e a quietação dos súditos, fizemos diligências pelas Constituições por onde o Arcebispado se governava. [...] E querendo satisfazer ao nosso Pastoral ofício, e com oportunos remédios para evitar tão grandes danos, fizemos e ordenamos novas Constituições.[13]

O conteúdo das novas *Constituições* era subdividido em cinco partes: a fé, os sacramentos, o clero, as irregularidades e as penas. Tratava também de questões pastorais, a liberdade dos indígenas e o bom tratamento e a catequese dos escravos. No total havia 279 títulos e 1318 números (cânones). Uma terceira edição apareceria mais tarde, desta vez no Brasil, em 1853, promovida pelo cônego Ildefonso Xavier de Oliveira.[14]

Porém, devido à ausência dos bispos da província eclesiástica, dentre os quais o do Rio de Janeiro (Dom frei Francisco de São Jerônimo de Andrade), essas Constituições acabaram tendo um valor puramente diocesano. Ainda assim, também a causa da não realização de novas reuniões do gênero, as decisões que adotou conquistaram um valor nacional. Isso aconteceu tanto pela explícita aceitação dos bispos sufragâneos, quanto pelo implícito assentimento que a Igreja no Brasil iria dar a quanto dispunha.[15] Mais tarde, durante

---

[11] WALTER MAGALHÃES, *Pastores da Bahia*, p. 17.
[12] AA.EE.SS, "Notícias sobre o atual estado da Religião Católica no Brasil", em: pos. 22, Fasc. 145, fl. 71-72.
[13] SEBASTIÃO MONTEIRO DA VIDE, *Constituições primeiras do Arcebispado da Bahia*, 3ª ed., Tipografia 2 de dezembro de Antônio Louzada Antunes, São Paulo, 1853, p. 21.
[14] JOSÉ ESCUDERO IMBERT (COORD.), *Historia de la evangelización de América*, Libreria Edtrice Vaticana, Ciudad del Vaticano, 1992, p. 863.
[15] EUGÊNIO DE ANDRADE VEIGA, *Os párocos no Brasil no período colonial*, Universidade Católica de Salvador, Salvador, 1977, p. 41.

os preparativos do Concílio Vaticano I, ao ser publicada a relação dos sínodos provinciais mais recentes, o sínodo da Bahia foi incluído, sendo elogiadas as suas Constituições.[16] Estas, a bem da verdade, ficaram em vigor até 1899, ano em que foram aprovadas as normas do Concílio Plenário Latino-americano, realizado no pontificado de Leão XIII.[17]

2.2 – Os jesuítas e a complexidade da questão indígena

Os religiosos da companhia de Jesus no Brasil jamais conseguiram governar as missões na forma isolada que projetaram. Quanto a isso, deve-se também ter presente que, segundo o acordo estabelecido entre a coroa portuguesa e a ordem em 1548, as aldeias pertenciam ao rei e os padres não tinham autoridade sobre elas, malgrado fossem autorizados a se estabelecerem lá para exercerem seu ministério religioso e cultural. A união de Portugal com a Espanha em 1580 consentiu-lhes de mudar de atitude, mas isso gerou conflitos tanto com os bandeirantes quanto com a câmara municipal paulistana. A câmara questionou a atitude da companhia de Jesus pela primeira vez aos 20 de novembro de 1592, ocasião em que os vereadores rejeitaram o desejo manifesto pelos padres de administrarem com total autonomia os índios pertencentes ao Colégio de São Paulo.[18]

Foi uma das tantas situações em que a obra jesuítica teve de se ver seja com as doenças importadas, seja com a cobiça dos colonos escravizadores. Os nativos indígenas eram robustos, mas não possuíam imunidade contra uma série de enfermidades provenientes da Eurásia e da África. Os efeitos foram devastadores e o jesuíta Francisco Pires notou, em 1552, que a primeira leva de convertidos adoeceu nas proximidades da Bahia e "quase nenhum ficou que não morresse". Também nas vizinhanças de São Paulo, passados apenas dois anos, uma epidemia caracterizada por febres violentas e "câmaras de sangue" levou em certos casos os enfermos à sepultura em apenas três dias. No ano de 1566, febre semelhante irrompeu no Rio de Janeiro, provocando "um número infinito" de óbitos entre os silvícolas. Para complicar, as febres e hemorragias se espalharam pelo litoral, manifestando-se no Espírito Santo em 1559, de onde penetrou pelo interior até atingir a Bahia. Fez estragos nessa região em 1561, reaparecendo no mesmo ano em São Paulo. Até o cacique Tibiriçá tombou em 25 de dezembro do ano seguinte. E isso não era tudo: também a varíola atravessou o Atlântico, manifestando-se em 1562 na Ilha de Itaparica. Em seguida se espalhou e as mortes se tornaram tantas que, como recorda John Hemming, "já não havia quem fizesse covas, e alguns se enterravam em esterqueiras e ao redor das casas, e tão mal enterrados, que os tiravam os porcos". A calamidade foi sem dúvida um revés para os missionários, considerando-se que a maior parte dos estabelecimentos jesuíticos nos arredores de Salvador foi destruída ou abandonada. O mais grave foi que os males que dizimaram os índios do sul, na década de 1560, seguiram os conquistadores no norte e

---
[16] Antônio Alves de Melo, *A evangelização no Brasil: dimensões teológicas e desafios pastorais, o debate teológico e eclesial (1952-1995)*, Editrice Pontificia Università Gregoriana, Roma, 1996, p. 53.
[17] Walter Magalhães, *Pastores da Bahia*, p. 60.
[18] Paula Porta (Org.), *História da cidade de São Paulo*, p. 199.

noutras partes do nordeste. Em 1621 a varíola atingiu São Luís do Maranhão, matando em 1644 muitas centenas de indos. Em 1660 o mesmo Maranhão foi atacado por um catarro pestilencial, que se agravou em 1663. Depois, sendo contagiosa, a varíola se espalhou "pela cidade e capitanias, com tanto estrago dos índios que acabou a maior parte deles".[19]

Os jesuítas de língua espanhola que já atuavam na parte meridional do Brasil se depararam igualmente com grandes desafios, o que inclusive custou a vida de alguns deles. No Rio Grande do Sul, Pe. Roque Gonzalez de Santa Cruz (1576-1628), paraguaio, após penetrar em solo gaúcho aos 03-05-1626, fundou São Nicolau. Esta cabeça de ponte permitiu que surgisse a missão de Candelária no dia 2 de fevereiro do ano seguinte, após a qual, em 01-11-1628, teve início outra fundação missionária em Caaró; mas, no dia 15 de novembro sucessivo, por instigação do pajé Carupé, Pe. Roque e seu confrade, Pe. Afonso Rodrigues, foram ali massacrados. Outro padre, João de Castilhos, seria morto pelo mesmo bando em Assunção de Ijuí dois dias mais tarde. Carupé atacou ainda Candelária, mas os convertidos nela residentes, liberados pelo Pe. Romero, repeliram-os. O cacique Nheçu reuniu, então, outros líderes nativos não cristãos e decidiu expulsar todos os jesuítas da região. Perderam: quando marcharam contra São Nicolau, os índios catequizados, sob a liderança do cacique Neenguiru não só os derrotaram como, no dia 19-12-1628, junto de soldados coloniais, atacaram e arrasaram Pirapó, a aldeia sede de Nheçu. Isso abriu caminho para que os caarós se convertessem, mas não eliminou problemas como as epidemias, sem falar das incursões predatórias das bandeiras paulistas que já haviam entrado em ação.[20]

2.2.1 – A devastadora escravidão dos nativos

Tão grave quanto as epidemias foi a avidez dos colonos em escravizar a mão de obra nativa. Uma das primeiras riquezas do Brasil foi o cultivo da cana-de-açúcar, que exigia mão de obra abundante, e os colonos que vinham da Europa logo viram no cativeiro dos índios um meio para conquistar fortuna. Depois, entrou em cena a questão da "guerra justa". Os índios caetés, após matarem e devorarem o bispo Sardinha em 1566, continuaram a resistir à expansão portuguesa na região do rio São Francisco, Bahia e Pernambuco. Foi o pretexto para que Mem de Sá proclamasse uma "guerra justa" contra eles em 1562, autorizando conjuntamente a escravização daqueles que caíssem prisioneiros. Isso foi providencial para a ambição dos colonos da Bahia, que com seus aliados organizaram potentes colunas de guerra e investiram contra os caetés, além de outros grupos que encontravam pelo caminho. Segundo o Padre Anchieta, em poucos meses foram capturados mais de 50.000 cativos de guerra, entre homens, mulheres e crianças, ainda que apenas 10.000 deles tenham chegado a compor a força de trabalho do Recôncavo, uma vez que os demais sucumbiram à varíola ou aos maus tratos dos conquistadores. Episódios assim contribuíram para despovoar vastas

---

[19] JOHN HEMMING, *Ouro vermelho. A conquista dos índios brasileiros*, p. 215-220, 222, 487-489.
[20] Cf. JOHN HEMMING, OURO VERMELHO. A CONQUISTA DOS ÍNDIOS BRASILEIROS, p. 387-388.

áreas do litoral e do sertão; mas outras "guerras justas" se seguiram. Foi o caso da primeira conquista do Sergipe (1575), do assalto aos guaranis pelas forças comandadas pelo capitão-mor vicentino Jerônimo Leitão, das campanhas contra os tabajaras e os potiguaras na Paraíba durante a década de 1580, e de outras mais.[21]

Tentaram-se algumas medidas legais para coibir os abusos, mas a emaranhada legislação sobre o assunto jamais surtiu efeitos práticos. Como observou Afonso d'Escragnolle Taunay, "de nada valiam as ordens emanadas do trono assegurando a liberdade dos autóctones como a lei de Évora, promulgada em 1570. Eram as disposições burladas diariamente, e o tráfico vermelho imperava em todo o Brasil".[22] Nesse sentido, deve-se recordar que o próprio Mem de Sá tinha dois engenhos mantidos por escravos e, na época, a escravidão era uma instituição aceita, sem falar que as universidades europeias a incluíam na lei civil herdada dos romanos. É certo, no entanto, que o escravismo ia contra a doutrina cristã e humanista; mas, mesmo assim, o tempo demonstrou que era quase impossível aos religiosos de Santo Inácio deter as atividades dos traficantes de escravos.[23]

De outra feita, se no século XVI a escravidão indígena estava associada à produção açucareira, nas capitanias do sul e também no Estado do Maranhão instituído em 1621, o escravismo se ligava a uma diversidade de atividades agrícolas. Em São Paulo, sobretudo, além do trabalho braçal nos campos, os cativos eram utilizados também como carregadores. A questão é que desde a década de 1580, os índios que moravam nos arredores paulistanos estavam já quase extintos e os colonos começaram a voltar seus olhos cobiçosos para os carijós. Jerônimo Lemos, com autorização da Câmara da vila de São Paulo, atacou os carijós no litoral até Paranaguá, em 1595 e 1596, e depois levou seis anos investindo contra as aldeias do rio Tietê. Os jesuítas espanhóis alegaram que ele e os mamelucos que o seguiam teriam destruído trezentas aldeias, exterminando ou escravizando os 30.000 habitantes que nelas viviam. Outra expedição oficial, de 1596 a 1600, marchou para o noroeste, em direção ao Paranaíba, devastando mais tribos indígenas, podendo ter chegado a Goiás, no coração da colônia. Também na Amazônia portuguesa a escravidão se avultou no século XVII, onde atuaram sobretudo as tropas "de resgate". Devidamente licenciadas pelas autoridades régias, teoricamente elas deveriam resgatar índios destinados a serem devorados por seus inimigos; mas, na realidade, poucas o fizeram, tendo, ao invés, destruído inúmeras tribos ao longo dos caudalosos rios locais. Depois, comerciantes de Belém ou São Luís, interessados igualmente nas "drogas do sertão" (ervas aromáticas, plantas medicinais, cacau, canela, baunilha, cravo, castanha-do-pará e guaraná), e com a conivência de autoridades corruptas, serviam-se de armadores para mais apresamentos. Por isso, quando chegou a São Luís na década de 1650, o Padre Antônio Vieira denunciou que, nos quarenta anos anteriores, cerca de 2 milhões de índios teriam sido extintos pelos colonos no Estado do Maranhão.[24]

Enquanto isso, no sul, ainda no século XVII, a cobiça dos "bandeirantes" começou a se interessar pelas missões jesuíticas espanholas, cheias de índios

---

[21] Luís Donisete – Benzi Grupioni (Org.), Índios no Brasil, p. 106-107.
[22] Afonso d'Escragnolle Taunay, História da cidade de São Paulo, p. 15.
[23] Cf. John Hemming, Ouro vermelho. A conquista dos índios brasileiros, p. 226-229, 241-489.
[24] Luís Donisete – Benzi Grupioni (Org.), Índios no Brasil, p. 108-112; John Hemming, Ouro vermelho. A conquista dos índios brasileiros, p. 366-367.

"mansos", situadas na região de Guairá (no oeste do atual Estado brasileiro do Paraná), em Tape (no planalto central do hodierno Estado do Rio Grande do Sul) e Itatim (no Mato Grosso). Manuel Preto foi o primeiro bandeirante a atacá-las, tendo comandado uma expedição em 1616 e outra em 1619, as quais roubaram muitos índios "reduzidos" das missões de Jesus e Maria e Santo Inácio. Numa outra demorada "bandeira", que durou de 1623 a 1624, ele trouxe mais de mil índios cristãos de Guairá que pôs para trabalhar como escravos em seu engenho e fazenda de criar gado em São Paulo.[25]

O drama das reduções espanholas, no entanto, estava apenas começando, uma vez que, em 1627, a "bandeira" comandada por Antônio Raposo Tavares (1598-1659) destruiu a missão de Santo Antônio. A partir daí, outras reduções vizinhas foram destruídas uma após a outra e isso impelia os habitantes das remanescentes a se transferirem para lugares distantes. O resultado foi o desaparecimento de 11 reduções: São José, Encarnação, São Paulo, São Xavier, São Tomé, Santos Anjos, Jesus e Maria, São Miguel, Santo Antônio, Conceição e São Pedro. Restaram apenas as duas maiores que eram Nossa Senhora de Loreto e Santo Inácio Mini. Em relação a estas últimas se destacou o Pe. Antônio Ruiz de Montoya (1585-1652) que, de acordo com os demais padres, diante do perigo dos ataques desfechados, decidiu abandoná-las por meio de uma retirada épica, através dos rios Paranapanema e Paraná, em 1631. Nessa empresa, cerca de 12.000 indígenas escaparam com cerca de 700 barcas, até o norte da Argentina, percorrendo cerca de 1.200 km². Eles levaram consigo, em baús, as imagens dos santos e também os ossos dos jesuítas falecidos.[26]

Em todo caso, os religiosos não assistiram impassíveis à destruição do seu trabalho. Depois das incursões de Raposo Tavares em Guairá, os padres responsáveis pela província do Paraguai e o provincial de Córdoba decidiram se reunir para buscarem juntos uma solução. Ali decidiram enviar Padre Francisco Diaz Taño a Roma, para tratar a questão com o Papa Urbano VIII (1568-1644), e Pe. Ruiz de Montoya a Madrid, para fazer o mesmo em relação a Felipe IV da Espanha (1605-1665).[27]

Ambos tiveram êxito: Diaz Taño pediu e obteve de Urbano VIII o Breve *Conmissum Nobis* (22-4-1639), confirmando e ampliando as declarações emanadas pelos papas precedentes, Paulo III (1468-1549) em 1637 e Pio V em 1568, (1568-1644). Por sua vez, o monarca espanhol imediatamente organizou uma comissão para estudar o argumento, após o que emanou ordens precisas defendendo a liberdade dos nativos, além de decidirem a imediata libertação dos indígenas escravizados. Na verdade, a única concessão que efetivamente teve resultado positivo foi aquela que autorizava os índios a possuírem armas de fogo, permissão esta oficializada com a Cédula Real de 21 de maio de 1640.[28]

Quando fez a viagem de retorno, o navio que transportava Pe. Diaz Taño teve de parar no Rio de Janeiro em 15 de abril de 1640, e o padre, sendo forçado a restar naquela cidade até outubro, comunicou o teor do documento que trazia.

---

[25] Cf. JOHN HEMMING, *Ouro vermelho. A conquista dos índios brasileiros*, p. 379-380.
[26] JURANDIR CORONADO AGUILAR, *Conquista espiritual: a história da evangelização na Província Guairá na obra de Antônio Ruiz de Montoya, S.I. (1585-1652)*, p. 159-160.
[27] ALDO TRENTO, *Il paradiso in Paraguay*, Casa Editrice Marietti, Geneova 2006, p. 38-39.
[28] IDEM, p. 39.

A notícia da existência de uma ordem condenando o cativeiro indígena provocou uma assembleia-geral das mais diversas autoridades civis e eclesiásticas, ainda que se excluíssem os jesuítas e o governador. Dias depois, o Breve foi enfim lido no púlpito da igreja do colégio da companhia, causando furor. Uma multidão se dirigiu para a casa do administrador eclesiástico que acusou os jesuítas, sugerindo ao mesmo tempo à turba de cobrar satisfações deles. Foi exatamente o que as pessoas reunidas ali fizeram. Chegando ao colégio dos padres, arrombaram a porta da construção aos gritos. Padres e pessoas do povo trocaram acusações e somente a chegada da guarnição do governador Salvador Correia de Sá impediu desdobramentos piores. Os manifestantes acabaram saindo do prédio após a garantia por escrito de que os jesuítas não publicariam o Breve e de que não haveria punição para os rebeldes. Passado um mês do fato, depois de alguns encontros e debates, chegou-se a um acordo, por meio do qual os jesuítas desistiram de aplicar o documento. Em contrapartida, os colonos desistiram de bani-los.[29]

Também em São Paulo o documento papal provocou agitação e os representantes das várias vilas se reuniram em São Vicente e decidiram mandar embora os padres da companhia de Jesus da inteira capitania. A expulsão aconteceu no dia 13 de junho de 1640 e disso resultou que os indígenas ficaram expostos ao querer dos colonos. Os religiosos se refugiaram no Rio de Janeiro, onde ficaram sob a proteção do governador Salvador Correia de Sá, à espera do desenvolvimento dos fatos. Nesse meio tempo, o Pe. Cláudio Royer, superior das missões de 1639 a 1644, foi informado pelo Pe. Diego de Baroa que os paulistas estavam organizando outra expedição escravizadora e preparou a defesa. Assim, quando chegaram os bandeirantes, chefiados por Jerônimo Pedroso de Barros e Manuel Pérez, os "reduzidos", orientados militarmente pelo irmão Domingos de Torres e liderados por caciques como Inácio Abiaru, resistiram com sucesso. Os combates aconteceram de 11 a 18 de março de 1641, na confluência dos rios M'Bororé e Uruguai, e a vitória dos nativos fez diminuir sensivelmente os ataques dos bandeirantes na bacia platina.[30]

No tocante ao caso paulista, foram apresentados vários recursos a favor e contra os jesuítas, até que, aos 3 de outubro de 1643, uma *cédula real* ordenou que o Senado da Câmera de São Paulo os reintegrasse. Outro análogo documento, datado de 7 de outubro de 1647, viria a conceder amplo perdão aos responsáveis pela expulsão dos citados religiosos, os quais, porém, somente em 1653 regressariam. Mesmo assim, tiveram de fazê-lo sob a condição de que permitissem aos capitães leigos auxiliá-los na administração das tribos.[31]

2.2.2 – As querelas maranhenses

Foi exatamente em 1653 que a companhia de Jesus se estabeleceu no Maranhão, por meio de 4 missionários, entre eles, Pe. Antônio Vieira (1608-1697). Também ali se viram na contingência de ter de defender os nativos da ameaça de serem escravizados, malgrado isso provocasse a animosidade dos proprietários de terras, que tinham muita necessidade de mão de obra nas plantações. Pouco depois, a lei de 9-4-1655 colocou os índios sob a tutela dos jesuítas, "com exclusão de outra qual-

---

[29] LUCIANO FIGUEIREDO, *Rebeliões no Brasil colônia*, Jorge Zahar Editor, Rio de Janeiro, 2005, p. 41-42.
[30] JURANDIR CORONADO AGUILAR, *CONQUISTA ESPIRITUAL*, p. 345-346.
[31] JOHN HEMMING, *Ouro vermelho*, p. 411.

quer ordem ou poder"; mas a novidade audaciosa foi breve. Em 1661, o colégio da Ordem em São Luís foi invadido e os padres foram expulsos do Maranhão.[32]

Exceção feita ao Pe. Antônio Vieira, a companhia de Jesus pôde retornar ao território maranhense aos 8 de setembro de 1662, mas seus problemas não haviam terminado até porque os religiosos não desistiram de seus propósitos. Em 1680, justo por se deixar influenciar pelas ideias do Padre Vieira, o príncipe regente Pedro (1648-1706) estabeleceu que todos os índios do Maranhão fossem declarados livres e com direito de possuírem uma gleba de terra para o próprio cultivo. Tal determinação foi consolidada pela "junta das missões", criada em 1681, para dar cumprimento à nova lei. Em compensação, para satisfazer as exigências dos colonos, a Coroa criou em 1682 a Companhia do Comércio do Maranhão, que deveria lhes fornecer 500 escravos negros por ano, mais bacalhau e óleo de azeitona. Apesar da promessa, a companhia acabou por não cumprir quanto prometera fazer e, quando o novo governador, Francisco de Sá Meneses, com o representante da Companhia de Comércio, Pascoal Pereira Jansen, desembarcaram em São Luís, uma comissão de representantes da população foi encontrá-los para manifestar suas reivindicações; mas o governador não cedeu. Foi então que, no dia 24 de fevereiro de 1684, um proprietário de engenho de açúcar chamado Manoel Beckman (1630-1685) ou Bequimão liderou uma revolta, que tinha como alvo a mencionada companhia e também os padres jesuítas, acusados de impedir a escravização dos indígenas. Os insurgentes depuseram o governador, extinguiram a Companhia de Comércio e cercaram o convento de Santo Antônio, expulsando 27 jesuítas, que foram deportados para Portugal como reféns de Thomas Beckman, que seguiu para a Metrópole na esperança de conseguir um acordo. Não foi o que aconteceu: ele foi preso em Lisboa e Portugal levou a cabo uma repressão implacável. Manuel Beckman e Jorge Sampaio foram traídos por Lázaro de Melo e acabaram enforcados e decapitados em 2 de novembro de 1685. Thomás foi deportado para Pernambuco e somente 20 anos depois pôde voltar para o Maranhão.[33]

Em 1686, após consultas a autoridades régias, missionários e colonos, o Conselho Ultramarino lançou o Regimento das Missões. Era um código que restituía novamente aos jesuítas o controle sobre os aldeamentos, ainda que com ressalvas. Dentre os seus dispositivos, de um lado os padres tinham a obrigação de estabelecer novos aldeamentos em locais próximos aos vilarejos portugueses, oferecendo por este mister uma força de trabalho para a economia da colônia. Cabia, por outro lado, às autoridades leigas a repartição da mão de obra indígena. Não funcionou, pois a demanda de mão de obra era elevada e os colonos estavam habituados ao livre acesso aos índios do sertão. Por isso, graças à insistência do governador Gomes Freire de Andrada, a Coroa recuou em 1688, autorizando a retomada das tropas "de resgate". Só que dessa vez o próprio Estado assumia o encargo de aviador. Passado um ano a Coroa recuou de novo, permitindo a organização de expedições particulares. Perseverou-se, portanto, a política tradicional, ainda que os jesuítas, até sua expulsão em 1759, tenham continuado a protestar contra o cativeiro.[34] Curiosamente, também no mundo hispânico a companhia de Jesus seria expulsa em 1767.[35]

---

[32] Luciano Figueiredo, *Rebeliões no Brasil colônia*, p. 43.
[33] Ronaldo Vainfas, *Dicionário do Brasil colonial (1500-1808)*, p. 508.
[34] Luís Donisete – Benzi Grupiani (Org.), *Índios no Brasil*, p. 115.
[35] Manuel Lucena Samoral et alii, *História de Ibero América*, tomo II, p. 143.

2.2.3 – Os "Sete Povos das Missões" no sul do Brasil

Mesmo após a supracitada vitória de M'Bororé em 1641, os membros da Província religiosa Jesuítica do Paraguai ou "Paracuária", instituída em 1604, por razões de segurança, não regressaram de imediato da margem direita do rio Uruguai (na atual província argentina de Corrientes) onde haviam se refugiado. O retorno se deu apenas no ano de 1682, quando eles começaram a reorganizar a obra nos "Sete Povos das Missões". Os "povos" foram os seguintes: São Francisco de Borja (1682), São Nicolau, São Miguel Arcanjo e São Luiz Gonzaga (1687), mais São Lourenço Mártir (1697), São João Batista (1697) e Santo Ângelo Custódio (1707). A essa altura os paulistas se dedicavam à extração do ouro recém-descoberto em Minas Gerais e deixaram de incomodar as reduções.[36]

No século XVIII, a paz reinante, associada à isenção de *encomiendas* e dízimos, propiciou às reduções grande prosperidade. Os "reduzidos" falavam a língua guarani e não possuíam leis civis ou penais, uma vez que todas eram preceitos de religião, sendo as transgressões punidas com jejuns, cárcere e, por vezes, flagelações. O fruto do trabalho metódico permitia o sustento de todos, incluindo-se os incapacitados, uma vez que os numerosos rebanhos de gado que tinham serviam para a alimentação, trabalho agrícola e comércio. Também eram abundantes as colheitas de algodão, tabaco, cana-de-açúcar e variadas formas de grãos. O maior e mais rentável artigo comercial, no entanto, era a erva mate, que, remetida para os mercados de Santa Fé e Corrientes, chegou a atingir a cifra de trinta a quarenta mil arrobas anuais, quantidade extraordinária para a época.[37] A prosperidade consentiu ainda que fossem desenvolvidas a arquitetura e a escultura religiosa, a música sacra e a pintura, compondo um modelo de sociedade tão original, que, mais tarde, certos estudiosos a resumiriam no conhecido trocadilho: "A República dos Guaranis era muito comunista para os cristãos burgueses, e é muito cristã para os comunistas da época burguesa".[38]

Com o tempo, a própria Europa se maravilhou com a inédita experiência, a ponto de, em 1743, o italiano Ludovico Antônio Muratori (1672-1750), levado mais pela emoção que pela objetividade científica, e sem excluir estereótipos sobre os índios, ter descrito aquele "Cristianismo feliz" com verdadeiro deslumbramento:

> Espetáculo digno dos olhos do paraíso e que provavelmente deveria servir de censura a nós, velhos cristãos, é olhar o estado e a maneira de viver dos novos cristãos do Paraguai, por aquilo que concerne o espírito e a alma deles. Aquela gente, que nos tempos idos, como dissemos alhures, semelhante às feras, convivia com elas nos bosques, outra coisa não meditava que vinganças e massacres entre eles, e mais ainda contra os vizinhos, e também comia carne humana, perdida na embriaguez e na impudicícia, e caminhando nua, não sabia o que fosse rubor e vergonha: aqueles lobos, aqueles ursos, digo, agora são mansos cordeiros, inocentes pombas; e tal é na maior parte deles a compostura, tal o amor fraterno, com tão ilibados

---

[36] Cf. ALDO TRENTO, *Il paradiso in Paraguay*, p. 43, 47-49.
[37] JOSÉ FELICIANO FERNANDES PINHEIRO, *Anais da Província de São Pedro*, 4ª ed., Vozes, Petrópolis, 1978, p. 145-147, 148-149.
[38] CLÓVIS LUGON, *La Repubblica guaranica dei Gesuiti (1610-1768)*, Edtirce A.V.E, Roma, 1976, p. 15.

costumes e a devoção, que parecem um retrato da primitiva igreja. Assim reduziu aqueles povos à poderosa mão e à graça de Deus, e a sábia e piíssima educação dada a eles pelos padres da Companhia de Jesus, os quais não cessam nunca por meio do catecismo, ou seja, da doutrina cristã, e com os sermões, e com o exemplo próprio, de inspirar neles o amor e o temor de Deus, a aversão a vícios e pecados, e à prática das obras virtuosas. A experiência fez conhecer que aqueles indígenas, na sua maior parte, são de um espírito doce e amigável e, hoje em dia, encontra-se aquela bela simplicidade, que vem louvada no evangelho como própria dos mancebos. [...] Não é menor da espiritual a felicidade temporal, que gozam os indígenas fiéis nas províncias da América meridional: felicidade que muitos dos europeus acostumados ao luxo, à grandiosidade e aos prazeres, não saberão reconhecer entre aquela pobre gente, mas que considerada segundo os verdadeiros princípios, efetivamente ali se encontra, e em alguma parte se pode dizer muito superior ao estado de muitos povos da Europa.[39]

Foi exatamente na segunda metade do século XVIII que tido sistema entrou em crise, a causa, como verá adiante, do Tratado de Madrid.

2.3 – A situação dos negros escravizados

A Igreja no Brasil, no tocante aos negros escravizados, adotou uma atitude diversa, no sentido de menos atuante, daquela que manteve em relação aos nativos indígenas, ainda que o cativeiro dos africanos tenha tido uma existência mais longa. Isso sem falar que já antes da "descoberta" a escravatura negra tinha invadido a península Ibérica, tornando-se depois estrutural na realidade brasileira.[40] O cativeiro "afro" se afirmou a partir do chamado "comércio triangular", em que da Europa se exportava artigos de baixo preço para a África Ocidental, artigos estes que depois eram trocados por negros, ao que se seguia a permuta dos negros por açúcar na América e, enfim, a venda do açúcar na Europa.[41]

A pesquisa a respeito é abundante, porém a discussão está longe de se exaurir, até porque a própria proveniência dos cativos ainda suscita interrogações. Um dos motivos é que eles geralmente eram classificados com adjetivos genéricos como "Mina", "Angola", "Nagô" e "Guiné", que não correspondiam exatamente aos seus locais de proveniência, mas aos lugares em que eram embarcados na África.[42]

Normalmente se aceita que o Brasil teve a primazia incontestável na "importação" de escravos. Segundo as estimativas, 3.532.000 deles, correspondentes a 37,6% de todos os negros trazidos para a América, desembarcaram em terras brasileiras. Tal "empreendimento" durou mais de trezentos anos, período este que Raimundo Cintra, alinhando-se com os pareceres de Luiz Vianna Filho e Pierre Verger, subdivide em quatro ciclos, a saber:

---

[39] LUDOVICO ANTÔNIO MURATORI, *Il Cristianesimo felice nelle missioni dei padri della Compagnia di Gesù nel Paraguay* (tradução), Prello Giambattista Pasquali, Venezia, 1743, p. 56, 81.
[40] JOÃO EVANGELISTA MARTINS TERRA, *O negro e a Igreja*, Edições Loyola, São Paulo, 1984, p. 68.
[41] DÉCIO FREITAS, *Palmares, a guerra dos escravos*, p. 22.
[42] JOSÉ BERKENBROCK VOLNEY, *A experiência dos orixás*, Vozes, Petrópolis, 1997, p. 78.

1º Ciclo da Guiné: segunda metade do século XVI. Abrangeu a área africana onde hoje se encontram Nigéria, Togo, Gana, Daomé, Libéria, Costa do Marfim e as ilhas de Cabo Verde, Santo Tomé e Príncipe.
2º Ciclo de Angola-Congo: por todo o século XVII. Atingiu Camarões, República do Congo (ex-Zaire), Gabão e a República da África Central.
3º Ciclo da Costa da Mina: até o início da segunda metade do século XVIII. Compreendeu os países mencionados no primeiro ciclo, particularmente Daomé e Nigéria.
4º Ciclo do Benin: até metade do século XIX (1770 – 1850). Mantendo o tráfico com Angola, Benguela e Cabinda, os "comerciantes" estabeleceram igualmente intensas "transações" na Baía de Benin, incluindo Daomé e Nigéria. O período abrangeu também a fase do tráfico clandestino (1815 em diante).[43]

Tenha-se presente que o processo do apresamento e do tráfico contou com a participação de africanos. Isso aconteceu porque o contato com os brancos despertou cobiças entre certos régulos ou chefes de tribo, que respaldaram, em nível local, a iniciativa daqueles. Por isso, em boa parte das vezes, os negros que não eram capturados diretamente pelos brancos passaram a ser comprados de outros negros em regiões de intenso comércio escravista, como o golfo de Benin, mais conhecido como "Costa dos Escravos". Assim, verdadeiros reinos africanos se formaram e se desenvolveram graças ao tráfico, e muitos deles possuíam exércitos de milhares de guerreiros comandados por uma aristocracia belicosa e ávida, que não hesitava em expulsar do seu território traficantes caídos em desgraça.[44] Os ódios tribais (por vezes estimulados pelos europeus que forneciam armas aos seus aliados) também alimentavam sentimentos de vingança, e muitos dos negros "negociados" eram prisioneiros de lutas, capturados por tribos inimigas ou pertenciam a facções rivais dentro da própria tribo.[45]

Esse aludido colaboracionismo, entretanto, foi consequência e não causa de um projeto de brancos. O pior foi que ele forneceu elementos para a posterior legitimação do cativeiro, como bem o demonstram as palavras do viajante alemão Carl Friedrich Gustav Seidler:

> A maior parte dos negros introduzidos da África no Brasil, já em sua pátria, era escravizada. Tais homens podem, pois, considerar-se felizes quando aparece um comprador para eles, que os livre dos bárbaros tratos dos seus irmãos negros, pois está provado que o negro livre, tanto na África como no Brasil, trata o seu semelhante muito mais cruelmente do que é capaz de fazê-lo qualquer branco.[46]

Na cadeia do escravismo, depois de capturados, os prisioneiros eram vendidos aos traficantes, que separavam os homens das mulheres e crianças,

---
[43] RAIMUNDO CINTRA, *Candomblé e Umbanda, o desafio brasileiro*, Paulinas, São Paulo, 1985, p. 28-31.
[44] MARIO MAESTRI, *Lo schiavo coloniale*, Sellerio Editore, Palermo, 1989, p. 18.
[45] VAGNER GONÇALVES DA SILVA, *Candomblé e Umbanda, Caminhos da devoção brasileira*, Ática, São Paulo, 1994, p. 28.
[46] CARL SEIDLER, *Dez anos no Brasil*, Itatiaia, Belo Horizonte, 1980, p. 250.

formando "lotes" que oscilavam de 200 a 400 escravizados. O embarque era concentrado nos portos das chamadas Costa do Ouro e Costa dos Escravos no golfo da Guiné, principalmente nas praias aos fundos da enseada de Benin, através da cidade de Lagos na Nigéria e de São João de Ajudá (Uidah em francês ou Whydah em inglês) em Daomé. A subida para os navios era rápida, e pouco depois se partia numa macabra viagem, onde espancamentos, estupros, má alimentação, condições higiênicas pavorosas e doenças mortais ceifavam um número tão grande de vidas, que as embarcações do tráfico ficaram conhecidas como "os tumbeiros". Concluída a longa travessia, os navios negreiros ancoravam nos portos do Rio de Janeiro, Bahia e Recife. Dali os escravos eram conduzidos da alfândega aos mercados, até encontrar comprador[47], numa operação quase sempre intermediada por ciganos.[48]

Alguns desses pontos de venda se tornaram célebres, merecendo menção especial os mercados de "Pedra do Sal" e da Rua do Valongo no Rio de Janeiro; os de "Água dos Meninos", de "Mandragoa" e "Unhão" na Bahia, e os largos fronteiriços do Recife. O preço variava de acordo com o ciclo da produção e, no momento de fazer "o negócio", os infelizes eram expostos na rua sob rígida vigilância e comprados como animais, sem nenhuma consideração para com os laços de amizade ou parentesco ali desfeitos. Os compradores eram proprietários de engenho, fazendas e minas ou habitantes das cidades para as mais diversas atividades econômicas e domésticas. Nessa operação, afortunados eram aqueles que conseguiam ser adquiridos para os serviços caseiros, pois, sem dúvida, um destino bem mais ingrato ficava reservado aos enviados às fazendas do interior.[49]

Nenhuma das culturas dos "negociados", comumente agrupadas em "sudanesas", "guineano islamizadas" e "banto", sobreviveu integralmente no Brasil, porque a escravidão nivelava todos os negros, segundo os interesses dos proprietários. Por esse motivo, os africanos que não sabiam se comunicar em português eram qualificados de "boçais", e os que falavam a língua dos senhores ou podiam exercer um ofício especializado, de "ladinos". Ordinariamente um escravo ladino valia por quatro boçais e, entre os ladinos, dava-se preferência aos já nascidos no Brasil, chamados de "crioulos".[50] O certo é que todos eles se tornariam o verdadeiro motor da economia brasileira, como diria depois Charles Ribeyrolles:

> "Nas chácaras, nas fazendas, nas moradas burguesas, ruas e praças da cidade, o africano é em todas as coisas, em todas as especialidades de trabalho, o instrumento, a mão, a roda e a ferramenta, intervindo em tudo, na produção, nos transportes e nas mudanças. [...] serviu-se deles durante séculos uma sociedade cujas leis só os reconheciam (os escravos) como instrumento e mercadoria".[51]

---

[47] JOHANN MORITZ RUGENDAS, *Viagem pitoresca através do Brasil*, Livraria Martins, São Paulo, 1940, p. 175.
[48] Cf. JEAN-BAPTISTE DEBRET, *Viagem pitoresca e histórica ao Brasil*, vol. I, p. 258-262.
[49] Cf. CARL SEIDLER, *Dez anos no Brasil*, p. 252.
[50] DÉCIO FREITAS, *Palmares, a guerra dos escravos*, p. 31-32.
[51] CHARLES RIBEYROLLES, *Brasil pitoresco*, vol. II, Itatiaia, Belo Horizonte, 1980, p. 89-90.

A abundância de trabalhadores cativos inclusive conferiu um caráter desonroso às artes manuais, não raro rejeitadas pelos brancos brasileiros com desprezo: "para trabalhar temos os negros".[52] Por outro lado, mesmo concordando que o sistema escravista brasileiro "não era completamente barbárico", já se constatou de forma inequívoca que os tratamentos cruéis não eram raros. O trabalho nas fazendas, por exemplo, fazia-se regulado pelo chicote do feitor, e mesmo os pequenos deslizes podiam ser punidos com o açoite do "bacalhau" (chicote). Além de punir faltas, essas medidas visavam a condicionar psicologicamente o escravizado, a fim de fazê-lo aceitar a sua situação passivamente. Como então se dizia, o objetivo era "corrigir e educar" para o bom desempenho do trabalho, sendo os demais escravos inclusive obrigados a presenciar a punição.[53]

Ainda assim, os negros escravizados conseguiram desenvolver numerosos mecanismos de resistência. Por isso, em certos casos, assassinaram senhores e feitores ou simplesmente fugiam.[54] Forma extrema era o suicídio, que muitos praticavam enforcando-se solitários no meio da floresta ou comendo terra e mandioca brava. No caso das mulheres, havia a trágica opção abortista ou o assassinato dos bebês recém-nascidos, para que não crescessem como escravos, ao passo que outros, acometidos por um estado psicológico especial, o "banzo", doença de tristeza, de saudade da África, deixavam-se morrer lentamente. Quanto à resistência coletiva, sua manifestação mais tenaz foi aquela dos "quilombos". Esse termo, que em dialeto banto significa "acampamento guerreiro na floresta", qualificou as comunidades de negros fugidos que se formaram em diversas partes do Brasil durante os séculos da escravidão. As primeiras informações sobre tais redutos datam de 1559 na Capitania de Pernambuco, e dentre eles o mais importante foi Palmares. Localizado no interior de Alagoas – que então fazia parte da capitania pernambucana –, a cerca de 80 km de Maceió, Palmares cresceu sobretudo a partir de 1630, e chegou a contar com cerca de 20.000 habitantes (que com o tempo acolheu igualmente mestiços e brancos pobres) ocupando uma área de 27.000 Km². Era uma espécie de república rústica, que, ao longo do domínio holandês, se desenvolveu. A capital, assim percebida desde 1675, era o mocambo do Macaco, onde viria habitar o líder Ganga Zumba (c.1630-1680). Em Palmares, durante o domínio holandês, Joan Nieuhof observou que seus habitantes roubavam os escravos dos portugueses, mantendo-os cativos até que estes se resgatassem, capturando outros. Nieuhof salientava ainda que os escravos que por sua própria conta escapavam e se uniam ao quilombo eram tão livres quanto os demais.[55] Sabe-se, porém, que, quando um negro fugia de lá, eram enviados quilombolas em seu encalço e, se capturado, acabava morto.[56]

Sob o comando de Ganga Zumba, durante oito anos o quilombo resistiu a várias expedições militares, mas, em 1678, ele aceitou um acordo de paz

---

[52] THOMAS EWBANK, *Vida no Brasil*, Itatiaia, Belo Horizonte, 1976, p. 145.
[53] Cf. CNBB, *Ouvi o clamor deste povo*, Paulinas, São Paulo, 1988, p. 45.
[54] Os encarregados de capturar os negros fugidos eram os "capitães do mato", criados no último quartel do século XVIII. A maioria deles era formada por negros livres, recebendo em média 25$000 (ou 156,25 francos segundo Ferdinand Denis) por cada fugitivo apanhado e entregue ao seu dono (cf. AUGUSTE DE SAINT-HILAIRE, *Viagem pelo distrito dos diamantes e litoral do Brasil*, Itatiaia, Belo Horizonte, 1974, p. 95; FERDINAND DENIS, *Brasil*, Itatiaia, Belo Horizonte, 1980, p. 156).
[55] JOAN NIEUHOF, *Memorável viagem marítima e terrestre ao Brasil*, p. 18.
[56] ÉDISON CARNEIRO, *O quilombo dos Palmares*, 3ª ed., Civilização Brasileira, Rio de Janeiro, 1966, p. 26-27.

com os portugueses, segundo o qual os nascidos em Palmares seriam livres, os habitantes teriam permissão para estabelecer "comércio e trato" com os moradores da região, não acolheriam mais escravos fugidos, submeter-se-iam às disposições das autoridades da capitania e se deslocariam para a região de Cucaú, distante 32 km de Serinhaém. Em novembro do mesmo ano, Ganga Zumba foi a Recife firmar o acordo, mas parte dos palmarinos não aceitou as tratativas e se recusou a abandonar Palmares. Ganga Zumba acabou sendo morto por envenenamento em Cacaú, onde se estabelecera, e Zumbi (1655-1695), tido como seu sobrinho, e que liderara a oposição, substituiu-o.[57]

Os quilombolas continuaram a resistir, mas, afinal, o bandeirante paulista Domingos Jorge Velho (1641-1705), depois de submetê-los a um cerco de quase três anos, conseguiu dominá-los.[58] A capital de Palmares caiu aos 6 de fevereiro de 1694, em meio a uma carnificina; Zumbi, no entanto, conseguiu fugir. No início de novembro de 1695, um dos seus lugares-tenentes, de nome Antônio Soares, foi capturado por habitantes de Penedo que o entregaram a uma coluna de paulistas liderada por André Furtado de Mendonça. Torturado, Soares acabou cedendo ante a promessa que teria assegurada a vida e a liberdade. Ele conduziu então os paulistas à Serra dos Dois Irmãos, em Pernambuco, onde Zumbi estava escondido, o qual, junto de seus seis companheiros, foi morto a tiros e facadas. Era o dia 20 de novembro de 1695. Furtado de Mendonça decepou a cabeça do falecido e levou-a para Recife, onde ela seria exposta na praça em frente à igreja do Carmo, por ordem do governador Caetano de Melo e Castro.[59]

Governava então a diocese de Olinda o seu quarto bispo, Dom Francisco de Lima O. Carm. (1630-1704), e na cidade foi celebrada missa de ação de graças e se organizou uma procissão, enquanto a capitania se entregava às maiores expansões de alegria.[60]

---

[57] Geralmente se diz que Zumbi nasceu num mocambo de Palmares, tendo sobrevivido aos seis anos de idade a um ataque ao quilombo, levado a cabo pela expedição de Brás da Rocha Cardoso. Pouparam-lhe então a vida e entregaram-no ao padre português António Melo, de Porto Calvo (cidade atualmente localizada em Alagoas), que o batizou, dando-lhe o nome de Francisco. Em seguida, o mesmo padre também o teria educado, ensinando-lhe as primeiras letras e latim, além de fazer dele seu coroinha. Segundo Jaime Balmes, apesar de ser tratado com carinho, aos quinze anos de idade, o jovem teria fugido para Palmares e mudado de nome. Para Balmes, já como chefe do quilombo, Zumbi teria visitado várias vezes o Pe. Melo em Porto Calvo, o que, nessa perspectiva, "revela seu espírito de gratidão para com seu benfeitor e a compreensão do eclesiástico do que ocorria em Palmares". Bem diversa é a versão de Leandro Narloch, para quem a história citada acima foi "uma ficção criada pelo político e jornalista gaúcho Décio de Freitas". Narloch salienta que, na defesa de tal ponto de vista, Décio de Freitas citou como prova cartas sobre a infância de Zumbi, que teriam sido enviadas pelo tal padre Antônio de Melo. Entretanto, continua Narloch, Décio "nunca mostrou as mensagens para os historiadores que insistiram em ver o material" (JAIME BALMES, *A Igreja Católica em face da escravidão*, Centro Brasileiro de Fomento Cultural, São Paulo, 1988, p. 121; LEANDRO NARLOCH, *Guia politicamente incorreto da história do Brasil*, p. 26, 87).
[58] Raimundo Nina Rodrigues (1862-1906) interpretou a derrota de Palmares como sendo uma vitória da civilização contra a barbárie. Ele não se pejou de exaltar o "serviço relevante prestado pelas armas portuguesas e coloniais" ao destruírem de uma vez "a maior das ameaças à civilização do futuro povo brasileiro", representando por semelhante "novo Haiti, refratário ao progresso e inacessível à civilização, que esse Palmares vitorioso teria plantado no coração do Brasil" (RAIMUNDO NINA RODRIGUES, *Os africanos no Brasil*, 7ª ed., Editora Universidade de Brasília, Brasília, 1988, p. 78).
[59] DÉCIO FREITAS, *Palmares, a guerra dos escravos*, p. 178-179.
[60] RAIMUNDO NINA RODRIGUES, *Os africanos no Brasil*, p. 86.

Mesmo assim, Camoanga, também ele palmarino, tentou continuar a resistência, tendo reconstituído um pequeno reduto. A experiência foi breve e terminou igualmente aniquilada. Outros remanescentes de Palmares, que se encontravam dispersos, reuniram aos quilombolas da Paraíba, em Cumbé, tentando recompor uma nova comunidade livre. Em vão! Em 1735 também eles foram atacados e exterminados.[61]

Interessante observar que os negros quilombolas de Palmares, a seu modo, não se afastaram do Catolicismo. Isso é até compreensível, considerando que Dom Estevão Brioso de Figueiredo, primeiro bispo de Olinda, interessou-se por eles, enviando-lhes alguns missionários oratorianos, além de ter ido pessoalmente lá em visitas pastorais e celebrações de crisma.[62] Por isso, em 18 de março de 1645, o holandês Jan Blaer, durante a última expedição que os holandeses enviaram contra os palmarinos, verificou que num dos mocambos locais, ainda que abandonado três anos antes por ser insalubre, havia 220 casas, sendo que no meio delas se erguia uma igreja.[63] Também os portugueses, quando adentraram no mocambo do Macaco, encontraram lá três imagens, uma do Menino Jesus, "muito perfeita", outra de Nossa Senhora da Conceição e mais outra de São Brás. Édson Carneiro salienta, no entanto, que os palmarinos fizeram "adaptações", ou seja, escolhiam "um dos mais ladinos" para lhes servir de sacerdote, especialmente para as cerimônias de batismo e casamento, mas provavelmente também para pedir a ajuda celeste nas suas lutas. Ensinava-se igualmente em Palmares certas orações cristãs, ainda que as práticas religiosas locais, segundo o mesmo Carneiro, devessem ser "uma incrível mistura de Catolicismo popular, tingido de todas as superstições da Idade Média e de invocações de fundo mágico". De outra feita, não se permitia a presença de feiticeiros no quilombo.[64]

Entrementes, na sociedade escravista estabelecida, ao menos em dois aspectos, os escravizados se tornaram parte integrante da vida dos seus proprietários: na religiosidade doméstica e no intercurso sexual. Sem se esquecer da promiscuidade de tantos senhores brancos, pode-se dizer que, até o século XIX, esses mesmos homens voluptuosos, indolentes e autoritários, eram aqueles que mantinham o sagrado dever de rezar ajoelhados diante dos nichos. Rezava-se a coroa de Cristo e ladainhas. Era obrigação! E quase todos no leito de morte adotavam o costume de alforriar negros e mulatos por meio de seráficos testamentos. Nessa coexistência no mínimo singular, pelas ruas do Recife, durante o entoar das ladainhas cantadas ao anoitecer, podia-se ver brancos, negros e mulatos, todos rezando ao mesmo Deus e à mesma Nossa Senhora.[65]

Em meio a tudo isso, boa parte dos religiosos e do clero não só se acomodou a tal situação, como inclusive passou a ser proprietária de escravos. Até os jesuítas se utilizaram deles, primeiro uns poucos para os trabalhos domésticos, depois em grande quantidade nas fazendas. No caso, as circunstâncias cola-

---

[61] Cf. ROGER BASTIDE, *Estudos afro-brasileiros*, Perspectiva, São Paulo, 1973, p. 123.
[62] ARLINDO RUBERT, *A Igreja no Brasil*, vol. II, p. 307.
[63] RAIMUNDO NINA RODRIGUES, *Os africanos no Brasil*, p. 73.
[64] ÉDISON CARNEIRO, *O quilombo dos Palmares*, p. 27.
[65] GILBERTO FREYRE, *Casa grande e senzala*, p. 52, 436-437.

boraram para tanto. Ou seja, bem cedo o Padre Manuel da Nóbrega constatou que os únicos trabalhadores do Brasil eram escravos indígenas ou africanos, e a isso se somou o fato de que os religiosos da companhia de Jesus que vinham para o Brasil eram todos sacerdotes e escolásticos. Somente na 20ª expedição, vinda em 1587, chegou um irmão coadjutor. Depois dele, foi preciso esperar o ano de 1595, na 24ª leva, para que viessem outros dois. Afinal, a Ordem aderiu ao *modus vivendi*. Entretanto, ao contrário de quando acontecia noutros lugares, conforme consta de uma relação jesuítica de 1617, os escravos que viviam com os religiosos de Santo Inácio "não fugiam para os mocambos, não furtavam, não se amancebavam e não se embriagavam". De fato, com os jesuítas se evitava a promiscuidade; e, em lugares como a Fazenda Santa Cruz, havia 232 senzalas, onde cada família tinha sua residência à parte. O inteiro estilo de vida, a bem da verdade, era diverso de quando acontecia alhures. Não por nada, a citada fazenda foi até chamada de "paraíso dos escravos", tendo chegado a possuir em 1759 cerca de 1.500 deles.[66] Também João Maurício Rugendas faria constatação semelhante. Para ele, "as fazendas dos padres e dos conventos eram os lugares em que se tratava melhor os escravos".[67] Isso não exclui que sempre tenha pesado contra os eclesiásticos a grave acusação de que eles não evangelizavam os negros e sim serviam aos senhores, incutindo na cabeça dos escravos a obediência absoluta, o trabalho e a resignação como virtudes.[68]

Sob alguns aspectos, porém, a Igreja amenizou o cativeiro. Primeiro porque lutou e conseguiu impor o repouso dominical; depois, porque também conseguiu transformar em feriado legal 33 (trinta e três) dias santos. Ora, isso foi de enorme proveito para os negros, pois nesses dias eles trabalhavam para si mesmos, arrecadando dinheiro que depois era usado para a própria alforria. O fato gerou situações inusitadas: na região das minas, os maiores diamantes, por "coincidência", passaram a ser encontrados justamente nos dias em questão. Após o "achado" as valiosas pedras eram vendidas a contrabandistas e geravam uma significativa fonte de recursos para os escravizados.[69] Outro instrumento benéfico instituído pela Igreja para os negros foram as irmandades, que, para além das reuniões piedosas, terminaram sendo conjuntamente instrumentos de ação social.[70]

A análise da atitude hierárquica da Igreja ante o fenômeno da escravidão do Brasil revela deveras surpresas. Um exemplo significativo: ao mesmo tempo em que certos sacerdotes possuíam escravos, muitos negros eram aceitos

---

[66] João Evangelista Martins Terra, *O negro e a Igreja*, p. 90-91, 94, 97-99.
[67] Johann Moritz Rugendas, *Viagem pitoresca através do Brasil*, p. 183.
[68] Nem todos estão de acordo com esta interpretação. Jaime Balmes, por exemplo, contra-argumenta: *"a Igreja NUNCA aprovou o comércio de seres humanos e sob este ponto de vista não tem que se penitenciar de NADA. A Igreja combateu por todos os meios o sistema escravocrata e, não podendo liquidá-lo logo – como, aliás, não o conseguiram os próprios apóstolos no seu tempo, recomendando inclusive São Paulo obediência aos senhores –, ela fez tudo para dulcificar a anômala situação dos cativos"* (cf. Jaime Balmes, *A Igreja Católica em face da escravidão*, p. 107).
[69] Cf. George Gardner, *Viagem ao interior do Brasil*, Itatiaia, Belo Horizonte, 1975, p. 209; Robert Walsh, *Notícias do Brasil*, vol. II, Itatiaia, Belo Horizonte, 1985, p. 159; Auguste de Saint-Hilaire, *Viagem pelo distrito dos diamantes e litoral do Brasil*, Itatiaia, Belo Horizonte, 1974, p. 209.
[70] Arlindo Rubert, *A Igreja no Brasil*, p. 292-293.

como vocacionados e ordenados presbíteros,[71] malgrado disposição em contrário das *Constituições Primeiras do Arcebispado da Bahia*, em 1707.[72]

2.4 – O embrionário regalismo

Portugal não tardou a trilhar os caminhos do absolutismo, nota característica da maioria das cabeças coroadas da Europa na idade moderna, e, nesse processo, também absorveu as práticas jurisdicionalistas. Por "jurisdicionalismo" se entende o sistema segundo o qual o soberano, por ser soberano, arroga-se a faculdade de intervir em diversas questões eclesiásticas. Daí que o citado jurisdicionalismo acabou tomando formas e nomes específicos, sendo chamado na França de "galicanismo", na Áustria de "josefismo", e de "regalismo" na Península Ibérica.

No caso português, a afirmação desse sistema foi também uma indesejada resultante das concessões papais, que forçaram os reis lusitanos a criar órgãos específicos para a gestão do aparato eclesiástico que lhes fora confiado pelo padroado régio. Surgiu assim, dentre outros órgãos, a Mesa de Consciência e Ordens, instituída por Dom João III em 1532, sob a qual se encontrava a organização do trabalho de evangelização e a atividade dos regulares. Já aqui se evidenciaram problemas, uma vez que tal "Mesa" em certos casos submeteu prelados e eclesiásticos a constrangimentos, exorbitando suas funções e usurpando uma jurisdição que a Santa Sé jamais lhe conferiu.[73]

Mesmo assim, o Concílio de Trento foi adotado entre os portugueses sem maiores problemas. A inversão de tendência se deu após o prematuro falecimento do jovem rei Dom Sebastião de Avis (1554-1578) na batalha de Alcácer-quibir, no Marrocos, em 1578, sem deixar herdeiros diretos. O sucessor foi o Cardeal Henrique, que também faleceu dois anos depois, fazendo com que a sucessão seguinte caísse nas mãos de outro parente, Felipe II da Espanha. O problema era que Trento não havia sido recebido com a mesma latitude entre os espanhóis, e logo os "Áustrias" reinantes procuraram neutralizar o efeito daquela aceitação, organizando uma reforma que tinha dupla intenção: apagar na legislação o nome dos monarcas portugueses e plantar um modelo político centralizador que, em relação à religião, entre eles era muito mais pronunciado que entre os lusitanos. Contemporaneamente, começaram a se articular as bases teóricas do regalismo, com destaque para Gabriel Pereira de Castro, autor do tratado *De manu regia*, obra condenada pela Santa Sé

---

[71] Não se sabe quando os negros começaram a receber Ordens Sacras no Brasil. Louis François Tollenare registrou, no começo do século XIX, uma pequena presença desses padres em Pernambuco, muitos dos quais, segundo ele, angolanos. Tollenare tinha ciência da legislação eclesiástica vigente que excluía os negros do sacerdócio; mas constatou que esta acabava sendo facilmente burlada por quem tivesse um pouco de dinheiro e se fizesse passar por pardo escuro. Poucas décadas depois, outros viajantes citaram a presença numerosa de negros, e sem fazer alusão a restrições legais, sinal que o afrouxamento das normas atingira o seu termo (n.d.r.).

[72] O número 213 do referido documento dizia claramente: "E porque de se admitirem ao sacerdócio sujeitos indignos dele, e que servem mais para desencaminhar as almas, do que de as levar a Deus, de quem são ministros, resulta para a Igreja Católica grande dano, o qual se deve atalhar logo na primeira entrada ao estado clerical, ordenamos, que daquele que houver de ser admitido à primeira tonsura e ordens menores, tire-se primeiro extrajudicial informação da *limpeza* (o grifo é nosso) do seu sangue" (SEBASTIÃO MONTEIRO DA VIDE, *Constituições Primeiras do Arcebispado da Bahia*, p. 87).

[73] MIGUEL DE OLIVEIRA, *História Eclesiástica de Portugal*, p. 129.

em 1640.⁷⁴ Nesse mesmo ano Portugal se separou da Espanha, mas o restaurador da sua independência, Dom João IV de Bragança (1604-1656), preferiu não se apartar da doutrina dos Filipes, declarando-o formalmente aos 29 de janeiro de 1643, no prólogo do primeiro volume das *Ordenações e Leis do Reino de Portugal*:

> Vendo que depois da recopilação dos cinco livros das Ordenações (que o Senhor Rei Dom Manuel, meu Progenitor e trisavô, de gloriosa memória, mandou fazer), sucedendo-se fazerem-se depois muitas leis, que andavam fora das Ordenações, se fez nova recopilação e reforma das ditas Ordenações no ano de 1595, publicadas no ano de 1603, pelos Reis Católicos de Castela meus primos (tendo ocupada esta Coroa, Reinos e Senhorios dela com violência), das quais se usou até o presente. Logo ao tempo de minha legítima aclamação, restituição e juramento solene, e posse destes meus Reinos, e coroa de Portugal, tendo principalmente presente, com o cuidado da defesa dele com as Armas, o zelo da boa administração da Justiça na paz, e sossego da República, que prefiro a todo outro respeito, houve por bem de mandar por Lei geral, que tudo o que estava ordenado, feito e observado até o princípio de dezembro de 1640 (em que fui aclamado, e restituído à legítima sucessão desta Coroa), se cumprisse e guardasse, como se por mim, e pelos Senhores Reis naturais, meus predecessores, fora feito, enquanto não ordenasse o contrário.⁷⁵

No século XVII, porém, Portugal era profundamente católico. A mudança de perspectiva acontecerá no século seguinte.

2.5 – A sociedade patriarcal e a piedade popular

Muito devocionismo, muitas rezas domésticas, muitas promessas aos santos e à Virgem Maria e muitas procissões marcavam a catolicidade colonial brasileira. Como bem salienta Pedro Américo Maia, "de todas as devoções do século XVI no Brasil entre os índios e nos colégios, a mais apta foi, sem dúvida, a de Nossa Senhora". O mesmo autor ilustra que a primeira igreja construída pelos jesuítas na Bahia teve a invocação de Nossa Senhora da Ajuda e, pouco depois, outra recebeu igual apelativo em Porto Seguro. A lista das invocações, mencionadas por Maia, é longa: "Nossa Senhora da Assunção, Nossa Senhora da Conceição, Nossa Senhora da Graça, Nossa Senhora da Esperança, Nossa Senhora da Escada, Nossa Senhora da Paz, Nossa Senhora do Rosário..."⁷⁶

Grande número de fiéis se reunia em confrarias religiosas de brancos, pardos e negros. Populares em Portugal, assim que os colonizadores aportavam, se não encontravam uma correspondente àquela da mãe-pátria, tratavam imediatamente de fundá-la. Elas se distinguiam em dois tipos: as de misericórdia, destinadas à construção e à manutenção de hospitais e abrigos para os indigentes, e as de fins culturais ou devocionais, em cujos estatutos figurava como finalidade principal, mas não exclusiva, o culto ao seu santo patrono. A mais antiga instituição laical para fins de assistência, inclusive hospitalar, foi a da Santa Casa de

---
⁷⁴ IBIDEM, p. 199.
⁷⁵ *Ordenações e Leis do Reino de Portugal confirmadas e estabelecidas pelo Senhor Rei Dom João IV*, livro primeiro, Mosteiro de São Vicente de Fora, Câmara Real de Sua Majestade, Lisboa, 1747, p. I.
⁷⁶ PEDRO AMÉRICO MAIA, *História das congregações marianas no Brasil*, Edições Loyola, São Paulo, 1992, p. 48.

Misericórdia de São Paulo, criada em 1560. Ainda em relação a São Paulo, o estabelecimento dos regulares propiciou também a organização das "ordens terceiras", como a Venerável Ordem Terceira de Nossa Senhora do Carmo (1594) e a Venerável Ordem Terceira de São Francisco da Penitência (1641).[77].

No século XVII, sendo já numerosas, as confrarias começaram a ser chamadas de "irmandades" e as mais importantes receberam denominações marianas. A seu modo, os negros assimilaram a religiosidade corrente e sob o manto protetor da Virgem procuraram um bálsamo para a penosa condição em que viviam. Por isso, como os brancos, também eles se agruparam em associações análogas. As mais importantes dentre elas eram as de Nossa Senhora do Rosário, que além de prover um sepultamento digno para os seus membros, preocupavam-se ao mesmo tempo com a alforria de escravizados, reunindo a quantia necessária para a sua libertação.[78]

A história de "Chico rei", acontecida no século XVIII em Minas Gerais, é um desses casos no qual a lenda e a história se misturam. Segundo consta, ele era um régulo africano (negro mina) que foi capturado com toda a corte por comerciantes portugueses de escravos e vendido, com o filho Muzinga, no Rio de Janeiro, de onde foi levado para Ouro Preto em 1740. A rainha Djalô e a filha Itulo foram jogadas no oceano pelos marujos do navio negreiro. Francisco, este é o nome cristão que se lhe atribuiu, depois de trabalhar como escravo do major Augusto de Andrade Góes, comprou, por meio do Padre Figueiredo, sua carta de alforria. Libertou o filho, conseguiu comprar a mina do palácio velho ou "encardideira", que estava aparentemente esgotada, encontrou novos veios e com os frutos da mineração libertou outros 400 cativos, entre os quais os integrantes da sua corte africana. Inteligente e enérgico, tornou-se "rei" novamente no exílio, com direito a cetro de ouro, coroa e palácio real, apesar de nunca deixar de trabalhar com os demais negros na mineração.[79]

A "nação" escolheu Santa Ifigênia (princesa do remoto reino da Núbia) como protetora, construindo em sua honra uma majestosa igreja no alto do morro do "Vira Saia", na qual a Virgem do Rosário recebeu destaque especial, com a sua imagem colocada num nicho bem no meio do frontispício. Era realmente um templo *sui generis*, pois, além da novidade de instalar em 1762 o primeiro relógio local, chamava atenção, porque todas as imagens da Virgem Maria eram pretas, numa versão original, que "africanizou" Nossa Senhora da Conceição, Nossa Senhora das Dores, Nossa Senhora das Graças e Nossa Senhora do Carmo.[80]

A riqueza da comunidade ensejou nas negras da guarda de honra da "rainha" (a segunda, com quem "Chico" se casou no Brasil) o costume de empoar a cabeça com o precioso metal que, na volta da procissão para a igreja, era lavada na pia do templo e ali deixada como donativo à caixa da confraria do Rosário para ser depois utilizada na compra da libertação de outros escravos. "Chico rei" se tornou respeitado, era recebido pelos padres com deferência e na igreja ocupava

---

[77] PAULA PORTA (ORG.) *História da cidade de São Paulo*, p. 197-198.
[78] CNBB, *Eras Tu Senhor?*, Dom Bosco, São Paulo, 1995, p. 64.
[79] MOACIR ASSUNÇÃO, "Os herdeiros de Chico Rei", em: revista *Isto é*, n. 1494, Editora Três, São Paulo, 20-5-1998, p. 58-62.
[80] ARTUR RAMOS, *A aculturação negra no Brasil*, Companhia Editora Nacional, São Paulo, 1942, p. 122-123; JORGE FERNANDO, *O Aleijadinho*, Tecnoprint, Rio de Janeiro, 1967, p. 206-207.

lugar de destaque. O importante foi que seu exemplo abriu o precedente sendo a sua iniciativa imitada em outras cidades de Minas e do Brasil, numa das mais belas páginas da história das irmandades marianas negras do país, e ele, "Chico rei", seria, segundo opinião de Artur Ramos, o primeiro líder abolicionista, pelo esforço deliberado de libertação dos seus iguais.[81]

2.5.1 – A força das irmandades religiosas

As irmandades religiosas atravessaram florescentes o inteiro período colonial, mostrando a mesma pujança também no alvorecer do século XIX. Henry Koster (c.1793-1820), que esteve no Brasil entre 1809 e 1815, presenciou tal pujança, deixando sobre as associações laicais uma versão bastante generosa. Ele era do parecer que nelas os negros se afastaram das práticas anteriores e, quando lá dançavam, misturavam todos os negros e também os mulatos, superando as diferenças africanas. Era um alegre catolicismo mariano, onde nas festas populares de Nossa Senhora se vestia como branco sem ser europeu e se bailava em passos iguais que já não eram africanos. Ou seja, ali, conforme se pode presumir, estava sendo gestada uma nova realidade eclesial, que ajudaria a completar o quadro da cultura religiosa brasileira.[82]

Pesquisas realizadas no século XX apontaram para outro dado não mencionado no relato acima: o agrupamento dos negros de acordo com a sua "nação" africana ("Confraria do Senhor da Redenção dos daomeanos", "Ordem terceira do Rosário dos angolas..."). Édson Carneiro é um dos precursores dessa abordagem, apesar de fazê-lo com grande prudência: "*Parece* (o grifo é nosso) que havia o propósito deliberado de não misturar nações diferentes na mesma irmandade". Isso, segundo se acredita, seria uma medida preventiva dos senhores, para evitar que os diversos grupos africanos se unissem e se rebelassem. Porém o mesmo Édson Carneiro acrescenta que nem todos os negros eram agrupados dessa maneira, sem falar que o próprio tempo acabou modificando a situação.[83]

Paralelamente, como se acenou em precedência, tanto dentro quanto fora das irmandades outro fenômeno tomava corpo: o sincretismo religioso. As primeiras menções dessas manifestações religiosas, segundo Pierre Verger (1902-1996), datam do final do século XVII, por ocasião de uma das visitas do Santo Ofício,[84] e, no século XVIII, a presença de tais cultos começaram a ganhar destaque nos registros. Uma das manifestações mais antigas que se conhece foi o "Calundu", termo de origem banto que, a partir do século XVII, passou a qualificar um conjunto variado de práticas religiosas africanas de várias procedências, não raro mescladas.[85]

A presença desse culto "afro" foi testemunhada em 1728 por Nuno Marques Pereira (1652-1728?), que, por causa do rumor dos tambores, não pôde dormir numa fazenda, onde pernoitou antes de prosseguir viagem para Minas

---

[81] ARTUR RAMOS, *A aculturação negra no Brasil*, p. 124; JORGE FERNANDO, *O Aleijadinho*, p. 208-209.
[82] Cf. HENRY KOSTER, *Viagens ao nordeste do Brasil* (Travels in Brazil), Companhia Editora Nacional, São Paulo, 1942, p. 499-500.
[83] ÉDSON CARNEIRO, *Ladinos e crioulos*, Civilização Brasileira, Rio de Janeiro, 1964, p. 89.
[84] PIERRE VERGER, *Orixás, deuses yorubas na África e no Novo Mundo*, 6ª ed., Corrupio, Salvador, 2002, p. 26.
[85] RONALDO VAINFAS, *Dicionário do Brasil colonial*, p. 87-88.

Gerais. Também em Pernambuco e noutras capitanias houve *calundus*, e, ao que parece, foi em Minas Gerais que ele teve uma presença mais sentida. Vale dizer: estava em curso um processo de conservação da tradição africana, ou da sua mistura com elementos cristãos. Nesse sentido, muitas vezes se argumenta que as irmandades deram um notável contributo para tanto, pois teriam sido elas a fornecer o ambiente para a sobrevivência dos cultos tradicionais, estando, portanto, na origem do sincretismo, que cresceria com o correr dos anos. Também se diz que, a partir do século XVIII, ditas irmandades teriam passado por um processo de "secularização", subtraindo-se à autoridade da hierarquia e transformando-se em subserviente massa de manobra do absolutismo estatal.[86]

2.5.2 – Os clérigos da "casa grande" e os clérigos das paróquias

No século XVIII, o território brasileiro já estava praticamente ocupado e a população indígena dominada e drasticamente reduzida em número. A consolidação de tal domínio territorial permitiu a afirmação da sociedade patriarcal agrária e escravocrata que tinha na "casa grande" senhorial o seu lugar-símbolo. Os casamentos de brancos com indígenas, como recorda Sérgio Buarque de Holanda, eram então estimulados pelo governo português. Ele cita o alvará de 1755, determinando que os cônjuges, nesses casos, não ficassem "com infâmia alguma".[87]

Foi também nesse período que ganhou força a figura do capelão dos latifúndios, que se colocava a serviço dos grandes senhores, suas famílias e escravos, com escassa ligação com seu bispo e com o povo circundante. O jesuíta italiano, Giovanni Antonio, que adotou o nome de André João Antonil (1640-1716), no tratado que compôs em 1711, intitulado *Cultura e opulência do Brasil*, recordava que tinha cada senhor, para o espiritual, "um sacerdote seu capelão". Antonil, ao opinar sobre o ministério desses clérigos, dava a entender que, apesar de tudo, isso não acontecia numa completa dependência. Suas palavras, contudo, não esclareciam se se tratava apenas de uma instrução ou de um fato corrente:

> O primeiro que se há de escolher com circunspecção e informação secreta do seu procedimento é o capelão, a quem se há de encomendar o ensino de tudo o que pertence à vida cristã, para desta sorte satisfazer à maior das obrigações que tem, a qual é doutrinar e mandar doutrinar a família escravos. [...] Tem pois o capelão obrigação de dizer missa na capela do engenho nos domingos e dias santos. [...] Procurará também a aprovação para ouvir de confissão aos seus aplicados, e para que sendo sacerdote e ministro de Deus lhes possa servir frequentemente de remédio. [...] Corre também por sua conta pôr a todos em paz e atalhar discórdias. [...] Advirta, além disso, de não receber noivos nem batizar fora de algum caso de necessidade, nem desobrigar na quaresma pessoa alguma sem licença *in scriptis* do vigário a quem pertencer dá-la, nem fazer coisa alguma que toque a jurisdição dos

---
[86] ARLINDO RUBERT, *A Igreja no Brasil*, vol. II, p. 292.
[87] SÉRGIO BUARQUE DE HOLANDA, *Raízes do Brasil*, 26ª ed., Companhia das Letras, São Paulo, 2002, p. 56.

párocos, para que não incorra nas penas e censuras que sobre isso são decretadas. [...] Finalmente, faça muito por morar fora da casa do senhor do engenho, porque assim convém a ambos, pois é sacerdote e não criado, familiar de Deus e não de outro homem.[88]

Daí que a evangelização rural acontecia em torno à capela, incorporada à casa grande, à fazenda, ao engenho, onde não raro o capelão era um membro da própria família dominante. Ao capelão, além de celebrar as missas dominicais, competia catequizar os negros, ensinar o abecedário aos filhos do fazendeiro, ao que, às vezes, acrescentava rudimentos de latim, bem como as primeiras orações e o catecismo. Tratava-se de um procedimento bem pouco alinhado às orientações do Concílio de Trento, mas perfeitamente adaptado àquele ambiente. Ainda assim, convém não superestimar a prática, pois era igualmente verdadeiro que "a sociedade colonial não se reduzia a um engenho nem a casa grande era a morada da maior parte da população".[89]

Tenha-se também presente que a capelania das abastadas fazendas não eliminou a centralidade das paróquias. Longe disso. Os livros de registros dos sacramentos continuaram a ser mantidos no ambiente paroquial, o que não era pouco, sobretudo considerando que o batismo, além do seu aspecto estritamente religioso, era também uma importante ocasião para a solidariedade e relações, e continuou a ser registrado lá.[90]

Outro aspecto delicado era aquele da manutenção dos párocos. Muitas vezes eles dependiam das "conhecenças", uma espécie de dízimo, porquanto correspondente a uma contribuição que todo fiel deveria fornecer ao padre de sua paróquia, por ocasião da Páscoa. Essa contribuição foi causa de vários atritos, pois não faltaram paroquianos que se recusassem a pagá-la, sob a alegação de que o clero secular já recebia a côngrua régia. Na verdade, nem a côngrua, nem as mencionadas "conhecenças" eram suficientes para a manutenção dos padres, e tal carência tinha de ser complementada com os "pés de altar", que eram as espórtulas oferecidas pelos fiéis durante a administração dos sacramentos. Para contornar o problema, a Coroa portuguesa fixou outras taxas em locais e épocas variados.[91] A decadência do patriarcado rural, no entanto, aconteceu nos séculos XVIII e XIX, após lenta transformação.

2.6 – A Igreja e a cultura barroca brasileira

O barroco foi o primeiro estilo de cultura significativo do período colonial, ainda que inicialmente tenha sido um prolongamento dos modelos da Metrópole, que por sua vez os assimilara da Espanha. Dito estilo já chegou à colônia com adaptações, pois os portugueses em muito alteraram a arte dos vizinhos. Depois de "aclimatado" no Brasil, o barroco nativo se tornou um

---

[88] ANDRÉ JOÃO ANTONIL, *Cultura e Opulência do Brasil por suas Drogas e Minas*, Oficina Real Deslandesiana, Lisboa, 1711, p. 11-13.
[89] RONALDO VAINFAS (DIR.), *Dicionário do Brasil colonial (1500-1808)*, p. 105.
[90] Cf. SHEILA DE CASTRO FARIA, *A colônia em movimento*, 2ª ed., Editora Nova Fronteira, Rio de Janeiro, 1998, p. 304.
[91] ÂNGELA VIANA BOTELHO – LIANA MARIA REIS, *Dicionário Histórico. Brasil colônia e Império*, p. 53.

meio transmissor dos conteúdos da fé, tendo encontrado na escultura e na pintura instrumentos privilegiados para tanto.

A princípio os religiosos apenas reproduziam as linhas mestras da Metrópole; mas com o correr do tempo, a ação educadora dos jesuítas foi desenvolvendo nas camadas mais humildes da população sucessivas variações que acabaram por conduzir a uma arte autóctone. A evolução foi rápida, não demorando muito para que motivos tropicais acabassem sendo incorporados, dando espaço até para adornos como abacaxi e caju. O segundo ponto é que, entre os citados "humildes", incluíam-se necessariamente os negros, dotados de grande riqueza artística, principalmente escultórica e musical, que no tempo oportuno se revelaria. Isso aconteceu quando eles foram convocados para as obras religiosas, onde as marcas da sua sensibilidade estética encontrariam na figura da Mãe de Deus um lugar privilegiado. Foi em Minas Gerais que a brasilidade barroca atingiu a maturidade, pois com o tempo a arte se transformou num ofício de escravos e alforriados, não obstante existissem exceções como as obras do frei Ricardo do Pilar (c.1635-1700), beneditino de Flandres ou as pinturas dos holandeses Franz Post (1612-1680) e Albert Eckhout (1610-1666). Tão grande era a influência negra que inclusive as chamadas "escolas" baiana e fluminense do século XVIII seriam conduzidas pelos seus descendestes. Isso se estenderia até começos do século XIX.[92]

O barroco se tornou tão popular, porque era a representação de uma visão do mundo e das coisas, exprimindo com fidelidade uma época e uma filosofia de vida. Por isso, na imagem da Mãe de Cristo os artistas traduziram as ansiedades e a dor de toda a comunidade, ao representarem mulheres que sofrem dolorosamente, como as Senhoras da piedade e das dores. Minas Gerais foi o lugar por excelência onde as manifestações artísticas se tornaram o retrato fiel dos múltiplos conflitos e denunciaram o sistema de dominação. Isso ocorreu no momento em que se violou o modelo europeu imposto, imprimindo na forma e no conteúdo aquelas expressões negras e mestiças, verdadeiros retratos do Brasil. Também a tolerância do clero pôde não ter sido casual, porque de fato sempre houve uma parte dos padres identificada com a massa humilhada que, sem se deixar atingir em sua dignidade, "transformou os símbolos da religião dos dominadores em símbolos da sua fé em Deus".[93]

2.6.1 – Os mestres mestiços da arquitetura e da escultura

Quanto aos artistas que produziam essas obras, eram homens que, segundo João Camilo Oliveira Torres, "pecavam, sofriam e apelavam para a misericórdia divina. E a quem recorreram eles senão à Virgem Maria, que a Igreja se lhes oferecia em mil formas como consoladora e amparo?" Extravasou-se, assim, a "piedade filial" do mineiro para com a Mãe de Deus, cujo significado é bem mais profundo do que permite antever a expressão. Num país em que negros e cativos tinham apenas

---

[92] Francisco Acquarone, *Mestres da pintura no Brasil*, Paulo de Azevedo, Rio de Janeiro, SD, p. 11-12.
[93] Elmer Corrêa Barbosa, *O ciclo do ouro, o tempo e a música do barroco católico*, PUC, Rio de Janeiro, 1979, p. 39-40.

a Virgem e os santos para protegê-los, existia realmente a convicção de que somente o recurso à Virgem Mãe poderia conceder o perdão e a graça, e, por este mister, as invocações foram além das tradicionais, acentuando sobretudo as trágicas e dolorosas. Ainda segundo João Camilo, a pedra sabão esculpiu esta grande dor, e nela o pardo esculpiu o seu pranto, porque carregava em si a ambiguidade da consciência da dúvida de um homem dividido, que não sabia, apesar da ascendência branca que preferia, se pertencia à "raça dominadora do pai ou à etnia sofredora da mãe".[94]

"E foi assim que a religião se tornou a catarse do oprimido, e a arte, a sua manifestação."[95] Daí o ornato muitas vezes destruir a linha do edifício, daí as linhas alucinadas e impossíveis, daí a majestade da igreja do Carmo de Sabará destacando-se no seu promontório como uma garça que vai tomar voo. Essa serenidade é passageira, mas revela que, no conflito, a alma conseguiu a paz, por um momento – são igrejas construídas com o sentimento de apaziguamento e calma de quem acaba de sair do confessionário e recebeu o perdão, vindo por intercessão de Nossa Senhora de tantas invocações, cuja presença nas cidades mineiras é uma revelação, em toda a plenitude, de uma visão da vida de quem procura o perdão e sabe a quem apelar.[96]

Sob o controle de Lisboa, inúmeros mestres de obras, pintores, entalhadores negros e mestiços, durante dois séculos, dariam asas à monumentalidade barroca. Nessa nova arte se destacariam as esculturas de ferro e madeira, numa criação de imagens espetaculares, nas quais imperava a assim chamada "livre inspiração".

Tudo isso em grande parte confluiria para a piedade mariana, pois as condições eram ideais: as irmandades dos não brancos exercem o mecenato e o número de artistas negros e pardos já era consistente. Foi então que, sem escândalo, a arte consentiu que Virgens como Nossa Senhora do Rosário fossem muitas vezes "africanizadas", apresentando faces e mãos negras, pois nesse caso a liberdade de imaginação religiosa supria a carência da crítica histórica, resolvendo o problema. Um dos mais brilhantes exemplares do período é a belíssima pintura do teto da nave da igreja de São Francisco de Assis, em Outro Preto, realizada pelo pintor Manoel da Costa Athayde (1762-1830), na qual a Virgem mestiça está circundada por uma porção de anjinhos igualmente pardos. O fato, aliás, repetia-se com certa frequência, pois também em outras cidades do interior, como Diamantina, na Igreja de Nossa Senhora do Rosário, sobre o altar-mor, seria colocada uma grande imagem preta da Virgem Maria, rodeada nos altares laterais por santos igualmente escuros.[97]

Essa arte original teria seus máximos expoentes nas pessoas do Mestre Valentim (c.1745-1813) e Antônio Francisco Lisboa, vulgo "Aleijadinho" (1730-1814). O primeiro, Valentim da Fonseca e Silva, foi sobretudo escultor. Filho de um português com uma escrava, partiria com a mãe mais tarde para Lisboa, onde aprendeu noções de desenho e como fazer debuxos e arquitetura. Retornando ao Brasil produziu um valioso, ainda que aportuguesado barroco,

---

[94] JOÃO CAMILO DE OLIVEIRA TORRES, *Interpretação da realidade brasileira*, José Olympio Editora, Rio de Janeiro, SD, p. 140-142.
[95] ELMER CORREA BARBOSA, *O ciclo do ouro, o tempo e a música do barroco católico*, p. 44.
[96] JOÃO CAMILO DE OLIVEIRA TORRES, *Interpretação da realidade brasileira*, p. 142-143.
[97] AUGUSTE DE SAINT-HILAIRE, *Viagem pelo distrito dos diamantes e litoral do Brasil*, p. 28; FERDINAND DENIS, *Brasil*, p. 361.

em que se inclui uma bonita *Madonna* esculpida entre anjos, lírios e açucenas, num medalhão da igreja do Carmo. O final de sua vida, no entanto, foi cruel: morreu na mais absoluta pobreza numa humilde casinha da Rua do Sabão, no Rio de Janeiro, em 1-3-1813, sendo seu corpo sepultado na igreja do Rosário.[98]

Quanto ao Aleijadinho, este é considerado um dos maiores escultores brasileiros de todos os tempos. Nascido em Ouro Preto, era filho natural de um português, o arquiteto Manoel Francisco da Costa, e da sua escrava Isabel.[99] Libertado na pia batismal, viria a aprender arquitetura com o pai e desenho com o habilidoso ourives João Gomes Batista,[100] mas não estudou mais que as primeiras letras e jamais ultrapassou a divisa de Minas Gerais. Isso não limitou o talento e o sentimento excepcionais que tinha, capazes de suprir todas as dificuldades técnicas. Sua índole livre e determinada rompeu de modo claro com os temas portugueses, sendo por isso reputado uma referência da emancipação da arte brasileira.[101] Entretanto, a partir de 1777, terrível moléstia lhe desfigurou progressivamente o corpo, tornando-o irritadiço e retraído, o que não comprometeu a grandiosidade de obra que desenvolvia. Passou então a trabalhar às escondidas, com a ajuda dos escravos entalhadores Maurício, Agostinho e Januário. Datam desse período importantes produções com temas bíblicos e hagiológicos, a exemplo dos profetas de Congonhas do Campo. Também dedicou à Virgem Maria uma pequena imagem junto com figuras de presépio, que atualmente se encontram no Museu da Inconfidência de Ouro Preto, mais a imagem de Santa Maria na matriz do Carmo de Caeté, e o medalhão da Imaculada Conceição na portada franciscana de São João del Rei (contendo a frase *tota pulcra es Maria et macula originalis non est in te*) e ainda o busto da Virgem de Vila Rica, ao lado de 12 anjos, um cordeiro junto a um livro aberto e o emblema das cinco chagas do Redentor.

No final da vida, o "Aleijadinho" trabalhava na igreja de Nossa Senhora do Carmo, quando o seu estado de saúde se agravou irremediavelmente. Foi então que do livro de Jó extraiu as palavras candentes que imprimiu num medalhão: "ulcere pessimo a planta pedis satan domini percussit Job" (Jó 2,7). Era o começo do fim, tendo vivido seus momentos derradeiros na humilde casa de sua nora Joana Lopes. Teria ficado paralítico, com o corpo todo chagado e quase cego. Segundo consta, entre os suplícios da agonia lenta e dolorosa, encontrou consolo em fervorosas orações. Aos 18-11-1814 expirou, sendo seu corpo sepultado na igreja matriz de Nossa Senhora da Conceição, em Ouro Preto.[102]

2.6.2 – A música

A música sacra marcou o seu ingresso no Brasil, na manhã de 26-4-1500, domingo de "Quasimodo" ou da "Pascoela" (*in Albis*), quando o frei Henrique Álvares, da cidade de Coimbra, celebrou a primeira missa da América portu-

---

[98] Jorge Fernando, *O Aleijadinho*, p. 45-48.
[99] Carlos Rubens, *Pequena história das artes plásticas no Brasil*, Companhia Editora Nacional, São Paulo, 1941, p. 317.
[100] Pedro Caminada Gismondi, *Tentativa de uma pequena história da arte no Brasil*, Publicações Convívio, São Paulo, 1964, p. 20.
[101] Carlos Rubens, *Pequena história das artes plásticas no Brasil*, p. 317-319.
[102] Carlos Rubens, *Pequena história das artes plásticas no Brasil*, p. 318.

guesa. A celebração foi digna da sua importância, caprichando nos detalhes. Assim, frei Pedro de Melo dirigiu os cantos e frei Maffeo cumpriu com presteza as funções de organista, enquanto que ali bem perto um grupo de índios, entre admiração e curiosidade, assistia com a circunspecção possível ao inédito ritual.

O que veio em seguida levou muitos estudiosos como Renato Almeida e Vasco Mariz a afirmarem que "as linhas mestras e persistências mais duradouras da música brasileira vieram de Portugal" e que a música colonial, no fundo, permaneceu essencialmente europeia, em que pese estar interpretada quase exclusivamente por mulatos e negros.[103] O fato explica-se: a influência indígena foi praticamente excluída e a musicalidade inata do negro escravo, sem quebrar as normas do modelo estabelecido, tornar-se-ia o segundo elemento determinante.[104]

O processo, porém, foi longo. Da parte portuguesa, os jesuítas foram os pioneiros na arte do cantochão e, para difundi-lo, abriram no século XVI as primeiras escolas do gênero. O objetivo era catequético, e o canto ensinado não ia além do gregoriano; mas as melodias despertaram o gosto da gente da terra. Do lado africano, a música continuou sendo vivida no novo ambiente como complemento obrigatório em todos os atos da vida do grupo, ainda que esta, como tudo mais de sua cultura, fosse frontalmente desprezada pelos colonizadores. Apesar das circunstâncias adversas, o "encontro" de ambas aconteceu, vindo a produzir na música sacra local "constâncias específicas" que de algum modo alteraram as composições europeias.[105] Por outro lado, isso forçou igualmente a música africana a perder muitas das suas características originais, num movimento que alguns se atrevem a chamar de "sincretismo musical". Esclareça-se, porém, que praticamente inexiste um estudo pormenorizado sobre o conteúdo "teológico" da música lírica brasileira, e na maioria das vezes a pesquisa se restringe à análise histórica e técnica. Outro dado questionador: pelas razões acima citadas, os mestiços e negros, quando eruditos, não incluíam abertamente em seus repertórios musicais aspectos especificamente "afro", a exemplo do que acontecia na escultura e na pintura. Vasco Mariz esclarece que, sobretudo os pardos, pela proximidade com a matriz europeia, evitavam todos os vínculos com o continente africano.[106]

De qualquer modo, essa produção musical, na sua raiz, era de uma popularidade a toda prova, e existe uma razão bastante simples para isso: "Os negros escravos, após o labor que os matava, a surra de vergalho, que faziam? Cantavam! Dançavam! As músicas eram tangidas por musicistas de improviso, rudes homens de cor, a maioria, negros e pardos, e as canções não tinham grandes recursos técnicos, mas eram cheias de intuição, de sentimento, que iam, de qualquer forma, criando, dentro de um ritmo original e bem nosso, pensamentos melódicos inéditos, harmonias estranhas", todo um mundo de sons que somente depois o erudito plasmava (disciplinava?), "dando-lhe esta expressão douta ou definitiva que hoje se encontra na solfa brasileira". Boa parte dessas composições reservava um lugar

---

[103] RENATO ALMEIDA, *História da música brasileira*, Editrice Romana, Roma 1992, p. 12; VASCO MARIZ, *Historia de la música en Brasil*, Centro de Estudios Brasileños, Lima, 1985, p. 11.
[104] EURICO NOGUEIRA FRANÇA, *A música no Brasil*, Departamento de Imprensa Nacional, Rio de Janeiro, 1953, p. 9.
[105] RENATO ALMEIDA, *História da música brasileira*, p. 14-20.
[106] VASCO MARIZ, *Historia de la música en Brasil*, p. 10-21.

especial para a Mãe de Deus, em "missas que eram verdadeiras óperas, com vozes supimpas e sacerdotes vestindo roupas de espantar". Esse mesmo Catolicismo festivo consentia que mestiços recebessem Ordens Sacras, e ao menos um deles viria a se celebrizar como tradutor esplêndido dessa sensibilidade musical nascida do coração. Seu nome: Pe. José Maurício.[107]

2.6.2.1 – A música barroca de Minas Gerais

No século XVIII, os bandeirantes paulistas começaram a penetrar no interior de Minas Gerais, cujo primeiro nome foi "Campos de Cataguá". Ao que tudo indica, em 1695, Rodrigues Arzão, natural de Taubaté, encontrou jazidas auríferas por ali e, imediatamente, a "febre do ouro" levou os paulistas a fundarem vários núcleos urbanos, bem como numerosos arraiais. Boa parte da crescente da população que se instalou em tais paragens passou a se alojar em habitações grandiosas e a reunir-se em imponentes igrejas.[108]

Favorecida pelas condições do momento, a Capitania de Minas (separada de São Paulo pelos portugueses em 1722) emergiu no cenário brasileiro como uma das mais importantes e significativas para a história nacional, produzindo um movimento musical extraordinário, que chegaria ao seu apogeu entre 1787 e 1790. Tão exuberante se tornou a música mineira, que, com certo exagero, chegou-se a dizer que existiam mais músicos em Minas que em Portugal. Outro fator que contribuiu para tal progresso foi a centralidade geográfica da referida capitania, que, sem mar, acabou por construir uma relativa autossuficiência cultural. Eram os grandes núcleos musicais de Vila Rica (atual Ouro Preto) e povoados vizinhos (Mariana e Sabará), São José del Rei (atual Tiradentes), Congonhas do Campo e Arraial do Tijuco (Diamantina), onde se executavam os grandes repertórios.

É interessante observar que nas cidades mineiras tudo tendencialmente se transformava num acontecimento comunitário que exigia participação de todos. Nessas ocasiões a música se tornava simplesmente indispensável e, ali, não só se homenageava dignamente a Virgem Maria – cuja imagem, quer seja no templo, quer seja no local de reunião da irmandade ou mesmo nas residências, merecia lugar de destaque – como dava prestígio a quem encomendava a peça e os músicos.[109] Vários autores então se destacaram, a saber:

a) José Joaquim Emerico de Mesquita (1746-1805): filho natural do português José Lobo de Mesquita e da escrava Joaquina Emerenciana, era originário do Serro. Foi o maior dos compositores mineiros, mas muito da sua obra se perdeu. Seus trabalhos mais conhecidos: *Antífona de Nossa Senhora* (Salve Regina) de 1787, uma *Litania em honra da Beata Virgem de 1783* e o *Ofertório de Nossa Senhora* (*Benedicta et venerabilis es*);

b) Marcos Coelho Neto (1740-1806): nasceu em Vila Rica e era compositor, diretor e trompetista. Compôs um belo hino de quatro vozes denominado *Maria Mater Gratiae*;

---

[107] Cf. LUIZ EDMUNDO, *Recordações do Rio Antigo*, 2ª ed., Gráfica Elite, Rio de Janeiro, 1956, p. 94-96.
[108] AUGUSTE DE SAINT-HILAIRE, *Viagem à província de São Paulo e resumo das viagens ao Brasil, província Cisplatina e missões do Paraguai*, 2ª ed., Livraria Martins Editora, São Paulo, 1945, p. 47-51.
[109] ELMER CORRÊA BARBOSA, *O ciclo do ouro, o tempo e a música do barroco católico*, p. 28.

c) Francisco Gomes Rocha (?-1808): de Vila Rica, era membro da irmandade de São José dos Homens Pardos. Obra: *Novena de Nossa Senhora do Pilar*, cantada a quatro vozes;
d) Ignácio Pereira Neves (1736-1790? 1793?): compositor e cantor, atuava nas irmandades de Nossa Senhora dos homens pardos. A sua música infelizmente é hoje quase desconhecida;
e) Manoel Dias de Oliveira (1745-1813): nascido em São José del Rei (Tiradentes), deixou um importante *Magnificat*.[110]

Tenha-se presente que a música sacra e litúrgica mineira era quase sempre homofônica, não sendo obrigatória a presença do baixo contínuo. Também revelava um bom conhecimento do latim por parte dos seus autores, bem como de liturgia. Essa cultura musical entrou em decadência no final do século XVIII, por causa do esgotamento dos veios minerais e dos problemas políticos com Portugal. A partir daí, os talentosos músicos mineiros, um após outro, mudaram-se para o Rio de Janeiro, capital do Vice-Reino desde 1763.[111]

2.6.2.2 – A música barroca do Rio de Janeiro

No começo do século XIX, o Rio de Janeiro era apenas uma cidade acanhada que a transferência da corte portuguesa transformou em sede de uma monarquia europeia. Pela primeira vez, e por influência da nobreza, a música profana ganhou destaque; mas, no tocante à música negra, o período revela poucas surpresas, ainda que tenham existido algumas honrosas exceções. Uma delas era a orquestra dos negros escravos da Fazenda Santa Cruz, que, meio século após a expulsão dos jesuítas, ainda conservava os magníficos cantos aprendidos. A propriedade foi transformada em residência campestre imperial, e quando Dom João VI a visitou pela primeira vez, entre espanto e deslumbramento, ficou extasiado com as maviosas melodias que ouviu. Sensibilizado com a arte dos cativos, chegou a montar para eles uma escola para que aprendessem a ler e a contar, e mais um curso de música vocal e instrumental, com músicos que ele pessoalmente nomeou.[112]

Outro grande destaque do Rio de Janeiro, provavelmente o maior de todos, foi o Pe. José Maurício Nunes Garcia (1767-1830), presbítero secular, que se encontra entre os maiores músicos da história do Brasil. Era um mestiço inteligente e vivaz, filho de Apolinário Nunes Garcia, um respeitável senhor branco, e Vitória Maria do Carmo, africana da Guiné. Fato raro na época entre brancos e negros, o casal se constituiu regularmente, casando-se na igreja. Foi, aliás, a mãe do pequeno José quem mais o estimulou a tomar as Ordens Sacras. O talento musical do jovem sacerdote logo se manifestou, e, sendo autodidata, tornou-se também possuidor de respeitável cultura humanística, ao lado da qual desenvolveu ainda a arte de tocar vários instrumentos e cantar com grande distinção.

---
[110] Vasco Mariz, *Historia de la música en Brasil*, p. 18-24.
[111] Elmer Correa Barbosa, *O ciclo do ouro, o tempo e a música do barroco católico*, p. 53-55.
[112] Luiz Edmundo, *A Corte de Dom João VI no Rio de Janeiro*, vol. III, 2ª ed., Gráfica Elite, Rio de Janeiro, 1957, vol.III, p. 589.

Padre José Maurício nunca saiu do Brasil, mas sua genialidade superou os limites culturais da Colônia e os preconceitos do seu tempo, merecendo inclusive a admiração de Dom João VI, que o nomeou mestre da capela imperial. Sua condição de pardo, no entanto, suscitava hostilidade entre os cortesãos, agravando-se ainda mais quando chegou ao Rio o maestro Marcos Portugal, considerado na época pelos lusitanos "o melhor do mundo". O recém-chegado logo se encheu de rancor contra o rival e, para desembaraçar-se dele, aliou-se a certos membros da nobreza, que não suportavam a presença plebeia do padre nativo, e armou-lhe uma cilada. Aconteceu durante uma festa no paço imperial quando, subitamente, tirou Marcos do bolso da casaca um rolo de música, inédito no Brasil e de dificílima execução e o entregou ao padre na frente de todos, para que ele tocasse a melodia "bastante interessante", acrescentando com voz sibilina, "pondo em relevo seus dons de instrumentista". O sacerdote não se intimidou: tomou a partitura e o que deveria ser sua queda se transformou em sua consagração definitiva, pois a técnica que utilizou foi maravilhosa e o salão o aplaudiu de maneira delirante. As perseguições, no entanto, ainda não haviam terminado. Outro que moveu contra ele ferrenha oposição foi Francisco Manuel da Silva (1795-1865), autor da melodia do *Hino nacional brasileiro* e músico da Orquestra Real Câmara; mas também ele fracassou no seu intento.[113]

Reconhecido e respeitado, a obra de José Maurício frutificou em inúmeras composições, na que deixava transparecer certa influência de Hayden e Mozart. Grande parte dela, infelizmente, incluindo-se a ópera *Le due gemelle* se perderia.[114] Contudo, resta sua composição mariana maior, que é um esplêndido *Magnificat*. A certa altura, porém, o Pe. José Maurício passou a sofrer ataques de amnésia e de depressão, vindo a falecer numa modesta casa da Rua do Comércio, número 18. Segundo relato de testemunhas da época, expirou cantando um hino a Nossa Senhora.[115]

2.6.3 – O ocaso de uma arte

Não é raro que se diga que a certo ponto da história a exuberância barroca esgotou seu potencial, decaindo então num maneirismo insípido que alcançou as formas claras e um tanto frívolas do rococó francês e nelas se desvaneceu. Da França o rococó teria tardiamente atingido Portugal e de lá, demorando mais ainda, desembarcado, afinal, no Brasil.[116]

Para evitar mal-entendidos, é bom esclarecer que o Brasil não realizou uma transposição automática do referido estilo, pois a sua arte amadurecera numa explosão criativa, associando o tropicalismo do meio físico à mistura de raças do meio social, de cuja mistura resultou um dos mais ricos acervos de arte religiosa do ocidente. Ou seja, caminhou até afirmar um sentido bem brasileiro. Esse curso evolutivo foi interrompido com a chegada da família real ao Brasil, em 1808. Dom João VI, além de modernizar o Rio de Janeiro e tomar várias medidas de interesse econômico

---

[113] Luiz Edmundo, *Recordações do Rio Antigo*, p. 85-107.
[114] Renato Almeida, *História da música brasileira*, p. 120.
[115] O Pe. José Maurício deixou ao menos dois discípulos célebres: o primeiro foi Francisco Manoel da Silva, autor da melodia do "Hino nacional brasileiro"; o segundo foi Dom Pedro I, imperador do Brasil, que compôs o "Hino da Independência" e algumas obras sacras (Cf. Eurico Nogueira França, *A música no Brasil*, p. 9).
[116] Pietro Maria Bardi, *História da arte brasileira,* Melhoramentos, São Paulo, 1975, p. 118.

e político, quis completar em 1815 as suas iniciativas, contratando na Europa um grupo de artífices e artistas que viesse fundar no Brasil uma escola de ciências, artes e ofícios, segundo os moldes franceses. A ideia, aliás, também refletia a influência de Dom Antônio de Araújo Azevedo, conde da Barca, um português que emigrara junto com a família real. Por seu intermédio, Dom Pedro de Menezes, marquês de Marialva, embaixador extraordinário de Portugal na corte Francesa de Luís XVIII, terminou encarregado de levar adiante tal projeto, o que ele fez consultando Friedrich Heinrich Alexander von Humboldt. Este apresentou o marquês a Joachim Lebreton, secretário recém demitido da Academia de Belas Artes do instituto de França, que, depois dos entendimentos, aceitou liderar a missão que se formava.[117] Os europeus partiram do Havre a bordo do veleiro americano *Calpe*, e chegaram à Baía de Guanabara aos 26-3-1816. A partir daí a história das artes no país entraria numa nova fase.[118]

Os recém-chegados conseguiram estabelecer uma influência acadêmica que duraria mais de um século e, na esteira das inovações que introduziram, a arte sacra entrou em decadência, e as obras civis ou da europeizada burguesia começaram a ocupar o seu espaço. Enfraquecido pelo padroado, o clero sequer tentou apresentar alternativas, e as modestas tentativas de adaptação aos novos tempos que realizou nas décadas seguintes, além de pouco relevantes artisticamente, aderiram ao modelo europeu importado, ignorando igualmente a cultura negra e mestiça circundantes. O resultado foi um pequeno conjunto de obras de gosto duvidoso, entre as quais se pode citar um resplendor entalhado no Mato Grosso, ornando a cabeça de uma Nossa Senhora, que mais parecia símbolo positivista. Desse período em diante, arquitetos, escultores, entalhadores e decoradores abandonaram a arte religiosa e passaram a formar grupos independentes que enfatizaram e enfeitaram a vida leiga. Os motivos cristãos em geral se tornaram secundários e a segunda metade do século XIX assistiu ao triunfo das pálidas Madonas, muitas das quais importadas de produções em série do Velho Mundo. Com o advento do Modernismo em 1922, a arte colonial foi revalorizada, mas a produção religiosa não recuperou o seu prestígio e tampouco foi possível impedir a perda ou deterioramento de valiosas peças antigas, inspirando Pietro Maria Bardi a fazer uma crítica emocionada:

> Em cubículos onde se depositam as coisas em desuso, resta tudo coberto de poeira. Patético espetáculo de como a mão do homem e seu coração relegaram os símbolos e sentimentos mais delicados no vulto de uma Madona carregado de piedade, aflições e esperanças". Porém, "nem todas as igrejas apresentam essas particularidades; mas é preciso frisar que se há um país que participa daquela profecia de Sâr Peladan – 'Ad Rosam per Crucem, ad Crucem per Rosam' – é o Brasil. Portanto, a arte deve conquistar seu sentido ideal, e a Igreja o senso da beleza, pois sem isso está condenada a desaparecer. [119]

---

[117] AFONSO D'ESCRAGNOLLE TAUNAY, *A Missão artística francesa de 1816*, Publicações da Diretoria do Patrimônio Histórico e Artístico Nacional, Rio de Janeiro, 1956, p. 8-11.
[118] Os principais membros da missão artística francesa foram: Joachim Lebreton, chefe; Jean Baptiste Debret e Nicolas Antoine Taunay, pintores; Auguste Marie Taunay, escultor; Auguste Henrique Vítor Grand-Jean de Montigny, arquiteto; Charles Simom Pradier, gravador; Segismundo Neukomm, compositor, organista e mestre da capela; François Ovide, engenheiro (Cf. FERDINAND DENIS, *Brasil*, Itatiaia, Belo Horizonte, 1980, p. 115-117).
[119] PIETRO MARIA BARDI, *História da arte brasileira*, p. 160-162.

3

A IGREJA LUSÓFONA SOB A TUTELA DO "POMBALISMO"

A conjuntura econômica e sociopolítica portuguesa, na segunda metade do século XVIII, tornara-se propícia para o estabelecimento de um governo amante de medidas drásticas, pois, ao contrário da companhia de Jesus, que se encontrava num momento de prosperidade – controlava vinte colégios e três seminários apenas na Metrópole –, a economia do país manifestava evidentes sintomas de decadência, até porque a produção do ouro no Brasil estava em queda livre.

Em meio às incertezas econômicas, o iluminismo proveniente da França se consolidava nos meios políticos e intelectuais, com seu ativismo aliciante, divulgando doutrinas sedutoras, que ganhavam adeptos entusiastas entre elementos da nobreza, do clero e das pessoas influentes, abrindo perspectivas que abalavam as bases de estruturas consolidadas. Claro que a "ilustração" portuguesa tinha características muito próprias, deixando de lado o espírito revolucionário, anti-histórico e irreligioso francês e assumindo feição progressista, reformista, nacionalista, humanista e, naturalmente, regalista. O resultado geral, conforme afirma Luís de Oliveira Ramos, foi que os iluministas católicos portugueses aceitavam a supremacia da Coroa sobre a Igreja, enfatizavam em alguns casos a primazia do Concílio sobre o Papa, punham em evidência notícias de autonomias das antigas dioceses portuguesas, atacavam os jesuítas, promoviam a teologia positiva baseada na Escritura e na Tradição em detrimento do aristotelismo, empenhavam-se na denúncia do fanatismo religioso e das superstições e davam-se à depuração de falsos milagres e santos inexistentes. Também preferiam uma religiosidade austera, por vezes dessecante, à festividade e oratória barroca; enquanto que outros, indo mais longe, afastavam a interpretação divina dos fenômenos naturais.[1]

Mesmo assim, ao acatar em linha de máxima antigos valores espirituais como os dogmas da religião revelada, a "ilustração" lusitana pôde contar com muitos membros da própria hierarquia eclesiástica, ao contrário da França, em que "livres-pensadores" como Diderot, D'Alembert, D'Holbach, Helvetius e, principalmente, Voltaire e Jean-Jacques Rousseau marcaram época pela atitude execratória que tomavam em relação ao Catolicismo. De outra feita, o declínio desolador que se havia abatido sobre a universidade de Coimbra (fundada no ano de 1290 por Dom Diniz)

---
[1] CARLOS MOREIRA AZEVEDO ET ALII, *Dicionário de história religiosa de Portugal*, vol. II, p. 418.

tornara-se um motivo a mais para a fácil aceitação das prédicas dos padres "ilustrados", em que pese algumas medidas tomadas em precedência. Uma delas foi a trasladação definitiva da veneranda instituição para as margens do rio Mondego em 1537. Clérigos, moços fidalgos e burgueses mais acorriam de todas as partes para frequentar os cursos de letras clássicas, cânones, medicina, matemáticas, filosofia e teologia ministradas ali. Além disso, seria inaugurado um novo centro de estudos públicos na parte baixa da cidade, o Colégio de Artes, réplica do Santa Bárbara de Paris, cuja direção em 1555 foi oferecida pelo rei à companhia de Jesus, coisa que o Provincial Diogo Mirão aceitou.[2]

Em que pese tais iniciativas, em meados do século XVIII a universidade de Coimbra se encontrava despida da grandeza cultural de outrora. Melhor dizendo, era assolada por irregularidades várias, entre as quais o curso acadêmico, dotado de uma carga horária deficiente. Como se não bastasse, o relaxamento da vida escolar, a licenciosidade dos costumes e as turbulências entre alunos não raro desandavam em tropelias. A tudo isso se somava o ensino defasado, ainda centrado nas áridas disputas da baixa escolástica sobre *questiones* teológicas e filosóficas ou sobre jurisprudência civil e canônica, ignorando a investigação científica ou demonstrações objetivas, já predominantes em muitas universidades do "Velho Mundo".

O reformismo pedagogista do clero lusitano encontrou seu ponto de apoio nos padres da Congregação do Oratório, fundada por São Felipe Néri (1515-1595), que desde sua chegada, em meados do século XVII, passou a reclamar uma renovação dos métodos de ensino, em franca oposição à *Ratio Studiorum* dos jesuítas. Em 1750, eles inauguraram na sua casa de Nossa Senhora das Necessidades um importante colégio, servindo-se dos processos didáticos iluministas, que tiveram grande aceitação. A obra preparatória dos oratorianos contou com nomes de peso como João Batista Chevalier (1722-1801), Antônio Pereira de Figueiredo (1725-1797) e Luís Antônio Verney (1713-1792). Este último havia composto em 1746 a obra *Verdadeiro método de estudar*, que encontrou grande ressonância no país, vindo a converter-se em projeto político no governo de Dom José I.

Tudo isso poderia ser apenas a renovação de um clero e de uma intelectualidade que optara pela erudição, mas não era, pois, sutilmente, as novidades introduzidas solapariam as bases da fé dos antepassados. Como observa José Ferreira Carrato, o fenômeno teve consequências profundas, atingindo inclusive remotos rincões brasileiros: "Sobre a seara das almas mais sensíveis, mesmo até ali, o século semeara o pólen sutil de sua dúvida e do seu racionalismo, e o que mais florescera fora uma fé tíbia e acomodada, fenômeno novo do Cristianismo moderno, a preparar o campo para a indiferença religiosa dos nossos dias".[3]

---

[2] MANOEL G. DA COSTA, *Inácio de Azevedo, o homem e o mártir da civilização do Brasil*, Livraria Cruz, Braga, 1946, p. 47-48, 101.

[3] JOSÉ FERREIRA CARRATO, *Igreja, Iluminismo, e escolas mineiras coloniais*, Companhia Editora Nacional, São Paulo, 1968, p. 88, 123, 125, 127, 134-135.

3.1 – A implantação do projeto "pombalino"

Estruturada sobre os princípios do mercantilismo e da ilustração, a política pombalina teve primeiramente de colocar em prática as decisões tomadas a respeito dos limites das colônias sul-americanas na Amazônia e na região do Prata. Isso pôde ser tentado porque, após longas tratativas entre o plenipotenciário português, Dom Tomás da Silva Teles, visconde de Vila Nova de Cerveira, e o secretário de Estado espanhol, Dom José de Carvajal e Lancastre, chegara-se a um consenso aos 13 de janeiro de 1750. Na ocasião, os monarcas Dom João V de Portugal e Fernando VI da Espanha aceitaram o "Tratado de limite das conquistas", mais conhecido por "Tratado de Madrid", que continha dois artigos destinados a produzirem particulares consequências:

> Artigo 15: A Colônia do Sacramento se entregará por parte de Portugal [...].
> Artigo 16: Das povoações ou aldeias, que cede S.M.C. na margem oriental do rio Uruguai, sairão os missionários com todos os móveis e efeitos, levando consigo os índios para os aldear em outras terras de Espanha. [...] As que se cedem por Sua Majestade Fidelíssima e Católica, nas margens dos rios Pequiri, Guaporé e do Amazonas, entregar-se-ão com as mesmas circunstâncias que a Colônia de Sacramento.[4]

Portugal ratificou a decisão no dia 26 do mesmo mês, e a Espanha a 8 de fevereiro seguinte. O português Alexandre de Gusmão havia sido um dos grandes negociadores, mas com a morte de Dom João V ele se afastou do governo, e o novo soberano, Dom José I (1744-1777), nomeou Sebastião José de Carvalho e Melo para executar as cláusulas estipuladas. Com esse intuito, Gomes Freire de Andrada (não Andrade como erroneamente se diz), então governador e capitão-general do Rio de Janeiro, Minas Gerais e São Paulo, foi nomeado para a divisão sul, enquanto que Francisco Xavier de Mendonça Furtado, irmão de Carvalho e governador do Estado do Maranhão, terminou indicado para a divisão norte, estabelecendo a sua sede principal em Belém. A Corte de Madrid, da sua parte, nomeou como comissários principais Dom Gaspar de Munive León Garabito Telo y Espinosa, marquês de Valdelírios, natural do Peru, para a divisão do sul; e para a divisão do norte, o chefe de esquadra, Dom José de Iturriaga.[5]

Um autor, compreensivelmente anônimo – coisa comum no tempo dos rigores pombalinos e mesmo no período sucessivo –, sustentaria depois, em 1781, que esse tratado foi fruto de um embuste. A sua versão é a seguinte: em 1747, Gomes Pereira, um refinado velhaco português, teria feito crer a Gomes Freire de Andrada que nas reduções do Paraguai existiam algumas minas riquíssimas, cujos enormes tesouros os padres mantinham escondidos. O mesmo autor anônimo sustenta que o governador do Rio, levando a sério o embusteiro, traçara o esboço do tratado citado acima, que teria sido aprovado em Lisboa e apresentado à Coroa espanhola.[6]

---

[4] *Tratado de Limites das Conquistas entre os muito Altos e Poderosos Senhores Dom João V Rei de Portugal e Dom Fernando VI de Espanha*, Oficina de José da Costa Coimbra, Lisboa, 1750, p. 29-30.
[5] AURÉLIO PORTO, *História das missões orientais do Uruguai*, Imprensa Nacional, Rio de Janeiro 1943, p. 421.
[6] A. I., *Vita di Sebastiano Giuseppe di Carvalho e Melo, Marchese di Pombal e Conte di Oeyras*, tomo I, (editora e local de publicação não citados) 1781, p. 30-31.

3.1.1 – O confronto com os missionários no sul do Brasil

No momento em que as Coroas ibéricas assinaram o tratado de Madrid, a "República Guarani", obra missionária da Província Jesuítica do "Paraguai", parecia haver atingido o seu apogeu. Das trinta reduções que comportava, quinze encontravam-se no território, onde presentemente se localiza a Argentina, oito no Paraguai e em trechos da Bolívia contemporâneos e outras sete no atual Estado brasileiro do Rio Grande do Sul (São Nicolau, São Lourenço, São Luís Gonzaga, São Miguel, São João, Santo Ângelo e São Francisco de Borja). A parte brasileira dessa experiência, onde atuavam dezessete missionários (nove espanhóis, seis alemães, um húngaro e um italiano),[7] seria a primeira a ser eliminada, e justamente a causa do artigo 16 do supracitado tratado de Madri. Tenha-se presente que as negociações entre as Coroas foram realizadas em segredo e, quando suas decisões se tornaram públicas, causaram enorme estupor, principalmente na parte hispânica. Não havia, porém, a quem apelar, uma vez que, de acordo com as ideias absolutistas do tempo, os príncipes sentiam-se dispensados de dar atenção a questões de direito.[8]

Mesmo assim, tornava-se premente decidir o destino das missões, e, com esse objetivo, as partes em causa decidiram que os cerca de 30.000 indígenas residentes nas localidades cedidas a Portugal se retirariam com os padres para a margem ocidental do rio Uruguai no prazo de um ano, deixando em mãos dos portugueses todos os seus pertences, recebendo cada povo 4.000 pesos como compensação. Com esse fim, as duas Coroas solicitaram ao Pe. Francisco Retz, então Geral dos jesuítas (que exerceu tal ministério de 30 de novembro de 1730 a 19 de janeiro de 1750), que ordenasse aos missionários da região a disporem seus neófitos a emigrarem. Pe. Retz – este foi um dos seus últimos atos de governo – acatou o pedido e ordenou ao provincial do "Paraguai" participar-lhes sigilosamente a ordem. O provincial o fez sem demora, mas os religiosos, sem lhe oporem, fizeram-no ver a impossibilidade de transferir tantas pessoas, entre as quais numerosos velhos e crianças, para regiões distantes e ermas, sem falar que o caráter desconfiado dos índios ou a sua inconstância os predispunham à resistência, ou ao risco de um retorno à selva. O governo português recusou-se a aceitar tais ponderações, e Oeiras pediu que fosse indicado para provincial algum padre que nunca houvesse pertencido àquelas missões. Nomeou-se então o Pe. José de Barreda, vice-provincial do Peru, que por estar doente foi substituído pelo Pe. Bernardo Neydorffert. Seu comissário, Pe. José Cardiel, reuniu os curas das sete reduções, estranhando "o zelo indiscreto" de alguns deles na obstinação à necessidade do cumprimento das ordens recebidas e pediu-lhes observá-las. Os curas se submeteram por obediência e conseguiram mover os índios com a força da palavra. O superior das missões, o alemão Pe. Matias Strobel, organizou o trabalho de reconhecimento de novos lugares e de cada redução saiu uma partida para analisar o terreno existente ao sul do Ibicui, designado para os novos assentamentos.

---

[7] Sílvio Palacios e Ena Zoffoli, *Gloria y tragedia de las misiones guaranies*, Ediciones Mensajero, Bilbao, 1991, p. 377.
[8] Clóvis Lugon, *La Repubblica guaranica dei Gesuiti*, p. 286-288.

Após penosa exploração de 400 ou 500 milhas, retornaram sem encontrar um local adequado, dado que os sítios indicados eram limitados, inconvenientes para povos que haviam se habituado a trabalhar com grandes estâncias de criação de gado (presume-se que possuíssem cerca de 750.000 reses). Por outro lado, se eles se estabelecessem na banda ocidental, os povos que lá já se encontravam perderiam seu espaço. O caso, porém, era urgente, e os jesuítas do norte do Uruguai consentiram acolher a todos, apesar de que, feito o mapeamento, constatou-se que os habitantes de uma das reduções iriam ocupar um terreno insalubre e outros ficariam numa parte propícia à depredação dos rebanhos bovinos. Com realismo, Pe. Strobel escreveu ao comissário para lhe informar que nem em cinco anos seria possível fazer a mudança, advertindo oportunamente que a trasladação dos índios não se faria sem um milagre, considerando a indisposição que havia visto nas missões.[9]

Como o caso agora envolvia diretamente domínios espanhóis, o novo Padre Geral dos jesuítas, Pe. Ignácio Visconti (que exerceu esse ofício de 4 de julho de 1751 a 4 de maio de 1755), para eliminar suspeitas em Fernando VI da Espanha, havia aceitado que ele nomeasse um padre da companhia de sua preferência para atuar com plenos poderes na região. O escolhido fora Pe. Luís Lopez Altamirano, que chegou a Buenos Aires aos 20 de fevereiro de 1752, com a comissão demarcadora, liderada pelo marquês de Valdelírios, primeiro comissário do soberano espanhol, acompanhado dos comissários secundários Juan Echevarría, Francisco de Arguedas e Manuel de Flores. Padre Altamirano havia recebido do Geral autorização para evacuar as missões e entregá-las aos portugueses, ao passo que os demais, em união com o comissário lusitano, Gomes Freire de Andrada, ficaram encarregados de traçar sobre o terreno as novas fronteiras meridionais e de proceder, pela força se necessário, às operações previstas. Dificuldades não faltavam, pois a oposição ao Tratado de Madrid no mundo hispânico continuava forte. Foi o que o padre pôde comprovar depois de receber do governador José de Andonaegui as representações das Audiências de Charcas e Lima e os memoriais apresentados pelo bispo de Córdoba, pelo governador do Paraguai e pela cidade de San Miguel no Tucuman, todos argumentando que a cessão das sete reduções era contrária aos interesses da Espanha, havendo mesmo alguns que aconselhassem a anulação do artigo que a estabelecera. Os jesuítas da região preferiram a cautela e pediram três anos para levarem a cabo a transferência. Valdelírios respondeu secamente que "não lhes daria três meses". Vista a intransigência do marquês, Pe Altamirano dirigiu-se pessoalmente ao local, insistindo junto aos guaranis para que cumprissem a disposição, ao mesmo tempo em que advertia seus irmãos de ordem a deixarem as missões com os catecúmenos, porque a palavra dos superiores não permitia dúvidas. Três dos Sete Povos – São Borja, São Luís Gonzaga e São Lourenço – aceitaram, mas os demais não. A maioria dos nativos julgava intolerável a ideia de abandonar às pressas sua terra ancestral e todos os seus pertences justamente para entregá-los aos portugueses, os piores inimigos que tinham. Mais que isso: sentiram-se traídos pelos missionários e acreditaram que os $4.000,00 pesos oferecidos pelo rei da Espanha para a mudança de cada povo era o preço que receberam para entregá-los. Padre Altamirano foi acusado de ser um

---

[9] AURÉLIO PORTO, *História das missões orientais do Uruguai*, Imprensa Nacional, Rio de Janeiro 1943, p. 424.

português disfarçado e teve de fugir. Nesse ínterim, a linha divisória começou a ser traçada a partir de Castilho Grande, onde os comissários plantaram o primeiro marco. Dali continuaram pelo divisor de águas da Lagoa Mirim e as dos rios Santa Lúcia e Negro, passando entre as nascentes desse rio e as do Jaguarão. Isso feito, prosseguiram até a foz do Ibicuí e depois pelo rio Uruguai, até atingirem a foz do Pepiri-Guaçu. A demarcação continuou até 27 de fevereiro de 1753, quando um grupo de engenheiros e soldados luso-espanhóis atingiu a região de Santa Tecla (nas proximidades da atual Bagé), pertencente à missão de São Miguel, onde foi barrado pelos indígenas, liderados por Sepé Tiaraju e Miguel Taimacay.[10]

Depois desse episódio, terminaram-se as negociações, e, apesar de os padres terem pedido clemência para os nativos, Valdelírios ordenou a Antônio Andonaegui cumprir o recurso extremo autorizado pelo rei e expulsá-los pelas armas. Com as informações do Pe. Altamirano em mãos, Gomes Freire de Andrada no dia 24 de março seguinte escreveu a Valdelírios endossando a ideia: "Eu creio que Vossa Excelência, depois de haver tomado consciência do relatório do Pe. Altamirano, deixar-se-á persuadir que os padres são uns rebeldes. Se esses 'santos padres' não forem expulsos do país, nós encontraremos somente rebeliões, insolências e insultos".[11] Menos de dois meses mais tarde, no dia 15 de julho, os altos comissários, reunidos na Ilha de Martin García, resolveram declarar guerra às missões, se dentro de um mês não fosse dado início à evacuação dos povos. Foi o estopim da *Guerra Guaranítica*.[12]

O resto do ano se passou em preparativos para um conflito, que se deflagraria em duas campanhas. A primeira, conduzida pelo governador de Buenos Aires, José Andonaegui, partiu contra os insurretos aos 2 de maio de 1754. Após enfrentar longas caminhadas e um inverno rigoroso, regressou a Buenos Aires no ano seguinte, sem nada conseguir. Antes de desistirem do seu projeto, portugueses e espanhóis organizaram uma segunda expedição em 1756, composta por 1.700 homens das tropas espanholas, que, por disposição de Andonaegui, ficaram sob o comando do governador de Montevidéu, Dom José Joaquim de Viana, e 1.200 luso-brasileiros, sob a liderança de Gomes Freire de Andrada e do coronel dos dragões do Rio Grande do Sul, Tomás Luís Osório. Em Sarandi, no dia 16 de janeiro, os dois exércitos se encontraram, partindo dali para a região disputada. Alguns jesuítas, entre os quais o Pe. Lourenço Balda, espanhol, vigário de São Miguel, preferiram permanecer com seus catecúmenos, num gesto extremo que não mudaria o curso de uma luta previamente perdida. Os índios não subestimavam o poder do exército inimigo, cuja grandeza lhes fora revelada pelos seus espiões; mas, como haviam sinceramente aderido à nova fé recebida, esperavam que suas orações e ladainhas, mais as imagens de santos que carregavam processionalmente até nas batalhas, protegessem-nos, concedendo-lhes a vitória. José Tiaraju, o capitão Sepé, mais astuto, insistiu para que antes se organizassem guerrilhas, até que as tropas indígenas fossem devidamente aparelhadas, mas sua proposta não prevaleceu.[13]

---

[10] ARTHUR FERREIRA FILHO, *História Geral do Rio Grande do Sul*, Editora Globo, Rio de Janeiro, 1958, p. 37.
[11] CLÓVIS LUGON, *La Repubblica guaranica dei Gesuiti*, p. 290.
[12] AURÉLIO PORTO, *História das missões orientais do Uruguai*, p. 428-429.
[13] IBIDEM, p. 427-428, 441.

E a luta teve início. Heroicos, mas empunhando armas rudimentares contra artilharia pesada, os índios nada podiam contra as forças luso-espanholas. As baixas aliadas foram insignificantes, enquanto os guaranis morriam aos milhares. Aos 7 de fevereiro de 1756, junto ao rio Bacacay (ou Vacacaí, como se diz em português), tombou José Tiaraju, transformado depois em "São Sepé" pela tradição popular local; e no dia 10 do mesmo mês, no serro de Caaibaté, nas nascentes do rio Cacequi (lugar denominado depois de "Campo da Cruz"), 1.200 guaranis foram massacrados, tombando também Nicolau Ñenguiru, o cacique principal. Os índios ainda combateram em Boca do Monte (22 de março), no caminho que conduzia à missão de São Miguel (3 de maio), e também junto ao arroio Churiebi (atual Chuni); mas não passaram de tentativas desesperadas, incapazes de impedir a avançada das tropas inimigas. Aos 16 de maio de 1756, Gomes Freire de Andrada penetrou em São Miguel e, a partir daí, cessou a resistência organizada, pois os guaranis, ou se deixavam guiar pelos padres e transpunham com eles o rio Uruguai, ou se embrenhavam nas matas. Gomes Freire continuou tranquilamente sua marcha até Santo Ângelo, onde acampou. Embora não existissem jazidas de minerais e pedras preciosas na região, ele permaneceu ali vários meses, escavando e fazendo pesquisas, na patética busca do fabuloso tesouro dos jesuítas. Nada encontrando, como já haviam feito os demais comissários, teve de retirar-se, indo para Rio Pardo, pois era a hora de aplicar na prática o Tratado de Madrid.[14]

Pedro de Ceballos nesse meio tempo substituiu o velho Andonaegui em Buenos Aires e chegou às missões aos 2 de abril de 1757. Não obstante o saldo de milhares de vítimas, Gomes Freire não queria nem assumir os Sete Povos, nem abrir mão da colônia de Sacramento, e esse fato tem suscitado várias interpretações. Uma das mais antigas e respeitáveis é aquela do Pe. José Cardiel, para quem não havia dúvidas:

> O general português, que tinha vindo a esta campanha auxiliando os espanhóis e estava persuadido de que naqueles sete povos havia muitas riquezas, como há um testemunho muito autorizado que afirmou ter escutado ele dizer isso antes dessa conquista, que os padres para os seus colégios sacavam cada ano um milhão e meio de pesos dos 30 povos, vendo agora com seus olhos o engano, começou a demonstrar desgosto pelo tratado, [...] e dizia o português que enquanto o espanhol não tirasse aqueles índios, e os conduzisse à outra parte do Uruguai nos demais povos, não podia ele pôr nos sete do tratado, já evacuados, as famílias portuguesas, que para isso estavam prevenidas. [...] O general espanhol, D. Pedro Ceballos, enviou vários destacamentos para deslocar estes índios.[15]

Entre os brasileiros, essa interpretação não chega a ser negada, mas é o aspecto político da questão que tem merecido a atenção primeira. Nesse pressuposto, a atitude de Gomes Freire de Andrada se explicaria pela desconfiança que ele nutria em relação a Pedro de Ceballos, a quem suspeitava não só ser maleável para com os jesuítas, como também se mostrar disponível a repovoar as missões arrasadas ou mesmo fazer a guerra contra os portugueses, na primeira ocasião. Seria esse, portanto, o motivo pelo qual ele discretamente

---
[14] ARTHUR FERREIRA FILHO, *História geral do Rio Grande do Sul*, p. 38-39.
[15] JOSÉ CARDIEL, *Las misiones del Paraguay*, Gráfica Nilo, Madrid 1989, p. 84-85.

regressou ao Rio de Janeiro, reassumindo sua sede aos 20 de abril de 1759. Coincidência ou não, naquele mesmo ano Fernando VI morreu sem deixar sucessor direto, e a coroa espanhola passou para o seu irmão, o "ilustrado" Carlos III, rei de Nápoles e Sicília. Como recorda Pedro Calmon, Ceballos, que nunca simpatizara com os portugueses, pôde conceber um grandioso projeto que daria aos espanhóis não só o Rio Grande do Sul, mas também Santa Catarina.[16]

A essa altura, tanto em Madrid quanto em Lisboa, ninguém se iludia a respeito da pseudo-solução de 1750 e, por isso, o tratado de El Pardo firmado aos 13 de fevereiro de 1761 declarou nulas as decisões precedentes e restabeleceu as antigas fronteiras. A situação de modo nenhum estava resolvida, pois as querelas europeias reacenderiam a luta. A causa imediata foi a formação do "pacto de família" pelos Bourbons da França, Espanha e de Nápoles no dia 15 de agosto daquele mesmo ano, com o objetivo de conter o poder marítimo e a expansão colonial da Inglaterra. Portugal, velho aliado dos ingleses, não aderiu e foi invadido por espanhóis e franceses no ano seguinte. Cebalhos aproveitou do ensejo e, no dia 5 de outubro de 1762, sitiou Sacramento. O governador local, Vicente da Silva da Fonseca, resistiu como pôde, mas teve de capitular no dia 29 do mesmo mês. No dia 2 de novembro, o vencedor penetrou triunfante no perímetro urbano, causando tão forte desgosto a Bobadela que apressou a sua morte, ocorrida em 1º de janeiro de 1763.[17]

O falecimento o impediu de assistir a um desastre ainda maior, pois Ceballos continuou sua marcha, conquistando também a cidade de Rio Grande aos 24 de abril de 1763. Dali os castelhanos ainda lançaram uma cabeça de ponte em São José do Norte, forçando o governador português, Coronel Elói Madureira, a transferir a sede do governo local para Viamão. A guerra na Europa, no entanto, havia cessado, e o documento da "Paz de Paris" pactuada no dia 10 de fevereiro de 1763 estabeleceu a devolução dos territórios ocupados pelos beligerantes. Apenas o perímetro urbano de Sacramento foi devolvido aos portugueses, sem que os invasores abandonassem nenhuma das áreas conquistadas no Rio Grande do Sul. Os atritos prosseguiram até que o espanhol conde de Florida Blanca e o embaixador português Dom Francisco Inocêncio de Souza Coutinho, em nome dos seus respectivos soberanos, assinaram outro tratado – Santo Ildefonso –, no dia 1º de outubro de 1777, que redesenhou mais uma vez o mapa da América meridional. Os portugueses resultaram os grandes perdedores, pois cederam à Espanha tanto a colônia de Sacramento quanto a região dos Sete Povos. Esse tratado jamais foi aceito pelos brasileiros do Rio Grande do Sul, e, em 1801, quando Espanha e França entraram de novo em disputa com Portugal, os "gaúchos" partiram para a reconquista, retomando a força toda a antiga região dos Sete Povos, mas não Sacramento.[18] Enfim,

---

[16] PEDRO CALMON, *História do Brasil*, vol. III, Companhia Editora Nacional, São Paulo, 1943, p. 215-216.
[17] JOSÉ FELICIANO FERNANDES PINHEIRO, *Anais da Província de São Pedro*, p. 88-90.
[18] O chefe mais conhecido dessa proeza foi José Borges do Canto, um aventureiro desertor, que se redimiu, levando a cabo a aventurosa empresa. Os gaúchos logo trataram de povoar a região e, por isso, chamaram açorianos para ocuparem o local, assegurando a posse (CARLOS ALBINO ZAGONEL, *Igreja e imigração italiana*, Tipografia e Editora La Salle, Porto Alegre, 1975, p. 21).

o "Tratado de paz e amizade" celebrado em Badajoz, na Extremadura espanhola, no dia 6 de junho daquele ano pôs fim ao litígio, tornando a área dos Sete Povos definitivamente brasileira.[19]

A situação dos índios já se tornara então secundária entre os contendedores, motivando François René de Chateaubriand (1768-1848) a fazer amarga denúncia tempos depois:

> Sempre que se pinta o quadro da felicidade dum povo, é forçoso rematar na catástrofe, no mais rico das pinturas, o coração do escritor que se contrai a esta reflexão que incessantemente o inquieta: *Tudo isto acabou* (o grifo é do autor). As missões do Paraguai estão extintas; os selvagens reunidos com tantas canseiras erram de novo nos sertões ou abafam vivos nas entranhas da terra. Aplaudiram aí a aniquilação duma das melhores obras da mão do homem. Era uma criação do Cristianismo, uma seara adubada com sangue dos apóstolos: ódio e desprezo foram a sua recompensa! Todavia, no momento em que triunfávamos, vendo os índios recaírem no Novo Mundo na escravidão, a Europa proclamava a nossa filantropia e amor da liberdade. Essas vergonhosas alternativas do coração humano, consoante as contrárias paixões que o assoberbam, esterilizam a alma, e perverteriam quem se detivesse longo tempo a meditá-las. Confessemos antes que somos fracos, e profundos os desígnios de Deus, a quem apraz experimentar os que o servem. Ao passo que nós aqui gememos, os inocentes cristãos do Paraguai, enterrados nas minas de Potosi, decerto acatam a mão que os feriu; e, com sofrimentos resignadamente suportados, adquirem um lugar daquela república dos santos, que está abrigada da perseguição dos homens.[20]

Essa página obscura, entretanto, foi providencial para propaganda antijesuítica que grassava na Europa. Padre José Cardiel tinha consciência disso e, na obra *Las misiones del Paraguay*, amargurado reconheceria que "muchos están en que nosostros fuimos la causa de todos os males".[21] Realmente, a versão que acabou prevalecendo foi aquela dada por Gomes Freire de Andrada que insistiu em acusar publicamente os padres da companhia como responsáveis, por haverem instilado nos indígenas o espírito de rebelião.[22] Suas palavras acusatórias soariam como terrível profecia: "Eu não posso ir a ponto de reprimir esses padres, tal é o ascendente das máximas impressas nos corações dos seus convertidos, que esses preferem a morte à mudança do domínio deles. [...] É impossível submeter os selvagens sem primeiro haver submetido os seus vencedores. O primeiro golpe deve ser dado na Europa".[23]

3.1.2 – A expulsão da companhia de Jesus das missões do norte e do Maranhão

No norte do Brasil o problema se repetiu, envolvendo a *Companhia Geral do Comércio do Grão-Pará e Maranhão*, instituída por decreto de

---
[19] Sílvio Palácios e Ena Zoffoli, *Gloria y tragedia de las misiones guaranies*, p. 378.
[20] François René de Chateaubriand, *O gênio do Cristianismo*, vol. II, W. M. Jackson Inc., Rio de Janeiro, 1948, p. 226-227.
[21] José Cardiel, *Las misiones del Paraguay*, p. 83-84.
[22] A. I., *Vita di Sebastiano Giuseppe di Carvalho e Melo*, p. 33.
[23] ASNA, Reale Segreteria e Ministero degli Affari Esteri, "Rapporto sul Brasile", in: *Pasta 178 (Brasile)*, p. 48.

6 de junho de 1755, dia do aniversário do rei. A companhia, confiada ao irmão do ministro, Francisco Xavier de Mendonça, recebeu o monopólio exclusivo da navegação, do tráfico de escravos, da compra e venda dos produtos da colônia e várias outras regalias, inviabilizando o comércio livre. Mercadores e colonos se uniram em protesto, e os jesuítas, evitando dele participar, sentiram-se particularmente atingidos, porque tal monopólio, vedando o comércio às missões, tolhia-lhes a possibilidade de sobrevivência. Um dos sacerdotes da Ordem, Pe. Manuel Bellester, não se conteve e criticou a nova companhia num sermão pregado na catedral patriarcal. Foi imediatamente exilado.[24]

A demarcação na Amazônia sequer teve início, e Mendonça acusava os padres de má vontade, falta de apoio à obra e de sonegarem os indígenas canoeiros e os mantimentos que as suas aldeias deviam fornecer, além de serem contrários à organização e ação da companhia enquanto tal. Ainda durante o ano de 1755 ele expulsou três jesuítas: os portugueses Pe. Teodoro da Cruz e Pe. Antônio José e o alemão da Baviera Pe. Roch Hundertpfund. Antecipando o que estava por vir, aos 28 de novembro de 1757 outros cinco jesuítas foram forçados a deixar o Maranhão e, quase contemporaneamente, mais dez missionários seriam expulsos do Pará (o reitor do colégio local, seis padres portugueses e três padres alemães).[25]

Para complicar ainda mais a delicada situação dos jesuítas, na ausência do capitão-geral, Dom frei Miguel de Bulhões e Souza (1706-1779) foi investido no governo. Dominicano, o prelado da diocese de Belém, alimentava grande animosidade pela inteira companhia e acusava os religiosos da sua jurisdição de desprezarem as prerrogativas episcopais. Segundo a *Relação Abreviada*, famoso opúsculo regalista do período, Dom Miguel era um bispo de "notório e exemplar zelo" e "digno filho da Ordem dos Pregadores";[26] Lúcio de Azevedo, ao contrário, bem mais tarde sustentaria que o prelado de Belém, antes mesmo de assumir o governo, intrigou a denúncia e assim foi aplanando o caminho que ambicionava na Metrópole. Para tanto, aos pés dos protetores, rojou-se em exageros de servilismo, chegando ao extremo de escrever a Carvalho para dizer que se faltassem os índios para a viagem do capitão-geral, ele mesmo tomaria o remo, que fora o primeiro ofício dos Apóstolos. Segundo Azevedo, "esse excesso de fingimento, na adulação, é a fotografia do seu caráter. À vista disso se julgará como receberia a ordem, vinda da Corte, para a expulsão de alguns padres".[27]

Seja como for, Dom Miguel realmente caiu nas graças do regime, pois aos 12 de outubro de 1759 foi nomeado bispo da importante diocese de Leiria pelo próprio Pombal, que declarou que Sua Majestade tivera em consideração "as virtudes, letras e merecimentos" que concorriam na sua reverenda pessoa.[28] Não pensava assim o bispo do Maranhão, Dom

---

[24] Marcus Cheke, *O ditador de Portugal – marquês de Pombal*, Livraria Civilização Editora, Lisboa, 1946, p. 74.
[25] Anselmo Eckart, *Memórias de um jesuíta prisioneiro de Pombal*, Livraria A.I., Braga, 1987, p. 19, 26, 29.
[26] *Coleção dos negócios de Roma no reinado de El-Rei Dom José I*, Imprensa Nacional, Lisboa, 1874, p. 28.
[27] José Lúcio de Azevedo, *Os Jesuítas no Grão-Pará, suas missões e a colonização*, Imprensa da Universidade, Coimbra, 1930, p. 312-314.
[28] ATT, *Ministério da Justiça e Negócios eclesiásticos*, livro 1, p. 18, 22.

Antônio de São José Moura Marinho (1704-1779), que escreveria ao seu colega do Pará repreendendo-o por ele haver proferido "coisas tão injustas contra os jesuítas".[29]

Enquanto isso, para subtrair os índios à influência dos religiosos da companhia – as aldeias fundadas e mantidas por eles na Amazônia chegavam a cinquenta e cinco –,[30] pelo alvará de 6 de junho de 1755, os nativos do Brasil foram emancipados e transferidos para a Coroa o governo das missões:

> Eu El-Rei faço saber aos que este alvará com força de lei virem, que, havendo restituído aos índios do Grão-Pará e Maranhão a liberdade das suas pessoas, bens e comércio, por uma lei da mesma data deste; a qual nem se poderia reduzir à sua devida execução, nem os índios à completa liberdade, de que dependem os grandes bens espirituais e políticos, que constituíram as causas finais da dita lei, se ao mesmo tempo se não estabelecesse para reger os sobreditos índios uma forma de governo temporal, que sendo certa e invariável, se acomodasse aos seus costumes, quanto possível fosse, no que é lícito e honesto; porque assim serão mais facilmente atraídos a receber a fé, e a se meterem no grêmio da Igreja: tendo considerado o referido, a que sendo proibido por direito canônico a todos os Eclesiásticos, como Ministros de Deus e da sua Igreja, misturarem-se no governo secular, que como tal é inteiramente alheio das obrigações do sacerdócio; e a que, ligando esta proibição muito mais urgentemente os Párocos das missões de todas as Ordens Religiosas, e contendo muito maior aperto para inibirem, assim os Religiosos da Companhia de Jesus, que por força de voto são incapazes de exercitarem no foro externo até a mesma jurisdição eclesiástica, como os Religiosos Capuchos, cuja indispensável humildade se faz incompatível com o império da jurisdição civil e criminal; [...] sou servido [...] derrogar e cassar o capítulo primeiro do regimento dado para o referido Estado em 21 de dezembro de 1686, e todos os mais capítulos, leis, resoluções e ordens, quaisquer que elas sejam, que direta e indiretamente forem contrárias às sobreditas disposições canônicas. [...] Pelo que mando aos Capitães Generais, Governadores, Ministros e oficiais de guerra, e das Câmaras do Estado do Grão-Pará e Maranhão, de qualquer qualidade e condição que sejam, a todos em geral e cada um em particular, cumprem e guardem esta lei.[31]

Os efeitos dessa medida, movida como foi por interesses ideológicos antes que humanitários, seriam nefastos, pois expôs os indígenas sem defesa ao contato com as ambições, vícios e doenças dos brancos, coisa que os padres, bem ou mal, até então haviam conseguido evitar, em que pese todas as polêmicas que ainda hoje seus métodos suscitam. Um dos primeiros pontos a provocar discussão diz respeito ao isolamento que os religiosos da companhia impuseram aos nativos, que, com quase nenhum contato com os brancos, eram catequizados na própria língua mãe, sem o aprendizado do idioma português. Alguns acusam que não apenas isso, mas o conjunto da obra missionária, ao submeter ditos neófitos a uma obediência irrestrita, ter-los-ia relegado a um estado psicológico "infantil"; outros ainda opinam que semelhante metodologia acabou sendo um mal para a própria Igreja, por haver impedido a criação de um clero nativo. Realmente, em

---
[29] HELIODORO PIRES, *A paisagem espiritual do Brasil no século XVIII*, São Paulo Editora Ltda., São Paulo, 1937, p. 86.
[30] HELIODORO PIRES, *A paisagem espiritual do Brasil no século XVIII*, p. 86.
[31] *Coleção dos negócios de Roma no reinado de El-Rei Dom José I*, p. 20-21.

cento e cinquenta anos de presença, os jesuítas não ordenaram um único padre indígena! Mesmo assim, e sem minimizar a importância da tutela que exerciam, sob certos aspectos a experiência no Pará mostrou-se eficaz, e nenhuma medida tomada no período seguinte conseguiu resultado melhor. Que o diga a anulação do *Regimento das Missões* aos 28 de maio de 1757, cuja substituição pelo *Diretório* de Mendonça redundou num absoluto fracasso. Mal se retiraram os religiosos, quebraram-se os laços que prendiam os índios ao mundo dos brancos. Salvo em alguns povoados vizinhos a Belém, os nativos retornaram às suas brenhas, e os diretores leigos, desfrutando do trabalho dos que permaneceram, tornaram-se o instrumento de destruição de comunidades, antes florescentes.[32]

Os eventos da Metrópole tiveram importância capital nessa decisão, com destaque para os motins do Porto, ocorridos em 23 de fevereiro e 15 de março de 1757, contra a Companhia Geral da Agricultura dos Vinhos do Alto Douro, instituída aos 10 de novembro do ano precedente. Não foram encontrados indícios da participação dos jesuítas, mas a Coroa redobrou o cerceamento às suas atividades no Brasil. Para os padres, o pior golpe não foi a perda do controle das missões, decisão já esperada, mas verem-se despojados, sem nenhuma compensação, de todas as propriedades construídas com esforço próprio e ainda sob a humilhante pecha de servos infiéis. Dom Miguel, numa junta convocada para avaliar os efeitos das medidas adotadas, com astuciosa mansidão e sabendo por antecipação que a resposta seria negativa, afirmou que "estimaria que ficassem os missionários nas aldeias, exercendo a função de párocos, sujeitos, todavia, à sua inspeção, consoante as leis do reino". Sem bens e, no ano seguinte, em cumprimento de ordem expedida do reino, também sem côngrua, os padres receberam ordem do seu provincial de abandonarem as aldeias, trazendo o que pudessem dos bens transportáveis. Ao ser informado dos episódios do norte do Brasil, Padre José Moreira, confessor do rei e de sua esposa, tentou interceder pelos seus junto ao soberano, mas Dom José recusou-se ouvi-lo e, por volta da meia-noite, enviou o moço da câmara, Pedro José Botelho, para comunicar-lhe que tanto ele quanto os demais padres da companhia estavam despedidos do Paço. Com essa medida, às 4h da madrugada seguinte (21 de setembro de 1757), Pe. José, ladeado pelo Pe. Jacinto da Costa, confessor do infante Dom Pedro, Pe. Timóteo de Oliveira, confessor e preceptor da princesa Maria, Pe. José de Araújo, confessor do infante Dom Manuel, e Pe. Manuel Matos, confessor do infante Dom Antônio, abandonaram a residência real.[33] Aproximava-se o crepúsculo da companhia de Jesus em Portugal.

3.1.3 – Os jesuítas sob intervenção e o "caso Malagrida"

Outro personagem seria devidamente instrumentalizado na persistente campanha regalista e antijesuíta: o sacerdote italiano Pe. Gabriele Malagrida (1699-1761). O motivo imediato fora o terrível terremoto que sacudira Lisboa no dia 1º de novembro de 1755, vitimando de 8.000 a 10.000 pessoas. O rei,

---

[32] Cf. JOSÉ LÚCIO DE AZEVEDO, *Os jesuítas no Grão-Pará, suas missões e a colonização*, p. 335-338, 370-371.
[33] FRANCISCO BUTIÑA, *Vida del Padre Gabriel Malagrida de la Compañía de Jesús, quemado como hereje por el Marqués de Pombal*, Imprenta de Francisco Rosal, Barcelona, 1886, p. 326.

que até então tinha os jesuítas em grande estima, escolhera São Francisco de Borja para padroeiro e protetor de Portugal contra os desastres sísmicos. Carvalho, ao contrário, imbuído das ideias francesas, publicara ou fizera publicar um folheto afirmando que o acontecido era puramente efeito de causas naturais. Nesse ínterim havia entrado em ação alguns pregadores populares, que interpretando o acontecido à moda antiga, isto é, como castigo do céu, exortavam os fiéis a fugirem do pecado e a mudarem de vida. Malagrida alinhava-se com a segunda tendência e, em outubro do ano seguinte, lançara um livrinho sobre o assunto, intitulado *Juízo da verdadeira causa do terremoto que padeceu a Corte de Lisboa, no primeiro de novembro de 1755*, no qual expunha suas ideias com toda a clareza:

> Se o maior serviço que pode fazer um cidadão fiel à sua pátria é descobrir-lhe os inimigos mais pérfidos e perniciosos, que lhe maquinam ruínas e tragédias as mais funestas e deploráveis à sua monarquia; a esta palma certamente me obriga anelar com todo empenho a compaixão e dor inexplicável, que me aflige, de ver (por causa destes abomináveis contrários) em decadência uma corte tão rica, tão bela, tão florescente, debaixo do suave e pacífico Império de um Rei pio. [...] Sobe, pois, oh Lisboa, que os únicos destruidores de tantas casas e palácios, os assoladores de tantos templos e conventos, homicidas de tantos seus habitantes, os incêndios devoradores de tantos tesouros, os que trazem tão inquieta e fora da sua natural firmeza, [...] não são contingências ou causas naturais; mas são unicamente os nossos intoleráveis pecados. [...] Nem digam os que publicamente afirmam que procedem de causas naturais, que este orador sagrado, abrasado pelo zelo do amor divino, faz só uma invectiva contra o pecado, como origem de todas as calamidades que padecem os homens, [...] porque é certo, se não fosse censurado dizer o que sinto destes políticos, chamar-lhes de ateus; porque esta verdade, a conhecerão ainda os mesmos gentios.[34]

Cópias de tal livrinho foram ofertadas a Dom José e ao próprio Oeiras, provocando a ira do segundo, que se sentiu nele aludido. Por isso, no dia 1º de setembro do mesmo ano, mandou suprimir e queimar os exemplares encontrados do opúsculo, alegando que o padre aterrava os povos com suas afirmações. Também pressionou o Núncio Apostólico, Dom Filippo Acciaiuoli, que obteve do Provincial jesuíta o desterro do religioso em Setúbal. Todos esses estratagemas resultaram inúteis, pois em Setúbal o pregador passou a organizar concorridos exercícios espirituais, com grande participação de damas da alta fidalguia. Essa popularidade lhe foi fatal: tendo se tornado confessor da Marquesa Velha (D. Leonor) de Távora e de sua filha, a condessa de Autoguia, e se reunido com ela na páscoa de 1758, forneceria a Carvalho a oportunidade que desejava para envolvê-lo depois no processo à referida família. No dia 11 de dezembro de 1758, ele foi mandado vir de Setúbal para Lisboa e encarcerado no Colégio Santo Antão, com os demais sacerdotes acusados. No dia 13 de junho do ano seguinte seria transferido para a Torre de Belém, onde ficaria detido na mais total escuridão, à espera do seu trágico destino.[35]

---
[34] GABRIELE MALAGRIDA, *Juízo da verdadeira causa do terremoto que padeceu a Corte de Lisboa no primeiro de novembro de 1755*, Oficina de Manoel Soares, Lisboa, 1756, p. 3-4, 7.
[35] MARCUS CHEKE, *O Ditador de Portugal – marquês de Pombal*, p. 172.

Carvalho e Melo se sentia bastante seguro para tomar as medidas que seu arbítrio deliberasse, pois, desde 1757, tornara-se, de fato, o primeiro ministro de um monarca autoconvencido de que a autoridade da sua real pessoa lhe havia sido concedida imediatamente por Deus. O regime absolutista se encontrava então no apogeu e os próceres que tinha se proclamavam desvinculados da necessidade de dar atenção a toda e qualquer instância representativa da sociedade. E foi nessas circunstâncias que o representante lusitano em Roma, Francisco Almada de Mendonça, primo de Carvalho, recebeu duas instruções para tratar a questão com o Papa Bento XIV. Na primeira, datada de 8 de outubro, as províncias da ordem jesuítica eram acusadas de absoluta corrupção, de praticarem deploráveis excessos, e os seus membros, de estarem tramando sediciosas intrigas, especialmente no Brasil, onde pareciam "antes soldados ou régulos, mais que religiosos". Apesar do teor acusatório, a carta era deferente em relação à autoridade do Sumo Pontífice:

> Porém, como tudo isto se reduzia à temporalidade, e não cabia no poder de Sua Majestade o remédio das ruínas espirituais que deixo referidas, fazendo-lhe Vossa Senhoria presente, suplicará ao mesmo tempo a Sua Santidade, que se sirva de dar sobre essa importante matéria tais e tão eficazes providências, que os abusos, excessos e transgressões que se tem feito e continuam nas referidas províncias, cessem de uma vez.[36]

O conteúdo geral, no entanto, era alarmista, sustentando que os jesuítas no Brasil, em colaboração com seus confrades da América espanhola, tinham quase fechadas as duas dominações do continente, com um cordão tão forte, que dentro do espaço de dez anos escaparia ao controle das coroas ibéricas. Isso aconteceria, porque os índios dos sertões, em número quase infinito, formariam um contingente de apoio tão potente que em toda a Europa não haveria força bastante para os expugnar.[37]

No dia 10 de fevereiro do ano seguinte, uma nova instrução retomaria a crítica, enumerando todas as acusações relativas aos problemas causados pelos padres ante a fixação do tratado dos limites, a "malícia das maquinações" após o terremoto de Lisboa, e o "horroroso motim do Porto". As recomendações feitas ao embaixador em Roma pelo soberano manifestavam viva impaciência: "Todas essas noções mandam Sua Majestade participar a V. Sa., para que delas faça um conveniente uso em tempos e lugares oportunos, para desabusar as pessoas a quem procuravam iludir com os seus enganos, os sobreditos religiosos".[38]

---

[36] Luiz Cunha, *Instrução que Sua Majestade Fidelíssima mandou expedir a Francisco de Almada de Mendonça, seu ministro na Cúria de Roma, sobre as desordens que os religiosos Jesuítas tinham feito neste reino e no Brasil, para as representar ao Santíssimo Padre Benedito XIV, com o extrato dos insultos que os mesmos religiosos haviam feito no Norte e no Sul da América Portuguesa*, seção de obras raras da Biblioteca Mário de Andrade, São Paulo SNT, p. 23.

[37] Ibidem, p. 28-29.

[38] Luiz Cunha, *Carta instrutiva escrita aos 10-2-1758*, seção de obras raras da Biblioteca Mário de Andrade, São Paulo, SNT, p. 61.

Almada logo constatou que o secretário de estado, Cardeal Luigi Maria Torregiani (1697-1777), era pouco propenso a tomar medidas antijesuítas e, por isso, pediu ao Papa expedir um Breve de reforma pelo Cardeal Poncioci. Bento XIV, tentando dar uma solução ao caso, aceitou, e o Cardeal indicado foi à casa do representante português recebendo de suas mãos uma minuta, redigida pelo seu secretário, Pe. Antônio Rodrigues. Dito texto, quase na íntegra, converteu-se no Breve *In specula supremae dignitatis*, datado de 1º de abril de 1758, em que ficou nomeado e constituído o Cardeal Francisco de Saldanha da Gama (1723-1776) como visitador e reformador da companhia de Jesus em Portugal e Algarves. O Breve lhe foi entregue no dia 2 de maio seguinte, autorizando-o a proceder a uma cuidadosa investigação, para assim realizar a mudança, emenda, renovação, revogação no que necessário fosse.[39]

Sem cumprir a ordem papal de realizar uma acurada análise prévia dos fatos antes de agir, o Cardeal Saldanha, sem mais aquela, envergando as vestes pontifícias debaixo do pálio, compareceu com um portentoso séquito na igreja de São Roque (denominada depois igreja da Misericórdia) e exigiu a homenagem de todos os jesuítas por ser seu visitador apostólico. No dia 15 publicaria severa recriminação contra eles, na qual endossava as críticas de Carvalho:

> E porquanto somos informados, não sem gravíssima dor do nosso coração, de que nos colégios, noviciados, casas e residências e outros lugares das províncias e vice-províncias da Religião da Companhia de Jesus nestes reinos e seus domínios, [...] acham-se ainda alguns Religiosos tão esquecidos das disposições divinas e constituições apostólicas; e tão obstinadamente endurecidos na transgressão delas, que sem temor de Deus e pejo do mundo, em grave prejuízo de suas almas e com geral escândalo dos fiéis; uns, imitando os cambistas e negociantes que Cristo Senhor nosso lançou fora do templo; [...] outros, imitando também os negociantes eclesiásticos, de quem os sagrados cânones mandam fugir como de peste, quando passam de pobres a fazerem-se ricos, e de humildes, arrogantes, com os cabedais do comércio que acumulam, têm se estabelecido em armazéns, situados nos lugares marítimos das cidades destes reinos e seus domínios, onde a maior vizinhança dos portos faz mais frequente o comércio, vendendo nos armazéns gêneros e fazendas do povo, como quaisquer dos mercadores públicos, habitantes nos referidos lugares; e outros, enfim (obrando sem exemplo) nos domínios ultramarinos destes reinos, chegam à mais deplorável corrupção de mandarem buscar drogas aos sertões para depois as fazerem vender.
>
> [...] Por tudo isso mandamos, outrossim, em virtude da santa obediência, e debaixo da cominação de declararmos toda e cada uma das penas estabelecidas, [...] que no termo peremptório e preciso dos primeiros três dias que contínua e repetidamente se seguirem na forma de direito canônico à intimação que esta lhes for feita, façam e venham declarar perante nós, nesta cidade de Lisboa, e fora dela perante nossos competentes subdelegados, as negociações de câmbio de dinheiro, de transporte de mercadorias [...] exibindo ao mesmo tempo na nossa presença e na dos nossos ditos subdelegados todos os livros, cadernos e papéis pertencentes às mesmas negociações, que se acharem na jurisdição e no poder de todos e de cada um dos sobreditos prelados [...] para que, plenamente instruídos de tudo o referido, possamos dar sobre as ditas negociações, cabedais e efeitos delas provenientes, as providências do serviço de Deus, que forem mais conformes às determinações da Sé Apostólica, e ao bem espiritual da reforma a nós cometida por Sua Santidade.[40]

---

[39] *Coleção dos negócios de Roma no reinado de El-Rei Dom José I*, p. 49.
[40] IBIDEM, p. 53-59.

Não deixa de ser intrigante que uma acusação desse teor tenha sido formulada sem que um único jesuíta fosse interrogado, ou examinado qualquer documento da companhia, ou ainda, ouvidas testemunhas. Quanto a isso, o Cardeal Saldanha se limitou a afirmar no dia 4 de junho seguinte que "os jesuítas são iguais em toda parte; os mesmos hábitos, o mesmo nome, o mesmo regime, o mesmo sistema; ora, os de Lisboa fazem comércio ilícito e escandaloso. Logo todos os jesuítas o fazem igualmente..."[41]

Mais grave ainda, somente a suspeita de que ele agia em conluio com Oeiras. Entre os indícios, merece ser recordado que os dois se encontraram para um colóquio particular dois dias depois do controvertido parecer citado acima, ao qual, coincidentemente se seguiu, no dia imediato, um édito do prelado, no qual, aludindo a "justos motivos que são conhecidos a nós", vedava aos membros da companhia o exercício das funções sacerdotais no púlpito e no confessionário. Instruído do mandato publicado pelo Cardeal reformador, Dom José Manoel da Câmara, Cardeal-patriarca de Lisboa (ordinário de lugar de 1754 a 1758), teve de proibir a todos os religiosos da companhia confessar e pregar na sua arquidiocese,[42] sendo o exemplo imitado pelos bispos de Miranda e Leiria. Contemporaneamente chegavam às mãos do Cardeal reformador os livros de contas trazidos pelos procuradores dos colégios e missões. A decepção foi enorme: ao invés de encontrar os enormes tesouros que imaginava, verificou que em muitas partes havia dívidas e que os colégios de Coimbra e do Pará, os mais numerosos, recebiam socorros de outros, menos importantes.[43]

Bento XIV, entretanto, falecera um mês depois de publicar o Breve, e seu sucessor, Clemente XIII (1693-1769), eleito no dia 3 de maio de 1758, mostrou-se menos flexível ante a pressão da Coroa lusitana. Padre Lorenzo Ricci (1703-1775), que no dia 21 seguinte tornou-se o novo Geral dos jesuítas, dez dias depois lhe levaria um *Memorial* em que fazia sérias restrições aos poderes confiados a Saldanha:

> Os Religiosos de Portugal sofrem estas execuções, que lhes são muito molestas, com a humildade e submissão que devem. Eles estão bem persuadidos da reta intenção de Sua Majestade Fidelíssima, de seus Ministros, e daqueles Eminentíssimos Cardeais; mas com tudo isto temem que estes estejam artificiosamente preocupados por pessoas malévolas; porque não se persuadem que sejam réus de tão atrozes delitos, especialmente não tendo sido reconvindos em juízo, nem tido lugar de produzirem as suas defesas e desculpas. [...] Ademais, acresce um grande temor de que esta visita, em vez de ser útil para a reforma, ocasione distúrbios inúteis; o que especialmente se teme nos países ultramarinos, para os quais o Eminentíssimo Senhor Saldanha está obrigado e tem faculdade de delegar. Tem-se tomado a confiança em tudo que o dito Eminentíssimo obra por si; mas parece que se pode com razão temer que nas delegações se encontrem pessoas pouco inteiradas dos Institutos Regulares, ou não bem-intencionadas, das quais se poderá ocasionar um grande dano.[44]

---

[41] A. I., *Vita di Sebastiano Giuseppe di Carvalho e Melo, Marchese di Pombal e Conte di Oeyras*, p. 50.
[42] A. I., *História de Portugal nos séculos XVIII e XIX*, vol. I, p. 205.
[43] JOSÉ LÚCIO DE AZEVEDO, *Os jesuítas no Grão-Pará, suas missões e a colonização*, p. 351.
[44] ATT, *Coleção de livros e impressos* – série preta, n. 2226, p. 1-3.

Aceitando a objeção, o Sumo Pontífice indicou uma comissão de cardeais para examinar a petição do Geral.[45] Apesar da oposição de purpurados como Poncioci, Spinelli, Tamburini e Achinto, a maioria julgou o documento pertinente, mas sem apontar uma resolução definitiva. Escolheu-se então o Cardeal Achinto para dizer extraoficialmente ao Núncio Apostólico em Lisboa que se entendesse com Saldanha e lhe aconselhasse moderação no modo de proceder. Esvaziada a intervenção, mas sem propor uma alternativa válida, permaneceu um clima de indecisão que só terminaria após o atentado contra a vida de Dom José I.[46]

3.1.4 – O atentado contra Dom José I e o início do encarceramento dos jesuítas

Dom José I mantinha com Dona Teresa, Marquesa nova de Távora, uma relação clandestina, que era vista pela família da dama como um verdadeiro escândalo, e o poder de Carvalho – um *nobre sem pergaminho*, o Sebastião José, como dizia desdenhosa a alta nobreza – junto ao rei, e seu propósito manifesto de eliminar muitos dos antigos privilégios dos sangues azuis lusitanos acirravam ainda mais os ódios. Os aristocratas convenceram-se afinal que, só abatendo o soberano, se livrariam do seu odiado opositor. Feitos os conchavos, às 23h de 3 de setembro, quando Dom José, em companhia do criado Pedro Teixeira, regressava de um dos seus encontros amorosos com a Marquesa no Alto Belém, um grupo de onze desconhecidos armados de bacamartes atacaram-no a tiros, ferindo-o na nádega esquerda e num dos braços; mas ele sobreviveu. A notícia do atentado foi mantida em sigilo até 9 de dezembro, tempo em que se urdiu uma versão do acontecido, que afinal veio a público, por meio de dois decretos: o primeiro nomeava um presidente da Junta da Inconfidência para se encarregar do caso; o segundo, ordenava ao juiz a prisão e execução dos criminosos "sacrílegos". Ainda naquele dia, sem citar nomes, um manifesto do ministro fazia acusações a certo grupo de pessoas que teriam profetizado a morte do soberano e conspirado para que ela se realizasse, prometendo recompensa a quem os identificasse. Era uma insinuação velada contra os jesuítas. As medidas se sucederam rapidamente: chegando o dia 16, o juiz do povo e a Casa dos Vinte e Quatro (órgão da Câmara de Lisboa que funcionava como uma espécie de câmara municipal), possivelmente sob pressão de Carvalho, apresentaram uma representação ao rei, pedindo-lhe *humildemente* mandar dar tortura aos que fossem legitimamente indiciados do "sacrílego insulto". O soberano acatou a sugestão e, no dia 13 de janeiro do ano seguinte, deferiu aquela que ele chamava de zelosa representação, tornando os réus "peregrinos, vagabundos e alheios a toda sociedade civil".[47]

Nenhuma acusação formal havia ainda sido feita à companhia de Jesus, mas seus colégios foram quase que imediatamente cercados por tropas, enquanto que o Cardeal Saldanha enviou ordem ao provincial da Ordem, Pe. João Henriques, proibindo todos os membros da companhia de saírem das suas respectivas casas. Ou seja, estavam confinados em prisões domiciliares.

---
[45] José Joaquim Francisco de Faria, *Cartas sobre a Companhia de Jesus dirigidas aos Reverendos padres do Colégio São Francisco Xavier da cidade do Recife*, Tipografia do Jornal do Recife, Recife, 1873, p. 15-16.
[46] A. I., *História de Portugal nos séculos XVIII e XIX*, vol. I, Lallemant Frères, Lisboa SD, p. 206.
[47] *Coleção dos negócios de Roma no reinado de El-Rei Dom José I*, p. 65.

O Núncio, estranhando a severidade das medidas, pediu explicações. Carvalho respondeu-lhe que era por razões de ordem pública, para impedir que "o povo", julgando os padres cúmplices do atentado, levantasse-se e cometesse violências. Isso continuou até eles serem transferidos, algum tempo depois, para diversas prisões.[48]

Aos 12 de janeiro de 1759 foi pronunciada a sentença dos réus – quase todos membros da alta nobreza – entre os quais Dom José Mascarenhas, Duque de Aveiro; Francisco de Assis e Dona Leonor Tomásia, marqueses de Távora; seus filhos, Luís Bernardo e José Maria, assim como a mulher do primeiro, Dona Teresa (que não era outra senão a amante do rei); Jerônimo de Ataíde, conde de Autoguia; e alguns mais. A Marquesa nova foi poupada de interrogatórios e recolhida no Mosteiro de Santos; o mesmo sucedendo com a condessa de Autoguia, que terminou encerrada no convento de Marvila; mas grande parte dos restantes – doze ao todo – terminou condenada à pena capital. Executados entre tormentos atrozes na Praça do Cais, seus restos foram em seguida queimados e as cinzas jogadas no rio Tejo. Outros membros da família ou aparentados acabariam encarcerados por longos anos no forte da Junqueira, aonde alguns vieram a morrer no esquecimento.[49]

O episódio foi providencial para que Carvalho submetesse a nobreza e humilhasse os jesuítas. Já antes, aliás, no dia 22 de dezembro do ano precedente, as casas da Ordem haviam sido vasculhadas por desembargadores escoltados por policiais, com o objetivo de procurar tabaco e outras mercadorias supostamente escondidas, além de pólvora para a "rebelião". Nada encontraram, mas a sentença contra os Távoras os citou como cúmplices e "inimigos da augustíssima pessoa de Sua Majestade e do seu felicíssimo e gloriosíssimo governo".[50] Disso resultou que dez padres, acusados de conivência, foram encarcerados como públicos malfeitores. A Junta da Inconfidência se reuniu para decidir sobre que destino dar à companhia, optando pelas seguintes medidas enumeradas nas cartas régias de 13 de janeiro de 1759: sequestro de todos os bens, dissolução das comunidades, envio dos professos com quarto voto para missionar na África, transformação dos seus educandários em escolas públicas e recomendação aos bispos para que explicassem, por meio de pastorais, a participação dos padres no atentado contra o rei. Uma semana depois, aos 19 de janeiro de 1759, uma carta régia autorizaria o começo da expropriação dos bens e documentos da Ordem, como medida cautelar em favor da real pessoa e governo do soberano, que assim se alinhava a "outros príncipes e estados da Europa igualmente católicos e pios".[51]

3.1.5 – O alvará de expulsão de 1759

O ministro justificava as medidas repressivas em curso, tomando por base uma declaração extorquida sob tortura ao Duque de Aveiro, em que ele confessara haverem sido dos jesuítas a sugestão da ideia do atentado. Sabe-se hoje

---

[48] DAMIÃO PERES, *História de Portugal*, vol. VI, Portucalense Editora, Barcelos, 1934, p. 225; JOSÉ LÚCIO DE AZEVEDO, *O marquês de Pombal e sua época*, 2ª ed., Anuário do Brasil, Rio de Janeiro, 1922, p. 195.
[49] JOAQUIM VERÍSSIMO SERRÃO, *História de Portugal*, vol. VI, Editorial Verbo, Lisboa, 1982, p. 44.
[50] *Coleção dos negócios de Roma no reinado de El-Rei Dom José I*, p. 67.
[51] IBIDEM, p. 80.

que isso não passou de bem calculado pretexto para agilizar um projeto que já estava em pleno andamento: um mês antes dos disparos contra Dom José I, mais exatamente, no dia 27 de agosto, tinham aportado da nave São José, na Bahia, três magistrados portugueses, Antônio Azevedo Coutinho, José Mascarenhas Pacheco Pereira Coelho Melo e Manuel Estevão Vasconcelos Barberini, com poderes excepcionais para expropriarem os bens da companhia de Jesus, sem conceder a esta direito de defesa ou apelação. Os decretos que traziam haviam sido expedidos pelo próprio Carvalho com a data do mês de junho – três meses, portanto, antes do dito atentado – jogando por terra a acusação de sequestração dos bens dos padres como punição. O Arcebispo de Salvador, Dom José Botelho de Matos (1678-1767), rompendo com o servilismo oficial, depois de ler o folheto acusatório em que os jesuítas eram incriminados de mercancia, recusou-se a endossá-lo e escreveu uma defesa da sua obra a Lisboa,[52] protestando que "não podia em consciência ser o instrumento de reduzir ao silêncio homens cujos serviços tanto aproveitavam ao seu rebanho".[53]

Em vão! Ao invés de ceder, Carvalho e Melo puniu o octogenário Arcebispo afastando-o das suas funções, usando como artifício uma petição, que ele fizera cinco anos antes, solicitando licença para resignar a sua primazia, por sentir-se alquebrado pela idade. O pedido, que sempre fora indeferido, recebeu súbita aprovação, mas sem conceder ao prelado nenhuma forma de assistência para a sua velhice, em razão do que ele terminaria seus dias em 22 de novembro de 1767 dependendo da caridade alheia. O antijesuitismo continuou intocado, e Carvalho manifestou desejo de que três religiosos, a quem acusava de especial conivência, fossem julgados e punidos pela justiça ordinária. Para tanto, aos 15 de abril de 1759, enviou uma súplica a Roma, assinada por José da Costa Ribeiro, solicitando ao Papa Clemente XIII não apenas declarar que o juízo laical era extensivo a todos os eclesiásticos seculares e regulares que houvessem participado da conjuração, como também àqueles que no futuro atentassem contra as reais pessoas e estado de El-Rei Fidelíssimo e seus sucessores. O documento, que sequer distinguia delitos comuns de prevaricações espirituais, pedia que o Papa, em sua "exuberante atenção e madura reflexão", concedesse-lhe a bênção apostólica, augurando que no futuro entre este e a coroa prosseguisse a colaboração para o bem do sossego público, com a cessação do "escândalo dos insultos", que nos últimos anos os religiosos acusados haviam "precipitado em Portugal e todos os seus domínios".[54]

Além das cândidas palavras, o terreno vinha sendo cuidadosamente preparado desde o ano anterior pelo embaixador lusitano em Roma, a quem Oeiras, seu primo, franqueou os tesouros do Brasil, tanto para conseguir o favor dos Cardeais, como para atrair outras influências. Contemporaneamente, a demolição intelectual da companhia de Jesus recrudesceu. Libelos iracundos como a *Relação Abreviada, Memorial dos Jesuítas, Os lobos desmascarados pelo Pe. Dinelli OP* e outros, estavam sendo divulgados por toda a Europa. E era justamente em Roma, dentro do prédio da embaixada portuguesa, que boa parte dessas obras eram impressas – disfarçando devidamente o lugar de impressão com o nome da cidade suíça de

---

[52] Antônio Paulo Ciríaco Fernandes, *Missionários jesuítas no Brasil no tempo de Pombal*, Edição da Livraria do Globo, Porto Alegre, 1936, p. 13-16.
[53] Heliodoro Pires, *A paisagem espiritual do Brasil no século XIX*, p. 89.
[54] *Coleção dos negócios de Roma no reinado de El-Rei Dom José I*, p. 101-102, 110.

Lugano –, numa gráfica ali montada clandestinamente. O capuchinho Norbert, conhecido também por abade Platel, mas cujo nome verdadeiro era Pierre Parisot (1697-1769), famoso pela sua extensa obra sobre os ritos malabareses e o proceder dos jesuítas na Índia, colocou-se a serviço de Carvalho, colaborando na impressão. Com ele estava o livreiro Nicola Pagliarini, que trabalhou com afinco, até que uma sindicância aberta pelo governador de Roma, Monsenhor Giovanni Battista Caprara (1733-1810), identificou-o, prendeu e condenou às galés. Libertado após algum tempo, Pagliarini se retirou em Nápoles, onde Carvalho lhe assegurou uma pensão anual de 1.200 escudos e outros 6.000 escudos de prêmio. Além dos mais, ainda o chamou a Lisboa, confiando-lhe a direção da imprensa real.[55]

Em que pese tantos esforços e malgrado o apoio recebido dos cardeais Cavalchini e Corsini, o resultado foi pífio, pois nem a insistência nem as ameaças de Carvalho dobraram a relutância do Sumo Pontífice. Afinal, para dar alguma satisfação ao pedido real – mas sem participá-lo ao embaixador Almada –, no dia 2 de agosto de 1759, Clemente XIII enviou uma comunicação confidencial ao Núncio Apostólico em Lisboa, contendo quatro despachos, sendo o primeiro deles o Breve *Dilecti filii*, que consentia que o tribunal da Mesa de Consciência e Ordens relaxasse à justiça secular os padres acusados de participarem do atentado, mas sem renunciar ao privilégio de foro de que a Igreja gozava. Por isso, a licença dada se restringia aos implicados, uma única vez, e não como concessão perpétua, conforme desejava o gabinete português. Além do mais, queria que o tribunal fosse presidido por um bispo, de escolha do Romano Pontífice. Reproduzida por Pe. Anselmo Eckart (1721-1807), no seu célebre documentário *Memórias de um Jesuíta prisioneiro de Pombal*, a decisão papal não permitia dúvidas:

> Temos tanta estima e apreço à segurança e ao bem-estar de Vossa Majestade como se de nós se tratasse. [...] Por isso, pedimos a Vossa Majestade, com todo afeto do nosso coração paternal, que, como filho obediente e fiel, ratifique o que por nós for determinado, permita que a causa da Companhia seja examinada por juízes especialmente delegados por nós e que os réus com culpa provada possam ser punidos por estes, não se tomando os inocentes por culpados. E, assim, a Companhia, tão grande benemérita da Igreja, principalmente naquelas longínquas terras de missão, purificada de seus erros, seja conservada no reino de Vossa Majestade.[56]

O segundo despacho era uma carta dirigida ao rei, implorando a sua clemência para os acusados que, caso realmente estivessem implicados, poupasse-lhes a vida. O terceiro despacho era igualmente uma carta, também esta para Dom José, pedindo-lhe que não expulsasse a Ordem dos seus domínios e se limitasse a mandar prosseguir na visita e na reforma, ordenadas pelo seu predecessor Bento XIV. Por fim, o último despacho se constituía de uma *Memória* que o Núncio devia apresentar ao governo português, na qual o Romano Pontífice protestava antecipadamente contra qualquer ampliação das concessões do Breve *Dilecti filii*, que seriam vistas como um atentado contra as imunidades eclesiásticas.[57]

---

[55] DAMIÃO PERES, *História de Portugal*, vol. VI, p. 226-227.
[56] ANSELMO ECKART, *Memórias de um jesuíta prisioneiro de Pombal*, Livraria A. I., Braga, 1987, p. 80-81.
[57] A. I., *História de Portugal nos séculos XVIII e XIX*, p. 210.

Com a correspondência em mãos, o Núncio pediu audiência ao rei para entregá-la. Segundo Eckart, a Corte já havia sido prevenida pelo Cardeal Cavalchini, que, após subornar o correio pontifício, induzindo-o a demorar-se desnecessariamente pelo caminho, teria escrito à Coroa portuguesa, informando o que a Santa Sé concedia e recusava. De fato, três dias depois de enviar a solicitação, o representante papal recebeu comunicado advertindo-lhe que a audiência seria concedida somente se ele rompesse o selo da correspondência e informasse com antecedência o seu conteúdo. O Núncio respondeu que não tinha autoridade para tanto, ao que Carvalho e Melo retorquiu: "pois guarde essa carta, que não precisamos dela, pois já sabemos que não obteremos o que pedimos".[58]

A atitude assumida pelo Romano Pontífice atiçou a ira do ministro e do soberano, que se estendeu também contra a Cúria Romana. Por isso, aos 28 de junho de 1759, por meio de um alvará assinado por próprio Dom José, foram proscritas todas as escolas jesuíticas do reino, autorizando ao mesmo tempo a reforma do ensino de humanidades. Por este mister, o método jesuítico em vigor há 200 anos foi abolido, e obras como a gramática latina intitulada *Arte do Padre Manuel Álvares* foram eliminadas e substituídas por outras como o *Novo Método de Gramática Latina* do Padre Antônio Pereira de Figueiredo. E o poder de Carvalho crescia sempre: foi feito conde de Oeiras, aos 6 de julho de 1759, e também agraciado por Dom José com a Vila de Pombal e com a comenda de São Miguel das Três Minas, da Ordem de Cristo, no Arcebispado de Braga. Com o seu total apoio, aos 3 de setembro de 1759, Dom José I deu o golpe definitivo contra a companhia de Jesus nos domínios lusitanos:

> Declaro os sobreditos regulares na referida forma corrompidos, deploravelmente alienados de seu santo instituto; e manifestamente indispostos com tantos, tão abomináveis, tão inveterados e tão incorrigíveis vícios para voltarem à observância dele, por notórios rebeldes, traidores, adversários e agressores, que têm sido e são atualmente contra a minha Real Pessoa e Estado, contra a paz pública de meus reinos e domínios, e contra o bem comum de meus fiéis vassalos; ordenando que, como tais sejam tidos, havidos e reputados. E os hei desde logo, em efeito desta presente lei, por desnaturados, proscritos e exterminados; mandando que, efetivamente, sejam expulsos de todos os meus reinos e domínios, para neles mais não poderem entrar. E estabelecendo debaixo de pena de morte natural e irremissível, e de confiscação de todos os bens para o meu fisco e Câmara Real, que nenhuma pessoa de qualquer estado e condição que seja, dê nos mesmos reinos e domínios, entrada aos sobreditos regulares ou qualquer deles, ou que com eles, junto ou separadamente, tenha qualquer correspondência verbal ou por escrito, ainda que hajam saído da referida sociedade, e que sejam recebidos ou professos em quaisquer outras províncias de fora de meus reinos e domínios; a menos que as pessoas que os admitirem ou praticarem não tenham para isso imediata e especial licença minha.[59]

As deportações começaram quase em seguida: na noite de 16 para 17, 133 padres detidos na quinta do Azeitão foram embarcados no brigue *São Nicolau* e enviados para o porto de Civitavecchia; pouco depois, uma nova remessa de 109 religiosos seria enviada a bordo do brigue *São Boaventura* para o porto

---

[58] ANSELMO ECKART, *Memórias de um jesuíta prisioneiro de Pombal*, p. 78-79.
[59] ATT, *Leis originais*, maço 6, n. 20.

de Gênova, ao passo que grande número ficou confinado nas prisões do país.[60] A essa altura, o Cardeal Saldanha, que fora elevado a patriarca de Lisboa em 1758, agia como se fosse chefe da Igreja de Portugal, havendo desligado alguns jesuítas dos votos simples sem estar autorizado para tanto. No dia 5 de outubro de 1759 foi ainda mais longe, publicando uma *Pastoral* endossando a decisão real:

> E como nosso pastoral ofício nos insta a indispensável obrigação de dirigir os nossos súditos por todos os caminhos mais seguros para a salvação, advertimos-lhes que por direito natural, por direito divino e direito das gentes devem amar o seu soberano, respeitar os seus decretos e obedecer a todas as suas leis.
> [...] E ainda que esperamos que todos os nossos súditos (tendo a incomparável felicidade de serem vassalos de um monarca o mais pio, o mais justo) devem sentir, e se hão de escandalizar, que a Sociedade de Jesus, afastada do seu santo instituto, e esquecida até das necessárias obrigações da humildade, conspirasse não só contra a sagrada pessoa do seu monarca e contra os seus domínios, mas ainda com escandalosa obstinação pretendem ofender-lhe a sua reputação e seu respeito; exortamos a todos os súditos seculares, e mandamos a todos os Eclesiásticos, que não tenham comunicação alguma com os ditos Religiosos desnaturalizados, nem verbal nem por escrito, para que não se perturbem outra vez a paz e o sossego público.[61]

A supressão também serviu para aumentar o patrimônio público, pois aos 25 de fevereiro de 1761 um alvará determinou que todos os bens que haviam pertencido à companhia de Jesus fossem confiscados para a Fazenda Real.[62]

3.2 – Apogeu e queda do pombalismo: sua herança histórica

A desconfiança entre Portugal e a Santa Sé atingiu o ápice após a expulsão dos jesuítas, e esse sentimento recíproco teve seu desfecho aos 6 de julho de 1760, quando se casou a herdeira do trono, Dona Maria I (1734-1816), com seu tio paterno Dom Pedro. O Núncio Apostólico ainda era Dom Filippo Acciaiuoli, Arcebispo de Patras, antipatizado por Oeiras que inclusive havia pedido inutilmente à Santa Sé removê-lo. Acciaiuoli foi excluído da lista dos convidados da cerimônia e, magoado com o tratamento que o ministro dispensava à Igreja, não enfeitou a nunciatura com luminárias. Involuntariamente, deu ao seu opositor o pretexto que ele queria, sendo acusado de desrespeito. No dia 14 do mesmo mês, Dom José, por meio de uma carta redigida pelo secretário Dom Luís da Cunha, expulsou-o do reino:

---

[60] Oeiras reservou um castigo especial para os jesuítas do ultramar, por considerá-los os principais orientadores da oposição ao seu governo. Por isso, não permitiu que fossem exilados, deixando-os encerrados em prisões, sem direito a defesa ou julgamento. O mesmo tratamento seria dispensado aos religiosos italianos, uma vez que o ministro não considerou que os repatriar fosse castigo suficiente. Assim, eles, como todos os padres provenientes do Pará e do Maranhão foram espalhados por vários cárceres de Portugal, principalmente na cidadela de Lisboa, no forte de São Julião, na Torre de Belém, na Trafaria e nos fortes meio arruinados que defendiam a entrada do Tejo, igualmente sem direito a defesa e julgamento (MARCUS CHEKE, *O ditador de Portugal*, p. 161).

[61] *Coleção dos negócios de Roma no reinado de El-Rei Dom José I*, p. 121-122.

[62] ATT, *Leis* – livro n. 9, p. 152-153.

> Sua Majestade, usando do justo, real e supremo poder, que por todos os direitos lhe compete, para conservar ilesa a sua autoridade régia, e preservando os vassalos de escândalos prejudiciais à tranquilidade pública dos seus reinos, manda-me intimar a Vossa Eminência, que logo imediatamente à apresentação desta carta, haja Vossa Eminência de sair desta para a outra banda do Tejo; e haja de sair via reta destes reinos no preciso termo de quatro dias.[63]

Ao ser informado dessas medidas, o Papa Clemente XIII suspendeu a audiência prometida ao embaixador português, Francisco de Almada, que por tal motivo decidiu sair de Roma no dia 7 de julho. No dia 2 de agosto seguinte, por meio de dois decretos redigidos por Dom Luiz da Cunha, o rei deu vinte e quatro horas ao Abade Testa, auditor da Nunciatura, e a Giacinto Acciaiuoli outro funcionário, para saírem de Portugal. Romperam-se as relações com a Santa Sé, e três rígidos decretos baixados pela Coroa portuguesa demonstraram o espírito que a dominava. Dois deles foram emanados juntos no dia 5 daquele mesmo mês de agosto: no primeiro Dom José ordenava a todos os seus vassalos, seculares, eclesiásticos e regulares abandonarem os Estados Pontifícios no prazo de seis meses, sob pena de serem considerados apátridas e de terem os bens confiscados; no segundo, proibia a todos os cidadãos do reino de enviarem contribuições a Roma, recorrer ao Papa ou fazer uso de qualquer breve, bula ou graça sem expressa autorização real, para não incorrerem nas mesmas penalidades citadas acima; o terceiro, enfim, seria aquele que mais longa repercussão histórica teria, por afirmar categoricamente:

> Hei por bem declarar que nesta resolução ficam compreendidos todos os Regulares de meus reinos e senhorios, naturais e estrangeiros, para não recorrerem por modo algum aos Prelados Superiores que assistirem em Roma, ou em terras do Papa, nem a seus comissários delegados ou subdelegados em qualquer parte residentes, sem especial licença minha, nem aceitarem ou usarem de graça, ordem, disposição ou despacho algum, sem serem apresentados na Secretaria de Estado, para me serem presentes, e sem lhes dar resposta por escrito pelo Secretário de Estado.[64]

Foi o que bastou para que os membros das diversas ordens ficassem sob suspeição, e este é mais um importante particular do reinado de Dom José I: a companhia de Jesus foi sua vítima principal, mas não exclusiva. Outros regulares, e mesmo membros do clero secular, acabaram igualmente penalizados com prisão e exílio, motivo pelo qual, em 1757, quarenta capuchinhos haviam sido arrancados das suas missões e expulsos do Brasil.[65] E mais: em 1764 o governo colonial fechou todos os noviciados existentes em terras brasileiras e, somente mais tarde, ou mais exatamente a partir de 1778, que ordens como a dos franciscanos receberam licenças esporádicas para a aceitação de um número limitado de candidatos.[66]

A pressão era contínua, tendo piorado depois que o Papa Clemente XIII, aos 7 de janeiro de 1765, por meio do Breve *Apostolicum pascendi*, confirmara a companhia de Jesus. Apesar de ter sido proibido em Portugal, exemplares

---

[63] Luiz Cunha, *Carta de ordem de Sua Majestade escreveu o secretário de Estado dom Luís da Cunha ao Cardeal Acciaiuoli para sair da Corte de Lisboa*, seção de obras raras da Biblioteca Mário de Andrade, São Paulo, SNT.
[64] *Coleção dos negócios de Roma no reinado de El-Rei Dom José I*, p. 203-205.
[65] Heliodoro Pires, *A paisagem espiritual do Brasil no século XIX*, p. 87.
[66] Venâncio Willeke, *Franciscanos no Maranhão e Piauí*, p. 27.

do documento em latim e castelhano se infiltraram por meio da fronteira com a Espanha, e a Coroa, na defensiva, tentou controlar a situação com nova medida truculenta: o *beneplácito* régio tornou-se lei, em termos definitivos aos 5 de maio de 1765, ao mesmo tempo em que mandava que todos os exemplares do breve papal fossem apreendidos.[67]

Contemporaneamente, o impedimento do recurso à Santa Sé estava criando múltiplos problemas, sobretudo porque começaram a faltar rescritos e dispensas. Carvalho e Melo tomou então mais uma medida discricionária que, na prática, fez dele o verdadeiro chefe da Igreja lusitana: as decisões que até aí se iam buscar em Roma foram concedidas aos bispos; dispensas matrimoniais, provisão de beneplácito, sagração de novos diocesanos, tudo se tornou de competência do episcopado nacional. O Cardeal Patriarca Francisco de Saldanha, longe de opor, aos 24 de fevereiro de 1768, em plena quaresma, tomou a liberdade de conceder uma dispensa até então inédita:

> Como não duvidamos de que, pelo nosso pastoral ofício, estamos obrigados a acorrer a todos os incômodos e necessidades dos nossos amados súditos na parte dependente da nossa jurisdição; sendo-nos então representado pelo Procurador da cidade o muito que padecia o povo na falta de laticínios; e bem cuidadosamente averiguada essa matéria, [...] declaramos que neste patriarcado não há obrigação de abstinência de ovos e laticínios no tempo da quaresma, para que nossas ovelhas possam, sem escrúpulo nem embaraço de suas consciências, usar livremente dos ditos ovos e laticínios.[68]

Em fevereiro de 1769, também o brasileiro Francisco de Lemos de Farias Pereira Coutinho (1735-1822), mesmo sem ter sido ordenado bispo, fez editar uma carta em Coimbra, endossando a liceidade das dispensas de matrimônio e outras mais.[69] O Cardeal Saldanha entrou de novo em cena aos 2 de março de 1770, publicando uma pastoral recordando a todos o dever de acatar as decisões reais:

> Não deve ser, amados filhos, o rigor da pena quem nos horrorize nas transgressões das leis, mas sim a culpa de as transgredir, [...] e tende certo que, obedecendo ao vosso Rei, obedeceis ao mesmo Deus, o qual pela boca dele vos manifesta a sua vontade, e nos há de pedir estreitíssima conta da mais leve, ainda que oculta, desobediência.
> A independência que procuram os ímpios, quando pretendem sacudir o suave jugo das leis e diminuir a autoridade dos monarcas, não tem, nem pode ter, outro fim, que não seja o da irreligião e o de perverter as máximas evangélicas, nas quais o Verbo Divino tão expressamente nos recomenda a sujeição ao poder temporal, que Ele mesmo estabelecer e a quiser dar com a sua sacratíssima Pessoa, incomparável exemplo para o bom governo do mundo.[70]

O clero atingiu, por conseguinte, o máximo da autonomia religiosa da história do reino, mas teria de retroceder porque a população sentia-se ligada ao trono pontifício e reagiu negativamente a tais inovações. Por isso, diante

---

[67] CARLOS MOREIRA AZEVEDO ET ALII, *Dicionário de história religiosa de Portugal*, vol. I, p. 210.
[68] ATT, *Coleção de livros e impressos* – série preta, n. 3560, p. 597-598.
[69] IBIDEM, p. 461-462.
[70] IBIDEM, p. 142-44.

de dispensas como aquela dada pelo Patriarca Saldanha na quaresma, a massa simplesmente desobedeceu. Esse seria um fator decisivo para a manutenção de Portugal na comunhão com a Igreja de Roma.[71]

3.2.1 – O início do antijesuitismo "oficial"

Mesmo depois da expulsão dos jesuítas do reino, os rancores de Oeiras não arrefeceram, e uma das suas vítimas foi o Pe. Gabriele Malagrida. O alquebrado religioso foi transferido da Torre de Belém para os cárceres que a inquisição possuía na Junqueira e, em julho de 1760, correu o boato que seria executado no dia 31, para comemorar a festa de Santo Inácio. Isso não chegou a acontecer, porque o inquisidor, Dom José de Bragança, impediu-o, ou melhor, apenas adiou o suplício, e ele próprio acabaria se tornando uma das vítimas do pombalismo. Trata-se de uma história deveras intrigante: o "fidelíssimo" rei Dom João V, dentre os filhos bastardos que teve, deu o seu sobrenome a três, os assim chamados "meninos [do palácio] de Palhavã", que habitavam nos arrabaldes de Lisboa. Eram eles: Dom Gaspar, feito arcebispo de Braga, e Dom José, nomeado inquisidor-geral, e que vivia em Palhavã em companhia do mais velho dos irmãos, Dom Antônio. Dom José I os tinha reconhecido como seus consanguíneos em 1752, cobrindo-os de honrarias. Em comum, os três possuíam o espírito "ultramontano" e a antipatia pelas ideias pombalinas, sentimento este que, em julho de 1760, se transformou em luta aberta. O motivo: o desembargador Inácio Ferreira Souto escreveu uma obra radicalmente regalista intitulada *De potestade regia*, que dedicou ao ministro. Quando tal livro chegou ao Santo Ofício, Dom José ("menino de Palhavã") declarou-o herético e enviou dois auxiliares, o conde de São Lourenço e o visconde de Vila Nova de Cerveira, para prenderem o autor. O intendente-geral da polícia recusou-se a fazê-lo sem a autorização do ministro, que ao sabê-lo, partiu furioso para tomar satisfações em Palhavã. O que se seguiu foi uma discussão furiosa com os dois "meninos", após o que, Carvalho regressou ao Paço e convenceu o rei que seus irmãos estavam envolvidos em conspirações. Dom José I acreditou e convocou o conselho de estado para tomar uma decisão. Alguns dos membros eram pela condenação à morte, mas a intervenção do Cardeal Saldanha reduziu a pena ao exílio no mosteiro do Carmo, do Buçaco (diocese de Coimbra), enquanto que o conde de São Lourenço e o visconde de Vila Nova de Cerveira terminaram igualmente encarcerados. Foi o golpe final de Carvalho contra as últimas resistências da nobreza.[72]

Abandonado à própria sorte, o sofrido Malagrida, com mais de setenta anos de idade, começou a perder a razão. Um dia, o desembargador Oliveira Machado, administrador do presídio, desceu ao calabouço e presenciou o momento em que ele escutava "vozes celestes" e escrevia *A vida de Sant'Ana* e um *Tratado sobre o Anticristo*. Arrebatou-lhe então os papéis e os entregou a Oeiras, que pessoalmente delatou o padre e assinou a denúncia. Também cuidou para que o acusado ficasse sem defesa: antes do julgamento obteve que o

---

[71] ANTÔNIO DE SOUZA PEDROSO CARNÁXIDE, *O Brasil na administração pombalina*, Companhia Editora Nacional, São Paulo, 1940, p. 33.
[72] A. I., *História de Portugal nos séculos XVIII e XIX*, vol. I, p. 224-225.

rei nomeasse como novo grande inquisidor seu irmão caçula, Paulo de Carvalho Mendonça, de conhecido espírito antirromano. Isso fez com que o célebre tribunal, abandonando sua função de "guardião da ortodoxia", ficasse à mercê dos detentores do poder político, sem que o Núncio nada pudesse fazer. O Representante Pontifício simplesmente não possuía nenhuma autoridade ou influência na inquisição, e aquele tribunal agia com total independência da própria Roma, à qual não comunicava sequer as causas mais importantes.[73]

Resultado previsível: transferido do cárcere da Junqueira para o do Rocio, ao ser submetido aos interrogatórios do novo Inquisidor-geral, o padre foi facilmente acusado de heresia, e a sentença condenatória, lavrada aos 4 de setembro de 1761, omitiu a obviedade da sua loucura, associando os atos que praticara a uma prevaricação deliberada.[74] Por isso os membros do Tribunal da Relação, constituídos por Gama, Castro, Seabra, Xavier da Silva, Geraldes, Silva Freire e, naturalmente, Carvalho, com base nas acusações apresentadas, condenaram o idoso padre à pena capital:

> Vista a sentença dos inquisidores, ordinário e deputados do Santo Ofício, e como por essa se mostra o réu Gabriel Malagrida, que foi religioso da Companhia denominada de Jesus, herege da nossa Santa Fé Católica, e como tal relaxado à Justiça secular, precedendo a degradação atual das suas ordens publicamente e juridicamente feitas; e examinando as disposições do *Direito e ordenações* (os grifos são dos autores) em tal caso, condenamo-lo que com laço seja conduzido pelo carrasco pelas estradas públicas desta cidade até a Praça do Rocio e que nessa morra estrangulado e que, depois de ser morto, seja seu corpo queimado e reduzido a pó e cinza, para que dele e de sua sepultura não haja memória alguma.[75]

O ato final desse teatro macabro aconteceu na noite de 20 de setembro de 1761, provocando repugnância até mesmo em Voltaire, para quem "ao excesso do ridículo e do absurdo, juntou-se o excesso de horror".[76] Refratária às críticas, a Coroa baixou um novo alvará aos 28 de agosto de 1767, prevendo novas punições a quem não seguisse suas normas:

> Nenhum vassalo meu, seja clérigo, seja regular, seja secular de qualquer dignidade, graduação, condição ou sexo, poderá pedir ou receber carta de confraternidade, de associação, ou de comunicação de privilégios do Geral da Companhia chamada de Jesus; nem de algum dos seus delegados ou subdelegados. E isso debaixo as penas estabelecidas contra os réus de lesa-majestade.[77]

Carvalho e Melo ainda não estava satisfeito e contatou o ministro das Relações Exteriores da França, Étienne-François, Duque de Choiseul (1719-1785), e as autoridades da Espanha para pressionarem a Santa Sé em vista da supressão universal da companhia. Ele inclusive chegou a propor uma ação militar conjun-

---

[73] BARTOLOMEO PACCA, *Notizie sul Portogallo con una breve relazione della Nunziatura di Lisbona*, p. 39.
[74] ATT, *Seção de livros e impressos* – série preta, n. 3574, p. 134-160.
[75] IBIDEM, p. 160-161.
[76] MIGUEL DE OLIVEIRA, *História eclesiástica de Portugal*, p. 202.
[77] ATT, *Leis* – livro n. 10, p. 31.

ta com as cortes bourbônicas para forçar o papado a tomar a medida que desejava. Choiseul foi contra, argumentando que o Papa Clemente XIII não viveria muito. De fato, o Pontífice faleceu aos 2 de fevereiro de 1769, mas o projeto antijesuítico europeu já tinha dado os seus frutos: a companhia fora dissolvida na França em 1764, expulsa da Espanha e suprimida em Nápoles em 1767, o mesmo acontecendo no pequeno ducado de Parma no ano seguinte.[78]

3.2.2 – A literatura pombalina

Tão importante quanto as medidas de força tomadas, foi a influência legitimadora da literatura produzida, cuja influência atravessaria gerações inteiras de lusófonos. O antijesuitismo era um dos seus elementos comuns, e tanta insistência tinha uma motivação que estava longe de ser sentimental: combatia-se os jesuítas não apenas pelo que eram, mas pela ortodoxia que representavam e pelo próprio valor simbólico que possuíam, de estreita fidelidade a Roma, num momento em que os estados absolutistas tudo faziam para submeter o clero às respectivas coroas. Um dos recursos de que serviu Portugal para este fim foi a divulgação dos "clássicos" regalistas e antijesuítas estrangeiros, entre os quais a célebre *Monita Secreta*, publicada por primeira vez em Cracóvia no ano de 1614. Tratava-se de uma habilidosa falsificação, elaborada por Jerônimo Zahorowski, um polaco expulso da companhia de Jesus no ano precedente. Pois bem, com seu antijesuitismo de estado, Portugal fez imprimir as *Instruções Secretas* numa edição de luxo em 1767 que divulgou Europa afora, pagando tudo com o erário público.[79] E não parou aí: até mesmo a *Pragmática sanção* da Espanha seria traduzida e publicada naquele mesmo ano, igual acontecendo com o *Ato do Parlamento de Paris* ordenando a dissolução da companhia.[80]

Esteja claro, entretanto, que não foram as traduções as obras que mais influíram na formação da nova mentalidade portuguesa. Tanto antes, quanto durante e também depois da divulgação delas, alguns literatos, teólogos e canonistas do reino recorreram a verdadeiros malabarismos históricos e doutrinários para justificarem as medidas adotadas pela Coroa. O governo podia consentir a publicação do que bem entendesse e sem admitir contestação, pois em 1768 havia criado a Real Mesa Censória, subtraindo à Igreja o encargo de examinar os livros e vigiar a produção intelectual. Mesmo assim, tenha-se presente que tal Mesa agiu com certa cautela, tendo o cuidado de proibir obras de Locke, Hobbes, Rousseau, Spinosa, Voltaire e outros autores controvertidos.[81]

---

[78] O Papa Pio VII, aos 7-8-1814, com o Breve *Sollicitudo omnium ecclesiarum* restaurou a Companhia de Jesus. Em Portugal restavam apenas 12 anciões jesuítas sobreviventes da perseguição pombalina de cinquenta e cinco anos antes. Mesmo assim a Corte portuguesa, que então se encontrava no Rio de Janeiro, notificou à Santa Sé a resolução de não reconhecer o documento pontifício e a determinação de "nunca" readmitir a Companhia de Jesus nos seus domínios. Por ironia, o filho do rei, Dom Miguel (que, segundo a maioria dos estudiosos, seria na verdade nascido de uma das tantas relações extraconjugais da rainha Dona Carlota Joaquina), anulou dita proibição. Isso consentiu que o primeiro grupo, composto por oito jesuítas provenientes da França, pudesse chegar a Lisboa aos 13-8-1829 (CARLOS MOREIRA AZEVEDO ET ALII, *Dicionário de história religiosa de Portugal*, vol. III, p. 27-28).
[79] ARNALDO ESPÍRITO SANTO, "Monita Secreta: uma mistificação que resiste", em: *Brotéria*, n. 1, vol. 156, Oficinas Gráficas de Barbosa e Xavier, Braga, 2003, p. 83-86.
[80] ATT, *Coleção de livros e impressos – série preta*, n. 3559.
[81] MARIA LUÍSA SANTOS RIBEIRO, *História da educação brasileira*, 17ª ed., Editora Autores Associados, Campinas, 2001, p. 33.

Por outro lado, a mesma Mesa, tendo sido também investida da direção geral dos estudos, consentiu que uma variada literatura, de corte marcadamente antijesuíta, ganhasse as ruas. Uma das que teve efeito mais duradouro foi o libelo de nome *Relação Abreviada da república que os Religiosos Jesuítas das províncias de Portugal e Espanha estabeleceram nos domínios ultramarinos das duas monarquias e da guerra que neles tem movido e sustentado contra os exércitos espanhóis e portugueses*. Publicado no dia 3 de dezembro de 1757 – e se supõe que tenha sido elaborado com a participação direta de Oeiras –, o referido libelo acusatório rebaixava os missionários jesuítas do Brasil e do Paraguai a atrozes escravistas, e suas missões a algo comparável a um campo de concentração:

> Nos Estados do Grão-Pará e Maranhão, acumulando abusos e abusos, vieram [os jesuítas] a fazerem-se absolutos senhores do governo espiritual e temporal dos índios; pondo-os no mais rígido cativeiro, a título de zelarem a sua liberdade, e usurpando-lhe não só todas as terras e frutos que delas extraíam, mas também até o próprio trabalho corporal. [...] Para sustentarem um tão desumano e intolerável despotismo, estabeleceram as mesmas máximas que haviam praticado na outra parte do sul, proibindo todo o ingresso dos portugueses nas aldeias dos índios, que os seus Religiosos administravam, debaixo do pretexto de que os seculares iriam perverter a inocência dos costumes dos referidos índios; e defendendo nas mesmas aldeias o uso da língua portuguesa, para melhor assegurarem que não houvesse comunicação entre os referidos índios e brancos, vassalos de Sua Majestade Fidelíssima.[82]

Essa obra se tornaria uma das favoritas de Carvalho,[83] que só em Lisboa mandou imprimir vinte mil exemplares, distribuídos entre príncipes, bispos e superiores de ordens religiosas. Outros tantos seriam enviados aos embaixadores portugueses nas diversas cortes europeias, para que os difundissem, dando origem a versões em espanhol, italiano, latim e alemão. Os jesuítas nada puderam fazer para contestar as acusações que recebiam, porque Carvalho impôs ao Provincial da Ordem em Portugal a obrigação de impedir aos seus confrades toda e qualquer tentativa de réplica, acrescentando uma ameaça: "El-Rei não poderá deixar impune a quem se atreva fazer uma ofensa tão injuriosa de sua real pessoa..."[84]

Depois que a inteira companhia foi expulsa do reino, outro personagem não mediria esforços para denegrir o trabalho que ela desenvolvera: José Basílio da Gama (1741-1795). Nascido na capitania de Minas Gerais, em 1768, durante sua estadia em Portugal foi preso, acusado de simpatia pela causa jesuítica. Em troca da liberdade,

---

[82] *Coleção dos Negócios de Roma do reinado de El-Rei Dom José I*, vol. I, p. 22-23, 27.

[83] Com esta obra, Pombal conseguiu radicar um dos mais persistentes estereótipos sobre as missões jesuíticas no Brasil, uma vez que muitas das acusações nela contidas seriam repetidas sem restrições mesmo às vésperas do século XX. Nesse particular, merece ser citado o *Dicionário Bibliográfico Brasileiro* de Augusto Vitorino Alves Sacramento Blake, no qual se afirma sem reserva que "os jesuítas entregavam-se à catequese dos nossos sertões, para melhor iludirem os incautos e pobres de espírito em sua obra monumental, que consistia em entesourar riquezas e constituírem-se dominadores de todo o mundo católico. As mais altas questões sociais e políticas eram tratadas e resolvidas em segredo nos recônditos concílios de Loyola. Jesuítas sinceros houve poucos; os Anchietas foram raros. E houve na Companhia homens que, pela nobreza dos seus sentimentos, despiram a roupeta, como o Pe. Eusébio de Matos, que Antônio Vieira considerava um dos ornamentos da Companhia" (AUGUSTO VITORINO ALVES SCRAMENTO BLAKE, *Dicionário bibliográfico brasileiro*, vol. I, p. 9).

[84] ANSELMO ECKART, *Memórias de um jesuíta prisioneiro de Pombal*, p. 34-35, 39-40.

prometeu viver em Angola, mas, ao invés disso, preferiu se prostrar ante o "déspota ilustrado". Daí, para cair nas suas graças, coisa que, aliás, conseguiu, escreveu um *Epitalâmio* para as núpcias da filha dele,[85] tendo também composto em 1769 a obra *O Uraguai*, dedicada ao mesmo "ilustríssimo e excelentíssimo senhor conde de Oeiras". Trata-se de um poema dividido em cinco cantos, discorrendo sobre a Guerra Guaranítica, no qual os jesuítas são execrados como vis e maquiavélicos. Um dos heróis da obra se chama Cacambo, apelativo que Basílio da Gama, sem nenhuma cerimônia, tomou de empréstimo do *Candide* que Voltaire fizera publicar em 1759. Dito personagem morreu vítima de um licor envenenado que lhe deu o Pe. Balda, para que a esposa deste, denominada Lindoia – a qual, torturada pela dor da perda, suicida-se –, fosse dada em matrimônio a Baldeta, um filho bastardo que o autor dizia o padre ter. Basílio atribuiu ao Pe. Balda o incêndio que destruiu a missão, encerrando sua obra com um louvor a Bobadela por sua obra "libertadora" em favor dos nativos, proclamando triunfante que assim *"cai a infame República por terra"*.[86]

Nada, porém, superou a virulência dos grandes tratados. Exemplo maior da teologia regalista pombalina foi a *Dedução Cronológica e Analítica*, editada em Lisboa no ano de 1768. Composta de três volumes trazia o nome do desembargador da casa de suplicação e procurador da Coroa, José Seabra Silva (1732-1813), como autor; mas, supõe-se que tenha sido redigida por vários indivíduos, sob o controle direto de Oeiras. Era um detalhado tratado antijesuítico, e pró-jansenismo e pró-galicanismo políticos, cujo primeiro tomo responsabilizava os jesuítas por quase todas as desgraças de Portugal na Idade Moderna. Carvalho era do parecer que os padres da Companhia de Jesus tinham sido causadores da decadência de Portugal que, no seu modo de ver, fora culto, próspero e poderoso até a chegada deles. Partindo dessa premissa, acusava-os de terem arruinado a instrução no país, de fanatizarem o rei Dom Sebastião com uma educação deformada, que o induziria a ir morrer no Marrocos, e também de terem maquinado em favor de Felipe II da Espanha. Sem omitir as fontes jansenistas em que se inspirara para a composição de tais argumentos, o tom usado não podia ser mais acusatório:

> A entrada que os *jesuítas* (o grifo é do autor) fizeram em Portugal e em todos os seus domínios não tem semelhante, que não seja os estragos da invasão com que os mouros oprimiram e assolaram a Espanha. [...] O doutíssimo Antoine Arnauld [suscitou contra si toda a fúria dos mesmos chamados *Jesuítas*], na Alegação que publicou para os impugnar. [...] São coisas manifestas: Serem inerentes ao supremo poder dos príncipes soberanos os importantíssimos direitos, não só de censura e proibição de livros, que não pertencem à religião e à doutrina; mas, ainda nestes mesmos livros dogmáticos e doutrinais, a coação externa de multas e penas corporais contra os impressores, livreiros e mercadores dos referidos livros, e serem eles direitos desde a fundação da Igreja, pertencentes aos ditos soberanos em geral e, em particular, aos senhores reis destes reinos. É igualmente manifesto de fato que os referidos curiais e Jesuítas, em comum e uniforme acordo, esbulharam a Coroa destes reinos daquele importante e inauferível direito.[87]

---

[85] ALFREDO BOSI, *História concisa da literatura brasileira,* nota 54, 49ª ed., Editora Cultrix, São Paulo, 2013, p. 68.
[86] JOSÉ BASÍLIO DA GAMA, *O Uraguai*, Régia Oficina Tipográfica, Lisboa, 1769, p. 100-101.
[87] JOSÉ SEABRA DA SILVA, *Dedução Cronológica e analítica*, parte primeira, Oficina de Miguel Menescal da Costa, Lisboa, 1768, p. 1, 5, 201.

Um dos maiores vultos da produção literária pombalina seria o oratoriano Antônio Pereira de Figueiredo (1725-1797). Em 1761 ele tomou abertamente a defesa do governo e, quatro anos depois, aos 15 de novembro de 1765, com sua tese *De suprema regum*, defendeu veemente a supremacia do poder real nas suas relações com pessoas e bens eclesiásticos. Por fim, em 1766, escreveu aquela que pode ser considerada a obra prima do regalismo lusitano: a *Tentativa Teológica*. Traduzida em vários idiomas, esta acabou se transformando num ponto de referência obrigatório de sucessivas gerações de anticlericais, e, mais desconcertante que o seu conteúdo, só mesmo o comportamento do autor para com a sua congregação. Apesar de "ilustrada", a maioria dos membros do Oratório não fazia coro com o regalismo radical de Figueiredo e isso provocou uma divisão interna: uns poucos se agruparam em torno dele; mas os demais se lhe opuseram. Em favor do grupo pequeno entrou em cena a repressão do regime, que não hesitou em enviar padres para o degredo, entre os quais, Teodoro de Almeida, um dos mais renomados da Congregação. Outras limitações se seguiram: sem qualquer explicação, os Oratorianos foram impedidos de proceder às eleições internas normais, de acolher vocacionados e de ensinar publicamente.[88] Ao mesmo tempo, pelo aviso régio de 3 de janeiro de 1769, ficaram igualmente proibidos de atender confissões e pregar, sendo suas igrejas obrigadas a fecharem as portas depois de uma da tarde.[89]

Esses episódios em nada comprometeram a repercussão da volumosa obra de Pereira que mereceu ampla divulgação. Ela era dedicada aos bispos, e já na introdução ele deixava claro que o título *Tentativa* fora utilizado não porque duvidasse das doutrinas nela contidas, mas para se "acomodar às preocupações do país". Ou seja, tratava-se tanto de uma tentativa de justificar a prática regalista, quanto de um instrumento para convencer o episcopado a aderir às ideias que o autor professava. Essa intenção já aparecia no proêmio: "Espero dar algumas luzes e produzir alguns novos exemplos, que façam parecer não só muito provável, mas também segura na praxe a referida doutrina. Por isso, a esse meu discurso chamo de *Tentativa Teológica*, porque, quando não mova as vontades, poderá ilustrar os entendimentos".[90]

A linguagem utilizada era prolixa e o conteúdo pouco original, mas nem isso, nem o português recheado de longas citações latinas, diminuíram seu impacto. A obra compunha-se de duas partes: a primeira enumerava dez princípios episcopalistas que justificavam o poder de dispensar dos bispos; a segunda, bem menor, continha um conjunto de 22 documentos que colocavam em discussão a jurisdição universal do Papa. As comparações com o *De Statu Ecclesiae* do bispo de Treviri, Johann Nikolaus von Honteim, vulgo Iustinus Febronius (1701-1790), publicado na Alemanha seis anos antes, tornam-se inevitáveis, tantas são as opiniões convergentes. Ou melhor, por causa desse livro, Antônio Pereira passou a ser chamado de

---
[88] CARLOS MOREIRA AZEVEDO ET ALII, *Dicionário de história religiosa de Portugal*, vol. III, p. 332.
[89] JACINTO PALAZZOLO, *Crônica dos capuchinhos do Rio de Janeiro*, Vozes, Petrópolis, 1966, p. 115.
[90] ANTÔNIO PEREIRA DE FIGUEIREDO, *Tentativa Teológica em que se pretende mostrar que impedido o recurso à Sé Apostólica se devolve aos Senhores Bispos a faculdade de dispensar nos impedimentos públicos do matrimônio e de prover espiritualmente em todos os casos reservados ao Papa todas as vezes que assim o pedir a pública e urgente necessidade dos súditos*, Oficina de Antônio Rodrigues Galhardo, Lisboa 1769, p. 11.

"Febrônio português". Em linhas gerais, ele parte do princípio que, se a designação dos bispos vem do Papa como condição extrínseca, a jurisdição destes lhes é dada imediatamente por Cristo, como qualidade intrínseca da ordem episcopal. Nesse pressuposto, o poder de cada prelado "é absoluto e sem limites, por ordem ao governo de cada diocese". Assim sendo, "sem o consentimento do corpo dos bispos, não pode o Papa despojá-los dos seus antigos direitos", pois o poder dado por Cristo ao Papa, para apascentar, reger e governar toda a Igreja, não é monárquico, mas regulado pelos cânones, uma vez que "os Papas não são senhores, mas executores dos cânones da Igreja". Isso, segundo ele, pode ser confirmado pelos "doutores escolásticos mais antigos" que "sempre dizem chaves da Igreja e não chaves de Pedro". E mais: muitas das regalias de que goza o bispo de Roma não são de direito divino, e sim indevida apropriação, articulada com base nas falsas decretais, e também da concessão e beneplácito da Igreja. Podem, portanto, serem mudadas e alteradas. Isso não exclui que o Romano Pontífice possa "dispensar nos cânones e decretos de disciplina dos Concílios Gerais, todas as vezes que assim o pedir a necessidade ou utilidade dos fiéis por toda a Igreja. Não porque seja superior aos Concílios ("porque 'todos' o supõem inferior a eles"), mas porque os mesmos concílios lhe dão esta "permissão". Daí, forçando uma interpretação de certas afirmações de São Bernardo, o autor resume o exercício do primado papal no seguinte modo: "Ser o Romano Pontífice um prelado superior a todos os prelados, um chefe, um primeiro presidente de todos os bispos, a quem por ofício da primazia toca vigiar sobre toda a Igreja, a fim de que cada um cumpra exatamente as obrigações e ministérios de sua linha". Isso, naturalmente, "conservando ilesos os direitos de cada grau e franqueando a cada membro as funções próprias da sua hierarquia".[91]

Toda a autoridade imediata que Pereira negava ao Sumo Pontífice reconhecia no soberano absoluto. No sétimo princípio da primeira parte da sua obra – e esse é o aspecto original dela, por superar largamente a maioria dos episcopalistas do seu tempo –, levou a defesa do absolutismo monárquico ao paroxismo:

> É princípio moral do Evangelho que, todas as vezes que o Príncipe usa do seu direito, e a matéria de preceito não se encontra com o Direito divino ou com a lei natural (que então *obedire oportet magis Deo quam hominibus*, como diz o Apóstolo), devemos todos obedecer prontamente como manda o Príncipe. [...] É vontade de Deus que obedeçais aos vossos reis, magistrados, e senhores: não só aos bons e justos, mas também aos ásperos e injustos. Porque em padecer injustamente está o nosso merecimento para com Deus. Assim ensinava São Pedro aos fiéis, mandando-lhes obedecer sem contradição aos Príncipes legítimos, ainda que estes fossem tão injustos e perversos como um Nero, em cujo tempo vivia o Apóstolo. Como discípulo da mesma escola dá São Paulo a mesma doutrina na epístola aos Romanos, capítulo 13, em que diz assim: *Qui resistit potestati, Dei ordinationi resisti. Ideo necessitate subditi estote non solum propter iram, sem etiam propter conscientiam*. Por isso deveis necessariamente obedecer, não só para evitardes a pena temporal dos que desobedecem ao Príncipe, mas também porque em consciência estais obrigados por Deus a obedecer aos Superiores legítimos.
>
> Ora, se quando o Príncipe abusa da sua autoridade, como Constâncio e Juliano, ainda então obedeciam os Atanásios, os Melécios, os Cirilos e os Eusébios; ainda então protestavam e ensinavam que se lhes devia obedecer, quem poderá excluir

---
[91] ANTÔNIO PEREIRA DE FIGUEIREDO, *Tentativa Teológica*, p. 125-126, 130, 145, 175, 250.

os bispos de Portugal de executarem um preceito tão justificado, como o que pôs o nosso piíssimo e prudentíssimo soberano, quando proibiu a todos os seus vassalos o comércio e recurso a Roma? [...] Por outra parte, aos súditos não toca averiguar nem ponderar a justiça ou injustiça destes procedimentos régios, nem o Rei tem obrigação de dar parte aos súditos das razões que o moveram. Por ser doutrina assentada, que quando a matéria do preceito não transcende os limites do poder régio, antes se compreende nele, sempre a presunção de justiça deve estar a favor do Rei.[92]

Reações não faltaram, e Dom Miguel da Anunciação (1703-1779), bispo de Coimbra entre 1740 e 1779, manifestou-se contra as máximas jansenistas e febronianas que circulavam livremente pelo país, inclusive o fazendo saber à Corte e ao ministério. Não recebendo resposta, editou uma pastoral aos 9 de dezembro de 1768 enumerando os livros "perniciosos", entre os quais o *De Statu Ecclesiae* de Justino Febrônio e as *Dissertações históricas* de Dupin. A questão era que tais livros haviam sido divulgados e recomendados pelo próprio Pombal e, por isso, o assunto foi parar na Real Mesa Censória. Lá, os três examinadores, João Pereira Ramos de Azevedo Coutinho, frei Manuel do Cenáculo e frei Ignácio de São Caetano, deram um parecer condenatório contra o documento do bispo, cujo conteúdo legitimava as obras que ele enumerara como heréticas:

> Os dois livros de Luís Elias Du Pin e Justino Febrônio, que fizeram os dois determinados objetos do referido bispo, tratam somente de pontos de mera disciplina arbitrária e de pontos de jurisdição que em nada interessam aos dogmas de fé, ou à lei e à religião, como com artificiosa e mal inventada impostura se quis persuadir. Passando, pois, aos merecimentos da dita pastoral, proíbe o bispo alguns poucos livros de escritores materialistas e libertinos e, junto a estes temerários e prejudiciais autores, coloca o Respeitável e Ortodoxo Du Pin (os adjetivos maiúsculos são dos autores) nas *Dissertações históricas da antiga disciplina da Igreja*; e o Sábio Justino Febrônio, porque o segue; compreendendo a todos debaixo de uma mesma qualificação vaga e contraditória. [...] Não podemos deixar de entender que dita Pastoral, assim na substância, é obra de Jesuítas e que constitui um dos insultos mais atrozes, que tem chegado à Real presença de Vossa Majestade. [...]
> Porquanto a Pastoral em todo o seu contexto respira o artifício e a malícia jesuítica pela forma com que está minutada; pelos pretextos falsos e afetados; pela frase capciosa; pelo atrevimento inaudito e calunioso de insultar, e por má fé na religião, os autores e as pessoas de sã e muito louvável doutrina; pela temeridade de sustentar as máximas ultramontanas, prejudiciais ao sossego público, com as quais se acham concentrados os mesmos Jesuítas para os seus interesses, indecentes e dolosos.[93]

De posse do parecer, a Real Mesa Censória declarou, no dia 23 de dezembro seguinte, a pastoral "falsa, facciosa e infame" e ordenou que fosse rasgada e queimada na Praça do Comércio de Lisboa.[94] Carvalho também mandou prender o prelado e transportá-lo à força a Lisboa, encerrando-o em seguida na prisão de Pedrouços por oito anos. Como se não bastasse, também convenceu

---
[92] Antônio Pereira de Figueiredo, *Tentativa teológica*, p. 195-199.
[93] ATT, *Coleção de livros e impressos* – série preta, n. 3575, p. 136.
[94] Ibidem, n. 3575, p. 22.

o rei a subscrever um decreto dirigido ao Capítulo da catedral coimbrense, datado de 9 de dezembro daquele ano, no qual, após haver acusado o bispo do crime de lesa-majestade, declarava que ele devia ser considerado morto civilmente, e a sua sede vacante. Contemporaneamente, ordenou que se procedesse à eleição do vigário capitular, indicando para tanto o nome do brasileiro Lemos de Faria, anteriormente citado, eclesiástico de sua confiança, graduado em cânones. Os membros do capítulo temerosos obedeceram, e o Lemos partiu de súbito para Coimbra onde passou a falar e decidir como bispo em exercício. Entre suas proezas, incluem-se a tradução em português do *Catecismo de Montpellier* e a publicação duma *notificação* contra a Santa Sé, em que declarava claros sentimentos jansenistas. Nesse ínterim, desejou-se na capital processar Dom Miguel por crime de alta traição. Ele se defendeu recordando que, na condição de bispo, só poderia ser julgado pelo Sumo Pontífice. Assim foi feito, mas sua prisão não foi relaxada.[95]

3.2.3 – O "pombalismo" no período do seu máximo triunfo

Tendo amordaçado a nobreza, expulsado os jesuítas, "nacionalizado" a Igreja e eliminado os inimigos políticos, o marquês atingiu o ápice do seu poder. Prisões e exílios passaram a fazer parte da ordem do dia, e com o regime de terror instaurado sentia-se seguro, pois se apoiava num rígido aparato repressivo previamente montado. Consequentemente, a opinião pública vivia sob estreito controle, como bem o demonstram o truculento decreto de 17 de agosto de 1756 que, sem meios termos, proibiu opiniões contrárias à versão oficial. O pretexto foi que existiriam "pessoas tais e tão bárbaras, que se atreveriam a proferir que poderia haver quem atentasse contra a vida d'alguns dos ministros que, com Sua Majestade, despachavam e executavam as suas régias determinações". O mesmo decreto estimulara a delação, afiançando $20.000 de prêmio a quem descobrisse os autores da suposta maledicência. O resultado prático foi o silêncio obrigatório ante as medidas governativas, sob pena de imputação como réu do Estado.[96] E isso não foi tudo: a correspondência passou a ser violada e lida numa repartição especial montada para esse fim.[97] Num crescendo, pessoas começaram a ser castigadas pelas razões mais banais. Entre tantos casos, recorda-se que certa vez Pombal mandou um açougueiro para a cadeia pelo simples fato de este se recusar a lhe vender carne fresca; sem falar que atirou no calabouço seu próprio médico, que não pudera visitá-lo no dia determinado.[98]

Nesse esforço de autoconservação, até os colaboradores mais importantes ou íntimos eram descartados sem hesitação. Um dos primeiros a tombar foi Tomás Luís Osório. Vitorioso na *Guerra Guaranítica*, o chefe dos dragões do Rio Grande do Sul, após ser acusado de manter relações com os jesuítas, acabou preso e enviado para Lisboa. Apesar de seus veementes protestos de

---

[95] Bartolomeo Pacca, *Notizie sul Portogallo con una breve relazione della Nunziatura di Lisbona*, p. 32-36.
[96] A. I., *História de Portugal nos séculos XVIII e XIX*, vol. I, p. 150-151.
[97] José Manuel de Madureira, "A Companhia de Jesus", em: *Revista do Instituto Histórico Geográfico Brasileiro*, vol. IV, Imprensa Nacional, Rio de Janeiro, 1927, p. 332.
[98] Anselmo Eckart, *Memórias de um jesuíta prisioneiro de Pombal*, p. 226.

inocência, ao chegar à capital portuguesa terminou condenado sem direito à defesa e enforcado. Igualmente descartado foi o Cardeal Francisco Saldanha. Em 1767, pela primeira vez ele fez restrições às decisões do marquês, sendo ameaçado com a pena de desterro em nome do rei. Surpreendentemente, não cedeu, ainda que tenha tido de se retirar para a sua casa de campo. Ele voltaria a Lisboa algumas vezes a pedido do próprio Dom José, mas daí para frente seu comportamento mudou: nunca mais procurou os favores de Pombal e passou a deplorar a ingerência que ele exercia. Arrependido e amargurado com a situação a que a Igreja havia sido relegada, desabafou com o cura de São Julião: "Não, não, eu não sou nem Cardeal, nem Patriarca, nem Arcebispo; tudo é Pombal, tudo ele invadiu". Faleceu no dia 1º de novembro de 1776.[99]

Outra vítima célebre ainda seria feita: José Seabra da Silva, ajudante de Pombal na secretaria de Estado dos negócios do reino. Conhecido por haver dado seu nome ao polêmico tratado antijesuíta *Dedução cronológica e analítica*, José Seabra cairia em desgraça ao envolver-se na questão da sucessão real. A razão: Dom José I teve em 1774 um ataque de apoplexia e a partir daí a sua decadência física foi sempre se agravando. Como ele não tivera herdeiros varões, mas somente quatro filhas, sua sucessora deveria por força ser a religiosíssima Maria. Não era bem isto que Seabra e, ao que parece, também Pombal desejavam, uma vez que a preferência de ambos recaía sobre o filho da herdeira, o príncipe da Beira, que se chamava igualmente José e que contava então com 14 anos de idade. Apesar de ser apenas um adolescente, o jovem Bragança lhes agradava, porque, depois de receber uma educação acompanhada de perto por Pombal, ao contrário de sua mãe, manifestava tendências liberais. Entretanto, murmúrios chegaram aos ouvidos da rainha Dona Mariana Vitória, Infanta de Castela, que intercedeu em favor da filha, interrogando o rei. Resultado: José Seabra acabou sendo apontado como "único" conspirador, sendo demitido de todas as funções aos 17 de janeiro de 1774. Além disso, foi exilado na quinta que possuía no Vale de Besteiros, dando início à sua *via crucis*. No dia 4 de maio seguinte foi aprisionado no castelo de São João da Foz, em outubro deportado para o Rio de Janeiro onde viveu algum tempo sob custódia na Ilha das Cobras, até ser enviado para um presídio em Luanda, na Angola.[100]

Para completar o triunfo do conde de Oeiras, a supressão universal da companhia de Jesus se tornaria fato. As pressões das Coroas católicas recomeçaram sobre o sucessor do Papa Clemente XIII, Cardeal Giovanni Lorenzo Ganganelli, antes mesmo que tomasse posse, e, quando ele assumiu em 1769, com o nome de Clemente XIV (1705-1774), o cerco antijesuíta se fechara. Dom Miguel de Bulhões, como que intuindo o que estava por suceder, no dia 14 de março do ano seguinte editaria uma *Pastoral* em que, depois de reduzir os jesuítas a "fautores do probabilismo", "sequazes de erros", "ímpios", "cobiçosos homens" e "pérfidos inovadores", e a inteira companhia de Jesus como "infecta sociedade"; indicava a razão do regozijo que sentia:

---

[99] Francisco Butiña, *Vida del Padre Gabriel Malagrida de la Compañia de Jesús*, p. 453-454, 485-486.
[100] Damião Peres, *História de Portugal*, vol. VI, p. 248-249.

> Agora sim (amados filhos), agora penetrados do mais excessivo júbilo, queremos-vos participar a gostosíssima certeza de que vossas humildes deprecações foram ouvidas e despachadas com felicidade. Vemos enfim assentado na Cadeira de Pedro um Pontífice que, ao mesmo tempo em que compreende a grandeza inerente à sua altíssima dignidade e está persuadido dos Direitos do Episcopado e da elevada hierarquia, que Ele constitui, compreende também a sublimidade e os Direitos da Soberania, lembrando a todos os vassalos a indispensável obrigação que têm de reverenciar e obedecer aos seus legítimos soberanos.[101]

Lemos de Faria adotaria raciocínio semelhante, proclamando que Clemente XIV era "destinado especialmente pelo Senhor para reparar nos últimos tempos a ruína de sua casa..."[102] Coincidência ou não, essas declarações aconteceram justamente depois de importantes episódios: o novo Papa já havia recebido o embaixador português, que lhe entregara dois documentos reservados para Oeiras com propostas de conciliação e, em janeiro daquele mesmo ano, as negociações haviam sido concluídas, levando ao restabelecimento das relações diplomáticas entre Lisboa e Roma. Um novo Núncio foi nomeado para Portugal – Dom Innocenzo Conti, Arcebispo de Tiro –, que foi recebido em Lisboa em julho do mesmo ano com grandes manifestações oficiais e regozijo popular. Apesar das aparências, o representante da Santa Sé assumia em condições humilhantes, pois o conde só lhe restituiu os breves depois que ele, por escrito num compromisso a parte, reconheceu como válidas as práticas regalistas até então levadas a efeito por escrito. Por isso, o decreto de Dom José, baixado aos 23 de agosto declarando o reatamento das relações com a Santa Sé, era bem claro:

> Houve por bem que se reabrisse a comunicação com a Corte de Roma para todos os negócios de sua competência, salvas as leis e louváveis costumes e os privilégios destes meus Reinos. Sendo mandado ver ao tempo os breves facultativos que por parte do Núncio Apostólico lhe mandei escrever na conformidade da Carta de ofício, que baixará com este, para que nos termos dela se abra o despacho da Nunciatura e se hajam de pedir os negócios a ela pertencentes.[103]

Depois desse decreto, o Núncio recebeu ainda uma carta do rei datada de 3 de agosto seguinte, na qual se lhe recordava com toda clareza: "Não deve Vossa Excelência exceder estes justos limites nas faculdades que lhe são concedidas. Abstendo Vossa Excelência de tudo o que for contrário às referidas leis, louváveis costumes e privilégios e do que abusivamente se houver introduzido".[104] Obviamente que, com base nos alegados costumes e privilégios, as leis emanadas contra as imunidades eclesiásticas permaneciam em vigor, e a inteira função do representante do Papa tornava-se quase decorativa. Entre outras coisas, ele estava impedido de intervir nos processos eclesiásticos, tornados de responsabilidade do tribunal da Coroa; e também deveria

---
[101] ATT, *Coleção de livros e impressos* – série preta, n. 3560, p. 167-168.
[102] IBIDEM, n. 3560, p. 183.
[103] ATT, *Ministério da Justiça e Negócios Eclesiásticos*, livro 1, p. 42-43.
[104] IBIDEM, p. 44-45.

não visitar as catedrais, não tomar conhecimento dos processos em primeira instância; e nada estatuir no regímen econômico dos regulares dos dois sexos. Controlar os regulares por meio do episcopado regalista que se formava era outro estratagema da política vigente e, por isso, uma carta circular enviada aos superiores das distintas ordens religiosas, no dia 23 do daquele mesmo mês, foi-lhes feita uma severa advertência:

> Da mesma sorte, manda Sua Majestade prevenir a V. Ex.ª (como um dos casos mais frequentes) que os Regulares costumam intentar o abuso de interporem recursos para a Nunciatura, a fim de frustrarem por este meio a correção dos seus prelados e de se subtraírem à obediência que lhes devem, [...] resultando de tudo o referido [como por largas experiências se tem manifestado] as gravíssimas desordens, relaxações dos institutos regulares, inquietações das províncias, escândalos dos povos. [...] Nos casos de contravenção terá Sua Majestade aquelas demonstrações que cabem no seu justo e real poder.[105]

Aproveitando do ensejo, Oeiras ordenou a todos os prelados portugueses que não admitissem bula, breve ou escrito pontifício sem o *placet* régio, cuja aplicação, a partir daí, tornou-se frequente.[106] Dom José, da sua parte, que por escrúpulos de consciência, não gostava nem desejava andar desgarrado da Igreja Romana, satisfeito com uma solução tão vantajosa para a Coroa, aos 17 de setembro de 1770, agraciou seu ministro com o título de marquês de Pombal. O rei ainda teria a alegria de ver Clemente XIV nomear, por recomendação sua, Lemos Faria bispo *in partibus* e coadjutor, com direito a sucessão à diocese de Coimbra.[107]

O Papa, no entanto, encontrava-se tão eufórico com o restabelecimento das relações que, no consistório secreto de 24 de setembro de 1770, fez um pronunciamento entusiasta – devidamente traduzido e distribuído depois em Portugal – em que até para Almada e Pombal dispensou elogios:

> Este é finalmente aquele dia que o Senhor acolheu para nos exultarmos e deleitarmos Nele. É o caso, veneráveis irmãos, de vermos hoje confirmado pelo testemunho mais decisivo, e mais significante, o que nós tínhamos por certíssimo e que, como tal, nos tínhamos assegurado; isto é, que o afeto do nosso caríssimo em Cristo filho José, Rei Fidelíssimo de Portugal e dos Algarves, havia de ser cada dia maior para conosco, cada dia mais ilustres as provas que Ele havia de dar para com a Igreja, e com que perenemente nos havia de alegrar, e a todo o Sacro Colégio. Foram, contudo, mais plenos e mais completos do que Nós esperávamos e prometêramos, os sucessos e êxitos do presente negócio. Não somente se renovaram entre Nós e El-Rei Fidelíssimo as antigas demonstrações de singular amizade, mas ainda, por meio de uma admirável conspiração de amor e de piedade, fez-se mais firme e mais confiante do que era, esta doce união de ânimos.
>
> [...] Com que expressões de louvor e de honra, devo Eu também celebrar o Nosso amado e Nobre Varão, o conde de Oeiras, secretário de Estado do Rei Fidelíssimo? Quando, além de outras razões, que muito o recomendam, foram

---

[105] ATT, *Ministério da Justiça e Negócios Eclesiásticos*, livro 1, p. 48.
[106] A. I., *História de Portugal nos séculos XVIII e XIX*, p. 238-239.
[107] BARTOLOMEO PACCA, *Notizie sul Portogallo con una breve relazione della Nunziatura di Lisbona*, p. 26.

agora tão ilustres os testemunhos que ele tem dado, tanto afeto e veneração para conosco, como de singular obséquio e fidelidade para com El-Rei seu amo. Deve-se da mesma sorte fazer aqui muito honorífica memória do outro nosso amado Filho, e Nobre Varão, o comendador Almada, Ministro Plenipotenciário do mesmo monarca junto à Nossa Pessoa, ao qual costumamos dar gostosa audiência todas as vezes que, para significar os pios e nobres sentimentos do Real ânimo, sucede vir à Nossa Presença, e do qual Nós, pelo cuidado e diligência com trabalha por desempenhar sempre as obrigações do seu caráter, fazemos grande estima.[108]

Ledo engano. Pouco ou quase nada melhorara para a Igreja de Portugal, ainda que naquele ano um decreto real tenha consentido licença aos religiosos de comunicar-se com Roma, escrever e receber cartas.[109] Quanto ao mais, certas situações até pioraram, pois de 1772 em diante começaram a ser registrados casos de padres que sem maiores explicações eram transformados em apátridas e exilados. Nas vezes em que isso aconteceu, o soberano se limitava a dizer que o fazia por "motivos que lhe eram presentes", sem sequer dar-se ao trabalho de mencioná-los. Uma das vítimas dessa arbitrariedade foi Dom José de Forjas, cônego da igreja de Lisboa, banido aos 13 de janeiro de 1772. Seguiu seu exemplo frei Estêvão da Silveira e Maltês, prior da igreja matriz de Mourão, punido do mesmo modo seis meses mais tarde, no dia 17 de julho; e também o frei Luís de Sant'Ana, desnaturalizado e expulso do país aos 12 de setembro seguinte.[110]

O triunfo final do marquês se consumou no ano sucessivo, quando o antigo desejo que acalentava uma supressão universal da companhia de Jesus enfim aconteceu. Dobrando-se às pressões das Coroas católicas, aos 29 de novembro de 1772, Clemente XIV autorizou a preparação do documento tão ansiado ou temido, trabalho que foi realizado por Francisco Xavier Zelada, um espanhol que se serviu do esquema que havia sido elaborado em janeiro daquele ano por seu conterrâneo, o embaixador José Moñino. O destino dos jesuítas estava selado: aos 12 de agosto de 1773 o Sumo Pontífice assinava o Breve *Dominus ac Redemptor*, com data anterior de 21 de julho de 1773, declarando estar supressa a companhia. A Corte portuguesa vibrou e fez imediatamente traduzir e imprimir o documento na Régia Oficina Tipográfica. Simultaneamente, foi publicada uma carta régia datada de 9 de setembro seguinte, elaborada no Palácio da Ajuda e assinada pelo próprio Dom José I, em que o soberano reconhecia que o referido Breve fora fruto da pressão das Coroas, ao tempo em que estabelecia normas rigorosas para a sua aplicação:

> Depois de haver concluído demonstrativamente o Santo Padre que a sobredita Companhia não só não podia já produzir o benefício da Igreja e dos fiéis cristãos, aqueles copiosos frutos que haviam feito os objetos da sua instituição, [...] ordenou a sua Bula em forma de Breve, que principia: *Dominus ac Redemptor Noster Jesus*

---

[108] A. I., *Compêndio do que se passou na Corte de Roma depois da chegada do correio extraordinário que levou os despachos relativos à abertura da comunicação com o reino e domínios de Portugal e do tribunal da Nunciatura na Corte de Lisboa*, Régia Oficina Tipográfica, Lisboa, 1770, p. 3-9.
[109] JACINTO PALAZZOLO, *Crônica dos capuchinhos do Rio de Janeiro*, p. 107.
[110] ATT, *Leis – livro n. 11*, p. 82-83, 100.

Christus [...] e extinguiu e suprimiu inteiramente a mesma Companhia chamada de Jesus. E porque tenho acordado a execução dele (como é de razão) o Meu Real Beneplácito e Régio Auxílio, recomendados por Sua Santidade, havendo já feito escrever a todos os Metropolitanos, Diocesanos, e mais prelados dos meus Reinos e Domínios, que façam registrar e guardar nas suas respectivas câmaras e cumprir e observar inteiramente as disposições do Breve (no que a cada um deles pertencer), mando a todos os tribunais, Governadores, Magistrados e justiças dos Meus Sobreditos Reinos e Domínios, que todos e cada um deles nas suas respectivas jurisdições examinem com o maior cuidado: *Primo* – se nelas torna a aparecer algum indivíduo de roupeta, ou distintivo algum do hábito da referida Companhia; *secundo* – se entre os que dela foram expulsos, e se acham tolerados, se têm algumas práticas, ou se fazem conventículos, ordenados ou a fazerem associações entre si, ou a caluniarem o referido Breve; *Tertio* – se há ainda quem se atreva a sentir mal do conteúdo nele em todo e em parte; *Quarto* – que havendo algum ou alguns destes réus, [...] sejam presos, autuados e remetidos às cadeias de Lisboa à ordem do Diretor Juiz da Inconfidência, para Eu sobre ele determinar o que lhes parecer justo. Mando, outrossim, que esta seja registrada e guardada com os exemplares do referido Breve, que serão para perpétua memória nos respectivos livros dos ditos tribunais, das Cabeças das Câmaras nos mesmos cofres, que mandei estabelecer pelo Meu Alvará de 3 de setembro de 1759.[111]

Contemporaneamente, havia sido levada a cabo a reforma escolar, que tantas marcas deixou em gerações sucessivas de luso-brasileiros. Um sutil jansenismo era incutido desde a infância, uma vez que a tradução do *Catecismo de Montpellier*, do bispo Charles-Joachim Colbert de Croissy (1667-1738), elaborada pelo bispo de Évora, Dom João Cosme da Cunha,[112] foi transformada em livro básico de aprendizado dos meninos. E, não obstante fosse mais que sabido que tal catecismo havia sido condenado pela Igreja em 21 de janeiro de 1721,[113] o alvará de 9 de outubro de 1770, publicado na chancelaria mor, oficiá-lo-ia:

Nas aulas de latinidade, sejam os mestres obrigados, quando receberem discípulos, a instruí-los previamente na gramática portuguesa composta por José Antônio dos Reis Lobato, [...] e por mim aprovada. [...] E porquanto me constou que nas escolas de ler e escrever se praticava até agora a lição de processos litigiosos e sentenças, que somente servem para consumir o tempo e acostumar a mocidade ao orgulho e enleio do foro, Hei por bem abolir para sempre este uso prejudicial e mando que, em lugar dos ditos processos e sentenças, se ensine aos meninos por impressos ou manuscritos de diferente natureza, especialmente pelo Catecismo Pequeno do Bispo de Montpellier, Carlos Joaquim Colbert, mandado traduzir pelo

---

[111] ATT, *leis – livro n. 11*, p. 168-170.
[112] HELIODORO PIRES, *A paisagem espiritual do Brasil no século XVIII*, p. 101.
[113] Em que pese tal influência, segundo Silva Dias, Jacques Marcadé e Pascoal Knob, não existiu um verdadeiro jansenismo "teológico" em terras portuguesas, porque faltariam ali os princípios doutrinários identificadores. Realmente, entre os lusitanos não se registraram debates sobre a problemática da graça, ainda que a influência filo-jansenista tenha deixado grandes marcas na literatura religiosa e profana. O lugar onde o jansenismo realmente parece haver dado notável contribuição foi nas medidas "reformadoras" do pombalismo, fornecendo argumentos para o episcopalismo, o conciliarismo e o antijesuitismo. O maior expoente dessa tendência foi Antônio Pereira de Figueiredo, cujas obras foram aplaudidas nos círculos jansenistas ou filo-jansenistas europeus (CARLOS MOREIRA AZEVEDO ET ALII, *Dicionário de história religiosa de Portugal*, vol. III, p. 74.).

Bispo de Évora para a instrução dos seus diocesanos, para que por ele vão também aprendendo os princípios da religião, em que os mestres os devem instruir com especial cuidado e preferência a outro estudo. Este se cumprirá tão inteiramente como nele se convém, sem dúvida ou embargo algum.[114]

Da escola básica logo se passaria à reforma universitária de Coimbra. Aos 25 de setembro de 1771, um Aviso mandou suspender os estatutos existentes, em consonância com o decreto que nomeara Farias Lemos reitor da instituição e o encarregara de levar a cabo a sua reforma. Seguiu-se a carta régia em 28 de agosto do ano seguinte conferindo a Pombal a precedência de reformador oficial e visitador da secular universidade, "com jurisdição privativa, exclusiva e ilimitada". Bem de acordo com seu estilo, ele fez valer as prerrogativas em que tinha sido investido, e circundado por um aparatoso esquadrão de soldados armados, penetrou na veneranda escola. Sua estadia em Coimbra durou de 22 de setembro a 24 de outubro, período em que cometeu um dos mais clamorosos gestos contra a história portuguesa: invadiu a biblioteca do Real Colégio de Artes da companhia de Jesus e mandou que os milhares de livros que lá se encontravam fossem dados às chamas, fazendo perder para sempre obras de inestimável valor.[115]

Um tribunal especial, a Junta da Providência Literária, foi instituído para levar a cabo o projeto de reforma. Dele faziam parte Lemos de Farias, seu irmão João Pereira Ramos de Azeredo Coutinho e outros cinco "notáveis", que eram o Arcebispo de Évora, Dom Manoel do Cenáculo, os desembargadores Ricalde Pereira de Castro e José Seabra da Silva, além dos doutores Manoel Pereira da Silva e Francisco Antônio Marques Giraldes. Lemos Farias redigiu o texto final – exceto a parte das ciências naturais e matemáticas, a cargo de José Monteiro da Rocha –, que foi concluído e começou a ser aplicado em 1772. Dentre suas inovações constou a adoção em Portugal dos postulados teóricos do josefismo austríaco, fazendo com que a secular universidade se convertesse em defensora erudita dos propósitos de intervenção dos Bragança no âmbito eclesiástico. Das cátedras universitárias passou-se a advogar que o poder da Igreja se circunscrevia "à vida espiritual", e isso seria difundido nas colônias.[116]

Iniciava-se um longo período de ideologização antirromana e pró-autocefalia no mundo de língua portuguesa. Os pontos mais polêmicos defendidos por Pombal e seus seguidores de Coimbra foram os seguintes:

1. O desprezo declarado pelo Concílio de Trento: já presente na *Dedução Cronológica*, o ministro assegurou que o recebimento das decisões tridentinas em toda a monarquia portuguesa fora "obra dos jesuítas" e que, portanto, eram nulas.

---

[114] ATT, *Leis – livro 11*, p. 24-25.
[115] ANSELMO ECKART, *Memórias de um jesuíta prisioneiro de Pombal*, p. 168-169.
[116] A mentalidade favorável à autonomia da Igreja do Brasil ante Roma era amplamente defendida por setores políticos do Primeiro Império, os mesmos que empreenderam violenta campanha contra o celibato clerical e as ordens religiosas. Em 1826, o deputado baiano Antônio Ferreira França ("Francinha") disse sem meios termos: "Que o nosso clero seja casado e que os frades e freiras acabem entre nós" (ZENO HASTENTEUFEL, *Dom Feliciano na Igreja do Rio Grande do Sul*, Livraria Editora Acadêmica, Porto Alegre, 1987, p. 225.).

2. A mudança da concepção eclesiológica vigente. Até então prevalecera a fórmula de São Roberto Belarmino (1542-1621), segundo a qual a Igreja é "a sociedade de fiéis reunida debaixo de um só chefe, que é Jesus Cristo, pela comunhão de crenças e participação aos sacramentos, sob direção de seus legítimos pastores, principalmente o Pontífice Romano". Pois bem, com o pombalismo, o Código de Coimbra para os professores passou a afirmar o seguinte: "A Igreja é uma congregação de homens unidos em Cristo pelo batismo para que vivendo todos conforme a norma estabelecida no Evangelho e proclamada pelos Apóstolos em todo o mundo, e debaixo da direção e governo de uma cabeça visível e de outros pastores legítimos, possam honrar bem o verdadeiro Deus; e por meio desse culto conseguir a bem-aventurança eterna".[117]

O que mais irritou nessa definição é que, ignorando o célebre princípio *extra ecclesiam nulla salus* ("Fora da Igreja não há salvação"), quando se referia aos batizados, era ambíguo o bastante para não definir a sua confissão religiosa. Também causava imenso mal-estar a expressão "governo de uma cabeça visível", dado que não esclarecia quem seria tal personagem, cuja dubiedade consentia supor que podia ser tanto o Papa como o patriarca cismático de Moscou.[118] Justificava-se Pombal com a acusação de que o Catolicismo invadira atribuições do Estado; não obstante ele próprio invadisse atribuições eclesiásticas. Por isso, para a solução das questões religiosas, limitava-se a apelação à autoridade das "mais antigas tradições cristãs", ignorando o recurso à autoridade papal.[119]

De outra feita, a vitória obtida sobre Roma fez com que o nome de Carvalho ecoasse pela Europa inteira: os amigos dos jesuítas odiavam-no; todos discutiam-no. A própria Cúria Romana passou a tratá-lo com requintes de consideração, e ao seu irmão, Monsenhor Paulo de Carvalho, foi oferecido o barrete cardinalício a 18 de outubro de 1769. Não pôde, obviamente, desfrutar da honraria, pois a doença que o consumia levou-o para a tumba no dia 17 de janeiro seguinte; mas Pombal teve o prazer de inscrever seu nome na *Lista dos Cardeais que compõe o Sacro Colégio*.[120]

Enquanto isso, a maioria do clero lusitano submeteu-se, preferindo sacrificar os interesses da Igreja ao plano autoritário da realeza; mas as insuspeitas palavras do Cardeal Bartolomeu Pacca (que foi Núncio em Portugal de 1795 a 1802 e, mais tarde, secretário de Estado da Santa Sé) levaram a crer que a atitude de Clemente XIV, de ceder sempre ou a sua pouca percepção dos efeitos negativos que essa atitude provocava, colaborou para semelhante estado de coisas:

---

[117] CÂNDIDO MENDES DE ALMEIDA, *Direito civil e eclesiástico brasileiro antigo e moderno em suas relações com o direito canônico*, tomo I, primeira parte, Garnier, Rio de Janeiro, 1873, p. 107.
[118] CÂNDIDO MENDES DE ALMEIDA, *Direito civil e eclesiástico brasileiro antigo e moderno em suas relações com o direito canônico*, tomo I, primeira parte, p. 108.
[119] BOANERGES RIBEIRO, *Protestantismo no Brasil monárquico*, Livraria Pioneira, São Paulo, 1973, p. 25.
[120] ANSELMO ECKART, *Memórias de um jesuíta prisioneiro de Pombal*, p. 179.

> Ora, ignorando os portugueses o que devemos supor que fizesse então Clemente XIV, causou grande escândalo o aparente silêncio de Roma, e levou aquele clero à perda de confiança e à desconfiança. Enfraqueceu-se o antigo afeto e ligação pela Santa Sé, e se fez uma ferida profunda no espírito dos eclesiásticos, que no meu tempo não estava ainda cicatrizada.[121]

Avaliando a situação de outro ponto de vista, via de regra os historiadores leigos enquadraram o conjunto das medidas pombalinas na perspectiva do assim chamado despotismo "esclarecido", o que de per si as tornariam justificáveis no contexto em que se deram. A questão é que os iluministas do século XVIII não consideravam Pombal um dos seus. Alega-se em defesa do marquês que ele não poderia agir com critérios da nova filosofia, estando a serviço de um rei devoto. É uma tese arriscada, pois não existem elementos que a sustentem: Pombal tudo fez não para instituir um estado laico, mas uma Igreja sob controle; e depois, autocrata inveterado como ele era, demonstrou por todos os modos que princípios caros aos "iluminados", como a liberdade de consciência, jamais fizeram parte dos seus propósitos. Tampouco se pode negar que as medidas rudes e sanguinárias levadas a cabo no período, se realmente tiveram o consentimento de Dom José I, quase sempre aconteceram por iniciativa do todo-poderoso ministro. São fatos demonstrativos da distância que separava o autoritarismo lusitano das pretensões de refinamento de um Frederico II da Prússia. É por essa razão que nem Voltaire nem os enciclopedistas, apesar da guerra que moviam aos jesuítas, aplaudiram os eventos acontecidos em Portugal. Os documentos emanados na Corte de Lisboa pareciam-lhes ridículos na forma e desastrados no conteúdo. Como já se disse, "tanta crueldade contrastava com os costumes de uma sociedade já motejadora, mas elegante. Teve-se compaixão das vítimas, zombou-se do algoz, riram-se todos com a sua invocação às ideias da idade média, desse período da história que a moda também reprovava então".[122]

Méritos, contudo, reconhecem-se no pombalismo: Lisboa foi reconstruída de forma eficaz depois do terremoto, ganhando um traçado urbanístico revolucionário para a época; a aristocracia perdeu muitos privilégios; e aboliu-se pela carta de lei de 26 de maio de 1773 a humilhante distinção que existia entre cristãos "novos" (judeus convertidos geralmente à força) e "velhos".[123] No que diz respeito ao Brasil, a criação da Capitania de São José do Rio Negro (atual Amazonas), aos 3 de março de 1755, foi um inteligente mecanismo para atalhar quaisquer veleidades espanholas de expansão procedentes do vice-reino de Nova Granada;[124] e a transferência da capital de Salvador para o Rio de Janeiro em 1763 foi igualmente considerada uma medida administrativa sábia. Ainda assim, forçoso é admitir que o reino de Portugal de modo nenhum se converteu numa nação próspera ou culta. A educação é um exemplo veemente: se de uma parte não se discutia a validade da expulsão dos vadios de Coimbra, onde tam-

---

[121] BARTOLOMEO PACCA, *Notizie sul Portogallo con una breve relazione della Nunziatura di Lisbona*, p. 68.
[122] A. I., *História de Portugal nos séculos XVIII e XIX*, vol. I, p. 219.
[123] ATT, *leis – livro n. 11*, p. 146-154.
[124] TEIXEIRA SOARES, *História da formação das fronteiras do Brasil*, Conquista, Rio de Janeiro, 1975, p. 59.

bém foram criadas algumas novas faculdades, ao mesmo tempo em que se instituía no país inovações como o estudo das ciências naturais, doutra, os setores restantes da educação, de modo particular no Brasil, quase entraram em colapso, dado que o Estado não possuía nem pessoal nem recursos para arcar com uma escola essencialmente leiga. O próprio ensino superior acabou sacrificado, pois, alguns meses antes da supressão da companhia de Jesus, o encarceramento de tantos religiosos já havia forçado o fechamento da Universidade de Évora a partir de 8 de fevereiro de 1759, ficando o ambiente universitário português reduzido apenas a Coimbra.[125]

Para muitos, como Pe. Alberto Eckart e José Lúcio de Azevedo, Carvalho e Melo fazia o que fazia porque o rei era uma figura inerme ou um verdadeiro fantoche que ele manobrava livremente. José Lúcio de Azevedo é categórico: "O soberano, alheio aos negócios públicos, era nas suas mãos uma criatura hipnotizada, que uma vontade estranha de longe governa".[126] Diversa, obviamente, é a leitura dos apologistas da obra pombalina. O livro *História de Portugal*, elaborado por uma anônima "sociedade de homens de letras", afirma: "Não se imagine que o marquês de Pombal fosse completamente onipotente no tempo d'el rei Dom José, e que não fazia senão o que ele desejava, porque se enganaria muito quem tal pensasse". Para tais autores, o soberano consentiu nos excessos do marquês simplesmente porque, ciente de ser incapaz de governar pessoalmente, encontrou na pessoa daquele o elemento ideal para este fim. Fê-lo, entretanto, sem se despojar das suas prerrogativas régias e sabendo impor a sua vontade quando queria.[127]

Em tempos recentes, historiadores como Joaquim Veríssimo Serrão têm preferido a segunda versão. Para Serrão, as medidas do monarca não resultaram de mera manipulação arquitetada pelo seu ministro, mas do apoio consciente que este dava às iniciativas daquele. Fundamenta sua tese justamente nas honrarias nobiliárquicas que D. José I conferiu a Carvalho, que tiveram como causa "os serviços que em vinte anos [ele] prestara à nação".[128]

---

[125] Cf. MANUEL AUGUSTO RODRIGUES, *A universidade de Coimbra e os seus reitores – para uma história da instituição*, Imprensa de Coimbra e Simão Guimarães filhos Ltda., Coimbra, 1990, p. 144.
[126] JOSÉ LÚCIO DE AZEVEDO, *Os jesuítas no Grão-Pará, suas missões e a colonização*, p. 346.
[127] A. I., *História de Portugal nos séculos XVIII e XIX*, vol. I, p. 294.
[128] Sebastião José de Carvalho e Melo (1699-1782) possui uma biografia cheia de pontos obscuros, dando margem inclusive para que se dissesse ser ele neto do padre da Mata Escura e da escrava Marta Fernandes, coisa jamais comprovada. De seguro sabe-se que era natural de Lisboa, sendo seus pais Manuel Carvalho de Ataíde e Dona Teresa Luiza de Mendonça e Melo, e que teve três irmãos (Francisco, Paulo e José Joaquim) e duas irmãs, ambas religiosas (Dona Maria Madalena e Dona Luiza de Mendonça). A dúvida reaparece quando se deve abordar a sua trajetória: alguns historiadores sustentam que ele foi aluno dos jesuítas, tendo cursado depois direito na universidade de Coimbra; outros, ao contrário, negam esta versão, sob o argumento de que teria ingressado muito jovem no exército. Também se presta a infindáveis especulações as razões da fulgurante ascensão que teve. Para os que o defendem, foi isso merecido fruto dos seus dons naturais; para os detratores, apenas o resultado de uma maquiavélica e bem manejada política de subserviência aos donos do poder. Uma terceira teoria associa parcialmente elementos das duas precedentes, argumentando que a escalada de Carvalho e Melo teria resultado tanto do talento pessoal e caráter forte, quanto também da providencial ajuda dos laços de parentesco. Esse segundo ponto encontra um bom fundamento no fato de que, em 1738, ao morrer Marco Antônio de Azevedo Coutinho, embaixador em Londres, Carvalho, ele, na condição de sobrinho do falecido, prontamente o substituiu. Segundo se crê, foi durante o período de permanência na capital inglesa que o antijesuitismo

3.2.4 – O crepúsculo de um homem, a preservação de uma mentalidade

Mudanças políticas em curso impediram que a situação se degenerasse num cisma: o estado de saúde de Dom José piorou ainda mais, e a rainha teve de assumir a regência aos 29 de novembro de 1776. Pombal conservou as prerrogativas políticas que tinha, mas suas horas estavam contadas, pois o soberano viu-se tomado de remorsos no leito de morte e buscou os consolos da religião. Com isso, o novo Cardeal, Dom João Cosme da Cunha e Távora, nomeado regedor das justiças, inquisidor-geral e ministro assistente, passou a gozar de crescente influência nas disposições tomadas na antecâmara régia. Foi então que o rei desejou de certo modo reparar alguns dos seus gestos, conforme consta de uma elogiosa versão redigida pelo Pe. Luiz Monteiro:

> Era chegado o tempo em que aquela grande alma, depois de tão gloriosas fadigas, fosse gozar no seu centro a posse do eterno descanso. [...] Chamou a sua amada filha, [...] declarou que perdoava e queria que fossem postas em liberdade muitas

---

do futuro marquês começou a florescer, e a isso se juntaria a mentalidade autocefalista adquirida com Corte de Viena, onde atuou entre os anos de 1743 a 1748. A vida pessoal de Carvalho e Melo é igualmente controvertida. Ele se casou, para desgosto da família, com a viúva D. Teresa Noronha e Bourbon Mendonça e Almada, mas uma ordem régia impediu-o de levá-la à Inglaterra. D. Teresa ficou recolhida no convento de Santos, falecendo em março de 1739, tendo deixado ao marido todos os bens de sua casa. Pombal se casaria de novo em Viena em dezembro de 1745 com Leonor Ernestina Daun, dama de parcos recursos financeiros, apesar de pertencer à família nobilíssima. O casal veio para Lisboa em 1749, pois Dom João V, que devotava profunda aversão a Carvalho, não o nomeou para nenhuma função. Ele ficaria 8 meses sem ocupação na capital portuguesa até que, adoecendo o soberano, a rainha viúva, Dona Maria Ana, assumiu a regência. Austríaca, a regente era amiga da sua esposa e por isso o reintegrou, designando-o como secretário dos negócios estrangeiros e da guerra aos 2-8-1750. Em pouco tempo o novo secretário se destacou nos conselhos do jovem soberano Dom José I, até se converter no elemento número um do seu governo. Quando declarou guerra à Companhia de Jesus, já então como conde de Oeiras, Carvalho e seus seguidores lançaram mão das mais veementes acusações: os jesuítas eram "murmuradores, comerciantes, escravistas, desencaminhadores e contrabandistas de ouro, rebeldes aos reis e aos bispos e, por fim, regicidas. Eram também, segundo ele, instigadores de revoltas, afugentadores de índios, engenheiros disfarçados, professores sem capacidade, oficiais de artilharia, hereges, monstros e causadores de todos os males do tempo". Ele conseguiu suprimir a Companhia do reino, mas os resultados dessa medida no Brasil foram desastrosos. Os jesuítas da colônia americana eram 590, distribuídos em duas jurisdições, que abrangiam 113 residências: a província do Brasil, ao sul, elevada a tal em 1553, com 445 religiosos (228 sacerdotes), e a do Maranhão, erigida em 1615, primeiro dependente da do Brasil, mas tornada autônoma em 1727, e que contava com 145 (88 sacerdotes). As primeiras deportações (no início parciais) ocorreram no Pará, onde o governador era irmão de Pombal, para daí se agilizar: no Rio de Janeiro, a 15-3-1759 embarcaram 125 padres e irmãos; na Bahia, a 19 de abril do mesmo ano, em dois navios, 124; no Recife, a 1º de maio, outros 53; no Pará, os últimos 115. Os noviços permaneceram no Brasil, porque já haviam sido forçados a deixar a Companhia. A brusca saída de tantas pessoas que exerciam os mais variados ministérios, segundo Eduardo Prado, fez com que a civilização recuasse centenas de léguas. De fato, o ministro não possuía pessoal qualificado para manter os 33 colégios-igrejas, 6 seminários, 127 aldeias, 21 fazendas, 12 engenhos, além de hospícios e centros de catequese que os padres controlavam nos mais diversos rincões brasileiros. Resultado: a colônia ficou à míngua, e seriam necessários 13 anos para que começassem a aparecer substitutos. (A.I., *O assassino dos Távoras*, Tipografia Portuguesa, Lisboa, 1882, p. 3; SERAFIM LEITE, *História da Companhia de Jesus no Brasil*, tomo VII, Livraria Portugália, Lisboa, 1949, p. 337-363; p. 99; GUILHERME SCHUBERT, *A província eclesiástica do Rio de Janeiro*, Livraria Agir Editora, Rio de Janeiro, 1948, p. 99; JOAQUIM VERÍSSIMO SERRÃO, *História de Portugal*, vol. VI, Editorial Verbo, Lisboa, 1982, p. 46, 184; PONTIFÍCIA COMMISSIO PRO AMÉRICA LATINA, *História da evangelização da América*, Libreria Editrice Vaticana, Città del Vaticano, 2000, p. 257.)

das principais pessoas do estado eclesiástico e secular, que estavam em rigorosas prisões. [...] Depois de fortalecido o seu espírito com os últimos sacramentos, entre uma confiança sem presunção, entregou sua ditosa alma em mãos do seu Criador [aos 24 de fevereiro de 1777].[129]

Assim que ele cerrou os olhos, os rancores antipombalinos afloraram. Carvalho acumulava também a função de mordomo do Paço e, portanto, competia-lhe as disposições do enterro, mas foi logo avisado de que estava dispensado, porque o marquês de Tancos se encarregaria disso.[130] E não só: a sucessora foi realmente a piedosa Dona Maria I que, respeitosa da memória do jesuíta Pe. Timóteo de Oliveira, antigo professor de latim e confessor da sua tenra idade, no limite do possível, tudo faria para eliminar os excessos do pombalismo. Não é por mera coincidência que, passados apenas dez meses do falecimento de Dom José, o Pe. Luiz Monteiro anteriormente citado, ao celebrar solenes exéquias em sua honra na igreja de Santo Antônio dos Portugueses em Roma, entre as muitas frases pomposas que usou, não conseguiu ocultar a sutil nostalgia ou preocupação de sabor regalista que vivenciava:

> Chorai, fiéis portugueses, chorai extintos na morte do nosso Rei Fidelíssimo os raios daquela luz, que foi bastante para dissipar as sombras, que ofuscavam o esplendor da Nação Portuguesa. [...] Mas também é certo que as consolantes circunstâncias que acompanham a nossa mágoa são mais que suficientes para nos persuadir a regular o nosso sentimento pelo conselho de São Paulo: *Non contristemini sicut.* [...] Não mereceu menos atenção ao nosso vigilante soberano o estado eclesiástico. [...] Mas oh dura condição do meu assunto! Aonde me conduz o seu desempenho? Que depois de eu vos fazer ver que o governo do nosso amabilíssimo Pai da Pátria foi a época de nossa ilustração e das nossas felicidades, veja-me precisado a renovar-nos a memória da nossa perda.[131]

Realmente, muita coisa havia mudado: três dias antes de expirar, Dom José já ordenara que Dom Miguel da Anunciação fosse libertado, e um dia após o funeral, realizado no dia 27 de fevereiro no jazigo da igreja do mosteiro de São Vicente de Fora, a ordem foi cumprida, abrindo caminho para uma revisão radical das demais prisões políticas. Em princípios de março, o juiz da inconfidência, José Antônio de Oliveira Machado, pediu ao comandante do forte de São Julião os nomes de todos os prisioneiros, inquirindo ao mesmo tempo qual era a sua culpa. Recebeu a lista, mas com uma surpresa: o comandante lhe informava que simplesmente não conhecia o motivo da prisão dos jesuítas que ali se encontravam. No dia 10 do mesmo mês, o juiz em pessoa decidiu pôr um ponto final no arbítrio. Dirigiu-se então ao cárcere e perguntou a cada um dos padres para onde queria ser levado e que roupa precisava para a viagem. Essa medida pôs fim – passados dezoito anos! – ao cativeiro dos membros da companhia.[132]

---

[129] LUIZ MONTEIRO, *Oração fúnebre nas exéquias do augusto e poderoso senhor Dom José I Rei fidelíssimo*, Oficina de João Zempel, Roma, 1777, p. 19-20.
[130] A. I., *História de Portugal nos séculos XVIII e XIX*, vol. I, p. 304.
[131] LUIZ MONTEIRO, *Oração fúnebre nas exéquias do augusto e poderoso senhor Dom José I Rei fidelíssimo*, p. 4, 15, 17-18.
[132] ANSELMO ECKART, *Memórias de um jesuíta prisioneiro de Pombal*, p. 222.

Setenta e um jesuítas (ou cento e vinte e três, segundo Eckart, que inclui entre as vítimas também os que morreram nas viagens marítimas e em outras circunstâncias atrozes), entre os quais o ex-confessor do rei, Pe. José Moreira, haviam sucumbido nas enxovias; mas oitenta remanescentes se viram, enfim, livres. Como eles, das fortalezas de Pedrouços, Junqueira, Barreiro, Cacilhas, Belém, Limoeiro, e dos conventos transformados em penitenciárias saíram centenas e centenas de pessoas andrajosas e esqueléticas, descrevendo horrores do seu cativeiro. Um deles, João de Almeida Portugal, 2º marquês de Alorna (1726-1802), após 19 anos de cárcere, tendo como única culpa o fato de ser parente dos Távora, descreveu tal experiência no documentário *As prisões da Junqueira*:

> Nesta prisão [da Junqueira] há 19 cárceres. [...] Sofreram os pobres padecentes frios insuportáveis e uma umidade extraordinária. [...] As roupas rasgaram com os anos, [...] grandes misérias. [...] O pior de tudo é a falta de tempero [na comida]. [...] A irmã do desembargador respondia com mais brevidade dizendo que os presos não estavam aqui para se regalarem, mas sim para serem mortificados. Tudo concorre para entendermos que até querem que as comidas nos sirvam de suplício. [...] A porcaria é também uma circunstância penosíssima. [...] A experiência tem mostrado que neste forte, quanto maior é a miséria, maior é o desamparo. Os doentes são ordinariamente mais maltratados do que no seu estado de saúde: desviam-se deles os guardas muito mais.[133]

O resultado de semelhante tratamento foi trágico, pois se calcula que, dos presumíveis 9.640 encarcerados (3.970 dos quais sem acusação alguma), apenas um quarto tenha conseguido sobreviver. Dentre os remanescentes, porém, estavam os "meninos de Palhavã" desterrados desde 1760 e outros exilados célebres, como José Seabra, que logo retornaram. As antipatias e inimizades cultivadas pelo marquês passaram a se manifestar publicamente, e pouco depois da morte de Dom José, quando ele foi à câmara régia, o Cardeal Dom João Cosme da Cunha (1715-1783), Arcebispo de Évora, apesar de haver recebido o barrete pela sua direta influência, comunicou-lhe friamente: "Vossa Excelência já aqui não tem o que fazer".[134]

O incontestável poder que até então Pombal desfrutara desabava e, para complicar, encontrava-se envelhecido, doente, e já não podia contar com seus dois irmãos e colaboradores fiéis: Francisco Xavier de Mendonça, que falecera aos 15 de novembro de 1769, e Paulo Carvalho de Mendonça, que tinha expirado em 17 de janeiro seguinte. Começava a "viradeira". Sem renunciar ao salário, no dia 4 de março de 1777, o ex-todo-poderoso ministro se demitiu. Ao clamor dos ex-prisioneiros, alguns dos quais punidos pelo simples fato de não se fazerem simpáticos ao homem forte, uniu-se os desejos de vingança dos opositores. Para acalmar a indignação pública, primeiro a rainha ordenou uma investigação em 1779, seguida de uma revisão do processo dos Távoras, que culminou na reabilitação da família em 1781, exceção feita à memória do Duque de Aveiro. Por fim, no dia 16 de agosto

---

[133] PEDRO DE ALMEIDA PORTUGAL, *As prisões da Junqueira durante o ministério do Marquês de Pombal*, Tipografia de Silva, Lisboa, 1857, p. 1-2, 11, 16-18.
[134] DAMIÃO PERES, *História de Portugal*, vol. VI, p. 252.

do mesmo ano, um decreto declarou o marquês réu e "merecedor de exemplar castigo". Dona Maria I lhe perdoou as penas corporais, mas exilou-o na Quinta de Pombal.[135]

Ali o colheu morte pavorosa um ano depois: ficou quase todo entrevado e, entre diarreias e dores lancinantes, assistiu à decomposição do próprio corpo, consumido pelas pústulas purulentas que o cobriram. No transcorrer das fadigas diárias, mal conseguia dormir por duas horas. A sua segunda esposa, a condessa de Daun, mulher piedosa, debalde insistiu para que recebesse os sacramentos, mas ele preferiu continuar impenitente. Suas últimas palavras foram: "eu morro sem remédio, porque vejo a morte em figura de um pintainho". Sem nenhum sinal de arrependimento cerrou os olhos aos 8 de maio de 1782. No dia 12 de agosto seguinte o corpo foi transportado para a igreja do convento de Santo Antônio da Vila de Pombal, pertencente dos capuchinhos, onde, embalsamado, foi posto em depósito. Os parentes quiseram transportá-lo para Lisboa, mas o novo ministro, visconde de Vila Nova de Cerveira, inimigo visceral do falecido, que não lhe consentira sepultar o próprio pai (de igual título) quando este morrera na prisão de São João da Foz, vingou-se, negando a permissão. O cadáver permaneceria sem sepultura regular por décadas. Em 1811, durante o período da invasão francesa, o sarcófago foi arrombado, o esqueleto despojado e os ossos jogados por terra. Uma mão piedosa juntou os despojos, colocou-os num caixão bem mais humilde que o anterior e cerrou a lousa novamente.[136] E lá continuou até que, em 1829, os jesuítas retornaram, erigindo a Missão Portuguesa, sob a dependência direta do seu Geral, Pe. João Roothaan. O primeiro superior nomeado foi o belga Pe. Filipe José Delvaux, que chegou a Lisboa no dia 13 de agosto daquele ano, com outros sete irmãos de Ordem: José Barrelle, José Bukacinski, Alexandre Mallet, João Pouty, Jorge Rousseau e os coadjutores Francisco Baron e Inácio Monnier.[137] Em 1832, num desses acontecimentos extraordinários da história, Pe. José Delvaux indo para Coimbra acabou passando por Pombal. Ao chegar, encontrou o pobre esquife, coberto com um pedaço de pano preto ordinário, num dos cantos da capela. Ele celebrou uma missa pela alma do marquês, tomando as providências para que se realizassem as exigências da caridade cristã.[138]

Quanto à política portuguesa, a rainha Dona Maria I se dedicou a obras de reparação pessoal, reabilitando a memória dos injustiçados. Do ponto de vista estritamente religioso, aos 5 de abril de 1777, ela ordenou que fosse abolida a suspensão das faculdades que ainda pesava sobre a Congregação do Oratório,[139] e o sucessor do Cardeal Saldanha, Dom Fernando de Souza e Silva (1712-1786), mandou reintroduzir no *Breviário* as orações próprias de Santo Inácio e de São Francisco de Borja, suprimidas em 1758. O Núncio Apostólico assumiu a sua influência sobre o clero, e os superiores das ordens e congregações religiosas, que ocupavam a função sem serem eleitos, terminaram depostos. Um primo de Pombal, Dom Manoel de Mendonça, superior

---

[135] Antônio Pedroso de Souza Carnáxide, *O Brasil na administração pombalina*, p. 48-50.
[136] José Lúcio de Azevedo, *O marquês de Pombal e sua época*, p. 386, 390.
[137] Acácio Casimiro, *Fastos da Companhia de Jesus restaurada em Portugal*, Tipografia Porto Médico, Porto, 1930, p. 9.
[138] José Manuel de Madureira, "A Companhia de Jesus", em: *RIHGB*, vol. IV, p. 339-341.
[139] Jacinto Palazzolo, *Crônica dos capuchinhos do Rio de Janeiro*, p. 115.

dos Bernardos, foi parar na prisão por determinação sua, ao passo que a irmã de Pombal, Maria Madalena de Mendonça, dominicana, nomeada prioresa do convento de Santa Joana, temida, mas não amada pelas demais religiosas, também teve de deixar o ofício.[140]

Os "pombalistas" perderam as esperanças de reconquistar o poder quando o jovem filho da rainha, Dom José, faleceu vítima de uma febre aos 11 de setembro de 1788. Na ocasião, o conhecido regalista Dom frei Manoel do Cenáculo Vilas Boas, bispo de Beja, proferiu uma *oração consolatória* em memória do falecido, que era o exemplo acabado da frustração:

> Nós tínhamos bem fundadas as nossas expectativas no distinto caráter, e na maravilhosa índole deste famoso príncipe, e por experiência conhecíamos a fundo as suas virtudes. Nós esperávamos a felicidade do reino continuada na sua heroica vida, e V. Ex.ª ver as luzes que tinham acendido na sua grande alma, iluminando o mundo, reverberando sobre um tão ditoso mentor.[141]

No novo governo, os idosos jesuítas sobreviventes das prisões não foram molestados e alguns dos seus confrades exilados puderam regressar, sendo estabelecido um subsídio de 100.000 cruzados anuais para aqueles que continuaram na Itália. Aos estrangeiros, foi consentido partir e quase todos retornaram aos seus países de nascimento. Para muitos dos jesuítas do reino foram concedidas pensões, a exemplo do antigo professor da rainha, que percebia 200.000 réis por ano. Mesmo assim, o esperado restabelecimento da companhia, com um status semelhante ao que lhe dera Catarina II da Rússia e Frederico II da Prússia, não se realizou. Logo após a libertação, a maioria pediu à rainha que lhes destinasse uma casa, onde pudessem viver juntos, mas ela indeferiu o pedido, preferindo dividi-los em diferentes conventos do reino, pertencentes a outras ordens religiosas, o que de fato acabou se transformando numa dissolução.[142]

A inteira obra restauradora da Soberana foi, afinal, extremamente limitada. Um exemplo típico: o bispo de Coimbra morreu apenas dois anos depois de deixar a prisão, e o poder de Faria Lemos continuou intacto. E não só: ele lutou e conseguiu que as linhas mestras do ensino da universidade de Coimbra fossem mantidas. Nas elogiosas palavras de Antônio de Vasconcelos, "do grandioso edifício do ensino superior por ele (Pombal) erguido com tanto interesse, com tanto entusiasmo, não ficaria pedra sobre pedra, se o gênio audaz e esclarecido 'do nunca assaz louvado e admirado', Dr. Francisco de Lemos, não lhe supusesse os seus vigorosos ombros, conseguindo sustê-lo no momento crítico e, consequentemente, salvá-lo".[143]

Tampouco era possível apagar os efeitos de vinte e cinco anos de governo pombalino, cujas ideias tinham continuidade em toda uma geração que crescera e se formara dentro da nova mentalidade. Sintomaticamente, foi em

---

[140] ANSELMO ECKART, *Memórias de um jesuíta prisioneiro de Pombal*, p. 228-229.
[141] MANUEL DO CENÁCULO VILLAS BOAS, *Oração consolatória que na sensível morte do Sereníssimo Senhor Dom José, Príncipe do Brasil, oferece ao Exmo. e Revmo. Senhor, Dom frei Manoel do Cenáculo Villas Boas, Bispo de Beja, do Conselho de Sua Majestade*, Oficina Patriarcal de Francisco Luiz Ameno, Lisboa, 1778, p. 3.
[142] A. I., *História de Portugal nos séculos XVIII e XIX*, vol. II, p. 6.
[143] MANUEL AUGUSTO RODRIGUES, *A universidade de Coimbra e os seus reitores – para uma história da instituição*, p. 160.

1778 que se fundou a primeira loja maçônica de Coimbra, a qual funcionou até 1792.[144] O enlouquecimento de D. Maria I ocorrido naquele ano, com a consequente regência do filho, o inábil príncipe Dom João (1767-1826), que se tornou sucessor após a morte prematura do primogênito José, foi outro fator de peso para que ideias e leis de outrora sobrevivessem. O caso do *placet* foi bem característico: pelo alvará de 30 de julho de 1795, além de ser confirmado, ganhou novo âmbito de competência, pois se tornou extensivo às instruções pastorais e aos mandatos dos bispos.[145]

O Núncio, Cardeal Bartolomeu Pacca, na condição de testemunha ocular dos eventos da Corte, sentiu de perto os efeitos do estado de espírito que dominava o país, ao confrontar-se com Antônio Pereira. O grande pensador do regalismo lusitano, que se tornara também colaborador direto de Pombal, tendo até abandonado o hábito oratoriano para melhor servi-lo, acabou por se reconciliar com a sua congregação, mas sem abrir mão das suas ideias. Pereira passou a ser acometido por contínuas crises de depressão, mas, mesmo assim, não cedeu às instâncias do Cardeal, morrendo em 1797 sem se retratar. Este e outros eventos levaram Pacca a elaborar um quadro bastante pessimista da situação reinante:

> Assumindo o trono no ano de 1777 depois da morte do pai, [Maria] fez cessar o jugo tirânico, porque ao seu dom natural da beleza unia uma amabilidade de caráter, um amor materno por seus súditos e um grande espírito de religião. Operou muitas coisas boas, mas não se viu, com efeito, realizado quanto com razão se esperava de uma princesa tão virtuosa. O motivo foi que a boa Maria mantida até então distante do conhecimento e do manejo do ofício, não teve súbito ao seu lado pessoas de mente e conselho, que a assistissem bem nos primeiros anos de seu reinado. Os ministros escolhidos por ela, ainda que contrários à pessoa de Carvalho, ou não eram homens de mente elevada e de grande conselho, ou tinham sido alunos da pervertida universidade de Coimbra; e, por isso, embebidos das máximas contrárias à potestade eclesiástica.
>
> Os bispos, até então aviltados e vacilantes ao simples balbuciar do nome do marquês de Pombal, eram em grande parte cortesãos, escrupulosos observadores do divino preceito de dar a César o que é de César, mas sem igual zelo pelo que se segue no texto evangélico. Devo, porém, dizer na defesa deles, ou ao menos como certa desculpa, que mesmo querendo, não teriam podido talvez corrigir os abusos e as desordens do clero, porque a sua autoridade era quase sempre impedida e, geralmente, contrariada e contradita pelos tribunais leigos, que tinham uma predileção especial pelos eclesiásticos desobedientes e indóceis. A isso se acrescen-

---

[144] Já se disse que a primeira loja maçônica de Portugal foi fundada em Lisboa no ano de 1728, sendo constituída quase que exclusivamente por protestantes ingleses, donde resultou ser chamada de "Loja dos Hereges Mercantes". Em 1733 teria aparecido outra, desta vez fundada e composta por católicos irlandeses, denominada "Casa Real dos Pedreiros Livres da Lusitânia". Cândido Mendes, porém, afirma que a maçonaria entrou em Portugal em 1735, por intermédio do inglês Jorge Gordon, enviado pela grande loja de seu país. O certo é que a ascensão de Pombal daria fôlego aos maçons, que atingiram seu grande momento após a Revolução Francesa. Nem tudo foi satisfatório nesta trajetória, pois no início do século XIX sofreriam inúmeras restrições, sendo acusados de "libertinos" e "estrangeirados" (ALEXANDRE MANSUR BARATA, *Luzes e sombras. A ação da maçonaria brasileira (1870-1910)*, Oficinas Gráficas da Universidade Estadual de Campinas, Campinas, 1999, p. 56-58; CÂNDIDO MENDES DE ALMEIDA, *Resposta ao protesto da maçonaria da Bahia*, Tipografia Americana, Bahia, 1873, p. 17.).

[145] CARLOS MOREIRA AZEVEDO ET ALII, *Dicionário de história religiosa de Portugal*, vol. I, p. 210.

ta que não teve então a Santa Sé em Lisboa um ministro de atividade, que na entronização da rainha Maria soubesse aproveitar daquela oportuna e favorável circunstância. Por isso, também sob o reinado de Maria continuou nas coisas da Igreja o sistema de um coberto anglicanismo. [...] Na Alemanha, em meio à torrente de obras que saíam cada ano, em grande parte cheias de errôneos e cismáticos princípios, tinham sempre algumas em favor da religião e da Santa Sé, com força de raciocínio, com grande erudição e às vezes com pureza e elegância de estilo, que serviam de dique àquela danosa torrente. Nenhuma dessas vantagens se tinha em Portugal. Nos sete que lá morei não soube que saísse obra alguma que defendesse os direitos e a autoridade da Sé Apostólica. [...] Caiu a boa Soberana numa grave crise de loucura. [...] Dom João, príncipe regente, não tinha luzes e conhecimento para poder discernir e examinar por si próprio aqueles matérias; por isso foi melhor adiar e recomendar ao céu a situação, esperando melhores circunstâncias que afinal nunca vieram, e agora no Portugal dos revolucionários se colhe quanto foi então perfidamente semeado.[146]

O parecer tinha fundamento. A sobrevivência do "pombalismo" era visível até mesmo no comportamento de membros do alto clero, entre os quais Dom frei Caetano da Anunciação Brandão (1740-1805), Arcebispo primaz de Braga entre 1790 e 1805. Antônio Caetano Amaral, que com ele conviveu, ao redigir sua biografia, afirmou que "quando se tratava dos direitos do episcopado ele não cedia jamais". O significado dessa afirmação tornava-se claro quando o autor reproduzia um dos pronunciamentos do prelado: "Roma deve conservar a ordem antiga das igrejas e não alterá-la com privilégios, que só podem ter razão na *complacência* (o grifo é nosso) dos príncipes".[147]

3.3 – O desenvolvimento do regalismo no Brasil

Os eventos da Metrópole afetaram profundamente o Brasil, com repercussões de importância determinante por quase um século e meio. Naturalmente que houve resistências, pois, dentre os sete bispos que compunham então o episcopado da colônia, somente dois – Dom Antônio do Desterro, prelado do Rio de Janeiro, e Dom Miguel de Bulhões, diocesano de Belém – aceitaram substituir o *Catecismo Romano* pelo *Catecismo de Montpellier*, enquanto os demais repeliram a iniciativa.[148]

O tempo, entretanto, conspirava contra o regalismo e, assim, a literatura pombalina e, principalmente, o tratamento que as autoridades leigas dispensavam aos padres e religiosos sedimentaram uma mentalidade, ou um modo político de se comportar, que criou raízes, vindo a se tornar causa de um contínuo descrédito para o clero da colônia e do império que a sucederia. Como Minas Gerais, a causa das suas riquezas auríferas havia se constituído durante o século XVIII na capitania mais populosa e próspera do Brasil, foi lá que o governo português concentrou sua vigilância e interesse. A metrópole, obvia-

---

[146] BARTOLOEMO PACCA, *Notizie sul Portogallo con una breve relazione della Nunziatura di Lisbona*, p. 17-25, 62-66.
[147] ANTÔNIO CAETANO AMARAL, *Memórias para a história da vida do venerável Arcebispo de Braga, Dom frei Caetano Brandão*, tomo II, Impressão Régia, Lisboa, 1818, p. 65-80.
[148] HELIODORO PIRES, *A paisagem espiritual do Brasil no século XVIII*, p. 102.

mente, tudo fazia para não enriquecer e desenvolver a colônia, como medida preventiva em favor do predomínio da mãe pátria;[149] e esta dependência se estendeu ao campo das ideias, pois tampouco se consentia na criação de escolas superiores em terras brasileiras. Em que pese tantos empecilhos, Minas conseguiu formar certa cultura urbana em alguns centros florescentes como Vila Rica (hoje Ouro Preto), Mariana, Sabará, São João Del Rei e São José Del Rei (atual Tiradentes), que, se de um lado foi capaz de desenvolver um barroco tardio e autônomo, doutro não opôs resistência às novidades que aportavam. Bibliotecas surgiram e com elas a difusão das principais obras dos ideólogos e enciclopedistas franceses, dando origem ao que José Carlos Rodrigues qualificou de "crise da consciência mineira".[150]

As pessoas de certa categoria ou ignoravam as coisas da religião, ou assumiam um ar de superior complacência ante o que lhe dizia respeito. Tornou-se até característico, como analisou José Ferreira Carrato, que muitos membros das elites mantivessem um comportamento acima das convenções aceitas e reverenciadas por todos, que era também um meio de mostrar à massa quem a governava e mandava. Aqueles que tinham sido investidos da autoridade leiga concebiam a Igreja como sua e os padres como subalternos seus, não titubeando em submeter sacerdotes e até bispos a constrangimentos e humilhações. Um exemplo disso aconteceu na Capitania de Minas Gerais, onde Dom Luís da Cunha de Meneses, governador português entre 1785 e 1788, destratou publicamente o bispo de Mariana, Dom frei Domingos da Encarnação Pontevel O.P (1722-1795).[151]

Antes de resistirem, muitos foram os padres e até bispos brasileiros que aderiram ao antijesuitismo e à ilustração.[152] Livre de impedimentos, o governo português procurou consolidar seu sistema primeiro nas cidades mais desenvolvidas e populosas, fazendo a novidade ser sentida principalmente nas academias então fundadas e nos cursos de filosofia para o clero secular e regular. A primeira casa a sofrer os efeitos da mudança de perspectiva foi o seminário de Mariana, MG, fundado por Dom Manoel da Cruz Nogueira O. Cist. (1690-1764) no ano de 1750. No começo ele parecia ser apenas um normal centro de formação seminarística, tendo como reitor o padre jesuíta José Nogueira, único representante em Minas da companhia de Jesus. A situação logo mudaria: o bispo vivia às turras com o cabido, e a expulsão da companhia de Jesus impediu que se formasse uma tradição escolástica de corte jesuítico. Dom

---

[149] A. I., *História de Portugal nos séculos XVIII e XIX*, vol. I, p. 119.
[150] José Carlos Rodrigues, *Ideias filosóficas e políticas em Minas Gerais no século XIX*, Itatiaia, Belo Horizonte, 1986, p. 23-24.
[151] José Ferreira Carrato, *Igreja, iluminismo, e escolas mineiras coloniais*, p. 76-82.
[152] Os padres da "Inconfidência Mineira" fizeram parte desta geração "iluminada" e cultivaram o espírito revolucionário do século XVIII, em que tendências francesas influenciavam também as rebeliões ocorridas na América Inglesa. Dois padres merecem destaque entre os inconfidentes: Pe. José da Silva de Oliveira Rolim e o Cônego Luís Vieira da Silva. O primeiro tornou-se célebre "por seus abusos e como desinquietador de famílias, sendo pai de três ou quatro filhos menores, segundo voz pública". Quanto ao Cônego Luís Vieira, entusiasta admirador do enciclopedismo e da revolução estadunidense, possuía ele vasta biblioteca "ilustrada", dotada de 270 obras, com cerca de 800 volumes (Salientar que a de Immanuel Kant não passava de 300 obras). Na devassa realizada após a prisão dos inconfidentes, descobriu-se que o acervo do cônego constava de vários livros "perniciosos" citados no "Índex" de autores como Voltaire e Montesquieu (Eduardo Frieiro, *O diabo na livraria do cônego*, Itatiaia, Belo Horizonte, 1981, p. 17-40, 50).

Manuel faleceu em 1764 e, no ano de 1772, estando ainda a diocese vacante, o "ilustrado" cônego Luís Vieira da Silva (1735-1809?) foi nomeado professor de filosofia. Segundo se deduziu da análise da sua famosa biblioteca, ele, depois de orientar os estudos filosóficos de acordo com a tendência reformista de Verney, adotou como manual o "iluminado" compêndio do Geneunse. A Metrópole, no entanto, se surpreenderia com um fruto inesperado da nova filosofia, pois a elite que a ela aderiu passou a pretender a independência e a instituição de um regime político em consonância com as "luzes". Essa mesma influência transformou Minas em um foco de ideias revolucionárias, e, quando a "Inconfidência Mineira" foi abortada em 1789, descobriu-se que sete padres estavam envolvidos.[153]

3.3.1 – O conúbio entre clero regalista e maçonaria no nordeste do país

Fora dos confins das Gerais, também se destacariam na nova tendência as casas dos beneditinos e franciscanos do Rio de Janeiro e, antecedendo aquele que acabaria sendo o comportamento de boa parte dos prelados do Brasil na primeira metade do século XIX, Dom Tomás da Encarnação da Costa e Lima (1723-1784), diocesano de Olinda, PE, de 1774 até o ano de sua morte, tornou-se o primeiro bispo a tomar uma posição pública em favor do regalismo na Colônia. Demonstrou-o já no ano da sua posse, por meio de uma pastoral que fez publicar, atribuindo ao soberano um poder realmente pontifício:

> A Igreja universal, congregada em Calcedônia, diziam os Padres daquele quarto Concílio Ecumênico, deve respeitar a presidência de um e outro poder, sacerdotal e régio. [...] Se os Padres dos primeiros séculos, por tradição constante recebida do Apóstolo, recomendavam aos primeiros fiéis orações públicas por seus príncipes, ainda que heréticos, e clamavam que não resistissem às suas ordens, porque era o mesmo que resistir e desobedecer às determinações de Deus, que os tinha destinado para o governo dos povos, quanto mais nós, por um monarca pio e fidelíssimo à Igreja, por o nosso soberano e senhor, que atende com tanto zelo para estas conquistas seu Real Padroado e Domínio? Ele, como Grande Mestre da Ordem de Cristo, é nosso Pastor e Prelado: a Ele, pelos Sumos Pontífices Eugênio IV, Nicolau V, Calisto III e outros, foi dado o poder espiritual nas terras que os Senhores Reis, seus predecessores, conquistaram. Nós somos seus vigários e coadjutores, chamados para cultivar esta vinha que foi entregue ao seu grande Magistério. Que aflição

---

[153] Eram eles: Pe. Manuel Rodrigues da Costa, José da Silva de Oliveira Rolim, José Lopes de Oliveira, cônego Luís Vieira da Silva, Carlos Corrêa de Toledo e Melo, Manuel Eugênio da Silva Mascarenhas e Matias Alves de Oliveira. Os cinco primeiros terminaram presos e degredados, mas os dois últimos escaparam às devassas levadas a cabo em Barbacena. O futuro dos cinco condenados seria variado: O cônego Luís Vieira, depois de passar longos anos num calabouço de Lisboa, recolheu-se num convento da capital portuguesa onde faleceu sem nunca mais voltar ao Brasil; Manuel Rodrigues ficou preso por treze anos; mas ao sair retornou a Minas Gerais, onde fundou uma fábrica de tecidos em Barbacena, além de plantar uvas e videiras. Viveu o bastante para poder assistir à emancipação política do Brasil, tendo sido eleito em 1823 membro da assembleia constituinte e da primeira assembleia legislativa nacional. Os outros três – Oliveira Rolim, Corrêa de Toledo e José Lopes de Oliveira – ficam na prisão até a morte (SOARES DE AZEVEDO, *Brado de alarme*, Tipografia Desembargador Lima Drumond, Rio de Janeiro, 1922, p. 104-105).

não será a nossa se, entre vós, houver aquele espírito de orgulho, de soberba, ambição e escândalo, que divida e lacere um rebanho que deve ser um só em sua cabeça Temporal e Espiritual?[154]

Esse mesmo regalismo institucional, que favorecia a quebra da disciplina e a perda das referências doutrinárias, explica a facilidade com que tantos padres abraçavam a maçonaria, num flagrante desrespeito às bulas papais. Recorda-se que a *In eminenti apostolatus specula* de 28 de abril de 1738 do Papa Clemente XII (1652-1740) e a *Providas romanorum pontificum* de 18 de maio de 1751 do Papa Bento XIV (1675-1758) condenaram a associação maçônica; mas os padres "pedreiros livres" de então preferiam se valer dos argumentos opostos. Francisco Muniz Tavares (1793-1876) foi um dos que, sem citar diretamente o parecer pontifício, argumentava que a referida sociedade era "respeitada por ser misteriosa e condenada 'cegamente' como tal..."[155]

As ideias do maçonismo europeu se infiltraram cedo. Convencionalmente se diz que a mais antiga associação de caráter maçônico do Brasil foi o Areópago de Itambé, fundado em 1796 na homônima cidade pernambucana, na divisa com a Paraíba. Isso aconteceu por iniciativa de Manuel de Arruda Câmara (1752-1810), carmelita descalço desertor que, depois de haver professado em 23 de novembro de 1763, foi para Portugal e em seguida para a França, onde se formou em medicina. Lá, junto de seu irmão Francisco de Arruda Câmara, iniciou-se na maçonaria em Montpellier e, após obter o Breve de laicização da Cúria Romana, passou algum tempo em Portugal e dali regressou ao Brasil, fixando residência em Goiana, PE, em 1876. O "Aerópago", que lá fundou no mesmo ano, já tinha no seu seio padres, a exemplo de Antônio Félix Velho Cardoso, José Pereira Tinoco, Antônio de Albuquerque Montenegro e João Pessoa Ribeiro de Melo Montenegro.[156]

As interpretações a respeito das origens da Maçonaria no Brasil nem sempre convergem, razão pela qual existem aqueles que opinam que dito Aerópago não teria sido ainda uma loja maçônica, acrescentando que nem todos os seus membros eram maçons.[157] Certo é que ele teve vida breve, a causa dos propósitos políticos que cultivava, que teriam inclusive inspirado a independentista e republicana Conspiração dos Suasunas, abafada ainda no nascedouro, em 1801. Os irmãos Arruda Câmara foram denunciados e presos; mas acabaram libertos pouco depois. Francisco Cavalcanti retirou-se para o Cabo e ali, no engenho Suassuna, fundou em 1802 a homônima

---

[154] *Coleção das Letras Apostólicas em forma de Breves dos Sumos Pontífices Benedito XIV e Clemente XIV expedidas para o reino de Portugal desde 23 de agosto de 1756 até 22 de abril de 1774 e das Pastorais que o Eminentíssimo Cardeal Patriarca de Lisboa e Excelentíssimos Arcebispos e bispos do reino de Portugal têm publicado nas suas dioceses desde 24 de fevereiro de 1770 até 13 de setembro de 1774* (miscelânea), Régia Oficina Tipográfica, Lisboa, 1775, p. 2-4.

[155] FRANCISCO MUNIZ TAVARES, *História da Revolução de Pernambuco em 1817*, Imprensa Industrial, Recife, 1917, p. LXXXV.

[156] AMARO QUINTAS, *A revolução de 1817*, 2ª ed., José Olympio Editora, Rio de Janeiro, 1985, p. 92; ULISSES DE CARVALHO SOARES BRANDÃO, *A Confederação do Equador*, Oficinas Gráficas da Repartição de Publicações Oficiais, Pernambuco, 1924, p. 66.

[157] JOSÉ CASTELLANI – WILLIAM DE ALMEIDA CARVALHO, *História do Grande Oriente do Brasil. A Maçonaria na história do Brasil*, Madras Editora Ltda., São Paulo, 2009, p. 31.

"Academia Suassuna". Foi o primeiro toque para que surgissem fundações similares, bem camufladas sob a fachada de sociedades literárias ou culturais. Elas, se não eram completamente maçônicas, tampouco deixavam de ser secretas e de cultivar princípios caros aos maçons, como o liberalismo e o republicanismo. A segunda dessas entidades foi "Academia do Paraíso", também fundada em 1802, sob inspiração de Francisco Pais Barreto e tendo Pe. João Ribeiro Pessoa de Melo Montenegro como principal líder. Padre João Ribeiro conseguia embromar a polícia, fazendo a associação parecer uma escola de desenho. Outras congêneres dignas de menção foram a assim chamada "Universidade Secreta", iniciada em Pernambuco em 1816 por Antônio Carlos Ribeiro de Andrada e Silva, e a "Escola Secreta", em que se distinguia a figura do cirurgião Vicente Ferreira dos Guimarães Peixoto (1781-1840).[158]

Ao lado das iniciativas afins à maçonaria, foram organizadas lojas maçônicas num sentido estrito. A mais antiga, que se conhece, tomou forma em 1797, a bordo da fragata francesa *La Preneuse*, comandada pelo capitão Larcher. Ali foi organizada a "Cavaleiros da luz", cuja sede acabaria sendo transferida à localidade de Barra, município de Salvador. Padre Francisco Agostinho Gomes foi membro integrante do grupo inicial.[159]

De qualquer modo, há quem sustente que a primeira organização regular tomou forma apenas em 1801, ao ser aberta no Rio, sob a presidência de *Chevalier* Laurent, a loja "União", ligada ao *Grand Orient d'Ílle* de France, de rito "Adoniramita" (13 graus). A ela se filiariam maçons de outras procedências, incluso estrangeiros, e isso fez que seus membros lhe dessem novo nome: "Reunião". Pouco depois, aos 5 de julho de 1802, foi fundada na Bahia a loja "Virtude e Razão".[160]

Essa movimentação em curso não passou despercebida ao Grande Oriente Lusitano que, em 1804, nomeou três delegados com poderes plenos para submeter a loja do Rio à jurisdição portuguesa e também para estabelecerem novas fundações no Brasil. A "Reunião" não se submeteu, mas um dos delegados portugueses, o "irmão" Francisco José de Araújo, conseguiu instituir as lojas regulares "Constância" e "Filantropia e Emancipação". Sabe-se que, depois das primeiras lojas "oficiais", outras surgiram em províncias como Bahia, Pernambuco ou Rio de Janeiro, livres ou filiadas ao Grande Oriente Lusitano ou da França. Todas essas lojas, entretanto, sofreram um duro golpe depois que aos 21 de agosto de 1806 teve início o governo do novo (e último) vice-rei – Dom Marcos de Noronha e Brito (1771-1828), 8º conde dos Arcos –, que procedeu ao fechamento delas. A situação, em todo caso, mudou com a vinda da família real portuguesa em 1808, que permitiu novo alento aos "pedreiros livres". Já um pouco antes, aos 30 de março de 1807, a supracitada loja baiana

---

[158] BRASIL BANDECCHI, *A Bucha, a Maçonaria e o espírito liberal*, Editora Parma, São Paulo, 1982, p. 19; A.I., *A Maçonaria no Estado de São Paulo. Em comemoração ao primeiro centenário da independência do Brasil*, p. 18-19.
[159] JOSÉ CASTELLANI – WILLIAM DE ALMEIDA CARVALHO, *História do Grande Oriente do Brasil. A Maçonaria na história do Brasil*, p. 24.
[160] A.I., *A Maçonaria no Estado de São Paulo. Em comemoração ao primeiro centenário da independência do Brasil*, SNT, p. 19.

"Virtude e Razão" criara uma similar, a "Virtude e Razão restaurada" que, aos 10 de agosto de 1808, passou a chamar-se "Humanidade". Sucessivamente, em 12 de setembro de 1813, a mesma "Virtude e Razão" instituiu mais uma loja, a "União". Assim, a existência dessas três lojas – "Virtude e Razão", "Humanidade" e "União" – tornou possível o estabelecimento do primeiro Grande Oriente do Brasil em 1813.[161]

O Grão-mestre escolhido foi Antônio Carlos Ribeiro de Andrada Machado e Silva (1773 –1845); mas a criação desse Grande Oriente já foi colocada em dúvida. A favor da existência dele, contudo, pesa o depoimento do Pe. Muniz Tavares, citado em precedência, que afirmou categoricamente: "Aqueles maçons [...] erigiram o Grande Oriente, ou governo supremo da sociedade [maçônica] na Bahia, residência do maior número de sócios, que tinham sido iniciados e elevados aos altos graus na Europa".[162]

Discussões à parte, sabe-se que a ida de Antônio Carlos para Olinda em 1815 mais a revolução sucessiva desarticularam tal Grande Oriente primitivo. Entretanto, antes de isso acontecer, em várias capitanias do nordeste a adesão de padres aos círculos maçons se tornara vistosa. A maioria deles estava ligada à diocese de Olinda, que além do Pernambuco, cobria vasto território situado entre a Bahia e o Maranhão. O fenômeno ganhou força no período do governo episcopal de Dom José Joaquim da Cunha d'Azeredo Coutinho (1742-1821), que mais tarde seria publicamente citado como maçom.[163]

Azeredo Coutinho havia partido para Portugal em 1775, onde fora acolhido por seu tio, Dom Francisco de Lemos de Farias, reitor da universidade Coimbra, e que naturalmente o encaminhara para o curso de teologia daquela instituição. Ali, depois de se doutorar em cânones e tornar-se padre, ele foi nomeado bispo de Olinda em 1794, vindo a ser sagrado na basílica do Coração de Jesus em Lisboa aos 25 de janeiro de 1795. Porém, para aceitar o ministério episcopal, Dom Coutinho impusera como condição que se lhe fosse criado um seminário. Dona Maria I contentou-o e, por meio do alvará de 22 de março de 1796, doou para a diocese que lhe fora confiada o prédio do ex-colégio dos jesuítas. O bispo em pessoa, quando ainda se encontrava na capital portuguesa, tratou de elaborar os estatutos internos da futura casa de formação que, ao serem impressos em 1798, espelhavam com fidelidade as diretrizes do jurisdicionalismo lusitano. O documento já se abria com uma inequívoca alusão jansenista: "A natureza humana corrompida pela primeira culpa é em extremo propensa para o erro e para os deleites terrenos…" O conteúdo restante era sóbrio, discorrendo sobre vários aspectos disciplinares e acadêmicos, mas não deixava de manifestar dúbias intenções, uma vez que a gramática adotada era a do dissidente Luís Antônio Verney e não mencionava nenhum autor escolástico para o curso de filosofia.[164]

---

[161] A.I., *A Maçonaria no Estado de São Paulo. Em comemoração ao primeiro centenário da independência do Brasil*, p. 19.
[162] FRANCISCO MUNIZ TAVARES, *História da Revolução de Pernambuco de 1817*, p. LXXXV.
[163] *Anais do Parlamento Brasileiro – Câmara dos Deputados, sessão de 1873*, tomo I, Tipografia Imperial e Constitucional de J. Villeneuve, Rio de Janeiro, 1873, p. 163.
[164] JOSÉ JOAQUIM DA CUNHA D´AZEREDO COUTINHO, *Estatutos do seminário episcopal de Nossa Senhora da Graça da cidade de Olinda de Pernambuco, ordenados por Dom José Joaquim da Cunha de Azeredo Coutinho*, Tipografia da Academia Real de Ciências, Lisboa, 1798, p. 1-2, 50-62.

Dom Azeredo Coutinho tomou posse no dia 1º de janeiro de 1799 e o seminário que fundou começou a funcionar aos 16 de fevereiro de 1800. Os alunos internos eram 32, aos quais se juntavam outros 100 vindos de fora (carmelitas e leigos). Apesar de se chamar "Seminário Episcopal Nossa Senhora da Graça", o seminário foi apelidado por alguns de "Nova Coimbra". Efetivamente, no afã de reproduzir as linhas mestras da citada universidade, Dom Azeredo Coutinho formou um corpo docente com professores vindo diretamente dos quadros escolares coimbrenses. Foi o caso do Pe. José de Almeida Nobre, nomeado como primeiro reitor, e do Padre José Pinto de Carvalho, vice-reitor, mais os frades José Laboreiro, professor de teologia dogmática, Miguel Joaquim Pegado (matemática) e Bento da Trindade (Teologia moral) e outros mais. Clérigos brasileiros também seriam admitidos, mas quase todos eles eram maçons e liberais, a exemplo do Pe. Miguel Joaquim de Almeida e Castro (1768-1817), vulgo "Miguelinho", professor de retórica e poética, do Pe. João Pessoa Ribeiro de Melo Montenegro (1766-1817), mestre de desenho, e de frei José da Costa Azevedo (filosofia). Outro religioso de análogo comportamento incluído no corpo docente foi o beneditino Pe. Miguel do Sacramento Lopes Gama (1791-1852), mais conhecido como "Padre Carapuceiro" (que se tornaria padre secular em 1838).[165]

A influência do seminário de Olinda foi enorme, pois, além de ser a única instituição de ensino superior local, como se viu, era aberta também aos leigos, tornando-se, portanto, o maior centro difusor do liberalismo exaltado do nordeste brasileiro. Um dos seus ex-alunos, o padre maçom Francisco Muniz Tavares, citado acima, descreveria o fato com louvores: "A mocidade pernambucana não podia deixar de ilustrar-se dirigida por tão zeloso reitor. Saíam daquele seminário não só instruídos e exemplares pastores que formavam as delícias das ovelhas, das quais se encarregavam, como também jovens hábeis a empregos".[166]

O império português, contudo, ainda antes que a ação dos formandos da "Nova Coimbra" ganhasse consistência, fez sua primeira intervenção. O visado foi o influente bispo Azeredo Coutinho, que havia inclusive feito parte da Junta governativa da capitania do Pernambuco, depois que o governador Tomás José de Melo fora chamado à Metrópole no final de 1798. As autoridades lusitanas primeiro mandaram o ex-prelado de Olinda viver em Miranda e Bragança, em Portugal, no ano de 1802, e, quatro anos mais tarde, nomearam-no titular de Elvas. Isso não bastou para estabelecer a normalização, dadas as complicações que marcaram a sucessão episcopal. Ainda em 1802 foi indicado para ocupar o posto de Dom Coutinho frei José da Santa Escolástica (1742-1814), o qual, no entanto, jamais pôs os pés em Pernambuco até porque foi posteriormente promovido a Arcebispo da Bahia em 25 de outubro de 1803. O prelado seguinte, Dom frei José Maria de Araújo, eleito em 1804, só chegou à sua sede em 21 de dezembro de 1807. Ele tinha sido o abade da congregação de São Jerônimo e exerceu o episcopado apenas oito meses vindo a falecer no dia 21 de setembro de 1808. Para substituí-lo, foi indicado em 1810 Dom frei Antônio de São José Bastos (1767-1819), que chegou a ser sagrado na capela real do Rio de Janeiro em 1816, mas que tampouco assumira a sua sede, morrendo em 1819.[167]

---

[165] Nelson Werneck Sodré, *História da imprensa no Brasil*, 4ª ed., MAUD Editora Ltda., Rio de Janeiro, 1999, p. 15.
[166] Francisco Muniz Tavares, *História da Revolução de Pernambuco em 1817*, p. LXXIX.
[167] J. C. R. Milliet de Saint-Adolphe, *Diccionario geographico, historico e descriptivo, do imperio do Brazil*, vol. 2, Casa de J. P. Ailaud, Paris 1845, p. 290.

Daí que, o quadro diocesano continuou sendo um campo livre para a politização clerical, apesar de que essa fosse eivada de incongruências. Tanto assim que muitos religiosos "iluminados" não se pejavam de possuírem escravos – Dom Azeredo Coutinho chegara mesmo a defender a "conveniência" da continuidade do tráfico negreiro[168] –, enquanto que, contemporaneamente, boa parte dos arrebatados padres seculares, muitos deles fazendeiros, caiu em constrangedor relaxamento moral. Isso foi testemunhado em 1816 pelo francês de Nantes, Louis-François de Tollenare (1780-1853):

> Na minha qualidade de estrangeiro, me foi preciso fazer frente ao guardião [do convento Santa Teresa dos frades carmelitas de Olinda] e a um outro frade, aos quais nenhuma circunstância da nossa Revolução francesa era estranha; as suas infindáveis controvérsias demonstravam a sua erudição e o desejo de se instruir; mas não contribuíam a instruir-me do que um estrangeiro deseja saber do Brasil; a todo momento eu procurava levá-los a falar do interior do país que tantas vezes têm percorrido; mas a política europeia era a sua mania. [...] Vi em Olinda mulatos se prostrarem aos [seus] pés e beijar-lhes a fímbria do hábito; mas, diz-se que estes atos de veneração não são devido senão à facilidade com que lhes concedem a absolvição. [...] Os frades de Santa Teresa de Olinda são servidos por escravos; testemunhei o meu pasmo por ver cristãos mantendo cristãos na escravidão; respondiam-me que os Beneditinos possuem engenhos e por consequência, escravos. [...] Há no Recife um convento de capuchinhos italianos. [...] Os frades atuais [...] têm contribuído para diminuir a consideração de que gozava a cor branca. [...] Na maioria, estes frades ricos e os cônegos pouco observam o voto de castidade; têm mulheres e filhos naturais, o que provoca escândalo; mas, coisa surpreendente! chegam a fazê-los legitimar a fim de lhes conseguir a entrada nas ordens.[169]

Nesse ambiente de conturbação sociorreligiosa, também os maçons, ou ao menos certo número deles, tiveram sua parte. Muniz Tavares descreveu o fato candidamente: "Entre os amantes da república figuravam 'alguns' maçons ou pedreiros livres. [...] Em Pernambuco já em 1816 contava debaixo da direção de uma *Grande Loja* provincial quatro lojas regulares" ("Pernambuco do Oriente", "Pernambuco do Ocidente", "Guatimosim" e "Restauração e Patriotismo").[170]

Como se verá adiante, foram mais que alguns os "pedreiros livres" envolvidos, também porque, em 1809, criara-se uma loja maçônica em Pernambuco com intuitos decididamente políticos e não exatamente pacifistas. Repetindo o que acontecia noutros lugares, dela também fizeram parte alguns clérigos conhecidos como Pe. Miguel Joaquim de Almeida Castro, Pe. João Pessoa de Melo Montenegro e Pe. Luiz Cavalcanti Lins. Os dois primeiros, como se viu, eram lentes do seminário diocesano e o terceiro, vigário da paróquia Santo Antônio do Recife.[171]

---

[168] Cf. JOSÉ MURILO DE CARVALHO (COORD.), *Bernardo Pereira de Vasconcelos*, Editora 34, São Paulo, 1999, p. 27; BARÃO DO RIO BRANCO, *História do Brasil*, p. 61.
[169] LOUIS-FRANÇOIS DE TOLLENARE, *Notas dominicais*, Governo do Estado do Pernambuco – Secretaria de Educação e Cultura, Recife, 1978, p. 26-27, 94.
[170] FRANCISCO MUNIZ TAVARES, *História da Revolução de Pernambuco em 1817*, p. LXXXV.
[171] ARCI TENÓRIO D'ALBUQUERQUE, *A Maçonaria e as revoluções pernambucanas*, Gráfica Editora Aurora, Rio de Janeiro, 1970, p. 60.

3.3.2 – A "Revolução dos Padres" de 1817

A tensão crescia continuamente também devido à militância dos maçons[172] e, para complicar, em 1816 Pernambuco sofreu uma grande seca, ao que se somou o descontentamento provocado pela alta carga de impostos instituídos para manter a corte portuguesa estabelecida no Rio de Janeiro. Essa complexidade de fatores induz a olhar com cautela o célebre parecer de Francisco Adolfo de Varnhagen (1816-1878) que, depois de louvar o "benéfico" Dom João VI, tratou de desqualificar a rebelião que eclodiu em 1817, a qual, segundo ele, nada possuía que pudesse inspirar "sentimentos de heroísmo e justiça". No seu afã demolitório o referido autor chegou a afirmar que para ele aquele era "um assunto tão pouco simpático" que, se lhe fosse permitido "passar sobre ele um véu", exclui-lo-ia do quadro que pretendia traçar.[173]

As evidências exigem outra leitura. O conflito latente se tornou aberto depois que o governador português, Caetano Pinto de Miranda Montenegro (1748-1827), no dia 1º de março recebeu do ouvidor José da Cruz Ferreira denúncia do complô em ato e ordenou a prisão de onze conspiradores. Um deles, o Capitão maçom José de Barros Lima, vulgo "Leão Coroado", no dia 6 seguinte, domingo de Páscoa, resistiu à tentativa de captura e matou a golpes de espada o comandante Manuel Joaquim Barbosa de Castro, enviado para levá-lo para a cadeia. Divulgado o acontecimento, o governador mandou seu ajudante de ordens, tenente-coronel Alexandre Thomaz de Aquino Siqueira, informar-se do ocorrido, mas também este foi mortalmente ferido a bala. Atemorizado, Caetano Pinto abandonou o palácio com sua família, alguns oficiais e vinte soldados de sua guarda, refugiando-se no forte do Brum. Paralelamente, partindo da fortaleza das Cinco Pontas, a rebelião ganhou as ruas e logo criou um conselho de guerra. O governador teve de capitular pouco depois pela impossibilidade de oferecer resistência. Os revoltosos o pouparam e ele embarcou para o Rio de Janeiro.[174]

As fileiras dos rebeldes contaram com bom número de padres, cujas estimativas variaram de 40 a 70.[175] Tratou-se certamente de um percentual expressivo, considerando que a diocese de Olinda contava com pouco mais de 120 sacerdotes. E não só: alguns dos envolvidos tiveram até mesmo ação militar. Foi o que fez Pe. Antônio de Souto Maior Bezerra de Meneses, vigário de Goiana, morto depois nas prisões da Bahia, bem como frei João da Conceição Loureiro, guardião do convento franciscano de Santo Antônio de Recife, mais os padres João Gomes de Lima e Francisco de São Pedro, o "Cachico".[176] Não por acaso, Manuel de Oliveira Lima chamaria o levante de "Revolução dos Padres".[177]

---

[172] JÔNATHAS SERRANO – MARCÍLIO LACERDA, *Um vulto de 1817*, Livraria J. Leite, Rio de Janeiro SD, p. 528.
[173] FRANCISCO ADOLFO DE VARNHAGEN, *História geral do Brasil*, tomo segundo, E. H. e Laemmert, Rio de Janeiro, 1857, p. 373, 382.
[174] ADRIANA LOPES – CARLOS GUILHERME MOTA, *História do Brasil: uma interpretação*, p. 325.
[175] GILBERTO VILAR DE CARVALHO, *Frei Caneca: gesta da liberdade, 1779-1825*, Mauad Editora Ltda., Rio de Janeiro, 2004, p. 215.
[176] NELSON WERNECK SODRÉ, *História da imprensa no Brasil*, p. 16.
[177] SEBASTIANO PAGANO, *O Conde dos Arcos e a revolução de 1817*, Companhia Editora Nacional, São Paulo, 1938, p. 13.

Os líderes rebeldes, em número de 17, ainda no dia 7 de março se reuniram na Casa do Erário de Recife e entre eles houve consenso inicial de eleger o Padre João Ribeiro Pessoa de Melo Montenegro como presidente da república que nascia, mas ele não aceitou.[178] Foi então escolhido um governo provisório, inspirado no Diretório da Revolução Francesa, do qual o clero revolucionário foi parte integrante. O governo era composto por cinco membros, a saber: Padre João Ribeiro, supracitado, representante do mundo eclesiástico; Capitão Domingos Teotônio Jorge Martins Pessoa, da parte dos militares; José Luís de Mendonça, a nome da magistratura; enquanto que, da parte da agricultura, foi eleito o Coronel Manoel de Araújo e pelo comércio se escolheu Domingos José Martins.[179] Três dias mais tarde, Pe. Luiz José de Albuquerque, vigário da freguesia de Santo Antônio de Recife, celebrou um solene *Te Deum* em ação de graças, convidando para o evento os cinco membros do governo provisório, que de boa vontade compareceram.[180]

A nascente república adotou bandeira própria, aboliu os impostos pagos ao Rio de Janeiro e fez aprovar uma lei orgânica adotando medidas liberais como as liberdades de opinião e de imprensa e os direitos individuais, ainda que se proibissem ataques ao Catolicismo. O deão de Olinda, Manuel Vieira de Lemos Sampaio, investido também da função de governador da diocese, inspirando-se em Rousseau, fez publicar uma pastoral, subscrita por todo o cabido, sustentando não ser a revolução em curso contrária ao Evangelho. O motivo, segundo ele, era que a posse e o direito da Casa de Bragança se fundavam em um contrato bilateral, de que estavam desobrigados os povos da lealdade jurada, por ter tal dinastia faltado por primeiro às suas obrigações.[181]

Simultaneamente, à revolução aderiu a Paraíba em 15 de março de 1817 e o Rio Grande do Norte no dia 25 de abril sucessivo. Para obter a anuência do Ceará, foi enviado o subdiácono José Martiniano Pereira de Alencar (1794-1860), que chegou ao Crato em 29 de abril. No dia 3 de maio seguinte, com o apoio de sua família e do pároco, Pe. Miguel Carlos da Silva Saldanha, ele iniciou uma sublevação; mas esta durou apenas oito dias, pois, o governador Manuel Inácio de Sampaio (1778-1856) a sufocou, prendendo os implicados, José de Alencar incluso. Para a Bahia seguira igualmente o Pe. José Inácio de Abreu Lima ("Padre Roma");[182] porém, ao chegar a Salvador, foi reconhecido e preso em 26 de março, sendo executado três dias depois no Campo da Pólvora.[183]

Além disso, a reação armada dos realistas logo se fez sentir. Ainda no final de março o conde dos Arcos, governador da Bahia, preparou um ataque em duas frentes: por terra enviou uma tropa e por mar uma pequena frota, formada por um buque e duas corvetas, conseguindo esta última bloquear o porto do Recife no dia 16 de abril de 1817. Entrementes, também no princípio de abril, uma esquadra partira do Rio de Janeiro sob o comando de Rodrigo José Ferreira Lobo, juntando-

---

[178] MARCO MOREL, Frei Caneca: entre Marília e a pátria, FGV Editora, Rio de Janeiro, 2000, p. 37.
[179] FRANCISCO MUNIZ TAVARES, *História da Revolução de Pernambuco em 1817*, p. CVI.
[180] JÔNATHAS SERRANO – MARCÍLIO LACERDA, *Um vulto de 1817*, p. 538.
[181] NELSON WERNECK SODRÉ, *História da imprensa no Brasil*, 4ª ed., MAUD Editora Ltda., Rio de Janeiro, 1999, p. 15.
[182] JOAQUIM DIAS MARTINS, *Os* mártires pernambucanos vítimas da liberdade nas duas revoluções de 1710 e 1817, Tipografia de F. C. de Lemos e Silva, Pernambuco, 1853, p. 234; ALÍPIO BANDEIRA, *O Brasil heroico em 1817*, Imprensa Nacional, Rio de Janeiro, 1918, p. 134-135.
[183] FRANCISCO MUNIZ TAVARES, *História da Revolução de Pernambuco em 1817*, p. CXXV, CXXXVII.

-se à precedente no dia 23. Ato contínuo, o contingente repressor desferiu violento ataque contra os revoltosos, sendo os governos da Paraíba e do Rio Grande do Norte os primeiros a cair. Pernambuco teve igual sorte e assim, após 74 dias de duração, a república rebelde sucumbiu. Luís do Rego Barreto (1777-1840) foi imposto como governador e capitão-geral de Pernambuco em 26 de junho de 1817 e, depois de organizar uma comissão militar presidida por ele mesmo, levou a cabo uma feroz repressão que prendeu e enviou para Salvador os principais envolvidos. No navio *Carrasco* foram mandados 71 e outros 30 na corveta *Mercúrio*.[184]

Rego Barreto fez executar os líderes e os principais envolvidos, confiscando também os bens deles e realizando inumeráveis prisões. Os clérigos envolvidos não escaparam às punições. Padre Francisco Manoel de Barros, outro que tentara fazer insurgir o Ceará, acabou preso assim que desembarcou e, derrotada a revolução, foi enviado para o Recife de onde seguiria para as enxovias da Bahia. Na capital pernambucana, por sua vez, dentre outros, foram encarcerados o pároco do Cabo, Pe. Venâncio Henrique de Rezende (1784-1866), os dois vigários de Santo Antônio e da Boa Vista, o guardião do convento de São Francisco (frei João da Conceição Loureiro) e vários carmelitas. Padre Pedro de Sousa Tenório, vigário de Itamaracá, depois de deposto das honras sacerdotais, terminou enforcado e esquartejado no dia 10 de julho. Suas mãos, decepadas do corpo, foram pregadas num poste da Vila de Goiana, igual acontecendo à cabeça, levada para Itamaracá; enquanto que o tronco, atado à cauda de um cavalo, foi arrastado até o cemitério da matriz do Santíssimo Sacramento.[185] Por sua vez, Padre Miguelinho acabou executado a tiros de arcabuzes na Bahia em 12 de julho seguinte. Condenado também à pena capital, o Pe. Antônio Pereira de Albuquerque, que se tornara membro do governo provisório da Paraíba, recebeu sua execução em 6 de setembro,[186] no Campo do Erário de Recife. Igual que no caso do Pe. Pedro Tenório, vilipendiaram o cadáver, decepando dele as mãos e a cabeça, enviadas respectivamente para a Vila do Pilar e cidade da Paraíba (atual João Pessoa) para serem expostas em público. O tronco, arrastado pela cauda de um cavalo, chegou até a igreja do Santíssimo Sacramento, onde recebeu sepultura.[187]

Dois sacerdotes se suicidaram: o primeiro deles, Pe. Antônio José Cavalcanti Lins, enforcou-se na prisão das Cinco Pontas e o segundo, Padre João Ribeiro, no dia 21 de maio, ante o avanço dos realistas, optou por matar-se de modo análogo. Ele cumpriu tal gesto na capela do Engenho Paulista, distante três léguas de Recife. As tropas do governo chegaram três dias mais tarde, desenterraram e esquartejaram seu cadáver, enviando as mãos para Goiana e a cabeça para Recife. Depois de um desfile macabro pelas ruas da capital da capitania, ao som de gritos insultuosos, o crânio foi exposto na Praça do Comércio, para ser visto pelo povo.[188]

---

[184] Joaquim Dias Martins, *Os mártires pernambucanos vítimas da liberdade nas duas revoluções em 1710 e 1817*, p. 14, 577.
[185] Ibidem, p. 580-581.
[186] Denis Antônio de Mendonça Boanerges, *O patriotismo constitucional: Pernambuco, 1820-1822*, Editora Universitária UFPE, Recife, 2006, p. 163.
[187] Joaquim Dias Martins, *Os mártires pernambucanos vítimas da liberdade nas duas revoluções em 1710 e 1817*, Tipografia de F. C. de Lemos e Silva, Pernambuco, 1853, p. 7-9.
[188] Louis-François de Tollenare, *Notas dominicais*, p. 176, 198, 203; Viriato Corrêa, *História da liberdade no Brasil*, Civilização Brasileira, Rio de Janeiro 1974, p. 95, 100-101, 104.

A militância revolucionária do clero induziria o vice-almirante Rodrigo José Ferreira Lobo a expedir uma carta a Dom João VI, a fim de aconselhá-lo a não permitir que o novo bispo sagrado para assumir a sé de Olinda – coisa que afinal, por razões outras, não aconteceu – deixasse o Rio de Janeiro: "Senhor", instava ele, "devo dizer à Vossa Real Majestade que não deveria mandar para esta capital o Bispo que está nesta Corte, pois tem aqui grande partido, e contra Vossa Majestade".[189]

A admoestação não foi ouvida; o mesmo aconteceu em relação ao protesto de José Albano Fragoso (1768-1843), nomeado Juiz das Diligências por decreto de 21 de abril de 1817, em vista da obtenção de todas as circunstâncias relativas à sublevação de Pernambuco. Fragoso argumentava, num documento datado de 19 de julho daquele ano, ser contraditório condenar à morte o Padre Miguelinho, secretário da revolução, mas não a primeira dignidade eclesiástica da diocese – aludia a Dom Azeredo Coutinho – que, sendo membro de "empestada seita", segundo ele, "esquecendo-se da supremacia do seu magistério" agira como instigador, fazendo "vacilar a crença do povo pernambucano".[190]

De qualquer modo, o governo se acautelou deixando fechado até 1822 o seminário de Olinda, que teve suas portas cerradas em 20 de maio de 1817, dia em que as tropas realistas entraram vitoriosas em Recife. Também baixou um edito por meio do qual os religiosos foram obrigados a permanecerem dentro das paredes de seus respectivos conventos. Em seguida, no ano de 1818, por ocasião da aclamação de Dom João VI como novo soberano, um decreto baixado no dia 6 de fevereiro ordenou o encerramento da devassa, além do perdão aos que ainda se achassem encarcerados, excetuando-se os líderes da rebelião. Entretanto, os presos que se encontravam sob processo na Bahia não foram beneficiados e somente em 1821 se viram livres. Foi o caso do frei João da Conceição Loureiro, de frei Caneca, do Pe. Francisco Muniz Tavares e outros ainda. Contemporaneamente, tendo constatado que dos 317 réus da revolução de 1817 levados a julgamento, 62 eram acusados de serem membros da maçonaria, por meio do alvará de 30 de março de 1818, o rei proibiu as sociedades secretas.[191]

Tais medidas foram insuficientes, até porque as causas que provocaram a insurreição permaneceram intocadas. A Coroa portuguesa deu o assunto por encerrado, mas, arguto, o inglês John Armitage (1807-1856) pôde testemunhar que as pendências persistiam:

> O germe do descontentamento foi disseminado por aquelas mesmas medidas que se haviam lançado mão para o destruir: excitaram-se as queixas que todavia não haviam encontrado eco, visto que a única tipografia permitida no Rio de Janeiro estava debaixo da censura imediata das autoridades. [...] A julgar-se do Brasil pelo seu único periódico, devia ser considerado um paraíso terrestre, onde nunca se tinha expressado um só queixume.[192]

---

[189] BN – Seção de manuscritos, *Ofício de Rodrigo José Ferreira Lobo dirigido a SM em que acusa o governador, Caetano Pinto de Miranda Montenegro, de não ter providenciado para evitar a revolução e roga que seja impedida a volta do Bispo de Olinda àquela capital* (27-5-1817), n. I – 31, 33, 4.
[190] ARCI TENÓRIO D'ALBUQUERQUE, *A maçonaria e as revoluções pernambucanas*, p. 162-163.
[191] *Coleção das Leis do Brasil*, Imprensa Nacional, Rio de Janeiro, 1889, p. 15, 26-28.
[192] JOÃO ARMITAGE, *História do Brasil*, Editora Itatiaia, Belo Horizonte, 1981, p. 35.

3.3.3 – A "Confederação do Equador" e a figura de frei Caneca

Com efeito, o liberalismo exaltado estava vivo e pôde se manifestar após a independência, também devido ao autoritarismo do primeiro imperador do Brasil. A dissolução da constituinte imposta por D. Pedro I, aos 12 de novembro de 1823, mais a deposição do então governador do Pernambuco, Manuel de Carvalho Paes de Andrade (1774-1855), com a sua consequente substituição por Francisco Pais Barreto (1779-1848), levaram os pernambucanos a se sublevarem novamente, dando origem à "Confederação do Equador", iniciada em 2 de julho de 1824. Ao movimento insurrecional se juntaram outras províncias como Rio Grande do Norte, Ceará e Paraíba. Cerca de 40 padres e religiosos também aderiram, mas a revolução foi debelada por uma força naval comandada pelo Almirante Thomas Cochrane (1775-1860) e outra terrestre, sob a chefia do Coronel Francisco de Lima e Silva (1785-1853).[193]

Trinta e dois dos envolvidos foram condenados à morte, mas a metade conseguiu fugir, entre eles Pais de Andrade, sendo mais tarde perdoada. Conseguiram igualmente se safar frei Alexandre da Purificação e Pe. João Batista da Fonseca.[194] Os demais não tiveram a mesma sorte. Destacaram-se, no caso, o carmelita frei Joaquim do Amor Divino Rabelo (1779-1825), mais conhecido por frei Caneca, citado anteriormente, que terminou executado com tiros de arcabuzes no Recife aos 13 de janeiro de 1825, e o Pe. Gonçalo Inácio de Albuquerque, alcunhado de Pe. Mororó (1774-1825), secretário do governo revolucionário cearense, igualmente justiçado em Fortaleza, na manhã de 30 de abril seguinte.[195]

Os dois clérigos mencionados acabariam se convertendo em heróis da história nacional brasileira; mas, no âmbito estritamente religioso, a atuação que tiveram foi no mínimo discutível. Frei Caneca, o mais célebre deles, é um exemplo disso. A começar pela sua vida pessoal, é fato conhecido que ele foi pai de três filhas ilegítimas – Carlota, "Joaninha" e "Aninha" – a quem escrevia como "padrinho", e chamando-as de "minhas afilhadas". Numa das cartas para "Aninha", ele inclusive se traiu, chamando-a de "afilhada das minhas entranhas".[196]

No tocante à sua vida pública, as restrições não são menores, pois sabe-se que a mesma se pautou mais pelo ardor político que pela piedade mística. E, outro aspecto nada secundário: também ele era maçom! Endossando sem reserva a lenda de que a maçonaria era quase tão velha quanto a civilização e que teria inclusive participado da construção do templo de Jerusalém, frei Caneca ajudou a estabelecer as bases de certa versão em que uma instituição maçônica virtuosa, progressista e benemérita estaria em perfeita harmonia com o Cristianismo, versão essa que seria mais tarde repetida por personagens como Joaquim Nabuco. Da pena de frei Caneca saiu o célebre artigo em que ele, sob o pseudônimo "Pítia", cantava os maiores louvores aos "pedreiros livres" e aos seus feitos:

---

[193] MARIA GRAHAM, *Diário de uma viagem ao Brasil e de uma estada nesse país durante parte dos anos de 1821, 1822 e 1823*, Companhia Editora Nacional, São Paulo, 1956, p. 143.
[194] ARCI TENÓRIO D'ALBUQUERQUE, *A maçonaria e as revoluções pernambucanas*, p. 255.
[195] SOARES DE AZEVEDO, *Brado de alarme*, p. 101-104, 171.
[196] JOAQUIM DO AMOR DIVINO RABELO E CANECA, *Obras políticas e literárias*, 1ª ed., Tipografia Mercantil, Recife, 1875, p. 139-140.

Grandes personagens têm nela (na maçonaria) figurado, pelos bens que há feito à humanidade, mormente no tempo da Revolução Francesa, e de presente, na causa de nossa independência e liberdade política. [...] A constância dos franco-maçons, fundada na pureza dos seus costumes, e a consciência pura dos seus crimes os fizeram arrostar a todos os perigos, até que finalmente chegou o tempo da bonança. [...] Afirmo que nos seus dípticos se acham os nomes mais sábios, mais respeitáveis de todas as classes, de religiosos os mais pios, de eclesiásticos de todas as hierarquias.
[...] A maçonaria não é oposta ao Cristianismo, nem tem cousa alguma com as diferentes formas de governo, pois que ela se acha estabelecida e floresce em nações republicanas, aristocráticas e monárquicas.[197]

Viriato Corrêa, sem citar a participação de frei Caneca na maçonaria, formulou sobre ele um juízo que não pôde ser ignorado: "Os assuntos terrenos preocupavam-no muito mais que os assuntos do céu. [...] o seu deus não era o Deus cristão, e sim um deus diferente – a Pátria – que era o Brasil". A questão era exatamente esta: clérigos que se colocavam a favor ou contra o sistema político acabavam deixando em segundo plano o específico do seu ministério. Soube intuí-lo Francisco da Silva Rabelo, pai de frei Caneca, que em meio ao seu desespero, ao encontrar-se no pátio do Convento do Carmo com frei Carlos de São José, provincial carmelita, que também esperava o cadáver, repreendeu-o com uma acusação cheia de significado: "V. Revma. é o culpado da morte de meu filho! O culpado sim, porque não o reteve aqui no convento para impedir que ele se metesse em política".[198]

3.3.4 – A dissidência nas dioceses de São Paulo e Rio

Por algum tempo São Paulo manteve distância do que acontecia em Olinda, porque seu primeiro bispo, Dom Bernardo Rodrigues Nogueira (1695-1748), empossado em 8 de dezembro de 1746, era amigo e admirador dos jesuítas. O bispo seguinte, Dom frei Antônio da Madre de Deus Galrão (1697-1764), governou no período em que os padres da companhia foram expulsos, mas tampouco tomou posição contra eles. Ele faleceu em 19 de março de 1764, fazendo com que a diocese paulista permanecesse acéfala até 1771, quando enfim foi nomeado para sucedê-lo Dom frei Manoel da Ressurreição (1771-1789). A partir daí as coisas mudaram. Depois de tomar posse em 1774, o novo prelado diocesano transformou o ex-colégio dos jesuítas em palácio episcopal e nele instalou uma concorrida biblioteca com 1.548 volumes, repleta de livros controvertidos. A biblioteca era aberta ao público, recebendo personagens como José Bonifácio. Não possuía obras de São Tomás de Aquino, mas abundava em livros contrários à companhia de Jesus, como a *República Jesuítica*, as obras de Luís Antônio Verney e as de Dom frei Manuel do Cenáculo, bem como as dos jansenistas Antoine Arnauld, Pierre Nicole e Isaac Louis, *Le Maistre* de Sacy. A diocese também acolhia vocacionados para o sacerdócio, mas a formação que recebiam era atípica: não habitavam num seminário, mas sim em casas de família, de amigos e parentes. As atitudes de

---

[197] JOAQUIM DO AMOR DIVINO RABELO E CANECA, *Obras políticas e literárias*, p. 402, 405-406, 409.
[198] VIRIATO CORRÊA, *História da liberdade no Brasil*, p. 151-154.

Dom Manoel provocaram reação até no governador Martim Lopes Lobo Saldanha, que se insurgiu contra as ordenações que realizou, segundo ele, levianamente. De fato, em três anos foram ordenados mais de 200 candidatos...[199]

A situação de São Paulo complicou-se mais ainda no período de vacância que se seguiu, entre 1789 e 1794, quando ocorreu "a infiltração de abusos na formação e na disciplina do clero, e também desorientação intelectual". Enfim, em 1795 foi ordenado um novo bispo na pessoa de Dom Mateus de Abreu Pereira (1742-1824); mas, antes de mudar, a orientação pombalina se afirmou de vez. Por isso, popularizaram-se as heterodoxas obras de Heinecke, Van Espen, Febronius e, especialmente, o *Catecismo de Montpellier* e a *Theologia Lugdunensis* (colocada no índex em 1792). As duas últimas eram inclusive indicadas como leituras básicas para a admissão às ordens sacras.[200]

Sem grande resistência, consolidou-se afinal, em expressiva parcela do clero paulista e de outras capitanias, uma mentalidade pró-iluminista, que tentou a conciliação possível da teologia católica com os postulados da razão emancipada e autônoma, a mesma que renegara a tradição e a autoridade, na convicção de que a verdade era apenas o que a própria inteligência e a experiência descobrissem. Acontece que os sequazes das luzes, como ressalta o professor Augustin Wernet na obra *A Igreja paulista no século XIX*, consequentes com seus pressupostos teóricos, reduziram Deus a um "grande relojoeiro", que, depois de dar o impulso que pôs o universo em movimento, de construir o maravilhoso relógio da vida terrestre, se retirou para a inatividade, para dar às criaturas o usufruto da livre vontade que Ele, na sua sabedoria infinita, concedeu-lhes. Com isso, a função da religião foi reduzida à educação moral dos fiéis, e os setores do clero, que de alguma forma abraçaram semelhante modo de pensar, sem a convicção da necessidade e importância dos ritos e dos sacramentos para o contato com o divino, fatalmente os esvaziavam do seu significado, colaborando para a laicização da cultura religiosa e clerical.[201]

A maçonaria se tornou o ambiente ideal para esse tipo de clérigo, em que muitos deles assumiam atitudes que iam das posturas ambíguas aos maiores excessos. No primeiro caso pode ser citado o Cônego Januário da Cunha Barbosa. Iniciado em 1821 na Loja "Comércio e Artes", compôs elogios à Maçonaria, como uma proclamação estranhamente "sincretista", em que misturava louvores maçônicos com alusões cristãs, tipo citações à "santidade" e à figura de Satanás: "Filha da ciência e mãe da caridade, fossem todas as instituições como tu, ó santa Maçonaria, e os povos viveriam numa idade de ouro. Satanás não teria mais o que fazer na terra e Deus teria em cada homem um eleito".[202]

Outros padres-maçons foram mais longe, como pôde testemunhar em 1826 um sacerdote inglês, cuja identidade ora se desconhece:

---

[199] AUGUSTIN WERNET, *A Igreja paulista no século XIX*, Ática, São Paulo, 1987, p. 30-35; PAULA PORTA (ORG.), *História da cidade de São Paulo*, p. 210.
[200] AUGUSTIN WERNET, *A Igreja paulista no século XIX*, p. 35-36.
[201] IBIDEM, p. 28-29, 68.
[202] A.I., *A Maçonaria no Estado de São Paulo. Em comemoração ao primeiro centenário da independência do Brasil*, p. 7.

Foi aqui no Brasil onde primeiramente vi a *impiedade* (os grifos são do autor) e a maçonaria com as mãos dadas. [...] Chegando a uma das províncias deste país, com vistas de restabelecer a minha saúde neste delicioso clima, achei nela vários maçons, e fui proposto para filiação em uma das lojas da dita província e nela me filiei. [...] E, qual não foi a minha grande surpresa! Que a maçonaria brasileira nada era mais, nem menos, que o *Deísmo puro!* [...] Estando eu presente à iniciação de um padre e *vigário*, perguntaram-lhe segundo o costume qual era a sua religião. E qual se julga foi a resposta do perverso? *Religião nenhuma!!!* Seguiu-se um atônito silêncio, porque até os irmãos não esperavam por uma tão ímpia violação do seu ritual; e por um padre! Disse-lhe o irmão que o conduzia, que deveria ter respondido – a católica – o que então fez; porém, teimando sempre (tanto medo tinha de passar por fanático), que para um homem de *ideias liberais*, todas as religiões eram igualmente boas; e quando disse não ter alguma, queria dizer nenhuma em particular.
[...] Achando-me presente noutra ocasião, o orador, [...] entre muitas blasfêmias, disse que *a instituição maçônica era cousa tão perfeita, que não era preciso ao homem religião alguma!!!* Foi nesta ocasião que abjurei por uma vez à Maçonaria brasileira, perfeitamente convencido de que era incompatível com a religião que tinha novamente abraçado.[203]

Em contrapartida, personagens que jamais haviam manifestado uma particular simpatia pelo Catolicismo, como o viajante inglês John Mawe (1764-1829), elogiavam o clero do Brasil de então. Em 1812, na obra *Travels in the interior of Brazil* ("Viagem ao interior do Brasil"), Mawe descreveu a situação dos diocesanos de São Paulo com os mais desusados louvores: "O Clero [paulista], incluindo toda a categoria de ordens religiosas, pôde ser avaliado em 500 indivíduos. São em geral bons membros dessa sociedade, livre dessa 'carolice e falta de liberdade', tão 'reprováveis' nas colônias vizinhas".[204]

O Rio de Janeiro viveu situação semelhante à de São Paulo, até porque o próprio bispo local, Dom frei José Caetano da Silva Coutinho (1767 – 1833), português originário de Caldas da Rainha, era membro da maçonaria. Ordenado bispo em 15 de março de 1807 e empossado no dia 28 de abril do ano seguinte, após a independência do Brasil, ele veio ocupar importantes cargos políticos, dentre os quais o de presidente da assembleia vitalícia do senado do império de 1827 a 1831. Seu governo episcopal se estendeu até o ano em que faleceu e, dentre as proezas que realizou, consta aquela de ter repetido o consentimento dado décadas atrás pelo Arcebispo de Lisboa, de permitir o consumo de carne na quaresma, observando apenas "certas restrições e comedimento..."[205]

E isso não foi tudo: o prelado do Rio também assumiu a acusação regalista de que a Igreja "usurpara atribuições do Estado". Disse-o não em particular, mas no Parlamento Nacional, conforme consta dos anais da instituição: "A título de pecado", afirmou, "arrastou-se nos séculos da Idade Média ao foro da Igreja a maior parte das causas; censuras impuseram-se por cousas meramente

---

[203] A.I., *Exposição franca sobre a maçonaria por ex-maçom que abjurou à sociedade*, Tipografia Imperial e Nacional, Rio de Janeiro, 1826, p. 5-6, 14.
[204] JOHN MAWE, *Viagens ao interior do Brasil* (tradução), Itatiaia, Belo Horizonte, 1978, p. 64.
[205] GÉRSON BRASIL, *O Regalismo brasileiro*, Livraria Editora Cátedra, Rio de Janeiro, 1978, p. 25-26.

temporais, por crimes cuja punição competia à ordem civil. Isso foi um abuso, porque o fim da sociedade eclesiástica é a salvação das almas".[206]

O comportamento adotado por certos clérigos do Rio, refratários às orientações de Roma e subservientes em relação às grandes lojas maçônicas, dispensa comentários. O caso de frei Francisco de Santa Teresa de Jesus Sampaio (1778-1830) é exemplar. Redator do periódico *O Regulador*, na sessão do Grande Oriente de 12 de outubro de 1822, ele teve de se justificar seja pelo que redigia, seja pelo que dizia no púlpito. Os presentes não aceitaram suas desculpas, mas a acataram porque "era atendível a 'docilidade e reverência' com que se comportava, bem como o protesto que fizera de abandonar aquela pérfida correspondência..."[207]

3.4 – Os influxos indiretos do regalismo sobre a religiosidade popular

O "pombalismo" não foi diretamente responsável pelas singularidades da religiosidade popular no Brasil, que, adaptando com extrema liberdade celebrações e demonstrações de piedade, ao final escapava quase por completo à intenção litúrgica original. Mesmo assim, ao inibir o trabalho catequético, colaborou decisivamente para a consolidação duma religiosidade exteriorizada e devocionista em que não era o dogma, o ato da fé, fruto da razão e do assentimento racional, a orientar o culto consequente. Viajantes que passaram pelo Brasil ao longo do século XIX eram unânimes em apontar esse fato, a exemplo de François-Louis de Tollenare, que o testemunhou poucos anos antes da independência:

> Entre os portugueses o culto religioso não tem nenhuma aparência severa, os ofícios são executados com acompanhamentos de música um pouco mundana; as decorações, as flores dão às cerimônias um aspecto de festa ao qual o povo corre como ao espetáculo; soltam-se foguetes nos atos importantes da missa: vi no momento do *Gloria in excelsis* executar uma música de um caráter angélico e lançar da nave flores sobre os fiéis reunidos.[208]

Em Minas Gerais, "todo o aparato doutrinário sobre o magistério divino da Igreja era coisa tão ausente, e essa ausência tão natural, que escusava de ser lembrado". Os fiéis se agrupavam, via de regra, em irmandades de brancos, pardos e negros, sob as mais diversas invocações. A nobreza local preferia principalmente as do Santíssimo e do Senhor dos Passos, enquanto a fina flor da sociedade professava nas Ordens Terceiras do Carmo e de São Francisco de Assis. A atitude de cada uma dessas associações para com a hierarquia eclesiástica variava segundo a sua etnia e gradação social. Com relação à irmandade de Nossa Senhora do Rosário de Salvador da Bahia, frei Agostinho de Santa Maria deixou um relato particularmente comovente sobre a capela homônima que os negros construíram na paróquia de Nossa Senhora da Conceição da praia:

---

[206] *Anais do Parlamento brasileiro, sessão de 1873*, tomo 2, p. 164.
[207] JOSÉ CASTELLANI – WILLIAM ALMEIDA DE CARVALHO, *História do Grande Oriente do Brasil. A Maçonaria no Brasil*, p. 48-49.
[208] LOUIS-FRANÇOIS DE TOLLENARE, *Notas dominicais*, p. 103.

> Esta capela foi feita graças às custas dos pretos angolas e crioulos da terra, os quais concorrem com muita liberdade e grandeza para todos os gastos e despesas, o que é muito para admirar, que sendo pobres e andando nus ou quase despidos, para servirem à sua Senhora são ricos; porque têm a sua capela adornada de peças preciosas. [...] Finalmente, servem à Senhora do Rosário com muito grande devoção e fazem as suas festividades com grande solenidade. [...] À sua festividade, realizada no dia 24 de dezembro, todos vão visitá-la e venerá-la".[209]

Nem todas as irmandades eram tão piedosas ou reverentes ante a hierarquia, sobretudo as da classe alta, que iniciaram uma prática que traria enormes consequências futuras: a de decidir os conflitos entre as associações poderosas na magistratura civil, e não no foro eclesiástico, julgado "incompetente" para resolver questões do gênero. Esse mesmo Catolicismo laico, comandado pelas elites brancas, em sintonia com a mentalidade regalista, não apenas se sobrepunha à autoridade episcopal, como também intervinha em assuntos meramente religiosos. Uma carta do Governador do bispado de Mariana, José Justino de Oliveira Gondim, à Dona Maria I, aos 7 de fevereiro de 1778, é um bom exemplo. Ele apelava à rainha contra certas irmandades, que se recusavam a pagar ao bispo a metade das esmolas cobradas pelos sepultamentos dentro das igrejas. Malgrado o apelo, estava claro que o autor não alimentava falsas esperanças, pois acrescentava que a influência dos confrades de tais associações inverteria a situação no Tribunal da Coroa, onde os juristas, "atropelando constituições e direitos, julgariam a favor da isenção, vindo a ficar sem efeito o procedimento do ordinário". Fatos assim permitiram a Igreja no Brasil, como bem analisou Maria Graham, transformar-se numa instituição perfeitamente "adaptada", o que significou reduzir-se à "mais simples forma de religião". Isso se consolidara de vez depois que a exceção à regra – os jesuítas e seus colégios – foram suprimidos por Pombal, deixando um vácuo não preenchido.[210]

No tocante aos padres, além do esvaziamento do sentido profundo do ministério sacerdotal, as limitações impostas pelas imensas distâncias geográficas, aliadas às dificuldades econômicas do país, foram um motivo a mais para que a fé do povo, em que negros e mestiços eram maioria, seguisse livremente seu curso. Tollenare, citado acima, registrou que, em pleno século XIX, os negros traficados ainda eram batizados em massa antes de embarcar ou quando chegavam, após o aprendizado de algumas fórmulas de rezas ou de certos gestos de devoção, sem que se lhes desse uma instrução religiosa propriamente dita. Muitas vezes eram os próprios africanos que procuravam ser batizados, pois os pagãos sentiam-se desprezados pelos demais escravos. O que se seguia era uma "catequese" dirigida por um velho negro livre, que a transmitia como podia, até por meio de línguas africanas.[211] O mais comum era que alguém da "casa grande" assumisse o encargo catequético, levando a efeito um ensino religioso mais

---

[209] AGOSTINHO DE SANTA MARIA, *Santuário mariano e história das imagens milagrosas de Nossa Senhora*, tomo IX, Oficina de Antônio Pedroso Galram, Lisboa, 1722, p. 92-93.
[210] JOSÉ FERREIRA CARRATO, *Igreja, iluminismo e escolas mineiras coloniais*, p. 24, 31, 73-75, 89-90.
[211] LOUIS FRANÇOIS TOLLENARE, *Notas dominicais* (tradução), p. 62, 110, 166.

devocional que doutrinário, no qual se dava um particular acento à figura da Virgem Maria. Em alguns casos raros, o devocionismo produziu situações extremas, como pôde ouvir Thomas Ewbank da boca de um cativo: "Trabalhar, trabalhar, durante todo o dia, e rezar, rezar, durante toda a noite. Nenhum negro resiste a isso".[212]

Ainda assim, a maioria dos escravizados aderia à nova fé que se lhes era imposta, inclusive porque a Igreja acabava se constituindo num dos seus poucos consolos. Também contribuíram as formas exteriores do culto cristão, que produziam uma impressão irresistível nos filhos da África.[213] O culto à Virgem Maria sintetizou de certa forma a piedade negra e parda, pois foi a partir das Nossas Senhoras madrinhas dos meninos que se criaram as primeiras ligações espirituais, morais e estéticas desta com a família e a cultura circundante, o que se estendia por outras etapas da vida. O escrúpulo religioso chegou a se tornar tão grande, que mesmo durante o carnaval, na hora da Ave-Maria, todos os divertimentos paravam.[214] Também existia a prática de pedir a bênção de Deus e de Nossa Senhora antes das refeições e do trabalho,[215] bem como de adornar as paredes das casas de negócio com imagens da Virgem. Até nos cortejos para levar a extrema-unção aos doentes, a escravaria ia entoando intermináveis litanias à Mãe de Deus.[216]

O contraponto de tudo isso foi o sincretismo. Desde os tempos da Colônia, quando os africanos entravam em contato com a Igreja, mesmo nos casos de conversão sincera, tinham forçosamente de passar por estágios intermediários, em que elementos da religiosidade precedente e do Catolicismo popular encontravam-se presentes no pensamento e atitudes religiosas. A mescla era inevitável, e o viajante e historiador francês Jean-Ferdinand Denis (1798-1890), ao realizar pesquisas no Brasil, observando a situação dos habitantes das localidades distantes, não deixou de anotar: "Nenhuma instrução os vem procurar em seus desertos, e eles terminam por se achar estranhos às mais simples noções de moral e religião, tornando a sua região pátria de adivinhos e feiticeiros".[217]

Por isso, os muitos feiticeiros negros existentes, chamados popularmente "mandingueiros" (por serem, segundo uma versão não consensual, originários de Mandingas, perto do Senegal), puderam tornar pública sua condição sem maiores incômodos.[218] A ponte religiosa entre estes e o mun-

---

[212] THOMAS EWBANK, *Vida no Brasil*, p. 65.
[213] JOHANN MORITZ RUGENDAS, *Viagem pitoresca e histórica através do Brasil*, Livraria Martins, São Paulo, 1940, p. 200.
[214] JEAN-BAPTISTE DEBRET, *Viagem pitoresca e histórica ao Brasil*, vol. I e II, Itatiaia, Belo Horizonte, 1978, p. 300, 168, 188, 200.
[215] AIRES DA MATA MACHADO FILHO, *O negro no garimpo em Minas Gerais*, Itatiaia, Belo Horizonte, 1985, p. 73.
[216] THOMAS EWBANK, *Vida no Brasil*, p. 263.
[217] JEAN FERDINAND DENIS, *Brasil* (tradução), Itatiaia, Belo Horizonte, 1980, p. 384.
[218] Robert Walsh, na sua obra *Notícias do Brasil*, foi um dos primeiros a registrar a presença de tais feiticeiros. No século XX surgiram outras explicações para o termo "mandingueiro". Edson Carneiro afirma que tanto "mandinga" quanto "mandingueiro" derivam do vocábulo "mandês", relacionado aos negros muçulmanos do Brasil, e ficariam conhecidos por seus dons de feitiçaria. Os historiadores, por sua vez, dão outra explicação que geralmente é a mais aceita, segundo a qual, os "mandingas" ou "malinkês" eram povos que habitavam um dos reinos islâmicos do Vale do Níger por volta do século XIII: o reino do Mali. Laura Melo

do dos brancos foi a medicina natural, pois muitos deles eram ervanários habilidosos e conheciam receitas africanas que usavam no tratamento dos pacientes que não eram atendidos pelos frades.[219] A própria educação religiosa recebida pelas jovens brasileiras colaborou, pois muitas vezes era associada ao uso de uma grande quantidade de preventivos e curativos misteriosos nos diversos vegetais, sobretudo nos galhos de arruda.[220]

Nesse "encontro", deve-se ter presente que as crenças africanas transplantadas, quase todas de povos sudaneses e bantos, eram muito variadas, conseguindo sobreviver, porque cada grupo racial se servia de variados artifícios e disfarces. Desconhecendo as danças rituais dos africanos, os senhores lhes permitiam se divertirem aos domingos, segundo o costume de cada nação. Nem desconfiavam eles, como salienta Pierre Verger, que o que os negros cantavam naquelas ocasiões "eram preces e louvações a seus orixás, a seus *vodun*, a seus *inkissi*".[221]

Também Jean-Baptiste Debret observara que verdureiras negras conservavam tranquilamente seus amuletos, sendo comum que uma cativa, com um cesto de frutas à cabeça, ao encontrar uma vendedora que supunha inimiga se benzesse exclamando: "cruz, Ave-Maria, arruda!"[222] Isso acontecia praticamente sem encontrar entraves, e não era um caso isolado, pois também as numerosas procissões, animadas por fogos e até máscaras, mais pareciam grandes folguedos que manifestações piedosas. Um parecer de Auguste de Saint-Hilaire resume o que sentiam os europeus que passavam pelo país: "Na Igreja brasileira não há o que possa causar espanto: está fora de todas as regras".[223]

A ingerência estatal não poupou sequer a vocação religiosa. Como a vida regular propriamente dita vivia sob controle férreo – não era permitida a ereção de nenhum convento no interior do país –, quem se sentia chamado a vivenciá-la, teve de buscar modelos alternativos, tipo "recolhidas" e "ermitões". Os eremitas do século XVIII – que desapareceram no século seguinte –, geralmente eram homens de poucas letras, porém movidos pela fé fervente dos que se consagram por inteiro a uma vida religiosa sem votos. Alguns construíram magníficos santuários, gozando de grande estima popular. Dentre tais figuras enigmáticas, porém respeitáveis, alguns passaram para a história, como o irmão Lourenço (sobre quem certa tradição afirma ter sido um fugitivo português dos tempos de Pombal), que deu

---

e Souza aponta ainda para outra variante do nome desenvolvida no Brasil: as "bolsas de mandingas" ou "patuás". Popularíssimas nas mais diversas regiões do Brasil desde o século XVIII, elas se tornaram a combinação perfeita de crendices portuguesas, africanas e indígenas. Basicamente eram (são) amuletos em forma de bolsinhas costuradas, contendo dentro orações "fortes", onde objetos cristãos como fragmentos de corporais e sanguíneos, e até hóstias roubadas eram incorporados. (ROBERT WALSH, *Notícias do Brasil* (tradução), vol. I, p. 158; ÉDSON CARNEIRO, *Religiões negras, negros bantos*, 3ª ed., Civilização Brasileira, Rio de Janeiro, 1991, p. 29-33; LAURA DE MELO E SOUZA, *O diabo e a terra de Santa Cruz*, Editora Schwarcz, São Paulo, 1987, p. 210-224).
[219] THOMAS EWBANK, *Vida no Brasil*, p. 189.
[220] JEAN-BAPTISTE DEBRET, *Viagem pitoresca e histórica ao Brasil*, vol. II, Itatiaia, Belo Horizonte, 1978, p. 59.
[221] PIERRE VERGER, *Orixás, deuses iorubas na África e no Novo Mundo*, 6ª ed., Corrupio, Salvador, 2002, p. 26.
[222] JEAN-BAPTISTE DEBRET, *Viagem pitoresca e histórica ao Brasil*, vol. II, p. 60, 184.
[223] AUGUSTE DE SAINT-HILAIRE, *Segunda viagem do Rio de Janeiro a Minas Gerais e a São Paulo (1822)*, Companhia Editora Nacional, São Paulo, 1938, p. 80.

início às obras do Caraça e que, com sua vida exemplar, acabou inspirando seguidores, transformando o lugar em centro de peregrinação. Outro ainda foi um emboaba, que, ao ficar doente e pobre, fundou o santuário de Bom Jesus de Matosinhos de Congonhas do Campo. Ao lado desses, merece ser igualmente citado Félix da Costa, o célebre "Ermitão de Macaúbas", venerável fundador do Recolhimento de Nossa Senhora da Conceição na mesma localidade.[224]

---

[224] MANOEL ALTENFELDER SILVA, *Brasileiros heróis da fé*, Tipografias Salesianas do Liceu Sagrado Coração de Jesus, São Paulo, 1928, p. 167.

4

O IMPÉRIO DO BRASIL E A CONTINUIDADE JURISDICIONALISTA

Em 1807, por resistir ao "bloqueio continental" imposto pela França contra a Grã-Bretanha, Portugal foi invadido pelas tropas napoleônicas, e a família real, no dia 29 de novembro daquele ano, com os tesouros que pôde carregar, ao lado dos órgãos de Estado, mais a alta nobreza e seus serviçais evadiram-se para o Brasil, chegando ao Rio de Janeiro aos 8 de março de 1808. O Núncio Apostólico, Dom Lorenzo Caleppi (1741-1817), que procurara refúgio em Plymouth, Inglaterra, com atraso também veio, desembarcando em 18 de setembro seguinte. O Rio se tornou assim sede do império português, mas, para abrigar os milhares de recém--chegados, a "solução" foi desalojar os brasileiros, sem sequer poupar os religiosos. Como bem descreveu Vivaldo Coroacy, "para a acomodação da Corte foram os frades do Carmo sumariamente despejados da casa que haviam construído e onde dois séculos habitaram. Foram os do convento dos capuchinhos igualmente despejados".[1]

Mesmo assim, a presença da casa reinante trouxe certos benefícios para o Brasil, que foi inclusive elevado a Reino Unido de Portugal e Algarves em 1815. Entretanto, a derrota final de Napoleão Bonaparte (1769-1821) em Waterloo, Bélgica, no dia 18 de junho de 1815, seguida da revolução liberal deflagrada no Porto aos 24 de agosto de 1820, forçou a família real portuguesa a retornar a Lisboa em 26 de abril de 1821. A Metrópole não conseguiria restaurar o chamado pacto colonial, e a ruptura se oficializou no dia 7 de setembro de 1822 por mérito do próprio primogênito do rei, o príncipe Pedro, que permanecera no Brasil como regente. Foi uma decisão amadurecida sob pressão dos naturais da terra, entre os quais importantes segmentos do clero. Basta recordar que o Clube da Resistência, dirigido por José Joaquim da Rocha, tinha no frei Francisco de Santa Teresa de Jesus Sampaio um dos seus membros mais brilhantes e de melhor nível intelectual. O frade ganharia projeção sobretudo pelos seus sermões patrióticos em favor dos interesses do Brasil.[2] Além disso, a famosa mensagem enviada ao príncipe pedindo que permanecesse no país e resistisse à ordem de regressar a Portugal continha as assinaturas do bispo do Rio de Janeiro e do Pe. Alexandre Gomes de Azevedo.[3]

Quando enfim aconteceu o "grito do Ipiranga" e a notícia se difundiu, os sinos das igrejas repicaram festivamente. À noite, Dom Pedro foi ovacionado pelos paulistanos no teatro local, onde Pe. Ildefonso Xavier Ferreira, de braço erguido para o povo, lançou o brado: "Viva o primeiro rei do Brasil! Viva,

---

[1] Vivaldo Coaracy, *Memórias da cidade do Rio de Janeiro*, José Olympio, Rio de Janeiro, 1955, p. 41.
[2] Pedro Calmon, *História do Brasil*, vol. IV, p. 150.
[3] Olegário Herculano de Aquino e Castro, *O Conselheiro Manoel Joaquim do Amaral Gurgel*, Tipografia Universal de Laemmert, Rio de Janeiro, 1871, p. 27.

viva!"⁴ O episcopado, apesar da presença maciça de portugueses, seguiu a mesma orientação, a ponto de, em Minas Gerais, o bispo de Mariana, Dom frei José da Santíssima Trindade (natural do Porto), ter feito parte do triunvirato que assumiu o governo local. E isso acontecia ao mesmo tempo em que, no Mato Grosso, também o cônego José da Silva Guimarães era colocado à frente da administração. Oposição mesmo apenas uma: a de Dom Joaquim de Nossa Senhora de Nazaré (1776-1851), bispo do Maranhão, que, fiel à monarquia lusitana, opôs-se abertamente a Dom Pedro, renunciando à diocese em junho do ano seguinte e regressando à ex-Metrópole, entre assomos de patriotismo.⁵

Quanto ao príncipe imperial, depois de retornar ao Rio de Janeiro após a proclamação da independência, no dia 1º de dezembro seria sagrado e coroado numa cerimônia cuidadosamente organizada por uma comissão composta por José Bonifácio e José Egídio Álvares de Almeida, barão de Santo Amaro, mais Monsenhor Fidalgo e frei Antônio de Arrábida, além do bispo diocesano. Naquela ocasião, o neoimperador jurou sobre o evangelho, segundo fórmula aprovada no dia 27 do mês anterior:

> Eu, Pedro Primeiro, pela Graça de Deus e unânime vontade do povo, feito Imperador do Brasil e seu Defensor Perpétuo, juro observar e manter a religião Católica Apostólica Romana; juro observar e fazer observar constitucionalmente as leis do Império, juro defender e conservar com todas as minhas forças a sua integridade.
> – Assim Deus me ajude, e por estes Santos Evangelhos.⁶

O recém-coroado era, a seu modo, um homem crédulo, mas vivia a fé que professava dentro do mais estreito regalismo, firme na defesa das prerrogativas que julgava possuir por direito de família. Em harmonia com essa postura, no dia 20 de outubro de 1823, Dom Pedro I fez baixar uma lei declarando que continuava em vigor a legislação pela qual o Brasil se regera até 25 de abril de 1821, sendo que todos os decretos publicados pelas cortes de Portugal permaneceriam "integralmente valiosos" enquanto não fossem especificamente revogados.⁷

Com o regalismo do neoimperador faziam coro numerosos políticos, formados nos princípios galicanistas e anticlericais da França e de Coimbra, que olhavam a Santa Sé com desconfiança e hostilidade.⁸ "Usurpações da Igreja" era uma das frases preferidas de muitos deles, que assim justificavam a realidade contrária: as usurpações do Estado. Outro fator que os empurrava nessa direção eram as ideias maçônicas correntes. O alvará de 30 de março de 1818 fora habilmente contornado, e a loja "Comércio e Artes", aberta aos 24 de junho de 1815 e fechada a causa do mencionado documento, assim que família real voltou para a Metrópole, recomeçou suas atividades no Rio aos 5 de junho de 1821.⁹ Pouco depois, contando já com 94 membros, ela se

---
⁴ PEDRO CALMON, *Vida de Dom Pedro I, o rei cavaleiro*, Companhia Editora Nacional, São Paulo, 1943, p. 120.
⁵ ARLINDO DRUMOND COSTA, *A nobreza espiritual de Dom Aquino Corrêa*, Livraria Teixeira, São Paulo, 1962, p. 112.
⁶ *Coleção das leis do Governo do Império do Brasil de 1822*, Imprensa Nacional, Rio de Janeiro, 1887, p. 111.
⁷ *Coleção das leis do Império do Brasil – Leis da Assembleia Constituinte Legislativa* (1823), p. 7.
⁸ ZENO HASTENTEUFEL, *Dom Feliciano na Igreja do Rio Grande do Sul*, p. 87.
⁹ A.I., *A Maçonaria no Estado de São Paulo. Em comemoração ao primeiro centenário da independência do Brasil*, p. 20.

subdividiu em três e assim se originaram a "União e Tranquilidade" e a "Esperança" de Niterói. A expansão em curso também propiciou a criação, no dia 2 de junho de 1822, do "Apostolado da Nobre Ordem dos Cavaleiros da Santa Cruz", ao qual se seguiu, no dia 17 daquele mesmo mês e ano, a fundação do "Grande Oriente Brasílico". Em relação ao primeiro, Dom Pedro, que tomara parte da reunião de fundação, por proposta de José Bonifácio, foi indicado como chefe com o título de "Arconte Rei", sendo empossado na reunião sucessiva, realizada no dia 22 de junho. No tocante ao Grande oriente, o grão-mestre escolhido foi José Bonifácio; e, como "grande vigilante", ficou Joaquim Gonçalves Ledo (1781-1847). Tampouco ali faltaram os padres filiados, sendo o grande orador da entidade o cônego Januário da Cunha Barbosa.[10]

Os "pedreiros livres", porém, tinham um ponto débil: eles mesmos formaram dois grupos opostos, liderados por Joaquim Gonçalves Ledo e José Bonifácio, que mal se toleravam. Com maestria, Ledo conseguiu destituir o rival do grão-mestrado com um golpe certeiro desferido em 4 de outubro de 1822. Naquele dia, sem que Bonifácio houvesse renunciado ou a assembleia maçônica o houvesse destituído, ele fez com que Dom Pedro I fosse nomeado grão-mestre do Grande Oriente Brasílico. O imperador inclusive recebeu a alcunha "Guatimozim", apelativo do último líder da resistência asteca. Tratava-se de um costume maçônico da época, dar cognomes históricos e heroicos aos filiados. De qualquer modo, a nomeação de Dom Pedro como grão-mestre do Grande Oriente magoou José Bonifácio que, tendo sido nomeado ministro de Estado, "passou a perseguir o grupo de Ledo".[11]

A ocasião para a desforra surgiu quando se soube que Ledo, o General Nóbrega e José Clemente Pereira haviam exigido de Dom Pedro três folhas assinadas em branco e o juramento prévio à constituição que veio a ser aprovado pela assembleia constituinte. José Bonifácio convenceu o neoimperador que aquelas eram exigências absurdas e este, como Grão-Mestre, suspendeu o Grande Oriente em 21 de dezembro de 1822. Joaquim Gonçalves Ledo teve de se refugiar na Argentina durante um ano; mas também a existência do Apostolado foi breve, pois suas atividades terminaram sendo suspensas pelo Ocupante do trono aos 15 de julho de 1823. Os irmãos Andrada caíram em desgraça dois dias depois, sofrendo prisão e desterro.[12] José Bonifácio teve de se exilar na França a 20 de novembro de 1823. Terminara a aventura maçônica de Dom Pedro I, enquanto que a maçonaria, como costumam dizer os maçons, entrou num período de "adormecimento" que durou até a abdicação do jovem imperador, em 1831.[13] Ela, no entanto, contava com uma situação jurídica favorável que lhe permitira o ulterior renascimento. A razão foi a moção apresentada

---

[10] JOSÉ CASTELLANI – WILLIAM ALMEIDA DE CARVALHO, *História do Grande Oriente do Brasil. A Maçonaria na história do Brasil*, p. 21-22, 59.
[11] JOSÉ CASTELLANI, *Os maçons que fizeram a história do Brasil*, Editora A Gazeta Maçônica, São Paulo, 1991, p. 81, 124.
[12] IBIDEM, p. 88.
[13] JOSÉ CASTELLANI – WILLIAM ALMEIDA DE CARVALHO, *História do Grande Oriente do Brasil. A Maçonaria na história do Brasil*, p. 62-63, 65.

pelo deputado cearense João Antônio Rodrigues de Carvalho na sessão constituinte de 7 de maio de 1823, pedindo a revogação do alvará de 30 de março de 1818 que proibira as sociedades secretas,[14] o que se transformou em lei no dia 20 de outubro de 1823.[15]

Entrementes, em nada "adormecera" a movimentada vida particular do monarca, fonte de inesgotáveis constrangimentos. Com o auxílio do secretário alcoviteiro, Francisco Gomes da Silva (1791-1852), vulgo "Chalaça", o séquito de amantes e filhos ilegítimos do Ocupante do trono se tornou motivo de comentários até mesmo nas correspondências diplomáticas. Por isso o barão Emídio Antonini (1787-1862), numa carta capciosa ao soberano do reino das Duas Sicílias aos 11 de julho de 1829, dizia que "o Sr. Francisco Gomes da Silva era um joalheiro português, dotado de muita perspicácia e destreza, que agora goza de toda confiança do imperador, do qual é conselheiro e também íntimo confidente..."[16]

Quando morreu a Imperatriz Leopoldina, no afã de apaziguar os ânimos nacionais, salvar o decoro do Estado e atender às queixas dos diplomatas estrangeiros, julgou-se conveniente arranjar novo matrimônio com uma nobre europeia. A má fama do imperador era enorme, e o emissário brasileiro teve de suportar oito humilhantes recusas nas cortes da Baviera, Wurtenberg, Piemonte e Duas Sicílias, até que Dona Amélia Augusta Eugênia Napoleona de Leuchtemberg (1812-1876), uma jovem bávara de apenas 17 anos incompletos, filha do príncipe de Eichstad, Eugênio Beauharnais, providencialmente aceitou a proposta.[17] Com certas objeções, obviamente, que o barão Antonini descreveu de forma matreira:

> Disseram-me, por outro lado, que um tal Sr.. Barbosa, regressado ultimamente de Londres, tenha levado a S. M. Imperial o retrato da futura esposa, mas se assegura que tenha trazido o aviso, que a efetuação do matrimônio será retardada até que Europa terá notícia da partida da Marquesa de Santos. Realmente, faz oito dias que o Imperador se encontra com alguma desavença com esta favorita.[18]

Realizado o enlace matrimonial aos 2 de agosto de 1829, com a nova esposa Dom Pedro I adotou uma conduta bastante comedida, mas já era tarde. Sua truculência ao repelir movimentos insurrecionais, mais certas atitudes de teor absolutista, haviam-no indisposto irremediavelmente com o país e, por isso, no dia 7 de abril de 1831, abdicou.[19] O episcopado recebeu a notícia qua-

---

[14] *Anais do Parlamento Brasileiro*, tomo primeiro, p. 33.
[15] BRASIL BANDECCHI, *A Bucha, a Maçonaria e o espírito liberal*, p. 27.
[16] EMÍDIO ANTONINI, *Relatórios sobre o Brasil (1828-1831)*, Indústria Tipográfica Brasileira, São Paulo, 1962, p. 23.
[17] JOSÉ TEIXEIRA OLIVEIRA, *Dicionário brasileiro de datas históricas*, 2ª ed., Departamento de Imprensa Nacional, Rio de Janeiro, 1950, p. 45.
[18] ASNA, Ministeri degli Affari Esteri, pasta n. 178, carta n. 10 (30-7-1829).
[19] O documento de renúncia ao trono revela o zelo com que Dom Pedro I cultivava as suas precedências honoríficas. Tanto assim, que nem naquele momento crucial ele se esqueceu dos maiúsculos ao se referir à sua imperial pessoa: "Usando do direito que a Constituição me concede, declaro que hei abdicado mui voluntariamente na pessoa de meu muito amado e prezado filho, o Senhor Dom Pedro de Alcântara. Boa Vista, sete de abril de mil oitocentos e trinta e um, décimo da Independência e do Império. Pedro". (*Abdicação de S. M. o Sr. Dom Pedro I em favor de seu Filho, sua alteza Imperial o Senhor Dom Pedro de Alcântara*, Tipografia Imperial de É. Seignot-Plancher, Rio de Janeiro, 1831.)

se com indiferença, e em Mariana, no dia 19 de abril seguinte, Dom frei José da Santíssima Trindade a citou com frieza, no ato de estabelecer as normas de procedimento para o novo período que se abria:

> Fazemos saber que, havendo Sua Majestade Imperial, o Senhor Dom Pedro Primeiro, o Imperador do Império do Brasil, abdicado à coroa no seu Augusto Filho, o Senhor Dom Pedro segundo, ausentando-se para fora do Império, deixando suas Augustas filhas como fiadoras à sucessão do trono imperial, cumpre suspender a fórmula da coleta nas missas particulares e solenes que até agora se praticara, à qual deverá substituir nas súplicas da Igreja pela prosperidade do Imperador Reinante e do Império.[20]

A partida do imperador não eliminou a influência das decisões religiosas até então tomadas, e que se constituiriam num dos maiores entraves para o desenvolvimento da Igreja nas décadas seguintes.[21]

4.1 – As limitações contidas na Constituição de 1824

Efetivada a separação de Portugal, cem deputados eleitos foram convocados para a assembleia constituinte. Dezenove deles eram clérigos.[22] Uma reunião preliminar foi realizada às 9h do dia 17 de abril de 1823, na presença de 52 parlamentares, ocasião em que Dom José Caetano da Silva Coutinho (1768-1833), bispo do Rio de Janeiro, terminou eleito para a presidência mensal, o que se repetiria em agosto. O ambiente era de euforia liberal, mas o imperador surpreendeu a todos na *fala* de abertura que proferiu aos 3 de maio de 1823, ao fazer uma alusão absolutista: "Espero que a constituição que façais mereça *a minha imperial aceitação* (o grifo é nosso), seja tão sábia e tão justa quanto apropriada à localidade e civilização do povo brasileiro".[23]

Nesse ambiente de desconfiança, para preparar o anteprojeto constitucional, dois dias depois se nomeou uma comissão de seis constituintes. Eram eles: Antônio Carlos Ribeiro de Andrada (presidente), Antônio Luís

---

[20] AEAM, *Carta Pastoral de Dom Fr. José da Santíssima Trindade (19-4-1831)*, em: Governos episcopais, 2.2.2.
[21] Regressando para Portugal, Dom Pedro I enfrentou e derrotou o irmão, Dom Miguel, que em conluio com sua própria mãe, Carlota Joaquina, usurpara o trono de Maria da Glória, a jovem filha que ele mandara como herdeira do trono lusitano após a morte de Dom João VI, ocorrida em 1825. Vitorioso, assumiu a coroa com o nome de Dom Pedro IV e tomou contra a Igreja lusitana medidas ainda mais duras que aquelas que levara a cabo no Brasil. Em parte, isso também se explica pelo desejo que ele tinha de satisfazer os elementos liberais do seu governo que o haviam ajudado na luta contra o reacionário Miguel. Assim, aos 30-5-1834, por meio de um decreto seu e do ministro da Justiça do seu governo, Joaquim Antônio de Aguiar suprimiu todos os conventos, mosteiros, colégios, hospícios e quaisquer casas de religiosos de todas as ordens e congregações (JERÔNIMO LEMOS, *Dom Pedro Maria de Lacerda, último bispo do Rio de Janeiro no Império (1868-1890)*, Edições Lumen Christi, Rio de Janeiro, 1985, p. 399).
[22] Dos 19 clérigos eleitos, dois, Antônio Manoel de Souza do Ceará e Virginiano Campelo do Mato Grosso, não tomaram assento. Os empossados de cada província foram: 1) Goiás: Silvestre Álvares da Silva; 2) Pernambuco: Monsenhor Francisco Muniz Tavares, Ignácio de Almeida Fortuna, Venâncio Henriques de Rezende, Nuno Eugênio de Locio e Seilbitz, Francisco Pereira Barreto; 3) Ceará: José Martiniano de Alencar (foi senador), Manoel Pacheco Pimentel, José Joaquim Xavier Sobreira, Manoel Ribeiro Bessa de Holanda Cavalcanti; 4) Mato Grosso: José Ferreira Nobre; 5) Alagoas: José Antônio Caldas; 5) Minas Gerais: Belchior Pinheiro de Oliveira, Manoel Rodrigues da Costa, José Custódio Dias (foi senador), Antônio da Rocha Franco; São Paulo: Francisco Agostinho Gomes (*Anais do Parlamento Brasileiro – assembleia constituinte – 1823*, tomo primeiro, Tipografia do Imperial Instituto Artístico, Rio de Janeiro, 1874, p. 4-6).
[23] *Falas do Trono desde o ano de 1823 até o ano de 1889*, Companhia Melhoramentos, São Paulo, 1977, p. 37-38.

Pereira da Cunha, José Ricardo da Costa Aguiar, Manuel Ferreira da Câmara Bittencourt e Sá, Pedro de Araújo Lima e Pe. Francisco Muniz Tavares. Apesar de que tenham sido apresentadas algumas propostas, Antônio Carlos preferiu ele mesmo compor em quinze dias um esboço, o qual, como se verá, seria exposto no mês de setembro seguinte.

Naquele período, a atuação parlamentar de alguns dos padres-deputados suscitou não poucas objeções; mas, já se argumentou que, ao invés de regalistas, eles teriam sido, num momento de afirmação nacional, defensores dos direitos do recém-emancipado país e do seu povo. É uma opinião implausível, dada a atitude geralmente omissa que tais sacerdotes mantiveram ante a massa negra e escrava que então formava consistente parcela da população brasileira. Típico foi o caso de Francisco Muniz Tavares. Uma de suas bandeiras foi a luta contra o alvará que proibira a maçonaria em 30 de março de 1818, ao qual criticava como sendo um "detestável estigma da antiga escravidão" colonial brasileira; porém, como diria José Honório Rodrigues, ele e colegas liberais "só viam essa escravidão; a outra, a dos negros, não merecia sua repulsa".[24]

Além disso, os sacerdotes-deputados se acomodaram ao voto "censitário", ou seja, reservado apenas para os homens dotados de certa renda. Foi graças a tal artifício que Pe. Venâncio Henriques de Rezende, representante de Pernambuco, conseguiu ser eleito com apenas 169 votos! A atuação do anteriormente citado Pe. Muniz Tavares tampouco deixou de ser alvo de novas restrições. Compreensível: na sessão de 6 de maio de 1823, ele justificou o pronunciamento de Dom Pedro I ("Constituição digna do Brasil e de mim"), afirmando que as palavras do Imperador "denotavam uma franqueza pouco vulgar". Constrangimento maior causa analisar as propostas opressivas contra a Igreja que alguns desses clérigos pleitearam. Um exemplo: em 24 de maio de 1823, Pe. José Antônio Caldas (1783-?), representante de Alagoas, sob a alegação de que o Brasil "não tinha precisão de tantos sacerdotes", apresentou projeto para limitar a admissão dos candidatos à vida sacerdotal e regular. A proposta seria derrotada no dia 27 de junho daquele ano, mas o conteúdo dela merece ser reproduzido, pois elimina dúvidas sobre a mentalidade do seu autor:

> A assembleia-geral constituinte e legislativa decreta:
> 1° – Fica proibido provisoriamente, da data do presente decreto em diante, até que a assembleia delibere o contrário, a admissão de qualquer pessoa à entrada para o noviciado em todos os conventos de um e de outro sexo, podendo ser admitidos à profissão os que estando já no noviciado quiserem professar.
> 2° – Qualquer regular do sexo masculino que quiser sair do convento, precedendo licença pontifícia que será requerida e protegida pelo governo: ficando os egressos hábeis para ocupar os ofícios civis e eclesiásticos, como qualquer outro cidadão[25].

O tom não mudou depois que, na sessão de 1° de setembro 1823, foi apresentado no plenário para discussão o citado projeto da nova Carta Magna composto por Antônio Carlos. O texto, fiel ao pensamento do seu autor,

---
[24] JOSÉ HONÓRIO RODRIGUES, *A Assembleia Constituinte de 1823*, p. 53.
[25] *Anais do Parlamento brasileiro, – assembleia constituinte – 1823*, tomo I, p. 23, 33, 109 – 110. IDEM, tomo II, p. 136, 139.

maçom notório, constava de 272 artigos e propunha a adoção de total liberdade religiosa para todas as denominações cristãs (art. 14), ainda que assegurasse certa precedência à religião católica (art. 16) e concedesse aos bispos o direito de censura nas publicações relativas a dogma e moral (art. 24). Os religiosos, entretanto, ficavam proibidos de votar (art. 124, V).[26]

Previsivelmente, houve muita discussão a respeito, a começar pelo preâmbulo, cuja proposta original, invocando vagos "auxílios da Sabedoria Divina", foi contestada por José Antônio da Silva Maia e José da Silva Lisboa, que queriam uma citação mais precisa, tipo "auxílios da Santíssima Trindade". A ressalva de Silva Lisboa não prevaleceria tão grande era o relativismo religioso de alguns parlamentares. Francisco Gê Acayaba de Montezuma (visconde de Jequitinhonha) era categórico: "Disse o Sr. Maia que a Trindade Santíssima era o primeiro mistério de nossa religião. [...] Para mim são todos veneráveis igualmente e no mesmo grau".[27]

Nesse ínterim, a incompatibilidade entre o governo forte e a câmara desconfiada crescia. Os irmãos Andradas, indispostos com o imperador, lançaram os jornais de combate *O Tamoio* e *A Sentinela da liberdade* à beira mar da praia grande e reuniram em torno de sua indignação muitos deputados, que afirmavam iguais sentimentos de hostilidade para com o monarca.[28] A certa altura o padre-deputado de Minas Gerais, Manoel Rodrigues da Costa (1754-1840), advertiu a assembleia de que poderia ser dissolvida, coisa que deveras viria a acontecer aos 12 de novembro de 1823. Treze parlamentares que se opuseram à medida acabaram presos, quatro dos quais eram sacerdotes: Belchior Pinheiro de Oliveira, José de Alencar, Francisco Muniz Tavares e Venâncio Henrique de Rezende. Porém, ao contrário dos demais, os padres não foram exilados.[29]

Dom Pedro I, tentando atenuar a violência do gesto que cometera e reconciliar-se com os moderados de seu círculo, ainda no dia 12 de novembro prometeu por meio de um decreto convocar já outra constituinte dotada de um projeto "duplicadamente mais liberal".[30] Por isso, antes que o mês acabasse, criou um conselho de Estado (abolido em 1834 pelo Ato Adicional), composto por seis ministros recém-nomeados, nas pessoas de João Gomes da Silveira Mendonça, Mariano José Pereira da Fonseca, João Severiano Maciel da Costa, Luís José de Carvalho e Melo, Clemente Ferreira França e Francisco Vilela Barbosa. A eles agregou mais quatro personalidades políticas: José Joaquim Carneiro de Campos, Manoel Jacinto Nogueira da Gama, Antônio Luís Pereira da Cunha e José Egídio Arantes de Almeida, barão de Santo Amaro. Todos eles eram brasileiros natos, e coube a Carneiro de Campos, tendo como base um rascunho do próprio imperador, que por sua vez servira-se do antigo projeto de Antônio Carlos, ser o principal mentor e redator do texto, possibilitando ao Conselho de em menos de um mês levar a cabo a empreitada. Aos 11 de dezembro de 1823 o projeto estava pronto, tendo sua impressão na Tipografia Nacional concluída nove dias depois, ao que se seguiu a distribuição para ser aprovada pelas municipalidades.

---

[26] *Anais do Parlamento brasileiro, – assembleia constituinte – 1823*, tomo V, p. 6-7,11.
[27] IBIDEM, p. 86-88.
[28] PEDRO CALMON, *História do Brasil*, vol. IV, p. 203.
[29] JOSÉ HONÓRIO RODRIGUES, *A Assembleia Constituinte de 1823*, Editora Vozes, Petrópolis, 1974, p. 199, 222-223.
[30] *Falas do Trono desde o ano de 1823 até o ano de 1889*, p. 81.

Ato contínuo, aos 25 de março de 1824, na capela imperial, o imperador solenemente outorgou e jurou a primeira constituição do Brasil independente, data em que começou a vigorar em todo o país.[31]

A referida Carta Magna fez anteceder seus dispositivos com um chamativo "Em nome da Santíssima Trindade". Era composta por 179 artigos e estabeleceu que o governo fosse unitário e o Estado, monarquia hereditária. Uma criação artificiosa – o "poder moderador" –, definido no título 5º ("Do imperador"), artigo 98, como "chave de toda organização política e delegado privadamente ao imperador", consentia ao Ocupante do trono exercitar legalmente atos discricionários, intervindo nos demais poderes. Nos 65 anos em que permaneceu vigente, a constituição de 1824 manteria esse estranho hibridismo de absolutismo bragantino com liberalismo burguês. A mesma mentalidade autoritária, revestida de retórica liberal, seria aplicada em relação à Igreja, pois, como já se afirmou, "o governo brasileiro julgava ser o padroado um direito majestático, tal como nunca o fora antes pelo governo português".[32] Por esse mister, mesmo tendo reconhecido o Catolicismo como religião oficial do país, o jurisdicionalismo régio eivava vários dispositivos, como segue:

> Artigo 5: A religião católica apostólica romana continuará a ser a religião do Império. Serão permitidos a todas as outras religiões seus cultos domésticos ou privados em casas para este fim destinadas sem forma alguma exterior de templo.
> Artigo 92: São excluídos de votar nas assembleias paroquiais: [...] §4 Os religiosos e quaisquer que vivam em comunidade claustral.
> Artigo 102: O Imperador é o Chefe do poder executivo, e o exercita pelos seus ministros de Estado. São suas principais atribuições: [...] §2 Nomear bispos e prover os benefícios eclesiásticos. [...] §14 Conceder ou negar beneplácito aos decretos de concílios e letras apostólicas, e quaisquer outras constituições eclesiásticas que não se opuserem à constituição; e procedendo aprovação da assembleia, se tiverem disposição geral.
> Artigo 103: ...O Imperador jurará manter a religião católica romana.
> Artigo 106: O Herdeiro presuntivo, em completando 14 anos de idade, prestará nas mãos do Presidente do Senado, reunidas as duas Câmaras, o seguinte juramento – Juro manter a Igreja Católica Apostólica Romana, observar a constituição política da nação brasileira, e ser obediente às Leis e ao Imperador.
> Artigo 179: [...] § 5 Ninguém pode ser perseguido por motivo de religião, uma vez que respeite a do Estado.[33]

O primeiro ponto que causou controvérsia foi o artigo 5º, afirmando que a religião Católica Apostólica e Romana "continuaria" a ser a religião do império. Não bastasse essa decisão ter sido tomada sem qualquer diálogo prévio com a Santa Sé, ela simplesmente confirmava a tutela que o Estado estava impondo sobre a Igreja, em nome da legitimação de um fato e de um "direito" preexistentes. Sem meios termos, o sistema manifestava-se pela defesa

---

[31] PEDRO CALMON, *História do Brasil*, vol. IV, p. 206-207.
[32] CÂNDIDO MENDES DE ALMEIDA, *Direito civil e eclesiástico brasileiro antigo e moderno*, tomo I, primeira parte, p. 269.
[33] *Constituição política do Império do Brasil (1824), seguida do Ato Adicional (1834)*, Eduardo Henrique e Laemmert Editores, Rio de Janeiro, 1863, p. 5-9, 62, 79, 91, 94, 145.

de uma religião tal como ele próprio a via e praticava, e não como ordenava Roma. Isso era tão evidente que, décadas depois, seria proclamado sem meios termos na imprensa anticlerical:

> O pensamento dos autores da constituição foi fundar entre nós uma Igreja nacional, que, vivendo na unidade católica, tivesse certa independência da centralização romana, que sujeita ao Papa nos pontos de doutrina, não fosse nas decisões, contrárias ao espírito do Cristianismo, aos cânones recebidos e aos costumes dos nossos pais, esse privilégio da Igreja galicana. Por isso o legislador constituiu o Imperador a primeira autoridade eclesiástica do país, nesse sentido – que lhe pertence não só a escolha do pessoal, a formação da hierarquia da Igreja, como o julgamento supremo de todas as leis e decretos dos papas e dos concílios.[34]

E o preconceito institucionalizado produziu situações realmente paradoxais, em que até mesmo parlamentares que viviam circundados de escravos, não hesitavam em adotar a Igreja como alvo preferido, quando se tratava de defender a causa da "liberdade". Esse anticlericalismo fácil seria denunciado inclusive por protestantes, como a inglesa Maria Graham (1785-1842), preceptora dos filhos do imperador Dom Pedro I, que, depois de viver alguns anos no Brasil, faria uma crítica contundente:

> Dos poucos [brasileiros] que leem assuntos políticos, a maior parte é discípula de Voltaire e excede-se nas suas doutrinas sobre política, e igualmente em desrespeito à religião; por isso, para a gente moderada, que tenha passado pela experiência das revoluções europeias, suas dissertações são às vezes revoltantes.[35]

O mais grave é que a mesma mentalidade abriu o caminho para as numerosas medidas anticlericais que se verificariam nos anos seguintes. Geralmente, a escusa mais usada para tanto era que a ação de Roma nada mais seria que uma intromissão na ambiência da Corte brasileira, e que o Papa era "um soberano estrangeiro".[36]

4.2 – A imposição da versão imperial do padroado em 1827

Apesar de tudo, é certo que o Estado reconhecia à Santa Sé o direito de conceder padroados, pois, seis meses após o texto constitucional ser outorgado, isto é, aos 7 de agosto de 1824 foi organizada uma missão diplomática para ir a Roma sob o comando de monsenhor Francisco Correia Vidigal. Acompanhava-o seu secretário, Vicente Antônio da Costa, e o jovem Bernardo Rangel. A escolha em si mesma já era ambígua, se se considera que Vidigal aplicava as máximas liberais no campo religioso, fazendo uma nítida distinção entre Igreja e papado, nutrindo contra este último um espírito de desconfiança.[37] Por isso, a missão que encabeça-

---

[34] JOAQUIM NABUCO, *O Partido Ultramontano e suas invasões, seus órgãos e seu futuro*, Tipografia da Reforma, Rio de Janeiro, 1873, p. 9.
[35] MARY GRAHAM, *Diário de uma viagem ao Brasil e de uma estada neste país durante parte dos anos de 1821, 1822, 1823*, p. 162.
[36] FLÁVIO GUERRA, *A questão religiosa do Segundo Império brasileiro*, Irmãos Pongetti, Rio de Janeiro, 1952, p. 34.
[37] CARLOS MAGALHÃES AZEREDO, *O reconhecimento da independência e do Império do Brasil pela Santa Sé*, Indústria Tipográfica Romana, Roma, 1932, p. 3-6.

va tinha dois objetivos: que Roma aceitasse e legitimasse o novo país como nação independente e que o Papa confirmasse os "direitos" imperais. Neste segundo ponto, tal confirmação deveria ser de acordo com a interpretação que dava o Ocupante do trono, que implicava institucionalizar o "direito" daquele à indicação dos titulares de bispados, dos cabidos e de outros benefícios; o "direito" à placitação de bulas e decretos pontifícios, regulamentação da atividade missionária, execução do regímen de *mão morta* sobre as propriedades da Igreja e dos regulares e o exercício do recurso do clero à Coroa nas questões ocorrentes no foro eclesiástico. Para tanto, o ministro dos negócios estrangeiros, Aloísio José de Carvalho e Melo, futuro visconde de Cachoeira, em nome do imperador, aos 28 de agosto de 1824, muniu Vidigal de detalhadas instruções, compostas de 33 parágrafos, cujo galicanismo político era mais que evidente:

> V. Ilma. sabe que, por bulas existentes, têm os bispos do Ultramar muitas faculdades para dispensar nas reservas, de que manhosa e astuciosamente se empossou a Cúria Romana, contra as legítimas faculdades dos bispos, que nos direitos episcopais, em virtude de sua divina instituição, são iguais aos bispos de Roma, e que pelo primado não têm nem devem ter mais que as regalias necessárias para conservar a unidade da Igreja Católica.[38]

Com tais *Instruções* em mãos e investido de plenos poderes, Vidigal chegou a Roma aos 5 de janeiro de 1825. Conhecedor da língua italiana – havia estudado teologia lá –, no dia 13 seguinte, foi recebido pelo Cardeal Giulio Maria Cavazzi della Somaglia (1744-1830), secretário de Estado, que o tratou cortesmente, mas sem aceitar as credenciais que trazia. O motivo era que Portugal, inconformado com a perda da principal colônia que tinha, por meio do seu ministro junto aos Estados Pontifícios, Dom Domingos Antônio de Souza Coutinho (1760-1833), conde de Funchal, lutava para que a referida missão fracassasse, inclusive ameaçando represálias contra a Cúria Romana. Tendo presente a delicadeza da situação, o Cardeal secretário de Estado sequer consentiu ao representante brasileiro figurar como encarregado oficial do Brasil junto à Santa Sé, motivo pelo qual ele permaneceu um ano em Roma esperando uma solução que não chegava. Apesar de tudo, sua situação era mais confortável que a dos representantes das nascentes repúblicas hispânicas, pois Funchal não conseguiu expulsá-lo da cidade, ao contrário do embaixador espanhol, que conseguira impedir a entrada dos emissários da América.[39] O impasse duraria até 1825, mas, graças à intercessão do Cardeal Bartolomeu Pacca que conhecera Dom Pedro I quando menino, Portugal aceitou enfim a perda da sua possessão sul-americana.[40]

---

[38] CÂNDIDO MENDES DE ALMEIDA, *Direito civil e eclesiástico brasileiro antigo e moderno em suas relações com o direito canônico*, tomo 2, p. 702-718.
[39] CARLOS MAGALHÃES DE AZEREDO, *O reconhecimento da independência e do Império do Brasil pela Santa Sé*, p. 21-23.
[40] Portugal reconheceu a independência do Brasil em tratado firmado aos 29-8-1825, por meio do qual o Brasil obrigava-se a indenizar a ex-Metrópole em dois milhões de libras, e assumia o compromisso de quitar um empréstimo contraído pelo reino em Londres no ano de 1823. Bruno de Almeida Magalhães interpretou o fato como "vergonhoso", ou, como dizia ele, "uma bofetada vibrada na face dos brasileiros". Fundamenta sua crítica explicando que, pelo dito tratado, "Dom João VI doou o Brasil para o seu filho, com a condição deste pagar à Inglaterra o empréstimo contraído pelo doador para combater a independência do novo Império" (BRUNO DE ALMEIDA MAGALHÃES, *O Visconde de Abaeté*, Companhia Editora Nacional, São Paulo, 1939, p. 23).

A situação ainda não estava resolvida, mas, graças à intercessão do mesmo Cardeal Pacca, em 13 de janeiro de 1826, o representante do Brasil pôde afinal apresentar as credenciais. Além disso, a Santa Sé também reconheceu a independência brasileira no dia 23 daquele mesmo mês, permitindo que dia seguinte Vidigal alçasse as armas nacionais à porta da legação. Seu trabalho seria árduo, pois o soberano desejava para si e seus sucessores a transferência do grão-mestrado das ordens militares do reino português. Sem chegar a um acordo concordatário, Leão XII, por meio da bula *Praeclara Portugalliae*, datada de 15 de maio de 1827, criou para o Brasil as ordens de Cristo, Santiago e Avis, conferindo ao soberano do novo reino o padroado e benefícios do império:

> Atendendo Nós ao ardente zelo com que o dito Imperador, seguindo o exemplo dos seus antepassados, procura não só manter, mas ainda propagar a Religião com todo o empenho e trazer à fé Católica os idólatras e gentios que em grande número ainda existem naquele país, e intimamente convencidos de que ele há de perseverar nesta resolução e na mesma devoção para com esta Sé Apostólica, recolhemos com peculiar benevolência as suas súplicas; e pelas presentes Letras de perpétuo vigor, declaramos que Dom Pedro I, e a quem existir como Imperador do Brasil, grão-mestrado nas sobreditas ordens unidas ou da Ordem Militar de Cristo; de modo que, tanto Dom Pedro como aqueles que para o futuro lhe sucederem no Império do Brasil como mestres perpétuos administradores da mesma ordem gozem de todos os privilégios e direitos que por Autoridade dos Nossos Predecessores possuíam ali os reis de Portugal, na qualidade de mestres da dita Ordem, e os possam livremente exercer sobre as igrejas e benefícios pertencentes à dita Ordem, sobre os quais os mencionados reis podiam legitimamente exercê-los.
> Pela qual razão o direito de apresentação e nomeação aos bispados e outros benefícios, de deputar preceptores para as preceptorias, comendadores para as comendas, regedores para os conventos e congregações da Ordem, ministros para a boa arrecadação e administração dos rendimentos, assim como outras prerrogativas que foram deixadas ao grão-mestre da Ordem Militar de Cristo, depois de expedidas as bulas de Leão X, que principiam – *Dum fidei constantiam e Proexellenti* –, depois pela bula de União de Júlio III, que principia – Praeclara charissimi –, e reunidas em uma passaram para os reis de Portugal; e se estes direitos ou privilégios foram alguma vez exercidos pelos mesmos reis da região brasílica, declaramos que todos eles ficam pertencendo ao Imperador Dom Pedro I e aos seus sucessores no Império, e podem ser exercidos por eles como grão-mestres da Ordem de Cristo.[41]

Antes que tal bula chegasse ao Brasil, outro evento permitiu antever qual seria o seu desfecho. No ano precedente, Vidigal também apresentara uma nota ministerial datada de 8 de junho de 1826, em que se pedia ao Papa elevar à categoria de dioceses as duas prelazias de Goiás, GO e Cuiabá, MT, ao passo que, numa segunda nota, com data de 19 de junho seguinte, assegurou-se ao Romano Pontífice que seria estabelecida côngrua dotação para as catedrais e os seus seminários. Tomando como verdadeiras tais palavras que não foram ditas como promessas, mas como certezas, Leão XII, por meio da bula *Sollicita Catholici Gregis Cura*, atendeu à solicitação imperial. Verificando, po-

---

[41] LEO XII, Bulla "Praeclara Portugalliae, Algarbiorumque Regum", em: *Bullarium Romanum*, tomo 17, Rainaldi Segreti, Romae, 1855, p. 59.

rém, que os dotes das novas dioceses eram simbólicos, indicou novos índices, mas sem deixar de estender a Dom Pedro I a concessão de poder apresentar os nomes dos dois prelados. Assim que a referida bula chegou, o imperador submeteu-a ao exame da Comissão Eclesiástica formada por quatro notórios clérigos regalistas, que eram Antônio da Rocha Franco, Miguel José Reinault, José Bento Leite Ferreira de Melo e Diogo Antônio Feijó. A primeira observação que fizeram foi a de que o imperador do Brasil, pela constituição do império, tinha como prerrogativa própria a nomeação de bispos e promoção aos benefícios eclesiásticos, devido ao "incontrastável direito de padroado". Sendo assim a concessão papal não podia ser admitida, porque, além de desnecessária, era "perigosa e funesta". Nesse pressuposto, o parecer emanado por tal comissão no dia 1º de junho de 1827 recomendou a Dom Pedro I dar o seu *beneplácito* à bula papal somente na parte relativa à ereção dos dois episcopados, rejeitando o resto.[42]

Dom Pedro seguiu à risca tal sugestão e, no dia 3 de novembro do mesmo ano, aprovou somente o que o parecer lhe recomendara.[43] Ainda com relação a Cuiabá, outra importante disposição seria tomada em 1831, já nos tempos da regência: o frade capuchinho, frei José Maria de Macerata, nomeado prelado da nova jurisdição, terminou abruptamente destituído por um decreto do ministério da justiça e negócios eclesiásticos, por não ser brasileiro.[44]

Enquanto isso, a bula mais importante, a do padroado, também fora remetida em cópia ao Brasil por Francisco Correa Vidigal no dia 9 de julho de 1827. Como no caso precedente, assim que chegou, entregaram-na para ser examinada, mas desta vez por duas comissões reunidas, a de constituição e a de negócios eclesiásticos. O exame seguiu ao pé da letra o pensamento do falecido bispo de Olinda, Dom José Joaquim da Cunha Azeredo Coutinho, para quem, depois do reconhecimento – não concessão – do Papa Júlio III, e da incorporação das referidas ordens religiosas militares nas mãos do rei, este tomava as suas decisões por direito próprio (inclusive no âmbito espiritual) e afirmava diversamente nada mais era que "usurpação".[45]

Com base nessa concepção, primeiro as comissões contestaram – mas omitindo que fora o Ocupante do trono quem solicitara de ser investido com as prerrogativas das tais ordens militares[46] –, a não atuação da Ordem de Cristo no Brasil, motivo principal que direcionava o documento examinado. Era um despropósito, pois o mesmo argumento havia sido exaustivamente usado por funcionários pombalinos para provar que o clero não passava de um simples

---

[42] ASPF, "Parecer da Comissão Eclesiástica sobre as Bulas Pontifícias com as quais o S. Padre Leão XII erigiu em bispados as prelazias de Goiás e Mato Grosso", em: *América Meridional*, cód. 6 (1826-1842), fl. 90.
[43] *Coleção das Leis do Império do Brasil*, parte I, Tipografia Nacional, Rio de Janeiro, 1878, p. 82.
[44] ORLANDO GOMES, *Carta Pastoral – centenário do Seminário da Conceição de Cuiabá, Mato Grosso*, Escolas Profissionais Salesianas, São Paulo, 1958, p. 7.
[45] JOSÉ JOAQUIM DA CUNHA D´AZEREDO COUTINHO, *Cópia da análise da bula do Santíssimo Padre Júlio III*, T. C. Hansard, Londres 1818, p. 4.
[46] Esse fato era tão conhecido que, décadas depois, o grão-mestre maçom, Joaquim Saldanha Marinho, ainda se recordaria dele com visível mágoa: "A primeira e mais formal tentativa do pontificado romano para estabelecer o seu poder e absoluta autoridade foi a Bula *Praeclara Portugalliae* de 30 de maio de 1827, de Leão XII, criando no Império a Ordem de Cristo e constituindo os imperadores grão-mestres perpétuos dessa ordem. E foi o primeiro imperador a solicitar tamanho benefício!" (UBALDINO DO AMARAL, *Saldanha Marinho – esboço biográfico*, Dias da Silva Júnior Tipógrafo Editor, Rio de Janeiro, 1878, p. 107).

corpo de funcionários do rei de Portugal. Disso dera explícita demonstração o Desembargador Teixeira, quando acusara o bispo de Mariana de usurpação dos direitos pertencentes ao mestrado da Ordem de Cristo, na censura que moveu contra os oficiantes da igreja de Antônio Dias que haviam se insurgido contra o despotismo do governador. Com rigidez, ele então argumentou: "As igrejas ultramarinas [entre as quais as igrejas do Brasil] são sujeitas à Ordem de Cristo". Isso porque, no seu entender, "a Ordem de Cristo é verdadeira religião e dela é Sua Majestade Fidelíssima, Grão-Mestre e Prelado Regular e Ordinário, sujeito somente à Sé Apostólica, com jurisdição ordinária, visitações, correção e superioridade nas pessoas e bens da mesma Ordem".[47]

O primeiro império conhecia e valorizava essa tradição, tanto assim que a bandeira nacional que se adotou após a independência, idealizada por José Bonifácio e desenhada por Jean Baptiste Debret, ostentava no brasão central nada mais nada menos que a cruz da Ordem de Cristo! E mais: num parecer emitido pela Mesa de Consciência e Ordens aos 22 de novembro de 1822, Antônio José Miranda e José Albano Fragoso defenderam veementemente a sujeição da Igreja no Brasil ao mestrado da Ordem de Cristo exercido pelo soberano, porque, segundo eles, a Dom Pedro I, na condição de príncipe primogênito e herdeiro do trono português, por legitimidade de sucessão, cabia o natural exercício de tal Grão-mestrado, "existente, incorporado e encravado inteiramente no Brasil".[48]

Descartando as evidências históricas, os examinadores demonstraram que seu interesse consistia em salvaguardar a supremacia do Estado sobre a Igreja, coisa que fizeram de forma acintosa, inclusive ao se referirem ao Papa: "Pode-se, jamais, sancionar-se o princípio que a bula parece querer-se consagrar, de que é lícito levar-se desolação e fogo à casa daqueles que não creem no que nós não cremos?" [...] Tem porventura o Papa algum depósito de poder temporal, com que possa mimosear os monarcas seus amigos?" Dessa premissa, a "conclusão" não fez mais que repetir o que já se dissera em relação à ereção dos bispados de Goiás e Cuiabá: Não, o Papa não possuía poderes para conceder o padroado, porque tal regime era um "direito" imperial próprio! Esse direito natural era "essencialmente inerente à soberania conferida pela unânime aclamação dos povos do império e lei fundamental". Sendo assim, a bula era "ociosa", porque tinha "por fim confirmar o direito de apresentação de bispos e benefícios, que aliás o imperador tem por títulos mais nobres".[49]

De novo o governo acatou o parecer, e, por meio da Decisão n. 103, emanada no paço imperial aos 3 de novembro de 1827, rejeitou a bula papal porque "continha disposição geral manifestamente ofensiva à constituição e aos direitos do imperador, por cujo motivo não podia ser aprovada pelo legislativo".[50] O direito do padroado, entretanto, permaneceu em vigor, não pelo caráter oficialmente cristão do Brasil, mas por força da constituição imperial, então considerada como única norma legítima de agir, digna de ser observada inviolável. O governo dava tão pouca importância

---

[47] JOSÉ FERREIRA CARRATO, *Igreja, Iluminismo, e escolas mineiras coloniais*, p. 78-79.
[48] ASV, "Parecer dado pela Mesa de Consciência e Ordens aos 22-11-1822", em: *Nunciatura Apostólica no Brasil*, fasc. 10 (Governo Imperial), doc. n 3, fl. 5-6.
[49] JOÃO DORNAS FILHO, *O Padroado e a Igreja brasileira*, p. 46-48.
[50] *Coleção das decisões do Governo do Império do Brasil de 1827*, Tipografia Nacional, Rio de Janeiro, 1878, p. 196.

à opinião da Santa Sé sobre o assunto que, por sua própria conta, encerrou a questão no dia 4 do mês seguinte com a Decisão de n. 115, emanada da pasta da Justiça. Em tal documento – um longo aviso de Lúcio Soares Teixeira de Gouveia –, sem sequer tratar a questão diretamente, ao responder à consulta feita pela Mesa de Consciência e ordens sobre o modo de prover à dignidade de Arcediago em Recife, aproveitou-se do ensejo para confirmar a institucionalização da supremacia do Estado. Grosso modo, o conteúdo nada mais era que uma síntese dos dispositivos da Carta de 1824 e das críticas das comissões examinadoras, afirmando abruptamente que ao soberano competia nomear os Bispos e prover os benefícios eclesiásticos pela constituição do império, porquanto revestido de todos aqueles poderes que exercitavam os reis portugueses, sem necessidade de observar os ditames do grão-mestrado e "sem dar quartel a doutrinas em contrário".[51]

A Santa Sé nunca deu seu aval às pretensões do Trono, como se torna evidente pela absoluta ausência de documentos pontifícios que as legitimassem. O privilégio concedido em 1827 não foi retirado; mas, como aquilo que se institucionalizou no primeiro império não era por Roma reconhecido, de fato, o padroado no Brasil inexistia. Para evitar um desfecho pior, os Pontífices seguintes evitaram a polêmica aberta, mas as bases de numerosos problemas futuros estavam bem estabelecidas. Ironizando o ocorrido, Cândido Mendes diria que o sistema vigente no Brasil era tão somente um "padroado imposto à força".[52]

4.3 – A sedimentação do aparato controlador do Estado

Antes de a constituição de 1824 ser outorgada e sem que existisse uma concordata com a Santa Sé, o imperador já fazia uso dos seus "direitos". Por detrás dessas iniciativas, havia toda uma mentalidade jurídica, articulada e por fim tornada de comum aceitação, durante séculos de colonização. A Coroa interferia em assuntos eclesiásticos desde a chegada dos portugueses à América, época em que vigoravam as *Ordenações Afonsinas*. Estas seriam substituídas em 1514 pelas *Ordenações Manuelinas*, que por sua vez cederiam o lugar para outras ainda mais incisivas, as *Ordenações Filipinas* (o *Código dos Felipes*, citado anteriormente). Ao lado das referidas *Ordenações* havia ainda numerosas outras leis, normas várias codificadas e decretos específicos, bem como o direito canônico. Este último possuía um grande âmbito de aplicação, pois se ocupava de questões que iam do nascimento do indivíduo até a sua morte (livros de registros e aspectos outros) e diversas situações relativas à família e à jurisprudência penal. Por isso, a cátedra de cânones era prestigiosa na universidade de Coimbra, e até o "árcade" mineiro Manoel Inácio da Silva Alvarenga (1749-1814) foi lá se instruir em tal ciência de 1773 a 1776.[53] Diga-se, ainda, que a mencionada cadeira foi mantida no Brasil até 14 de novembro de 1890, quando o governo provisório da República a aboliu.[54]

---

[51] *Coleção das leis do Império do Brasil de 1827*, parte segunda, p. 205-206.
[52] Manuel Barbosa, *A Igreja no Brasil*, Editora e Obras Gráficas A Noite, Rio de Janeiro, 1949, p. 25; Cândido Mendes de Almeida, *Direito civil e eclesiástico brasileiro antigo e moderno*, p. 278.
[53] Cf. Alfredo Bosi, *História concisa da literatura brasileira*, nota 61, 49ª ed., Editora Cultrix, São Paulo, 2013, p. 82.
[54] *Decretos do Governo Provisório da República dos Estados Unidos do Brasil*, 11º fascículo, Imprensa Nacional, Rio de Janeiro, 1890, p. 1310-1311.

O fato é demonstrativo de como a separação de Portugal não provocou alterações significativas no modelo político e jurídico brasileiro. Tanto assim que as primeiras academias foram mantidas em sua essência após a separação de Portugal, e as primeiras academias jurídicas fundadas no jovem país no ano de 1827 – São Paulo e Olinda – sem uma tradição própria, reproduziram os hábitos e as ideias de Coimbra. Como afirma Sílvio Meira, mesmo depois da independência, nós "éramos um prolongamento peninsular em terras do Novo Mundo. Uma extensão de Portugal".[55]

Apoiando-se em tal mentalidade, aos 13 de janeiro de 1824, a portaria n. 22 da Justiça, expedida por Clemente Ferreira França (1774-1827) aos bispos diocesanos, impôs que não ordenasse pessoa alguma, sem precedente licença especial.[56] Cinco meses mais tarde, no dia 28 de maio, um comunicado da Justiça, de n. 121, firmado novamente por Ferreira França, informou ao prelado de Goiás que as Bulas de confirmação e sagração teriam efeito só depois de receberem o imperial beneplácito.[57]

Sempre nessa perspectiva, aos 5 de novembro de 1827, outro decreto da Justiça, de n. 105, firmado pelo conde de Valença, ordenou que não fossem admitidos a despacho os breves ou quaisquer outros rescritos pontifícios sem a prevenção da licença obtida para as impetrar.[58] Decretos sucessivos, leis e decisões fizeram a Igreja no Brasil perder um a um todos os privilégios de que até então gozara: foro eclesiástico com jurisdição contenciosa e feitos civis, alternativa dos testemunhos (lei de 27 de agosto de 1830) e outros mais.[59] A antiga política lusitana em relação aos dízimos eclesiásticos, entretanto, foi mantida. Como até então não existira clareza entre a colaboração dos fiéis para o culto e o fisco do Estado, o governo optou pela solução que lhe era mais cômoda: assenhoreou-se de tudo! Alegava-se que bispos e párocos eram sustentados por côngruas e que, para pagá-las, o governo necessitava perceber aqueles dízimos. As *Instruções* dadas a Monsenhor Vidigal já evidenciavam essa tática:

> Torno a recomendar a V. Ilma. a matéria da percepção dos dízimos por ser este de grande importância, porque V. Ilma. sabe muito bem que todos os bispos e párocos do Brasil não recebem dízimos, e somente côngruas, e que, no estado atual, não pode o Estado prescindir de tão grande rendimento, nem lhe é possível substituir-lhe outras rendas; portanto, deve ter o maior cuidado em que este negócio fique muito clara e positivamente declarado e decidido.[60]

---

[55] SÍLVIO MEIRA, *Teixeira de Freitas, o jurisconsulto do Império*, José Olympio Editora, Rio de Janeiro, 1979, p. 47, 53.
[56] *Coleção das leis do Império do Brasil de 1824*, Imprensa Nacional, Rio de Janeiro, 1887, p. 14-15.
[57] IBIDEM, p. 87.
[58] *Coleção das decisões do Império do Brasil de 1827*, p. 197.
[59] RAIMUNDO TRINDADE, *Arquidiocese de Mariana – subsídios para a sua história*, vol. I, Escolas Profissionais Salesianas do Liceu Coração de Jesus, São Paulo, 1928, p. 357.
[60] O Império brasileiro, parcialmente, deu continuidade ao sistema português, que mais se preocupava em fundar bispados e paróquias que em sustentar missionários e párocos. Nos tempos da Colônia, a côngrua era restrita ao bispo, cabido, párocos, curas e coadjutores, ficando excluídos os capelães da Misericórdia, capelães de engenho ou de capelas filiais, que recebiam seu sustento de particulares ou de alguma entidade (irmandades), conforme ajuste feito. Os oficiais da Fazenda de Portugal mostravam má vontade na distribuição das côngruas, causando vexames e embaraços aos ministros do altar. Com a independência do Brasil, a preocupação com a criação de bispados foi eliminada no Primeiro Império, mas o Estado continuou na posse dos dízimos eclesiásticos (ARLINDO RUBERT, *A Igreja no Brasil*, Livraria Editora Pallotti, Santa Maria, 1981, p. 295 – 297; CÂNDIDO MENDES DE ALMEIDA, *Direito civil e eclesiástico brasileiro antigo e moderno*, tomo II, p. 708).

A exemplo do que ocorrera no período colonial, o Estado jamais manteve os clérigos, uma vez que o valor da côngrua estipulada nas folhas do Tesouro era tão irrisório, que os sacerdotes, premidos pela penúria econômica, sobreviviam taxando os sacramentos ou dedicando-se conjuntamente a outras profissões. A penúria em que vivia o clero fez escassear as vocações, e a Igreja teve de se valer de vocacionados negros. Isso foi testemunhado pelo capelão anglicano de origem irlandesa, Robert Walsh (1772-1852), no decorrer dos anos de 1828 e 1829:

> O clero nativo [brasileiro], de forma geral, não é constituído por homens cultos, pois não possuem meios para se educarem. A pobreza dos bispos é um obstáculo ao estabelecimento de seminários eclesiásticos numa escala suficientemente ampla ou liberal a ponto de oferecerem aos candidatos os meios ou oportunidades de uma educação mais apurada. Os atrativos que a Igreja oferece são tão poucos e a remuneração tão limitada, que os homens de famílias prósperas ou de mais cultura sempre preferem uma ocupação mais atraente e proveitosa; ninguém, a não ser pessoas de classes inferiores, consagra seus filhos a ela. Aqui a Igreja não fornece recursos aos membros mais jovens das famílias de bem como faz em outros países. Em parte, isso pode ser responsável pela admissão de negros nas Ordens Sagradas, os quais celebram nas igrejas junto com os brancos. Eu próprio vi três padres numa mesma igreja, na mesma hora, um era branco, outro mulato e o terceiro, negro. A admissão de pessoas pertencentes a essa pobre raça desprezada, a fim de exercerem a mais alta função que um ser humano pode realizar, demonstra claramente a maneira como é considerada em diferentes lugares. [...] No Brasil, veem-se negros celebrando as missas e brancos recebendo o sacramento de suas mãos.[61]

Enquanto isso, as medidas antieclesiásticas prosseguiam. Ainda em 1828 foi extinto o Tribunal de Bula de Cruzada, seus documentos entregues ao Tesouro e suas causas ao juízo dos Feitos da Fazenda. Fechou-se também os Tribunais das Mesas do Desembargo do Paço e da Consciência e Ordens. Entre os autores da iniciativa estavam três padres deputados citados acima: Feijó, Ferreira de Melo e Reinault. Para extinguir a bula de cruzada alegaram dois motivos: defesa do interesse nacional, porque, segundo eles, sob o manto da religião a referida bula era um decreto de tributo sobre a nação brasileira; e para salvaguardar as prerrogativas do episcopado, pois a mesma bula também seria atentatória à disciplina e autoridade dos bispos. Com isso, passou a ser negado à Santa Sé a prerrogativa que tinha de receber do império, por direito de bula, por ele próprio solicitada, a contribuição prometida anualmente para o óbolo de São Pedro.[62] A segunda medida, mandando fechar os Tribunais das Mesas do Desembargo do Paço e da Consciência e Ordens, também trouxe enormes consequências, pois marcou o início da secularização das causas canônicas. Com isso, a justiça comum assumiu as atribuições daqueles tribunais, entre as quais se incluíam cartas de legitimação de filhos ilegítimos, confirmação de adoções, sub-rogação de bens e anulações de eleições de irmandades.[63]

---

[61] ROBERT WALSH, Notícias do Brasil (1828-1829), vol. I, p. 158-159.
[62] JÚLIO CÉSAR DE MORAIS CARNEIRO, O Catolicismo no Brasil (memória histórica), Livraria Agir Editora, Rio de Janeiro, 1950, p. 144-145.
[63] GÉRSON BRASIL, O Regalismo brasileiro, Livraria Editora Cátedra, Rio de Janeiro, 1978, p. 55.

Essa mesma política, que relegava a Igreja a um departamento da instituição leiga e buscava limitar cada vez mais a autoridade do Sumo Pontífice[64], legitimou tranquilamente a transformação das paróquias em células administrativas do sistema eleitoral vigente. Por isso, as votações, precedidas por missas solenes ao Espírito Santo, eram realizadas dentro da igreja matriz, ocasião em que se invocava a graça divina para que iluminasse a todos. Ali se reuniam tanto os votantes, eleitores de primeiro grau, que escolhiam diretamente os vereadores e juízes de paz, bem como os eleitores que, nas eleições de segundo grau, elegiam os deputados provinciais e gerais.[65]

O ambiente era propício para o desenvolvimento do anticlericalismo radical e ele viria à tona aos 12 de julho de 1827, data em que Bernardo de Vasconcelos apresentou um projeto propondo que a disciplina da Igreja ficasse a critério da nação brasileira, a Câmara regulasse o direito do padroado e o Arcebispo primaz ficasse investido de poder para desmembrar dioceses, confirmar bispos, secularizar dioceses etc. Típico filho do pombalismo, ele não hesitou em afirmar convicto: "Se a Corte de Roma se recusar a uma 'tão ortodoxa' como interessante negociação, o governo observará a disciplina dos bons séculos da Igreja".[66] De posições assim para a defesa do cisma puro e simples era um passo, e, antes que o ano terminasse, Bernardo o proporia abertamente: "Cuidado! A Cúria Romana nos avassala. Formemos a nossa Igreja brasileira, enxotemos os jesuítas do Brasil, onde eles são a fonte principal de insondáveis desastres".[67]

Os padres deputados assistiam a esses debates e/ou participavam deles, sem que o episcopado nada pudesse fazer; em 1830 o governo declarou que os "empregados eclesiásticos", para assistirem às sessões de assembleia, de que fizessem parte, ficariam isentos de exercer os cargos da Igreja.[68]

4.3.1 – As medidas contra os religiosos

Mais delicada ainda era a situação do clero regular, subtraído como estava, desde 1760, à autoridade dos seus superiores-gerais em Roma e tutelado pelo Estado.[69] El-Rei inclusive havia mandado homens armados prenderem e expulsarem a todos os religiosos que haviam professado no estrangeiro, proibindo a sua readmissão sob penas severas. Fê-lo para conservar o aspecto "nacional" das ordens e, naturalmente, controlar o patrimônio dos conventos.[70]

Essa estratégia seria repetida no Brasil independente, e até mesmo o contato com confrades de Portugal seria proibido. O império brasileiro, com o pretexto de que era necessário combater o relaxamento de algumas famílias

---

[64] THALES AZEVEDO, *Igreja e Estado em tensão e crise*, Editora Ática, São Paulo, p. 124, 127, 132.
[65] AUGUSTIN WERNET, *A Igreja paulista no século XIX*, p. 69.
[66] OTÁVIO TARQUÍNIO DE SOUSA, *Bernardo Pereira de Vasconcelos e seu tempo*, José Olympio Editora, Rio de Janeiro, 1937, p. 169.
[67] UBALDINO DO AMARAL, *Saldanha Marinho – esboço biográfico*, p. 116.
[68] JÚLIO CÉSAR DE MORAIS CARNEIRO, *O Catolicismo no Brasil*, p. 144.
[69] ISMAEL MARTINEZ CARRETERO, *Exclaustración y restauración del Carmen en España*, Edizioni Carmelitane, Roma, 1996, p. 512-513.
[70] ASV, "*Correio da Manhã* – A república e os frades" (1-6-1903), em: *Nunciatura Apostólica no Brasil*, caixa 110, fasc. 545, doc. 3, fl. 16.

religiosas, promoveu a paulatina extinção dos conventos e a proibição de novas ordens, bem como a restauração das existentes. As Instruções dadas a Vidigal em 1824 já recomendavam a obtenção de medidas no sentido de que as ordens religiosas não ficassem sujeitas aos superiores de Portugal; que não facultasse mais à ordem dos capuchinhos, nem a qualquer outra, estabelecer-se no Brasil, que "não tinha necessidade de frades estrangeiros nem de aumentar as suas profissões".[71]

A Santa Sé recusou-se conceder a separação das ordens religiosas de seus superiores de Portugal e só o fez quando os próprios regulares o pediram. Os primeiros a solicitá-la foram os beneditinos, atendidos por meio da bula *Inter Gravíssimas Curas*, de 6 de julho de 1826. O governo, no entanto, tinha pressa em nacionalizar os regulares e já vinha criando uma série de obstáculos à sua ação, vedando aos não brasileiros o direito de ocupar qualquer benefício. Numa inexorável sequência, ano após ano as restrições se sucederam: em 31 de janeiro de 1824, alegando "motivos justíssimos", Dom Pedro I, com a Decisão n. 36, comunicou que no dia 13 anterior havia enviado portaria ao bispo do Rio de Janeiro e a outros prelados, proibindo a admissão de noviços nas ordens, até decisão em contrário. Menos de um mês depois, aos 5 de fevereiro, outra medida imperial, de n. 41, confirmou a necessidade de licença imperial para a recepção de noviços, alertando os bispos a empregarem "uma eficaz vigilância, a fim de que se cumpra à risca esta decisão". Em 11 de março, por meio do decreto n. 66, expedido por João Severiano Maciel da Costa, o imperador ordenou a supressão das ordens dos frades terésios descalços e dos missionários apostólicos italianos da Bahia (agostinianos) "por serem os membros delas estrangeiros, inimigos do país, ao qual fizeram guerra no campo de batalha, no púlpito e no confessionário, e cuja presença [em Salvador] é perigosa e nociva".[72]

Não parou aí: aos 4 de outubro de 1826 um decreto aplicou o uso da alfândega aos conventos dos Padres de São Felipe Néri, em Pernambuco; aos 16 de setembro de 1827 outro decreto dispôs sobre a revalidação dos bens das corporações regulares; aos 26 de novembro do mesmo ano, uma lei mandou aplicar aos hospitais dos respectivos distritos os bens dos legados pios não cumpridos; e, em 1828, o governo enviou ao parlamento o projeto n. 20, propondo novas e duríssimas medidas, a saber:

> Art. 1° Fica proibida a admissão e residência no Império a frades ou congregações estrangeiras, quer exerçam suas funções religiosas em corporações, quer isoladamente;
> Art. 2° Os monges que incidirem na proibição serão presos e reenviados pelo governo ao respectivo convento;
> Art. 3° Fica proibida a criação de novas ordens de um e outro sexo.[73]

A proposta rapidamente ensejou virulentas campanhas contra os religiosos, ultrapassando largamente a intenção do texto apresentado. Uma emenda apresentada por Bernardo de Vasconcelos propunha que ninguém pudesse

---

[71] Júlio César de Morais Carneiro, *O Catolicismo no Brasil*, p. 155.
[72] *Coleção das leis do Império do Brasil de 1824*, Imprensa Nacional, Rio de Janeiro, 1886, p. 25-26, 28, 49.
[73] Júlio César de Morais Carneiro, *O Catolicismo no Brasil*, p. 155-156.

professar com menos de cinquenta anos de idade, ao tempo em que outros sugeriam que a profissão só pudesse ser feita com expressa autorização do governo, na presença de um juiz de paz nomeado. O texto final apresentado para votação, redigido com a participação direta do Pe. Diogo Antônio Feijó, mesmo evitando certos excessos, continha artigos de um rigor extremo:

> Art. 4° Os frades ou congregados que obedecerem a superiores residentes fora do Império serão expulsos para fora dele.
> Art. 5° A autoridade a quem for denunciada a transgressão desta lei, e a não fizer observar, perderá o emprego e será desterrado por um ano.
> Art. 6° O magistrado do lugar para onde entrar ou for residir frade ou congregado estrangeiro, imediatamente, procederá contra eles, fazendo-os prender e remeter ao governo, para serem reenviados aos seus conventos.[74]

A retórica corrente no parlamento brasileiro estava tão eivada de preconceitos, que mesmo deputados que jamais tinham conhecido um único membro da companhia de Jesus formulavam, contra a ordem fundada por Santo Inácio, opiniões deveras estapafúrdias. Por isso, Raimundo José da Cunha Matos (1778-1839) afirmava que os jesuítas e os amigos dos jesuítas eram "os mais ferozes monstros" que oprimiam nações e estados, enquanto Manuel Odorico Mendes (1799-1864) dizia que introduzir padres da companhia no império brasileiro seria o mesmo que introduzir "uma peste"! Havia ainda outra intenção nesta crítica ferrenha: os apelativos "jesuíta" e "jesuitismo" serviam de artifício para achincalhar a todos os regulares e inibir a sua presença no Brasil. Bernardo de Vasconcelos foi um dos que bateu nesta tecla, como bem o demonstra uma *indicação* de sua autoria, apresentada em 1827:

> Proponho que se recomende ao governo a execução das leis, que para sempre aboliram no Império do Brasil a sociedade chamada de Jesus. [...] Que se peçam informações ao governo se têm vindo para o Império alguns membros da Sociedade de Jesus, *seja qual for a sua denominação* (o grifo é nosso), e se pertencem à dita sociedade os frades chamados capuchinhos recentemente chegados, a que vieram estes frades e se é certo que o governo pretende dar-lhes casas e meios de subsistência.[75]

Tal estado de ânimo contra os religiosos em geral ajuda a entender a crueza dos debates em que o bispo da Bahia, Dom Romualdo Antônio de Seixas (1787-1860), e o do Maranhão, Dom Marcos Antônio de Souza (1771-1842), envolveram-se, ao saírem em defesa dos regulares ameaçados. Nesse embate, um dos seus opositores foi Lino Coutinho – que era padre"! –, o qual via nas ordens religiosas um empecilho ao controle estatal sobre a Igreja. Ele dizia que delas nada aproveitava a nação e que eram "criminosos" os regulares que escapavam às perseguições que sofriam na Europa. Isso o levou a advogar o fim da vida religiosa no país:

---

[74] *Anais do parlamento brasileiro, Câmara dos Deputados, sessão de 1828*, tomo II, Tipografia Parlamentar, Rio de Janeiro, 1876, p. 89.
[75] *Anais do Parlamento Brasileiro, Câmara dos Deputados, sessão de 1827*, tomo V, Tipografia de Hipólito José Pinto e Cia, Rio de Janeiro, 1876, p. 188.

"De duas uma, se esses frades vêm procurar asilo, nós não queremos 'criminosos', porque frade que foge de seu país não nos serve; e, se vêm pregar a fé de Cristo, eu digo que não precisamos de frades estrangeiros. Precisamos destes frades que vêm aqui com uma linguagem bárbara ensinar a doutrina cristã? [...] Nós temos padres suficientes, temos muitos frades que nos pregam o Evangelho, não precisamos de estrangeiros; e se tal é sua intenção, fora com eles. [...] Não queremos que hajam frades entre nós. Os nacionais nós 'consentimos', enquanto não se acabam pela lei da natureza; e eu quero morrer, em tempo que se vejam vazios os conventos!"[76]

Fazendo coro com os opositores dos bispos, Feijó ironizou a ação que desenvolviam, acusando-os de acharem que era princípio "entregar o Brasil à Cúria Romana e sujeitar todas as ações humanas sujeitas ao pecado à sua inspeção". Daí declarou ser conforme aos propósitos de Bernardo de Vasconcelos e acusou todos os membros das ordens de serem "instrumentos destinados para suplantar a liberdade", avançando uma das teses que retomaria com alarde pouco tempo depois:

O Papa não pode exercitar seu poder no Brasil, sem o consentimento do poder temporal; os Srs. Bispos não podem ceder a sua autoridade. Se a cedem, é por usurpação que se lhes faz. Esta obediência a superiores estrangeiros já está declarada nula por lei, desde que se declarou a nossa independência, e já antes dela os religiosos estavam obrigados a não requererem a Roma, e no estado atual da nossa legislação, qualquer favor que intentem, não podem requerer senão por intermédio do governo, e depois de o alcançarem hão de ter o beneplácito; por consequência, nós não fazemos mais do que confirmar esta lei.[77]

Facilmente, como era de se prever, o projeto contra os regulares foi aprovado no mesmo dia, tendo sido seus dispositivos convertidos em lei aos 22 de setembro de 1828, agregando a proibição das ordens religiosas de alienarem apólices da dívida pública fundada, em que lhes fora permitido sub-rogar seus haveres. Era um modo de assegurar à Nação o patrimônio dos religiosos.[78] Cunha Matos desejou ir ainda mais longe, propondo que se levasse a cabo a expropriação de todos os bens dos religiosos para capitalizar o deficitário Banco do Brasil; mas sua proposta foi rejeitada. O Senado também derrubaria um ano depois a resolução contra a entrada dos regulares estrangeiros aprovada na Câmara; conservando, contudo, as restrições no aspecto econômico. Outras iniciativas anticlericais tentadas em 1829 e 1830 dariam em nada. Entre elas consta o projeto de Francisco José Correia de Albuquerque, um padre alagoano, que propôs a criação de um Concílio Nacional de Bispos, que se reuniria periodicamente para solucionar eventuais problemas da Igreja no Brasil. Igualmente rejeitada foi a proposta do sacerdote pernambucano Henrique de Rezende, contrária à abertura de novos conventos e mosteiros e o ingresso de noviços naqueles existentes, além de fixar uma taxa aduaneira de 200$000 para cada eclesiástico

---

[76] *Anais do parlamento brasileiro, Câmara dos Deputados, sessão de 1828*, tomo II, p. 89-90.
[77] IBIDEM, p. 95.
[78] FRANCISCO JOSÉ DE LACERDA ALMEIDA, *A Igreja e o Estado – suas relações no direito brasileiro*, Tipografia da Revista dos Tribunais, Rio de Janeiro, 1924, p. 197.

estrangeiro que entrasse no Brasil. Contra esta última, foi a voz de um leigo, o carioca Evaristo da Veiga, que se levantaria indignada: "Absurdo! Um homem não tem preço! É pela dignidade da Câmara que repito isso!".[79]

Certas ordens tentaram manter os vínculos com seus superiores na Europa, mas o império se manteve intransigente. A decisão n. 103, expedida pelo maçom José Clemente Pereira (1787-1854) a cada um dos presidentes das províncias aos 28 de julho de 1828, é esclarecedora:

> Tendo chegado ao conhecimento de Sua Majestade, o Imperador, de que os religiosos Carmelitas descalços desta província têm em Portugal seus superiores maiores, aos quais, não obstante a independência em que este Império se acha daquele Reino, ordena o mesmo Augusto Senhor, que V. Ex.ª faça constar aos mencionados religiosos que lhes é proibido por todos os princípios obedecer a superiores estrangeiros e que, no caso de quererem continuar a residir no mesmo Império, devem imediatamente tratar de se mostrar desligados de toda e qualquer obediência a tais superiores, como em caso idêntico já praticaram os monges Beneditinos, cujo exemplo digno de louvor, cumpria que os sobreditos Carmelitas tivessem já imitado.[80]

E as medidas restritivas ainda estavam longe de terminar: pela lei de 9 de dezembro de 1830 ficou estabelecido que seriam declarados nulos e sem efeito os contratos onerosos e as alienações de bens móveis e imóveis feitas pelas ordens religiosas, sem licença do governo, o que deu início a um longo período de expropriações. Apenas um ano depois, o ministro da justiça ordenou ao superior dos carmelitas na Paraíba que reivindicasse legalmente os bens da ordem vendidos por seu antecessor, frei Eduardo Homem, por serem eles de natureza reversível à Nação, possuindo os frades sobre tais bens apenas direito *utendi fruendi*.[81] Também aos 9 de outubro de 1830 foram extintos por decreto, em Pernambuco e na Bahia, os oratórios de São Felipe Néri.[82]

O golpe final no processo de nacionalização dos religiosos aconteceu às vésperas da abdicação de Dom Pedro I, ao ser sancionado o *Código Criminal do Império do Brasil*, em substituição às disposições penais das *Ordenações Filipinas* de 1603. Para a sua elaboração foram avaliados dois projetos: o do maçom José Clemente Pereira, exposto na sessão parlamentar de 3 de junho de 1826, sob o nome de "Bases para um Código Criminal", e o do então anticlerical Bernardo Pereira de Vasconcelos, apresentado em 4 de maio de 1827. Ambos foram submetidos à análise de uma comissão especial, que escolheu o de Bernardo de Vasconcelos, após o que, no dia 16 de dezembro de 1830, recebeu a sanção do imperador Dom Pedro I. A entrada em vigor aconteceu a partir de 8 de janeiro do ano seguinte e se consistiu num fato deveras pioneiro, considerando-se que aquela foi a primeira obra jurídica do gênero na América Latina. O *Código Criminal* restou em vigor até 1891, quando foi aprovado o *Código Penal dos Estados Unidos do Brasil* (Decretos 847, de 11 de outubro de 1890, e 1.127, de 6 de dezembro de 1890). Em que pese a originalidade que teve, o código do império consagrou arraigados preconceitos antirreligiosos, impondo sobre os regulares limitações vexatórias, a saber:

---

[79] Gérson Brasil, *O Regalismo brasileiro*, p. 67-68.
[80] *Coleção das leis do Império do Brasil de 1828*, Tipografia Nacional, Rio de Janeiro, 1878, p. 86.
[81] Gérson Brasil, *O Regalismo brasileiro*, p. 55-56.
[82] Zeno Hastenteufel, *Dom Feliciano na Igreja do Rio Grande do Sul*, p. 87.

Artigo 79 – Reconhecer, o que for cidadão brasileiro, superior fora do Império, prestando-lhe efetiva obediência. Penas – da prisão por quatro a seis meses.

Artigo 80 – Se este crime for cometido por corporação, será esta dissolvida; e se seus membros tornarem a se reunir debaixo da mesma, ou diversa denominação, com a mesma ou diversas regras. Penas – aos chefes, prisão de dois a oito anos, aos outros membros, prisão de oito meses a três anos.[83]

Alinhando-se com a xenofobia dominante, ainda naquele ano Pe. Feijó conseguiu aprovar decreto expulsando os capuchinhos italianos que missionavam no nordeste. Os argumentos, que usou para justificar medida tão extrema, nada mais eram que uma monótona repetição da mesmice pombalina: as aldeias, segundo ele, eram ricas para os missionários, mas tornavam os índios infelizes; além do que, os missionários não permitiam a entrada de bispos nelas; induziam os índios à revolta contra o Estado; impunham aos nativos uma obediência cega e incondicional; e, por fim, vetavam igualmente a entrada de portugueses...[84]

Mesmo diante de tais excessos, a maioria dos religiosos se submeteu, e isso acentuou ainda mais uma decadência de per si grande. Para os opositores da Igreja, porém, ainda não bastava, pois o que realmente pretendiam era aniquilar de vez a vida regular no Brasil, coisa que Cristiano Benedito Otoni viria a reconhecer depois: "Ainda em 1835 e 1836, protestei e lutei na assembleia provincial do Rio de Janeiro contra a autorização para admitir noviços nos conventos..."[85] Estava aberto o caminho para o golpe mortal que as ordens "brasileiras" receberiam em 1850; e, até lá, elas descaíram continuamente, conforme resumiria Pe. Luigi Lasagna SDB:

> Independentes dos seus Gerais residentes em Roma e com administração própria e vida por si. Pobrezinhos! Desde então foram como um ramo cortado do tronco. Os abusos se agigantaram e toda reforma foi impossível. A gula, a avareza e a luxúria fizeram horríveis devastações. Muitos apostataram, muitos continuavam a cobrir com o hábito religioso vícios dos mais torpes, e os poucos bons estavam condenados a gemer e chorar em segredo a inevitável ruína das suas ordens no Brasil. Assim, estes soldados de Cristo foram vencidos e desarmados pelo demônio e tragados pela inobservância, empestaram o ar em volta de si, quando eram chamados por Deus para perfumá-lo com as suas virtudes.[86]

4.3.2 – As investidas do Padre Feijó contra o celibato e as restrições instituídas na última fase do governo de Dom Pedro I

Três padres, todos eles provenientes de uma formação deficiente ou irregular, se destacariam na militância antirromana: Pe. Diogo Antônio Feijó (1784-1843), o mais exaltado deles, Pe. Antônio Maria de Moura (1794-1842) e Pe. Manuel Joaquim do Amaral Gurgel (1797-1864). Padre Moura nascera na Vila Nova da

---

[83] *Código Criminal do Império do Brasil*, Tipografia Imperial e Constitucional de Émile Seignot-Plancher, Rio de Janeiro, 1831, p. 10.
[84] CARLOS ALBINO ZAGONEL ET ALII, *Capuchinhos no Brasil*, Edições Est, Porto Alegre, 2001, p. 9.
[85] CRISTIANO BENEDITO OTONI, *Autobiografia*, Editora Universidade de Brasília, Brasília, 1983, p. 38.
[86] LUIGI LASAGNA, *Epistolario*, vol. II, Libreria Ateneo Salesiano, Roma, 1995, p. 73.

Rainha de Caeté, comarca de Sabará, MG, onde permaneceu até os oito anos, transferindo-se depois para São Paulo. Ali acabou indo residir no palácio episcopal de Dom Mateus de Abreu Pereira, local em que fez seus estudos de filosofia racional e moral. Matriculou-se em seguida na improvisada teologia local, que durava três anos, vindo a se ordenar padre em 1817. Chegado o ano de 1819 foi para Coimbra, formando-se em cânones em 1824. No mesmo ano regressou ao Brasil e em 1829 começou a ensinar na faculdade paulistana do Largo de São Francisco. Em 1830 entrou na política (onde se destacaria por suas propostas polêmicas), tornando-se conhecido, não obstante tivesse defeitos físicos.[87]

A situação do Pe. Amaral Gurgel tampouco era regular. Seus estudos teológicos foram iniciados no convento do Carmo de São Paulo e completados no Rio de Janeiro, consentindo que fosse ordenado sacerdote aos 19-9-1817 com apenas 20 anos de idade. Em 1828, matriculou-se na faculdade de direito paulista, tornando-se depois catedrático da mesma faculdade, de 1834 a 1854. Destacou-se por um particular: enquanto seus amigos e colegas de ideias criticavam os papas e o papado de forma genérica, ele faria mais tarde uma crítica pessoal a Gregório XVI, o que veio a provocar seu afastamento do ministério sacerdotal por longos anos.[88]

Dos três, era Diogo Feijó quem possuía a biografia mais controvertida. Filho de pais ignorados, supõe-se que seus genitores fossem o vigário de Cotia, mais tarde cônego do cabido paulistano, Pe. Manuel da Cruz Lima, e a mãe, uma irmã do Pe. Fernando Lopes de Camargo, de nome Maria Joaquina, que na época contava com 23 anos de idade. Ainda recém-nascido foi abandonado dentro de uma cesta na soleira da casa do padre, então subdiácono, Fernando, situada à Rua da Freira n. 11, que o recolheu e adotou. Outra versão, sustentada por autores como Mons. Maurílio César de Lima, ainda que endossando o papel do Padre Fernando, sustenta que Feijó teria sido filho de outra das suas irmãs, com um homem diverso do mencionado, porque, no seu testamento, Feijó afirmou: "Declaro que sou filho de Maria Gertrudes Camargo e de Félix Antônio Feijó".[89]

De qualquer modo, em 1800, o adolescente Diogo Antônio Feijó mudou-se para a Vila de São Carlos (atual Campinas), onde começou a estudar retórica com o professor régio Estanislau José de Oliveira (vulgo "Gica retórica"), um pombalista intransigente, que muito o influenciou. Nesse período, ele também se deu conta dos limites impostos pela sua condição de bastardo e manifestou pouco depois desejo de se tornar padre. O pesquisador Alfred Ellis Júnior é do parecer que tal escolha foi ditada pela conveniência, por ser aquela a única forma que Feijó encontrou para vencer os preconceitos de seu tempo e ascender socialmente.[90]

---

[87] ASV, "Processo de Antônio Maria de Moura, Bispo do Rio de Janeiro", em: *Nunciatura Apostólica no Brasil*, fasc. 73, doc. 2, fl. 15, 25.
[88] A crítica foi proferida em 1834 contra a encíclica *Mirari vos* publicada aos 15 de agosto de 1832. Caracterizava-se, na verdade, por uma superficialidade berrante, mas, mesmo assim, era acintosa demais, para passar despercebida: "Pode merecer uma peça em que se declama contra as universidades e academias, em que se diz que a liberdade de consciência é um erro, a liberdade de imprensa execranda e detestável, e os liberais e outros tantos Begnardos e Begninos, filhos de Belial?"(OLEGÁRIO HERCULANO DE AQUINO E CASTRO, *O Conselheiro Manoel Joaquim do Amaral Gurgel*, p. 100).
[89] MAURÍLIO CÉSAR DE LIMA, *O Padre Diogo Antônio Feijó – o sacerdote regalista* (opúsculo não impresso), Rio de Janeiro, 1990, p. 1.
[90] ALFRED ELLIS JÚNIOR, *Feijó e sua época*, Universidade de São Paulo, São Paulo, 1940, p. 51-55.

Escolha feita, ele acabou sendo mandado para o improvisado seminário da mesma Campinas, que nada mais era que uma escola primária, dotada de alguns livros "contaminados" com o jansenismo e o galicanismo de Coimbra. Autodidata por força das circunstâncias, o jovem seminarista recebeu o atestado de filosofia em setembro de 1808 e, com a mesma parcimônia, concluiu seus conhecimentos de dogma, moral e direito canônico. Ordenado diácono naquele mesmo ano na capela particular do palácio episcopal de São Paulo por Dom Mateus de Abreu Pereira, em 25 de fevereiro de 1809 se tornaria presbítero.[91]

Inicialmente o neossacerdote Feijó viveu de modo precário em Campinas, mas, gradualmente, sua situação financeira melhorou, também porque recebeu a herança da avó. Isso lhe consentiu comprar terras, onde, com a ajuda de agregados e escravos, tornou-se pequeno produtor. Continuava também a exercer o ministério presbiteral até conhecer o Pe. Jesuíno do Monte Carmelo, ao qual se uniu, indo viver na comunidade dos Padres do Patrocínio de Itu. Desfeita esta, entrou na política, marcando presença na delegação brasileira às Cortes de Lisboa em 1821 e na assembleia constituinte de 1823. A notoriedade chegou quando ele tomou posse na primeira legislatura da Câmara dos Deputados, acontecida aos 3 de março de 1826. Na ocasião, o padre deixou de ser suplente, porque o titular, João Feliciano Fernandes Pinheiro (1774-1847), visconde de São Leopoldo, abandonou a cadeira parlamentar por ter sido escolhido como senador.[92]

Diogo Feijó chegou à capital federal para exercer o mandato, trazendo pronto um projeto para adequar a Igreja do país ao modelo que ele e seus pares julgavam conveniente, conforme testemunhou Dom Romualdo Seixas (na época padre) em suas *Memórias*:

> Em 1826 vinham chegando das províncias os respectivos deputados, entre os quais o Pe. Diogo Antônio Feijó, deputado de São Paulo. Era um homem de poucos conhecimentos, bem que hábil e resoluto. Aspirando à glória de reformador da Igreja de seu país, ele pretendeu não só dotá-la com as doutrinas da *Constituição Civil do Clero* de França, mais ainda, mimosear os nossos padres com a permissão do casamento, sua mania preferida e que sustentou com todo calor possível. [...] Logo que este padre chegou ao Rio de Janeiro, fez o obséquio de visitar-me, o que se repetiu mais algumas vezes, e numa dessas entrevistas deu-me a ler uma espécie de código ou constituição eclesiástica, que ele havia organizado, pedindo-me que acerca dela lhe comunicasse francamente a minha opinião; assim o fiz, dizendo-lhe com toda delicadeza e urbanidade que eu não podia aderir à maior parte das ideias do seu manuscrito. Não gostou, mas nem por isso deixaram de continuar entre nós mui amigáveis relações.[93]

A negativa do Pe. Romualdo não desanimou seu colega paulista, que tentaria levar a cabo o citado projeto assim que foi eleito para as comissões de

---

[91] Luiz Talassi, *A doutrina do Pe. Feijó e suas relações com a Sé Apostólica*, Oficinas da Empresa Gráfica da Revista dos Tribunais, São Paulo, 1954, p. 34.
[92] Maurílio César de Lima, *O Padre Diogo Antônio Feijó – o sacerdote regalista* (opúsculo não publicado), p. 2-3.
[93] Romualdo Antônio de Seixas, *Memórias do marquês de Santa Cruz*, Tipografia Nacional, Rio de Janeiro, 1861, p. 43-44.

Instrução Pública e Negócios Eclesiásticos da Câmara Federal. Encontrou o pretexto que desejava no dia 10 de outubro de 1827, quando o deputado baiano Antônio Ferreira França (1771-1848), vulgo "Francinha", elaborou proposta de lei abolindo o celibato clerical no Brasil. Sem esperar o parecer dos colegas da Comissão Eclesiástica, Feijó apresentou um *voto separado*, no qual, além de apoiar a iniciativa, atribuía ao Estado a competência de legislar livremente sobre a disciplina interna da Igreja. Para tanto ele opinava que o celibato era injusto, um "despotismo horroroso", estando em vigor, porque a Igreja alterara a disciplina dos séculos apostólicos. A aceitação da continência seria apenas fruto da ignorância bebida nos livros cheios de máximas ultramontanas, mas que tudo poderia ser resolvido pela assembleia do Brasil que tinha o direito e a obrigação de levantar tal proibição. Sem considerar a possibilidade de uma regeneração dos costumes do clero, servia-se dos exemplos de prevaricação de que estava a par justamente para legitimar a mancebia: "São fraquezas da humanidade, mas convém por isso mesmo não advogar contra ela, porque todos somos homens..."[94]

Feijó chegou ao ponto de instrumentalizar uma verdade – "o Concílio Tridentino não decidiu a questão dogmaticamente" –, para legitimar uma ideologia estranha ao mesmo Concílio; isto é, afirmou que a assembleia conciliar "sustentou sim um direito de que a Igreja estava de posse a séculos, seja por concessão, ignorância ou permissão do poder temporal". Suas referências eram os teólogos proscritos: "Neste sentido é que ainda depois da publicação do Concílio, grandes teólogos e canonistas têm sustentado este direito dos soberanos, tais são entre outros muitos Van Espen, Henrequim, M. Tolon, Tamburini etc.". Aceitava, porém, comunicar – não discutir – o fato com a Santa Sé, mas apenas para que esta reconhecesse o "direito" do Estado intervir na questão. Daí concluía:

> É, portanto, o meu parecer:
> 1° Que se autorize ao governo para obter de Sua Santidade a revogação das penas espirituais impostas ao clérigo que se casa, fazendo saber ao mesmo Santíssimo Padre a necessidade de assim praticar, visto que a assembleia não pode deixar de revogar a lei do celibato.
> 2° Que o mesmo governo marque ao nosso plenipotenciário prazo certo, e só o suficiente, em que deve definitivamente receber da Santa Sé o deferimento desta súplica.
> 3° Que, no caso da Santa Sé recusar-se ao requerido, o mesmo plenipotenciário declare a Sua Santidade mui clara e positivamente que a assembleia-geral não derrogará a lei do celibato, mas suspenderá beneplácito a todas as leis eclesiásticas disciplinares que estiverem em oposição aos seus decretos; e que o governo fará manter a tranquilidade e o sossego público por todos os meios que estiverem ao seu alcance.[95]

Padre Romualdo Seixas – que seria sagrado bispo no ano seguinte – estava no parlamento quando a proposta foi apresentada e, percebendo que se

---

[94] ASV, "Voto do Deputado Diogo Antônio Feijó como membro da Comissão Eclesiástica sobre a Indicação do Senhor Deputado Ferreira França, em que propõe que o clero do Brasil seja casado", em: *Nunciatura Apostólica no Brasil*, fasc. 10, caixa 3, doc. n. 4, fl. 9-15b.
[95] ASV, "Voto do Deputado Diogo Antônio Feijó", em: *Nunciatura Apostólica no Brasil*, fasc. 10, caixa 3, doc. n. 4, fl. 16b-17.

tratava de uma questão pessoal do autor, retrucou: "Deixemo-nos de casamentos de padres e vamos tratar de coisas que possam ser úteis e profícuas à prosperidade da pátria". Feijó, porém, insistiu e propôs que o seu voto fosse impresso e a opinião pública, sondada.[96]

Atenderam-no, mas o efeito foi exatamente o contrário do que imaginava: Pe. Romualdo soube explorar com êxito as fraquezas do autor e do seu documento e, ironizando, perguntava se, quando Feijó afirmara que "afinal somos homens", não estaria advogando em causa própria. Ao mesmo tempo a figura do controvertido clérigo paulista ia caindo na boca do povo e se tornando o tema preferido das rodinhas maldizentes.[97]

A maioria dos padres tampouco se sentiu atraída pelas ideias do colega mudancista, ainda que um pequeno grupo paulista tenha formulado um silogismo de apoio: "O casamento é melhor que a mancebia. Ora, os clérigos do Brasil usam da mancebia. Logo, é melhor que se casem". Membros do grupo maior, porém, revidaram: "A Igreja impõe o celibato aos que recebem ordens sacras. Ora, muitos não querem observar o celibato. Logo, não devem receber ordens sacras".[98]

Feijó saiu em campo para defender seu *voto separado*, tendo inclusive cogitado a possibilidade de um cisma, se isso fosse necessário para salvar a "prioridade nacional". Dizia-se liberal, mas suas referências eram as do absolutismo português:

> Dom João IV não temeu o cisma quando ameaçou a Sé de Roma de restituir à Igreja lusitana a antiga disciplina. Não temeu Dom José I quando esteve resolvido a mesma coisa. Não temeu Dom João VI quando mandou romper com a Cúria Romana, se recusasse a passar letras de confirmação sem cláusulas a um bispo por Ele nomeado; e protestar que faria estabelecer a antiga disciplina nos seus Estados. Estes monarcas católicos, que apenas principiavam a conhecer a autoridade do poder temporal em matéria de disciplina eclesiástica, não temeram cisma; e temerá a Nação Brasileira, certa, como está, de seu poder ilimitado em matérias temporais, e que de nenhuma sorte podem ofender o essencial da Religião que professa?[99]

Como a resistência às suas ideias não diminuísse, no ano seguinte – 1828 – ele escreveu outra obra de nome *Demonstração da necessidade da abolição do celibato clerical pela assembleia-geral do Brasil e da sua verdadeira e legítima competência nesta matéria*, insistindo em cada ponto que havia dito. Tal obra se dividia em proposições, e a primeira delas permitia antever o seu conteúdo geral: "É da privativa competência do Poder Temporal estabelecer impedimentos dirimentes do matrimônio, dispensar neles e revogá-los". A segunda proposição – "Da necessidade de abolição do impedimento da ordem" – aparecia como consequência da anterior. Vale dizer, sendo o celibato

---

[96] *Anais do Parlamento Brasileiro – Câmara dos Deputados, sessão de* 1827, tomo V, p. 120.
[97] OSVALDO ORICO, *O demônio da regência*, Companhia Editora Nacional, São Paulo, 1930, p. 47, 56-65.
[98] ARLINDO RUBERT, *A Igreja no Brasil*, vol. IV, p. 32.
[99] DIOGO ANTÔNIO FEIJÓ, *Resposta às parvoíces, absurdos, impiedades e contradições do Sr. Pe. Luiz Gonçalves dos Santos na sua intitulada defesa do celibato clerical contra o voto separado do Pe. Diogo Antônio Feijó, Membro da Comissão Eclesiástica da Câmara dos Deputados*, Imprensa Imperial e Nacional, Rio de Janeiro, 1827, p. 18.

"injusto, propiciador da imoralidade do clero" e, além disso, "inútil", o poder temporal podia e devia aboli-lo como impedimento para a recepção do sacramento da Ordem. No final da sua argumentação, ele inclusive deixou claro que ao Estado cabia estabelecer o que era justo ou injusto nos próprios cânones, pouco importando se se tratasse exclusivamente de ministros ordenados:

> É doutrina corrente hoje entre os mesmos canonistas: – *Que todas as vezes que uma lei eclesiástica pode ser nociva à sociedade, deixa de ser religiosa; e que por isso mesmo, ao Poder Temporal compete embaraçar a sua execução* (grifo é do autor). Ora, sendo certo que a lei do celibato, por uma experiência não interrompida de 15 séculos, tem produzido a imoralidade numa classe de cidadãos encarregados no ensino da moral pública; e que por esta causa, seu ofício, além de inútil, torna-se prejudicial.[100]

Como se verá adiante, foi nesta ocasião que ele teve de enfrentar o Pe. Luiz Gonçalves dos Santos (1767-1844), que se juntou ao visconde de Cairu e ao carmelita frei Perez, e abriu fogo contra o *voto separado*. Feijó perdeu: a Comissão Eclesiástica, na pessoa de Manuel Felizardo de Souza e Melo (1806-1866), rejeitou tanto o projeto de Francinha quanto ao seu parecer, por julgá-los ofensivos à doutrina e à constituição.[101] O irrequieto padre, contudo, retomaria suas teses pouco depois.

4.3.3 – O estabelecimento de cultos protestantes

Esquecido do imaginário brasileiro desde a expulsão dos holandeses em 1654, no século XIX o protestantismo voltou a marcar presença no Brasil. O fato aconteceu a despeito das medidas preventivas da Metrópole, que conjuntamente desejava impedir tudo o que pudesse colocar em risco o "pacto colonial". Com base nisso, em 1720 fora inclusive baixada uma lei proibindo a entrada de estrangeiros na colônia sem seu prévio consentimento, o qual era dado apenas para quem estivesse a serviço da Coroa e da fé católica. Tal disposição era observada com rigor, e, em 1800, o geógrafo e naturalista alemão, barão Alexander von Humboldt (1769-1859), não obteve permissão para entrar, pois o governo lusitano alegou que ele poderia influenciar o povo com "novas ideias e falsos princípios".[102]

Paradoxalmente, o terreno estava preparado para o estabelecimento do protestantismo: a escassa influência que tivera as doutrinas do Concílio de Trento em decorrência da vigilância constante do regalismo e a divulgação de livros jansenistas, como os catecismos de Lyon e Montpellier, favoreceram certa visão da vida e do mundo, que de certo modo se assemelhava ao pensamento dos reformados. E, depois, seria justamente a coroa portuguesa a dar o primeiro passo em favor da infiltração daqueles. A novidade começou a tomar corpo com a vinda da família real em 1808, a qual abriu os portos brasileiros às "nações amigas" no dia

---

[100] DIOGO ANTÔNIO FEIJÓ, *Demonstração da necessidade de abolição do celibato clerical pela assembleia--geral do Brasil e da sua verdadeira e legítima competência nesta matéria*, Tipografia Imperial e Nacional, Rio de Janeiro, 1828, p. 66.
[101] HELIODORO PIRES, *Temas de história eclesiástica do Brasil*, São Paulo Editora, São Paulo, 1946, p. 371.
[102] ANTÔNIO GOUVÊA MENDONÇA, *O celeste porvir*, p. 20.

28 de novembro do mesmo ano. Acontece que vários comerciantes estrangeiros, ingleses em sua maioria, estavam ligados a denominações protestantes, principalmente à Igreja Anglicana, e Percy Clinton Sydney Smythe, Lord Stangford (1780-1855), diplomata britânico, que acompanhara a casa reinante na fuga, esposaria a causa deles. Em 1810, por seu intermédio foram estabelecidos dois tratados entre Portugal e Inglaterra, um no dia 19 de fevereiro, definindo questões de amizade e aliança, e outro, firmado no dia 26 daquele mesmo mês, ratificando as modalidades de comércio e navegação do precedente. Este último, porém, trouxe consigo algumas vistosas novidades, como aquela contida no artigo 12 em que se concedia a liberdade de culto para os britânicos, ainda que dentro de precisas condições:

> Sua Alteza Real, o Príncipe Regente de Portugal, declara e se obriga, no seu próprio nome e no de seus herdeiros e sucessores, que os vassalos de Sua Majestade residentes em seus territórios e domínios não serão perturbados, perseguidos ou molestados por causa de sua religião, mas antes terão perfeita liberdade de consciência e licença para assistirem ao serviço divino em honra do Todo Poderoso Deus, quer seja dentro de suas casas particulares, quer nas suas particulares igrejas e capelas, que Sua Alteza Real agora e para sempre, graciosamente lhes concede a permissão de edificarem e manterem dentro de seus domínios. Contanto, porém, que sobreditas igrejas e capelas sejam construídas de tal modo que externamente se assemelhem a casas de habitação e também que o uso de sinos lhes seja proibido para o fim de anunciarem publicamente as horas do serviço divino. De mais estipulou-se que nem os vassalos da Grã-Bretanha, nem outros quaisquer estrangeiros de comunhão diferente da Religião Dominante nos domínios de Portugal serão perseguidos nem inquietados por matérias de consciência, tanto nas suas pessoas como nas suas propriedades, enquanto eles conduzirem com ordem, decência e moralidade, e de uma maneira conforme aos usos do país, e ao seu estabelecimento religioso e político. Porém, se se provar que eles pregam ou declaram publicamente contra a Religião Católica, ou que eles procuram fazer prosélitos ou conversões, as pessoas que assim delinquirem poderão, manifestando-se o seu delito, ser mandadas sair do país, em que a ofensa tiver sido cometida. E aqueles que no público se portarem sem respeito ou com impropriedade para com os ritos e cerimônias da Religião Católica Dominante serão chamados perante a polícia civil e poderão ser castigados com multas ou com prisão em suas próprias casas. E se a ofensa for tão grave, e tão enorme, que perturbe a tranquilidade pública, e ponha em perigo a segurança das instituições da Igreja e do Estado, estabelecidas pelas leis, as pessoas que tal ofensa fizerem, havendo a devida prova do fato, poderão ser mandadas sair dos domínios de Portugal. Permitir-se-á também enterrar os vassalos de Sua Majestade Britânica que morrerem nos território de Sua Alteza Real, o Príncipe Regente, em convenientes lugares que serão designados para tal fim. Nem se perturbarão de modo algum, nem por qualquer motivo, os funerais ou as sepulturas dos mortos.[103]

O Núncio Apostólico, Dom Lorenzo Caleppi (1741-1817), reagiu contra essas concessões, mas o bispo do Rio de Janeiro, D. José Caetano de Souza Coutinho, limitou-se a dizer: "Os ingleses realmente não têm uma religião, mas são um povo orgulhoso e teimoso. Se nos opusermos aos seus intentos eles não somente persistirão, mas farão disto questão de infinita importância. Se, portanto, acedermos às pretensões deles, construirão sua capela e não mais irão lá". Assim,

---

[103] *Coleção das leis do Brasil de 1810*, Imprensa Nacional, Rio de Janeiro 1891, p. 60-61.

os súditos da Grã-Bretanha passaram a celebrar seus cultos em navios de guerra ancorados no porto do Rio ou em residências particulares, entre as quais a do próprio Lord Stangford. Em 1816 chegou um capelão anglicano, Rev. Robert C. Crane, e, em 12 de agosto de 1819, foi lançada a pedra fundamental do primeiro templo protestante do império, dedicado a São Jorge e São João Batista, localizado à Rua dos Barbonos (atual Evaristo da Veiga), inaugurado no dia 26 de maio do ano seguinte. Foram organizadas mais tarde outras igrejas anglicanas em Niterói, São Paulo, Santos e Recife, mas o anglicanismo no Brasil não progrediu: seus ministros só celebravam em língua inglesa e jamais desenvolveram atividades missionárias.[104] Depois, quem frequentava o templo da Rua dos Barbonos o fazia movido mais pela oportunidade de encontrar concidadãos que por real interesse religioso. Isso levaria posteriormente James Cooley Fletcher, ele próprio protestante, a afirmar: "Comparada com todas as igrejas inglesas que visitei em muitas terras estrangeiras, a do Rio de Janeiro é a menos frequentada".[105]

Nesse meio tempo, em 4 de maio de 1813, o batista estadunidense Luther Rice (1783-1836), retornando de uma fracassada tentativa missionária na Índia, passou por Salvador, BA, onde permaneceu dois meses, auscultando a possibilidade de estabelecer uma fundação de sua comunidade eclesial no Brasil.[106] A expectativa deu em nada e por essas e outras, ao ser proclamada a independência aos 7 de setembro de 1822, ainda não se celebrava nenhum culto reformado em português no Brasil. Esse fato consentiu a deputados como José da Silva Lisboa e João Severiano Maciel Costa se posicionarem contra a liberdade de culto durante os trabalhos da assembleia constituinte em 1823, porque, como eles diziam, a nação brasileira "tinha a felicidade de não contar no seio de sua grande família nem uma só seita, das infinitas que há, de protestantes".[107]

Os dois parlamentares citados abordaram o tema também noutras circunstâncias, ante o qual Maciel da Costa manifestou verdadeira repulsa, enquanto que Silva Lisboa salientava que, em países onde o protestantismo era maioria (Inglaterra, Suécia, Holanda), os católicos não gozavam da ampla liberdade que se desejava então dar a eles no Brasil. Padre Muniz Tavares, ao contrário, fiel às teses do liberalismo maçônico que professava, afirmou que a liberdade de consciência era "um dos direitos mais sagrados que pode ter um homem na sociedade". Ao se referir, contudo, à religião da qual ele próprio era sacerdote, não se esqueceu de recordar "as perseguições, a noite de São Bartolomeu, o tribunal do Santo Ofício..."[108]

Assim, de maneira consciente e deliberada, Tavares e seus colegas de ideias abriram o Brasil ao protestantismo, pois algumas propostas que advogavam acabaram sendo assumidas pela Carta Magna de 1824. Esta, por exemplo, tolerou o culto privado dos não católicos num período em que a chegada de grupos de imigrantes de tais denominações já se tornara fato. Foi o caso dos suíços estabelecidos no distrito de Cantagalo, RJ. A Suíça se encontrava então

---

[104] CARL JOSEPH HAHN, *História do culto protestante no Brasil*, 2ª ed., ASTE, São Paulo, 2011, p. 77-78.
[105] JÚLIO ANDRADE FERREIRA, *Galeria evangélica*, Casa Editora Presbiteriana, São Paulo, 1952, p. 47.
[106] BETTY ANTUNES DE OLIVEIRA, *Centelha em restolho seco: uma contribuição para a história dos primórdios do trabalho batista no Brasil*, 2ª ed., Sociedade Religiosa Edições Vida Nova, São Paulo, 2005, p. 59.
[107] *Anais do Parlamento brasileiro – assembleia constituinte – 1823*, tomo V, p. 91.
[108] JOSÉ HONÓRIO RODRIGUES, *A assembleia constituinte de 1823*, p. 142-144.

numa má fase econômica e, no verão de 1817, o francês Sébastien-Nicolas Gachet (1770-1846), diplomata de Freiburg, chegou ao Rio de Janeiro para propor à corte de Dom João VI a imigração de uma leva de imigrantes do citado cantão suíço. Seguiram-se delicadas tratativas, em que o próprio Gachet se tornou representante brasileiro, até que se acertaram todos os detalhes. Por isso, o projeto original que previa a vinda exclusiva de católicos do cantão de Freiburg, por meio do marquês de Marialva, embaixador português em Paris, acabou sendo flexibilizado. Daí, dentre os inscritos, provenientes de dez distintos cantões (sem falar dos apátridas), ainda que os grupos maiores fossem de Freiburg e do Jura, puderam se alistar também luteranos e calvinistas. Para acomodar toda essa gente, Pedro Machado de Miranda Malheiros, o Monsenhor Miranda (c.1700-1838), foi nomeado inspetor-geral luso-brasileiro e comprou três propriedades: as fazendas do Córrego d'Anta e São José, mais uma sesmaria chamada de "Morro Queimado". Esta última pertencia a Monsenhor Lourenço de Almeida, que a adquirira por 500$000 réis e a revendeu ao Estado por 10.000$000![109]

Afinal, em 14 de julho de 1819, data fixada para a apresentação, compareceram na cidade Estavayer-le-Lac, em Freiburg, 2006 pessoas, pertencentes a 206 famílias, das quais 1.100 eram de língua francesa e os demais de língua alemã. Dali os inscritos se deslocaram para o porto de Milij na Holanda, onde ficaram acampados várias semanas. Por causa do desconforto e insalubridade do lugar, 39 deles morreram. Finalmente a partida aconteceu, em duas etapas: no dia 11 de setembro embarcaram 1.224 emigrantes a bordo de quatro veleiros (*Daphné*, *Urania*, *Deux Catherine* e *Debby Elisa*) e os 800 restantes em 10 de outubro seguinte em mais três embarcações (*Heureux Voyage*, *Elisabeth-Marie* e *Camillus*). Um último navio, o *Trajan*, transportava a bagagem dos colonos. Mais 311 suíços sucumbiram durante a viagem e, assim, somente 1.617 deles desembarcaram no Rio de Janeiro. De lá ainda tiveram de percorrer 27 légoas, em carroças ou lombo de burros, até a destinação. De outra feita, durante todo este trajeto nasceram também 14 bebês.[110]

Depois de estabelecidos, muitos desses recém-chegados acabaram cedendo à pressão católica e se converteram. O próprio Monsenhor Miranda (c.1700-1838) colaborou para tanto, tornando-se inclusive padrinho de 30 dos que mudaram de credo. Por isso, em 17 de abril de 1820, ao se festejar a criação da Vila de São João Batista de Nova Friburgo, desmembrada de Cantagalo, o número dos reformados estava visivelmente reduzido.[111]

A situação começou a mudar dezessete dias após a independência do Brasil, porque José Bonifácio instruiu o major Johann Anton von Schaeffer (1779-1836) recrutar combatentes na Alemanha para guerrear contra as tropas portuguesas contrárias à emancipação brasileira. Como as nações que haviam lutado contra Napoleão Bonaparte proibiram a emigração de soldados, os recrutados deve-

---

[109] MARTIN NICOULIN, *A gênese de Nova Friburgo*, Fundação Biblioteca Nacional, Rio de Janeiro, 1995, p. 43, 112, 149, 176.
[110] MARTIN NICOULIN, *A gênese de Nova Friburgo*, p. 146-148, 155-159, 171-174.
[111] MARLON RONALD FLUCK, *Igreja Evangélica de Confissão Luterana no Brasil: início, missão e identidade*, Caleb, Curitiba, 2005, p. 2-3.

riam vir disfarçados de colonos.¹¹² Schaeffer seguiu à risca essa recomendação e contratou Filipe Jacó Kretzschmer para levar a cabo a empreitada, coisa que ele realmente fez, arregimentando 324 voluntários. Só que 110 deles eram oriundos de Becherbach bei Kirn, na Renânia-Palatinado, e seu pastor, Friedrich Oswald Sauerbronn (1784-1867), optou por acompanhá-los. A primeira leva zarpou a bordo do navio *Argus*, no porto holandês de Den Helder, aos 24 de julho de 1823 e, após uma longa e atormentada viagem, chegou ao Rio de Janeiro no dia 13 de janeiro do ano seguinte. A leva sucessiva viria no navio *Caroline*, que partiu de Hamburgo, Alemanha, aos 12 de outubro de 1823, atracando no porto carioca em 14 de abril do ano sucessivo. Depois de chegarem à região destinada, muitos de tais alemães receberam glebas de terras anteriormente ocupadas pelos suíços. Como, porém, os lotes eram insuficientes, grupos deles foram deslocados para Macaé, enquanto que outros ainda, constatando que os terrenos recebidos eram inférteis, mudaram-se para diferentes lugares. Do ponto de vista religioso, um serviço regular começou em Nova Friburgo a 3 de maio de 1824, quando o citado pastor Sauerbronn, que recebia salário do governo para tanto, começou a exercer seu ministério, coisa que faria nos trinta e nove anos seguintes. De qualquer modo, os católicos tampouco ficaram desassistidos, porque o bispo de Lausanne, Genebra e Freiburg, Pierre-Tobie Yenni (1714-1845), indicou dois jovens sacerdotes para este fim: Pe. Jacques Joye, de 29 anos de idade, e Padre Joseph Aeby, de 25. O segundo, porém, morreu afogado em 7 de janeiro de 1820, às vésperas de chegar à destinação, quando se banhava no rio Macacu. O abade da Trapa suíça, Agustin de Lestrange, também desejou abrir um mosteiro de sua ordem em Nova Friburgo, mas o Rio respondeu negativamente. Quanto a Pe. Joye, ele foi um clérigo dedicado, tendo reagido contra Sauerbronn, a quem acusava de transgredir a constituição de 1824, uma vez que esta não permitia a propaganda religiosa dos protestantes.¹¹³

Paralelo às polêmicas fluminenses, de novo graças ao Major Schaeffer, em 18 de julho de 1824, 43 famílias alemãs, 38 delas luteranas, desembarcaram em Porto Alegre, RS, de onde prosseguiram até o passo do Rio dos Sinos. Dom Pedro I ordenara ao Presidente da província gaúcha, José Feliciano Fernandes Pinheiro, de acolhê-los e acomodá-los na Real Feitoria do Linho-Cânhamo, que fora à bancarrota. O local, denominado São Leopoldo em homenagem à Imperatriz Leopoldina, contava com uma guarnição formada para assistir, e depois distribuir em lotes de terra doados, tais recém-chegados. O grupo gaúcho se reforçaria com mais dez levas subsequentes e assim, durante 17 meses – de 25 de julho de 1824 até fins de dezembro de 1825 –, fixaram residência na colônia São Leopoldo 1.027 imigrantes provenientes da Alemanha.¹¹⁴

Alguns pastores vieram para assisti-los, sendo o primeiro deles Johann Georg Ehlers (1779-1850), então viúvo e com três filhos, chegado junto da terceira leva, a bordo da galera *Germânia*, aos 6 de novembro de 1824. Foi-lhe

---

[112] Marlon Ronald Fluck, *Igreja Evangélica de Confissão Luterana no Brasil: início, missão e identidade*, p. 15.
[113] Duncan Alexander Reily, *História documental do protestantismo no Brasil*, 3ª ed., ASTE, São Paulo, 2003, p. 59; Marlon Ronald Fluck, *Igreja Evangélica de Confissão Luterana no Brasil: início, missão e identidade*, p. 3, 17-18; Martin Nicoulin, *A gênese de Nova Friburgo*, p. 82, 131.
[114] Carlos Henrique Hunsche, *O biênio 1824/25 da imigração e colonização alemã no Rio Grande do Sul*, Instituto Estadual do Livro, Porto Alegre, 1975, p. 18-20, 76-77.

concedida uma gratificação anual de 400$000 réis pelo governo do império, mais um terreno para moradia e um salão onde pudesse exercer o ministério religioso. Em 11 de fevereiro de 1825, para ser seu coadjutor, veio também Karl Leopold Voges (1801-1893) e, depois dele, no dia 11 de abril de 1826, Friedrich Christian Klingelhöfer (1784-1838), tendo este último ido morar em Campo Bom. Como destaca Jesús Hortal, tais pastores provinham geralmente da Igreja Evangélica Unida da Prússia, confissão esta que, sob o influxo da dinastia Hohenzollern, tinha seus traços luteranos um tanto diluídos por elementos calvinistas.[115]

Além do mais, o trabalho dos citados pioneiros não transcorreu sem problemas, tanto assim que, no dia 17 de abril de 1825, um grupo de 34 colonos enviou uma carta ao presidente da província, comunicando que não estavam satisfeitos com a conduta do pastor Ehlers, por suas "faltas morais". Eles acusavam-no de "falar mal das pessoas" e de invejar Voges. Carlos Henrique Hunsche, analisando o caso, achou a acusação bastante justa, mas salientou que o terreno fora "preparado" pelo mesmo Voges que, segundo ele, "não era nenhum santo". Em todo caso, este último teve de ceder, transferindo-se primeiro para Dois Irmãos e depois para Três Forquilhas (situada nos limites da atual Itati).[116]

A oposição parlamentar, contudo, conseguiu refrear temporariamente a imigração. Fê-lo não por motivos religiosos, mas porque, sendo em grande parte constituída por senhores de escravos, não tinha interesse em facilitar a entrada de brancos livres no país. Tanto insistiu, que a verba que subsidiava a instalação dos imigrantes terminou abolida pela lei de 15 de dezembro de 1830.[117]

Esse não foi o único desafio enfrentado pelos luteranos: internamente eles careciam de estruturas supracomunitárias e colonos houve que não hesitaram de eleger seus próprios (e improvisados) ministros de culto, adotando um modelo tipo congregacional. A isso se somavam os casos de total desassistência religiosa, com certeza derivados da pobreza da maioria dos imigrantes, desprovidos de recursos para sustentar um pastor. Daí, comunidades inteiras, como os luteranos de Ipanema, no Rio de Janeiro, desapareceram por completo.[118]

Houve tentativas de impedir a dissolução, como a do Cônsul da Prússia, Karl Wilhelm von Theremin (1784-1852), que organizou no Rio, em 25 de junho de 1827, a comunidade protestante alemã-francesa, composta por treze luteranos e calvinistas provenientes da França, da Alemanha e da Suíça.[119] O primeiro pastor foi Ludwig Neumann, proveniente de Breslau, que recebia um ordenado anual concedido pelo consistório da província de Brandemburgo. Ele chegou em 1º de fevereiro de 1837 e, para levar a cabo seu ministério, alugou um salão situado à Rua Matacavalos, mais tarde denominada Riachuelo, onde no dia 21 de maio começou a oficiar o culto. Porém, em 1843, Neumann morreria num naufrágio, na viagem que fazia de retorno para a Europa. A comunidade ficou acéfala mas, sempre com a ajuda do consistório de Bran-

---

[115] JESÚS HORTAL, *E haverá um só rebanho*, Edições Loyola, São Paulo, 1989, p. 103-104.
[116] IDA TERESA CERON, *Consciência viva*, Editora Palloti, Santa Maria 1987, p. 404-405; LUIZ ANTÔNIO GIRALDI, *História da Bíblia no Brasil*, 2ª ed., Sociedade Bíblica do Brasil, São Paulo, 2008, p. 48-49.
[117] CARLOS ALBINO ZAGONEL, *Igreja e imigração italiana*, p. 25.
[118] BOANERGES RIBEIRO, *Protestantismo no Brasil monárquico*, p. 18-19, 29, 97.
[119] DUNCAN ALEXANDER REILY, *História documental do protestantismo no Brasil*, p. 63.

demburgo, deu início à construção de um templo à Rua dos Inválidos, 91. A pedra fundamental foi lançada no dia 30 de julho de 1844, e, em observância a legislação brasileira, a construção não possuía aspecto exterior de igreja. Depois de concluída, ela foi consagrada em 27 de julho de 1845. O novo ministro de culto, que assumiu o pastorado do Rio aos 31 de agosto de 1843, foi o médico alemão Robert Christian Avé-Lallemant (1812-1884), natural de Lübeck.[120] Depois dele, outros viriam.

4.4 – A problemática eclesial durante a regência (1831-1840)

O artigo 121 da constituição de 1824 estabelecia que o imperador seria menor de idade até os 18 anos. Dom Pedro II estava com menos de 6 quando o pai abdicou, e não tinha nenhum parente próximo com a idade mínima de 25 anos fixada pela Carta, que o pudesse temporariamente substituir. A solução foi aplicar o artigo 123 que previa tal situação: "Se o imperador não tiver parente algum que reúna estas qualidades, será o império governado por uma regência permanente, nomeada pela assembleia-geral, composta de três membros, dos quais, o mais velho em idade será o presidente".[121]

Acontece que Dom Pedro I renunciou ao trono num período em que o parlamento estava em recesso, e, para remediar a situação, os seis senadores e os trinta e seis deputados, que se encontravam no Rio de Janeiro, reuniram-se no edifício do senado às 10h30min do dia da renúncia (7 de abril de 1831) e elegeram uma regência trina provisória, composta pelo Brigadeiro Francisco de Lima e Silva, e pelos senadores Nicolau de Campos Vergueiro e José Joaquim Carneiro de Campos (marquês de Caravelas), para responder pelo governo até a escolha apropriada. Isso seria feito no dia 18 de junho seguinte, quando a assembleia-geral, reunida no paço do senado, elegeu a regência trina permanente, integrada pelo mesmo Brigadeiro Francisco de Lima e Silva, mais os deputados José da Costa Carvalho (depois marquês de Monte Alegre) e José Bráulio Muniz.[122]

Em meio às intempéries políticas, a maçonaria rapidamente se rearticulou. Ainda em 1829, Gonçalves Ledo começou a reagrupar os "irmãos" numa loja de rito escocês chamada "Educação e Moral". No mesmo ano outra loja, do rito moderno, intitulada "Amor da Ordem", tomou igualmente forma, à qual se seguiu, no ano seguinte, uma terceira, intitulada "Comércio e Artes". Nesta última, o protagonismo ficou por conta do Cônego Januário. A novidade alvissareira, entretanto, chegou em 1831, como anteriormente mencionado *Código Criminal do Império do Brasil*. Isso porque, ao mesmo tempo em que tal código impôs limitações vexatórias à igreja, mostrou-se particularmente generoso para com os "pedreiros livres". Além de conceder-lhe total liberdade de movimento, deles exigiu apenas observar as regras comuns da ordem pública e os procedimentos normais das associações privadas, como foi definido em três artigos:

---

[120] Cf. LUÍS ANTÔNIO GIRALDI, *A Bíblia no Brasil império*, Sociedade Bíblica do Brasil, São Paulo, 2012, p. 103.
[121] *Coleção das leis do Império do Brasil de 1824*, parte 1ª, p. 24-25.
[122] *Coleção das leis do Império do Brasil de 1841*, segunda parte – aditamento, Tipografia Nacional, Rio de Janeiro, 1875, p. 5-7, 13.

Art. 282: A reunião de dez ou mais pessoas em uma casa em certos e determinados dias somente se julgará criminosa, quando for para fim que se exija segredo dos associados e quando, neste último caso, não se comunicar em forma legal ao Juiz de Paz do distrito em que se fizer a reunião. – Penas – de prisão por cinco a quinze dias ao Chefe, dono morador, ou administrador da casa, e pelo dobro em caso de reincidência.

Art.283: A comunicação do Juiz de Paz deverá ser feita com declaração do fim geral da reunião com o protesto de que não se opõe à ordem social, dos lugares e tempos da reunião, e dos nomes dos que dirigem o governo da Sociedade.

Será assinada pelos declarantes e apresentada no espaço de quinze dias depois da primeira reunião.

Art. 284. Se forem falsas as declarações que se fizerem e as reuniões tiverem fins opostos à ordem social, o Juiz de Paz, além de dispensar a sociedade, formará culpa dos associados.[123]

Apesar da conjuntura favorável, o renascimento maçônico se deu em meio a novas divergências. Em 1830 foi organizado o "Grande Oriente do Brasil" que tomou forma oficialmente no dia 24 de junho de 1831. Era composto por três lojas ("União", "Vigilância da Pátria" e "Sete de Abril"), às quais se juntaria uma quarta, chamada "Razão". A constituição que adotou foi aquela do "Grande Oriente Lusitano", e o Senador Nicolau Pereira de Campos Vergueiro (1778-1859) resultou eleito como seu grão-mestre. A sede ficava na Rua do Passeio, Rio de Janeiro, e isso lhe valeu o apelativo de "Grande Oriente do Passeio".[124]

Acontece que José Bonifácio e seus irmãos regressaram do exílio, e, graças à atuação deles, surgiu o "Grande Oriente do Brasil", em 23 de novembro de 1831. José Bonifácio foi reeleito grão-mestre deste último; mas não houve acordo com o outro grande oriente. Por isso, passaram a funcionar simultaneamente duas entidades maçônicas distintas, ambas declarando ser as sucessoras do "Grande Oriente Brasílico" fechado em 1822: o Grande Oriente Brasileiro (da Rua do Passeio) e o Grande Oriente do Brasil (a partir de 1843, situado na Rua do Lavradio). Francisco Gê Acayaba de Montezuma tentou a reunião; mas, não conseguindo, criaria ele próprio em 1833 um terceiro "Grande Oriente" de rito escocês de 33º grau, após receber uma carta de autorização do Supremo Concílio Belga. Nem assim a situação tranquilizou, pois o seu círculo acabaria se dividindo em três corpos.[125] Fruto dessas dissensões, dois anos mais tarde já haviam se formado dois "Grandes Orientes" e quatro "Supremos Conselhos"; e, como se não bastasse, a Grande Loja da Inglaterra começou a dar cartas de autorização a lojas de língua inglesa no Brasil. Somente a partir de 1842, já no segundo império, a situação começou a se definir, pois o Grande Oriente n. 2 uniu-se com o Supremo Concílio n. 2 e rejeitou o "rito moderno francês".[126] Até 1861, porém, esfacelou-se o "Grande Oriente Brasileiro", e suas lojas quase to-

---

[123] *Código Criminal do Império do Brasil*, p. 35.
[124] JOSÉ CASTELLANI-WILLIAM ALMEIDA DE CARVALHO, *História do Grande Oriente do Brasil*, p. 69-70, 79.
[125] CARLO PACE, *Resumo histórico da maçonaria no Brasil*, Companhia Tipográfica do Brasil, Rio de Janeiro, 1896, p. 17-22.
[126] DAVID GUEIROS VIEIRA, *O protestantismo, a maçonaria e a questão religiosa no Brasil*, 2ª ed., Editora Universidade de Brasília, Brasília, 1980, p. 45.

das acabaram sendo absorvidas pelo "Grande Oriente do Brasil". Foi um passo a mais na escalada maçônica no país.[127]

No tocante à Igreja, a regência manteria fielmente a mesma política e atitudes de outrora. Por isso, aos 25 de agosto de 1831 foram suprimidos os carmelitas descalços e os capuchinhos do Pernambuco.[128] O esbulho dos bens dos regulares também continuou: as ordens mais fracas a princípio, e depois, com artifícios e cautelas, as mais poderosas, que poderiam reagir, viram seus patrimônios serem considerados propriedade nacional e os próprios regulares reduzidos a meros administradores de bens que o Estado, não só se assegurava quanto à posse futura, mas ia desde logo tirando, mediante pesadíssimos impostos, a porcentagem a que julgava no direito, como "legítimo proprietário". A lei de 23 de outubro de 1832 impôs às ordens religiosas o pagamento das décimas sobre seus prédios, não obstante a comutação dos legados pios, *ex-vi* de leis portuguesas, adotadas no império, da competência do Papa.[129]

O *Código Criminal do Império do Brasil*, anteriormente mencionado, também teve notável peso para a fixação de anomalias na vida eclesiástica do país. Entre outras coisas, ele estabelecia penas para quem negasse a existência de Deus ou a imortalidade da alma; mas, como não especificava de qual Deus se tratava, de per si assegurava a faculdade de se atacar livremente a doutrina da confissão que o Estado adotara como sua. Mais clamoroso era o artigo 81, que proibia de "recorrer à 'autoridade estrangeira', residente dentro ou fora do império, sem a legítima licença, para interpretação de graças espirituais, distinções ou privilégios da hierarquia eclesiástica, ou para autorização de qualquer ato religioso". Penas previstas para quem infringisse a norma: "prisão por três a nove meses".[130] Consequência óbvia: se porventura um brasileiro fosse eleito Papa, antes da entronização, necessariamente deveria pedir o consentimento do soberano. Outra obviedade era que, mais uma vez, essas eram sempre medidas unilaterais, tomadas sem que Roma jamais fosse sequer consultada.[131]

Além disso, igual aos tempos de Pombal, muitos padres continuavam a esposar ideias cismáticas, liberais, maçônicas e do jansenismo político. Também a disciplina clerical e o celibato encontravam-se relaxados, e os santuários administrados por autoridades seculares. E, não obstante o cânon VI da sessão XIV do Concílio de Trento houvesse imposto aos clérigos o uso constante da batina, cabendo aos bispos o direito e a obrigação de fazê-la observar,[132] em muitas regiões do país o costume havia sido completamente abandonado. O padre de então "participa na vida econômica e política do país, e os seus valores não são diferentes dos seus contemporâneos. Torna-se mesmo soldado e, por vezes, conspirador e líder político. Servidor de Deus e da Igreja, é-o cada vez menos".[133]

---

[127] JOSÉ CASTELLANI – WILLIAM ALMEIDA DE CARVALHO, *História do Grande Oriente do Brasil*, p. 33.
[128] *Coleção das leis do Império do Brasil de 1831*, Tipografia Nacional, Rio de Janeiro, 1875, p. 80-81.
[129] JÚLIO CÉSAR DE MORAIS CARNEIRO, *O Catolicismo no Brasil*, p. 156.
[130] *Código Criminal do Império do Brasil*, p. 10.
[131] CÂNDIDO MENDES DE ALMEIDA, *Direito civil e eclesiástico brasileiro antigo e moderno*, tomo primeiro, terceira parte, p. 1070.
[132] *Conciliorum Oecumenicorum Decreta*, Edizioni Dehoniane, Bologna, 1996, p. 716.
[133] MÁRCIO MOREIRA ALVES, *A igreja e a política no Brasil*, Editora Brasiliense, São Paulo, 1979, p. 26; SCOTT MAINWARING, *Igreja Católica e política no Brasil*, Brasiliense, São Paulo, 1989, p. 45.

4.4.1 – As novas polêmicas do padre Feijó

Assim que foi definida a situação política da regência, nomeou-se o gabinete, e a pasta da justiça foi ocupada pelo Pe. Diogo Antônio Feijó aos 4 de julho de 1831. Ele não renunciara às suas ideias anteriores e logo recordou aos bispos que os párocos eram "empregados públicos".[134] Nesse meio tempo em curso estava outra celeuma, iniciada ainda antes de sua posse como ministro. A razão era que, nos dias 17 de maio e 11 de junho de 1831, Feijó, com o Pe. Antônio Maria de Moura e outros regalistas articularam três polêmicos projetos que de nenhum modo poderiam ser – e de fato não foram – aceitos pela Santa Sé: o da "caixa eclesiástica", o do "presbitério" e um último sobre o matrimônio.[135]

O internúncio se opôs frontalmente a todas essas propostas por considerá-las altamente lesivas aos interesses e à disciplina da Igreja. O projeto do "presbitério" foi visto como uma tentativa de substituir os capítulos, destituindo-os da sua função de coadjuvar os bispos na condução das dioceses. A ideia da instituição das "caixas eclesiásticas" desagradou ainda mais, pois, segundo tal projeto, seriam criadas uma em cada província, estando todas elas submetidas ao Tesouro. Ditas "caixas" recolheriam taxas, contribuições e legados pios, que seriam encaminhados ao culto. A proposta era tão minuciosa que previa a criação de subsidiárias das "caixas" em cada paróquia, sob a administração de um fabriqueiro, sempre nomeado, obviamente, como nas demais instâncias, pelo Tesouro. O montante apurado iria para o culto divino, que assim supriria o déficit que houvesse graças às rendas provinciais. Isso, para o internúncio, além de danoso, dissimulava o desejo não declarado de fixar e coordenar todas as rendas eclesiásticas a partir do erário público.[136]

A Comissão Eclesiástica em exercício ignorou a oposição do representante de Roma e, com o aval dos padres que nela atuavam – José Bento Leite Ferreira de Melo, Antônio Maria de Moura e Francisco de Brito Guerra –, não só acatou as duas propostas e lhes deu encaminhamento, como adotou igual postura em relação à terceira e mais polêmica delas: aquela relativa ao contrato matrimonial, que abolia impedimentos e sujeitava as causas do julgamento aos magistrados seculares. Um importante destaque foi contemplado neste particular: o celibato não seria mais uma qualidade necessária para o exercício do ministério sacerdotal. Lido o parecer da comissão no plenário da câmara na sessão de 26 de julho de 1831, reacenderam-se as discussões. De novo, nenhum dos três projetos teve prosseguimento, porque uma questão política mais urgente teve de ser abordada: a tutoria do príncipe herdeiro. O ministro Feijó mandara prender José Bonifácio, acusado de rebelião, e pediu autorização ao legislativo para exonerá-lo da função de tutor de Dom Pedro II. O acusado era membro da poderosa família Andrada, e seus irmãos, liderados por Martim Francisco, tudo fizeram para defendê-lo; mas, aos 30 de julho de 1832, a comissão da justiça criminal condenou-o por 45 votos contra 31.

---

[134] UBALDINO DO AMARAL, "Os meios de ação do ultramontanismo e os da sociedade civil", em: *Clericalismo*, p. 7.
[135] ASV, "Lettera di Francesco Cappacini al incaricato d'affari della Santa Sede a Rio de Janeiro", *Nunciatura Apostólica no Brasil*, fasc. 18, caixa 4, doc. 82, fl. 233; IDEM, doc. 84, fl. 265.
[136] Cf. ASV, Carta do internúncio ao Cardeal Bernetti, em: *Nunciatura Apostólica no Brasil*, fasc. 13, caixa 3, doc. 98, fl. 212.

Faltava ainda o parecer do senado, e ali a situação se inverteu: pela diferença de apenas um voto José Bonifácio foi mantido no cargo. Sentindo-se agredido moralmente, Feijó pediu demissão no dia 2 de agosto seguinte e regressou a São Paulo.[137]

Lá, tendo sempre como fiel aliado o Pe. Manoel Joaquim do Amaral Gurgel, reiniciaria a luta contra o celibato, coisa que fez em 1834 por meio de uma *Representação do Conselho Geral de São Paulo*, datada de 14 de janeiro, pedindo ao bispo diocesano, Dom Manuel Joaquim Gonçalves de Andrade (1776-1847), suprimir a continência obrigatória na sua jurisdição. Feijó defendia seu projeto, baseando-se sobretudo em dois argumentos: "Os bispos em suas dioceses podem tudo o que pode o Sumo Pontífice na Igreja Universal; e a lei do celibato não é senão disciplinar, dispensável por qualquer bispo, arguindo-se daí que o bispo de São Paulo pode e deve, nas presentes circunstâncias, dispensar os seus padres da lei do celibato". Pego de surpresa, Dom Manuel esquivou-se, submetendo a questão ao governo central. A Santa Sé, conforme consta de uma carta do Cardeal Bernetti ao seu encarregado no Brasil, ficou constrangida com a fraqueza de caráter do prelado de São Paulo, e o próprio Papa o repreenderia por haver dado ouvidos aos anticelibatários, em vez de cumprir seu dever, rejeitando uma proposição que feria a disciplina geral da Igreja.[138]

O internúncio Scipione Fabbrini, por sua vez, aos 18 de fevereiro de 1834, escreveu ao ministro dos negócios estrangeiros, Conselheiro Aureliano Coutinho, futuro marquês de Sepetiba, pedindo explicações e providências. O ministro respondeu-lhe com extrema rudeza;[139] mas, não sendo versado no assunto, antes de submeter tal *Representação* ao conhecimento das Câmaras, expediu um *Aviso* a 3 de março, pedindo com urgência a Dom Romualdo o seu parecer. O primaz não gostou da solicitação, manifestando-o na resposta que deu aos 14 de junho de 1834:

---

[137] ALFRED ELLIS. JÚNIOR, *Feijó e sua época*, p. 228-248.
[138] ASV, Carta do Cardeal Bernetti ao Encarregado da Santa Sé no Rio de Janeiro" (28-5-1835), em: *Nunciatura Apostólica no Brasil*, fasc. 18, caixa 4, doc. 57, fl. 145.
[139] Na carta, o internúncio solicitava o seguinte: "Senhor Ministro, o 'Correio Oficial' acaba de publicar que o Conselho Provincial de São Paulo tomou as seguintes resoluções: 1) Que os bispos em suas dioceses têm os mesmos direitos que o Santo Padre em toda a Igreja Católica; 2) que a lei do celibato é simplesmente disciplinar. Conclusão: os bispos poderão dispensar em suas dioceses os cânones disciplinares dos Concílios-gerais e podem permitir o matrimônio do clero em suas dioceses. Consta-me que o bispo de São Paulo e o Conselho Geral submeteram esse papel ao julgamento do Governo, e eu, como delegado da Santa Sé, tomo a liberdade de endereçar a Vossa Excelência esta carta confidencial para saber a opinião do Governo a respeito. Fico, Excelência, na doce esperança de obter uma resposta que tranquilize o coração do Santo Padre. Aproveito a ocasião para renovar a Vossa Excelência a segurança de minha alta consideração". A reposta de Aureliano Coutinho nada fez para ocultar o desprezo das autoridades do Governo pelas preocupações da Santa Sé: "Em resposta à nota de 18 deste mês, na qual manifestais o desejo de conhecer o pensamento do Governo sobre a questão do celibato dos padres agitada em São Paulo, tenho a honra de vos dizer com toda franqueza que o Governo de Sua Majestade está convencido de que o celibato dos padres constitui um ponto de disciplina que os soberanos podem alterar a vontade, em benefício de seus súditos. O Governo sabe que o celibato do clero no Brasil não existe de fato, e esse estado de coisas favorece enormemente a imoralidade pública. Deve, por isso, tomar medidas enérgicas e apropriadas às circunstâncias. E como o negócio é muito sério, o Governo não fará conhecer publicamente o seu pensamento, mas enviará à Câmara dos Deputados com aquele desejo de marchar para sempre de acordo e na esperança de que ela encontrará um remédio para sanar o mal que tanto dano causa à Igreja" (JOÃO DORNAS FILHO, *O Padroado e a Igreja brasileira*, p. 69-70).

> É sobremaneira doloroso ter de pronunciar um juízo, ou emitir uma opinião acerca da Representação do Conselho Geral de São Paulo, [...] quando o mesmo Conselho parece querer prevenir e como intimidar os que não pensam como ele, reduzindo-os a um punhado de rudes e ignorantes, e mimoseando-os com os odiosos epítetos de *superstição a mais estúpida, ou da mais refinada imoralidade* (o grifo é do autor).[140]

Ainda assim, ele anexou o parecer pedido, por entender que, por uma questão de consciência, um bispo não podia ficar mudo, quando via a verdade em perigo. Tampouco perdeu a oportunidade de criticar as penosas condições em que vivia o clero do país:

> Pode o soberano revogar nos seus Estados a Lei do Celibato Clerical? Parece-me que a afirmativa só poderá ser sustentada por quem pretender com Bayle e Rousseau, que a Religião é apenas um ramo da administração pública, que o soberano pode alterar, ou modificar ao seu arbítrio, acumulando a supremacia espiritual com o Sumo Império, bem como o Rei da Inglaterra ou Imperador da Rússia. [...] Nem diga o Conselho Geral que a extinção do Celibato fará entrar no clero muitos cidadãos virtuosos e pais de família, que ora deixam de abraçar o estado eclesiástico por causa da Lei do Celibato.
> [...] Quando finalmente a revogação desta Lei fosse possível, ou houvesse de produzir algum bem, não era sem dúvida oportuno agitar agora semelhante questão.
> [...] Não é fácil de calcular os efeitos morais que poderia ter um cisma ou rompimento com a Corte de Roma, e com todo o corpo eclesial do Brasil; e o espírito de partido, fazendo servir a Religião aos seus fins, lançaria mão deste pretexto, para mais irritar os ânimos e tornar odioso o poder, representando-o como inimigo das instituições do Catolicismo; porque enfim, eu o repito, não houve ainda um só governo católico que ousasse proscrever ou extinguir o Celibato Eclesiástico.[141]

A resposta do Arcebispo foi levada a sério, fazendo a proposta cair. Amaral Gurgel, na desesperada tentativa de inverter o veredicto, publicou uma réplica à *Representação* de Dom Romualdo, alertando para o "risco" que representava essa nova "usurpação" do clero:

> Colocado no lugar mais eminente da Igreja do Brasil, Sua Excelência deveria ser o primeiro a ensinar a *verdadeira doutrina* (o grifo é nosso) e combater o erro, em que porventura laborasse o Conselho, honrar-se pois desta gloriosa tarefa, e não achar sobremaneira doloroso ter de pronunciar seu juízo. [...] Que ao soberano compete determinar quais os impedimentos do matrimônio, é hoje doutrina tão corrente, que não sei como chamar-se à dúvida. [...] Logo, como se pode negar ao governo do Brasil este direito? [...] Logo ao direito de dar o beneplácito está essencialmente ligado ao de recusá-lo depois de ter sido dado à lei disciplinar, que deixou de ser boa, de ser útil e, por consequência, de ser lei. [...] É para obstar as pretensões do Poder Eclesiástico, para reprimir a audácia com que, a pretexto de Religião, tem querido interferir em negócios puramente temporais, que aos Impe-

---

[140] ROMUALDO ANTÔNIO DE SEIXAS, *Coleção das obras do Excelentíssimo e Reverendíssimo Senhor Dom Romualdo Antônio de Seixas*, tomo II, Tipografia de Santos e Companhia, Pernambuco, 1839, p. 349.
[141] ROMUALDO ANTÔNIO DE SEIXAS, *Coleção das obras do Excelentíssimo e Reverendíssimo Senhor Dom Romualdo Antônio de Seixas*, tomo II, p. 351, 357-359.

rantes compete mesmo o direito de examinar, e dar o seu "Praz-me" às próprias bulas dogmáticas. [...] O Brasil está tranquilo fazendo as suas reformas constitucionais, e que melhor ensejo para fazer também uma reforma em uma lei disciplinar? [...] Van Espen diz mui terminantemente que aos Bispos compete dispensar o rigor dos cânones, quando assim pedir a necessidade, ou utilidade do seu bispado.[142]

O escrito passou quase que ignorado, e o Primaz do Brasil, sem sequer citá-lo, anos mais tarde se resumiria a contar, não sem certa ironia, a reação que tiveram os "padres noivos", no momento em que a sua *Representação* foi lida no parlamento, encerrando a questão:

> O empenho e paciência dos "noivos" e seu procurador obrigaram o dito ministro da justiça a dirigir-me novo Aviso, instando pelo mencionado parecer. Nada, porém, foi mais cômico e interessante que a cena que se passou na Câmara dos Deputados, onde também me achava, no momento de abrir-se e anunciar-se a minha resposta. [...] Padre Joaquim do Amaral Gurgel disse que já estava de casamento marcado e cobriu de injúrias o Arcebispo. [...] O projeto caiu "com grande mágoa e desespero dos noivos".[143]

O episódio evidenciou ainda outros dois fatos: o tratamento político que as autoridades deram ao caso e o alinhamento de parte da hierarquia eclesiástica ao "status quo".[144] Ou seja, não foi a situação moral do clero nem a observância da disciplina estabelecida em Trento que provocou o desfecho, mas a conveniência: Feijó e seus pares não tiveram suficientes argumentos para replicar opositores mais cultos ou cooptar o apoio da maioria. No tocante à acomodação de um segmento do clero ao regalismo, tampouco houve motivo de espanto: muitos deles eram simples sacristãos, que, depois de acolhidos, "progrediam" como fosse possível ao longo dos anos, até receberem a tonsura e, por fim, o diaconato e o presbiterado. E tudo isso quase sempre sem fazer estudos ou passar em exames.[145] Não por acaso, o inglês Richard Francis Burton (1821-1890) afirmaria mais tarde que a hierarquia eclesiástica do Brasil havia passado por "mudanças notáveis" em relação ao seu centro legítimo.[146]

4.4.2 – A questão da vacância da diocese do Rio de Janeiro e o ostracismo final dos "dignitários" regalistas

A mais grave crise religiosa da regência se abriria quando se fez necessário encontrar um sucessor para o prelado do Rio de Janeiro, Dom José Caetano da Sil-

---

[142] MANOEL JOAQUIM DO AMARAL GURGEL, *Análise da resposta do Exmo. Arcebispo da Bahia sobre a questão da dispensa do celibato, pedida pelo Conselho Geral de São Paulo*, Tipografia Ambrosiana, Rio de Janeiro, 1834, p. 3-4, 8-10 , 25-27.
[143] ROMUALDO ANTÔNIO DE SEIXAS, *Memórias do marquês de Santa Cruz*, p. 84-85.
[144] Segundo Monsenhor Ezequias Galvão de Fontoura: "Infelizmente, o nefando regalismo, que havia contaminado horrivelmente a Igreja portuguesa, já estava invadindo a jovem Igreja brasileira. Raríssimo era o bispo ou sacerdote que estava isento desse verme roedor da autonomia do poder eclesiástico. Esse despotismo, por longos anos, exercido sobre a Igreja brasileira, entorpeceu a sua marcha progressiva" (PAULO FLORÊNCIO DA SILVEIRA CAMARGO, *A Igreja na história de São Paulo (1851-1861)*, vol. III, Indústria Gráfica José Magalhães, São Paulo, 1953, p. 111).
[145] MÁRCIO MOREIRA ALVES, *A igreja e a política no Brasil*, p. 25.
[146] RICHARD BURTON, *Viagem do Rio de Janeiro a Morro Velho*, Itatiaia, Belo Horizonte, 1976, p. 333.

va Coutinho, falecido aos 27 de janeiro de 1833. No dia 22 de março seguinte, o brigadeiro Francisco de Lima e Silva, na condição de membro da regência trina permanente, por meio de um decreto, cometeu a temeridade de indicar o Pe. Antônio Maria de Moura, provocando a reação imediata do encarregado pontifício, que, no mesmo dia, advertiu Honório Hermeto, ministro da justiça e negócios eclesiásticos, que o fato do referido padre haver subscrito os três projetos rejeitados se constituiria numa grande dificuldade para uma eventual instituição canônica.[147]

Dois anos depois, também Feijó seria nomeado prelado de Mariana, mas, prudentemente, declinou a oferta. Padre Antônio Moura, ao contrário, mal soube da citação do seu nome, aceitou-a de boa vontade. O que certamente ele não contava é que a imprensa transformaria essa pretensão num clamoroso escândalo. No dia 29 de março de 1833, o jornal carioca *O Carijó* atacaria abertamente a escolha feita, recordando que o indicado, Moura, na condição de filho ilegítimo de Paulo Fernandes Viana, segundo o estabelecido pelo Concílio de Trento, estava canonicamente impedido de se tornar bispo, sendo mais que provável que Roma rejeitasse "tal sujeito".[148] Quatro dias depois, o satírico periódico *O Par de Tetas* diria ferino que o novo critério para se nomear bispo tinha se tornado vestir-se à moda de "pelintra" antes que de padre, ser membro de alguma comissão defensora do casamento dos sacerdotes e embebedar bastante. "Que desgraça…", concluía.[149] O jornal *O Permanente Constitucional* também se ocuparia do assunto, mas nenhuma publicação fez mais estrago ao sonho de Moura que o número seis da *Arca de Noé*, que chegou ao público no dia 13 daquele mesmo mês de abril. O autor, como era próprio do estilo, fê-lo de forma anônima, mas a posteridade o identificaria: era José Bonifácio, que chegou a tanto por desejo de vingança. Isso porque, após a queda de Feijó, a regência o reintegrara na função de tutor de Dom Pedro II, para pouco depois, por meio duma proclamação lacônica, humilhá-lo com uma demissão sumária:

> Brasileiros, […] uma conspiração acaba de ser pelo governo descoberta, a qual tem por fim deitar abaixo a regência, que em nome do imperador governa, e quiçá destruir a monarquia representativa na Terra de Santa Cruz. […] A regência está vigilante. […] Ela acaba de suspender o tutor de Sua Majestade imperial e de suas augustas irmãs, o Doutor José Bonifácio de Andrada e Silva, o homem que servia de centro e de instrumento aos facciosos; havendo nomeado para substituí-lo, enquanto a assembleia-geral legislativa se não determinar o contrário, o marquês de Itanhaém.[150]

Conhecendo as reais limitações do indicado para o Rio, José Bonifácio viu nele a grande oportunidade de desforra contra os regentes e, assim, no artigo supracitado, explorou com crueza todas as suas mazelas. Sem medir palavras, ele deixava bem claro que a regência e o ministro que lhe referendaram o nome sabiam muito bem que "o Sr. Antônio Maria de Moura, membro da comissão eclesiástica da câmara dos deputados, organizara com seus dois 'dignos' colegas os escandalosos e heterodoxos projetos", um dos quais nada mais queria que "acabar com a religião de Cristo que todo o povo do Brasil

---

[147] ASV, Breve memória histórica anexa à nota dirigida ao Senhor Drumond, encarregado dos negócios do Brasil, em: *Nunciatura Apostólica no Brasil*, fasc. 18, caixa 4, doc. 83, fl. 299.
[148] A. I, (artigo sem título), em: *O Carijó* (29-3-1833), n. 45, Tipografia Fluminense, 1833, p. 4.
[149] A. I., (artigo sem título), em: *O Par de Tetas* (17-4-1833), Tipografia de R. Ogier, Rio de Janeiro, 1833, p. 4.
[150] FRANCISCO DE LIMA E SILVA ET ALII, *Proclamação* (página única), SNT, Rio de Janeiro, 1833.

sinceramente ama e quer, à exceção desses inovadores, heréticos e libertinos". O maçom Bonifácio, parafraseando o "Santíssimo Padre Gregório XVI", sublinharia que "a nossa Sé Romana de São Pedro, sobre quem Cristo pôs os fundamentos da Igreja, é assaltada de todas as partes, e os laços de unidade de dia em dia cada vez mais se enfraquecem e dilaceram".[151]

O governo, minimizando os efeitos do artigo sensacionalista e a advertência do Representante Pontifício, no dia 3 de maio de 1833 enviou do Rio para Roma o processo para a confirmação episcopal de Moura. Os documentos chegaram à Santa Sé no dia 29 de junho seguinte, mas, quando Luís Moutinho Álvares e Silva, representante do Brasil junto aos Estados da Igreja, apresentou o pedido do Conselheiro Bento da Silva Lisboa, então ministro dos estrangeiros, pedindo a postulação do Pe. Moura, não recebeu a esperada confirmação.[152] O Papa havia sido informado dos eventos do Brasil e, por isso, na audiência que concedeu dia 10 de setembro ao secretário da Sagrada Congregação dos Negócios Eclesiásticos, ordenou que por meio da secretaria de Estado fosse enviada nota confidencial ao representante da Santa Sé junto à Corte brasileira e também a Luís Moutinho, explicando as razões porque não era possível dar instituição canônica ao candidato do Brasil. A referida nota, datada de 14 de setembro de 1833, vinha assinada pelo Cardeal Tommaso Bernetti e alegava que Moura não possuía "as qualidades exigidas nas pessoas eclesiásticas, especialmente naquelas a serem promovidas à dignidade episcopal". Isso, devido a quatro motivos principais: ele estava impedido canonicamente (fora ordenado padre em São Paulo sem as dimissórias do bispo de Mariana, seu prelado de origem); não era dotado de sã doutrina (havia subscrito os três projetos heterodoxos); tinha "defeitos de natal" (era filho bastardo) e "defeitos de corpo" (encontrava-se afetado de paralisia parcial na tenra idade de 39 anos) e era imputado de "outras graves coisas" (entre as quais, a embriaguez, tanto explorada na imprensa da época).[153] Assim sendo, solicitava-se a Moutinho pedir ao imperador brasileiro que apresentasse outro candidato para que a Igreja do Rio "fosse solicitamente provista de digno pastor".[154]

Luís Moutinho, sem desistir, respondeu dois dias depois, tentando minimizar o teor das acusações, mas a Santa Sé no dia 27 do mesmo mês rebateu com outra nota seca:

> Apesar do seu zelo em relação a tal objeto, utilizado para diluir as culpas atribuídas ao De Moura, não poderá Vossa Senhoria Ilustríssima não convir da gravidade da subscrição colocada nos três conhecidos projetos apresentados às Câmeras pela Comissão Eclesiástica; e mais a difamação por ele levada às folhas públicas do Brasil. Por este motivo, permanecendo firmes os artigos, que com pesar obrigaram o Santo Padre a não dar curso a tal nomeação, não pode a Santa Sé retroceder na determinação tomada.[155]

---

[151] JOSÉ BONIFÁCIO DE ANDRADA E SILVA, (artigo sem título), em: *A Arca de Noé* (13-4-1833), Tipografia do Diário, Rio de Janeiro, 1833, p. 1-2.
[152] JERÔNIMO LEMOS, *Dom Pedro Maria de Lacerda, último bispo do Rio de Janeiro no Império*, p. 44.
[153] ASV, "Cópia confidencial", em: *Nunciatura Apostólica no Brasil*, fasc. 13, caixa 3, doc. 39, fl. 91.
[154] ASV, "Breve memória histórica", em: *Nunciatura Apostólica no Brasil*, fasc. 18, caixa 4, doc. 83, fl. 239b.
[155] IBIDEM, fl. 240.

A essa altura, a Santa Sé julgava a pendência liquidada, mas o representante brasileiro ainda voltaria a insistir com uma nota oficial no dia 13 de outubro. De novo foi desatendido, e daquela data até dezembro de 1834, nada se fez, cessando inclusive a correspondência. Nesse ínterim, aos 21 de fevereiro de 1834, Aureliano Coutinho substituiu Bento Lisboa na pasta dos estrangeiros, e também Moutinho cedeu seu lugar em Roma a José Joaquim da Rocha. O novo representante do Brasil conseguiria do Sumo Pontífice a promessa de concessão da bula, mas com uma condição: que o Pe. Antônio Moura, mesmo sem uma retratação formal, subscrevesse "conveniente declaração" afirmando a sanidade da sua doutrina.[156]

Isso não aconteceria, porque a tendência predominante na política brasileira era aquela de enrijecer em relação à Igreja, como ficou demonstrado durante a aprovação do *Ato Adicional* à constituição aos 12 de agosto de 1834. Tal documento substituiu a regência trina pela regência una, mas também afetou as estruturas eclesiásticas, agravando ainda mais a situação do clero. Dentre outras disposições, o artigo 10º§1 do referido documento deu às assembleias provinciais a atribuição de legislar sobre a divisão eclesiástica e sobre conventos e quaisquer associações religiosas; enquanto que o §7 estabeleceu que todos os eclesiásticos, que recebiam a minguada côngrua das folhas do Tesouro, ficassem oficialmente reduzidos a funcionários públicos. E, para dar o toque final ao férreo cerco que se montava, no dia 7 de abril de 1835 o pleito nacional para o regente único elegeu Pe. Diogo Antônio Feijó, a quem foram dados 2.828 votos, contra 2.251 recebidos pelo seu opositor, o nordestino Francisco de Paula Hollanda Cavalcanti de Albuquerque. Antes mesmo que Feijó assumisse, o deputado maranhense, Estevão Rafael de Carvalho, tomou a iniciativa de "resolver" a problemática da vacância do Rio e de toda a Igreja do Brasil, propondo aos 6 de junho de 1835 um cisma unilateral. O episódio, reproduzido integralmente nos *Anais da Câmara dos Deputados*, fala por si:

> O Sr. Rafael de Carvalho, declarando que as ordens do presbitério não constituem impedimento civil, [...] julgando também que este projeto contêm a reforma constitucional, é proposto ao apoiamento, e sendo apoiado pela terça parte dos membros presentes desta Câmara, fica sobre a mesa para passar pelo processo determinado na constituição.
> A Assembleia-Geral Legislativa resolve:
> Artigo 1° – A Igreja Brasileira fica desde já separada da Igreja Romana.
> Artigo 2° – O Supremo sacerdócio fica devolvido ao governo.
> O Sr. Presidente [Pedro de Araújo Lima], ao ler-se este projeto, convida o Sr. Vice--presidente para ocupar a cadeira, e pedindo a palavra, observa à Câmara que não pode deixar de mostrar a sua oposição e indignação, ao ver que se está tratando dos objetos mais sagrados, quais a religião e a constituição, por semelhante modo! [...] O ilustre orador, continuando a discorrer sobre o projeto, mostra a santa indignação de que se acha possuído à vista do projeto que se oferece, que por sua natureza nunca devia aparecer e conclui declarando que o respeito à religião de nossos pais não consente que ele deixe de exprimir os seus sentimentos nesta matéria com toda a energia; que já em outra ocasião se vira em luta com alguns senhores deputados, apesar de saber que o projeto a que se

---

[156] ASV, "Nota verbal do Cardeal Bernetti" (10-9-1835), em: *Nunciatura Apostólica no Brasil*, fasc. 18, caixa 4, doc. 28, fl. 67.

refere muitos poucos votos terá em seu favor, mas que julga que convém que a Câmara repila tais tentativas de um modo não ordinário; que julgue agora do mesmo modo e que deixe à consideração de cada um a alta importância do objeto.
O Sr. Rafael de Carvalho, defendendo o seu projeto e mostrando que ele deve ser posto ao apoiamento, declara que mais sagrados são os direitos da Nação, que os direitos do Pontífice. [...] Posto ao apoiamento, só se levantou o autor do projeto, e outro Sr. Deputado [Pe. Antônio Ribeiro Bhering, da província de Minas Gerais], e por conseguinte, não é apoiado.[157]

Eliminar o perigo de um cisma não era ainda a solução, pois o Pe. Moura, pressionado pelos homens do governo, negou-se a fazer qualquer reconsideração, tendo inclusive feito publicar no dia 16 de junho do mesmo ano sua negativa no *Correio Oficial*. Ali, ele não somente afirmou que rejeitava a sugestão da Santa Sé, como acrescentava estar intimamente convencido de que os projetos que subscrevera não continham erros nem em ponto de fé nem em ponto de disciplina geralmente recebida e, por isso, concluía categórico: "Eu não tenho do que retratar-me, estando muito tranquilo com o testemunho da minha consciência, a qual não me acusa de me haver afastado dos princípios ortodoxos que constantemente segui".[158]

E foi assim que se chegou ao dia 24 de agosto de 1835, data em que Antônio de Meneses Vasconcelos Drumond, novo ministro brasileiro em Roma, em uma conferência que teve com o Cardeal secretário de Estado, declarou-lhe haver recebido resposta à correspondência que mandara em fevereiro para o Rio, a qual continha instruções para pedir em termos peremptórios a instituição canônica de Moura. No caso do Papa se recusar, informou, devia pedir os passaportes e romper relações diplomáticas com a Santa Sé. Drumond ainda não havia recebido o *Correio Oficial*, e, quando teve em mãos a declaração do candidato à vacante diocese carioca, compreendeu que já não havia negociação possível. Assim, enviou uma nota à Cúria no dia 23 de setembro, pediu seus passaportes e declarou que esperaria a resposta em Nápoles até 23 de novembro, dia em que as relações diplomáticas do Brasil com a Santa Sé seriam rompidas de modo cabal, a menos que o Papa não houvesse organizado expressamente um consistório para dar a instituição canônica requerida. Se tal não ocorresse, seria oficializada a separação da Igreja do Brasil.[159]

A posse do padre-regente acontecida no dia 12 de outubro parecia ser o último passo para a consumação de um cisma irremediável, inclusive porque ele havia se tornado maçom. Acontecera dois anos antes, quando se iniciara na loja "Amizade", na qual viria a atingir nos anos sucessivos o grau n. 18.[160] E, como Pe. Moura era seu amigo e colega de ideias, num dos seus arroubos habituais, Feijó ameaçou: "Quanto ao Doutor Moura a questão é outra. Faço o máximo empenho na confirmação desse titular da Igreja. E para tal vou até a separação da Igreja brasileira da de Roma".[161]

---
[157] *Anais do Parlamento Brasileiro – Câmara dos Srs. Deputados*, sessão de 1835, tomo I, Tipografia da viúva Pinto e Filho, Rio de Janeiro, 1887, p. 154-155.
[158] ASV, "Breve memória histórica", em: *Nunciatura Apostólica no Brasil*, caixa 4, fasc. 18, doc. 83, fl. 245.
[159] IBIDEM.
[160] José Castellani, *Os maçons que fizeram a história do Brasil*, Editora maçônica "A Trolha", Londrina, 1996, p. 47.
[161] Alfred Ellis Júnior, *Feijó e sua época*, p. 336.

Ele simplesmente não aceitava que a Santa Sé pudesse questionar qualquer atitude do Estado e via nisso um desacato ao poder imperial. Demonstrou-o decididamente quando o Núncio Apostólico, Monsenhor Scipione Domenico Fabbrini, numa tentativa de dar uma solução negociada para crise, ofereceu ao regente o máximo que sua condição permitia: "O Pe. Moura vai para Mariana, e o Sr. Ficará como bispo no Rio". A resposta, que dele recebeu, foi a demonstração cabal do espírito superior que certos homens políticos mantinham em relação à Igreja: "Não se trata de pessoas, trata-se de prerrogativas do governo imperial".[162]

O regente, no entanto, cometeu o erro fatal de subestimar a reação que provocaria em Roma e no Brasil. Sem se intimidar com as ameaças recebidas, no dia 28 de novembro seguinte a secretaria de Estado da Santa Sé enviou ao encarregado brasileiro uma resposta duríssima, rebatendo todas as suas objeções:

> O conteúdo desta nota surpreendeu tanto o Cardeal Secretário de Estado, que se ela não dissesse respeito a um assunto eclesiástico, e um ponto delicado da consciência do Santo Padre, e se Sua Santidade, com quem V. Ilma. falou na última audiência concordada, não tivesse previamente autorizado o subscrito a recebê-la, ele teria se encontrado no dever de devolvê-la ao senhor e esperar uma outra que ao menos fosse escrita em forma respeitosa, que os gabinetes usam entre si nas comunicações, mesmo nas mais desagradáveis.
> O objetivo principal da nota de V. S. Ilma., a parte as cismáticas doutrinas que contém, e tudo o que manifesta de hostil e de injurioso à Santa Sé, reduz-se a sustentar que o Papa não possui em caso algum o direito de recusar a instituição canônica a um Eclesiástico nomeado e apresentado a um bispado; e que se há alguma dúvida em relação à sua idoneidade, deve depô-lo em base à simples assertiva de quem o nomeou. O erro de tal assunto para todo aquele que professa a Religião Católica é evidente no direito e no fato.
> Um dos principais deveres do Sumo Pontífice é aquele de vigiar atentamente para pôr no governo das igrejas particulares bons e idôneos pastores. [...] No caso, a questão se reduz a um ponto de consciência, o qual, pela sua natureza, não pode jamais assumir o caráter de negociação entre governo e governo, ou seja, de diplomática discussão; e, ainda que seja verdade que a Santa Sé consinta e admita a apresentação e a nomeação dos Pastores que se faz à mesma da parte de alguns príncipes soberanos, o que, por outro lado, não é mais que por indulto, privilégio e concessão dessa, de maneira que a nomeação deva cair nos sujeitos em posse das prerrogativas queridas pelos SS. Cânones, assim como aconselha o próprio Concílio de Trento. [...] Fazendo agora em poucas palavras a aplicação destes conhecidos princípios relativos ao assunto, que forma a base do mal-estar expresso na nota de V. S. Ilma., tornar-se-á evidente, quanto a querela da regência seja injuriosa à Santa Sé. [...] O especioso pretexto que a regência apresenta para se justificar sobre o ter impedido que o De Moura si prestasse, quando também o tivesse quisto, de fazer ao S. Padre a declaração que lhe foi pedida sobre algumas doutrinas, é o seguinte:
> – As doutrinas que a Santa Sé considera como contrárias às doutrinas da Igreja estão confiadas em alguns projetos, os quais foram subscritos pelo De Moura na sua qualidade de membro da Comissão Eclesiástica, os quais pertencem, porém, à Câmera dos Deputados; [...] e ao De Moura, na condição de Deputado, não lhe é permitido dar explicações sobre sua conduta parlamentar sem violar a constituição.

---

[162] ALFRED ELLIS JÚNIOR, *Feijó e sua época*, p. 345-346.

Mas, a insubsistência deste pretexto é tão evidente que não deveria sequer ocupar a pena de V. S. Ilma. para dar sustentação a toda a nota. As relações do Santo Padre com o De Moura não são as relações de uma autoridade qualquer, ou de um particular com um Deputado das Câmaras do Brasil. São relações da Igreja com eclesiástico em matéria eclesiástica, são relações de consciência, as quais nada têm que ver com as câmaras, nem com os Deputados, nem com a conduta parlamentar, nem com a forma de governo, nem com a inviolabilidade constitucional. E se um Deputado nas Câmaras se demonstrasse luterano ou calvinista, e então fosse apresentado ao Papa para fazer dele um bispo, deveria o Papa conceder-lhe a instituição canônica. Segundo o raciocínio da nota de V. S. Ilma., o Papa não poderia se recusar. [...] Mas, ainda tem mais, pois a regência, com um inaudito exemplo, ameaça o Santo Padre de levar a cabo um cisma se Ele não traísse a sua consciência, e não vê que o Papa, na impossível hipótese que se prestasse aos seus desejos, teria de admitir, e de certo modo sancionar, as cismáticas doutrinas expressas na nota de V. S. Ilma.[163]

Entre os brasileiros as reações não foram menos iradas, cabendo de novo a Dom Romualdo Seixas a primazia de, sem perda de tempo, aglutinar em torno de si todas as numerosas inimizades que o regente possuía, entre as quais, os influentes Honório Hermeto e Bernardo Pereira de Vasconcelos. Este último, não obstante houvesse desejado um cisma em 1827, dizia-se convertido, conforme relatou o próprio Primaz:

Chegava da província de Minas Gerais o deputado Bernardo Pereira de Vasconcelos, já inteiramente convertido, a ponto de declarar-me na primeira entrevista que ele vinha disposto a combater a heresia e a anarquia. Fossem quais fossem suas intenções, e os motivos que provocaram tão inesperada mudança, não se podia desprezar um aliado tão poderoso, e que já tinha dado imensas provas de sua habilidade parlamentar.[164]

Surpreendido pela reação compacta, Feijó resolveu mudar de tática, tentando induzir o legislativo a consolidar o cisma que o executivo não conseguira. Assim, na *fala do trono* de 3 de maio de 1836, dirigindo-se às duas câmaras, conclamou:

Não posso, contudo, ocultar-vos que Sua Santidade, depois de dois anos de explicações recíprocas, resolveu não aceitar a representação imperial do Bispo eleito dessa diocese. O governo tem a seu lado a lei e a justiça, mas Sua Santidade obedece à sua consciência. Depois dessa decisão, julgou-se o governo desonerado de ter condescendência com a Santa Sé, sem, contudo, faltar jamais ao respeito e à obediência ao Chefe da Igreja universal.
Em vossas mãos está livrar o católico brasileiro da dificuldade e, muitas vezes, impossibilidade de mendigar recursos que não lhe devem ser negados dentro do Império.
É tão santa a nossa religião, tão bem calculado o governo do sistema eclesiástico que, sendo compatível com toda a casta de governo civil, pode sua disciplina ser modificada pelo interesse do Estado, sem jamais comprometer o essencial da mesma religião. Não obstante esta colisão com o Santo Padre, nossas relações amigáveis continuam com a Corte de Roma.[165]

---

[163] ASV, Resposta da Secretaria de Estado ao Cavalheiro Drumond (18-11-1835), in: *Nunciatura Apostólica no Brasil*, fasc. 18, caixa 4, doc. 80, fl. 193-203.
[164] ROMUALDO ANTÔNIO DE SEIXAS, *Memórias do marquês de Santa Cruz*, p. 45, 95.
[165] *Anais do Parlamento Brasileiro – Câmara dos Deputados, sessão de 1836*, Tipografia da viúva Pinto e filho, Rio de Janeiro, 1887, p. 13.

Não convenceu, e os próprios representantes brasileiros no exterior, ainda que igualmente regalistas, sentiam-se constrangidos com as atitudes grosseiras do regente, incapaz que era de assumir uma compostura digna de um Chefe de Governo. Essa deficiência de Feijó e os desencontros de método com seus pares seriam explorados por um anônimo da época, que, depois de alfinetar o jeito "assaz desairoso" da última *Fala do Trono*, salientou sarcasticamente que a polidez e a conveniência não eram "certamente desprezíveis entre nações civilizadas..."[166]

À parte as ironias do gênero, o parlamento é que era o real problema para o regente, e foi lá que Bernardo de Vasconcelos atacou o governo de forma implacável, acusando-o de não se portar com a dignidade e urbanidade que o caso exigia, e que as notas do Brasil não tinham sequer polidez, em contraste com as de Roma, escritas em linguagem nimiamente delicada. Além disso, salientou que o encarregado de negócios em Roma (Vasconcelos de Drumond), na polêmica nota enviada à Santa Sé aos 23 de setembro de 1835, tinha plagiado descaradamente aquela que Lord Stanford enviara ao Grão-Turco no dia 11 de agosto de 1823, substituindo apenas Inglaterra por Brasil e Constantinopla por Santa Sé, e frases como "a sublime porta está em erro" por "a Santa Sé está em erro"... "A fala do trono considera a câmara com poderes para examinar o Evangelho, e parece-lhe convidá-la à heresia, a romper a unidade da Igreja Católica e estabelecer uma Igreja distinta", sentenciou. Tais palavras provocavam reações hilariantes, mas, a certa altura, o deputado Francisco de Paula Araújo e Almeida (1799-1844) recordou uma proposta que o próprio Vasconcelos apresentara aos 12 de julho de 1827, que praticamente institucionalizava um modelo eclesial galicano no Brasil. Velha raposa política, o mineiro se defendeu como pôde, alegando que não tinha "orgulho de ser infalível" e que, no momento presente, estava "melhor informado" e que se emendava, "proscrevendo o erro".[167] Falsas ou verdadeiras que fossem suas motivações, não havia como negar que a aposição crescia, e ele se sentiu bastante forte para desafiar: "quando a oposição se torna maioria, é dever imperioso entregar-lhe o governo".[168]

Ao chegar o mês de outubro de 1836, o ministro da pasta dos estrangeiros, José Inácio Borges (c. 1770-1838), teve de recuar, ordenando a Drumond conservar-se em Nápoles, mas sem romper relações com Roma. Mesmo cedendo um pouco e deixando de ameaçar Roma com a consumação do cisma, por meio da ordenação forçada do Pe. Moura, a atitude de afronta à Santa Sé permanecia. Tratava-se de uma estratégia equivocada: Roma se mostraria inamovível e a truculência do governo regencial de Feijó apenas complicava a situação. Isso seria reconhecido por Vasconcelos Drumond, num ofício que enviou a Gustavo Adolfo d'Aguilar Pantoja:

> A nota do nosso gabinete, em resposta à de Fabbrini de 8 de maio passado, fez aqui grande sensação, foi tomada por hostil e cismática. [...] Este novo incidente anulou completamente a segurança em que estava a Cúria, de que o governo imperial procurava ganhar tempo, para esquecer azedumes e nomear outro bispo,

---

[166] A. I., *Reflexões imparciais sobre a Fala do Trono e as Respostas das Câmaras Legislativas de 1836 na parte relativa ao Bispo eleito desta diocese e à Santa Sé Apostólica*, Imprensa Americana, Rio de Janeiro, 1837, p. 14-15.
[167] *Anais do Parlamento Brasileiro – Câmara dos Deputados, sessão de 1836*, p. 34-35, 43-44.
[168] OSVALDO ORICO, *O demônio da regência*, p. 156.

pensamento que leio por extenso na própria nota de Fabbrini. [...] Não admira, pois, que cresça a indisposição contra nós. À vista disto, permanece o negócio da expedição das bulas do bispo eleito no mesmo estado em que estava antes.[169]

Enquanto isso, cientes da própria força, os oposicionistas denunciavam que havia algo "particularmente estranho e aberrante nesse padre que se insurgia contra a disciplina da Igreja, confundindo as causas do país com a da própria rebelião". A questão foi resolvida ainda em 1836, com a derrubada por ampla maioria dos projetos apoiados pelo regente. Na câmara, tal decisão foi tomada numa sessão presidida por Araújo Lima:

> A câmara dos deputados lamenta o estado de colisão em que se acha colocado o governo imperial com Sua Santidade e espera que, sem ofensa das regalias da Coroa e sem comprometimento dos interesses nacionais, o mesmo governo consiga evitar que se alterem as nossas relações com o Chefe da Igreja universal e, por isso, entende que por agora não lhe compete tomar alguma outra medida.[170]

O senado, noutra sessão presidida pelo conde de Valença, adotou postura idêntica:

> É doloroso para o Senado saber que a melindrosa consciência de Sua Santidade não lhe consente confirmar a apresentação do Bispo para esta Diocese. Todavia, a certeza de que Vossa Majestade Imperial dá de que continuam as relações amigáveis com a Corte de Roma, o respeito e a obediência que Vossa Majestade Imperial protesta (como era de se esperar) ao Santo Padre, como Chefe visível da Igreja universal, dão ao Senado fundadas esperanças de que a prudência e a sabedoria de Vossa Majestade Imperial ainda acharão meios suaves que, sem mágoa da dignidade da Nação, conciliarão esta discordância, dispensando assim o Senado de propor, por agora, medidas eficazes para sustentar o decoro e direitos do Trono de Vossa Majestade Imperial.[171]

A situação de Feijó tornara-se deveras insustentável e, para complicá-la ainda mais, uma febre perniciosa abateu, aos 12 de maio de 1837, Evaristo Ferreira da Veiga, seu mais fiel e hábil aliado. Na segunda metade daquele mesmo ano a oposição dominou a cena, ganhando sempre mais terreno. Afinal, com o prestígio completamente desgastado, aos 19 de setembro do mesmo ano, ele renunciou. Em seu lugar assumiu interinamente Pedro Araújo Lima, presidente da câmara dos deputados, tido como conciliador. François Ferdinand Philippe Louis Marie d'Orléans (1818-1900) assim descreveria o fato:

> Até agora esta regência estava confiada a um abade (sic) Feijó, um homem mal--educado, porém hábil e com bons olhos para a França; uma oposição forte foi formada que terminou por derrubar o abade (sic) e daí saiu o ministério atual e à frente o novo regente, marquês de Lima.[172]

---

[169] AHI, *Ofício n. 4 de Antônio Meneses Vasconcelos de Drumond a Gustavo Adolfo d'Aguilar Pantoja (18-3-1837)*, em: Legação Nápoles, seção ofícios (1827-1844), 228, 4, 1.
[170] ASV, Resposta da Câmara dos Srs. Deputados, em: *Nunciatura Apostólica no Brasil*, fasc. 71, caixa 16, doc. 4, fl. 65.
[171] ASV, Reposta do Senado, em: *Nunciatura Apostólica no Brasil*, fasc. 71, caixa 16, doc. 4, fl. 65b.
[172] FRANÇOIS FERDINAND PHILIPPE LOUIS MARIE D'ORLÉANS, *Diário de um príncipe no Rio de Janeiro*, José Olympio Editora, Rio de Janeiro, 2006, p. 70.

Em abril de 1838, Araújo Lima foi eleito regente único e, no ano seguinte, ao discursar em nome da Coroa, ele anunciou oficialmente o reatamento das relações com a Santa Sé, dando por encerrada a embaraçosa questão da nomeação dos bispos.[173] Mais difícil de contornar era a situação de descalabro herdada do seu antecessor: o governo estava sem dinheiro e sem forças, e, no Rio Grande do Sul, a revolução farroupilha continuava completamente fora de controle. Compreensivelmente, o novo regente apoiaria o golpe da maioridade, quando um adolescente de 14 anos foi coroado às pressas em 1841 como Dom Pedro II.[174]

Nesse meio tempo, numa carta datada de 1º de outubro de 1838, enviada a Bernardo de Vasconcelos, então ministro da justiça, Pe. Moura renunciara à indicação episcopal. Na referida missiva, depois de declarar seus mais pios e ortodoxos sentimentos, ele fez uma afirmação insólita: "Sempre recebi e abracei as disposições disciplinares do Concílio de Trento, e jamais aconselhei; e antes sempre me opus à abolição do celibato eclesiástico, cuja lei até por escrito reconheci como santa e justa".[175]

O motivo que o teria levado a pronunciar na renúncia as mesmas palavras, que recusara dizer quando da solicitação de Roma, foi tão somente o resultado de mais um engodo da política. Segundo consta, com o objetivo de resolver uma pendência que se arrastava sem solução, o governo prometeu ao polêmico padre que, se renunciasse, insistiria de novo junto à Santa Sé para obter as bulas de sua nomeação. Sem se dar conta de que as autoridades governamentais apenas procuravam se desembaraçar de um problema, Moura seguiu a recomendação e, por algum tempo, até continuou a se vangloriar ser o bispo da capital federal. Foi então que teve o desgosto de descobrir que o indicado para tal ministério havia sido o Pe. Manoel do Monte Rodrigues Araújo.[176] Derrotado definitivamente nas suas pretensões, ele se viu forçado a regressar para São Paulo, onde reassumiu a cátedra de que era titular na faculdade local, caindo em seguida no anonimato, no qual faleceu aos 12 de março de 1842.[177]

Algo semelhante aconteceu com Feijó. Ainda em 1838 também ele faria uma duvidosa retratação pública,[178] para quase em seguida manifestar que

---

[173] JACINTO PALAZZOLO, *Crônica dos capuchinhos do Rio de Janeiro*, p. 140.
[174] OSVALDO ORICO, *O demônio da regência*, p. 166-172.
[175] AAEESS, Carta do Pe. Antônio Maria de Moura a Bernardo Pereira de Vasconcelos (1-10-1838), em: *América I* (Brasil), pos. 36, fasc. 155, fl. 22.
[176] AAEESS, Carta do Núncio Fabbrini à Cúria Romana (14-10-1839), em: *América I* (Brasil) pos. 36, fasc. 155, fl. 27.
[177] Cf. OCTACIANO NOGUEIRA E JOÃO SERENO FIRMO, *Parlamentares do Império*, Centro Gráfico do Senado Federal, Brasília, 1973, p. 300.
[178] A discutível retratação do Pe. Feijó foi feita por meio de uma declaração datada de 10-7-1838, publicada oito dias depois no jornal *O Observador Paulistano*: "Tendo eu escrito alguma coisa sobre diferentes pontos de disciplina eclesiástica, havendo também pronunciado alguns discursos na Câmara dos deputados sobre o mesmo objeto: *ainda que esteja convencido da mesma doutrina* (o grifo é nosso) e tudo fizesse persuadido que zelava da mesma Igreja Católica, de que sou filho e ministro, e que atentava a bem da salvação dos fiéis; contudo, constando-me que algumas pessoas estranharam, não só as minhas opiniões, como algumas expressões pouco decorosas à mesma Igreja e ao seu Chefe; não querendo eu em nada separar-me da Igreja Católica, e ainda menos escandalizar a pessoa alguma: por esta declaração revogo e me desdigo de tudo quanto pudesse direta ou indiretamente ofender a disciplina eclesiástica, que a mesma Igreja julgar dever ser conservada, ou a pessoa alguma. Esta minha declaração é espontânea, filha unicamente do receio de haver errado, apesar das minhas boas intenções; e é tanto mais desinteressada que, há pouco, acabei de declarar ao governo de S. M. I. que eu nunca aceitei a nomeação de bispo de

continuava fiel às mesmas ideias de outrora. Demonstram-no o projeto de realização de um concílio nacional que ele, na condição de "senador perpétuo", apresentou no dia 30 de outubro do ano seguinte:

> A assembleia-geral legislativa resolve:
> Art. 1. – O governo convocará um concílio nacional que deverá reunir-se na Corte dentro de 12 meses depois da presente, no tempo que o governo designar. [...]
> Art. 4. – O objetivo dos trabalhos do concílio é a reforma dos costumes, a extirpação dos abusos, e estabelecer a uniformidade da disciplina em toda a Igreja brasileira, restabelecendo a antiga autoridade do Metropolita, quanto for necessário para este fim.[179]

O desejo de restabelecer "a antiga autoridade do Metropolita" obedecia a uma intenção simples e conhecida: aumentava-se o poder dos bispos, porquanto nacionais, os quais, súditos pelo território, legitimariam o regalismo civil. Rejeitada a proposta pelos senadores, Feijó não desistiu e, substituindo alguns termos como "concílio nacional" por "concílio provincial", reapresentou-a. Bernardo de Vasconcelos estava atento e se encarregou de refutá-la ponto por ponto, alegando sempre que o governo não possuía poder para decidir nessa matéria.[180]

A derrota silenciou por algum tempo o "campeão do regalismo" brasileiro; mas, não obstante os achaques da saúde debilitada, em breve retornaria à seara política. Sua última proeza de relevo foi a participação ativa na malograda Revolução Liberal de 1842, da qual inclusive se tornou um dos líderes. Derrotados os rebeldes, ele foi preso em Sorocaba e deportado para Vitória, ES. Depois da anistia, continuou atuando no Senado, mas isso não foi bastante para impedir que se transformasse numa figura secundária no cenário nacional, até morrer no ostracismo em São Paulo na madrugada de 10 de novembro de 1843. A imprensa deu escassa importância ao fato, mas Feijó ainda contava com alguns admiradores. O Pe. Pedro Gomes de Camargo, nas exéquias celebradas em sua honra na capela do convento de Nossa Senhora do Monte do Carmo, dedicar-lhe-ia uma oração fúnebre repleta de elogios:

> Um homem simples, desinteressado, um cidadão tão importante, tão virtuoso. [...] Despido de orgulho e vaidade, levando o seu desinteresse até ao desprezo dos bens caducos da terra; religioso sem superstição ou fanatismo, [...] sua elevação, sua glória, em nada alteraram a bondade de seu coração.[181]

Bem diversa, obviamente, era a versão de Bernardo de Vasconcelos: "O Sr. Feijó é hoje só lembrado apenas como um furacão, que deixou ruína, como um terremoto, que abalou o império, que ele recebeu unido e abando-

---

Mariana, nem a carta de apresentação que então se me quis entregar. Deus queira que, se algum escândalo hei dado por causa de tais discussões e escritos, cesse com esta minha ingênua declaração" (OTÁVIO TARQUÍNIO DE SOUZA, *Diogo Antônio Feijó*, Itatiaia, Belo Horizonte, 1988, p. 260-261).
[179] AAEESS, "Projeto de Concílio nacional" (1839), em: *América I* (Brasil) fasc. 155, pos. 37, fl. 71.
[180] ARLINDO RUBERT, *A Igreja no Brasil*, vol. IV, p. 44.
[181] PEDRO GOMES DE CAMARGO, *Oração fúnebre que por ocasião das exéquias feitas de corpo presente ao Exmo. e Revmo. Sr. Diogo Antônio Feijó, grã-cruz da imperial ordem do cruzeiro e senador do Império, na igreja do convento de Nossa Senhora do Monte do Carmo da imperial cidade de São Paulo, aos 15 de novembro de 1843*, Tipografia do Governo arrendada por Silva Cabral, São Paulo, 1843, p. 4-5.

nou lacerado".[182] Com ele fazia coro Dom Romualdo Seixas, que nas suas *Memórias* definiu Feijó como inimigo de sua classe, isso porque "ele procurou despojá-la de sua independência, e nunca se serviu do poder e influência que granjeou, para prestar-lhe o menor auxílio ou favor. [...] Faltou-lhe o amor e espírito do seu espírito sacerdotal".[183]

Independente das opiniões favoráveis ou contrárias ao falecido, a maioria daqueles que partilhavam das suas ideias, por diversas razões, também acabaram saindo de cena. Um deles, o padre-senador José Bento Leite Ferreira de Melo (1785-1844), concubinário público, pai de uma filha chamada Possidônia, nascida depois da sua ordenação, e que assumiu posição contrária à entrada dos missionários capuchinhos italianos no Brasil, terminou assassinado em circunstâncias misteriosas em Minas Gerais;[184] enquanto que outro notório regalista, Pe. Manoel Joaquim do Amaral Gurgel, perdeu toda e qualquer evidência pública. Razões não faltaram para tanto: não bastasse os desentendimentos que teve com Dom Romualdo Seixas, Amaral Gurgel não hesitara em criticar às claras a encíclica *Mirari Vos* de Gregório XVI, o que o impossibilitou completamente de continuar a exercer funções sacerdotais. Ainda colaborou por certo tempo na política, mas já não era o mesmo e, por isso, ao eclodir o movimento revolucionário de 1842, absteve-se. Outros desentendimentos com os colegas aconteceram, e ele acabou sendo excluído da lista do partido liberal. Em 1846 resolveu voltar ao púlpito, mas se passaram ainda alguns anos antes que reassumisse integralmente o ministério presbiteral. Quando isso aconteceu, assumiu a capelania do recolhimento de Santa Teresa e mudou de vida. Retratou-se publicamente e, a partir daí, dedicou-se exclusivamente ao sacerdócio. Nunca mais despiu as vestes talares e doou as alfaias e paramentos preciosos que tinha às religiosas a quem atendia. E na sua vida reservada continuou até a morte, acontecida às 4h30min do dia 15 de novembro de 1864.[185]

Caso parecido foi o do Pe. Francisco Muniz Tavares, cuja eventual reconciliação com a instituição eclesiástica ainda não foi esclarecida. O notório sacerdote maçom e revolucionário, que tantas iniciativas tomou contra a Igreja no parlamento, depois de exercer vários cargos políticos, a partir de 1847, retirou-se à vida privada e no anonimato permaneceu até falecer em 1876.[186]

Avaliando o que se passou no período da regência, deve-se reconhecer que não foram os padres regalistas – Diogo Antônio Feijó à frente – a única fonte dos problemas da Igreja. Feijó já havia renunciado quando o regulamento especial do conselho do Estado, aos 19 de fevereiro de 1838, infringiu mais um rude golpe contra os bispos. Nessa data foi baixado um novo decreto, outorgando aos juízes de direito no regulamento n. 10 §13 o poder de restituir os clérigos suspensos de ordens e absolvê-los, inclusive no tocante a quaisquer censuras prelatícias:

---

[182] ALFRED ELLIS JÚNIOR, *Feijó e sua época*, p. 365.
[183] ROMUALDO ANTÔNIO DE SEIXAS, *Memórias do marquês de Santa Cruz*, p. 44.
[184] AAEESS, "Sobre o assassinato do padre-senador José Bento Leite Ferreira de Melo", em: *América I* (Brasil) pos. 43, fasc. 157, fl. 15-16.
[185] OLEGÁRIO HERCULANO DE AQUINO E CASTRO, *O Conselheiro Manoel Joaquim do Amaral Gurgel*, p. 110, 112-115.
[186] FRANCISCO MUNIZ TAVARES, *História da Revolução do Pernambuco em 1817*, p. IX.

Cabe nos limites da jurisdição dos Juízes de Direito, o respeito do cumprimento das sentenças mencionadas, declarar na forma delas, sem algum efeito as censuras, e penas eclesiásticas que tiverem sido impostas aos recorrentes providos pelas Relações; proibindo e obstando a que a pretexto delas se lhes faça qualquer violência, ou cause prejuízo pessoal, ou real; metendo-os de posse de quaisquer direitos e prerrogativas, ou reditos, de que houvessem sido privados; e procedendo e responsabilizando na forma da lei os desobedientes, e que recusarem a execução.[187]

Justo num momento em que o clero vivia um dos seus momentos mais agudos de decadência, quebrou-se a disciplina eclesiástica e desmoralizou-se o episcopado.[188] O mais grave é que isso se repetiria em outras situações. Tanto assim que, no dia 11 de julho seguinte, o regente Araújo Lima sancionou o decreto n. 18, aprovado pela assembleia-geral legislativa, estabelecendo que os párocos do Rio de Janeiro podiam passar as certidões do seu ofício (batismos, casamentos e óbitos), independentemente de despacho da autoridade eclesiástica.[189]

4.4.3 – A segunda investida protestante

Ao lado das intempéries políticas, a Igreja também teve de enfrentar mais uma tentativa de infiltração protestante, dessa vez proveniente dos Estados Unidos. Coube à Conferência Geral da Igreja Metodista Episcopal daquele país o pioneirismo desta nova fase, depois que o bispo James Osgood Andrew (1794-1871) enviou o jovem Fountain Elliot Pitts (1808-1874), da conferência anual do Tennessee, para fazer uma sondagem nas cidades litorâneas da América do Sul (Rio de Janeiro, Montevidéu e Buenos Aires). Pitts partiu de Baltimore a bordo do navio *Nelson Clark* em 28 de junho de 1835, desembarcando no Rio no dia 19 de agosto seguinte. Ficou poucas semanas, mas, além de contatar ingleses e estadunidenses que lá residiam, viu e gostou do liberalismo político do lugar, elogiando "os privilégios religiosos" disponíveis. Daí, no dia 2 de dezembro seguinte, numa carta que expediu de Buenos Aires, recomendou à sua denominação religiosa investir no Brasil. A sugestão foi aceita, e Justin Spaulding, da conferência anual da Nova Inglaterra, ofereceu-se para tanto. Ele partiu de Nova York em 23 de março de 1836, chegando ao Rio no dia 29 de abril seguinte. Quase em seguida organizou uma congregação com cerca de 40 estrangeiros e, ainda no mês de junho daquele ano, iniciou igualmente uma escola dominical com 30 alunos.[190]

Aos 13 de novembro de 1837, para ajudá-lo, partiriam de Boston a bordo do navio *Avon*, Daniel Parish Kidder (1815-1891), que também fora nomeado primeiro representante da Sociedade Bíblica Americana no Brasil, bem como sua esposa Cinthia Harriet Russell (1817-1840), mais a filhinha. Completava o grupo Marcela Russell, sua cunhada, e Robert Mc Murdy, com quem Marcela viria a se casar. Os recém-chegados logo puseram mãos à obra, tendo Kidder inclusive ido residir, seis meses após sua chegada, no Engenho Velho,

---

[187] *Coleção das leis do Império do Brasil de 1838*, tomo 1, parte 2, Tipografia Nacional, Rio de Janeiro, 1863, p. 93.
[188] FLÁVIO GUERRA, *A questão religiosa do Segundo Império brasileiro*, Irmãos Pongetti, Rio de Janeiro, 1952, p. 80.
[189] *Coleção das leis do Império do Brasil de 1838*, tomo 1, parte 1, p. 8.
[190] JAMES LILLBOURNE KENNEDY, *Cincoenta annos de methodismo no Brasil*, Imprensa Metodista, São Paulo, 1928, p. 13-14.

local em que habitava boa parte dos protestantes de língua inglesa da capital federal. Enquanto distribuía Bíblias em português, na tradução feita por Antônio Pereira de Figueiredo no século XVIII, o "missionário" formulou uma opinião geral bem pouco generosa sobre o Brasil e os brasileiros, coisa que inclusive registrou em suas *reminiscências*:

> O país [Brasil] ainda não aprendeu a avaliar a cultura do espírito. Seus gostos foram modelados de acordo com a época. Suas mais elevadas avaliações de prazer intelectual são intimamente associadas aos divertimentos grosseiros das festas. E o que é mais degradante é que muitas pessoas estão espiritualmente sujeitas a indivíduos contrários a qualquer desenvolvimento, que resistem a todos os esforços que se façam nesse sentido, como inovações perigosas.
> De um padre residente em uma das principais cidades do Império e que exercia as suas funções mesmo às portas das universidades, ouviram a seguinte declaração: Não gosto de livros, gosto mais de jogar[191]

Essa atitude de Kidder, mais seu ostentado proselitismo religioso não poderiam ficar, e não ficaram, sem resposta. Contra ele reagiu Pe. Luiz Gonçalves dos Santos que o replicou de modo áspero em três sucessivos opúsculos. No primeiro deles, publicado em 1837, cujo título era *Desagravo do clero e do povo católico fluminense*, ao lado de numerosas recriminações, Pe. Luiz qualificaria o pregador metodista de "fanático, impostor e velhaco de primeira ordem".[192]

Apesar disso, a política jogava a favor dos propagandistas do metodismo, cuja atuação coincidiu com o governo regencial do Pe. Diogo Antônio Feijó (1835-1837), o qual, aliás, teve depois, em 1939, uma amigável entrevista com Daniel Kidder, algo então pouco comum entre ministros de cultos cristãos diversos. O pregador estadunidense igualmente pôde se encontrar com outras personalidades do quilate do senador Nicolau de Campos Vergueiro e do jurista José Maria de Avelar Brotero. Por isso, em que pese a igual existência de indiferença, mera curiosidade ou simples cortesia,[193] Porter Smith dirá ter sido aquele "*a time of opportunity*" ("o tempo da oportunidade"). De fato, o desinteresse que a política oficial demonstrava em defender a religião do Estado era providencial aos reformados. Recorda-se, entre outras coisas, que foi por iniciativa de Feijó que, em 1835, solicitou-se a Felisberto Caldeira Brant (1772-1841), marquês de Barbacena, que se encontrava em Londres, organizar a vinda de irmãos morávios protestantes para "civilizarem os índios". A medida acabou rechaçada, sob protestos do Primaz do Brasil:

> Para que buscar exemplos estranhos, quando os temos domésticos e da maior evidência? [...] Se o governo não queria chamar os Jesuítas, não acharia ele outras corporações de missionários igualmente dignos deste nome, como por exemplo, os padres denominados da Missão, que eu menciono como especialidade, como her-

---
[191] DANIEL PARISH KIDDER, *Reminiscências de viagens e permanências no Brasil*, Livraria Itatiaia, Belo Horizonte, 1980, p. 267.
[192] LUIZ GONÇALVES DOS SANTOS, *Desagravo do clero e do povo católico fluminense*, Imprensa Americana, Rio de Janeiro, 1837, p. 19.
[193] HANS-JÜRGEN PRIEN, *La história del cristianismo en América latina*, Ediciones Sígueme, Salamanca, 1985, p. 714.

deiros do zelo apostólico do imortal S. Vicente de Paulo, que mereceu as simpatias dos filósofos, até colocarem o seu busto entre os dos seus heróis, com a inscrição – Vicente de Paulo, filósofo do século XVII?[194]

A atitude política vigente, no entanto, não sofreu alterações, e na Bahia, naquele mesmo ano de 1835, o pragmatismo liberal manifestou-se de novo após sufocar com sangue a "Revolta dos Malês". Tal rebelião tinha sido levada a cabo por grupos de muçulmanos escravizados e, depois de debelada, em vez de propor um trabalho de evangelização, os políticos fizeram uma recomendação grávida de consequências: que a religiosidade africana transplantada no Brasil fosse tolerada, como meio de extirpar completamente a influência islâmica.[195]

No que diz respeito aos metodistas, no período sucessivo à renúncia de Feijó, acontecida aos 19 de setembro de 1837, o trabalho de proselitismo por eles desenvolvido entrou em crise: Robert Mac Murdy e sua esposa Marcela Russell desistiram e regressaram para os Estados Unidos em 1839; e a esposa de Daniel Kidder, Cynthia Harriet, morreu no Rio de Janeiro aos 16 de abril de 1840, sendo enterrada no cemitério da Gamboa. Viúvo, com duas crianças para criar, naquele mesmo ano também Kidder optou por regressar, coisa que fez no dia 9 de junho seguinte. Spaulding retornou igualmente para os Estados Unidos no final ano sucessivo e o ministério metodista se afastou do Brasil até 1867.[196]

Os protestantes, em todo caso, continuavam a contar com dois suportes: o fluxo migratório, ainda que reduzido, de pessoas ligadas a seu cultos, e o arcabouço jurídico vigente. Assim, apesar de as limitações à pregação pública e a proibição de que seus locais de cultos possuíssem aspecto exterior de templos continuassem a vigorar, eles se encontravam constitucionalmente bem amparados. O motivo era o artigo 179 da Carta Magna conter dois dispositivos tranquilizadores: o artigo IV sustentando que *"Todos podem comunicar os seus pensamentos, por palavras, escritos, e publicá-los pela imprensa, sem dependência de censura; contanto que hajam de responder pelos abusos, que cometerem no exercício deste Direito, nos casos e pela forma que a Lei determinar"*; e o artigo V, declarando que *"Ninguém pode ser perseguido por motivo de Religião, uma vez que respeite a do Estado e não ofenda a moral pública"*.[197]

4.5 – O segundo império: liberalismo político, tradicionalismo regalista (1840-1889)

Bartolomeu Mitre (1821-1906), que durante anos se refugiou no Brasil para escapar às agitações da Argentina, de onde fora proscrito, afirmou tranquilamente que o segundo império brasileiro era uma "democracia coroada". De fato, a política "possibilista" do segundo imperador, além de conseguir transformar o poder

---

[194] Romualdo Antônio de Seixas, *Coleção das obras do Excelentíssimo e Reverendíssimo Senhor Dom Romualdo Antônio de Seixas*, tomo III, p. 287-288.
[195] Décio Freitas, *Escravos e senhores de escravos*, Mercado Aberto Editora, Porto Alegre, 1983, p. 77.
[196] José Gonçalves Salvador, *História do Metodismo no Brasil*, p. 43-44.
[197] *Constituição política do Império do Brasil, seguida da Ato Adicional*, p. 145.

moderador numa adaptável lei costumeira, foi tão condescendente com a liberdade de opinião que, até a propaganda pela mudança do regime, desenvolveu-se e se avultou, na capital e nas províncias, sob a garantia do seu espírito tolerante.[198]

A Igreja foi a exceção, e a biografia do Ocupante do trono até certo ponto o explica. Dom Pedro II nasceu aos 21 de dezembro de 1825 e, com apenas um ano e nove meses de idade, morreu-lhe a mãe, Dona Leopoldina. Foi entregue aos cuidados de Dona Mariana de Verna Magalhães, condessa de Belmonte, que o cercou de carinho, mas sabendo manter as devidas distâncias. Era a "dama" e jamais chamou o pequeno herdeiro de "meu filho", tratando-o com um respeitoso e invariável "meu príncipe". O máximo que Dom Pedro II conseguiu foi chamá-la na sua linguagem infantil de "dadama", mas sem atingir aquela intimidade que lhe consentisse pronunciar o apelativo "mãe". O ambiente mudou quando seu pai contraiu segundas núpcias com Dona Amélia de Leuchtemberg, em 1829, pois a recém-chegada quebrou com a sua graça a rigidez do palácio. Conservou a "dama" na sua função, mas se esforçou e conseguiu ser uma amável madrasta. Por pouco tempo: com a abdicação de Dom Pedro I em 1831, o pequeno príncipe, agora com seis anos incompletos, viveu sua segunda orfandade. O palácio São Cristóvão reassumiu seu ar grave e monótono.[199]

Passados apenas dois dias da abdicação do pai, o principezinho participou de uma aparatosa cerimônia na capela imperial, onde o povo aclamou-o com delírio e ternura, depositando em suas mãos as esperanças do maior país da América Latina.[200] Não se pode dizer que o seu fosse um destino róseo: a irmã Paula Mariana faleceria pouco depois, aos 16 de janeiro de 1833[201], e ele, para aprender a arte de bem governar, viu-se encerrado com as outras duas irmãs mais velhas, Januária e Francisca, na solidão de um casarão pouco visitado, localizado nos subúrbios do Rio de Janeiro, e ainda tocado pela floresta virgem. Ali era instruído nas severas normas da etiqueta principesca, devendo adotar uma postura hierática. Sequer podia contar com a cordialidade postal dos parentes europeus, sobretudo os austríacos. Francisco II e Metternich o ignoravam. Francisco I d'Áustria foi seu padrinho de crisma em 1839, e Maria Luísa de Parma, sua tia materna, enviou-lhe a grande cruz de São Jorge na coroação de 1841. E isso foi quase tudo.[202]

Refugiou-se nos livros, ao tempo em que se submetia a lições ministradas por uma refinada equipe de professores.[203] Ao crescer, Dom Pedro II tornou-se um alto e robusto mancebo, de hábitos que em nada recordavam o seu desregrado pai ou a lasciva avó, Carlota Joaquina. Aos 18 anos se casaria por procuração com a italiana, melhor dizendo, napolitana, Teresa Cristina de Bourbon, e ao recebê-la, no dia

---

[198] CARLOS MAGALHÃES DE AZEVEDO, *Dom Pedro II – traços de sua fisionomia moral*, Anuário do Brasil, Rio de Janeiro, 1923, p. 28-29.
[199] PEDRO CALMON, *O Rei filósofo – vida de Dom Pedro II*, Companhia Editora Nacional, São Paulo, 1939, p. 15, 20-21.
[200] VIRIATO CORRÊA, *História da liberdade no Brasil*, p. 184.
[201] *Falas do Trono desde o ano de 1823 até o ano de 1889*, p. 157.
[202] PEDRO CALMON, *O Rei filósofo – vida de Dom Pedro II* , p. 24.
[203] Entre os professores do Herdeiro do trono merecem ser citados Boulanger, que lhe ensinou as primeiras letras; Boiret que lhe ministrou o francês; Natanael Lucas, inglês; Dr. Roque Shuch, alemão e italiano; Félix Emílio Taunay, geografia e história; Cândido José de Araújo Viana (visconde de Sapucaí), latinidade, ciências positivas e literatura; Alexandre Vandelli, ciências naturais (JOAQUIM PINTO DE CAMPOS, *O Sr. Dom Pedro II, Imperador do Brasil*, Tipografia Pereira da Silva, Porto, 1871, p. 21).

2 de setembro de 1843, teve uma surpresa: a sua consorte, além de três anos mais velha do que ele, era baixinha, desprovida de encantos e claudicava de uma perna. Ainda assim, com o tempo ele aprenderia a amá-la, mas sem renunciar às suas predileções eruditas, que acabariam lhe valendo a acunha de "rei filósofo". Literatos e historiadores como Lamartine, Humboldt, Manzoni, Alexandre Herculano, Ferrão, Fleuscher, Antônio Feliciano de Castilhos e outros se comunicavam com ele.[204] Carlos Magalhães Azeredo contou que numa das suas idas à Europa, teria Dom Pedro II viajado por acaso e travado diálogo com Friedrich Nietzsche, mas sem revelar sua identidade. O filósofo alemão, segundo essa mesma versão, sentiu-se encantado com a conversa, e, quando o seu interlocutor se despediu, vendo ele que se lhe prestavam homenagens, perguntou: "Quem é este homem extraordinário?" Só então se deu conta de que estivera falando com o imperador do Brasil.[205]

Obviamente que não faltam brasileiros que ponham em discussão o aspecto "extraordinário" do segundo imperador do país. Antônio Carlos Villaça, assumindo o parecer de João Dornas Filho, afirmou que ele nunca passou de uma personalidade mediana: "Mau poeta. Apenas estudioso, erudito. Era um teórico de assimilação difícil e imperfeita, de cultura mastigada e triturada penosamente. Não era um espírito sagaz, de descer ao âmago dos problemas, e deles só percebia os pormenores nem sempre essenciais. Isto é que explica a sua vaidade de ser um funcionário público exemplar". Mesmo admitindo a possibilidade de Dom Pedro II ter sido o que talvez Nietzsche tenha imaginado que fosse, não há como negar que a postura que ele manteve em relação à Igreja foi reacionária e míope. Ou, como já se disse, "seu legalismo se integrava nessa visão burguesa, individualista, rosseauísta, vitoriana, que foi a sua visão da vida".[206]

Em boa parte isso se deve à formação recebida, que não lhe forneceu particulares experiências místicas. Dom Pedro cresceu sendo instruído por um religioso, frei Pedro de Santa Mariana O. Carm, (1782-1864), mas as influências mais decisivas sobre seu caráter foram outras. José Bonifácio de Andrada e Silva, antigo grão-mestre maçom, que fora nomeado por Dom Pedro I seu tutor legal aos 6 de abril de 1831, isto é, na véspera da abdicação,[207] mesmo que por breve período, foi bem mais marcante. Quando as intrigas políticas palacianas fizeram com que fosse exonerado da tutoria aos 14 de dezembro de 1833, a orientação pedagógica que vinha ministrando ao jovem príncipe herdeiro não se alterou, pois o sucessor foi Manuel Inácio de Andrade Souto Maior Pinto Coelho (1782-1867), marquês de Itanhaém. Quinquagenário, educado segundo os princípios do enciclopedismo do século XVIII, o novo tutor era "um fidalgo honesto e cético na sua cultura sem profundeza, e na sua virtude sem misticismo". O resultado foi um jovem imperador sóbrio e culto, mas que olhava a Igreja com polido respeito antes que com filial amor. Da sua vida privada, sabe-se, por exemplo, que, quando menino, um dos seus brinquedos preferidos era imitar satiricamente missas, o que teria, na idade madura, continuidade no pouco apreço que demonstrava pela simbologia católica.[208]

---

[204] JOAQUIM PINTO DE CAMPOS, *O Sr. Dom Pedro II, Imperador do Brasil*, p. 24-25.
[205] CARLOS MAGALHÃES AZEVEDO, *Dom Pedro II – traços de sua fisionomia moral*, p. 99-100.
[206] ANTÔNIO CARLOS VILLAÇA, *História da questão religiosa no Brasil*, Imago Editora, Rio de Janeiro, 1976, p. 27.
[207] *Coleção das leis do Império do Brasil de 1831*, primeira parte, Tipografia Nacional, Rio de Janeiro, 1875, p. 4.
[208] FLÁVIO GUERRA, *A questão religiosa do segundo Império brasileiro*, p. 71; PEDRO CALMON, *O Rei filósofo – vida de Dom Pedro II*, p. 37.

No dia 23 de julho de 1840, quando contava com quatorze anos de idade, Pedro II foi declarado "maior", jurando a constituição. A coroação se deu no dia 18 de setembro do ano seguinte, numa cerimônia religiosa magnífica, celebrada pelo Arcebispo Primaz, Dom Romualdo Seixas. O nome do celebrante foi o único particular controvertido do evento, pois o bispo do Rio de Janeiro, Dom Manuel do Monte Rodrigues Araújo, sendo prelado da capital federal e capelão-mor, sentiu-se preterido e publicou longo trabalho afirmando e defendendo seus direitos. Não conseguiu alterar a ordem dos fatos, até porque o desgaste do sistema regencial não consentia que se fizesse extenuantes debates canônicos prévios. Por isso, sem maiores delongas, ficou vencedora a primeira e única revolução parlamentar da história do Brasil, cuja iniciativa partiu de um grupo de deputados e senadores, entre os quais se incluía o vigário de Pouso Alegre, MG, Pe. José Bento Ferreira Leite de Melo, que fez da sua casa a sede do "Clube da maioridade". O nome do padre foi incluído no rol dos seis signatários do projeto, que, ao se converter em fato, permitiu a instalação do longo segundo império, que duraria até 15 de novembro de 1889.[209]

O período não foi de tranquilidade para o Catolicismo no Brasil: ainda em 1843 o império declarou que o "direito" de padroado "era de competência do imperador, sem dependência da concessão pontifícia"; e, com a mesma sem-cerimônia, aos 19 de agosto de 1846 a lei n. 387 institucionalizou o costume herdado da regência, transformando em norma legal a designação das igrejas matrizes para nelas se realizarem as eleições.[210] O império via isto com tanta naturalidade, que o artigo 42 da referida lei definiu até a função do padre e o modo como o templo seria arrumado em tais circunstâncias:

> No dia aprazado, reunido o povo pelas 9 horas da manhã, celebrará o Pároco Missa do Espírito Santo e fará, ou outrem por ele, uma oração análoga ao objeto. Terminada a cerimônia religiosa, posta no corpo da igreja uma mesa, tomará o Presidente assento à cabeceira desta, ficando à esquerda o escrivão e, de um e outro lado, os eleitores e suplentes.[211]

Outras iniciativas cerceadoras se seguiram, as quais, juntando-se com a já repressiva legislação precedente, enquadraram a religião oficial do Brasil num "cárcere de ouro". Para Pe. Júlio Maria, a emaranhada rede de alvarás, consultas, resoluções, avisos e regulamentos tornou o sistema vigente tão opressivo, que, "em consciência, ninguém dirá ter sido ele menos hostil à Igreja do que foi [na Áustria] o josefismo".[212]

Para levar a cabo tal política religiosa, o império contava com o apoio de uma poderosa engrenagem, em cujo topo se encontrava o ministério da justiça. O episcopado, salvo um ou outro protesto, apenas assistia ao desenrolar dos fatos, pois, diversamente do imperador, que podia exercer direito de abuso e inspeção contra os eventuais excessos da Igreja, este não possuía nenhum instrumento legal para recorrer contra os excessos que porventura Sua Majestade praticasse.

---

[209] José Ferreira Carrato, *Igreja, Iluminismo, e escolas mineiras coloniais*, p. 66.
[210] Antônio de Macedo Costa, *Ofício de S. Ex.ª Revma. o Sr. Bispo do Pará ao Exmo. Sr. Ministro do Império indicando várias medidas importantes*, Tipografia da Estrela do Norte, Belém do Pará, 1866, p. 12.
[211] *Coleção das Leis do Império do Brasil de 1846*, tomo VII, parte I, Tipografia Nacional, Rio de Janeiro, 1875, p. 21.
[212] Júlio César de Morais Carneiro, *O Catolicismo no Brasil*, p. 139, 146-147.

Quanto a isso, o artigo 99 da Carta Magna era claro: "A pessoa do imperador é inviolável e sagrada: ele não está sujeito a responsabilidade alguma".[213]

A questão de fundo é que, como se viu, o soberano "sagrado" jamais foi um católico particularmente zeloso. O máximo que se permitia era a manutenção de uma atitude respeitosa para com a fé recebida, por considerá-la indispensável por seu valor e sua força social e de moralização.[214] "Sou religioso", dizia, "porque a moral, condição da inteligência, é a base da ideia religiosa". Ou seja, um moralismo vago, com forte ranço deísta, era no que consistia a sua fé.[215] Na condição de estudioso infatigável das ciências, para Dom Pedro o padre era útil enquanto mestre-escola e professor universitário. Segundo análise posterior de Jackson de Figueiredo, "ignorante da alta missão do sacerdote, o espírito do soberano, de mais a mais trabalhado pelas ideias revolucionárias da enciclopédia e pela mania de oferecer ao mundo o modelo de um príncipe visceralmente democrata, liberal, pode ser facilmente conquistado pelos inimigos da Igreja, servindo inconscientemente aos seus intentos".[216]

Paradoxalmente, como se verá adiante, o segundo imperador do Brasil, sem arredar pé das suas convicções regalistas, aceleraria as mudanças internas da Igreja, que sempre recusou a admitir. Isso não exclui o fato de que "a realidade eclesiástica brasileira foi marcada pela autonomia da Igreja 'protegida', controlada e dirigida pelo Estado esclarecido" (palavra que possui o mesmo sentido atribuído aos monarcas filósofos do século precedente).[217] Igualmente verdadeiro é que, por detrás das aparências, o sistema imperial tinha seus pontos falhos. Uma realidade que a reforma eclesiástica ajudaria a pôr a nu.

---

[213] *Constituição política do Império do Brasil (1824), seguida do Ato Adicional (1834)*, p. 70.
[214] João Camilo de Oliveira Torres, *O Positivismo no Brasil*, Editora Vozes, Petrópolis, 1957, p. 54.
[215] Antônio Carlos Villaça, *História da questão religiosa no Brasil,* p. 32-33.
[216] João Capistrano de Abreu et alii, *Livro de ouro comemorativo do centenário da Independência do Brasil e da Exposição Internacional do Rio de Janeiro*, Edições do Anuário do Brasil, Rio de Janeiro, 1923, p. 80.
[217] Émile Guillaume Léonard, *O Protestantismo no Brasil*, ASTE, São Paulo, 1963, p. 39.

5

A IMPLANTAÇÃO DA REFORMA ECLESIAL ULTRAMONTANA

"Ultramontano" foi um neologismo cunhado no século XIII por meio da junção do prefixo *ultra* e do substantivo *mons/montis*, ambos latinos, cujo significado literal – "para além dos montes" –, passou a designar a procedência dos papas escolhidos além-confins dos Alpes. No decorrer dos anos de 1800, porém, tanto "ultramontano" quanto seus derivados ganharam um sentido bem diverso, pois se tornaram o qualificativo por excelência de pessoas ou associações alinhadas com as diretrizes do Romano Pontífice.

Tal modelo eclesial se tornou predominante, o que também se deveu ao declínio do jurisdicionalismo (galicanismo, josefismo e outros), mais o horror que causara a política persecutória da Revolução Francesa de 1789. Formou-se ao mesmo tempo uma influente intelectualidade leiga aderente à nova orientação, que fazia coro com clérigos de nacionalidades várias, boa parte deles educados em cursos teológicos de Roma. Estes últimos tornar-se-iam também professores de seminário, dando uma contribuição decisiva para que, em pouco tempo, a teologia romana abarcasse grande parte do orbe católico. Resultado: a figura do Papa conquistou uma relevância enorme, e as relações da periferia com o centro cresceram tanto que, como em nenhum outro período histórico precedente, tornou-se lícito falar de uma Igreja realmente governada e dirigida pelo Sumo Pontífice no sentido mais estrito. Tanto apoio dado pelos ultramontanos tinham sua lógica, pois eles viam o papado como guardião da autonomia eclesial, ameaçada pelos regimes liberais hostis. Por tudo isso, os pontificados de Gregório XVI (1831-1846) e Pio IX (1846-1878) levariam o ultramontanismo ao seu apogeu.[1]

O Brasil não ficou imune a quanto acontecia, até porque os primeiros núncios apostólicos não se cansaram de lutar para que se estreitassem os laços da Igreja do Brasil com a Santa Sé. Contemporaneamente, aos 13 de maio de 1818, uma realidade alvissareira realmente aconteceu: foi nomeado para a diocese de Mariana o primeiro bispo declaradamente "ultramontano" da história da Igreja no país, e que marcaria época. Seu nome: Dom frei José da Santíssima Trindade.[2]

---

[1] RICHARD P. MCBRIEN, *Os Papas de São Pedro a João Paulo II*, Edições Loyola, São Paulo, 2000, p. 499.
[2] Dom frei José da Santíssima Trindade era português, natural do Porto, onde nasceu aos 13 de agosto de 1762. Entrou muito cedo para a ordem Franciscana – com 16 anos, tomou o hábito e veio para o Brasil. Foi nomeado bispo pelo aviso régio de 13 de maio de 1818, confirmado por meio de Bula papal datada de 27 de setembro de 1819, e sagrado no ano seguinte por Dom José Caetano da Silva Coutinho. Quando

Dom José, ao longo de seu governo episcopal, combateu por todos os meios o liberalismo e as obras "perniciosas", como *O espírito das leis* de Montesquieu e *O Contrato social* de Rousseau. O espírito tridentino que o movia se tornou público desde a sagração episcopal, acontecida no dia 9 de abril de 1820. Um ano depois, durante uma visita pastoral ao Serro, jurou perante a câmara as bases da constituição portuguesa, mas, fazendo restrições a quatro artigos, que eram justamente aqueles mais apreciados pelos liberais da época, por se referirem à livre manifestação do pensamento e à liberdade de imprensa. Essa postura logo lhe renderia sucessivos dissabores com certos políticos e com alguns membros do clero, mas ele conseguiu manter um governo firme por 15 anos. Após seu passamento, no entanto, seguiu-se longo período de vacância, no qual, segundo afirma Raimundo Trindade, a obra de reforma decaiu, devido ao "governo calamitoso do cabido regalista, desvirtuado e inteiramente desprestigiado como corporação eclesiástica".[3]

Nem tudo, porém, perdeu-se: se é certo que os franciscanos trazidos no período para ensinar no seminário local acabaram não resistindo às pressões sofridas e abandonaram suas funções em 1832; os lazaristas que assumiram o colégio do Caraça persistiram, transformando a instituição num verdadeiro baluarte da renovação eclesial no Brasil. Essa fase, aliás, coincidiu com o pontificado do Papa Gregório XVI (1765-1846), eleito em 1831. Rígido, esse Pontífice, como já foi observado, preparou os sucessos posteriores do ultramontanismo, o que permitiria superar definitivamente o nacionalismo eclesiástico.[4]

5.1 – Os precursores de uma grande transformação

O recrudescimento da defesa da ortodoxia e do Romano Pontífice ameaçados pelas convulsões revolucionárias europeias refletiu sobre o clero do Brasil; e muitos sacerdotes, ao entrarem em contato com a novidade tentariam implantá-la no solo pátrio. Alguns padres-deputados da constituinte de 1823 e das eleições parlamentares de 1826 e seguintes já se manifestavam por ela, e, contemporaneamente, a escolástica, até então esquecida, reapareceu. Na primeira parte do século XIX, já era possível encontrar tomistas convictos como o padre português Patrício Muniz e o italiano Gregório Lipparani, que haviam estudado em Roma. Padre Muniz ainda se enquadrava no tipo "tolerante" e seu escolasticismo seria depois colocado em dúvida por Sílvio Romero e Pe. Leonel Franca; mas o mesmo não se pode dizer dos padres Luís Gonçalves dos Santos (Padre "Perereca"), cônego e professor no Rio de Janeiro, e seu grande aliado, Pe. Willian Paul Tilbury, um inglês radicado no Brasil. Juntos, eles redigiram uma obra apologética intitulada *Antídoto católico* e também foram os primeiros a cometer a proeza de condenar abertamente a maçonaria. Em 1826, Pe. Tilbury

---

assumiu Mariana, a diocese contava com 600 sacerdotes, que exerciam o ministério em 71 paróquias, 95 capelas curadas e 217 não curadas. Reabrindo o seminário que estava fechado, em 15 anos de atuação, Dom José ordenou 140 sacerdotes. Dom frei José faleceu aos 28 de setembro de 1835. (RAIMUNDO TRINDADE, *Arquidiocese de Mariana – subsídios para a sua história*, vol. I, p. 281-294).

[3] RAIMUNDO TRINDADE, *Arquidiocese de Mariana*, vol. I, p. 291, 296.
[4] HUBERT JEDIN (ORG.), *Storia della Chiesa*, vol. VII/2, p. 6.

fez editar a *Exposição sobre a maçonaria*, enquanto o "Pe. Perereca" (1767-1844) publicava nos jornais do Rio de Janeiro cartas contra as lojas e o jornal maçônico da época, de nome *Despertador Constitucional*.[5] Essas cartas seriam depois reunidas e publicadas num livro intitulado *Antídoto salutífero contra o Despertador Constitucional, e exorcismos contra o mesmo*. Erudito, dominando também o latim, o grego, o francês, o inglês, o italiano e o espanhol, além de algumas noções de hebraico, "Pe. Perereca" usaria todo seu saber, temperado com impagáveis tiradas sarcásticas, para fustigar os que julgava inimigos da Igreja. Célebre foi a zombaria que fez ao comportamento do Pe. Feijó: "Entendi muito bem a V. S. o que o Sr. Padre Deputado quer é casar. [...] Não grite tanto, não derrame tantas lágrimas, não faça tantas caramunhas, nós bem percebemos a que fim elas se dirigem. Case-se Sr. Padre".[6]

Essa, aliás, foi a mais renhida contenda entre padres do primeiro império. Ela teve início depois que o *voto em separado* de Feijó ganhou publicidade. Um anônimo autointitulado "amigo da humanidade" esposou sua causa e se serviu das páginas da *Astrea*, para apoiá-lo. Padre Luís rapidamente escreveu uma resposta, sem se esquecer de acrescentar um apêndice contra o tal *voto*. Terminada no dia 18 de outubro de 1827, tal resposta transpirava ironia em cada página, como segue:

> O Amante da Humanidade, persuadido de que ele é o verdadeiro Padre Mestre do clero brasileiro, não se envergonha de querer ensinar-nos o que desgraçadamente leu em livros envenenados de autores protestantes, que muito se têm esforçado em combater o celibato da Igreja Católica. É pena que este senhor perdesse tão mal o seu tempo e que nos venha pregar sem que lhe encomendássemos o sermão![7]

Sentindo-se pessoalmente ofendido, Pe. Feijó rebateu ao sarcasmo com uma carta violenta, publicada no *Diário Fluminense*. Padre Luís partiu para o contra-ataque com a *Réplica católica à resposta que o Reverendo Senhor Deputado Padre Diogo Antônio Feijó deu ao Padre Luís Gonçalves dos Santos*. Ali, depois de chamar seu oponente de "meu irmão sacerdote", passou em revista cada um dos argumentos da *Carta* daquele, com uma mordacidade ferina:

> Escandaliza-se V. S. e por extremo se arrepia por haver eu avançado no meu apêndice, que *o Sr. deputado se fizera motu próprio Procurador do clero do Brasil para dar voto, e fazer proposta de parecer, que nenhum sacerdote brasileiro lhe encomendava* (os grifos são do autor). Ora, Revmo. Sr., V. S. não tem razão: 1.°, porque eu deste modo quis salvar a honra de meus irmãos sacerdotes do Brasil, que de modo algum influíram para semelhante tramoia, mas que eram injustamente abocanhados por muitos haverem requerido à Augusta Câmara que se anulasse a Lei Eclesiástica do celibato; 2.°, porque sendo a constituição deste Império essencialmente política, e não religiosa, e nascendo dela todo poder e autoridade que a assembleia legislativa

---

[5] DAVID GUEIROS VIEIRA, *O protestantismo, a maçonaria e a questão religiosa no Brasil*, p. 34-35.
[6] OTÁVIO TARQUÍNIO DE SOUZA, *Diogo Antônio Feijó*, p. 99.
[7] LUIZ GONÇALVES DOS SANTOS, *O celibato clerical e religioso defendido dos golpes da impiedade e da libertinagem do correspondente da Astrea com um apêndice sobre o voto separado do Senhor Deputado Feijó*, Tipografia de Torres, Rio de Janeiro, 1827, p. 28.

tem de legislar, e não havendo na constituição um só artigo que autorize o Poder Legislativo a intrometer-se nas Leis disciplinares da Igreja, e muito menos abolir aquelas que não agradarem a qualquer Eclesiástico a quem elas sejam incômodas e pesadas, proferi sem dolo algum que V. S. se constituíra *motu próprio Procurador do clero do Brasil*, etc. [...] V. S. persiste e requinta na sua temerária resposta, na temerária ideia de casar o clero brasileiro, e estigmatiza com epítetos de *ultramontanos, de papistas, que obedecem ao Bispo de Roma como ao seu senhor*, os eclesiásticos que rejeitam inovações luteranas e anglicanas. Quem é tão bom cidadão e melhor cristão não deve usar contra os seus concidadãos e Irmãos no Sacerdócio, dos irrisórios nomes que os hereges dão aos católicos romanos, e que presentemente são proibidos na mesma Inglaterra com penas graves, *pro bono pacis*.[8]

O replicado, ainda mais agressivo, fez editar outro livrinho em que atacava o rival já a partir do título: *Resposta às parvoíces, absurdos, impiedades e contradições do Sr. Pe. Luiz Gonçalves dos Santos na sua intitulada defesa do celibato clerical*. Ali insistia em dizer que "a maioria" dos clérigos estava com ele – coisa que seria desmentida de forma impiedosa pelos que se lhe opunham – acrescentando que tinha apresentado o seu *voto separado* por ser "conveniente à felicidade dos cidadãos em cujo número entra certamente os eclesiásticos". Não todos, naturalmente, visto que excluía "os ultramontanos e papistas, que obedecem ao Bispo de Roma como ao seu senhor". Também provocou o Pe. Luiz dando a entender que colocava suas ideias políticas acima das doutrinas da Igreja e dos seus superiores na hierarquia eclesiástica:

> Se o Sr. Padre fosse bom cidadão, e melhor cristão, isto é, se fora mais instruído nas leis do Estado, e mais bem-intencionado, saberia, ainda assim, que eu não ofereci projeto algum; e que apresentando o meu voto separado, nada mais fiz que cumprir o que determinou a Câmara, em quem reconheço autoridade para mandar e a quem devo mui séria obediência. [...] O meu voto tem por fim ilustrar o povo com verdades sabidas, com a proposta de medidas decisivas, que o mesmo povo apetece à vista dos seus escândalos de que é testemunha; e ao mesmo tempo confundir a ignorância e o fanatismo dos que se metem a falar em matérias que confessam ignorar.[9]

Sobre esse mesmo assunto, Feijó ainda redigiria a *Demonstração da necessidade da abolição do celibato clerical pela assembleia-geral do Brasil, e da sua verdadeira e legítima competência nesta matéria*; mas Pe. Luís não lhe daria trégua. Em 1829 ele liquidaria os argumentos do rival com *A voz da verdade da Santa Igreja Católica confundindo a voz da mentira do amante da humanidade sobre o celibato clerical*. Esta, considerada sua melhor obra teológica, compunha-se de uma coleção de dezesseis cartas que reuniam todos os argumentos históricos em favor da continência.[10]

---

[8] Luiz Gonçalves dos Santos, *Réplica católica à resposta que o Reverendo Sr. deputado Padre Diogo Antônio Feijó deu ao Padre Luiz Gonçalves dos Santos, oferecida e dedicada ao Exmo. e Revmo. Sr. D. José Caetano da Silva Coutinho*, Tipografia de Torres, Rio de Janeiro, 1827, p. 2-4.
[9] Diogo Antônio Feijó, *Respostas às parvoíces, absurdos, impiedades e contradições do Sr. Pe. Luiz Gonçalves dos Santos na sua intitulada defesa do celibato clerical contra o voto separado do Pe. Diogo Antônio Feijó, membro da Comissão Eclesiástica e da Câmara dos Deputados*, p. 3, 18-19.
[10] Joaquim Caetano Fernandes Pinheiro, "O Cônego Luís Gonçalves dos Santos", em: *Revista do Instituto Histórico Geográfico Brasileiro*, tomo XXV, Tipografia de D. Luís dos Santos, Rio de Janeiro, 1862, p. 168-169.

As atenções do Pe. Luís também se voltariam para a defesa dos regulares, motivando-o a escrever em 1828 a veemente *Apologia dos bens religiosos e religiosas do império do Brasil*:

> Os bens dos religiosos, dizem os seus inimigos, uns, que pertencem à Igreja, outros, que à Nação; e que tanto a Igreja como a Nação podem dispor deles arbitrariamente. Em que cânon, em que lei se funda este absurdo e iníquo sistema? Os bens são daqueles que os adquiriram. [...] A lei é igual para todos. Logo, os religiosos não podem nem devem ser obrigados a eles só pagarem as dívidas do Estado. É uma injustiça contrária ao Direito Divino, Natural e Positivo. Argumentam os projetistas que o bem público pede que lhe ceda o bem particular. Abri as vossas bolsas que abriremos também. [...] Mas replicam os implacáveis inimigos dos religiosos: os frades estão relaxados, os claustros não encerram senão homens e mulheres inúteis ao Estado, preguiçosos e ignorantes, e ali somente domina o fanatismo e a superstição. [...] Mas, pergunto eu, que interesse tem os inimigos dos religiosos que eles sejam bons? Nenhum. Todo interesse que têm é que sejam desacreditados para terem melhor pretexto de empolgar seu patrimônio. [...] Também se queixam do pouco número de religiosos para desfrutar tão rico patrimônio que eles possuem. Queixume ridículo e interesseiro. [...] Os frades são poucos, dizei vós. Sim, e de quem é a causa? São eles? Não. Preencha-se o número dos conventuais de cada casa religiosa, não se feche a porta àqueles que Deus chama para a vida claustral, que em breve serão muitos.[11]

Um dos maiores feitos do Pe. "Perereca", no entanto, foi o de não ser um combatente solitário. Além de amigos tradicionais como o Pe. Tilbury, ele soube agregar em torno de si um informal grupo de apoio, que acabou por se constituir na primeira "resistência ultramontana" organizada pela Igreja no país. Desse grupo, um dos destaques foi José da Silva Lisboa, visconde de Cairu (1756-1835), que aos argumentos doutrinários e disciplinares do Pe. "Perereca", habilmente, acrescentou motivos de natureza política e prática, como se pode verificar na sua obra *Causa da religião e disciplina eclesiástica do celibato clerical*:

> O Sr. Feijó, podendo e devendo fazer na Câmara dos Deputados propostas úteis para reformas e melhoras no Brasil (de que tanto carece), não se lembrou de *Iniciativa* (os grifos são do autor) de um plano para promover a instrução do clero. [...] Nada disso lhe ocorreu: só no casamento dos clérigos vê o complemento do bem comum. [...] No Brasil seria perniciosíssima a lei que abolisse o celibato do clero.
> Na Europa, onde os eclesiásticos são sustentados pelos dízimos dos frutos da terra, principalmente vivendo em países ricos, em que os padres se ordenam tendo benefícios pingues, ou suficientes à sua côngrua sustentação, além de maiores facilidades de instrução dos filhos, pode ser menos perigoso o casamento de clérigos, ainda que haverá o risco de fazerem os benefícios hereditários. Ali também a população é livre, e a boa educação é mais geral; e, em consequência, pode-se aí esperar mais ordem, paz e felicidade.
> Porém no Brasil, em que está arraigado nas entranhas vitais o cancro do cativeiro, e onde o clero não percebe os dízimos, havendo mui poucos benefícios de considerável côngrua, e ordenando-se os padres a título de *patrimônio* só de *quinhentos*

---

[11] Luiz Gonçalves dos Santos, *Apologia dos bens dos religiosos e religiosas do Império do Brasil, fundada na razão, na Justiça e na Constituição, contra os projetos espoliadores*, Tipografia de Torres, Rio de Janeiro, 1828, p. 15-22.

mil réis, requerido na constituição do Arcebispo Metropolitano Bahia (quantia que já não tem proporção com o tempo presente) e sendo notório que, ainda esses mesmos inconsideráveis patrimônios são, em grande parte, *fantásticos*; e também notoriamente constando do afrouxamento das *oblações pias* com que antes se ajudava o clero; como o padre, que não pode se sustentar a si, poderá ter e manter mulher e filhos com a decência competente? A verossímil consequência será declinar o Estado Sacerdotal na estimação pública, e multiplicarem-se as desordens de padres casados pela *necessidade que não tem lei*. Ademais: a esposa do padre, segundo o uso da terra, terá suas escravas. Eis novo fomento para ciúmes, arrancos, flagelos, escândalos etc.[12]

Frei Antônio Dias foi outro que cerrou fileiras com "Padre Perereca", irritado tanto pela agressividade quanto pela presunção com que Feijó falava em nome de todo o clero:

> Ser ultramontano e ser papista, exige obedecer ao Pontífice no que pertence ao direito divino, é acaso algum delito? [...] O Rev. Pe. Feijó usa de frases de que em seus tempos se vão mal em Lutero e Calvino, e das mesmas palavras que os seus sequazes se valem em dia para injuriar os católicos. Injúrias não são razões, nem fazem força entre os sábios para convencer o entendimento daqueles a quem queremos desenganar de seus erros. De que o Rev. Pe. Feijó pensa ser útil à derrogação do celibato clerical e religioso, não se segue que todos os clérigos e sacerdotes pensem ou devam pensar como ele.[13]

A ação desses pioneiros foi deveras ampla, e Pe. Luís voltaria à carga outra vez em 1835, para rebater a *Análise* do Pe. Manoel Joaquim do Amaral Gurgel contra o celibato clerical. Com esse objetivo, ele compôs o *Exame ortodoxo que convence de má fé, de erro e de cisma, a análise da Resposta do Exmo. e Revmo. Sr. Arcebispo da Bahia*, pulverizando os argumentos do amigo de Feijó, e ao mesmo tempo aproveitou para investir contra o regalismo institucionalizado no país:

> O Conselho exorbitou os seus deveres políticos intrometendo-se com a Disciplina eclesiástica, e encarregando-se de propor e requerer do seu Exmo. Prelado a dispensa de uma Lei universal da Igreja Católica. [...] Um punhado de rudes e ignorantes foram os que, sem saber o que diziam e faziam, assinaram a Representação, tão insultante e injuriosa à Religião e ao Clero, como também herética e hostil contra o conselho da Perfeição Evangélica, caracterizando a Lei do celibato dos Ministros de Jesus Cristo de superstição a mais estúpida, ou da mais refinada imoralidade. [...] A resposta sábia e ortodoxa do Sr. Arcebispo pôs em frios suores e em convulsão a turba anticelibatária. Adeus noiva! Adeus, noivado!
> [...] Depois que foi proclamada e reconhecida a independência do Império do Brasil, alguns Padres Publicistas e não Publicistas pensaram que, com a liberdade política, vinha também a consciência de desobedecer às Leis canônicas que lhes fossem penosas e exigissem algum sacrifício; portanto, começaram a sacudir o julgo canônico do Bre-

---

[12] JOSÉ DA SILVA LISBOA, *Causa da religião e disciplina eclesiástica do celibato clerical defendida da inconstitucional tentativa do Padre Diogo Antônio Feijó*, Imperial Tipografia de Pedro Plancher Seignot, Rio de Janeiro, 1828, p. 15, 61-62.

[13] ANTÔNIO DIAS, *Dictame ou parecer sobre os dois papéis públicos dados à luz pelos Reverendos Senhores Padres Luiz Gonçalves dos Santos e Diogo Antônio Feijó, nos quais se defende o celibato clerical e religioso de uma parte, e se impugna pela outra*, Tipografia de Torres, Rio de Janeiro, 1827, p. 5-6.

viário, do Hábito talar e do celibato clerical, com notável escândalo dos Fiéis. Como, porém, não podiam contratar impunemente casamentos à luterana ou à botocuda, em um Império que jurou manter a Religião Católica, os seus mais peitudos anticelibatários conjuraram-se em despojar a Igreja de Jesus Cristo de seus Direitos Divinos e Canônicos e entregá-los ao Poder Legislativo da Nação, a fim de conseguir-se a abolição do celibato clerical. [...] Muito mais lucrará a Moral Pública se não houver tolerância do concubinato do clero, se houver vergonha não só de o praticar.

[...] Desta sorte, permanecendo cada um na sua vocação, cumpra à risca os deveres que livremente se obrigou diante dos Altares. [...] A Igreja não necessita das luzes do século, tem as luzes do Espírito Santo para a iluminar, dirigir e ensinar toda a verdade, segundo a promessa de Jesus Cristo. Com as luzes do século teremos o Sínodo de Pistoia condenado por cismático e herético; teremos a ímpia Constituição Civil do Clero da França, que deu aos franceses um povo de mártires; [...] teremos o irreligioso e incrédulo filosofismo colocando pela sua ímpia e sacrílega mão a abominação *da desolação no lugar santo* (grifo é do autor); teremos... o analisador lá o sabe![14]

Incansável, Pe. Luís combateu até mesmo alguns folhetos que circularam no Rio durante o "caso Moura", um dos quais pretendendo demonstrar a necessidade de se convocar um concílio nacional para dar instituição canônica aos bispos no Brasil, isentando-os da jurisdição do Papa. Contra ele o padre-mestre traduziu em 1838 o *Discurso do Cardeal Iguanzo, arcebispo de Toledo, sobre o direito do Papa em confirmar os bispos*, com uma introdução a propósito, aplicada ao estado em que então se achavam os negócios eclesiásticos no país.[15]

Em âmbito de episcopado, entre os precursores teve inegável peso o Arcebispo primaz, Dom Romualdo Antônio de Seixas (1787-1860), sagrado bispo aos 28 de outubro de 1827. Um pouco antes, no dia 27 de julho de 1826, ele já rompera o silêncio sobre a política religiosa vigente no Brasil, com uma afirmação cheia de perspicácia: *Falou-se com ênfase nas usurpações da Igreja, ou antes, dos Papas, sobre o poder temporal; mas não se fala nas usurpações dos soberanos sobre o poder da Igreja, sendo aliás certo que estas usurpações foram recíprocas.*[16] Quando tomou posse na arquidiocese de Salvador aos 31 de janeiro de 1828, a situação eclesial que ele encontrou, segundo versão de Francisco Rangel Raposo de Almeida, era desanimadora, pois o clero, de instrução quase nula, achava-se enredado no labirinto da política e, em função disso, havia curas que menosprezavam e até zombavam da disciplina e da autoridade diocesana. Assim sendo, um padre juiz de direito se sentia superior ao bispo, e acontecia mesmo de um sacerdote, com o apoio dos grupos oligárquicos, ameaçar o prelado. Nessa conjuntura, uma repreensão ou uma suspensão imposta pelo Ordinário de lugar a um padre político seria como o *jacta est alea*, que provocaria escândalos: a ameaça de penas eclesiásticas era recebida com o riso da incredulidade e do escárnio.[17]

---

[14] LUIZ GONÇALVES DOS SANTOS, *Exame ortodoxo que convence de má fé, de erro e de cisma, a análise da resposta do Exmo. e Revmo. Sr. Arcebispo Metropolitano da Bahia, feita pelo Doutor Manoel Joaquim do Amaral Gurgel, lente do curso jurídico de São Paulo*, Imprensa Americana, Rio de Janeiro, 1835, p. 2, 4, 27, 115, 158.

[15] JOAQUIM CAETANO FERNANDES PINHEIRO, "O Cônego Luís Gonçalves dos Santos", em: *RIHGB*, tomo XXV, p. 170-171.

[16] ROMUALDO ANTÔNIO DE SEIXAS, *Coleção das obras do Exmo. e Revmo. Senhor Dom Romualdo Antônio de Seixas*, tomo III, p. 32.

[17] FRANCISCO RANGEL RAPOSO DE ALMEIDA, *Biografia do marquês de Santa Cruz*, Tipografia de Camilo de Lelis Masson, Salvador, 1863, p. 28-29.

Homem de fibra, Dom Romualdo atuou firme e, por sua influência, o clero foi isento de funções civis ou quaisquer outras que não condissessem com o seu caráter, tais como o júri e guarda nacional. Para dar uma formação adequada aos futuros clérigos, fundou o seminário da Bahia, no qual viriam a se educar para a vida eclesiástica os futuros bispos reformadores das dioceses de Goiás, Pará e Rio Grande do Sul. À medida que o tempo passou, tornou-se cada vez mais "ultramontano", e para tanto a sua experiência no parlamento parece ter contribuído de forma decisiva. Notório foi o questionamento que lhe fez o deputado do Piauí, Francisco de Souza Martins (1805-1857) quando recordou que a doutrina que defendia, de relativização da autoridade da Santa Sé em relação à Igreja universal, era a que havia aprendido nos compêndios que se usava nas universidades em que estudara. Assim sendo, objetava se tais doutrinas eram falsas, cabia ao Primaz interpor a sua autoridade junto ao governo, para mandar retirar das aulas ditos compêndios. Tenha-se presente que o referido deputado não assumia uma atitude rebelde e se declarava "em conformidade com a Igreja Católica", em cujo seio afirmava viver e onde pretendia morrer.[18]

As contendas com Feijó e Amaral Gurgel também fizeram parte dessa experiência, tendo forçado o Primaz a definir sua posição. Por isso, em 1834, ele redigiu um escrito denominado *Reflexões à Câmara dos Deputados* em que rejeitou categoricamente a insinuação de que o Metropolita podia agir autonomamente na jurisdição eclesiástica que governava e que também os bispos "tudo podiam nas suas dioceses", mesmo que o Papa fosse de parecer contrário:

> A nobre Comissão advoga, sem o pensar, as cediças e proscritas doutrinas dos Febrônios, dos Tamburinis, dos Padres de Pistoia, dos do famoso congresso de Ems, e de outros latitudinários contra a Suprema Autoridade e Primado de Jurisdição do Chefe da Igreja Universal; nem tampouco se aterrará o Metropolitano com a arma já mui safada das *falsas decretais e ultramontanismo*, com que muitos se julgam dispensados de provar o que dizem.
> [...] Talvez se responda a tudo isto com o trivial argumento de que os Bispos podem nas suas dioceses tudo quanto pode o Papa na Igreja Universal; mas atenda-se: 1.°) que esta doutrina assim enunciada sem limitação alguma não pode sustentar-se a face da Escritura e da Tradição, sem destruir a Divina Hierarquia instituída por Jesus Cristo, ou reduzindo o Primado da Cadeira Eterna a uma pura abstração, ou estabelecendo em cada uma das Dioceses dois Prelados supremos e independentes, cujo conflito romperá necessariamente a Unidade e produzirá a confusão e anarquia na Igreja de Deus. "Não existe Papa", diz um moderno escritor, "se ele nada pode sobre os Bispos; e não há Bispos, se eles não obram em unidade, concerto e dependência do Papa: este é o plano de Jesus Cristo, não há poder humano que tenha direito de alterá-lo". 2°) Que, de fato, os Bispos nestes poucos casos extraordinários não se julgam autorizados para dispensar o Celibato, e que esta inteligência, e prática constante e inalterável, deve considerar-se como o mais seguro intérprete do espírito e do sentimento da Igreja Católica a tal respeito.[19]

---

[18] *Anais do Parlamento Brasileiro – Câmara dos Deputados*, sessão de 1836, p. 42.
[19] ROMUALDO ANTÔNIO DE SEIXAS, *Coleção das obras do Excelentíssimo e Reverendíssimo Senhor Dom Romualdo Antônio de Seixas*, tomo II, p. 392-393, 397-398.

Além das polêmicas citadas anteriormente, Dom Romualdo também conseguiria evitar que o governo financiasse a vinda de dois irmãos morávios luteranos para missionarem entre os índios, enquanto que ao mesmo tempo se mantinha "pasmosa intolerância contra os missionários e missionárias católicos". Foi o primeiro passo para que assumisse a defesa dos religiosos em geral, criticando um padre deputado que desejava que cada missionário católico estrangeiro pagasse na alfândega o imposto de 1.000$000, ou a proposta do deputado Clemente Pereira, que propunha a alienação da quarta parte dos bens dos religiosos beneditinos e a conversão do seu produto em apólices da dívida pública. Nesta, como em tantas ocasiões, sairia vencedor, pois dita proposta foi derrubada na Câmara.[20]

5.2 – A dinâmica do processo renovador do clero

Em que pese os meritórios esforços isolados, no início do segundo império as perspectivas não eram animadoras para a Igreja no Brasil, pois tanto a situação geral do clero quanto a questão da religiosidade popular continuavam distantes do que Roma e a internunciatura almejavam. Os aspectos econômico, intelectual, doutrinário e disciplinar dos padres eram os mais preocupantes. Financeiramente falando, a maioria do clero secular sobrevivia na penúria, pois as côngruas que recebiam, além de simbólicas, permaneciam inalteradas por décadas, sem levar em conta a inflação e o aumento constante do nível de vida.[21] Ao lado disso, a formação intelectual da maioria dos sacerdotes e a vivência do celibato tampouco eram modelares. Mesmo depois de iniciada a reforma eclesial, o casal de pesquisadores Luís e Elizabeth Cary Agassiz diria sem meios termos:

> É impossível dissimulá-lo; não existe absolutamente no Brasil uma classe de padres trabalhadores, cultos, como os que honram as letras no Velho Mundo; não há instituições de grau superior ligadas à Igreja; a ignorância do clero é geralmente universal, a sua imoralidade patente. Há, sem dúvida, honrosas exceções, mas são em número por demais reduzido para elevar a dignidade da classe em que se produzem.[22]

Semelhante opinião, mesmo considerando a acusação de etnocentrismo que sempre pesou sobre tantos viajantes estrangeiros do século XIX, tornam-se dignas de crédito na medida em que inúmeras tradições populares as confirmam. Cheias de casos pitorescos e "picantes", ditas tradições orais, codificadas depois por folcloristas como Luís da Câmara Cascudo, geralmente têm como personagens centrais mulheres que viravam "mulas sem cabeça" por pecarem com os "homens de Deus", o mesmo acontecendo com seus pares, "cavalos sem cabeça" – padres prevaricadores – que por castigo se

---

[20] ROMUALDO ANTÔNIO DE SEIXAS, *Memórias do marquês de Sant Cruz*, p. 128.
[21] DAVID GUEIROS VIEIRA, *O protestantismo, a maçonaria e a questão religiosa no Brasil*, 2ª ed., Editora Universidade de Brasília, Brasília, 1980, p. 27.
[22] LOUIS AGASSIZ E ELIZABETH CARY AGASSIZ, *Viagem ao Brasil (1865-1866)*, Companhia Editora Nacional, São Paulo, 1938, p. 590.

"encantavam". Os detalhes desses contos que atravessaram os séculos não são uniformes, mas o conteúdo central sempre se extravasa num tom que varia do jocoso ao cruel: a "mula sem cabeça", ou "burrinha de padre" é a manceba que na Quinta-feira Santa se metamorfoseia e corre furiosa pelos campos entre tormentos atrozes. A solução que o povo criou para que o "encanto" não se realizasse demonstra claramente o que pretendia: "o padre não deve nunca se esquecer de amaldiçoá-la, antes de celebrar a Santa Missa..."[23] Ao "cavalo sem cabeça", sua versão masculina, tampouco eram reservadas palavras amenas: "Esse... nem é bom falar! Que Deus lhe perdoe... Diz-se que foram os padres que andaram torcendo as mulheres dos outros..."[24]

A desmoralização do clero acabou virando assunto até de literatos de talento, como Manoel Antônio de Almeida (1831-1861), que satirizaria com crueza os padres concubinários na obra *Memórias de um sargento de milícias*. Ali eram citados de modo burlesco o caso de dois sacerdotes que sucessivamente mantinham relações com uma cigana. O segundo deles teve a identidade descoberta por outro pretendente leigo, e a atitude assumida por aquele ao abordar sua pretendida – sem excluir o objetivo libidinoso que o movia – dava uma noção exata da mentalidade corrente no meio popular a respeito dos padres amancebados:

> Pois um padre!?... dizia ele; é preciso que eu salve aquela criatura do inferno, onde ela está se metendo já em vida.
> E começou de novo em tentativas, em promessas, em partidas para a cigana, que a cousa alguma queria dobrar-se. Um dia que a pilhou de jeito à janela abordou-a e começou *ex-abrupto* a falar-lhe deste modo:
> Você já está em vida no inferno!... pois logo um padre!?[25]

Também obras de autores românticos testemunharam esse sentimento popular, e isso explica porque a história da tal mula sem cabeça foi citada pelo personagem Eugênio no romance *O Seminarista* de Bernardo Guimarães. Os bispos estavam a par do descrédito corrente, e disso o prelado de São Paulo, Dom Antônio Joaquim de Melo, muito se lamentaria: "Sendo este crime (concubinato) tão ordinário, é o que mais nos nodoa, e nos faz ser a fábula do povo e que mais males tem feito à Igreja".[26]

No que diz respeito ao aspecto doutrinário, salvo exceções, mais que combater uma oposição intelectualmente fundamentada, a grande luta seria erradicar a velha mentalidade pombalina que pouco a pouco fixara a heterodoxia como normal. O jansenismo prático de certos setores do clero era uma das suas manifestações. Deixando de lado as disputas teológicas, os jansenistas brasileiros o eram quase que exclusivamente em certos aspectos, principalmente no espírito de desconfiança em relação a Roma e aos jesuítas. Um dos

---

[23] ANDRÉ M. ARAÚJO E VALCYR J. TABORDA, "Estórias e lendas de São Paulo, Paraná e Santa Catarina", em: *Antologia ilustrada do folclore brasileiro*, tomo I, Gráfica e Editora Edigraf, São Paulo SD, p. 40.
[24] LUIZ DA CÂMARA CASCUDO, *Geografia dos mitos brasileiros*, José Olympio, Rio de Janeiro, 1976, p. 249.
[25] MANUEL ANTÔNIO DE ALMEIDA, *Memórias de um sargento de milícias*, Tipografia do Diário do Rio de Janeiro, Rio de Janeiro, 1863, p. 114.
[26] ACMSP, A. J. MELLO, *Carta pastoral dando um regulamento da conduta externa do clero*, São Paulo, 23-11-1852, p. 2.

raríssimos casos em que o jansenismo assumiu forma "institucional" no Brasil aconteceu em Itu, SP, na comunidade dos "Padres do Patrocínio". O fundador foi um artista barroco, pardo e pobre, Jesuíno do Monte Carmelo, que, depois de viúvo, construiu a bela igreja de Nossa Senhora do Patrocínio e, na casa que tinha ao lado, estabeleceu uma espécie de cenóbio, em que, com seus dois filhos (os padres Elias e Simão), um sobrinho por afinidade (Pe. João Xavier), e mais um seu protegido (Pe. Manuel da Silveira), constituiu o núcleo do que se transformaria numa confraria de ascetas. O próprio Jesuíno seria ordenado padre por Dom Mateus de Abreu Pereira, e outros sacerdotes seculares, como os padres Diogo Antônio Feijó (a partir de 1818) e Antônio Joaquim de Melo (futuro bispo de São Paulo), uniriam-se à sua experiência, fazendo a comunidade crescer. Como observaria o cônego Fernandes Pinheiro, os princípios da escola *galicana*, largamente difundidos no Brasil, misturados a certas concepções jansenistas, comprometeram a ortodoxia da comunidade, ainda que, como salienta, a retidão de alguns, a exemplo do Pe. Antônio Joaquim de Melo, tenha se mantido intacta. Mesmo assim, ele não hesitou em qualificar a inteira experiência como a "Port Royal do Brasil".[27]

Mário de Andrade se alinha com essa explicação, salientando que no Patrocínio os padres se entregavam a ardores místicos exaltadíssimos, a disciplinas ferozes, em que Feijó é dos mais ardentes, deixando muitas vezes o chão maculado de sangue pecador. A experiência, contudo, foi breve: depois da morte do Pe. Jesuíno em 1819, alguns membros da comunidade, principalmente Feijó, tendo se tornado conhecidos, deixaram-se seduzir pela política liberal e procuraram aliciar o clero da comarca para as ideias em voga. Nem todos seguiram a nova orientação, motivo pelo qual Pe. Antônio Joaquim de Melo se retirou para Piracicaba. O colapso final aconteceu quando Feijó, cujos conhecimentos não iam além do rudimentar, cometeu a temeridade de aceitar o desafio de frei de Santa Justina para um debate aberto sobre filosofia e teologia. O frade o derrotou de forma humilhante, e a comunidade, desmoralizada, dissolveu-se.[28] Outras formas rústicas de jansenismo, no entanto, sobreviveriam, como aquele estranho costume de determinados padres, que desaconselhavam a participação constante à comunhão, por ser algo "abusivo", recomendando-a só na hora da morte.[29]

O novo episcopado desejava ardentemente inverter essa situação, e a opção que encontrou para tanto foi aquela repetida por Dom Luís Antônio dos Santos aos 28 de fevereiro de 1862: "Os bispos devem pôr toda a sua esperança na criação de [um] novo [clero], educado convenientemente".[30] A tarefa seria penosa, se se recorda que, ao iniciar o século XIX, a única casa formativa diocesana propriamente dita, funcionando regularmente em todo o país, era o Seminário São José, do Rio de Janeiro, não obstante os seminários de Mariana e Olinda se mantivessem de forma

---

[27] JOAQUIM CAETANO FERNANDES PINHEIRO, "Os padres do patrocínio ou o Porto Real de Itu", em: *RIHGB*, tomo XXXIII, Rio de Janeiro, 1870, p. 31-32, 141-143.
[28] MÁRIO DE ANDRADE, *Padre Jesuíno do Monte Carmelo*, Publicações do Serviço do Patrimônio Histórico e Artístico Nacional, Rio de Janeiro, 1945, p. 21, 25, 29, 39-40, 43-44.
[29] ANTENOR DE ANDRADE SILVA, *Os Salesianos e a educação na Bahia e em Sergipe – Brasil, 1897-1970*, Tipografia Abigraf, Roma, 2000, p. 32.
[30] ASV, Carta de Dom Luís Antônio dos Santos ao internúncio (28-2-1862), em: *Nunciatura Apostólica no Brasil*, fasc. 142, caixa 32, doc. 3, fl. 4.

precária[31]. Por isso, cada prelado se esforçaria para construir novas casas de formação, malgrado os recursos escassos e a carência de professores qualificados. Quando enfim ditas casas estavam organizadas, para mantê-las, a contragosto se incorporava a elas a função de educandários masculinos particulares. Nem isso cobria todas as despesas, e então se recorria à beneficência pública e ao patrocínio financeiro dos governos locais. Em troca, dava-se educação gratuita a certo número de meninos pobres, correndo o risco de sofrer alguma interferência da classe governamental.[32]

E tal intromissão continuava a ser "o" problema da Igreja no Brasil, uma vez que, com base no *Ato Adicional* de 1834, "erigia-se uma freguesia, ou dividia-se, por um decreto de assembleias provinciais, tal como se procedia na criação de uma escola; capelas e até matrizes se erguia por um despacho tão sem-cerimoniosamente como se tratasse da construção de um chafariz".[33] O imperador em pessoa era contrário a qualquer mudança, e o manifestaria constantemente. Fá-lo-ia de novo ao abordar a questão do ensino religioso. Ele o admitiu tranquilamente nas escolas do império, livre, mas com uma importante ressalva: "sujeito à inspeção da autoridade".[34]

5.2.1 – A involuntária contribuição da política para a mudança

Certos fatores em jogo forçariam a política oficial a rever algumas das suas máximas. Para começar, Dom Pedro II, antítese do que fora seu pai, não se envolveu em escândalos públicos, tendo atravessado seu longo reinado sem registrar – ao menos aparentemente, pelo que se sabe – histórias de amor clandestinas.[35] O relaxamento dos costumes dos padres o aborrecia, e ele avaliava com extremo escrúpulo a idoneidade dos sacerdotes que indicava para o ministério episcopal. A isso se juntou outro motivo: a política. Era fato notório que os sacerdotes "liberais" facilmente aderiam aos movimentos revolucionários, pois a pouca estima que sentiam pela autoridade papal se estendeu a outras formas de autoridade, monárquica inclusa. O pior é que isso acontecia num momento em que sucessivas rebeliões eclodiam nas províncias, provocando comentários alarmistas no representante diplomático do reino das Duas Sicílias:

---

[31] Até meados do século XVIII não havia seminários diocesanos no Brasil. A formação se fazia nos colégios dos Jesuítas, mas a maioria dos padres vinham de Portugal já ordenados. Um grande seminário era o da Bahia, fundado em 1747, mas havia também outros como o da Paraíba, erigido em 1745; São Paulo, em 1746; Mariana, 1748; Belém do Pará, 1749; e Maranhão, em 1752. Todos eles foram fechados em 1759, ao ser suprimida a Companhia de Jesus. O único que permaneceu funcionando foi o Seminário São José da Lapa, do Rio de Janeiro, porque não estava vinculado à Companhia. Fora fundado, em 1739, pelo quarto bispo do Rio, Dom frei Antônio de Guadalupe. O único seminário criado na segunda metade do século XVIII foi o de Olinda, em 1798, por Dom José Coutinho, mas só começou a funcionar em 1800. No século XIX alguns outros foram abertos: Maranhão, em 1805; Bahia, em 1816; e Mariana, em 1821. O estudo era o mais simplificado possível: humanidades, retórica, e uma rudimentar teologia que se resumia ao *Catecismo de Montpellier* e ao *Manual de Teologia de Lyon*, ambos jansenistas e condenados por Roma. A frequência não era obrigatória, e bastava um exame de conhecimentos, bastante indulgente. Mariana era a exceção, pois seu bispo mantinha um curso sério e exigia provas de penitência. Muitos dos candidatos rejeitados por ele iam para São Paulo, onde Dom Mateus de Abreu Pereira, ordinário de lugar de 1797 a 1824, facilmente os ordenava, sem dar maior atenção aos ordenamentos canônicos (ZENO HASTENTEUFEL, *Dom Feliciano na Igreja do Rio Grande do Sul*, p. 270-271).
[32] MANOEL ISAÚ SOUZA PONCIANO SANTOS, *Luz e sombras*, Salesianas, São Paulo, 2000, p. 89.
[33] RAIMUNDO TRINDADE, *Arquidiocese de Mariana*, p. 431-432.
[34] HEITOR LYRA, *História de Dom Pedro II*, Companhia Editora Nacional, São Paulo, 1939, p. 356.
[35] PEDRO CALMON, *O Rei filósofo – vida de Dom Pedro II*, p. 93.

Parece que o cataclisma brasileiro está para acontecer. [...] Goiás, Pará, Rio Grande e São Paulo estão em revolta. De Minas, Pernambuco e Bahia não se sabe nada ainda, mas farão o mesmo, para proclamar a independência. Tudo, enfim, está em ebulição. O Imperador estará com um punhado de moscas na mão, já que terá todos contra o Rio, que não tem força para se defender. [...] Existe um fermente geral, um descontentamento, um espírito de inquietação que deseja novidade.[36]

Os movimentos insurrecionais seriam todos debelados, mas o risco que representavam para a estabilidade do sistema monárquico brasileiro era real, e, como se temia, quase todos incluíam clérigos em suas fileiras. Padre Feijó, afinal, fora um dos líderes paulistas da revolução liberal de 1842, e este movimento causaria particular ressentimento no imperador, conforme consta da sua Fala do Trono de 1º de janeiro de 1843: "A profunda mágoa que me causou a rebelião declarada em Sorocaba e Barbacena foi apenas mitigada pelas provas que deram os brasileiros de sua dedicação às instituições do império e de afeição à Minha Augusta Pessoa".[37]

A essa altura, o imperador e seus principais conselheiros se convenceram de que o clero "ultramontano" era um dos meios para a construção de fundamentos sólidos para o regime, e daí para frente tornar-se-ia regra básica nomear bispos defensores do "princípio da autoridade".[38] O sucesso dos "ortodoxos" capuchinhos, ao levarem líderes revoltosos do Pernambuco para o "bom caminho", também pesou nessa decisão. Em 1842, os rebeldes se encontravam refugiados nas matas pernambucanas de Panelas de Miranda, quando o seu líder, Vicente Tavares da Silva Coutinho (mais conhecido por Vicente Ferreira de Paula), escreveu a frei Plácido de Messina, pedindo para encontrá-lo. O frade foi e, com a força das suas palavras e integridade moral, prontificou-se a intermediar a reconciliação. Realizou com maestria seu intento e, no ano seguinte, descreveu o acontecido num relatório detalhado ao Presidente da província:

> Muito me custou convencê-los de que o imperador queria e amava a constituição, por isso que a observância desta lei concorria para o bem-estar e felicidade do monarca e da nação, e que a sua Pessoa Augusta era nas províncias representadas pelos Excelentíssimos Presidentes, como delegados de sua livre escolha e nomeação. E para conseguir este fim me foi necessário, além da força de razões convincentes, dar-lhes minha palavra de que o governo os deixaria viver tranquilamente e não daria ouvidos a outras relações em contrário; que o governo, tão habilmente por Vossa Excelência exercido, somente procurava manter a paz e sossego geral da província e tornar felizes seus habitantes.
> Com efeito, convencidos disto, protestaram inteira obediência ao governo, e Vicente Ferreira de Paula declarou publicamente, por si e por aqueles povos, que ia dirigir a Sua Majestade o Imperador, e a Vossa Excelência, as suas súplicas sobre o perdão do passado, rogando proteção e comunicação do modo, porque devem cumprir as ordens do governo-geral e provincial.[39]

---

[36] ASNA, Comunicado do Barão Antonini (12-7-1744), em: *Fundo Arquivo Bourbon*, Pasta n. 755, folha n. 176.
[37] *Fala com que Sua Majestade o Imperador, o Senhor Dom Pedro II, abriu a primeira sessão da quinta legislatura da assembleia-geral legislativa no dia 1-1-1843*, Tipografia Nacional, Rio de Janeiro, 1843.
[38] AUGUSTIN WERNET, *A Igreja paulista no século XIX*, p. 52.
[39] PLÁCIDO DE MESSINA, *Trabalhos apostólicos dos missionários Capuchinhos italianos da Província de Messina no Império do Brasil*, vol. I, Tipografia de M. F. De Faria, Recife, 1846, p. 22.

Um sucesso tão retumbante mereceu chamativas manchetes na imprensa, e um jornal de Pernambuco, em fevereiro de 1843, faria uma advertência que não seria esquecida:

> Se em nosso Pernambuco, logo que apareceu a desordem dos chamados Cabanos, em vez de expedições militares, tivesse havido o prudente acordo de mandar para esses centros bons missionários, ter-se-iam poupado tanto cabedal, tantas vidas, e não teriam havido os escândalos e horrores que então se praticaram. Um pobre capuchinho, com a Cruz na mão, pregando uma Religião toda de paz e de amor, teria quebrado as iras destes homens rústicos, ignorantes e montezinhos.[40]

Eram fatos veementes demais e, por isso, ciente ou não das consequências, Dom Pedro II fez uma opção: descartou os padres de moral duvidosa, mesmo que antirromanos, e passou a indicar os que eram mais disciplinados e moralmente irrepreensíveis, ainda que alinhados com a Santa Sé. A medida logo deu seus frutos, pois a partir de 1850, predominaram os bispos que tinham sido escolhidos por serem "homens cuja vida privada não fosse maculada por uma política sectária ou por um comportamento imoral". O contraponto é que ditos prelados ilibados eram justamente os mais afinados com as diretrizes de Pio IX. Resultado: em 1872 havia no Brasil pelo menos cinco bispos que favoreciam Roma e que tinham estudado na Europa.[41]

5.2.2 – A influência decisiva do Seminário São Sulpício e do Colégio Pio Latino-americano

Dois centros de formação se constituíram em referência obrigatória – mas não exclusiva – para o "ortodoxo" clero brasileiro nas últimas quatro décadas do século XIX: o Seminário *Saint Sulpice* (São Sulpício) e o Colégio Pio latino-americano. O primeiro era um seminário maior francês, sob direção dos Padres Sulpicianos, fundado em Paris no ano de 1642 pelo venerável Jean-Jacques Olier (1608-1657), e se transformou em um centro de erudição teológica para formandos de diversos países, inclusive do Brasil. Ali se estudava filosofia, teologia escolástica, moral positiva e também controvérsias para que os formandos soubessem fundamentar a própria fé. A instituição dependia do abade de Saint Germain, que por sua vez dependia diretamente do Papa.[42]

Um dos seus expoentes brasileiros seria Antônio Gonçalves de Oliveira, que mais tarde, ao tornar-se capuchinho, adotou o onomástico Vital, apelativo que o celebrizaria depois de aceder ao episcopado.[43] Outro brasileiro formado no São Sulpício – com destaque, em virtude dos seus dotes intelectuais – foi o futuro bispo de Belém do Pará, Antônio de Macedo Costa.[44] A admiração que muitos brasileiros sentiam pelo renomado colégio era enorme, como atesta o depoimento do Cônego Dr. Joaquim Caetano Fernandes Pinheiro:

---

[40] PLÁCIDO DE MESSINA, *Trabalhos apostólicos dos missionários Capuchinhos italianos da Província de Messina no Império do Brasil*, vol. I, p. 37.
[41] MÁRCIO MOREIRA ALVES, *A igreja e a política no Brasil*, p. 32.
[42] LUIS MEDINA ASCENSIO, *Historia del Colégio Pio Latino Americano*, Editorial Jus, México, 1979, p. 17.
[43] FÉLIX OLÍVOLA, *Dom Frei Vital Gonçalves de Oliveira*, Escola Industrial Dom Bosco, Niterói, 1944, p. 20-21.
[44] JERÔNIMO LEMOS, *Dom Pedro Maria de Lacerda, último bispo do Rio de Janeiro no Império (1868-1890)*, p. 138.

Penetrando os umbrais do grande Seminário São Sulpício em Paris, ficamos edificados ao ver o recolhimento que ali reinava: dir-se-ia um santuário, e não uma casa habitada por mancebos. A voz grave e pausada dos professores dirige-se a um auditório modesto e estudioso: não se perde uma sílaba das suas sábias explicações. Os duzentos e vinte alunos, que em novembro do ano passado (1851) seguiam os seus cursos, eram todos destinados ao sacerdócio e se formavam, como crisálidas desse clero francês, tão justamente célebre pela sua ciência e virtudes, e que tão grandes serviços há em todos os tempos prestado à Igreja e ao Estado. As aulas não são abertas ao público; e assim deve ser: porque pensamos com o ilustre superior, o Sr. Cônego Carriere, que o contato das casacas com os gabinardos e batinas não é dos mais úteis. O moço que vive ocupado no estudo e meditação dos livros santos não deve ser distraído por ideias profanas; não deve largar o Evangelho para ler o jornal do dia, que ocultamente lhe traz algum mundano e complacente colega.[45]

Religiosos europeus também partilhavam dessa opinião, e, em 1876, Pe. Luigi Lasagna, SDB, faria questão de ressaltar a dignidade e o refinamento dos ex-alunos dos "bons padres do São Sulpício".[46]

Apesar do inegável prestígio do venerando colégio francês, a maior parte dos brasileiros que foi cursar as "Sacras Ciências" na Europa formou-se numa outra instituição, inaugurada pelo Papa Pio IX aos 21 de novembro de 1858: o Pontifício Colégio Pio latino-americano. Antes que tal apelativo se afirmasse, o referido colégio recebeu vários nomes. "Latino-americano" já era mencionado desde 1863, mas tal adjetivo seria oficializado somente em 1905. No Brasil, bem cedo o termo se tornou de uso corrente, motivo pelo qual, em 1865, o Dr. Antônio Manoel de Medeiros, ao falar da sagração do novo bispo de Olinda, Dom Manoel do Rego de Medeiros, que lá se formara, afirmou com toda tranquilidade: "O Colégio Pio Latino-americano festejou pomposamente..."[47]

Para se adaptar às necessidades contingentes, a sede da instituição mudou de endereço quase tanto quanto de nome, até se estabelecer em 1887 na sede em que permaneceria até 1962, situada na Rua *Giuseppe Gioachino Belli* 3, à margem direita do rio Tibre.[48] A direção da casa, tanto material quanto espiritual, estava a cargo dos jesuítas, sendo que o primeiro reitor foi o espanhol Pe. José Fonda. Os estudos eram assim distribuídos: humanidades se estudava dentro do próprio colégio e filosofia e teologia se cursavam no Colégio Romano (rebatizado a partir de 1873 como Pontifícia Universidade Gregoriana).[49]

No momento da sua abertura, o Pio Latino contava com dezessete formandos, nenhum dos quais brasileiro. Os quatro primeiros filhos da "América Portuguesa" chegariam no ano seguinte (1859), sendo eles João Batista Fialho, RS, Francisco Herculano, BA (morto de febre antes de concluir os

---

[45] JOAQUIM CAETANO FERNANDES PINHEIRO, *Apontamentos religiosos*, Tipografia do Diário de A. & L. Navarro, Rio de Janeiro, 1854, p. 33-34.
[46] LUIGI LASAGNA, *Epistolario*, vol. I, p. 80.
[47] BN, "Apontamentos biográficos do Bispo de Pernambuco", em: *seção de manuscritos*, I – 31, 24, 14.
[48] Cf. APCLA, Pedro Maina – *Memórias del Pontifício Colégio Pio Latino-americano* (1858-1958), tomo I, B2/1, fl. 14, 22, 27, 46-47, 90, 93, 195.
[49] LAURITA PESSOA RAJA GABAGLIA, *O Cardeal Leme*, Livraria José Olympio Editora, Rio de Janeiro, 1962, p. 16-17.

estudos), Tibério Rio de Contas, BA, e José Raimundo da Cunha, MA.⁵⁰ Nos anos sucessivos o número dos brasileiros cresceria em proporção geométrica, e, segundo o confiável estudo de Pedro Maina, S.I., dos cento e cinquenta e nove formandos que por ali passaram da fundação até 1869, oitenta e quatro eram provenientes do Brasil.⁵¹

A problemática da adaptação e convivência dos formandos na capital italiana, no entanto, gera interpretações discordantes. Para Luís Medina Ascênsio, no colégio existia uma "mística piolatina", ou, como ele diz, uma verdadeira "unión espiritual y religiosa de los seminaristas de *todas las naciones latinoamericanas*" (o grifo é do autor). Ascensio justifica sua afirmação alegando que "a pesar de la diferencia de la lengua del Brasil y de las demás naciones latinoamericanas, la convivencia había sido *siempre* (o grifo é nosso) muy estrecha y evidentemente amistosa entre los dos grupos".⁵²

A brasileira Laurita Pessoa Raja Gabaglia, ao contrário, salienta que o primeiro problema da instituição era de ordem externa, uma vez que o formalismo e a rigidez dos seminaristas europeus chocavam a sensibilidade dos brasileiros, boa parte dos quais jovens provincianos de um país ainda agrário. Isso, segundo a autora, chegava a criar recalques difíceis de reparar, cujas consequências posteriores no apostolado jamais seriam devidamente avaliadas. No tocante à parte interna, longe de aludir a uma "mística piolatina", Laurita prefere sublinhar que a convivência comunitária era delicada, marcada certas vezes por pequenos incidentes domésticos, inclusive porque, para os recém-chegados do Brasil, os hábitos e a língua dos formandos dos países vizinhos, ao mesmo tempo tão parecidos e tão diversos, não colaboravam para uma rápida integração.⁵³

Divergências interpretativas à parte, geralmente se reconhece que o Pio Latino foi fiel ao seu propósito de elevar o nível do clero latino-americano, prioridade esta, cujos particulares seriam definidos com grande clareza em 1882 pelo Pe. Tommaso Ghetti SI:

> Uma das maiores desgraças da América latina é a falta de sacerdotes doutos, virtuosos e sinceramente afeiçoados à Santa Sé. Efeitos funestíssimos disso são a ignorância no povo a respeito de tudo o que é mais necessário à saúde [espiritual], além do escândalo de uma vida licenciosa e o difundir-se tão largamente da seita maçônica. Ora, qual maneira é mais eficaz para se pôr remédio a tanto mal, que colocar a serviço todo ano novos operários do Evangelho, educados nesta metrópole da Cristandade? [...] Sacerdotes formados nesta Roma terão também o ânimo para derrubar aqueles perniciosos preconceitos que indiretamente querem fazer guerra à Igreja Romana, imbuindo noutros a devida estima e o amor; ou melhor, afeiçoados no mais íntimo do coração a esta mãe de todas as igrejas, saberão noutras infundir o mais vivo afeto para com ela.⁵⁴

---

⁵⁰ APCLA, Catálogo (manuscrito), C.19/2, fl. 6.
⁵¹ APCLA, Pedro Maina – *Memórias del Pontifício Colégio Pio Latino-americano* (1858-1958), tomo I, B2/1, fl. 107.
⁵² Luis Medina Ascensio, *Historia del Colégio Pio Latino Americano*, p. 137.
⁵³ CF. Laurita Pessoa Raja Gabaglia, *O Cardeal Leme*, p. 16-21.
⁵⁴ AAEESS., Exposição do Pe. Tommaso Ghetti, SI, reitor do Colégio Pio latino-americano de Roma ao Santo Padre Leão XIII, em: *Brasil*, fasc. 13, pos. 225, fl. 18-19.

De fato, as gerações sucessivas que dali sairiam forneceriam alguns dos nomes mais célebres do episcopado brasileiro seja do império seja da primeira república. Dentre estes merecem ser citados o Cardeal Arcoverde e o Cardeal Leme, além de bispos como Dom Jerônimo Tomé da Silva (titular de Belém e depois Arcebispo Primaz do Brasil) e Dom Eduardo Duarte da Silva (bispo de Goiás), entre outros.[55]

5.2.3 – O fortalecimento gradual da novidade ultramontana

Ainda que o fenômeno ocorresse de forma desigual, a aproximação com a Santa Sé, a adoção dos princípios tridentinos e a adesão às assim chamadas ideias "ultramontanas" gradualmente se impuseram. Por certo tempo conviveram dois tipos de padres: os antigos, que, mesmo admoestados, nem sempre ou dificilmente abandonavam seus costumes anteriores e os da nova geração que se iam formando, imbuídos do espírito reformador, em que o zelo sacerdotal pela cura das almas era a tônica. Afinal acabou prevalecendo o padre asceta, espiritual, escrupuloso e apóstolo pastoral.[56] A ferocidade com que Joaquim Nabuco criticou tal mudança em 1873 demonstra o quanto ela se tornara visível:

> É que hoje a Igreja é uma milícia. A verdadeira nobreza do episcopado, se se pode dizer, o seu *ponto de honra* (o grifo é do autor), é acompanhar Pio IX nos dias de seu extraordinário infortúnio. Assim, um sacerdote, mal é elevado às honras de diocesano, torna-se logo um soldado do Papa. Os párocos são hoje de privativa confiança dos ordinários, cuja tendência é destruir a perpetuidade do benefício que constitui a independência do funcionário. A jurisdição dos prelados tornou-se assim sem limites.[57]

Foi um ataque inútil, pois a formação seminarística no Brasil continuou a reproduzir as práticas em uso na Europa, tal como separar os seminaristas dos demais alunos, para dar ênfase à preparação ao ministério sacerdotal.[58] O escrúpulo na observância da ortodoxia doutrinária e da retidão disciplinar tornaram-se tão exigentes, que Dom Vital fazia questão de passar no seminário de Olinda duas vezes por semana para certificar-se das suas necessidades e se as ordens que dava estavam sendo rigorosamente cumpridas. Além disso, assistia aos exames dos seminaristas, a fim de que mestres e formandos compreendessem a importância e as exigências da Igreja, no que toca "à sua própria honra e ao bem das almas".[59]

Em contrapartida, a aversão ao aspecto "nacional" da Igreja do Brasil produziu verdadeiros excessos. Os lazaristas que trabalhavam no Seminário da Prainha, no Ceará, por exemplo, certa vez desejaram transformar o 7 de setembro, dia da independência, num comum dia letivo, provocando a reação irada dos alunos, que em protesto recusaram-se a comparecer.[60] Os bispos, no

---

[55] Cf. LUIS MEDINA ASCENSIO, *Historia del Colégio Pio Latino Americano*, p. 74, 81.
[56] AUGUSTIN WERNET, *A Igreja paulista no século XIX*, p. 165.
[57] JOAQUIM NABUCO, *O Partido Ultramontano e suas invasões, seus órgãos e seu futuro*, p. 12-13.
[58] ANTENOR DE ANDRADE SILVA, *Os Salesianos e a educação na Bahia e em Sergipe – Brasil, 1897-1970*, p. 28.
[59] FÉLIX OLÍVOLA, *Dom Frei Vital Gonçalves de Oliveira*, p. 48.
[60] ANTENOR DE ANDRADE SILVA, *Os Salesianos e a educação na Bahia e em Sergipe – Brasil, 1897-1970*, p. 28.

entanto, viam-nos com olhos complacentes, pois o modelo formativo do "Velho Mundo" que encarnavam era tido como o ideal. E não lhes faltavam motivos para tanto, pois os clérigos diplomados na Europa, quando regressavam, tornavam-se, como diziam, eficientes "professores em nossos seminários e consultores do nosso clero". Além disso, era de lá que também "saíam muitos dos nossos bispos, alcançando em seu favor bom auxílio da diocese".[61]

5.3 – A ação da primeira geração de bispos francamente reformadores

Uma das maiores prioridades dos novos bispos foi a de resgatar a autoridade episcopal e estabelecer certa autonomia da Igreja ante o governo. Em 1853, diria Dom Romualdo de Seixas:

> Não queremos furtar-nos ao sagrado dever de subordinação e lealdade a um poder instituído pelo mesmo Deus; o que só queremos é que haja mais escrúpulo em estremar os limites do Sacerdócio e do Império, e que a ação dos pastores seja mais livre e desimpedida de mil embaraços e restrições, que a cada passo estorvam a marcha de sua administração, deixando entrever um certo espírito de desconfiança ou de mal-entendido ciúme, que os faz acanhar e muitas vezes diminuir sua força moral. Queremos que a Igreja seja também admitida e tenha parte no banquete da liberdade.[62]

Foi também Dom Romualdo um dos primeiros bispos a denunciar a viva voz a atuação da maçonaria no Brasil:

> O clamor sedicioso e deicida que retumbara nas praças de Jerusalém – *crucifige, crucifige eum* – saiu em equivalente linguagem dos tenebrosos antros da moderna impiedade (a maçonaria). *Esmagai a infame!* eis aqui o grito sacrílego e a senha execrável comunicada por toda a terra aos numerosos adeptos dessas seitas de perdição, de que fala o príncipe dos Apóstolos. [...] Eis aqui a envenenada raiz donde brotam todos os males que lamentamos e, sobretudo, esse fatal indiferentismo, que despojando a religião daquela imutabilidade e caráter divino, que constitui a sua essência e beleza, tem-na feito considerar como uma invenção puramente humana, submetida ao arbítrio ou aos caprichos de cada indivíduo, e apenas reduzida a certas práticas mais cômodas ou exterioridades aparatosas e destituídas da vida que as deve animar.[63]

Essa posição do Primaz do Brasil não seria esquecida pelos maçons, e, algum tempo depois, um editorial do jornal *O Pelicano* (n. 65) o acusaria de estar entre "os jesuítas petroleiros da humanidade, que arrastaram a sociedade às cenas lutuosas de 1835 por pastorais incendiárias e subversivas da ordem pública".[64]

---

[61] ALÍPIO ORDIER OLIVEIRA, *Traços biográficos de Dom Silvério Gomes Pimenta*, Escolas Profissionais Salesianas, São Paulo, 1940, p. 26.
[62] FLÁVIO GUERRA, *A questão religiosa do Segundo Império*, p. 12.
[63] ANTÔNIO DE MACEDO COSTA, *Instrução pastoral sobre a maçonaria, considerada sob o aspecto moral, religioso e social*, Tipografia da Boa Nova, Belém, 1873, p. 122-123.
[64] ANTÔNIO DE MACEDO COSTA, *Instrução pastoral sobre a maçonaria, considerada sob o aspecto moral, religioso e social*, nota 1, p. 125.

O Papa Pio IX, entretanto, estimulava os novos prelados a prosseguirem nas mudanças, conforme consta em uma carta que enviou ao recém-ordenado bispo de São Paulo aos 28 de novembro de 1852.⁶⁵ Um ano depois, perante o Cardeal Presidente da *Propaganda Fide* e de outros prelados, externaria sua satisfação com os novos rumos que do clero vinha tomando no país: "Os bispos do Brasil são bons, nomeadamente o de Mariana (Dom Viçoso), o Arcebispo da Bahia (Dom Romualdo de Seixas) e o bispo de São Paulo (Dom Antônio Joaquim de Melo)".⁶⁶

A estima era recíproca, como ficaria demonstrado em 1860, num tratado de Dom Antônio de Macedo Costa intitulado *Pio IX, Pontífice e Rei*, em que se fazia uma apaixonada defesa do poder temporal do Romano Pontífice, então ameaçado pelo movimento da unificação italiana:

> A soberania temporal dos Papas é pois uma garantia necessária à liberdade das consciências católicas, e tanto mais necessária quando essa garantia é única na organização atual das sociedades europeias. [...] Hoje que as garantias desapareceram, mais indispensável se torna à dignidade e à segurança de nossa fé o principado civil dos Papas, único refúgio onde a Igreja escapa ainda à opressão. Sim; o Episcopado respirará livre – ao menos em seu Chefe. Ao menos a este nenhum governo virá impor silêncio em nome da razão de Estado; ou proibir a publicação de seus atos sob pretexto de evitar desagradáveis polêmicas, ou chamá-lo à barra de um tribunal de polícia correcional, ou suspender-lhe o trimestre como a um funcionário assalariado. [...] Em uma palavra, o Papa deve ser soberano. [...] Mazzini, Cavour, Garibaldi, Palmerston, todo o grupo subalterno dos perseguidores de nossos dias, serão servidos daqui a pouco na fossa comum em que desapareceram seus predecessores, e a obra de Deus, atravessando as ruínas que eles tiverem amontoado, aparecerá mais bela, mais radiosa que nunca aos olhos do universo. *Domine, Opus tuum!*⁶⁷

Cinco anos mais tarde, a realidade eclesiástica brasileira se alterara substancialmente. As consequências, não previstas por Dom Pedro II, foram quase imediatas, pois, além de privilegiarem a moral elevada e a cultura teológica, os prelados reformadores também colocaram em questão o regalismo dominante. O bispo de Mariana foi um dos primeiros a manifestá-lo, enviando aos 10 de março de 1865 uma carta ao ministro do império, José Liberato Barroso, pedindo liberdade de ação para o clero com inusitada clareza.⁶⁸ Dita

---

⁶⁵ Na ocasião, Pio IX deu um conselho preciso: "Nada porém deveis estimar tanto, venerável irmão, como o defender e sustentar, segundo o vosso ofício episcopal, corajoso e constante e prudentemente, a causa da Igreja Católica e sua doutrina, direitos e liberdade. Persuadi-vos inteiramente, que nada nos será mais agradável, do que fazer tudo aquilo que nós conhecemos, que pode reverter em vossa maior utilidade, e na de todo o vosso rebanho" (EZEQUIAS GALVÃO DA FONTOURA, *Vida do Exmo. e Revmo. D. Antônio Joaquim de Melo*, Escola Tipográfica Salesiana, São Paulo, 1898, p. 94).
⁶⁶ EZEQUIAS GALVÃO DA FONTOURA, *Vida do Exmo. e Revmo. D. Antônio Joaquim de Melo*, p. 85.
⁶⁷ ANTÔNIO DE MACEDO COSTA, *Pio IX, Pontífice e Rei*, Tipografia Pongetti do Jornal da Tarde, Salvador, 1860, p. 30-31, 95.
⁶⁸ Dizia a carta: "Requeiro principalmente para a Igreja a liberdade que lhe deu seu divino Instituidor, reconhecida pelo governo e de que ela goza, até nos governos protestantes". Seguia-se um conjunto de queixas e, ao final, uma petição incisiva para remediar os males: "1º que se proíba estudar-se por livros que São Pedro proíbe ou quem tem tanta autoridade como São Pedro. 2º que se proíba aos estudantes das academias alistarem-se em sociedades secretas que são 'opera Tenebrarum' – e cujo fim último, (como publicamente se escreve) é precipitar os tronos e despedaçar os altares" (BELCHIOR JOAQUIM DA SILVA NETO, *Dom Viçoso, Apóstolo de Minas*, Imprensa Oficial, Belo Horizonte, 1965, p. 102-105).

carta não teve maior repercussão, mas o clero insistiria firme, pois, como diria Dom Antônio de Macedo Costa em 1866, "nesta regra [dar a Deus o que é de Deus] está a distinção, a independência dos dois poderes, está a ordem, está a liberdade".[69]

5.3.1 – A atuação de Dom Viçoso em Mariana (1844-1875)

O português da Vila de Peniche, distrito de Leiria, Dom Antônio José Ferreira Viçoso (1787-1885), conde da Conceição e bispo de Mariana, foi sagrado no mosteiro de São Bento do Rio de Janeiro, aos 5-5-1844 e, no mesmo dia, imprimiu sua primeira carta pastoral, com um conjunto de admoestações ao clero e fiéis que bem demonstrava os rumos que viria a imprimir na sua jurisdição.[70]

Mariana estava vacante desde a morte de Dom frei José da Santíssima Trindade ocorrida em 1835 e foi com grandes festas que recebeu seu novo prelado em 16 de junho de 1844. Rapidamente o recém-chegado se deu conta de que a situação de sua jurisdição não era das mais animadoras: ainda que o clero de lá fosse, para os padrões brasileiros, superior ao de muitas outras dioceses, não eram poucos os sacerdotes esquecidos de suas obrigações e das normas da continência. "Uma parte do clero tem sido pouco edificante, para não usar de outra expressão mais seca",[71] desabafaria o neoprelado, e não lhe faltavam motivos para dizê-lo, se se recorda que inclusive boa parte dos padres do cabido vivia publicamente amasiada. Isso para não falar dos numerosos curas que haviam se envolvido na revolução liberal de 1842, e de outros tantos desleixados no ministério. Resultado: a religião ficara reduzida a atos externos e devocionismo, a prática dos sacramentos era pequena e ocorria, sem controle, uma invasão do poder civil no domínio eclesiástico.[72]

Dom Viçoso, nos trinta e um anos em que exerceu o ministério episcopal em Mariana, submeteu-a a uma verdadeira metamorfose. Ele fez questão de percorrer a imensa diocese em intermináveis visitas pastorais, realizando pregações diárias para o povo e encontros privados com os padres. Aproveitava também da ocasião para colher esmolas com os fiéis para a reforma, ampliação e melhoria do seminário. O furacão revolucionário tinha sido fatal para a casa de formação diocesana: os alunos debandaram e as aulas foram suspensas. O próprio prédio do seminário acabou sendo usado como quartel, deteriorando visivelmente suas dependências. Em 1845 as reformas foram concluídas e Dom Viçoso entregou seu regulamento interno, que ele

---

[69] VALERIANO ALTOÉ, *A Igreja e a abolição – uma posição conservadora*, Universidade Federal do Rio de Janeiro, Rio de Janeiro, 1987, p. 18.
[70] A primeira pastoral de Dom Viçoso era incisiva: "Os cônegos têm a obrigação de dar exemplo de modéstia e silêncio. [...] Vós reverendos párocos, que conosco participais do ofício pastoral, tendo havido tantos exemplos funestos, tantos escândalos políticos, lembremo-nos de que Nosso Senhor nos diz: 'Comíeis o leite e vos vestíeis de lã, matáveis o que estava gordo, mas não apascentáveis meu rebanho'. [...] Ah! Companheiros do nosso ministério, que responderemos a Deus, quando nos lançar no rosto tanto descuido, tanta prevaricação, tanta dissipação?" (SILVÉRIO GOMES PIMENTA, *Dom Antônio Ferreira Viçoso*, Tipografia Arquiepiscopal, Mariana, 1920, p. 66-67).
[71] ASV, Carta de Dom Viçoso ao internúncio (4-9-1847), em: *Nunciatura Apostólica no Brasil*, fasc. 29, caixa 7, doc. 11, fl. 161.
[72] SILVÉRIO GOMES PIMENTA, *Dom Antônio Ferreira Viçoso*, p. 89-94.

próprio compusera.⁷³ O texto, de inspiração rigidamente tridentina, era composto de 25 regras básicas, que eliminavam qualquer traço de laxismo ou ocasião de desvio.⁷⁴

Foi também ele quem edificou o palácio episcopal, mas não descuidou do seu projeto inicial de disciplinar o clero e, com esse intuito, passou a exigir exames prévios tanto para ordenação quanto para a concessão das dimissórias a quem desejasse se ordenar noutra diocese. Foi essa exigência que produziu o primeiro confronto direto com a autoridade civil. Aconteceu assim: um jovem, parente de Honório Hermeto Carneiro Leão, marquês do Paraná, o então poderoso presidente do conselho de ministros do segundo império, quis por força ordenar-se, mas teve sua solicitação recusada. Ele recorreu ao marquês que afirmou desafiador: "Com dimissórias ou sem dimissórias, meu afilhado irá ordenar-se em outra diocese. Na qualidade de ministro tenho poder de fazer até bispos, quanto mais padres!" Em resposta, recebeu do bispo uma negativa não só surpreendente como, para o contexto em que se deu, impensável: "Sr. ministro, nossa aprovação este moço não terá. Não queremos carregar nossa consciência, facultando-lhe um péssimo e desgraçado sacerdócio!"⁷⁵ E dava a questão por encerrada.⁷⁶

Não satisfeito com a ortodoxia que passou a imperar na sua casa de formação, Dom Viçoso começou a enviar sacerdotes para Roma, pois agradava-lhe sobremaneira ver os jovens da sua diocese beber na "fonte pura das ciências divinas". Os esforços empreendidos não eliminaram a carência de recursos do seminário episcopal, e o bispo viu-se forçado a pedir a ajuda de três contos ao governo. O governo provincial cedeu então professores para as aulas de filosofia, retórica e latim, mas, quando Dom Viçoso percebeu que isso podia significar alguma forma de interferência, renunciou ao benefício. Mais tarde, quando o ministro Eusébio de Queirós Matoso Câmara se prontificou a encontrar bons professores no sul da Itália, novamente recusou. Por esse motivo, o seminário de Mariana jamais sofreu interferência estatal e, quando já se encontrava perfeitamente disciplinado, em 1855, com seus 150 seminaristas foi entregue aos cuidados dos 5 padres congregados da missão (João Montiel, Tito Chavet, João Gabet, João Batista Cornaglioto e Domingos Musci), com mais três colaboradores, cujo contrato definitivo foi selado em 1859. A partir daí, seria atacada, com rigor renovado, a questão da disciplina eclesiástica.⁷⁷

---

⁷³ Jerônimo Lemos, *Dom Pedro Maria de Lacerda, último bispo do Rio de Janeiro no Império (1868-1890)*, p. 30.
⁷⁴ Entre outras coisas ficou decidido que os seminaristas fariam cinco dias de exercícios espirituais todo ano, participariam diariamente da Santa Missa, observariam com a atenção a ordem do dia, manteriam o respeito aos superiores, evitariam amizades particulares, não tomariam bebidas "espirituosas", nada poderiam comprar ou vender sem licença do reitor, não admitiriam ninguém nos dormitórios, ficavam proibidos de se envolver em jogos de carta e jogos de azar, montar em animais encontrados nos pastos, passar férias fora do seminário e andar sem batina. A moral não poderia ser mais severa: se alguém ofendesse a castidade, "mesmo com palavras", seria expulso (Silvério Gomes Pimenta, *Dom Antônio Ferreira Viçoso*, p. 106-108).
⁷⁵ Belchior J. Silva Neto, *Dom Viçoso, Apóstolo de Minas*, p. 90.
⁷⁶ Entretanto, mesmo sem dimissórias, o rapaz acabou sendo realmente ordenado em São Paulo. Mas seu destino foi trágico: após envolver-se em sucessivos escândalos, morreu assassinado (Silvério Gomes Pimenta, *Dom Antônio Ferreira Viçoso*, p. 176).
⁷⁷ Silvério Gomes Pimenta, *Dom Antônio Ferreira Viçoso*, p. 114-119.

O prestígio do bispo ultrapassara a esta altura os limites da sua diocese, e até o protestante inglês Richard Francis Burton não pôde ocultar a admiração que o prelado lhe suscitou.[78] Na mesma época da visita de Burton, chegaram da Europa 12 irmãs de caridade, com os padres congregados, para auxiliar nas obras assistenciais diocesanas. Entrementes, a ignorância do clero passou a ser firmemente combatida. Dom Viçoso não titubeou em mandar os padres menos instruídos retomar os estudos, ao tempo em que o ensino dos ritos sagrados e das cerimônias era amplamente difundido. No afã renovador que se apossou de Mariana, nenhuma luta foi mais renhida e bem-sucedida que a que se empreendeu em prol da moralização do clero. Nessas ocasiões, Dom Viçoso advertia, exigia com pertinácia e, caso o padre não se corrigisse, valia-se de medidas mais enérgicas, como a suspensão de ordens. Jamais transigiu nesse particular. E o seu poder de mover as consciências nas ocasiões em que admoestava os transgressores era simplesmente extraordinário. Entre os muitos casos incríveis, porém retidos como verdadeiros, consta que um certo padre, que vivia "escandalosamente desgovernado", a ponto de frequentar bailes de reputação duvidosa, foi repreendido em particular. Dom Viçoso, em lágrimas, deu-lhe tal descompostura, que o infeliz, mortificado pelo sentimento de culpa, saiu de lá "destrocado". Mudou de paróquia e, segundo se diz, terminou seus dias dando demonstrações de piedade, sem nunca mais tornar pé atrás.[79]

A eficácia do ordinário de Mariana granjeou-lhe notoriedade, e frequentemente era consultado sobre os candidatos ao episcopado. Por outro lado, tanto rigor não deixou de trazer-lhe consequências indesejadas: as ordenações sacerdotais diminuíram e as pendências com os políticos aumentaram. Como de costume, ele não recuou, mas também a situação que desfrutava – e isso certamente era mérito seu – nunca chegou a ser das mais delicadas. Recorde-se, por exemplo, que, se o número de padres ordenados baixou, nunca chegou a ser realmente pequeno, pois, em 31 anos, ele ordenou 318 sacerdotes, o que dava uma média de 10 novos sacerdotes por ano, o que não era pouco. Também em relação à política, foi ele o prelado da primeira geração integralmente "ultramontana" que com mais autoridade desafiou o sistema político brasileiro. Um dos casos mais rumorosos em que pôde demonstrar seu prestígio foi o do Pe. João de Souza e Silva Roussin. Vigário coadjutor de Sabará e diretor de colégio, esse padre vivia amasiado e tinha, com o conhecimento de todos, uma filha. Como as leis do império estabeleciam que era necessário concurso para entrar para o cabido da catedral, ele tentou três vezes, sendo sempre derrotado. Porém insistiu em tentar de novo, desta vez contra o Pe. Joaquim Antônio de Andrade, companheiro de Dom Viçoso nas suas visitas pastorais. Estava tudo preparado quando, de súbito, chegaram da Corte os papéis de recomendação do "ilustre

---

[78] "O venerando religioso tinha o olhar brilhante e inteligente e o rosto calmo e intelectual", escreveu Burton. E acrescentava: "O Reverendíssimo é muito conceituado e muito tem feito pela educação eclesiástica, nesta e em outras províncias. Ele ensinou filosofia em Évora e teologia, matemática e línguas em Angra dos Reis, onde foi vigário, no Rio de Janeiro e no Caraça. Foi feito bispo por Gregório XVI. Já ungiu dois de seus discípulos do Caraça como bispos do Pará e do Ceará e, recentemente, esteve em Diamantina, para fazer a mesma coisa ao seu diocesano. Mais de uma vez, gastou de seis ou sete meses, mesmo na época das chuvas, visitando sua diocese, pregando, confessando e administrando a crisma. Podemos, sem medo de errar, juntar a nossa à prece geral: "Deus conserve seus dias!" (RICHARD BURTON, *Viagem do Rio de Janeiro a Morro Velho*, p. 276).
[79] SILVÉRIO GOMES PIMENTA, *Dom Antônio Ferreira Viçoso*, p. 170-172.

sacerdote Roussin". O prelado de Mariana não aceitou semelhante intromissão e escreveu à Corte para manifestar sua oposição. O conselho de Estado imperial se reuniu e, por oito votos a três, decidiu em dois artigos propor:

1º Nova e formal apresentação do sacerdote Pe. José de Souza e Silva Roussin;
2º que lhe seja dada, com urgência, a devida colocação na vaga do Canonicato da Sé episcopal marianense.[80]

Sem ceder ante tal deliberação, Dom Viçoso escreveu uma carta incisiva ao ministro da justiça para dizer que não a acatava: "Não posso satisfazer a segunda parte da vossa carta, nem ir de encontro às leis da Igreja, no Concílio Tridentino, sessão 25, cap. 9 *De Reformat.*, como já tenho apresentado a Sua Majestade". E acrescentava: "Se o governo de Sua Majestade assenta que sou desobediente, faça de mim o que bem lhe parecer, pois confio na misericórdia de Deus, que me dará ânimo para sofrer os cárceres, o desterro e o mais, lembrando-me de que foi sempre a sorte da Igreja de Deus sofrer em silêncio". O conselho de Estado se reuniu novamente, considerou o prestígio de que gozava o prelado e, após avaliar a tremenda responsabilidade de qualquer medida violenta, retrocedeu. O visconde do Uruguai, que regressara da Europa, foi um dos que mais influiu para essa decisão, fazendo ver aos membros do conselho que era temerário desatender o bispo. Foi uma tremenda vitória moral de Dom Viçoso, ao contrário do Pe. Roussin que caiu em desgraça, vindo mais tarde a aceitar todos os princípios que o prelado defendia.[81]

Convocado a participar do Concílio Vaticano I, devido à idade e aos achaques, Dom Viçoso pediu para ser dispensado e foi atendido. Em 1875, depois de uma viagem ao Caraça sentiu-se mal e pediu que o levassem para a Quinta da Cartuxa, situada a 3 km de Mariana. Numa quarta-feira, 7 de junho de 1875, faleceu. Seu enterro foi apoteótico: religiosos, autoridades civis e militares, entre as quais o próprio presidente da província, ao lado de uma multidão de fiéis acompanharam o corpo.[82] O enorme legado do seu trabalho lhe sobreviveria, inclusive no governo de três jovens bispos, que perpetuariam para além fronteiras de Mariana as orientações recebidas. Eram eles:

1. Dom João Antônio dos Santos (1818-1905): nasceu em São Gonçalo do Rio Preto, Minas Gerais, e fez seus primeiros estudos no seminário do Caraça (1835-1842), mudando-se para Congonhas do Campo quando, em consequência da Revolução de 1842, foi obrigado a ir para lá cursar filosofia e teologia. Ordenado presbítero por Dom Viçoso aos 12 de janeiro de 1845, logo depois foi nomeado cônego da catedral e reitor do seminário de Mariana. Em 1848 partiu para Roma, onde doutorou-se em direito canônico na Pontifícia Universidade Gregoriana. Mudou-se para Paris e aprofundou-se em grego e

---

[80] SILVÉRIO GOMES PIMENTA, *Dom Antônio Ferreira Viçoso*, p. 175-195.
[81] BELCHIOR J. SILVA NETO, *Dom Viçoso, Apóstolo de Minas*, p. 99-100.
[82] SILVÉRIO GOMES PIMENTA, *Dom Antônio Ferreira Viçoso*, p. 290-306.

hebraico. Voltou para o Brasil em 1852, fixando novamente residência em Mariana, onde dirigiu por quatro anos o Ateneu São Vicente de Paulo. Escolhido para bispo de Diamantina pelo decreto de 4 de março de 1863, foi confirmado por Pio IX aos 28 de setembro do mesmo ano. A 1º de março do ano seguinte tomou posse. Fundou o seminário diocesano, um orfanato para meninas e o estabelecimento industrial de Biribiri aos 6 de janeiro de 1876, para auxiliar o trabalho das classes pobres. Percorreu em visita pastoral toda a diocese e aderiu ao abolicionismo, fundando aos 17 de julho de 1870 a "Sociedade de Nossa Senhora das Mercês" para a libertação dos escravos. A exemplo de Dom Viçoso, lutaria com afinco para disciplinar os padres maçons e amancebados, fazendo do seminário o grande instrumento para formar um novo clero. Conseguiu: após quinze anos sob os cuidados dos Lazaristas, a instituição ordenou cinquenta novos sacerdotes, ao tempo em que o clero do velho modelo perdeu completamente a visibilidade. Em 1882, com base nas informações que tinha, o internúncio Mário Moceni endossaria a afirmação de que Dom João era um pio, instruído, zeloso e devoto à Santa Sé".[83] Sem cair de conceito, o prelado de Diamantina faleceu em 1905, após um longo episcopado de 40 anos.[84]
2. Dom Luís Antônio dos Santos (1817-1891): fluminense de Angra dos Reis, iniciou seus estudos no seminário São José do Rio de Janeiro, transferindo-se para o Caraça em 1837, onde concluiu o curso teológico. Foi ordenado presbítero em 1841, no Rio de Janeiro. Retornou a Minas, exercendo os cargos de professor e reitor do seminário de Mariana, além de cônego da catedral. Em 1848 foi enviado para Roma, vindo a doutorar-se em direito canônico no ano de 1851. Novamente em Mariana, reassumiu seus antigos cargos. Indicado para o bispado do Ceará pelo decreto de 1º de fevereiro de 1859 e apresentado por carta de 28 de setembro do mesmo ano, foi confirmado pelo Papa Pio IX aos 27-9-1860. Dom Viçoso o sagrou no dia 14 de abril de 1861, e aos 28 de setembro do mesmo ano fez sua entrada solene na catedral de Fortaleza. Seguiu à risca os passos do seu ordenante: fez visitas pastorais constantes, fundou o seminário diocesano e preocupou-se com a educação feminina, instituindo um colégio para meninas. Em 1881 foi promovido a Arcebispo de Salvador e sua obra foi reconhecida pelo próprio Dom Pedro II que o agraciou com o título de marquês de Monte Pascoal. Em 1890, idoso e doente, renunciou ao cargo. Faleceu na Bahia aos 14 de março de 1890.[85]
3. Dom Pedro Maria de Lacerda (1830-1890): sagrado bispo do Rio de Janeiro aos 10 de janeiro de 1869, pela importância que teve, será tratado a parte um pouco adiante.

---

[83] AAEESS., Ofício de Monsenhor Mário Moceni ao Cardeal secretário de Estado (28-6-1882), em: *Brasil*, fasc. 11, pos. 214, fl. 57.
[84] MANUEL ALVARENGA, *O Episcopado Brasileiro*, p. 73-74.
[85] AUGUSTIN WERNET, *A Igreja paulista no século XIX*, p. 33-34.

5.3.2 – As renovações de Dom Antônio Joaquim de Melo em São Paulo (1852-1861)

São Paulo foi uma das derradeiras dioceses do Brasil a conservar um bispo português em exercício. Tratava-se de Dom Manuel Joaquim Gonçalves de Andrade (1796-1847), prelado de tendência iluminista, formado segundo os cânones de Coimbra. Durante todo o seu governo, que durou de 1827 até a sua morte, ele seguiu fielmente as pegadas do seu antecessor Dom Mateus de Abreu Pereira. Dom Manuel vivia como seu clero: fazendeiro, dono de escravos, apaixonado caçador, teve destacada atuação política em São Paulo. Era membro militante e um dos chefes do partido conservador. Várias vezes foi vice-presidente de São Paulo e, em três ocasiões, até governou interinamente dita província (18 de abril a 5 de outubro de 1828; 10 de março a 10 de outubro de 1829; 15 de abril de 1830 a 5 de janeiro de 1831). E não só: também se tornou membro do Conselho Geral da Presidência, deputado à assembleia--geral e provincial, bem como candidato ao senado. Não raro usava da autoridade episcopal que tinha para influir politicamente no clero paulista. Já se disse que, no seu tempo, a Igreja de São Paulo atingiu uma das fases mais agudas da sua decadência.[86] Frei Alfonso de Rumelly, OFM Cap., diria sem meias palavras que a diocese estivera "sob custódia de um mercenário, para não dizer de um lobo rapaz".[87]

A história eclesiástica paulista só mudaria de rumo ao ser nomeado bispo o Pe. Antônio Joaquim de Melo (1791-1861), o primeiro brasileiro a exercer ali tal ministério, que tomou posse aos 14 de julho de 1852. Conhecendo o ambiente diocesano paulista, no início relutou em aceitar, sobretudo porque estava a par de que vários cônegos do cabido eram concubinários públicos; mas, no final, dobrou-se.[88]

Persuadido de que a reforma devia começar pela educação do clero, Dom Antônio deu início à construção de um seminário diocesano; e, enquanto fazia incessantes viagens pastorais pela diocese, corrigindo eventuais desvios, aproveitava para angariar recursos para as obras da casa de formação diocesana. Evitou assim a intromissão estatal, ao tempo em que assegurou a retidão de doutrina, solicitando ao próprio Pio IX religiosos capuchinhos para serem os novos professores. Quando o seminário foi inaugurado aos 9 de novembro de 1856, oferecia

---

[86] AAEESS., "Breves notícias sobre a diocese de São Paulo", em: *América I (Brasil)*, fasc. 175, pos. 121, fl. 131.
[87] IBIDEM, em: *o. c.*, fl. 31.
[88] Um fato pouco conhecido, mas que por certo tempo teve grande importância na vida de D. Antônio Melo, foi a amizade, que ele cultivou nos tempos em que era sacerdote, com o Pe. Diogo Antônio Feijó. Em Itu, os dois travaram relações, com mais outros sacerdotes, formaram a associação dos "padres do patrocínio" e mantinham grande respeito recíproco. Quando Feijó ingressou na política e partiu para as reuniões das cortes em Lisboa, segundo consta, Pe. Antônio sentiu grande saudade do amigo, e Feijó, partilhando de igual estima, enviava-lhe cartas e presentes. Entretanto, os dois já possuíam diferenças filosóficas e teológicas, que se acentuariam para extremos opostos nos anos seguintes. O ponto alto dessa divergência ocorreu no ano de 1842, quando Feijó aderiu e até se tornou um dos líderes da revolução liberal, enquanto Pe. Antônio combateu-a, colocando-se ao lado das forças imperiais. Feijó morreu num quase anonimato em 1843, enquanto Pe. Antônio foi nomeado bispo por decreto imperial de 5 de maio de 1851 e sagrado na Igreja de Nossa Senhora do convento da ajuda, no Rio de Janeiro, em 6 de julho de 1852 (EZEQUIAS GALVÃO DA FONTOURA, *Vida do Exmo. e Revmo. D. Antônio Joaquim de Melo*, p. 31-33, 37; PAULO FLORÊNCIO DA SILVEIRA CAMARGO, *A Igreja na história de São Paulo*, vol. VII, p. 25-43, 50).

conjuntamente educação primária e secundária à mocidade em geral[89] e não tardou a atrair tanto vocacionados quanto a juventude leiga. Ali se estudava teologia, história eclesiástica, filosofia, matemática, astronomia, história física, retórica, latim, inglês, francês, geometria e aritmética,[90] com um novo corpo docente, dado que as lições anteriormente ministradas na escola da sé por notórios regalistas como o cônego Ildefonso, professor de teologia dogmática, e pelo Arcipreste Joaquim Anselmo de Oliveira, professor de teologia moral, ambos amancebados, foram completamente abandonadas.[91] Como o próprio bispo salientava, Joaquim Anselmo mordeu-se de raiva; e seu colega, o ex-beneditino Joaquim do Monte Carmelo, passou a se comportar como um verdadeiro possesso, era o "botafogo".[92]

Nada, porém, inverteu a marcha dos acontecimentos. No início, os seminaristas propriamente ditos eram quinze, tendo como reitor e vice-reitor os frades Eugênio de Rumelly e Firmino Centelhas. Pouco depois os capuchinhos voltaram à Europa, regressando com mais dois confrades, frei Francisco de Vibonnati e um frade irmão leigo, frei Crispim. Outros religiosos chegariam nos anos seguintes: frei Gonçalo, frei Ambrósio, frei João Batista, frei Justo, frei Teodoro, frei Calisto, da província capuchinha de Chambéry, na França; e frei Tomás, da Itália. Com tantos reforços, a formação diocesana se normalizou[93] e o currículo teológico foi rigidamente revisto.[94] O número dos seminaristas cresceu rapidamente: eram 29 em 1857 e, no seguinte, aumentaram para 62. Sucessivamente, tornaram-se 145 em 1860; 180 em 1861; e 229 em 1862, forçando inclusive o seminário a contratar mais professores.[95]

Disposto a moralizar o clero e adequá-lo às normas tridentinas, no dia aos 22 de agosto de 1852 Dom Antônio editou uma segunda carta pastoral, dirigida diretamente aos padres, em que advertia: "É tempo de começarmos as reformas por nós mesmos. São Paulo nos exorta que nossos costumes sejam limpos, como os vestidos daquele que anda na praça pública". Em vista disso, na mesma ocasião baixou um rigoroso estatuto para os padres, em cuja primeira parte, dividida em seis subtítulos, determinava com detalhes como deveria ser o estilo de vida formativo.[96] Duas exigências inéditas passaram a

---

[89] JOAQUIM DO MONTE CARMELO, *O Arcipreste de São Paulo, Joaquim Anselmo D'Oliveira e o clero do Brasil*, (editora não citada), Rio de Janeiro, 1873, p. 61, 65.
[90] EUGÊNIO EGAS, *Galeria dos presidentes de São Paulo*, p. 301.
[91] AAEESS., "Breves notícias sobre a diocese de São Paulo", em: *América I (Brasil)*, pos. 121, fasc. 175, fl. 131b.
[92] ASV, "Memória" (1856), em: *Nunciatura Apostólica no Brasil*, fasc. 131, caixa 29, doc. 16, fl. 35.
[93] EZEQUIAS GALVÃO DA FONTOURA, *Vida do Exmo. e Revmo. D. Antônio Joaquim de Melo*, p. 235.
[94] Segundo testemunho deixado pelo primeiro aluno matriculado no novo seminário, Monsenhor Francisco de Paula Rodrigues: "As regras morais de Liguore, hoje doutor da Igreja, substituindo o rigorismo jansenista, facilitaram a direção das consciências sem prejudicar as divinas austeridades da lei cristã. Os dogmas católicos, estudados à luz de autores da estatura de Perrone, de Knoll, do Cardeal Franzelim, deitando raízes profundas no espírito, dando novos luzimentos à inteligência, rasgando novos horizontes para a polêmica, preparavam os futuros defensores da fé" (PAULO FLORÊNCIO DA SILVEIRA CAMARGO, *A Igreja na história de São Paulo*, vol. VII, p. 222).
[95] AUGUSTIN WERNET, *A Igreja paulista no século XIX*, p. 115-116.
[96] O documento determinava: 1) Vestuário público: "Segundo o Concílio tridentino, proibimos, debaixo de pena de suspensão 'ferendae sententiae' ao nosso clero *in sacris*, o uso de vestuário secular, quer seja em povoações grandes, quer pequenas, seja de noite ou de dia. A batina, ou garnacha, é o hábito próprio. Proibimos vestes talares de seda. As fivelas dos sapatos devem ser brancas ou de aço, as meias devem ser de cor escura, de maneira que não deixem ver as calças, cousa tão desairosa. Quando o tempo exigir capote será escuro ou pardo. Cabelos cortados em igual altura e nunca tão crescidos que cubram as ore-

ser feitas aos ordenandos: acatar as comunicações papais não placitadas pelo império e, conforme constava no *Regulamento*, não se filiar a lojas maçônicas. Com relação a esta segunda disposição, foi inclusive instituído um juramento em que os futuros sacerdotes declaravam de já ter abjurado à maçonaria, ou de jamais se ligarem a ela.[97]

A reação dos padres regalistas, de modo particular os cônegos do cabido, foi ferrenha, o que, aliás, era até previsível, considerando o desapontamento que tiveram ante a certeza de que o "espírito" do novo bispo não era o deles. As murmurações tiveram início quando Dom Antônio ainda estava no Rio de Janeiro preparando-se para a sagração episcopal, aumentando depois da posse, uma vez que este não os tratou com a esperada deferência e passou a tomar decisões sem consultá-los. Polemizavam sempre e, para não observarem o *Regulamento*, alegaram que ele não fora publicado "dentro do cabido", nem havia recebido o *placet*! Além disso, tampouco demonstravam qualquer interesse em adotar o uso da batina, há quarenta anos abandonado. Joaquim do Monte Carmelo, maçom desde 1843, guiava a "resistência", e o fazia de forma provocatória: andava com roupa de secular, lenço ao pescoço, procurando passar por onde o bispo estava para que o visse assim trajado; repetidas vezes zombou dele, ora dando risadas no meio do ato religioso, ora mostrando as fivelas de ouro nos sapatos; além de adotar outras atitudes insólitas. Não contava decerto com a determinação do diocesano, que afinal o venceria. O referido cônego dirigia ou controlava um recolhimento, no qual, gozando da inteira confiança de duas ricas e idosas recolhidas, enriquecera-se. Dom Antônio o destituiu tempestivamente, provocando nele uma mágoa que conservou até seus últimos dias. O prelado estava ciente, mas, sem se intimidar, limitou-se a dizer: "entre mim e os cônegos da catedral jamais haverá união".[98]

---

lhas. A navalha deve correr toda a barba. Proibimos a casaca como imprópria. A sobrecasaca de cor não viva será o hábito próprio de viagem. [...] Os moços que servem de coroinhas nas igrejas sujeitar-se-ão aos nossos Revdos. Párocos, que consintam em suas igrejas, que algum sacerdote diga Missa sem hábito talar, ainda estando em viagem". 2) Espetáculos: "Proibimos debaixo da mesma pena de suspensão, que assistam a bailes, teatros, touradas, volatins, cascalhadas e a quaisquer outros divertimentos profanos que se oponham ao espírito dos Cânones". 3) Atos que desmoralizam: política, influência em eleições. [...]. Sacerdotes empregados em ocupações criminais devem demitir-se. Não o fazendo serão suspensos enquanto durar o emprego. [...] Proibimos todo jogo de fortuna aos padres: ele só terá lugar entre gente de bons costumes, em lugar que eu não seja visto da rua, por divertimento, e por pouco tempo, por exemplo, duas horas. Admoestado duas vezes pelo Promotor ou Vigário da Vara, se não se corrigir o jogador será suspenso. 3) Reverência ao Santo Sacrifício: O sacerdote que celebra fará na igreja, ou onde tem que dizer Missa, oração antes e depois dela, ao menos as que se acham no missal. O tempo do Sacrifício será pelo menos de 18 minutos. Os que disserem Missa em menos tempo, uma vez avisados pelo Promotor, ou Vigários da Vara, não obedecendo, serão suspensos. Incluímos neste mandamento, como delegado da Sé Apostólica, os mesmos regulares. 4) Caça: A caçada clamorosa, isto é, a que se faz sem cães – excetuamos as perdizes, – é proibida aos clérigos: portanto, os superiores eclesiásticos avisarão por duas vezes ao padre caçador: se for indiferente, suspendê-lo-ão do uso de ordens. 5) Comércio: Comprar e vender com fim de tirar lucro também nos é proibido. O recalcitrante, após ser avisado duas vezes, será suspenso de ordens (ANTÔNIO JOAQUIM DE MELO, *Carta Pastoral do Exmo. e Revmo. Bispo de São Paulo dando um regulamento ao clero da sua diocese*, Tipografia Liberal de J. R. De A. Marques, São Paulo, 1852, p. 6-7).
[97] ASV, "Reclamação de Dom Pedro Maria de Lacerda, atual Bispo de São Sebastião do Rio de Janeiro, contra o que seu respeito disse, embora entre louvores, a consulta da seção dos negócios do Império do conselho de Estado de 23 de maio de 1873, acompanhada de numerosas considerações sobre diferentes tópicos da mesma consulta acerca de negócios eclesiásticos e de cousas relativas à Maçonaria", em: *Nunciatura Apostólica no Brasil*, fasc. 210, caixa 45, doc. stampato n. 4, fl. 190.
[98] ASV, "Memória" (1856), em: *Nunciatura Apostólica no Brasil*, fasc. 131, caixa 29, doc. 16, fl. 35.

Paralelo às desavenças internas, o conjunto de reformas episcopais enfrentou outras resistências. No campo intelectual, a linha de formação seminarística chocou-se com a Academia Jurídica, que fora fundada, com a do Recife, no ano de 1827, e que funcionava no largo de São Francisco. Enquanto o seminário adotou uma moral rígida e procurava regenerar o país por meio da religião, não fazendo concessões ao liberalismo, no seu sentido amplo, a academia assumia um estilo de vida que valorizava as diversões, professando uma fé convicta no progresso oriundo da razão e das luzes. Dom Antônio a qualificava como "foco de imoralidades" e sugeria que fosse transferida para o Rio de Janeiro. A academia retrucava acusando o prelado de sonhar com o "absolutismo e as ideias jesuíticas". As preocupações de Dom Antônio não eram infundadas. Mais que as alegres noitadas vividas por José Maria da Silva Paranhos e seu grupo, quando este era estudante em São Paulo, no ano de 1862,[99] e outras tantas histórias do gênero, o centro da polêmica era a orientação agnóstica e anticlerical que direcionava os estudos acadêmicos. O ambiente ali chegou por vezes a ser tão hostil, que o estudante mineiro Ferreira de Rezende, quando desejou se confessar, teve de fazê-lo secretamente, para não ser ridicularizado pelos colegas.[100] Grande parte dos políticos anticlericais seriam filhos dessa formação, entre os quais merecem ser citados Rui Barbosa, Tristão Araripe, Tavares Bastos, Silveira Martins, Campos Sales e Joaquim Nabuco. A sinceridade do testemunho deixado por Nabuco elimina qualquer dúvida a respeito:

> Quando entrei para a academia [em 1866], levava a minha fé católica virgem; sempre me recordarei do espanto, do desprezo, da comoção com que ouvi pela primeira vez tratar da Virgem Maria em tom libertino; em pouco tempo, porém, não me restava daquela imagem senão o pó dourado da saudade... Ao Catolicismo só vinte e tantos anos mais tarde me será dado voltar por largos circuitos.[101]

O bispo não teve como impedir o anticlericalismo da academia, mas, até certo ponto, saiu vencedor, porque as acusações que dita escola lhe fazia não convenceu muitas famílias cultas e ricas de São Paulo, que continuaram a confiar a educação de seus filhos aos professores do seminário episcopal.[102] As próprias autoridades governamentais se curvaram ante os méritos do seminário, e, no tempo da gestão do presidente provincial João Jacinto de Mendonça (1861-1862), o governo paulista subvencionou a instituição com a verba de 3.412$540. Isso possibilitou a admissão de alunos pobres, pois 25 deles estudavam gratuitamente, outros 40 tinham abatimento e 15 eram pensionistas do vigário capitular pagos pela caixa pia.[103] Restou a oposição principal: o cabido.

Na diocese de São Paulo conviviam duas tendências entre o clero: a maioria, sobretudo no interior, e tendo Itu como referência principal, praticava um catolicismo "espiritual", que sem grande resistência aderiu ao modelo reformado, e o clero da capital, mais refratário, principalmente entre os padres que haviam estu-

---

[99] ALUISIO NAPOLEÃO, *O segundo Rio Branco*, Editora A Noite, Rio de Janeiro, 1941, p. 12, 33.
[100] JOHN DAVIS WIRTH, *Minas Gerais, o fiel da balança*, Paz e Terra, Rio de Janeiro, 1982, p. 207.
[101] JOAQUIM NABUCO, *Minha formação*, Instituto do Progresso Editorial, São Paulo, 1949, p. 6-7.
[102] AUGUSTIN WERNET, *A Igreja paulista no século XIX*, p. 117.
[103] EUGÊNIO EGAS, *Galeria dos presidentes de São Paulo*, Publicações Oficiais do Estado de São Paulo, São Paulo, 1926, p. 301.

dado na Academia Jurídica. O cabido se alinhava com a segunda tendência, mas quando começou a resistir às reformas levadas a cabo, Dom Antônio se apoiou no clero das vilas e, para ofuscar os cônegos, por meio do edital de 11 de março de 1853, permitiu a todos os vigários de vara o uso de anel, solidéu, cabeção, banda, cinto e meias, tudo de cor roxa. As punições efetuadas contra padres recalcitrantes, desobedientes e envolvidos em política tornava a convivência particularmente delicada, tendo atingido seu clímax no natal de 1854.[104]

No dia 5 de dezembro anterior, o cônego Joaquim do Monte Carmelo fora suspenso das faculdades de confessar e pregar, por havê-lo feito sem concessão episcopal, e, inconformado com a punição, fizera publicar uma carta ao vigário-geral, justificando sua atitude. A imprensa aproveitou para tecer críticas contra a obra e a pessoa de Dom Antônio, e os ressentimentos recíprocos eram visíveis. Um mal-entendido na precedência da recitação do hino levou o bispo a repreender Monte Carmelo em público durante a cerimônia natalina, o qual se retirou em meios a murmúrios dos circunstantes. O prelado, descendo do trono e, diante da capela-mor, reprovou o cabido pela afronta, o povo pelo tumulto e mandou que se iniciasse a Missa.[105]

No dia seguinte o cabido lhe dirigiu um ofício expondo suas razões a respeito do incidente. Receberam uma resposta áspera e reagiram, apresentando um *recurso* ao imperador. Com a denúncia em mãos, Dom Pedro II escreveu a Dom Antônio pedindo explicações. Ele enviou a sua versão dos fatos e, em fevereiro de 1855, saiu em visita pastoral para fazer uma nova coleta em favor do seminário. Retornou algumas semanas depois e percebeu que o governo nenhuma atitude havia tomado. O mesmo não acontecia com os cônegos, que, por meio do quinzenário *O Amigo da Religião* (fundado e dirigido por Joaquim Anselmo), escrevia sucessivos artigos contra sua pessoa. Joaquim do Monte Carmelo, nesse ínterim, continuava a provocá-lo, com suas roupas seculares e ironias contra o *Regulamento*. O cabido, não obstante o arraigado regalismo que professava, decidiu recorrer àquela mesma Roma cuja autoridade tanto discutia, enviando para lá Joaquim Anselmo, que partiu secretamente levando consigo pesadas denúncias. Foi um fracasso total, e o próprio governo informaria Dom Antônio que ele sequer conseguiu uma audiência com o Papa.[106] Isso, aliás, era previsível, pois o representante pontifício no Brasil, Monsenhor Marino Marini, no dia 19 de janeiro de 1855 havia escrito ao Cardeal secretário de Estado narrando o acontecido e fazendo um questionamento que Roma não podia ignorar: "Se o cabido há justos motivos para lamentar-se do bispo, porque não invocou a autoridade da Santa Sé e se apelou invés ao imperador, reconhecendo nele um poder que não tem?"[107]

Enquanto isso, Dom Antônio perdeu a paciência e enviou uma representação ao imperador jogando uma cartada decisiva: ou o governo o apoiava, não obstruindo seu propósito de afastar por força Joaquim Anselmo de Oliveira e Joaquim do Monte Carmelo do cabido, ou ele renunciava. Acrescentava

---

[104] AUGUSTIN WERNET, *A Igreja paulista no século XIX*, p. 145-153.
[105] IBIDEM, p. 153-155.
[106] AAEESS., "Breves notícias sobre a diocese de São Paulo", em: *Brasil*, fasc. 175, pos. 121, fl. 42-43.
[107] AAEESS., "Escandaloso conflito entre o bispo diocesano de São Paulo, Antônio Joaquim de Melo, e o seu Cabido", em: *Brasil*, fasc. 170, pos. 103, fl. 9.

oportunamente um particular extremamente importante: o da conveniência. Para tanto, afirmou que, se espírito de rebeldia reinante não fosse contido, o povo de São Paulo também seria rebelde, como já fora antes em relação ao poder temporal. Convenceu: o governo se posicionou oficialmente, apoiando--o e consentindo na punição dos cônegos.[108] Rapidamente o prelado obrigou Monte Carmelo a licenciar-se e submeteu a processo com posterior condenação no foro eclesiástico a Joaquim Anselmo (que, aos motivos de ordem doutrinária, foi também acusado de tentativa de homicídio, pois dera uma facada no cônego Xavier Ferreira). Livre enfim de impedimentos, o trabalho doutrinador na diocese de São Paulo prosseguiu seu ritmo, com a catedral, o cabido e os formadores regalistas sendo devidamente ignorados: "Nenhum ordenando frequentou mais a Sé, nenhum procurou mais estudar nas aulas de teologia e de moral pagas pelos cofres da província..."[109]

Ao mesmo tempo, o bispo sempre insistia na "necessidade do cumprimento da confissão e da comunhão pascal, na obrigação de ensinar o catecismo aos meninos e aos escravos e na regularização dos concubinatos",[110] incluindo-se nessa categoria também os escravos. E, para evitar alusões jansenistas no ensino religioso, proibiu o *Catecismo de Montpellier* e fez editar outro em 27 de julho de 1859, que tornou obrigatório e que seria utilizado inclusive por seus sucessores, como bem recordaria Dom Lino Deodato Rodrigues de Carvalho:

> Já em 1859, o zeloso e apostólico Sr. Bispo D. Antônio Joaquim de Melo, aludindo ao Regulamento que havia expedido obrigando os Reverendos Vigários a ensinarem a doutrina cristã nas suas respectivas freguesias, queixava-se de que esta medida tivera um resultado completamente nulo; e atribuindo em grande parte este resultado à falta de um Catecismo que correspondesse às necessidades atuais, publicou a importante e bela – Exposição da Doutrina Cristã para uso dos fiéis da Diocese de São Paulo –, mais conhecida entre nós com o nome de Catecismo da Diocese.[111]

Esclareça-se também que o bispo de São Paulo não era um aliado do trono, uma vez que se opunha ao liberalismo revolucionário por razões puramente religiosas. Essas mesmas razões, entretanto, levavam-no a opor-se igualmente ao intervencionismo de Estado:

> Precisamos é que o governo temporal nos deixe; [...] que se acabem os recursos à Coroa, que tenhamos ação sobre corporações religiosas, sobre legados pios, sobre o ensino elementar, sobre os compêndios; [...] é necessário que se faça uma concordata com a Santa Sé. O primeiro passo ao meu ver é: todos os Bispos, como um só homem, pedir ao Imperador que restitua nossos direitos usurpados.[112]

---

[108] AAEESS., "Breves notícias sobre a diocese de São Paulo", em: fasc. 175, pos. 121, fl. 70b-71.
[109] JOAQUIM DO MONTE CARMELO, *O Arcipreste de São Paulo, Joaquim Anselmo D'Oliveira e o clero do Brasil*, p. 61.
[110] AUGUSTIN WERNET, *A Igreja paulista no século XIX*, p. 136.
[111] LINO DEODATO RODRIGUES DE CARVALHO, *Carta Circular do Excelentíssimo e Reverendíssimo Bispo de São Paulo aos Reverendos Párocos e Curas do seu Bispado sobre o dever da residência e ensino do Catecismo*, Tipografia a vapor de Jorge Seckler, São Paulo, 1887, p. 20.
[112] ASV, "Memória" (1856) em: *Nunciatura Apostólica no Brasil*, fasc. 131, caixa 29, doc. 16, fl. 37.

Dom Antônio Joaquim de Melo faleceu em 16 de fevereiro de 1861. O cabido, que tinha fechado seu livro de *Acórdãos e Resoluções da Mesa Capitular* desde 1855, reabriu-o, para noticiar o fato. A linguagem, polida e fria, comprovava que o ideal de reforma do prelado era um fato consumado: "Verdadeiro sacerdote da religião", afirmava, "S. Exa. arrostou todos os obstáculos que se opunham à realização dos seus desígnios e por meio de longas peregrinações, rodeado de imensos sofrimentos, ele conseguiu levantar esse monumento em cujas pedras se lerá através dos séculos o nome imortal de seu ilustre fundador".[113] Ficou a herança histórica do modelo eclesial que implantou, com destaque para o seminário diocesano, donde sairiam vários bispos, que estenderam o projeto do seu fundador para as mais diversas localidades do Brasil. Entre estes, desatacaram-se:

a) Dom Joaquim José Vieira (1836-1912): natural de Itapetininga, ingressou no seminário de São Paulo em 1857, sendo ordenado em Itu, no dia 25 de março de 1860. Em 1883 foi nomeado bispo do Ceará, sendo sagrado por Dom Lino Deodato (que se tornara Ordinário de São Paulo). Tomou posse em 1884 e deu continuidade à obra do primeiro bispo reformado da diocese, Dom Luís Antônio dos Santos, que fora transferido para Salvador. Como Dom Antônio Joaquim de Melo, empreendeu prolongadas viagens pastorais pelo sertão e convocou, em 1888, o primeiro sínodo diocesano, para estabelecer uma legislação eclesiástica comum. Intransigente em doutrina, recorreu ao Santo Ofício para condenar Pe. Cícero Romão Batista. Convidou os capuchinhos para empreenderem missões populares e abriu dois colégios para a educação feminina: o Externato São Vicente de Paula e o Colégio Jesus Maria José.

b) Dom Antônio Cândido de Alvarenga (1836-1903): pertenceu à primeira turma dos alunos do seminário de São Paulo, sendo ordenado padre em 1860, também em Itu, com Joaquim José Vieira. Lecionou vários anos na casa em que estudara, até ser eleito bispo do Maranhão, sendo sagrado por Dom Lino em 1878. Rígido, decidiu implantar a reforma ultramontana de modo drástico. Um dos seus primeiros atos foi a reforma do seminário, dispensando todos os professores seculares que lá ensinavam quase todas as disciplinas. Medida análoga adotou com relação aos cônegos do cabido. Fez muitas visitas pastorais e chamou os capuchinhos de São Paulo para auxiliarem nos trabalhos diocesanos. Em 1898, já velho e alquebrado, foi transferido para a capital paulista, onde faleceu, em abril de 1903.

c) Dom José Pereira da Silva Barros (1835-1898): bispo de Olinda de 1881 a 1893, foi um dos primeiros diocesanos formados pelos Capuchinhos em São Paulo. Ordenou-se em Alfenas, MG, aos 27 de dezembro de 1858, desenvolvendo em seguida as funções de professor do seminário paulistano e vigário colado de Taubaté. Deputado provincial em várias legislaturas, conseguiu que em 1879 as Irmãs de São José de Chambéry iniciassem suas atividades no Colégio do Bom Conselho de Taubaté. Aos

---

[113] AUGUSTIN WERNET, *A Igreja paulista no século XIX*, p. 285-287.

7 de janeiro de 1881 seria nomeado bispo de Olinda, sucedendo a Dom Vital, precocemente falecido. Em 1891 se transferiu ao Rio de Janeiro e sonhou, sem sucesso, em transformar o Seminário São José em uma universidade católica que servisse a todo o Brasil. Quando, aos 27 de abril de 1892, Rio de Janeiro foi elevada a arquidiocese, com surpresa e amargura recebeu um aviso oficial do Cardeal Mariano Rampolla comunicando-lhe que tal ministério seria ocupado por outro titular. Com a saúde combalida, ele se retirou em Taubaté e ali faleceu no dia 15 de abril de 1898.[114]

5.3.3 – Dom Feliciano: as inovações do primeiro bispo de Porto Alegre (1853-1858)

Aos 7 de maio de 1848, por meio da bula *Ad oves dominicas rite pascendas*, o Papa Pio IX criou a diocese de Porto Alegre, desmembrando-a da distante Rio de Janeiro. O primeiro bispo diocesano foi Dom Feliciano José Rodrigues de Araújo Prates (1791-1858), de 71 anos de idade,[115] que, ao assumir aos 3 de julho de 1853, encontrou uma igreja local formada por 60 padres e inúmeras dificuldades, conforme o próprio reconheceria contristado. O primeiro grande problema do prelado foi a herança farroupilha. A revolução havia terminado há apenas três anos (à qual ele se opusera por ser fiel à Coroa) e significativo número de sacerdotes se envolvera. Outra pendência grave eram as sequelas deixadas pelo cisma ocorrido aos 22 de junho de 1838, quando um padre, Francisco das Chagas Martins Ávila, foi nomeado "Vigário Apostólico" da "República Rio-grandense" e aceitou o cargo. As circunstâncias em que o fato se deu são intricadas, mas dito cisma foi apenas jurídico, sem implicações doutrinárias e morais, e parece haver sido motivado por razões políticas. A separação política do governo central do país impunha, na visão dos revolucionários, também uma separação eclesiástica, e a nova República do Sul requeria uma autoridade independente do bispado do Rio de Janeiro. Na época, as ideias de Feijó eram muito difundidas entre os gaúchos, mas parece que o Pe. Chagas pretendia ser reconhecido pela Santa Sé, assim que a situação do "novo país" se normalizasse. A revolução seguia seu curso, e aos 24 de fevereiro de 1839, foi-lhe decretado tratamento de "Excelência Reverendíssima", passou a receber côngrua de dois contos de réis e tratamento semelhante ao que tinham os bispos do império. Ele então começou a nomear curas e vigários para as freguesias vagas, além de dispensar impedimentos matrimoniais, administrar o Crisma e conceder graças espirituais. Intimamente ligado com os revolucionários, o novo "Vigário" estabeleceu-se inicialmente em Piratini, depois em Caçapava, segunda capital dos Farroupilhas e, por último, em Alegrete, derradeira sede administrativa republicana. O movimento revolucionário, no entanto, aproximava-se do seu fim, e, em 1842, o barão de Caxias veio à Província em missão de Paz. O Pe. Chagas

---

[114] APOLÔNIO NÓBREGA, "Dioceses e bispos do Brasil", em: *RIHGB*, vol. 222, Departamento de Imprensa Nacional, Rio de Janeiro 1954, p. 163-165.
[115] Dom Feliciano José Rodrigues de Araújo Prates (1853-1858) era gaúcho de nascimento. Apresentado bispo pelo decreto imperial de 10 de abril de 1852, foi confirmado pelo Papa Pio IX aos 27 de setembro de 1852, sendo sagrado bispo aos 29 de maio do ano seguinte. A cerimônia aconteceu na igreja do Mosteiro de São Bento do Rio de Janeiro, sendo oficiada por Dom Manuel do Monte Rodrigues de Araújo. Dom Feliciano faleceu em Porto Alegre (MANUEL ALVARENGA, *O Episcopado brasileiro*, p. 147).

foi credenciado para gerenciar o armistício, que ele e o barão assinaram no dia 1º de março de 1845, em Bagé. Findas as negociações de paz, o "Vigário" retirou-se para Porto Alegre, onde passou a viver recolhido, sem uso de ordens, até se retratar em 1845, quando recebeu a absolvição.[116]

Nem tudo estava resolvido, pois a ignorância doutrinária do povo, que até mesmo um leigo – Caxias – descreveria em 1846 como desalentadora, persistia. Em meio a tudo isso, durante seus cinco anos de episcopado, Dom Feliciano fez o que pôde para fundar cemitérios, construir igrejas e capelas, munidas de alfaias e paramentos "para uma digna celebração dos sacramentos"; sem deixar de lado a moralização e disciplina do clero "farroupilha" e a formação de novos sacerdotes. Também combateu os padres políticos; mas a sua obra maior foi a organização do seminário diocesano (que inicialmente funcionou numa casa alugada), orientado segundo as "determinações do Concílio de Trento e unido ao Bispo e à Igreja de Roma".[117] Ao falecer em 1858, Dom Feliciano deixou uma igreja normalizada, cujas reformas seriam consolidadas pelo seu sucessor, Dom Sebastião Dias Laranjeira (1861-1888).[118]

5.4 – A segunda geração episcopal reformadora e seus expoentes

O processo de mudança atingiu o ápice depois de 1870 quando a segunda geração de prelados, já formada inteiramente no novo espírito que dominava a Igreja no Brasil, por ser majoritária, sentiu-se em condições de exigir mudanças mais drásticas. Os nomes mais conhecidos dessa fase, que coincidirá com o início da decadência monárquica, são Dom Vital Maria Gonçalves de Oliveira, que com apenas vinte e sete anos de idade foi nomeado para a diocese de Olinda, e Dom Antônio Macedo Costa, que aos trinta anos se tornou bispo de Belém do Pará. O trabalho de ambos, no entanto, teve predecessores. Em se tratando de Olinda, Dom João da Purificação Marques Perdigão (1779-1864) foi um dos primeiros a bater de frente com o regalismo. Nomeado bispo por Dom Pedro I em 1829, ele chegou à sua sede um ano depois e, em 1831, antes que fosse sagrado, eclodiu a polêmica. Isso porque se opôs à ordenação de Manoel de Brito Freire, natural de Paracatu, MG, indicado para tanto pelo líder do executivo mineiro. Diogo Feijó, então ministro da Justiça, apelou para o art.179, §§13 e 14 da Constituição e, no dia 18 de outubro, autorizou o governador de Pernambuco a abrir demanda por tal recusa.[119] A decisão foi ignorada e o ministro, aos 19 de junho de 1832, mandou repreender o juiz local pela "condescendência".[120] Também dessa vez ficou o dito pelo não dito, mas, em represália, Feijó negou o *exequatur* à bula de confirmação episcopal. Somente depois que a pasta da Justiça foi assumida pelo marquês do Paraná, que o caso de Dom João Perdigão se resolveu.[121]

---

[116] Zeno Hastenteufel, *Dom Feliciano na Igreja do Rio Grande do Sul*, p. 56-66.
[117] Ibidem, p. 27, 181, 279, 295.
[118] Dom Pedro II nomeou o segundo bispo da diocese de Porto Alegre aos 23-3-1860, conforme consta de uma sua decisão existente no Arquivo Nacional: "*Atendendo às virtudes e mais partes que concorrem na pessoa do Padre Sebastião Dias Laranjeira, hei por bem nomeá-lo bispo da diocese do Rio Grande do Sul, vaga pelo falecimento de Dom Feliciano José Rodrigues Prates*" (AN, Ministério do Império, códice 507, folha 11).
[119] *Coleção das decisões do governo do império do Brasil de 1831*, Tipografia Nacional, Rio de Janeiro 1876, p. 248.
[120] *Coleção das decisões do governo do império do Brasil de 1832*, Tipografia Nacional, Rio de Janeiro 1875, p. 245.
[121] Manuel Alvarenga, *O Episcopado brasileiro*, p. 132-133.

Ele exerceria seu ministério durante décadas, e foi nesse período que a diocese que governava começou a possuir manifestações claramente antirregalistas, como bem o demonstram a *Memória histórica e biográfica do clero pernambucano*, de Lino do Monte Carmelo Luna. Editada em 1857, nela o autor não poupava críticas ao Pe. Feijó. "Houve uma época sobremaneira assustadora para o Brasil", acusava Lino, em que "mudanças revoltantes projetaram-se adotar na Igreja brasileira; desejou-se criminosamente inocular na disciplina as inovações anticatólicas estatuídas por um pseudo Sínodo de Pistoia..."[122]

Também pertence ao período de Dom Marques Perdigão o início do envio de jovens seminaristas pernambucanos para serem formados na Europa. O jovem Antônio (futuro Dom Vital), entrado no seminário de Olinda em 1861, acabaria se tornando o nome mais célebre dessa mudança de rota, e não foi outro, senão o prelado diocesano, quem o convenceu a concluir os estudos no Seminário São Sulpício, para onde partiu aos 21 de outubro de 1862.[123]

5.4.1 – O trabalho desenvolvido pelos prelados de São Paulo e do Rio de Janeiro

Dom Lino Deodato Rodrigues de Carvalho (1826-1894) assegurou à diocese de São Paulo a consolidação do trabalho reformador iniciado por Dom Antônio Joaquim de Melo e continuado por Dom Sebastião Pinto do Rego (1802-1868). Ele era natural do Ceará, tendo se ordenado padre em 1850. Sagrado bispo aos 9 de março de 1873, durante seu episcopado foi vencida a desgastante questão do colégio dos jesuítas em disputa com o governo imperial,[124] os salesianos se estabeleceram na capital paulistana, começou-se o trabalho de assistência aos imigrantes, sobretudo italianos, e as novas devoções então em voga na Europa foram particularmente valorizadas. Com relação a este último ponto, a inteira diocese paulista foi consagrada ao Coração de Jesus em 1884, numa atitude que, além de piedosa, tinha intenção claramente apologética:

> A história da Igreja é a história do amor divino, a correspondência dos corações fiéis ao Coração de seu Salvador, [...] pois ninguém ignora que a religião se resume num grande fato: Deus amante e Deus amado. [...] Nenhuma outra época, por certo, seria mais azada, mais oportuna, do que a nossa, para essa devoção que tem por seu objeto *material* (os grifos são do autor) o próprio coração de carne de Jesus Cristo, Filho de Deus feito homem, e por seu objeto *formal* a Pessoa Divina, o Verbo incriado. [...] Ora, Irmãos e Filhos diletíssimos, poderíamos achar uma profissão de fé mais explícita e solene, uma afirmação mais completa e categórica do Cristianismo para opor às vociferações e blasfêmias da incredulidade nestes últimos tempos?[125]

---

[122] LINO DO MONTE CARMELO LUNA, *Memória histórica e biográfica do clero pernambucano*, Tipografia de F. C. De Lemos e Silva, Recife, 1857, p. 52, 55.
[123] TEODORO HUCKELMANN ET ALII, *Dom Vital in memoriam*, Companhia Editora de Pernambuco, Recife, 1979, p. 60.
[124] APOLÔNIO NÓBREGA, "Dioceses e bispos do Brasil", em: *RIHGB*, vol. 222, p. 166.
[125] LINO DEODATO RODRIGUES DE CARVALHO, *Carta Pastoral do Exmo. e Revmo. Sr. Bispo de São Paulo anunciando ao Reverendo Clero e a todos os fiéis, seus jurisdicionados, a solene consagração da diocese ao Sagrado*

Ao contrário de São Paulo, o caso do Rio de Janeiro se revelaria muito mais complexo. À frente da diocese carioca estivera Dom Manuel do Monte Rodrigues de Araújo, conde de Irajá (1798-1863), cujo longuíssimo ministério episcopal, que durou de 1839 até a sua morte, conservou praticamente intocada a situação precedente. O representante da Santa Sé no Brasil, Monsenhor Marino Marini, não o poupava: "Este bispo é sumamente indolente em tudo!".[126] Pior ainda era quando ele se metia a escrever livros, como aconteceu com os *"Elementos de Direito Eclesiástico Público e Particular"* e o *"Compêndio de Teologia Moral"*, ambos considerados "censuráveis e reprováveis" por Vecchiotti, consultor da Santa Sé. Fundamento era o que não faltava nessa crítica, pois o *Compêndio de Teologia Moral* afirmava, citando como se fosse absolutamente normal, o fato de "não ser permitido observar as bulas, os breves e os rescritos da Santa Sé sem o beneplácito régio" no Brasil... Além disso, de um lado até que Dom Manuel defendia o celibato clerical, mas doutro, não excluía o "direito" do Estado intervir nas ordenações, se isso fosse conveniente para a sua política: no caso, dizia que caso o país fosse "coberto de padres e frades e o clero secular e regular fosse abundante", competiria ao imperador civil "proibir que não se ordenassem mais ministros".[127]

Por todos esses motivos reunidos, quando o prelado do Rio faleceu no dia 11 de junho de 1863, em que pese as solenes exéquias celebradas em sua honra na capela imperial,[128] seguidas de um sepultamento não menos pomposo no Palácio da Conceição no dia 14 seguinte, o legado histórico que deixou era pesado. Dentre outras coisas, geralmente Dom Manuel é considerado o último prelado declaradamente regalista no Brasil.[129]

Seu sucessor, Dom Pedro Maria de Lacerda (1830-1890), que assumiu em 1869, era um clérigo de formação secular, que havia ido a Roma em 1848, tendo lá cursado filosofia, teologia e, depois, direito canônico. Regressando ao Brasil, ordenou-se presbítero aos 10 de agosto de 1852, sendo nomeado cônego da catedral de Mariana. Residia no seminário, onde também ensinava filosofia, até ser nomeado bispo do Rio de Janeiro e confirmado por Pio IX aos 24 de setembro de 1868. Tomando posse aos 31 de janeiro de 1869 por meio de um procurador, no dia 8 de março do mesmo ano entrou solenemente na catedral metropolitana. Grandes dificuldades o aguardavam, pois os seis anos de vacância precedentes haviam contribuído para reforçar ainda mais o estado de descalabro em que a diocese se encontrava. Já no dia anterior ao sepultamento de Dom Manuel, o internúncio havia escrito ao secretário de Estado da Santa Sé, Cardeal Giacomo Antonelli, traçando um quadro sombrio da realidade diocesana:

Coração de Jesus e designando o dia 8 de setembro do corrente ano de 1884 para esse ato na igreja catedral e na capela do mesmo Sagrado Coração na sede do Bispado, Tipografia do Tabor, São Paulo, 1884, p. 13-18.
[126] AAEESS., "Gravíssimas desordens no episcopado e no clero brasileiro, especialmente na diocese do Rio de Janeiro", em: *Brasil*, fasc. 170, pos.106, fl. 104.
[127] AAEESS., "Observações a respeito da obra intitulada 'Elementos de Direito Eclesiástico', do defunto bispo do Rio de Janeiro, Monsenhor Manuel do Monte Rodrigues, e da obra do mesmo autor intitulada compêndio de Teologia Moral" (tradução), em: *Brasil*, fasc. 184, pos. 153, fl. 22-29.
[128] ASV, "Missiva do cônego Bernardo Lira da Silva ao internúncio Sanguigni" em: *Nunciatura Apostólica no Brasil*, fasc. 189, caixa 41, doc. 2, fl. 6.
[129] AUGUSTIN WERNET, *A Igreja paulista no século XIX*, p. 88-89.

> A sentida morte do bispo do Rio de Janeiro deu oportunidade para se conhecer o estado de abandono no qual se encontra o clero secular daquela capital. [...] Prova disso é ver como raríssimos são os sacerdotes que adotam a veste talar. [...] E quanto aos párocos, estes não se ocupam de explicar o evangelho aos jovens, não ensinam o catecismo aos meninos e mal se prestam à celebração dos sacramentos, tendo pouca paciência em ouvir as confissões.[130]

O novo prelado iniciou a reforma pelo seminário diocesano São José, demitindo todos os antigos professores, sem poupar o reitor e o vice, confiando a direção da casa aos padres lazaristas. A administração econômica do estabelecimento, contudo, confiou-a ao ex-vice reitor, cônego José Gonçalves Ferreira, cuja idoneidade era reconhecida.[131] A mudança propiciaria o primeiro de uma série de conflitos, pois um sacerdote regalista, ex-lente da instituição, sob o pseudônimo de "Pe. Lutero", acusou Dom Lacerda nos jornais de estar entregando o primeiro estabelecimento de instrução da capital do império a "uma congregação mercenária".[132] Ele não só não fez caso de tais invectivas, como criticaria abertamente seu predecessor. Fê-lo em 1878 por meio de uma *Carta Pastoral* cujo teor era de desconcertante clareza: "Dom Manuel do Monte, bispo, conde de Irajá, fez seus primeiros estudos em livros e autores galicanos; daí os laivos de galicanismo de que estão salpicadas algumas páginas de suas obras, hoje proibidas até que se corrijam e seja aprovada a correção".[133]

Do governo de Dom Lacerda merece ainda ser citada sua participação no Concílio Vaticano I e a atitude hesitante que adotou no começo da questão religiosa. Ele teve também o mérito de ordenar três importantes bispos: Dom Vital Maria Gonçalves de Oliveira, ordenado bispo de Olinda em 1871 na catedral de São Paulo; Dom Silvério Gomes Pimenta, ordenado bispo de Mariana no Rio de Janeiro, em 1890; e, também Dom João Esberard, que naquele mesmo ano seria igualmente ordenado como novo bispo da diocese olindense. O prelado do Rio acumularia ainda as funções de prelado doméstico do Papa e assistente ao trono pontifício. Foi agraciado pela Princesa Isabel com o título de conde de Santa Fé, vindo a falecer na capital federal aos 12 de novembro de 1890.[134]

5.4.2 – Os jovens bispos de Olinda e os primeiros conflitos de grande repercussão

O sucessor de Dom Perdigão seria Dom Manuel do Rego de Medeiros (1830-1866), e a partir da sua posse a reforma eclesial recobraria ânimo em Olinda. Poliglota e doutor em direito civil e canônico, Dom Manuel tentou recusar sua indicação episcopal, mas, devido às instâncias de Pio IX, afinal

---

[130] ASV, Carta do internúncio Sanguigni ao Cardeal Antonelli (13-7-1863), in: *Nunciatura Apostólica no Brasil*, fasc. 183, caixa 40, fl. 24b, 25.
[131] ANTÔNIO SECIOSO MOREIRA DE SÁ, *A sombra de Lutero alarma a Igreja Brasileira Católica Apostólica Romana*, Tipografia do Apóstolo, Rio de Janeiro, 1869, p. 5-6.
[132] ASV, "A Igreja fluminense humilhada", em: *Nunciatura Apostólica no Brasil*, fasc. 189, caixa 41, doc. 28, fl. 109.
[133] PEDRO MARIA DE LACERDA, *Pastoral anunciando a exaltação do SS. Padre o Papa Leão XIII anunciando a união e obediência à Santa Sé Apostólica*, Tipografia do Apóstolo, Rio de Janeiro, 1878, p. 30.
[134] AUGUSTIN WERNET, *A Igreja paulista no século XIX*, p. 50-51.

acatou-a, sendo sagrado no dia 12 de novembro de 1865. Um mês depois embarcou para o Brasil, tomando posse da sua diocese em 21 de janeiro do ano seguinte.[135]

Os seus problemas começaram antes mesmo que chegasse. O primeiro deles foi que, no período anterior à posse, ele nomeou como seu substituto interino o vigário-geral cônego João Crisóstomo de Paiva Torres; mas, no dia 15 de dezembro, quando dito cônego foi assumir, acabou sendo impedido pelo presidente do Cabido, que não era outro senão o ultrarregalista deão Joaquim Francisco de Faria.[136] Foi uma medida de força, pois os nove cônegos presentes não assinaram a ata, tendo inclusive se retirado da reunião, pelo fato de a questão não ter sido sequer votada.[137] Mesmo assim, ele se manteve firme na negativa, apoiando-se num motivo insólito: considerava normal o jurisdicionalismo régio! Um dos poucos que o apoiou foi o Pe. Joaquim Pinto de Campos, que inclusive escreveu ao internúncio salientando que as bulas de apresentação estavam sem o *placet* imperial, o que para ele – mesmo declarando-se não amigo do deão Faria – era uma ocorrência de "mau agouro".[138]

A irritação do vigário capitular cresceu ainda mais quando, no dia 30-11-1865, o jornal *Esperança* publicou a primeira pastoral do bispo nomeado sem dar satisfações aos cônegos. Ele, que também se dizia vigário-geral, esbravejou: "Dom Manoel não tinha o direito de fazê-lo, sem sua ciência e consentimento, e também porque ainda não havia apresentado as bulas da sua confirmação com o *exequatur* imperial".[139] O deão de Faria estava tão prevenido contra o novo prelado, que, quando este chegou, sequer foi lhe entregar as chaves do palácio episcopal. Tudo não passou de manobras inúteis: o jovem bispo não só manteve admirável compostura, como, sem fazer caso da oposição, deu início a uma série de medidas que julgava necessárias. Assim, no dia 16 de maio de 1866, para melhor governar o imenso território da jurisdição que lhe fora confiada, reorganizou-o completamente, instituindo um vicariato geral que compreendia quatro arciprestados (Alagoas, Paraíba, Rio Grande do Norte e o do das comarcas de Brejo, Garanhuns, Flores, Boa Vista, Cabrobó e Taracatu), subdivididos por sua vez em 26 vicarias forâneas.[140] Ao mesmo tempo, procurou disciplinar o clero segundo as normas de Trento e, por isso, baixou uma portaria proibindo aos padres, sob pena de suspensão *ipso facto incurrenda*, o "abusivo costume" de andar sem batina, "disfarçados de leigos, como que se envergonhando de trajar o hábito significativo de seu nobre caráter e santa profissão".[141]

---

[135] BN, "Apontamentos biográficos sobre o Padre Manoel do Rego de Medeiros pelo Dr. Antônio Manoel de Medeiros", em: *seção de manuscritos*, n. I – 31, 24, 14.
[136] ASV, Carta do Cônego João Crisóstomo de Paiva Torres ao internúncio (17-12-1865), em: *Nunciatura Apostólica no Brasil*, fasc. 193, caixa 42, doc. 4, fl. 33.
[137] JOSÉ DO CARMO BARATTA, *História eclesiástica de Pernambuco*, nota 132, Imprensa Industrial, Recife, 1922, p. 98.
[138] ASV, Carta de Joaquim Pinto de Campos ao internúncio (21-12-1865), em: *Nunciatura Apostólica no Brasil*, fasc. 193, caixa 42, doc. 5, fl. 36.
[139] ASV, Carta do deão Faria ao internúncio (6-12-1865), em: *Nunciatura Apostólica no Brasil*, fasc. 193, caixa 42, doc. 7, fl. 53-54.
[140] ASV, "Portaria", em: *Nunciatura Apostólica no Brasil*, fasc. 193, caixa 42, doc. 3, fl. 15- 16.
[141] ASV, "Portaria proibindo aos clérigos de apresentarem-se em público disfarçados de leigos", *Nunciatura Apostólica no Brasil*, fasc. 193, caixa 42, doc. 2., fl. 11-12.

E não parou aí: quando ainda estava em Roma obteve da companhia de Jesus que um grupo de seus sacerdotes da província de Roma viessem para o Pernambuco. Eles chegaram aos 17 de fevereiro de 1866, e isso lhe permitiu intervir com mão de ferro no seminário diocesano (a "nova Coimbra"), demitindo todos os professores maçons e jansenistas e substituindo-os com os recém-chegados. Também por iniciativa sua, doze seminaristas foram enviados ao Colégio Pio latino-americano, estando entre estes dois destinados a se tornar bispos de renome: Joaquim Arcoverde de Albuquerque Cavalcanti e Francisco do Rego Maia.[142]

A reação veio quase imediata: os defensores do velho modelo, deão Faria à frente, por meio de uma série de artigos nos jornais – as anônimas *Cartas de Alípio* –, passaram a criticar veementes os novos rumos que a diocese estava tomando. O ambiente era particularmente tenso, quando o prelado viajou para o Rio de Janeiro na companhia do Pe. Giacomo Razzini SI. Ao regressar, sucedeu-lhe algo atípico: após participar de uma refeição com alguns passageiros do navio, assim que retornou aos seus aposentos foi acometido por um súbito mal-estar. Os sintomas eram estranhos, dando espaço a suspeitas de envenenamento: o estômago inflamou-se e todo o corpo tornou-se febril. Padre Razzini tentou pedir ajuda, mas recebeu como resposta apenas indiferença. O estado de saúde de Dom Manuel piorou rapidamente, e, após confessar-se, faleceu em Maceió, AL, no dia 16 de setembro de 1866. Contava com apenas trinta e seis anos de idade.[143]

A estranheza da sua morte não passou despercebida nos altos escalões da política, e no senado, Cândido Mendes denunciou o caso a viva voz,[144] mas foi Dom Manoel Joaquim da Silveira, Primaz de Salvador, quem deu maior clamor ao caso. Isso aconteceu quando ele se negou a reconhecer a eleição do deão Faria como vigário capitular de Olinda até a nomeação de um novo bispo, porque um fato em particular o havia forçado a tomar tal decisão:

> É com efeito extraordinário que tendo o deão Doutor Joaquim Francisco de Faria recebido participação oficial da morte do Exmo. e Revmo. Sr. Bispo do Pernambuco no dia 19 de setembro último e tendo nesse mesmo dia convocado o Cabido que se reunisse para deliberar sobre a vacância da Sé, [...] viesse-me dizer, no seu ofício datado do Palácio da Soledade em Pernambuco aos 28 do referido mês de setembro, que somente no dia 20 do mesmo dia aí tinha chegado a notícia da morte do Prelado![145]

Apesar da irregularidade flagrante, o ministério dos negócios do império confirmou a eleição de Faria. O deão, entretanto, pouco desfrutaria do cargo, e três medidas tomadas pelo prelado falecido não só resistiriam à sua passagem, como estavam destinadas a possuir uma enorme repercussão futura: o convento das Irmãs de Santa Doroteia fundado em 1866, o Colégio São Francisco

---

[142] JOSÉ DO CARMO BARATTA, *História eclesiástica de Pernambuco*, p. 100.
[143] TERESA SOMMARIVA E MARIA MARGUERITE MASYN, *Memórias acerca da venerável Serva de Deus Paula Frassinetti e do Instituto por ela fundado*, Gráfica Almondina, Torres Novas, 1998, p. 178, 181-185.
[144] BN, "Apontamentos biográficos sobre o Padre Manoel do Rego Medeiros", em: *sessão de manuscritos*, n. I – 31, 24, 14.
[145] ASV, Carta de Dom Manoel ao internúncio (24-201866), em: *Nunciatura Apostólica no Brasil*, fasc. 193, caixa 42, doc. 16, fl. 75.

Xavier dos jesuítas em Recife e o grupo de doze seminaristas diocesanos que estavam então estudando em Roma no colégio Pio Latino.[146]

Um personagem externo, Luiz Scalzi, cônsul do Peru residente em Roma, amigo das Irmãs Doroteias, ardilosamente impediria o deão de tomar medidas contra as religiosas e contra os jesuítas. Para tanto bastou aguçar a sua vaidade por meio de um expediente diplomático. Ou seja, Scalzi enviou a Faria uma carta formal, cumprimentando-o pela sua eleição como Vigário Capitular, nomeação – sublinhava – que podia ser considerada como garantia da dignidade episcopal. Acrescentava, no entanto, ser recomendável tratar bem as irmãs e os padres da companhia de Jesus, para assegurar-se tal. O deão levou a sério o embuste, mudando tanto de atitude, que até visitou o colégio das irmãs, sugerindo que os trabalhos de reestruturação se acelerassem.[147]

O engano se desfaria com duas enormes surpresas: o nomeado para assumir a diocese foi o rosminiano Dom Francisco Cardoso Aires (1821-1870), e, o jornal *O Tribuno*, inimigo jurado do intransigente regalista se vingou, publicando detalhes embaraçosos da sua vida privada:

> O Sr. Vigário Capitular zombou da advertência do *Tribuno*; e que está muito alto colocado, e já se julga senhor. [...] O Sr. Vigário Capitular Dr. Faria é padre brasileiro, filho de um padre brasileiro [de nome Bento de Farias, vigário de Itambé], regularia por si todos os outros padres brasileiros? Neste caso lavrou a sua própria condenação, e se proclamou indigno do lugar a que o elevaram. [...] O que sabemos do clero brasileiro é que muitos sacerdotes vivem dignamente e só há exemplo de um que se concubinasse com a concubina de seu pai [com quem teve uma filha e netos], sucedendo a este por sua morte neste torpe coito.
> E um padre que é filho sacrílego não teria impedimento para muita cousa no regímen da Igreja? Felizmente já temos o venerando sacerdote Sr. Francisco Cardoso Aires, nomeado bispo desta diocese. Deus queira que tão exemplar ministro de Cristo venha já por termo à viuvez da Igreja Pernambucana. [...] O nosso bispo deve ter muita cautela para não ser envenenado como seu antecessor, pelo que, seu primeiro dever será meter no Paço imperial gente nova, e de sua inteira confiança.[148]

E foi nesse ambiente que Dom Cardoso Aires tomou posse. Ele era natural do Recife, mas pouco se conhece da sua juventude. Sabe-se, no entanto, que em 1833 seguira para Lisboa obedecendo à intenção paterna que desejava vê-lo dedicando-se a estudos comerciais. Concluídos os períodos escolásticos, regressou à capital de Pernambuco em 1837, auxiliando o pai, que era negociante. Em 1841 ingressou na faculdade de direito de Olinda, formando-se em 1846. Dali seguiu para Roma, matriculando-se na Universidade Santo Apolinário, para dar continuidade aos estudos jurídicos. A experiência romana lhe causou profunda mudança interior. Tendo participado de um retiro sob a direção do capuchinho Pe. Luiz Puecher-Passavali, aos 2 de setembro de 1847 foi crismado pelo Cardeal Patrizi, "vigário de Sua Santidade". Desse momento em diante sentiu-se atraído pela vida religiosa e, aos 23 de agosto de 1848, in-

---

[146] APOLÔNIO NÓBREGA, "Dioceses e bispos do Brasil", em: *RIHGB*, vol. 222, p. 175.
[147] TERESA SOMMARIVA E MARIA MARGUERITE MASYN, *Memórias acerca da venerável Serva de Deus Paula Frassinetti e do Instituto por ela fundado*, p. 187-189.
[148] ASV, "O Tribuno", em: *Nunciatura Apostólica no Brasil*, caixa 42, fasc. 193, doc. 32, fl. 122.

gressou no Instituto da Caridade, tendo o próprio Pe. Antônio Rosmini-Serbati como diretor espiritual, e que o qualificaria de "filho virtuosíssimo".[149]

Ainda em Roma o jovem Cardoso Aires conheceria o futuro bispo do Rio de Janeiro, Pedro Maria de Lacerda, mas mudaria de residência depois que a eclosão do movimento revolucionário de 1848 forçou a congregação a transferir o noviciado para Strezza, no Piemonte. Dois anos mais tarde iria para a Inglaterra e de lá seguiria para a Irlanda. Ordenado sacerdote aos 10 de junho de 1852, em 1860 recebeu convite de Dom Pedro II para ocupar um episcopado no Brasil e recusou. A proposta foi renovada em 1867, e, contra a sua vontade, atendendo recomendação de Pio IX, aceitou, sendo ordenado bispo na igreja Santa Maria in Vallicella aos 16 de março de 1868, como titular da diocese de Olinda. No dia 12 de julho do mesmo ano tomou posse, e as querelas em que se envolveu desde os primeiros dias do seu episcopado permitiram antever que um conflito de grandes proporções entre a Igreja e o regalismo maçonizado estava despontando. O primeiro sintoma do que viria foi a polêmica suscitada pelo fato de o jornal *O Católico* haver reagido contra o notório anticlericalismo que dominava a imprensa recifense. Desabituados a isso, os anticlericais revidaram, e Aprígio Guimarães passou a concitar o bispo a deixar seus "castelos rosminianos". A ira dos políticos e da imprensa liberal cresceu ainda mais quando faleceu o general José Inácio de Abreu e Lima (1796-1869), seguidor do socialismo utópico francês. Filho do Pe. Roma, José Abreu tinha sido forçado a assistir à execução do próprio pai, condenado pelo conde dos Arcos por haver participado da revolução de 1817. Depois disso emigrara para a Venezuela, tornando-se capitão de artilharia daquele país, chegando ao posto de general pelos seus feitos, por promoção pessoal concedida por Simon Bolívar. Regressou ao Brasil em 1832 e, depois de longos anos passados no Rio de Janeiro, a partir de 1844 fixou residência no Recife. Em meio às suas aventuras, apostatou da fé católica, a ponto da obra que escreveu em 1867, *As Bíblias falsificadas ou duas respostas ao Sr. Cônego Joaquim Pinto de Campos pelo cristão velho*, ter sido colocada no *Index Librorum Prohibitorum* no dia 9 de junho do ano seguinte.[150]

Malgrado tudo, quando ele caiu enfermo, Dom Cardoso Aires visitou-o, tentando fazê-lo reconsiderar. Tudo inútil: o general permaneceu irredutível, negando categórico a Santíssima Trindade e a validade da confissão. Sucede que os "campos santos", segundo uma lei de 1º de outubro de 1828, estavam sob gestão da autoridade eclesiástica, razão pela qual, quando o moribundo expirou aos 8 de março de 1869, Dom Aires não permitiu que fosse sepultado no cemitério Santo Amaro de Recife. Foi o que bastou para que fosse considerado ultramontano e reacionário, amigo e comensal dos jesuítas.[151] Até no parlamento o assunto chegou, dando a oportunidade para que Liberato Barroso, no dia 4 de abril seguinte, defendesse, coisa rara até então, a instituição da liberdade de culto no país, ao tempo em que atacava as mudanças porque passava a diocese nordestina:

---

[149] THEODORO HUCKELMANN, *Dom Francisco Cardoso Aires*, p. 21-25, 49.
[150] JOÃO FRANCISCO VELHO SOBRINHO, *Dicionário biobibliográfico brasileiro*, Gráfica Irmãos Pongetti, Rio de Janeiro, 1937, p. 39.
[151] THEODORO HUCKELMANN, *Dom Francisco Cardoso Aires*, p. 74, 79-80.

O país soube com dor e com espanto que a um brasileiro ilustre, verdadeiramente ilustre, havia sido negada a sepultura católica, porque esse brasileiro ilustre, pensando livremente, tinha escrito algumas palavras que pareceram um erro.
[...] As brisas do norte nos chegam impregnadas do bafo peçonhento da superstição e do jesuitismo; e fatos recentes de hoje revelam claramente que uma causa condenada e que parecia esquecida nas ruínas do passado, a que a história chamou clericalismo, pretende consolidar-se nesta terra que foi predestinada para as glórias da liberdade.[152]

Além disso, o sobrinho do falecido, bacharel Joaquim Antônio Faria de Abreu Lima, entrou com um *recurso à Coroa* contra o que chamava de abuso de jurisdição eclesiástica. Dito recurso daria em nada, e Dom Aires escreveria ao ministro dos negócios do império, conselheiro Paulino José Soares de Souza, explicando que tudo aquilo era apenas um ardil do partido irreligioso.[153]

De fato, outros episódios desagradáveis perturbariam o trabalho do prelado de Olinda. Aos 8 de março de 1869 ele lançou uma *Circular*, lamentando o estado de decadência em que o clero vivia: "O modo de vida eclesiástica, geralmente falando, em nossa Diocese, não é aquele que se requer no ministério do Santuário. [...] A pregação do Evangelho e o ensino do catecismo são por conseguinte a exceção e não a regra. Daí vem o descrédito da Igreja e todos esses males morais que a sociedade lamenta".[154]

Para minorar tal situação, Dom Aires convocou um retiro diocesano a realizar-se entre os dias 19 e 24 de abril daquele ano na Igreja do Convento de Santo Antônio, sob a direção de jesuítas europeus, liderados pelo Pe. Carlo Caccia. Foi um rebuliço: a diocese nunca havia realizado nada do gênero, e logo pessoas de confiança, inclusive padres, advertiram o prelado que uma parte do clero era contrária. A razão era a tradicional: o velho carrancismo pombalista antijesuíta, que continuava muito vivo. Dom Aires não desistiu, e, no dia marcado, 80 dentre os 110 sacerdotes convidados compareceram. Alguns dos ausentes, de novo tendo o deão Joaquim Francisco de Faria à frente, articulavam a reação. No dia seguinte ao início do retiro, um grupo de insuflados se reuniu à porta do convento, querendo entrar à força. Ante o recrudescimento da violência, o chefe da polícia teve de intervir. O bispo se viu forçado a dissolver o retiro e saiu em meio à turba, ouvindo vozes de cólera e de morte aos jesuítas.[155]

Ele não recuaria dos seus propósitos por causa desse incidente, mas, como o antecessor, teve uma atuação breve: quando participava das primeiras sessões do Concílio Vaticano I, uma febre fulminante (talvez tifoide ou malária) o acometeu, provocando sua morte três dias depois (14 de maio de 1870). Das solenes exéquias realizadas na igreja nova dos filipinos participaram 57 bispos conciliares. Como o Primaz do Brasil, Dom Manuel Joaquim da Silveira não pôde celebrá-la, a missa pontifical do dia 16 foi, coincidentemente, cantada por um bispo que em

---

[152] José Liberato Barroso, *Conferência Radical*, Tipografia Americana, Rio de Janeiro, 1869, p. 6.
[153] ASV, Carta de Dom Francisco Cardoso Aires ao Conselheiro Paulino José Soares de Souza, em: *Nunciatura Apostólica no Brasil*, caixa 42, fasc. 193, doc. 45, fl. 154.
[154] Francisco Cardoso Aires, *Circular do Exmo. Bispo Dom Francisco Cardoso Aires aos Veneráveis e Reverendos Párocos desta diocese*, Tipografia de Santos e Companhia, Pernambuco, 1869, p. 4.
[155] Theodoro Huckelmann, *Dom Francisco Cardoso Aires*, p. 62-65.

breve ganharia enorme notoriedade: Dom Antônio de Macedo Costa. As palavras que ele proferiu em homenagem ao falecido provariam todo seu significado poucos depois: "Foi-lhe dado pouco tempo para o trabalho; mas abriu o seu sulco, e no sulco ficou a semente imortal que desabrochará em seu tempo".[156]

De fato, o sucessor de Dom Aires seria Dom Vital Maria Gonçalves de Oliveira OFM Cap. (1844-1878) e com ele a obra de reforma retomaria fôlego. Natural de Pedras do Fogo, lugarejo depois incorporado ao município de Pilar, PB, aos 16 anos de idade ele, sentindo-se vocacionado, pediu para ser admitido no seminário de Olinda. Ali estudou o primeiro ano de teologia, sendo em seguida enviado para a França. Partiu no dia 1º de outubro de 1862 e, pouco depois de chegar, no dia 22 foi matriculado no Colégio São Sulpício. Permaneceu por lá um ano, mas se sentiu cada vez mais atraído pela vida regular, tornando-se capuchinho. Ingressou no convento de Versailhes, de onde seguiu para as demais etapas formativas em Perpignan e Tolouse. Adotou o onomástico Vital, emitindo os primeiros votos aos 16 de julho de 1863. Seguiu-se a profissão solene em 1867, e a ordenação presbiteral aos 2 de agosto de 1868. Regressou ao Brasil em outubro do mesmo ano, fixando residência em São Paulo, onde a partir de 31 de março de 1869 se tornou professor do seminário diocesano. Dali foi transferido para o Colégio Nossa Senhora do Patrocínio, de Itu, e lá estava quando recebeu de João Alfredo o decreto do imperador datado de 21 de maio de 1871, comunicando que ele fora escolhido para bispo e que aguardava o seu consentimento para apresentá-lo ao Sumo Pontífice. Tinha então 26 anos, e Antônio Carlos Villaça teoriza, sem fechar questão sobre o assunto, que a indicação teria sido uma forma encontrada por Dom Pedro II para honrar os capuchinhos pela atuação que tiveram na Guerra do Paraguai. Ainda sem a idade canônica mínima de trinta anos, ele relutou muito em aceitar e, quando afinal cedeu, foi sagrado em São Paulo por Dom Pedro Maria de Lacerda aos 17 de março de 1872. Tinha apenas 27 anos ao ser empossado no dia 24 de maio seguinte, tocando-lhe o governo de uma diocese imensa que, além de Pernambuco, compreendia também as províncias de Alagoas, Paraíba e Rio Grande do Norte. Dom Vital, no entanto, conseguiu impor-se ao clero pela sua coragem, dotes religiosos e também pela grande atividade eclesiástica.[157]

5.4.3 – As transformações na diocese de Belém do Pará

A diocese de Belém do Pará passou por mudanças semelhantes. Dom Romualdo de Souza Coelho (1762-1841), que a governou de 1833 até o ano de sua morte, foi o iniciador da transformação. Ele se formara com os frades Mercedários e logo fez restrições às ideias liberais livremente esposadas por expressivo número de padres diocesanos. Tampouco lhe agradava o *Catecismo de Montpellier*, adotado anteriormente por Dom frei Miguel de Bulhões (que apoiara a expulsão dos jesuítas), que tudo fez para eliminar sua influência. Governou a diocese por vinte anos, período em que se lançou num grande trabalho de "espiritualização", mantendo distância e

---

[156] ANTÔNIO DE MACEDO COSTA, *Notícia biográfica do finado Bispo de Pernambuco Dom Francisco Cardoso Ayres extraída de vários documentos pelo Bispo do Pará*, Tipografia Poliglota da Propaganda, Roma, 1870, p. 35-36.
[157] ANTÔNIO CARLOS VILLAÇA, *História da questão religiosa no Brasil*, p. 11-12.

procurando afastar o clero de movimentos revolucionários como a "Cabanagem", que por cinco anos ensanguentara a Amazônia. Seu sucessor foi Dom José Afonso de Morais Torres (1805-1865), que, ao tomar posse em 1844, deu continuidade ao esforço iniciado.[158] Após a morte deste, as mudanças até então parciais se tornaram predominantes, por mérito do bispo seguinte: Dom Antônio de Macedo Costa (1830-1891), que assumiu a diocese aos 11 de agosto de 1861.[159]

Dom Antônio era baiano, nascido aos 7 de agosto de 1830 no Engenho do Rosário, localizado nas proximidades de Maragogipe. Abraçando o ideal sacerdotal, permaneceu no Seminário de Santa Teresa, na Bahia, de 1848 a 1852. Foi enviado depois para o Colégio São Celestino de Bourges, França, de onde seguiu aos 6 de outubro de 1854 para o São Sulpício de Paris. Ali demonstraria ser um aluno excepcionalmente brilhante, a ponto de o reitor Pe. Icard dizer que naquela escola, ele, com Félix-Antoine-Philibert Dupanloup (1802-1878), futuro bispo de Orleans, e Louis-Edouard-Désiré Pie (1815-1880), futuro bispo de Poitiers e Cardeal, serem os maiores destaques. Recebeu a tonsura na catedral de Notre Dame de Paris aos 2 de junho de 1855, e, por fim, o Cardeal Mercier conferiu-lhe o presbiterado no dia 19 de dezembro de 1857. Partiu então para Roma, doutorando-se em direito canônico na academia Santo Apolinário no ano de 1859. Regressou ao Brasil neste mesmo ano, tornando-se conhecido pela sua eloquência. Lecionou no Ginásio Baiano, dirigido por Abílio César, até ser nomeado bispo de Belém por Dom Pedro II. Sagrado aos 21 de abril de 1861, já na primeira carta pastoral que publicou, por ocasião da posse no dia 1º de agosto seguinte, deixou claro que obedecer aos ditames papais seria a sua grande prioridade:

> Parece-nos ver essa constelação brilhante de Pontífices e de Apóstolos zelosos nos conjurarem do alto céu a continuar sua obra, a reatar este campo feracíssimo, que produz ao cêntuplo os mais belos frutos da salvação, a regenerar esta numerosa Gentilidade, que por opróbrio de nosso século, ai de nós! subsiste ainda mergulhada nas sombras de morte, à espera de quem lhes deve a luz do Evangelho, o princípio da civilização e da vida.[160]

Quando tomou posse, teve, porém, a decepção de constatar que, apesar dos esforços dos seus antecessores, o seminário maior estava vazio, o clero era numericamente reduzido e pouco idôneo, e a maçonaria havia penetrado profundamente nas estruturas eclesiais. Não menos delicada era a situação da massa dos fiéis: a confissão e a comunhão haviam sido praticamente abandonadas, e a água benta tomava o lugar dos sacramentos.[161] Dom Antônio se tornaria um bispo símbolo da renovação eclesial no Brasil, também devido à luta sem tréguas que moveria junto ao prelado de Olinda contra o regalismo vigente. Ele, aliás, participou da celebração de ordenação episcopal de Dom Vital, e os dois travaram profunda amizade com admiração recíproca. O comentário feito depois pelo bispo de Belém sobre seu colega resume o alto conceito

---

[158] Cf. ARTHUR CÉSAR FERREIRA REIS, *A conquista espiritual da Amazônia*, Escolas Profissionais Salesianas, São Paulo, 1941, p. 72-74, 80.

[159] O decreto de nomeação de Dom Antônio de Macedo Costa foi emanado pelo Ministério do Império no dia 23-3-1860, em conjunto com o de Dom Sebastião Dias Laranjeira. O conteúdo também primava pela semelhança: "*Atendendo às virtudes e mais partes que concorrem na pessoa do Padre Antônio de Macedo Costa, Hei por bem nomeá-lo Bispo da diocese do Pará, razão pela resignação que dela fez Dom José Afonso de Morais Torres*" (AN, Ministério do Império, códice 507, fl. 11).

[160] ANTÔNIO DE MACEDO COSTA, *Carta Pastoral do Exmo. e Revmo. Sr. Bispo do Pará por ocasião da sua entrada na diocese (1-8-1861)*, Tipografia de Santos e Irmãos, Belém, 1861, p. 3-4.

[161] HENRIQUE WENNINK, *Os Espiritanos no Brasil*, Promoção da Boa Família Editora, Belo Horizonte, 1985, p. 44.

em que o tinha: "É o soldado que sabe vai ser esmagado e que fica no seu posto, imóvel, imperturbável, porque assim exige a honra. Uns dizem: É um temerário! Outros dizem: É um imprudente! A história se levanta e diz: É um herói!"[162]

5.5 – O predomínio ultramontano no episcopado

Em 1866, já se dizia publicamente que o episcopado estava renovado, com sacerdotes que foram beber em Roma as sãs doutrinas do Catolicismo sem mescla, escoimado do antigo servilismo galicano.[163] Isso ficaria mais que comprovado entre 1869/70, quando todos os sete bispos do Brasil (dentre os quarenta e oito latino-americanos) convocados para o Concílio Vaticano I, apoiaram à viva voz a definição da infalibilidade papal. Nisso se destacou Dom Antônio Macedo Costa, reconhecidamente o brasileiro mais atuante na assembleia conciliar. Pouco depois, quando Roma foi conquistada em 1870 pelas tropas do rei Vittorio Emanuele II, forçando a interrupção dos trabalhos, Dom Pedro Maria de Lacerda, que presenciou o fato, escreveu uma *Carta Pastoral* em protesto, ao tempo em que pedia aos fiéis católicos ajuda para a manutenção do Sumo Pontífice: "Filhos meus, eu vos estendo a mão e vos peço uma esmola para nosso Santo Padre Pio IX".[164]

Esse era um sentimento comum no episcopado brasileiro, e, por isso, reunidos na Bahia ao retornarem de Roma, no dia 2 de fevereiro de 1871, seus membros assinaram um documento de protesto *contra a usurpação de Roma e dos restantes Estados da Igreja*, que apresentaram a Dom Pedro II, pedindo a sua solidariedade:

> Senhor! Neste momento de tantas trevas e desfalecimentos, será eterna a honra do governo de V. M. Imperial ter ficado fiel à causa da justiça e da verdade, dando ao menos o seu apoio moral ao ilustre Pio IX, em quem brilham com tão puro esplendor as nobres virtudes que constituem um grande Rei e um grande Pontífice.[165]

A afinidade dos bispos com o Papa se tornara tão estreita, que, mesmo ao elogiar a "Lei do ventre livre" aprovada em 1871, Dom Pedro Maria de Lacerda não se esqueceria da situação vivida por Pio IX:

> Tudo isso é belo, é enternecedor, é cristão e enche de vivíssima alegria a Santa Madre Igreja Católica Romana. [...] E vós, brisas americanas do Atlântico, levai ligeiras esta grata notícia ao inocente e Augusto cativo do Vaticano, Pio Magno, Prisioneiro de filhos ingratos: não demoreis uma nova que pode dar lenitivo às mágoas de seu terno coração...[166]

---

[162] RAMOS DE OLIVEIRA, *O conflito religioso-maçônico de 1872*, Vozes, Petrópolis, 1952, p. 52.
[163] BOANERGES RIBEIRO, *Protestantismo no Brasil Monárquico*, p. 47.
[164] PEDRO MARIA DE LACERDA, *Carta Pastoral do Bispo de São Sebastião do Rio de Janeiro anunciando a suspensão do Concílio Vaticano por ocasião da tomada de Roma a 20 de setembro de 1870 e pedindo esmola para o Santo Padre Pio IX*, Tipografia do Apóstolo, Rio de Janeiro, 1870, p. 3, 6, 12, 14-14, 20.
[165] ANTÔNIO DE MACEDO COSTA, *Protesto do Episcopado Brasileiro contra a usurpação de Roma, capital do Catolicismo e dos restantes Estados da Igreja pelo Governo Italiano*, Tipografia do Diário de Belém, Belém, 1871, p. 1-3, 6-7.
[166] PEDRO MARIA DE LACERDA, *Carta Pastoral do Bispo de São Sebastião do Rio de Janeiro anunciando a lei n. 2.040 de 28 de setembro de 1871*, Tipografia do Apóstolo, Rio de Janeiro, 1871, p. 5.

6

OS NOVOS RUMOS DA VIDA RELIGIOSA E AS ORIGINAIS OPÇÕES DO CLERO REFORMADO

De maneira discreta, porém cada vez mais sentida, os religiosos também colaboraram no processo da reforma eclesial. Tratou-se, é verdade, de uma influência limitada, porque o número de membros das ordens e congregações no Brasil era bastante reduzido. Compreensível: D. Pedro II jamais manifestara simpatia pelas ordens contemplativas, apesar de aparentar certa consideração por algumas de vida ativa, como os lazaristas, chegados a 1819. O que ele deixava transparecer é que queria religiosos que cuidassem de escolas e hospitais –, apenas. Por outro lado, abandonadas a si mesmas, sem que nem os bispos nem a Santa Sé pudessem tomar medidas corretivas, as ordens tradicionais atingiram o ápice da decadência. Suas comunidades até que se distinguiam no âmbito da cultura humanística, dados os acanhados padrões intelectuais da época; mas nelas, antes que predicados evangélicos, o que prevalecia era a frouxidão de costumes. Havia certamente religiosos que se destacavam pela piedade e retidão; outros pela dedicação e saber, merecendo menção especial oradores sagrados como frei Francisco de Santa Teresa de Jesus Sampaio e frei Francisco de Monte Alverne; botânicos como José Mariano da Conceição Veloso e Leandro do Santíssimo Sacramento; eruditos como Custódio Alves Serrão e Camilo de Monserrate. Esses exemplos não eliminam a certeza de que o ideal dos primeiros tempos há muito havia arrefecido. Tanto é assim que a catequese dos índios, centro das atenções dos jesuítas nos séculos XVI e XVII, já não atraía os frades do século XIX, e as tentativas de reforma levadas a cabo nas décadas de trinta e quarenta pelos internúncios resultaram inúteis. Até leigos dotados de certo senso religioso, como o embaixador do reino das Duas Sicílias, apontariam o governo como sendo o grande responsável para que nada se fizesse. Num relatório enviado ao seu soberano em 1842, o referido diplomata lamentaria a não realização da pretendida reforma dos beneditinos e dos carmelitas programada em 1833, a qual, segundo ele, se houvesse sido levado a cabo, teria sido "tão útil".[1]

Como nenhuma alteração ocorreu, o espírito de independência e de livre discussão nos conventos se acentuou, em prejuízo da disciplina e da obediência. Faltando também critérios eficazes para a escolha dos candidatos ao noviciado e à profissão dos votos, pessoas não adequadas passaram a ser admitidas. Além disso, a presença e estreito contato com escravos nos conventos

---

[1] ASNA, Ministero degli Affari Esteri, pasta 178 II, lettera n. 8, Rio de Janeiro 11-2-1842.

e nos mosteiros, a administração dos latifúndios confiada a religiosos que, distantes da supervisão dos superiores, contraíam os vícios, que podem nascer do manejo e da abundância de dinheiro e da coabitação com mulheres, especialmente com escravas, completaram o quadro da corrupção.[2]

O governo, por sua vez, tratava o assunto com extrema ambiguidade: de uma parte seus expoentes políticos faziam crítica cerrada contra a degeneração da vida regular; mas doutra não mediam esforços para impedir que as autoridades eclesiásticas adotassem corretivos. A cobiça dos órgãos oficiais parecia falar mais alto e tinha bons fundamentos, pois religiosos, como os monges de São Bento, possuíam propriedades e rendas de notável substância. E o que é mais importante: o patrimônio deles crescia sempre graças à aquisição constante de donativos de benfeitores que os procuravam, buscando redimir seus pecados.[3] A espoliação se moveu por etapas, e um dos meios de que se serviu foi o de enrijecer as disposições da lei de 8 de dezembro de 1830, com uma outra mais dura de n. 369, datada de 18 de setembro de 1845, seguida do decreto n. 655 de 28 de novembro de 1849. Este último, firmado por Eusébio Queirós Coutinho Matoso Câmara (1812-1868), entre as suas muitas minúcias, encerrava-se no artigo oitavo confirmando mais uma vez a sujeição do patrimônio dos religiosos ao bem querer do Estado: "São nulos e sem efeito os contratos celebrados pelas ordens regulares, sem que tenha precedido licença do governo, com todas as cláusulas que ficam prescritas".[4] Avisos subsequentes reiterariam a restrição.[5] O golpe final não tardaria.

6.1 – A supressão "branca" das antigas ordens "brasileiras"

O golpe definitivo contra as velhas ordens brasileiras aconteceu por meio de uma *Circular* baixada aos 19 de maio de 1855, por obra e graça de Joaquim Aurélio Thomaz Nabuco de Araújo (1813-1878), ministro titular da pasta da Justiça, à qual ainda estava vinculada a administração dos cultos. Nessa data, usando como ardil a necessidade de "purificar" a vida religiosa, a morte lenta dos antigos regulares foi decretada: "Sua Majestade o imperador há por bem cassar as licenças concedidas para a entrada de noviços nessa Ordem Religiosa até que seja resolvida a concordata que a Santa Sé vai ao governo propor".[6]

O ministério assumia não ser de sua competência atuar em matéria dessa natureza, reconhecendo tratar-se de medida transitória, mas a concordata prevista para regularizar a questão jamais se consumou. As condições impostas pelo governo brasileiro eram intoleráveis para a Santa Sé, e as tratativas entre o barão de Penedo e Monsenhor Ferrari, tendo começado ainda antes da referida *Circular* ser baixada, arrastaram-se por anos, redundando em absoluto fracasso. O ofício de José Bernardo de Figueiredo, futuro visconde de Arinos, ao conselheiro José Maria da Silva Paranhos, ministro dos negócios estrangeiros, datado de 29 de abril de 1859, aponta como causa as razões habituais:

---

[2] LUIGI LASAGNA, *Epistolario*, vol. II, p. 17.
[3] MANOEL DE OLIVEIRA LIMA, *O Império brasileiro*, 2ª ed., Edições Melhoramentos, São Paulo SD, p. 438.
[4] ASV, "Decreto n. 655 de 28-11-1849", em: *Nunciatura Apostólica no Brasil*, fasc. 378, caixa 77, fl. 8.
[5] FRANCISCO JOSÉ DE LACERDA ALMEIDA, *A Igreja e o Estado – suas relações no direito brasileiro*, p. 197-198.
[6] JOAQUIM NABUCO, *Um Estadista do Império*, tomo I, Instituto do Progresso Editorial, São Paulo, 1949, p. 306.

várias exigências da Santa Sé se opunham à constituição e leis do império e a "práticas que herdamos dos nossos maiores". O governo mostrava-se disposto em colocar-se de acordo sobre os pontos com menos obstáculos, mas estava claro que a possibilidade de acordo consensual tornara-se inverossímil. Como bem salientava Figueiredo, a Santa Sé não podia deixar de consignar numa concordata certos princípios fundamentais determinados pelos cânones e pelo Concílio Tridentino, os quais tinham sido admitidos em todas as concordatas celebradas com outros países. Roma tampouco estava disposta a conceder ao Brasil, inclusive tendo em vista o perigoso precedente que abriria, o que havia negado às mais importantes nações católicas do mundo e que poderiam exigir as mesmas vantagens.[7]

Enquanto isso, o imperador manteve sua intransigência em relação às antigas ordens e ignorou o apelo que lhe fez, pouco de antes de morrer, frei Monte Alverne, para que autorizasse a reabertura do noviciado. Essa simples possibilidade o aborrecia e demonstrou-o com impaciência, quando de novo lhe pediram consentir na reabertura do noviciado no convento franciscano de Santo Antônio do Rio de Janeiro: "Qual!" retrucou, "a época dos frades já passou!" Frei Fidélis d'Avola OFM Cap., presente ao rompante imperial, respondeu-lhe com ironia: "Majestade, não diga assim; porque aí andam também a dizer que o tempo das testas coroadas já passou!"[8]

Baldadas todas as tentativas de reconsideração, em poucos anos os conventos se esvaziaram, e Monsenhor Manoel dos Santos Pereira pôde testemunhar os efeitos devastadores da *Circular* sobre os religiosos da província carmelita da Bahia:

> Da Ordem Carmelita nesta província restam apenas sete religiosos, dos quais somente três vivem intraclaustra. [...] A decadência a que chegou esta Ordem, que tanto floresceu entre nós, principiou da data em que foi proibida a admissão de noviços. Daí para cá, as mortes, as secularizações e as deserções foram despovoando o claustro, a ponto de não poder haver eleição para os cargos.[9]

Igual destino se abateu sobre os demais regulares, e os beneditinos, somente na década de 50, perderam por motivo de morte vinte monges, alguns bastante jovens, seguidos de outros 14 que faleceram entre 1860 e 1870. Em meio à ruína crescente, o Abade Geral bem que tentou paliativos, a exemplo do seu veemente e não escutado pedido feito, aos 9 de agosto de 1861, de poder admitir ao menos alguns noviços, porque, conforme então salientava, "por falta de monges, já não há coro na casa provincial e, quando uma Ordem Religiosa chega a este ponto, está perdida".[10] Em 1868, os beneditinos ainda conservavam 11 mosteiros, mas o número global dos membros da Ordem já se reduzira a 41, e apenas duas abadias conseguiam manter, com dificuldade, a vida regular monástica: a do Rio de Janeiro, que contava com 15 membros,

---

[7] CARLOS MAGALHÃES AZEREDO, *O reconhecimento da independência e do Império do Brasil pela Santa Sé*, Indústria Tipográfica Romana, Roma, 1932, p. 67-70.
[8] FLÁVIO GUERRA, *A questão religiosa do Segundo Império*, p. 73.
[9] ASV, Carta de Monsenhor Manoel dos Santos Pereira ao internúncio Rocco Cocchia (29-7-1884), em: *Nunciatura Apostólica no Brasil*, fasc. 321, caixa 66, doc. 9, fl. 38.
[10] OTÁVIO CIRILLO BORTOLUZZI, *Documentário*, Gráfica Dom Bosco, São Paulo, 1996, p. 417.

e a da Bahia, com 11. Em Olinda havia apenas 4 e nas demais abadias e presidências, somente um ou dois. Tentou-se então uma nova saída, enviando vocacionados para Roma. A iniciativa partiu do abade do Rio, frei José da Purificação, que escreveu ao abade do mosteiro de São Paulo em Roma, Dom Francisco Leopoldo Zella, pedindo-lhe acolher e formar jovens brasileiros na sua abadia. O pedido foi aceito, e os três primeiros vocacionados, Francisco Vilaça, carioca, Hermógenes do Coração de Maria Borges Sampaio, mineiro, e José de Santa Escolástica Faria, paranaense, partiram para a Itália.[11] A esses, previa-se o envio de outros, mas o que parecia ser a solução recebeu o golpe mortal aos 27 de outubro de 1870, quando um aviso do ministro João Alfredo proibiu taxativamente a iniciativa em curso:

> Consta oficialmente ao governo imperial, que se apresentou em Roma fr. João de Santa Gertrudes, do mosteiro desta Corte, acompanhado de três jovens brasileiros, chamados Francisco José Ferreira Vilhaça, José Tomás de Faria e Hermenegildo de Araújo Sampaio, os quais entraram como noviços na Ordem dos Beneditinos, sendo por conta do referido mosteiro as despesas que por eles se farão. Não pode o governo imperial nem deseja impedir que os súditos brasileiros, dirigindo-se a países estrangeiros, professem nas ordens religiosas que existem, se a legislação respectiva o permita; mas devo declarar a Vossa Ex.ª Reverendíssima que, estando anuladas com a circular de 19 de maio de 1855, as licenças concedidas às ordens religiosas do império seriam completamente revogadas, se fosse lícito aos brasileiros que professem em ordens religiosas estrangeiras fazer parte das comunidades existentes no Brasil. Portanto, Sua Majestade o Imperador ordena que se declare a V. Ex.ª que tais brasileiros que fizerem profissão em Roma na Ordem Beneditina não poderão, voltando ao império, fazer parte do mosteiro do qual V. Ex.ª é abade.[12]

Para impedir que outras ordens tentassem iniciativas do gênero, o governo enviou cartas aos demais superiores, comunicando que aquela decisão valia para todos. Foi por isso que, frei João do Amor Divino Costa, vigário provincial da província franciscana da Imaculada Conceição, recebeu aviso oficial, cientificando-o que os brasileiros professos no estrangeiro não teriam exercício no Brasil, para não ficar sem efeito a proibição do noviciado.[13]

O interesse de se assenhorear dos bens das velhas ordens não fazia concessões, e, ainda no dia 15 de março de 1853, o Aviso 81 já havia proibido os conventos de se desfazerem de qualquer bem sem licença expressa do governo, porque, "em conformidade com a legislação em vigor sobre vagos", estes seriam "incorporados ao domínio do Estado".[14] A questão retornou em 1865, ao iniciar a dispendiosa Guerra do Paraguai. No ano em que o conflito terminou – 1870 – as autoridades governamentais enviaram a Roma Pe. Pinto Campos para tratar com a Santa Sé a transformação dos bens dos religiosos

---

[11] JOAQUIM GRANGEIRO DE LUNA, *Os monges Beneditinos no Brasil*, Edições Lumen Christi, Rio de Janeiro, 1947, p. 36-37.
[12] ASV, Aviso do Ministério do Império ao Abade Geral da Ordem Beneditina (27-10-1870), em: *Nunciatura Apostólica no Brasil*, fasc. 345, caixa 71, doc. 8, fl. 64.
[13] BASÍLIO RÖWER, *História da Província Franciscana da Imaculada Conceição do Brasil*, Vozes, Petrópolis, 1951, p. 300.
[14] OTÁVIO CIRILLO BORTOLUZZI, *Documentário*, p. 418-419.

em títulos destinados à sustentação dos seminários diocesanos, dos hospitais e de outros institutos de caridade, das missões entre os indígenas e da catequese. Estava em curso o Concílio Vaticano I, e a Santa Sé antes de se pronunciar ouviu o parecer de Dom Antônio de Macedo Costa e de Dom Pedro Maria de Lacerda que se encontravam em Roma. Ambos, em princípio, foram favoráveis ao projeto, mas Dom Lacerda se opôs ao encameramento dos bens dos mosteiros femininos. Chegou-se afinal a um acordo em que o Brasil e a Santa Sé criariam uma comissão paritária nomeada pelo internúncio e pelo governo imperial, sob a presidência do primeiro. A função dessa comissão seria indicar quais conventos deveriam ser reformados e quais não. No caso dos conventos que se julgasse conveniente não conservar, dever-se-ia também determinar o como proceder para o confisco dos seus bens. O governo imperial se comprometia a reabrir o noviciado nos conventos reformados.[15]

O projeto se converteu na lei n. 1.764, artigo 18, aprovada no dia de 28 de junho de 1870, pelo gabinete de José Joaquim Rodrigues Torres (1802-1872), visconde de Itaboraí, e foi minuciosa ao ponto de estabelecer a destinação para o patrimônio das ordens em vias de extinção:

> Os prédios rústicos e urbanos, terrenos e escravos, que as ordens religiosas possuem, serão convertidos no prazo de dez anos em apólices intransferíveis da dívida pública interna. Não se compreendem nesta disposição os conventos e dependências dos conventos em que residirem as comunidades, nem os escravos que as mesmas ordens libertarem sem cláusula ou com reserva de prestação de serviços não excedente de cinco anos e as escravas cujos filhos declararem que nascem livres. As alienações que se tem de fazer para a realização do disposto neste artigo serão aliviadas de metade do imposto de transmissão de propriedade.[16]

Nessa lei ficou garantido que os conventos ainda habitados e os escravos que tivessem não sofreriam os efeitos legais, mas nada foi feito para levar esta lei a cabo, até que o ministro Francisco Antônio Maciel, por meio do decreto 9.094, baixado em 22 de dezembro de 1883, tentou torná-la operativa, e com um importante acréscimo: as disposições tornavam-se extensivas às monjas. As novas congregações não seriam afetadas, e também ficaram isentos os bens destinados ao uso de cemitérios, de hospitais, de orfanatos, de asilos da mendicância, dos institutos de menores abandonados e de qualquer outro tipo de instituto de caridade ou de educação que possuísse patrimônio suficiente para o seu fim. Isso ultrapassava a proposta original, mas, não obstante a reação negativa da Igreja, procedeu-se à expropriação dos bens das religiosas do Convento da Ajuda, no Rio de Janeiro, provocando uma reação irada de Dom Pedro Maria de Lacerda que denunciou a violação. Diante da reação eclesiástica o governo apelou para represálias: primeiro derrogou os decretos de 24 de outubro e de 9 de novembro em que outorgara o beneplácito aos breves da nunciatura; e, em seguida, ordenou prosseguir ao inventário das bibliotecas dos mosteiros de São Bento, do Carmo, da Ajuda e do convento de São Francisco. Assim sendo, no dia 5 de fevereiro de 1884, Eduardo de Andrade Pinto,

---
[15] LUIGI LASAGNA, *Epistolario*, vol. II, p. 18.
[16] JOAQUIM NABUCO, *Um Estadista do Império*, vol. I, nota 1, p. 321.

presidente da comissão de embargo dos bens das ordens religiosas, intimou os seus superiores para, no prazo de quinze dias, comparecerem ante a secretaria de Estado de negócios do império para assistirem "à desamortização, sob pena de sequestro", e exibirem inventário de seus bens, livros e títulos.[17]

O assunto foi parar nos tribunais, pois as monjas do Mosteiro do Carmo contestaram o governo pelos meios legais. O Dr. Lopes Diniz que as representou realizou uma defesa tão convincente, que, aos 24 de abril de 1884, o juiz Miguel Calmon da Pine Almeida lhes deu ganho de causa e condenou o governo a pagar as despesas do processo. A derrota provocou a queda do gabinete em exercício e, em 1885, terminou sendo definitivamente abandonada a ideia do encameramento.[18]

A *Circular* de 1855 continuava, porém, em vigor, com a consequente usurpação das casas religiosas vazias. Além disso, a diminuição dos religiosos teve como efeito colateral a concentração de riquezas. Entre os beneditinos, a cota de cada monge gradualmente ficou substanciosa e, no começo, alegou-se que se tratava da concessão de uma anuidade para a aquisição de roupa branca e outros objetos indispensáveis. Era muito mais: tratava-se do início do relaxamento da pobreza monástica. Como consequência, em 1863 o capítulo geral fixou tal anuidade em 200 mil réis, passando aos poucos para 300, 600 e, enfim, para um conto de réis. A quantia era considerável para a época, principalmente se se tem presente que gastos como costura dos hábitos e outros mais corriam por conta da caixa dos mosteiros. E isso não foi tudo: os capítulos foram ficando "generosos" na concessão de licença para a visita a parentes não só no Brasil, mas também em Portugal. Aconteceu mesmo de licenças para saúde serem permitidas pelo prazo de seis meses![19]

Na defesa das velhas ordens saiu, curiosamente, o ultrarregalista cônego Joaquim do Monte Carmelo, que em várias ocasiões, como num sermão que proferiu na capela do convento de Ajuda do Rio de Janeiro em 1868, bradaria:

> Nega-se-lhes o direito de viver! Condenam-nas a uma agonia prolongada, a uma morte inglória. Seus pingues patrimônios, que outrora enxugaram tantas lágrimas, que socorreram tantas misérias, que removeram tantas dores, vão desaparecendo a olhos vistos! Seus belos edifícios desmoronam-se, vítimas da inépcia, do desmazelo e da impiedade! E a tudo isso fecham os olhos, cruzam os braços, os únicos responsáveis deste tristíssimo estado de coisas! Na vã esperança de se justificarem dizem: "A Igreja perdeu já toda a sua força fecundante para produzir e mesmo conservar essas instituições, que passam hoje de tristes anacronismos".
> [...] Vivemos num país católico, sob a égide de uma constituição liberalíssima: apregoa-se a tolerância dos cultos; e não se consente que o cidadão se consagre ao serviço de Deus pelo meio reconhecido mais perfeito pela Religião do Estado! Garante-se a liberdade individual, o direito sagrado de propriedade e consente-se que se iluda a vontade imprescritível dos instituidores, que se malogrem suas últimas disposições! Não se permite que ninguém se faça monge![20]

---

[17] Juan E. Belza, *Luis Lasagna, el obispo misionero*, Instituto Salesiano de Artes Gráficas, Buenos Aires, 1969, 1969, p. 295-296.
[18] Luigi Lasagna, *Epistolario*, vol. II, p. 18-19.
[19] Michael Emílio Scherer, *Frei Domingos da Transfiguração Machado*, Edições Lumen Christi, Rio de Janeiro, 1980, p. 40.
[20] Joaquim do Monte Carmelo, *Ordens religiosas*, Tipografia do Correio Mercantil, Rio de Janeiro, 1868, p. 5-26.

Nesse ponto, Monte Carmelo, mesmo sendo maçom, discordava do grão--mestre Joaquim Saldanha Marinho, que manifestava visível satisfação ante a decadência dos Regulares no Brasil:

> As Ordens Regulares no império foram privadas legalmente de admitirem noviços, ficando o número dos frades, entre nós, muito sabiamente limitado ao que na ocasião tínhamos; e os poderes do Estado, manifestando a vontade de acabar prudentemente com as "Ordens Regulares", sem dúvida já inúteis e sempre mais prejudiciais do que vantajosas, usaram desse meio indireto, com o qual, sem afrontar simples direitos dos frades que existiam, prepararam a sua lenta e infalível extinção.[21]

Somente nos últimos anos do império, alguns membros do clero "ultramontano" começaram a manifestar certa compaixão pelas ordens moribundas. Mesmo assim, uma mudança de atitude só aconteceria após a instauração da República e da laicização do Estado.[22]

6.2 – Um caso muito particular: os capuchinhos

A Ordem dos frades capuchinhos forma um caso anômalo na história da Igreja no Brasil: cronologicamente, trata-se de uma fundação do período colonial, mas, religiosamente, manteve-se refratária a todas as pretensões do jurisdicionalismo régio. Dois fatores foram determinantes para isso: os capuchinhos sempre mantiverem estreitas relações com a *Propaganda Fide*, e seus fundadores ou refundadores não eram portugueses. No século XVIII, os frades capuchinhos foram organizados em três prefeituras, algo semelhante a vicariatos, que eram as seguintes: Bahia (1712), Pernambuco (1725) e Rio de Janeiro (1737).[23]

Nas primeiras décadas do século XIX a Ordem também atuava em cinco missões: São Fidélis, em Campos dos Goitacazes, RJ; São José de Leonissa ou Aldeia da Pedra, nas margens do rio Paraíba, RJ; São Pedro de Alcântara, BA; Aldeia de Baixa Verde, PE; e Albuquerque, MT; mas as suas perspectivas não eram boas. Os motivos principais foram a morte de muitos missionários e a difícil situação das províncias irmãs do Velho Mundo, que, em meio às convulsões políticas e revolucionárias que sacudiam a Europa, deixaram de socorrê-los. O eclipse duraria até 1840, quando o regente Pedro Araújo Lima, após reatar as relações com a Santa Sé, determinou ao representante brasileiro em Roma de promover a vinda de novos missionários da Ordem para algumas províncias brasileiras. Para concretizar o pedido, no dia 5 de fevereiro de 1840, o referido ministro pediu a colaboração do internúncio Fabbrini e, feitos os primeiros contatos, enviou-lhe no dia 12 de maio seguinte um Aviso estipulando que "o governo se obrigava a pagar a passagem aos missionários e a passar-lhes, a cada um, a diária de quinhentos réis".[24]

---

[21] Joaquim Saldanha Marinho, *A execução da sentença do bispo de Olinda*, Tomo III, Tipografia do Diário do Rio de Janeiro, Rio de Janeiro, 1874, p. 4.
[22] Cf. Otávio Cirillo Bortoluzzi, *Documentário*, p. 419.
[23] Rovílio Costa e Luís Alberto de Boni, *Os Capuchinhos do Rio Grande do Sul*, Est Edições, Porto Alegre, 1996, p. 14.
[24] Jacinto Palazzolo, *Crônica dos Capuchinhos do Rio de Janeiro*, p. 140-141.

De novo foi *Propaganda Fide* quem organizou o envio de sete frades, que eram fr. Fidelis de Montesano (superior), mais os freis Agostino de Barberino, Francesco Ângelo de Taggia, Pietro Maria de Bra, Doroteo de Dronero e Luigi de Alba Pompéia. O grupo desembarcou no Rio de Janeiro no dia 14 de setembro, sendo hospedado no Mosteiro de São Bento, onde permaneceu até 18 de agosto de 1842. Naquela data os frades se transferiram para o Morro do Castelo, ocupando duas casas junto à igreja de São Sebastião, antiga Sé. Tanto as construções quanto o terreno adjacente foram doados à ordem pelo governo, por meio do ministro e secretário de Estado dos negócios da Fazenda, Miguel Calmon Du Pin e Almeida, visconde de Abrantes.[25]

Entre 1841 e 1842 chegariam outros 22 missionários, dos quais apenas dois – frei Eugênio de Gênova, que missionou em Uberaba, onde faleceu, e frei Luigi de Ravena, que também foi para Minas, vindo a falecer na Serra da Piedade – foram indicados para a missão do Rio de Janeiro. Os demais foram para outras frentes.[26] Os regalistas, porém, por meio de dois decretos consecutivos tentaram "enquadrá-los". O primeiro, de n. 285, baixado 21 de junho de 1843, autorizava o governo a mandar vir da Itália confrades seus, distribuí-los pelas províncias em missões, adquirir prédios e igrejas para eles e arcar com toda e qualquer despesa extraordinária que fosse indispensável para o bom funcionamento das ditas missões. Não era uma ajuda, pois quando o internúncio Ambroggio Campondonico, tendo presente que ditos religiosos eram enviados pela *Propaganda Fide*, desejou distribuí-los pelas missões, o governo imperial, no dia 30 de junho do ano seguinte, baixou outro decreto, de n. 373, restabelecendo seus "direitos". Ali, ao definir "as regras que se devem observar na distribuição pelas províncias dos missionários capuchinhos", deixou claro o que pretendia:

> Art. 1º – A missão dos Religiosos Capuchinhos, estabelecida nesta Corte, em virtude do artigo primeiro do Decreto sobredito (285), fica dependendo do governo no que respeita à distribuição e ao emprego dos Missionários nos lugares onde o mesmo governo entender podem ser de maior utilidade ao Estado e à Igreja.
> Art. 2º – O governo, à representação dos Bispos ou ordinários das Dioceses, poderá enviar e empregar os missionários nos lugares das Dioceses para onde forem reclamados.
> Art. 3º – Os Missionários Capuchinhos, na Corte, e nas Províncias em que se acharem em missões, na forma dos artigos antecedentes, estarão sujeitos e dependerão unicamente dos Bispos em tudo quanto disser respeito ao ministério sacerdotal; e nos lugares onde houver hospício, e pelo tempo em que aí residirem, os Missionários dependerão de superior local, enquanto aos ofícios e funções meramente regulares.
> Art. 4º – Nenhum Missionário Capuchinho solicitará de seu superior-geral em Roma obediência ou outra ordem semelhante, que o desligue da missão, ou transfira para outro lugar, que não tenha sido designado pelo governo, ou indicado pelos Bispos ou Ordinários, sem prévio consentimento do mesmo governo.
> Art. 5º – Todas as obediências ou ordens semelhantes de que trata o artigo antecedente, como aquelas que não foram precedidas da formalidade do mesmo artigo, ficam dependendo, para sua execução, de beneplácito imperial.[27]

---

[25] JACINTO PALAZZOLO, *Crônica dos Capuchinhos do Rio de Janeiro*, p. 141-142.
[26] SERAFIM JOSÉ PEREIRA, *Missionários Capuchinhos nas antigas catequeses indígenas e nas sedes do Rio de Janeiro, Espírito Santo e leste de Minas*, p. 36.
[27] ASPF, "Estado da missão de 1840 a 1847", em: *SC América Meridional*, cód. 9, fl. 94b.

Por meio desse artifício, desejou-se fazer com os capuchinhos o que se fizera às demais ordens religiosas, mas seus superiores no Brasil reagiram indignados e também o internúncio Campodonico, no dia 18 de agosto de 1843, protestou junto ao ministro dos negócios exteriores, Pedro Teixeira França. Diante da reação inesperada, um certo "católico romano", por meio de comunicado publicado no *Diário do Rio de Janeiro* aos 25 de junho de 1844, recordou ao internúncio e aos frades qual era "o lugar deles":

> A quem estão sujeitos os religiosos Capuchinhos requisitados pelo governo imperial à Santa Sé? Ou ao principal dos mesmos para virem ao Brasil empregar-se no serviço do seu ministério e que lhes destinar o mesmo governo imperial e ao Núncio da Santa Sé, ou é ao governo de Sua Majestade o Imperador?
> É óbvio que do Núncio só têm direito de receber a proteção e apoio nas suas reclamações quando por fatalidade se lhes falte o que é devido, e nada mais. O governo imperial pode mandá-los para onde julgar mais conveniente, ou conservá-los no hospício do Rio de Janeiro se quiser; e o mais, é absurdo.[28]

A câmara dos deputados foi outro lugar em que os anticlericais atacaram os capuchinhos continuamente. Alguns parlamentares acusavam-nos de levarem a efeito uma catequese primária, valorizando a mortificação e o sobrenatural; mas a verdadeira razão era aquela apontada por Paula e Souza: eles estavam a "espalharem ideias ultramontanas" no Brasil... Como, entretanto, "ultramontanos" eram também alguns deputados, não faltaram vozes que se alçassem em defesa dos frades, como fez o parlamentar mineiro Plácido Martins.[29]

O governo não insistiria em controlar a atividade dos capuchinhos, porque não podia correr o risco de perdê-los, ciente como estava de que os religiosos eram os únicos a enfrentarem com disponibilidade e eficiência questões delicadas como os aldeamentos indígenas, que depois se transformavam em cidades, integradas à "civilização". Por isso, tentou um primeiro passo em 1851 ao apresentar outro decreto. Não agradou, pois os religiosos, alegando que vários dos seus parágrafos eram absurdos e injustos, devolveram-no. A pertinácia valeu, pois o famigerado artigo 373 acabaria sendo realmente abolido. O acordo entre a Santa Sé e o governo imperial saiu em 1862, quando aos frades foi reconhecido tanto o privilégio da isenção quanto a autoridade do comissário geral próprio que tinham – instituído por *Propaganda Fide* em 1847, com sede no Rio de Janeiro – para a disciplina interna e externa, continuando sujeitos aos bispos apenas nos limites canônicos exigidos.[30]

No ano precedente, a missão já havia sido reestruturada, e às três prefeituras existentes – Rio de Janeiro, Bahia e Pernambuco – acrescentaram-se outras novas cinco vice-prefeituras: Goiás, Mato Grosso, Paraná, São Paulo e Minas Gerais. O Prefeito Apostólico do Rio de Janeiro foi constituído em Comissário-Geral para tratar de negócios com o governo central, encargo que seria mantido até 1893. O primeiro Comissário-Geral foi frei Fabiano de Scandino, de 1861 a 1878, seguido de frei Fulgêncio de Magdaloni, frei Caetano

---

[28] ASNA, "Comunicado – Pergunta interessante", in: *Fondo Archivio Borbone*, pasta 755, foglio 268.
[29] GÉRSON BRASIL, *O Regalismo brasileiro*, p. 66-67.
[30] LUIGI LASAGNA, *Epistolário*, vol. III, p. 18-19.

de Messina, frei Salvador de Nápoles e frei Fidélis d'Avola.[31] Em todo esse período a influência da *Propaganda Fide* foi mantida, e era no seu Colégio das Missões que missionários como frei Mariano de Bagnaia se formavam. A mesma Propaganda designava quem ia para determinado lugar missionado.[32]

Os capuchinhos se fizeram respeitar também devido à sua conduta irrepreensível e à firmeza com que coibiam eventuais desvios internos. A vasta atividade que desenvolviam abrangia desde a "cura d'almas" (numerosas missões populares e paróquias) à formação nos seminários diocesanos de São Paulo e Bahia. A isso se uniram trabalhos outros em localidades das mais diversas no Mato Grosso, Goiás, Maranhão, Bahia, Pará, Amazonas, Rio de Janeiro (onde eram carinhosamente chamados de "barbadinhos") e Minas Gerais. Ainda que nem todas as iniciativas tenham sido bem-sucedidas, as missões indígenas foram o ponto alto no conjunto da obra, a saber: *Missão de Pacífica* em Boa Vista; *Missão de São Joaquim de Jamimbu*: também em Goiás; *Missão da Aldeia de Faxina,* em São Paulo;[33] Missões *Teresina* e de *Pedro Afonso*, localizadas na confluência dos rios Tocantins e do Sono; *Missão de Cujuté*, que funcionava como uma paróquia de Minas Gerais; *Missões de Santo Antônio da Cruz*, na província da Bahia; *Missão de Catulé*, também junto aos índios Botocudos da Bahia; *Missão do rio Tapajós*: localizada na província do Pará; *Missão de Andirá*, junto aos índios Mariés; *Missão de São Pedro de Propriá*, em Sergipe; *Missão de Rodelas*, na Bahia, de breve duração;[34] *Aldeamento de São Pedro de Alcântara de Jataí*, na província do Paraná; e *Missão de Ipiabanha*, fundada em Goiás, na região do Alto-Araguaia.[35]

Dentre todas as missões desenvolvidas pelos frades capuchinhos, duas teriam uma particular importância na história do Brasil, como segue:

a) *Missão de Nossa Senhora do Bom Conselho*: tudo começou aos 4 de março de 1847 quando chegou da Itália um novo grupo de oito frades, entre os quais, frei Mariano de Bagnaia (1820-1888). Frei Mariano, depois de passar dois meses estudando a língua portuguesa, foi destinado para a missão mato--grossense a pedido do próprio Presidente da província. Inicialmente, junto com seu confrade Antônio de Mollinetto, pregou missões populares em Cuiabá, mas depois ambos foram mandados para catequizarem os índios do Alto Paraguai, conseguindo um resultado extraordinário. Com aquela calma bem franciscana, despida da cupidez e dos vícios dos outros brancos, primeiro os religiosos conquistaram a amizade dos nativos e depois começaram o lento trabalho de catequese, tendo conseguido aldear cerca de 3.000 indígenas. Por encargo do bispo de Cuiabá, Dom José Antônio dos Reis, a partir de 23 de outubro de 1859 frei Mariano passou a dirigir a paróquia de Vila de Miranda, onde também construiu a igreja matriz. Uma das poucas dificuldades que encontrou foi a de convencer os neoconvertidos a andarem vestidos – inclusive

---

[31] JACINTO PALAZZOLO, *Nas selvas dos vales do Mucuri e do Rio Doce*, Companhia Editora Nacional, São Paulo, 1973, p. 14-15.
[32] ALFREDO SGANZERLA, *A presença do Frei Mariano de Bagnaia na Igreja do Mato Grosso no século XIX*, Gráfica Rui Barbosa, Campo Grande 1992, p. 29.
[33] Cf. ASPF, "Estado da missão de 1840 a 1847", em: SC *América Meridional*, cód. 9, fl. 92b-93.
[34] Cf. ASPF, "Estado da missão de 1847 a 1854", em: SC *América Meridional*, cód. 9, fl. 105-107.
[35] Cf. ASPF, "Sucinta relação feita pelos Capuchinhos do Brasil em 1887", em: SC *América Meridional*, cód. 15, fl. 351b.

dentro da Igreja! Ele ainda acumulou a função de diretor civil dos índios, por nomeação do presidente provincial, num período em que o inteiro trabalho dos capuchinhos progredia. Foi então que, em 1865, eclodiu a Guerra do Paraguai, e o ditador Francisco Solano Lopez (1827-1870) enviou o comandante Francisco Isidoro Resquim (1823-1882) para dominar o local.[36] Resultado: Miranda foi invadida e destruída, e a população caiu prisioneira ou fugiu,[37] como testemunhou Alfredo d'Escragnolle Taunay (1843-1899), o visconde de Taunay, na sua obra *A retirada de Laguna*:

> Estava Miranda em ruínas quando nossas forças ali entraram [aos 17 de setembro de 1866]. Ao partirem haviam-na os paraguaios incendiado. [...] Da matriz apenas subsistiam as paredes laterais, o arcabouço da torre, o galo de folhas de flandres e uma cruz esculpida no alto do frontão. Fora edificada graças aos esforços de virtuoso missionário italiano, frei Mariano de Bagnaia.
> [...] A 22 de fevereiro de 1865, deixando frei Mariano as margens do Salobro, onde se refugiara, ao aproximar-se a invasão, viera, de moto próprio, entregar-se aos paraguaios, no intuito de lhes pedir compaixão para com a desventurada paróquia. Ao chegar à vila, fora-lhe o primeiro cuidado correr à matriz, objeto da sua mais viva solicitude. Desolador espetáculo o esperava: altares derribados, as imagens santas despojadas dos adornos, enfim todas as mostras de profanação. Ao presenciá-lo, dele se apoderou tal sentimento de indignação e de desespero, que não pode dominar-se. Imediatamente, e em voz retumbante, à frente do chefe paraguaio e seus comandados pronunciou solene anátema contra os autores de tais atentados. Ouviram-no todos cabisbaixos, como se esta voz severa fora a de algum daqueles Padres que outrora lhes haviam catequizado os antepassados, esforçando-se o comandante em convencer o missionário que os únicos culpados eram os Mbaias (índios).[38]

Tanta coragem teve seu preço, pois frei Mariano acabou preso e escoltado por 23 homens armados, levado para Nioac e, sucessivamente, para as margens do rio Apa. Depois de seis meses de extenuante viagem chegou enfim a Assunção, onde já se encontrava encarcerado seu colega frei Ângelo de Caramanico. Na capital paraguaia ele pensou em pedir ajuda ao bispo diocesano, mas qual não foi sua surpresa ao constatar que o prelado local, Dom Manuel Antônio Palácios (1824-1868), havia abandonado o ministério para seguir Lopez no campo de batalha. Os brasileiros porém avançavam e a própria Assunção foi conquistada no dia 5 de janeiro de 1869. Resgatado pelos aliados no dia 16 de agosto seguinte, frei Mariano descreveria seu cativeiro com palavras veementes:

> Fomos metidos num fétido calabouço. Incomunicáveis, sem dar-nos de comer. O meu calabouço era cheio de serpentes, que dormiam comigo, passeavam pelo meu corpo, mas não me ofenderam. [...] Depois de quinze meses de sevícias neste calabouço, [...] mandaram-me a Caacupé e ali me meteram num rancho descoberto a intempéries, sem comunicação, onde seria morto de fome, se não fosse uma pobre

---

[36] ASV, Carta de frei Mariano de Bagnaia ao internúncio Domenico Sanguigni (30-8-1869), em: *Nunciatura Apostólica no Brasil*, fasc. 198, caixa 43, doc. 16, fl. 39.
[37] ALFREDO SGANZERLA, *A presença do frei Mariano de Bagnaia na Igreja do Mato Grosso no século XIX*, p. 32-33, 36, 43.
[38] ALFREDO D'ESCRAGNOLLE TAUNAY, *A retirada de Laguna*, 18ª ed., Edições Melhoramentos, São Paulo, 1975, p. 33-34.

negra brasileira. Passados outros quinze meses me transportaram a Piribebuy onde me meteram dentro de uma choça, a mais horrorosa, entre negros, índios etc., todos vítimas do perverso Lopez. Depois de oito meses me levaram no meio de 4.000 baionetas, circulado de 20 lanças, ao campo de batalha [...] para ser imolado com 18 mulheres. Na hora de romper o fogo dos imperiais ali, eu escapei por milagre com a vida, nu, perdendo até o meu crucifixo.

Frei Ângelo de Caramanico, da província de Abruzzo, pereceu por mão do verdugo em abril do corrente, tendo sido açoitado e depois degolado. [...] Matou também vinte pobres paraguaios aduladores, inclusive o tal bispo [no dia 21 de dezembro de 1868]. Este miserável foi conselheiro, cúmplice e expectador de todas as iniquidades que Lopez fez. [...] Se diz também que o bandido Lopez matou ainda o resto dos padres que o acompanharam na sua fuga e que foram instrumentos de suas causas, cujos campeões são um certo Pe. Justo Romão, Bonifácio Moreno, e Aguiar. Estes são célebres na história das iniquidades lopianas, e me parece que se podem comparar com os sacerdotes de Acab.[39]

As sequelas desse episódio abalariam tanto a saúde do alquebrado frade, que a sua própria razão vacilava.[40] Quando se sentiu melhor, ele retomou o ritmo incansável de antes, vindo a morrer em Lençóis, província de São Paulo, no dia 9 de agosto de 1888, momento em que, com seu confrade frei Francesco d'Alatri tencionava fundar um novo hospício.[41]

Quanto à sua ordem, terminada a Guerra do Paraguai com a morte de Lopez em Cerro Corá no dia 1º de março de 1870, ela vivia um período de particular prestígio. Os sete frades que haviam trabalhado como capelães militares – frei Fidélis d'Avola, capelão-mor, frei Salvador de Nápoles, frei Gabriel da Barra, frei Jerônimo de Montefiorito, frei Gregório de Prato, frei Joaquim de Canicatti e frei José de Montefiorito – haviam conquistado áurea de heróis, motivo pelo qual, depois da queda de Assunção, o governo provisório que se instalou deu apoio total à nomeação de frei Fidélis d'Avola como "vigário forâneo apostólico interino" da Igreja paraguaia. Ele ocuparia tal função até 1873, quando enfim foi substituído por Manuel Vicente Moreno, que assumiu a diocese de Assunção como "administrador apostólico", depois da apresentação feita a Pio IX pelo novo presidente Salvador Jovellanos. O nome de frei Fidélis havia sido apresentado para tal ministério, mas isso não acontecera, porque a constituição do Paraguai proibia aos estrangeiros de acederem ao episcopado.[42]

b) *Missões nos vales do Mucuri e São Mateus*: a região do nordeste de Minas Gerais, onde se situam os mencionados vales, em meados do século XIX ainda contava com escassa presença de brancos, quando, a partir de 1851, tudo mudou. A razão é que, em 1847, os irmãos Teófilo Benedito Otoni (1807-1869) e Honório Benedito Otoni (1808-1849) pediram e receberam do governo imperial uma vantajosa concessão para explorarem a navegação –

---

[39] ASV, Carta de frei Mariano de Bagnaia ao internúncio Domenico Sanguigni (Assunção, 30-8-1869), em: *Nunciatura Apostólica no Brasil*, fasc. 198, caixa 43, doc. 16, fl. 44b-45.
[40] JACINTO PALAZZOLO, *Crônica dos Capuchinhos do Rio de Janeiro*, p. 226-228.
[41] ASPF, Relatório apresentado por frei Serafim e frei Ângelo ao Cardeal Prefeito de Propaganda Fide (30-1-1889), em: SC, *América Meridional*, cód. 15, fl. 351.
[42] SERAFIM JOSÉ PEREIRA, *Missionários Capuchinhos nas antigas catequeses indígenas e nas sedes do Rio de Janeiro, Espírito Santo e leste de Minas*, p. 54.

imaginava-se que o rio Mucuri fosse navegável – e terras daqueles lugares. Honório morreu ainda antes da empresa se iniciar, coisa que aconteceu quatro anos após sua aprovação, mas a família Otoni, Teófilo em primeiro lugar, tornaram-se seus grandes acionistas. Dito personagem chegou inclusive a idealizar a criação de uma nova província por ali, compreendendo também algumas partes do Espírito Santo e da Bahia, coisa que jamais aconteceria, contudo, sua ação foi determinante. Na confluência dos rios Santo Antônio e Todos os Santos, aos 7 de setembro de 1853 ele fundou o povoado de Filadélfia (que, em 1878, se emanciparia de Minas Novas e receberia o nome de "Teófilo Otoni") o qual se tornou sede de seus empreendimentos. Isso aconteceu, porém, em meio a massacres sucessivos de silvícolas e uso de escravos negros. A companhia acabou se cobrindo de dívidas, e o império, por meio da lei 1.114 de 27 de setembro de 1860, encampou-a, pagando a Teófilo Otoni uma generosa compensação. Do ponto de vista religioso, como salienta Leônidas Lorentz, "Teófilo Otoni jamais pensou numa catequese regular, dentro dos princípios humanos e cristãos". Para o autor, o motivo é que ele sabia que os sacerdotes eventualmente iriam defender os indígenas, então submetidos por meio do terror. O resultado, como diz Lorentz, foi que "Filadélfia só conheceu um sacerdote quando a província de Minas a transformou em freguesia [no ano de 1857]. E a companhia do Mucuri já operava na região há sete anos".[43]

Entraram em cena pouco depois os capuchinhos, que deixariam forte influências na religiosidade popular daquelas plagas.[44] Um dos pioneiros foi frei Estevão de Veneza, que, com frei Joaquim de Canicatti, conseguiu em dezembro de 1871 aldear 180 índios na localidade de Santa Maria de São Félix (atual Santa Maria do Suaçuí), remediando o infindável ciclo de violência que envolvia nativos e brancos da região. Por isso, o ministro dos negócios da agricultura, comércio e obras públicas, Cândido Borges Monteiro, barão de Itaúna (1812-1872), por meio de portaria baixada aos 7 de junho de 1872, encarregou o austríaco frei Serafim de Gorizia (1829-1918) de realizar tal empresa, ao mesmo tempo em que requisitava ao frei Caetano de Messina, então comissário-geral da Ordem no Brasil, mais dois novos missionários para a mesma obra.[45]

Acordo feito, em junho de 1872, frei Serafim, ao lado do italiano das Marcas, frei Ângelo de Sassoferrato (1846-1926), chegaram à Filadélfia. Hospedaram-se num primeiro momento na fazenda "Liberdade", pertencente ao Capitão Leonardo Esteves Otoni (c. 1832-1912), onde tiveram o primeiro contato com os nativos da região. No dia 29 de outubro do mesmo ano, o bispo de Diamantina, D. João Antônio dos Santos, confiou a frei Serafim a paróquia local enquanto esta estivesse vacante; mas o frade, coerente com seu intento original, logo tratou de fazer viagens de reconhecimento. Ao se embrenhar nas matas que circundavam o rio São Mateus, ele encontrou 200 botocudos, que amigavelmente lhe indicaram o vale do rio Itambacuri como lugar adequado para sediar seu trabalho, e, de fato, o local, localizado 36 km ao sul de Filadélfia, correspondia às suas expectativas. Assim, não obstante os filadelfianos

---

[43] LEÔNIDAS LORENTZ, *Teófilo Otoni no tribunal na história*, Editora Luna, Rio de Janeiro, 1981, p. 30-31, 194, 213.
[44] FIDÉLIS MOTA DE PRIMÉRIO, *Capuchinhos em terras de Santa Cruz*, Cruzeiro do Sul, São Paulo, 1956, p. 170-193.
[45] JACINTO DE PALAZZOLO, *Nas selvas dos vales do Mucuri e do Rio Doce*, p. 32-40.

desejassem que os frades continuassem a servi-los, ambos foram fiéis ao projeto missionário e se estabeleceram em Itambacuri no dia 12 de fevereiro de 1873. Rapidamente trataram de conquistar a amizade dos nativos e de catequizá-los, formando lentamente um grande aldeamento, distribuído por vários núcleos, que cobriam uma área de cerca de 200 Km. Ali foram congregadas várias etnias como os Botocudos, Aimorés, Potés, Arauás, Urucus, Pampanazes, Puuntuns e outros mais. A preocupação com a doutrina e os sacramentos dos neófitos eram uma constante, e tudo foi feito dentro da nova mentalidade eclesial. A piedade seguiu a mesma diretriz e, por isso, desde 1876 na igreja de Nossa Senhora dos Anjos que havia sido construída, priorizou-se a "tríplice devoção", isto é o Sagrado Coração de Jesus e Maria e o patrocínio de São José. No ano de 1887, segundo relatório dos freis Serafim e Ângelo, havia 872 catecúmenos indígenas e 950 nacionais.[46]

Em 1884, de acordo com a Congregação de *Propaganda Fide* se decidiu que as frentes que os frades assumiram seriam confiadas diretamente às distintas províncias da ordem, de modo que aquela que o solicitasse teria sob seus cuidados uma missão, sempre, naturalmente, em colaboração com os superiores-gerais.[47] Por isso, ao serem promulgados os Estatutos das Missões em 1887, cada "prefeitura" do Brasil se viu confiada a uma jurisdição italiana. Assim, dois anos depois a de São Paulo foi assumida pela província de Trento, e, já no período republicano, em 1892 a província das Marcas assumiria a Bahia; enquanto que Milão, ainda naquele ano, ficaria com o Maranhão. Em 1896, Saboia assumiria o Rio Grande do Sul, o mesmo fazendo Siracusa em relação ao Rio de Janeiro.[48] Não é exagerado afirmá-lo: durante todo o segundo império, os capuchinhos foram a mais importante expressão da vida religiosa no Brasil, e, quando o império caiu, fundações missionárias como Itambacuri já possuíam bastante maturidade para não se sentirem perturbadas.[49]

6.3 – Os pioneiros da instauração de uma forma diversa de vida religiosa no Brasil

Razões que explicassem a quase ausência de protestos dos bispos reformadores havia – exceção feita ao prelado do Rio Grande do Sul que desejava o prévio estabelecimento de uma concordata –, ante o que acontecia com os velhos regulares. Esses motivos eram sobretudo dois: as ordens remanescentes do período colonial paulatinamente se haviam submetido ao sistema regalista (e é por isso que Monte Carmelo tentava protegê-las, enquanto execrava as demais), e as tentativas feitas para reformá-las fracassaram. Debalde Dom Viçoso procurara elevar o nível da vida religiosa dos carmelitas e dos franciscanos,[50] e, por razões semelhantes, outros bispos diocesanos passaram a duvidar da real possibilidade de uma mudança. Ademais, o desamor de alguns dos velhos

---

[46] ASPF, "Missão dos Padres Capuchinhos junto ao rio Itambacuri no Brasil", em: *SC América Meridional*, cod. 15, fl. 360-365.
[47] ENNIO TIACCI ET ALII, "I Cappuccini umbri in Amazzonia", em: *Voci Serafica di Assisi*, n. 3-5, Todi, 1985, p. 17.
[48] CARLOS ALBINO ZAGONEL ET ALII, *Capuchinhos no Brasil*, p. 337.
[49] CF. JACINTO PALAZZOLO, *Nas selvas dos vales do Mucuri e do Rio Doce*, p. 16, 173.
[50] VALERIANO ALTOÉ, *A Igreja e a abolição – uma posição conservadora*, p. 44.

regulares para com a Igreja em nada contribuía para despertar solidariedade. No Recife, Dom José Pereira da Silva Barros necessitava de um prédio para acomodar seus seminaristas e pensou poder utilizar o abandonado convento que os carmelitas possuíam na cidade. Para impedir sua ação, em 1884 os frades doaram – gratuitamente – parte da casa ao governo, para que ali fosse instalada a biblioteca da faculdade de direito. Ressentido, Dom José escreveu ao internúncio Rocco Cocchia para dar vazão às suas mágoas:

> Os religiosos [carmelitas], em número de cinco, residem aqui nesta capital, mas não têm nem fogão nem mesa, nem ato algum religioso de comunidade; e, por isso, a eles não lhes incomoda que o governo ocupe o convento. O que eles decididamente não querem é que possa a igreja ou o convento ter ocupação útil à diocese.
> Roma não poderá compreender bem até onde chega a falta de espírito cristão dos religiosos brasileiros, mas V. Ex.ª Revma., que tem visto os fatos, compreenderá que não sou exagerado ou injusto.[51]

Outro fato veio a comprometer ainda mais a imagem dos religiosos brasileiros: os três monges beneditinos que haviam ido se formar em Roma (e que motivaram João Alfredo a estabelecer a proibição de que quem professasse no exterior pudesse exercer o ministério no Brasil) foram, posteriormente, acolhidos no mosteiro português de São Martinho de Cucujães, localizado na diocese do Porto, e o internúncio Rocco Cocchia acreditou que o retorno deles seria uma oportunidade reformadora para a vida monástica no país. Com a notória negligência das autoridades nacionais, dois do grupo – Hermógenes do Coração de Maria Borges Sampaio e José de Santa Escolástica Faria –, de fato regressaram em 1885, mas a decepção que tiveram foi tão grande, que ambos pediram pouco depois poder retornarem a Cucujães. O pedido acabou sendo atendido, pois as motivações que o moviam eram consistentes.[52] A carta enviada por José de Santa Escolástica Farias ao internúncio no dia 6 de junho de 1886, por exemplo, alegava inclusive razões de consciência. Ele afirmava categoricamente que não podia de modo algum continuar a residir na abadia do Rio de Janeiro, à qual acusava de não possuir nem coro nem observância monástica. Tão convicto estava, que repetiria o pedido no dia 13 de dezembro seguinte, movido pelo mesmo motivo da primeira "súplica".[53]

Por isso, os bispos preferiam apostar nas novas congregações europeias, que, de fato, dariam outro rumo à história da vida regular no país. Disciplinadas e "ortodoxas", também a elas muito se deveu o reforçar da tendência de substituição gradual da devoção aos santos pela ênfase na doutrina e nos sacramentos. Nem todas as solicitadas, no entanto, aceitaram vir. Os "ligoristas" (redentoristas) recusariam o convite mesmo quando este partiu do governo em 1870, que os chamou para trabalharem com os índios. Depois que o *Kulturkampf* de Bismarck forçou--os a migrarem para a Bélgica e Luxemburgo em 1878, o Pe. Didier, então visita-

---

[51] ASV, Carta de Dom José ao internúncio Rocco Cocchia (11-11-1884), em: *Nunciatura Apostólica no Brasil,* fasc. 321, caixa 66, doc. 12, fl. 44.

[52] AAEESS., Despacho do internúncio Rocco Cocchia ao Cardeal secretário de Estado da Santa Sé (13-1-1887), em: *Brasil,* fasc. 18, pos. 259, fl. 39.

[53] ASV, Carta de frei José de Santa Escolástica ao internúncio Rocco Cocchia (6-6-1886), em: *Nunciatura Apostólica no Brasil*, fasc. 322, caixa 66, doc. 10, fl. 36.

dor das fundações redentoristas na costa sul-americana do pacífico, sugeriu a Dom Luigi Matera, há pouco nomeado internúncio apostólico, de insistir junto a seus irmãos de congregação exilados na Itália, para que abrissem uma nova frente no Brasil. Dom Matera aceitou a sugestão e inclusive trouxe consigo dois membros da província da Alemanha Inferior (atual Colônia), que eram o Pe. André Helbach e o irmão leigo José Wiemers, mas de novo não daria certo: ante as amarras do regalismo, mais as divergências surgidas com o internúncio, o superior-geral da congregação, Pe. Nicolau Mauron, preferiu chamá-los de volta.[54]

Outras congregações, no entanto, viriam e permaneceriam, não tardando a marcar presença nas missões, na pastoral e no ensino. Favoreceu-as, em relação a este último aspecto, a lei de 1850, que aboliu o monopólio estatal na escola, dando ênfase ao ensino religioso, tornado obrigatório em todas as escolas primárias do império.[55]

6.3.1 – Os lazaristas

Os lazaristas se anteciparam na implantação do novo modelo de vida religiosa no Brasil durante o século XIX. A família real portuguesa, na sua fuga em 1808, trouxe consigo três padres dessa congregação, que com licença dos seus superiores de Lisboa e Paris vieram junto, apesar de não fazerem parte de uma fundação missionária nem terem se ligado a ela quando mais tarde esta iniciará. Eram eles: Pe. Manuel Ribeiro de Brito, que se tornaria reitor do Seminário São José entre 1810 e 1813; e Pe. José Cardoso Pinto, seu sucessor nessa função de 1813 a 1814; além do Pe. Alexandre de Macedo, procurador na Corte do Rio.[56]

Dom João VI logo desejou uma presença estável da congregação no Brasil, e não o fazia somente por uma questão sentimental: os Padres da Missão, sem serem regalistas, eram obedientes e mantinham distância da política, além do que gozavam de estima na Corte. Por isso, em 1819, ordenou ao provincial destes em Lisboa, Pe. José Antônio Rabello, que enviasse dois dos seus confrades para abrirem uma missão no interior do Mato Grosso. Os escolhidos foram Pe. Leandro Rebello Peixoto e Castro, junto com o recém-ordenado professor de Évora, Pe. Antônio Ferreira Viçoso, que estava destinado a trabalhar no Seminário de Macau, dotado, porém, de autorização prévia de permanecer no Brasil, caso o rei solicitasse. Os religiosos embarcaram rumo à América aos 27 de setembro de 1819, a bordo do navio *Grã-Canoa*. Enquanto prosseguiam a viagem, no dia 27 do mês seguinte faleceu em Catas Altas, MG, aos 95 anos de idade, o eremita português Irmão Lourenço de Nossa Senhora Mãe dos Homens, que havia construído a Ermida do Caraça, onde habitara com outros 10 anacoretas. Todos os seus companheiros já haviam falecido, e ele, antes de expirar, fez um testamento declarando: "Quero que esta obra seja transformada em hospício para residência de missionários e, se não conseguir, que seja um seminário para meninos, onde se possa estudar gramática, ciências, latim, filosofia e moral".[57]

---

[54] AUGUSTIN WERNET, *Os Redentoristas no Brasil*, vol. I, Editora Santuário, Aparecida, 1996, p. 11-12.
[55] LÚCIA LIPPI OLIVEIRA, *A questão nacional da Primeira República*, Editora Brasiliense, São Paulo, 1990, p. 53.
[56] JOSÉ EVANGELISTA DE SOUZA, *Província Brasileira da Congregação da Missão*, Santa Clara, Contagem, 1999, p. 13-14.
[57] JOSÉ EVANGELISTA DE SOUZA, *Província Brasileira da Congregação da Missão*, p. 15, 19.

Foi então que, no dia 7 de dezembro de 1819, desembarcaram os dois lazaristas. Com o testamento do Irmão Lourenço em mãos e informado de que os Padres da Missão estavam habilitados a possuir bens de raízes que fossem em função de uma fundação ou trabalho missionário, Dom João VI lhes propôs trocarem o projeto missionário no Mato Grosso pela atividade no Caraça. Padre Leandro objetou que não estava autorizado a tanto, mas Dom João VI não desistiu: primeiro recordou-lhes que o capuchinho, frei José de Macerata, já havia ido para o Mato Grosso, e ele, em pessoa comprometeu-se a entrar em contato com os superiores de Lisboa, ordenando ao visitador que mandasse mais dois padres para suprir as necessidades do colégio e da nova Casa de Missão. Fê-lo deveras, e os dois novos lazaristas – Pe. Jerônimo Gonçalves de Macedo e Pe. José Joaquim Alves Moura – chegariam pouco depois. Os lazaristas puseram pé no Caraça aos 15 de abril de 1820 iniciando o período português da congregação que duraria até 1848. Depois de instalados, os padres tiveram que reestruturar a casa e arredores, após o que pregaram missões em Catas Altas e Barbacena. A segunda iniciativa, iniciada no ano seguinte, foi a abertura do colégio, ao lado do qual se constituiu o seminário, para satisfazer os candidatos que apareciam, principalmente adultos, desejosos de ingressar na congregação como irmãos coadjutores.[58]

O funcionamento do colégio tornou-se possível porque, quando os religiosos retornaram das missões populares, receberam como auxílio de Dom João a importância de 100 mil réis, com o reconhecimento do Caraça como casa real. Os primeiros 4 alunos se apresentaram ainda em junho de 1820, e em janeiro seguinte as aulas puderam iniciar, contando com o auxílio extra do padre português João Moreira Garcês, que pediu para ser admitido na congregação, vindo a iniciar seu noviciado aos 5 de agosto do mesmo ano. O número de estudantes matriculados cresceu continuamente: de 14 que eram ao se iniciarem as aulas, tornaram-se 28 antes que passasse o mês. Em 1822 se tornariam 30; em 1824, 71; e em 1825, 113. O trabalho vocacional também começou a frutificar, e em 1829 foram ordenados os primeiros 4 brasileiros: Pe. Antônio Afonso de Morais Torres, Pe. José Afonso de Morais Torres, Pe. Antônio Valeriano Gonçalves de Andrada, e Pe. José Tomás Moura Souza.[59]

Segundo João Evangelista de Souza, não era só bondade e piedade de coração que levavam o rei a tratar os lazaristas com tanta distinção nos primórdios da sua obra. Havia, segundo ele, interesses políticos em jogo. Isto porque "precisava o rei de uma pregação que ajudasse a acalmar o ódio dos brasileiros contra os portugueses e a pacificar os movimentos pela independência". Após a separação do Brasil de Portugal, também Dom Pedro I manteria uma postura benevolente; mas, como todo favor tem seu preço, a Coroa intervinha com demasiada frequência na vida interna da congregação. Tanto assim que, em 1822, quando a formação no Caraça dava seus primeiros passos, Dom Pedro I sugeriu que o Pe. Antônio Viçoso, um dos principais sacerdotes da casa, assumisse um seminário para meninos em Jacuenga, na Ilha Grande, próximo a Angra dos Reis, província do Rio de Janeiro, onde ficaria até 1837. Mesmo

---

[58] JOSÉ EVANGELISTA DE SOUZA, *Província Brasileira da Congregação da Missão*, p. 14-22, 24.
[59] JOSÉ TOBIAS ZICO, *Congregação da Missão no Brasil*, p. 15-24.

com essas limitações, em 1827 os Padres da Missão iniciaram sua segunda obra: o trabalho no Santuário de Bom Jesus de Matosinhos em Congonhas do Campo, onde permaneceriam até 1860. A experiência terminou quando a irmandade leiga local entrou em conflito com os padres, que optaram por se retirar. Uma terceira frente, nesse ínterim, já havia se formado.[60]

A nova fundação foi possível depois que um idoso casal, João Batista Siqueira e Bárbara Bueno da Silva, por não possuir filhos, optou por deixar suas terras em herança à nova Congregação. Tratava-se de três fazendas de Campo Belo, Paraíso e Fortaleza, ricas de pastagens e matas, todas no sertão da Farinha Podre. A doação definitiva se fez por meio de escritura pública e solene no cartório da Comarca de Santo Antônio de Uberaba, MG, aos 29 de outubro de 1830. Por quase quatro anos a propriedade foi administrada por um sacerdote secular, Pe. David Pereira, até que, em 1834, chegaram os primeiros lazaristas, que ali abriram uma sucursal do Caraça, a cento e cinquenta léguas de distância da casa mãe. Eram em número de três: Pe. Leandro Rebello Peixoto e Castro, Pe. Jerônimo Gonçalves de Macedo e Pe. Afonso de Morais Torres, dispostos a levar a cabo o propósito do doador, que era o de construir uma capela para a assistência dos moradores, um seminário para os meninos do Triângulo e catequizar os índios.[61]

A nova frente se arrastou até 1842, quando um fato novo a colocaria no centro das atenções: a eclosão da Revolução Liberal a partir da cidade de Santa Luzia. No dia 24 de agosto daquele ano, sem estarem informados que a insurreição já havia sido debelada pelo barão de Caxias, os padres que viviam do Colégio do Caraça, situado nas vizinhanças de Santa Bárbara, um dos centros do movimento, tomaram a decisão de fugirem para sua casa de Campo Belo da Farinha Podre (hoje Capina Verde), levando tudo o que fosse possível. Chegariam lá depois de quarenta dias de jornada, enquanto que os cem estudantes do Caraça se dispersaram: uns para seus lares, outros para Congonhas do Campo.[62] Com isso, a desolação se abateu sobre a grande casa abandonada, cuja vida religiosa praticamente deixou de existir, pois nela permaneceu apenas um padre para garantir o patrimônio.[63]

Era o desfecho trágico das influências negativas da política do país, que há tempo vinha provocando dissabores à Congregação da Missão. Bem antes, assim que a independência do Brasil fora proclamada em 1822, os padres foram incomodados. Eles eram portugueses e ficaram sob suspeita de tramarem contra a emancipação do país, sendo denominados, assim como seus demais compatriotas, de "marotos". Acalmados os ânimos, a constituição de 1824 trouxe problemas novos e ainda mais graves, pois, com base nos seus dispositivos, uma Portaria baixada em 24 de janeiro de 1824 declarou que o Caraça estava obrigado a considerar-se "de todo desligado e independente da subordinação ao seu antigo superior de Lisboa". Os lazaristas tiveram de improvisar: Pe. Leandro, sem patente nem nomeação oficial, passou a exercer

---

[60] José Evangelista de Souza, *Província Brasileira da Congregação da Missão*, p. 22, 25-27.
[61] Ibidem, p. 27-29.
[62] Jerônimo Lemos, *Dom Pedro Maria de Lacerda, último bispo do Rio de Janeiro no Império (1868-1890)*, p. 25, 30, 34.
[63] José Evangelista de Souza, *Província Brasileira da Congregação da Missão*, p. 34.

interinamente o ofício de Visitador da nova província; ainda que, por escrúpulos de consciência, tenha contatado a casa mãe e o superior de Paris. Em 1827, depois de entendimentos com o Núncio Apostólico e da submissão ao *placet* imperial, a situação se resolveu, pois o Geral, Pe. Walley, nomeou Pe. Jerônimo de Macedo como Visitador da Congregação no Brasil. Também essa situação paliativa se mostraria insuficiente, após a aprovação do *Código Criminal* de 1831, o qual, como se viu no primeiro capítulo, estabeleceu penas de 4 a 6 meses de reclusão a quem obedecesse a superiores estrangeiros. Padre Jerônimo comunicou o fato ao padre geral, e este, considerando as circunstâncias, concedeu-lhe todos os poderes próprios de um superior generalício, exceto aquele de dispensar votos. Chegando o ano de 1834, desanimado e triste com os acontecimentos, Pe. Jerônimo passou o cargo a Pe. Leandro, ao tempo em que escrevia a Paris, pedindo que o Pe. Antônio Ferreira Viçoso fosse nomeado novo visitador, em definitivo. O novo superior-geral, Pe. Salhorgne, aceitou a renúncia, nomeando efetivamente Pe. Viçoso para a função, em 1837. A nomeação foi também um artifício para desvincular o referido padre do compromisso com o imperador e trazê-lo de volta para a congregação.[64]

Uma boa notícia vinha da assembleia provincial, precedendo um fenômeno que ganharia maior consistência nas décadas seguintes: três dos ex-alunos do Caraça, e amigos da congregação – Pe. José Antônio Marinho, Dr. Joaquim Antão Fernandes Leão e José Jorge da Silva – haviam sido eleitos e estavam participando da primeira legislatura (1835-1837).[65] Mesmo assim, não era um momento feliz: até 1838, dos 40 candidatos que entraram na congregação, 27 haviam professado; mas as deserções se sucediam, e, como se não bastasse, alguns deles, "os desgostosos", como escreveria ao internúncio Ostini o Pe. Antônio Ferreira Viçoso no dia 3-6-1838, acusavam os religiosos de viverem "na ilegalidade",[66] estando inclusive dispostos a denunciar os padres portugueses por manterem, clandestinamente, relações de dependência com Lisboa e Paris. Em 1845 a decadência atingiu seu apogeu, estando os membros reduzidos a apenas 10. Até mesmo Pe. Afonso de Morais Torres havia desistido em 1838, tornando-se sacerdote secular. Nenhum novo noviço professou. Padre Viçoso, numa tentativa de contornar os problemas que se sucediam, solicitou ao internúncio do Rio, Monsenhor Ostini, o desmembramento jurídico da província e sua ereção como "Congregação da Missão Brasileira". O governo deu a licença e, com ela em mãos, dirigiu um rescrito ao internúncio datado de 12 de novembro de 1838. No dia 3 de dezembro seguinte o império concedeu o *placet*. Estava formalizada a separação. Oficialmente, mas não realmente, pois, na verdade, os contatos com o geral nunca cessaram. Tanto assim que, quando Pe. Viçoso foi eleito superior da nova congregação autônoma, o padre geral foi imediatamente comunicado. Em 1843, dado que o Pe. Viçoso fora nomeado bispo de Mariana, os lazaristas do Brasil elegeram seu substituto na pessoa do Pe. Antônio Afonso de Morais Torres, um ferrenho opositor da separação que tudo faria para superá-la. Ainda naquele ano ele enviou um requerimento à câmara, que foi rejeitado

---

[64] José Evangelista de Souza, *Província Brasileira da Congregação da Missão*, p. 31-33.
[65] José Tobias Zico, *Caraça: ex-alunos e visitantes*, Editora São Vicente, Belo Horizonte, 1979, p. 58.
[66] ASV, "Carta do Pe. Antônio Ferreira Viçoso a Monsenhor Ostini", em: *Nunciatura Apostólica no Brasil*, caixa 2, fasc. 8, doc. 1, fl. 1.

após viva discussão. Depois, instruído por um parlamentar amigo, apelou ao jovem imperador, uma vez que o artigo 81 do *Código Criminal* lhe facultava poderes para conceder semelhante graça. Ainda que o *placet* continuasse para as nomeações, a estratégia funcionou, e finalmente, em 1845, quando era superior--geral Pe. Jean-Baptiste Étienne, foi restabelecida a união.[67]

Desse momento em diante a presença dos religiosos portugueses na congregação diminuiu, substituídos que foram por franceses que prevaleceram de 1849 até 1900. A presença deles foi solicitada pelos confrades que já atuavam em Minas, coisa que o superior-geral de Paris, Pe. Jean-Baptiste Etiene concordou, mas condicionando o envio ao pagamento das despesas da viagem. Padre João Rodrigues da Cunha, em 1847, apelou então à generosidade dos mineiros, em especial dos Irmãos de Nossa Senhora Mãe dos Homens, no sentido de angariarem recursos necessários à sua viagem a Paris e às despesas dos missionários e das Filhas da Caridade, que Dom Viçoso também havia solicitado. Recursos obtidos, aos 13 de abril de 1848 Pe. Cunha partiu para a capital francesa, acompanhado dos ex-alunos lazaristas – e futuros bispos –, Pe. Pedro Maria de Lacerda, Pe. João Antônio dos Santos e Pe. Luís Antônio dos Santos, que iam aperfeiçoar seus estudos em Roma. Depois de meses de negociações, ele pôde regressar enfim ao Brasil com uma grande comitiva de padres, irmãos e doze Filhas da Caridade. Os primeiros religiosos franceses chegariam aos 9 de fevereiro de 1849 e adotariam outra postura para a sua congregação, o que implicou manter o respeito, mas ao mesmo tempo abandonando a excessiva deferência em relação aos desejos do trono. Por isso, no tocante a assumir seminários, deixaram bem claro que o fariam "quando os bispos pedissem". Trabalhavam no seminário de Mariana, mas não manifestavam desejo de restaurar o Caraça, até que, em 1854, na ausência do Pe. Jean Monteil, que fora a Paris, Dom Viçoso e o provincial, Pe. Antônio Afonso de Morais Torres, sob o pretexto de que uma epidemia de varíola ameaçava a cidade, transferiram o seminário diocesano para a veneranda casa serrana. Ao serem informados da reabertura, os pais de família logo pediram que o colégio fosse reaberto também. Isso foi feito em 1856, registrando um crescimento surpreendente: naquele mesmo ano o número de alunos chegou a 220, 185 dos quais, colegiais.[68]

Na segunda metade do século XIX, os Padres da Missão tornaram-se os grandes formadores dos seminaristas brasileiros, ainda que a direção da casa formativa da Bahia tenha sido abandonada em 1862. A atuação continuou, porém, noutras frentes: em 1864 assumiram o seminário diocesano da Prainha em Fortaleza, CE (onde permaneceriam até 1963), seguido dos seminários de Diamantina (1866-1964), São José do Rio de Janeiro (1869-1901) e do seminário menor de Crato (sucursal de Fortaleza entre 1875 e 1878). Em 1882, por determinação de Dom Antônio de Sá e Benevides, os seminaristas da diocese de Mariana abandonaram o Caraça e retornaram à sede da diocese, mas o prestígio da instituição não seria comprometido. Por outro lado, no ano de 1888, a Congregação voltou ao Seminário da Bahia (onde ficou até 1948) e, a convite de Dom Carlos D'Amour, assumiu também, por pouco tempo, a direção do seminário de Cuiabá (1890-1894).[69]

---

[67] José Evangelista de Souza, *Província brasileira da Congregação da Missão*, p. 33-38, 61.
[68] Ibidem, p. 39-51.
[69] José Tobias Zico, *Congregação da Missão no Brasil*, p. 71, 78, 80, 82, 97, 103, 107.

Um problema não resolvido pelos lazaristas foi a questão das vocações. Os religiosos franceses, convencidos que a falta de perseverança verificada no período precedente decorria da falta de critérios rigorosos na seleção dos candidatos e da pouca formação humana e teológica dos formadores, adotaram métodos severos para a admissão e tornaram-se mais exigentes na formação religiosa e teológica. Como consequência o número de profissões e ordenações diminuiu sensivelmente. Isso não interrompeu a obra dos lazaristas, porque certo número de franceses continuaria a chegar regularmente todos os anos.[70]

6.3.2 – O retorno dos jesuítas

Assim que puderam, os jesuítas regressaram ao Brasil, levando a cabo uma refundação cheia de peripécias. Os motivos remontam à perseguição movida pela política espanhola, que dissolveu a companhia em 1835, confiscando-lhe os bens. A província jesuítica local, entre 1834-1852, dividiu-se em três grupos: um ficou disperso na península ibérica, outro migrou para o estrangeiro e o terceiro foi para a Argentina. Este último aceitou o convite do ditador argentino, Juan Manuel de Rosas (1793-1877), que esperava adquirir instrumentos aptos para a sua política. Sem estar a par das intenções do caudilho, o primeiro contingente dos religiosos, formado pelo Pe. Manuel Berdugo (superior) e os padres Cesário Gonzáles, Francisco Majesté, Juan de Mota Macarrón e o irmão leigo Ildefonso Romero desembarcaram em Buenos Aires aos 8 de agosto de 1836, sendo recebidos com toda pompa. O idílio foi breve e, após incidentes vários, Rosas tentou, sem sucesso, substituir o Pe. Berdugo pelo Pe. Majesté, que gozava de sua proteção, na direção da companhia. Padre Mariano Berdugo (1803-1857), prevendo a iminência de uma nova expulsão, retirou-se para o Uruguai, onde se convenceu de que o Brasil oferecia maior estabilidade para a reorganização da companhia na América. Com esse intuito, aos 3 de dezembro de 1841 embarcou em Montevidéu para o Rio de Janeiro, a fim de estabelecer os necessários contatos.[71]

Padre Berdugo também nutria a esperança de reaver as sete missões do Rio Grande do Sul e, assim que aportou na capital federal, colocou-se de acordo com o internúncio Apostólico, Monsenhor Ambroggio Campodonico. O internúncio que já havia considerado a possibilidade do restabelecimento da companhia de Jesus no Brasil, apresentou o Pe. Mariano ao bispo diocesano, Dom Manoel do Monte Araújo. O ambiente carioca ainda era eivado de preconceitos pombalinos, mas, como a diocese era imensa, compreendendo inclusive o Rio Grande, a restauração tornou-se viável. Coincidentemente, foi o governador gaúcho, Dr. Saturnino de Oliveira, quem solicitou naquele momento a ida de alguns padres para remediarem os males causados pela Guerra dos Farrapos. O internúncio aproveitou a chance e ofereceu ao bispo os jesuítas. Estes partiram para Porto Alegre em 20 de julho de 1842, mas uma tormenta arrastou o navio até Santa Catarina, e lá tiveram que desembarcar no dia 7 de agosto. Dali seguiram a pé por setenta léguas até o seu destino, onde foram acolhidos pelo pároco. Assim, no dia 15 de outubro de

---

[70] José Evangelista de Souza, *Província Brasileira da Congregação da Missão*, p. 61-62.
[71] Pedro Américo Maia, *Crônica dos Jesuítas do Brasil centro-leste*, Edições Loyola, São Paulo, 1991, p. 24-25.

1842, 83 anos após a expulsão, fundou-se a primeira casa jesuítica do Brasil imperial. Nesse primeiro momento, o trabalho concentrou-se no ministério apostólico na cidade, nas missões rurais e na catequese dos indígenas remanescentes. Aos 25 de setembro de 1845, na Ilha de Nossa Senhora do Desterro (atual Florianópolis) seria aberto o primeiro colégio da companhia de Jesus restaurado no Brasil e que viria a granjear a admiração do próprio Dom Pedro II. Um surto de febre amarela, porém, ocorrido em 1853, vitimou três alunos e seis religiosos, forçando o fechamento da casa. O trabalho continuaria noutras frentes e, ainda em 1848, os padres haviam enfim atingido a região dos antigos Sete Povos onde procuraram atender os remanescentes indígenas e a população local. Os missionários eram em número de seis e estiveram em Guarita, Nonai e Campo do Meio, então distrito de Vacaria. O trabalho pastoral e as missões populares exigiam um esforço imenso, e, para contornar a dificuldade de comunicação com os colonos germânicos, a solução tinha sido convidar confrades de língua alemã, que ali chegaram no ano de 1849. Mais tarde, devido à *"Kulturkampf"* de Otto von Bismarck, que expulsou os jesuítas da Alemanha, o número de padres daquele país no sul do Brasil aumentou. Isso consentiu que a assistência às colônias alemãs de Dois Irmãos, São José do Hortênsio, São Leopoldo e Santa Cruz dos Sinos pudesse se expandir. Foi justamente a partir da atuação junto ao Rio dos Sinos, que os padres da companhia estenderam sua presença junto aos alemães de Porto Alegre (onde assumiriam residência permanente a partir de 1867) e da colônia de São Lourenço, pertencente a Pelotas. O sonho do Pe. Berdugo, entretanto, de ressuscitar as sete missões indígenas de outrora, não se realizou, pois a política entrou em cena impedindo a continuidade. Os padres haviam se dedicado com afinco à obra, mas, quando os índios já se encontravam "pacificados", os religiosos passaram a ser vistos como estorvo por aqueles que ambicionavam as terras onde os nativos viviam. Os padres foram formalmente acusados na câmara provincial que, após uma votação apressada, induziu o governo local a transferir as reduções para os capuchinhos. À vista disso, o superior, Pe. Pares, retirou seus confrades que nelas estavam e entregou-as, oficialmente, ao vice-presidente do Rio Grande do Sul no dia 1º de janeiro de 1852.[72]

Nesse ínterim chegou o novo bispo de Porto Alegre, Dom Sebastião Dias Laranjeira, ordenado que fora pelo Papa Pio IX aos 7 de outubro de 1860 na capela sistina. Antes de tomar posse, ele se dirigiu ao Pe. Geral da companhia, pedindo-lhe alguns professores para o seu seminário episcopal. Teve resposta positiva e foram designados para este fim os padres Carlos Missir e Rafael Tuveri, bem como o escolástico Chiraldini, que chegariam à capital gaúcha depois que o mencionado prelado tomou posse. Entretanto, não puderam assumir a direção do seminário, devido à forte oposição que encontraram. Mesmo assim, prestaram serviços na cura de almas, principalmente na pregação e na catequese.[73]

A essa altura, porém, a companhia de Jesus passara a atuar noutros lugares. Em 1866, a pedido de Dom Manuel de Medeiros, eles aceitaram trabalhar em Recife, mas usando cautelosamente o nome de Padres de São Francisco Xavier. Acomodaram-se nas humildes dependências do Colégio do hospício,

---

[72] José Manuel de Madureira, "A Companhia de Jesus" em: *RIHGB*, vol. IV, Imprensa Nacional, Rio de Janeiro, 1927, p. 132-135.
[73] João Becker, *A decadência da civilização. Causas, consequências e remédios*, p. 183.

embrião do que seria em 1867 o Colégio São Francisco Xavier. Logo estariam também colaborando ativamente com o jornal *O Catholico*, apesar de que todos os artigos fossem atribuídos a Pedro Autran da Mata Albuquerque. Sob o governo episcopal seguinte, do jovem Dom Cardoso Aires, o informativo se afirmou na luta contra aquilo que qualificava de "bafos pestilenciais que saem da boca do maçom nas lojas". Em 1872 a direção do jornal passou para as mãos do médico e filósofo José Soriano de Souza, intelectual ligado à companhia de Jesus, e a sua posição apologética e antimaçônica se definiu de vez. Os ânimos se exaltaram, e Aprígio Guimarães (o "Fábio Rústico", segundo o pseudônimo que adotou) passou a acusar os padres sem meios termos: "O jesuíta é um moedeiro falso do Cristianismo, batendo a sua moeda sobre a ignorância e a boa-fé e, principalmente, sobre a hipocrisia".[74] Como ele, imprecavam regalistas vários, que acusavam a companhia de Jesus de estar no Brasil de forma ilegal, uma vez que o país não havia abolido o precedente alvará de expulsão de 1759.[75] Cristiano Benedito Otoni, por sua vez, na condição de admirador do ateu Renan, atacava os padres da Ordem de Santo Inácio por neles ver os mais temíveis inimigos da indiferença religiosa que professava. Daí a ferocidade de suas palavras:

> Os jesuítas, poderosos com sua aliança com a Cúria Romana *e pela importância a que eles, jesuítas, dão quase todos os governos, enquanto lhes serve de instrumento* (os grifos são do autor), têm conquistado grande preponderância em todos os países católicos; dedicam-se especialmente a preparar a mocidade para o domínio deles, jesuítas, às gerações seguintes. Com sofismas metafísicos, com exaltações de ascetismo, com exagerações relativas à existência além da morte, viciam as inteligências que conseguem dominar: o coitado a quem inspiram confiança de ordinário perde a virilidade, a iniciativa, quase a dignidade de homem. Não procura distinguir-se nem é susceptível de ambições nobres, porque *o que importa é salvar a alma*; desprende-se do amor da família, que são relações mundanas, só pensando *nos seus interesses imortais*; obedece cegamente ao padre porque é enviado de Deus. E o fanatismo que assim desenvolvem produz más consequências, mais extensas do que as de qualquer propaganda de ateísmo.[76]

Apesar disso, a obra jesuítica no Brasil não parou de crescer. Ainda em 1867 outro educandário havia sido fundado em Itu, SP – o Colégio São Luís –, ocupando o local onde funcionara o convento franciscano de Luís de Toulouse. De São Paulo, a companhia de Jesus passou para a província do Rio de Janeiro, abrindo outros colégios como o "Internato Anchieta" em Nova Friburgo (1886) e mais tarde, em 1903, o colégio "Externato Santo Inácio" na capital federal. Pouco a pouco os religiosos espanhóis foram se retirando e, em 1867, já haviam sido completamente substituídos pelos de origem italiana e alemã. O desejo de missionar entre os índios não havia, porém, sido abandonado, e em 1888 o Pe. Rafael Tuveri com o Pe. Carlos Missir percorreram a margem esquerda do Tocantins, em Goiás, catequizando os apinagés. As dificuldades

---

[74] ARMANDO SOUTO MAIOR, *Quebra-quilos*, Companhia Editora Nacional, São Paulo, 1978, p. 73-74.
[75] BENÍCIA FLESCH, *Seguindo passo a passo a caminhada*, vol. I, 2ª ed., Editora Gráfica Metrópole, Porto Alegre SD, p. 34.
[76] CRISTIANO BENEDITO OTONI, *Autobriografia*, p. 169.

encontradas levaram ao abandono da obra. A partir daí, a companhia priorizou a fundação de colégios para educação e formação da mocidade brasileira.[77]

Também internamente houve notável evolução: da refundação até 1862, seu "status" era de missão dos padres espanhóis, incorporada à missão ou vice-província da Argentina, Uruguai e Chile (destacar que, em 1855, a missão chilena e argentina se separaram). No segundo período, que foi de 1862 a 1869, com a retirada dos religiosos espanhóis citada acima, assumiram os padres da província romana, e com um importante particular: em 1864 a fundação brasileira se separou da Argentina. Três anos depois seria subdividida: os padres da província germânica ficaram com o Rio Grande do Sul e os italianos com restante do país. Com isso, as colônias gaúchas de imigrantes alemães puderam ser atendidas por 8 sacerdotes e 4 irmãos leigos. No conjunto, a jovem fundação no Brasil já contava com 14 sacerdotes e 5 irmãos leigos. De 1869 até o ano de 1911, as missões se tornaram oficialmente duas: a germânica, no Rio Grande do Sul, e a romana, nos demais estados brasileiros.[78]

6.3.3 – A fundação dominicana

Depois de 1870, após a guerra franco-prussiana e a comuna de Paris, os religiosos trataram de reorganizar a vida regular na França. Os dominicanos começaram a vislumbrar a possibilidade de uma nova frente na América do Sul, e, em 1878, Pe. Signerin, ex-provincial de Lyon, com um confrade, embarcou para o Rio de Janeiro com o objetivo de avaliar as possibilidades que havia. As negociações com o bispo diocesano não chegaram a bom termo e, o que é pior, na véspera de retornar à Europa Pe. Signerin foi atacado pela febre amarela, vindo a falecer três dias depois. Seu companheiro também foi atacado pelo mesmo mal, mas conseguiu escapar com grande dificuldade e voltou para a França.[79]

Os dois dominicanos haviam sido hospedados pelos lazaristas no seminário diocesano, e um dos professores da instituição era brasileiro, Pe. Cláudio Gonçalves Ponce de Leão, afilhado de Dom Pedro II. Esse padre foi feito bispo de Goiás em 1879 e, ao tomar posse, logo se deu conta das dificuldades que teria de enfrentar: os padres eram apenas oitenta sacerdotes, disseminados numa população escassa, dispersa em uma diocese de 2.000 km de extensão por 850 de largura, que incluía inclusive o triângulo mineiro. Lembrou-se então dos dominicanos que conhecera no Rio e, imediatamente, pôs-se em contato com os superiores da província de Toulouse, convidando os frades para se estabelecerem na sua jurisdição.[80]

A oferta foi aceita, e em 1881 um primeiro grupo de missionários se estabeleceu em Uberaba, MG. Dois anos depois chegaram reforços e isso possibilitou a abertura, 600 km mais além, na própria cidade de Goiás, capital da província homônima, de uma nova casa da ordem. Enfim, em 1886, a 900 km dali, em Porto Imperial (mais tarde rebatizada como Porto Nacional), norte da

---

[77] JOSÉ MANUEL DE MADUREIRA, "A Companhia de Jesus" em: *RIHGB*, p. 135-141.
[78] PEDRO AMÉRICO MAIA, *Crônica dos Jesuítas do Brasil centro-leste*, p. 26-27.
[79] ESTEVÃO MARIA GALLAIS, *O Apóstolo do Araguaia, frei Gil Vilanova* (editora não citada), Conceição do Araguaia, 1942, p. 57.
[80] ESTEVÃO MARIA GALLAIS, *O Apóstolo do Araguaia, frei Gil Vilanova*, p. 58-59.

diocese, um novo convento foi erigido, tornando possível a abertura de outras frentes. Os frades logo se deram conta de que a situação moral da diocese era desastrosa, e a mancebia uma prática corrente. Para debelar tal situação os religiosos não perderam tempo, merecendo destaque a atuação do frei Gil de Vilanova, que ia de casa em casa para convencer as pessoas a sacramentalizarem as uniões ilícitas. O resultado foi um sucesso: em apenas três semanas da quaresma de 1888, de 60 a 70 casais regularizaram sua situação matrimonial. Afora isso, as missões populares eram frequentes e cada ano era escolhido um campo de ação, tornando possível cobrir, apesar da dificuldade, as imensidões do território missionado. Com o tempo, sem modificarem o propósito original, os frades também souberam se adaptar à religiosidade local. Um deles foi a incorporação de certos aspectos festivos da tradição colonial, inexistentes na França. Por isso, chegado o dia marcado, o povo acolhia os missionários de uma forma bem brasileira: salvas de morteiros e grupos de cavaleiros que iam ao seu encontro.[81]

Nas primeiras décadas de sua presença no Brasil, a Ordem dos Pregadores permaneceu sob estreita dependência da província mãe, situação esta que se manteve até a primeira guerra mundial. Foi um período em que deram particular importância ao atendimento às populações da zona rural, mas não conseguiram ultrapassar os limites da diocese de Goiás. Ao interno dela, no entanto, continuariam se expandindo no sentido norte-sul, e já no período republicano abririam novos conventos em Conceição do Araguaia (1896) e Formosa (1905).[82]

6.3.4 – Os salesianos de Dom Bosco

A primeira expedição de salesianos para a América do Sul partiu de Gênova aos 14 de novembro de 1875, a bordo do navio *Savoie*. O líder era Pe. Giovanni Cagliero, de 37 anos, mas os missionários apenas pararam no Rio de Janeiro para saudar Dom Pedro Maria de Lacerda, prosseguindo viagem para o Prata, onde assumiriam o colégio Pio IX de Villa Colón, em Montevidéu.[83] Dois anos mais tarde, o bispo do Rio foi a Roma e ali ele teve a oportunidade de se encontrar com Dom João Bosco na antecâmara do Cardeal Giovanni Simeoni. Depois de travarem um longo diálogo, ficou acertado que Dom Lacerda visitaria o fundador da jovem congregação no Oratório de Valdocco, dedicado a São Francisco de Sales, em Turim. O bispo do Rio realmente partiu para lá e, depois de ali permanecer por duas semanas, na despedida foi consolado por Dom Bosco que prometeu atender seu pedido de abertura de uma casa na diocese imperial brasileira, ainda que não estabelecesse datas. Afoito, para comprometê-lo, o bispo adiantou imediatamente o dinheiro necessário para as passagens dos missionários.[84]

---

[81] Estevão Maria Gallais, *O Apóstolo do Araguaia, frei Gil Vilanova*, p. 59, 111-112.
[82] José Barraldo Barquilla e Santiago Rodríguez, *Los Dominicos y el Nuevo Mundo – Siglos XIX – XX. Actas del V Congreso Internacional Querétaro* (4-8 septiembre 1995), Editorial San Esteban, Salamanca, 1997, p. 571.
[83] Maria Augusta Castilho, *Os índios Bororo e os Salesianos na missão de Tachos*, Editora UCDB, Campo Grande, 2000, p. 25-26.
[84] Juan E. Belza, *Luis Lasagna, el obispo missionero*, p. 222-224.

Malgrado o gesto afoito, as negociações se prolongariam até 1882. Enfim, no dia 26 de fevereiro daquele ano, Pe. Lasagna, que no ano anterior havia sido nomeado dirigente da nova inspetoria salesiana do Uruguai e Brasil, separada da Argentina,[85] escreveu ao seu confrade Pe. Giovanni Cagliero (que, de novo habitava em Turim), comunicando que iria ao Rio visitar o prelado diocesano. Acrescentava, no entanto, que sabia que não poderia dar-lhe mais que promessas. Nesse meio tempo, outros bispos do Brasil também pediram ajuda à congregação salesiana, e Pe. Lasagna, na condição de inspetor nomeado das missões do sul, ao escrever a Dom Bosco, afirmou que era tempo de "voar em socorro deles", mas que antes, por prudência, desejava explorar o terreno. Ele de fato o fez e no dia 23 de maio enviou uma missiva ao Pe. Luigi Porta, contando suas impressões:

> Meu Deus! É um novo mundo que se apresenta aos meus olhos, é um novo mundo que se abre à nossa congregação. Aqui tudo é grande, é imenso e maravilhosamente gigante! Que províncias! Que selvas! Que rios! Nenhum de vocês poderá nunca, nunca imaginar a realidade do que vejo com os meus olhos. [...] Estou aqui há cinco dias e cinco bispos já me fizeram pedidos para as suas dioceses, oferecendo a direção de seminário, a fundação de colégios, a instituição de albergues para os jovenzinhos pobres, missões para os selvagens... realmente eu me confundi e comovi para além de toda e qualquer palavra!
> Em nome de D. Bosco já escolhi um magnífico lugar com um grande edifício aqui nas proximidades do Rio de Janeiro para nele abrir uma casa. Será um colégio, será casa de acolhida para artesão e será colônia agrícola.[86]

A perspectiva do Pe. Luís Lasagna no Brasil era a de colaborar com a ação dos bispos reformadores, num trabalho conjunto com outras instituições religiosas, sem descartar uma aproximação com o poder público. Daí a tendência a evitar críticas ao governo e o incentivo que dava aos alunos para que respeitassem as autoridades constituídas, sem perder a oportunidade de convidar os homens públicos para que conhecessem as obras da congregação. Também fazia uso da imprensa para a difusão da obra social e educativa da congregação, conseguindo por este mister subsídios do Estado para a sua eventual implementação e expansão.[87]

Desde o início, entretanto, as dificuldades se multiplicavam, e, para que a obra nascente desse seus primeiros passos, foi preciso que Dom Pedro Maria de Lacerda aos 22 de junho de 1882 publicasse uma carta pastoral conclamando os diocesanos a patrocinarem os recém-chegados. A iniciativa deu certo, e, entre 27 de julho e 1.º de agosto seguinte, nascia o Colégio Santa Rosa, cuja propriedade foi registrada no nome do Pe. Luigi Lasagna, sendo a escritura outorgada dois dias depois ante o escrivão José Claro Ferreira da Silva. Satisfeito, Pe. Lasagna retornou a Montevidéu,[88] mas o edifício adquirido para o colégio, antes que "magnífico", era apenas uma construção despretensiosa, situada numa colina do bairro Santa Rosa de Niterói. A vantagem é que

---

[85] MANOEL ISAÚ SOUZA PONCIANO SANTOS, *Luz e sombras*, Salesianas, São Paulo, 2000, p. 201-203.
[86] LUIGI LASAGNA, *Epistolario*, vol. II, p. 59.
[87] MARIA AUGUSTA CASTILHO, *Os índios Bororo e os Salesianos na missão de Tachos*, p. 27-28.
[88] JUAN E. BELZA, *Luis Lasagna, el obispo missionero*, p. 248.

a propriedade incluía um bom terreno anexo, onde se projetou edificar um "grande asilo de meninos pobres e abandonados e, talvez, um viveiro de novos missionários".[89] A instituição começou a funcionar somente a partir do dia 14 de julho de 1883, porque um surto de febre amarela sacudiu a Baía de Guanabara, adiando a inauguração. Dom Pedro II, tão amante dos padres-professores, apoiou a iniciativa e, na audiência que concedeu ao Pe. Luigi Lasagna, mostrou vivo interesse para que hospitais, laboratórios, tipografias, colônias agrícolas e missões já montados na Patagônia e nos Pampas também fossem instalados no Brasil, prometendo "sua augusta proteção".[90]

E foi assim que começou a saga salesiana no Brasil, com um grupo inicial de sete pioneiros formado por Pe. Michele Borghino (diretor nomeado), Pe. Carlo Peretto (Prefeito), Pe. Michele Foglino, clérigo Bernardino Monti e os coadjutores Domenico Delpiano, Giovanni Cornelio e Giuseppe Danieli. Eles partiram de Montevidéu para o Rio no navio *orénoque* aos 10 de julho de 1883 rumo ao Rio de Janeiro, e Pe. Luigi Lasagna em pessoa guiou-os na primeira expedição. Um intenso trabalho os esperava, mas tiveram um momento de satisfação no início de setembro, quando Dom Pedro Maria de Lacerda retornou do Caraça e lhes entregou uma contribuição em dinheiro, a qual foi providencial, pois os pedreiros estavam para entregar um salão novo de sete metros por vinte.[91]

Regalistas e anticlericais, como de costume, estavam à espreita e os atacariam na imprensa por ser "uma corporação religiosa não autorizada pela lei", sujeita, portanto, à expulsão do país. Diante disso, muitos benfeitores se retiraram e o colégio se encontrou em dificuldades, principalmente porque obras como o laboratório exigiam grande investimento. Sem se dar por vencido, do Uruguai Pe. Lasagna sustentou seus irmãos com cartas, telegramas e também com letras de câmbio, vindo pessoalmente a Niterói em 1884 para pôr um termo à questão. Ele conseguiu mudar a opinião pública depois de realizar uma esplêndida festa de Maria Auxiliadora, da qual participou o próprio bispo como celebrante e conferencista. Convenceu os benfeitores que se haviam retirado e retornaram, e os laboratórios puderam ser inaugurados.[92]

A congregação apresentaria grande desenvolvimento nos anos seguintes, principalmente na área educativa. O Colégio Santa Rosa em Niterói logo atingiu o número de 36 alunos, subindo para 170, em 1889. Nesse mesmo ano, os salesianos na capital do Estado do Rio já haviam se tornado 21 (7 sacerdotes e 14 professores), tendo inclusive aberto outras frentes. A segunda casa seria a de São Paulo, cujos entendimentos para a abertura começaram ainda antes da chegada ao Rio de Janeiro, por iniciativa da conferência vicentina do Sagrado Coração de Jesus, que havia projetado um liceu de comércio, artes e ofícios, anexo à capela dedicada ao seu orago. Os salesianos aceitaram, após levar em conta o agradável clima de montanha da capital paulista, a sua proximidade da casa de Niterói, também devido ao apoio unânime que encontraram na cidade para tocar a obra. Acordos feitos, aos 10 de setembro de 1880, pelo

---

[89] Manoel Isaú Souza Ponciano Santos, *Luz e sombras*, p. 204-205.
[90] Paolo Albera, *Monsignore Luigi Lasagna*, Scuola Tipografica Libreria Salesiana, Torino, 1900, p. 162, 168.
[91] Juan E. Belza, *Luis Lasagna, el obispo misionero*, p. 280-281.
[92] Luigi Lasagna, *Epistolario*, vol. I, p. 20.

preço de dois contos de réis foi comprado um terreno no bairro de Campos Elísios (antigo Campos de Mauá). No ano seguinte seria elaborado o projeto de construção, e aos 10 de agosto de 1882 se organizou uma comissão para analisar a melhor forma de levar a cabo a construção. As obras avançaram, e, no dia 24 de junho de 1884, o bispo diocesano, Dom Lino Deodato Rodrigues de Carvalho, pôde exultar com a sagração da capela do estabelecimento:

> Tendo nós efetuado a bênção e lançamento da primeira pedra a 24 de junho de 1881, tivemos a inefável consolação, três anos precisamente depois, isto é, em 24 de junho do corrente ano, de proceder à inauguração e bênção da Capela-mor do novo templo, vendo erguer-se a seu lado o edifício destinado para Liceu de Comércio, Artes e Ofícios, caridosa e utilíssima instituição, cujo objetivo é a educação moral e religiosa consorciada ao ensino profissional da infância, principalmente – pobre e desamparada.[93]

No dia 6 de junho do ano seguinte, Pe. Lorenzo Giordano (diretor) e o Irmão Giovanni Bologna chegaram a São Paulo. Por alguns meses habitaram numa casa alugada, uma vez que o prédio ainda estava em obras, e nesse período abriram o oratório festivo, acolhendo e catequizando com sucesso crianças filhas de imigrantes italianos e negrinhos livres, filhos de pais escravos. Padre Giordano, substituindo o capelão da Santa Casa de Misericórdia, também conseguiu angariar preciosas amizades. A chegada de mais dois padres (Bernardino Monti, Luís Zanchetta e Alessandro Fia) e de três seminaristas reforçou o trabalho iniciado, e a própria família imperial fez questão de visitar o liceu em 1886.[94]

O colégio paulistano do "Coração de Jesus" ao iniciar as atividades contava com 24 internos, e o seu currículo incluía a música vocal e o teatro educativo. O número de alunos cresceu rapidamente, e, após poucos anos, o colégio ganharia um prédio portentoso, funcionando conjuntamente com um santuário, cujas obras se iniciariam em 1890. Enquanto isso, no ano anterior havia sido montada uma tipografia no instituto de Niterói, com o objetivo de imprimir "bons livros" entre o povo, a exemplo do que já fora feito um ano antes no oratório de Valdocco em Turim. Dom Lacerda continuou a encorajar a iniciativa, tendo ele próprio arcado com quase todas as despesas. Surgiria daí um grande trabalho de impressão e divulgação visando a "dissipar das mentes as trevas da ignorância e do erro".[95]

Além do trabalho intelectual e paroquial, o aspecto missionário foi igualmente priorizado. Por isso, Pe. Marcelino foi para Guarapari, ES, a fim de dar assistência espiritual aos imigrantes italianos ali residentes. Em 1890, os Salesianos abriram o prestigioso colégio São Joaquim em Lorena, no vale do Paraíba, e a congregação mostrou que já conquistara bastante solidez para a grande expansão que se verificaria nas décadas subsequentes.[96]

---

[93] LINO DEODATO RODRIGUES DE CARVALHO, *Carta Pastoral do Exmo. e Revmo. Sr. Bispo de S. Paulo anunciando ao reverendo clero e a todos os fiéis, seus jurisdicionados, a solene consagração da diocese ao Sagrado Coração de Jesus, e designando o dia 8 de setembro do corrente ano de 1884 para esse ato na igreja catedral e na capela do mesmo Sagrado Coração na sede do Bispado*, p. 9.
[94] MANOEL ISAÚ SOUZA PONCIANO SANTOS, *Luz e sombras*, p. 222-224.
[95] PAOLO ALBERA, *Monsignore Luigi Lasagna*, p. 240.
[96] LUIZ MARCIGAGLIA, *Os Salesianos no Brasil*, Escolas Profissionais Salesianas, São Paulo, 1955, p. 13-45.

6.4 – A contribuição das congregações religiosas femininas

Como se viu, as limitações impostas à vida religiosa haviam impelido muitas moças a instituir recolhimentos. Ali, embora não tivessem votos religiosos, as internas muitas vezes viviam em regime de clausura total ou parcial. Isso foi observado por Tollenare em Pernambuco: "Não há aqui religiosas; em Recife e em Olinda veem-se apenas recolhimentos para mulheres, nos quais não se fazem votos".[97] Com o tempo os recolhimentos se multiplicaram, a exemplo do de Santa Teresa em São Paulo ou do de Macaúbas em Minas Gerais, situado a 12 km de Santa Luzia. Outros recolhimentos conhecidos foram os de Bom Jesus dos Perdões, fundado em 1723, e da Santa Casa da Misericórdia, em 1725, ambos na Bahia.[98]

Houve também alguns recolhimentos criados por homens que funcionavam como casas de correção. João Francisco Muzzi (?-1802), em duas telas que ofertou ao vice-rei Dom Luís de Vasconcelos, documentou o incêndio acontecido em 1789 e o início dos trabalhos de reconstrução de um desses reformatórios femininos. Tratava-se do célebre Recolhimento de Nossa Senhora do Parto, no Rio de Janeiro, onde viviam segregadas as mulheres que "ousavam desagradar o pai ou o marido", e que foi quase completamente destruído aos 23 de agosto de 1789.[99]

Assim sendo, num senso estrito, a vida religiosa feminina no Brasil imperial, até meados do século XIX, ainda se restringia a pouquíssimos mosteiros, entre os quais dois das ursulinas na Bahia. Um deles era o de Nossa Senhora das Mercês, iniciado por uma rica órfã portuguesa, Luísa de Monteserrate, que pediu e obteve do rei de Portugal em 1735 autorização para abrir uma casa dessa ordem em vista da educação das jovens. O Papa Clemente XII reconheceu a fundação em 1739, consentindo que em 1744 tivesse lugar a primeira profissão, segundo as prescrições das constituições de Bordeaux. O segundo mosteiro, denominado Nossa Senhora da Soledade, acredita-se que tenha sido fundado pelo Pe. Gabriele Malagrida, com um grupo inicial de 16 jovens, e funcionava como recolhimento, não obstante adotasse a regra de Ferrara. Ambas as casas, por culpa do regalismo, agonizavam ao ser proclamada a República. Somente em 1895 as ursulinas retomariam fôlego, com a chegada de irmãs francesas de Bordeaux.[100]

Havia ainda as religiosas do mosteiro da Luz, em São Paulo, onde se destacou Frei Antônio de Sant'Ana Galvão (1739-1822). Paulista de Guaratinguetá, ele realizou mudanças gerais no edifício, ao que se somaria nova reforma em 1788, que lhe deu o aspecto que ainda hoje em grande parte conserva. Outros mosteiros importantes foram os do Rio de Janeiro, como aquele pertencente às carmelitas descalças, no Bairro de Santa Teresa, e o de Nossa Senhora da Ajuda, das irmãs concepcionistas. O segundo foi originalmente um recolhimento iniciado por suma senhora de nome Cecília, junto de compa-

---

[97] Louis-François de Tollenare, *Notas dominicais*, p. 95.
[98] Ronaldo Vainfas, *Dicionário do Brasil colonial (1500-1808)*, p. 148.
[99] Eduardo Silveira Matos et alii, *Arte no Brasil*, Abril Cultural, São Paulo, 1980, p. 116-117.
[100] Marie-Benedicte Rio, *Storia e Spiritualità delle Orsoline*, Pubblicazioni della Casa Generalizia OSU, Roma, 1989/90, p. 363-364.

nheiras. Em 1705 a casa recebeu uma provisão oficial, até que em 1748 teve concluído um amplo convento, bem no centro do Rio. As freiras da Ajuda, exímias doceiras, eram bem quistas pela população.[101]

As religiosas eram poucas e senhoras de escravos, até porque provinham de famílias abastadas. Quase todas dispunham de uma cativa negra para auxiliá-las nos trabalhos caseiros e certamente se surpreenderam em 1849 quando, tendo abrigado as irmãs do imaculado coração de Maria recém-chegadas da Áustria, ouviu delas o pedido de que lhes fosse consentido poderem cozinhar para si mesmas, lavarem suas roupas e efetuarem trabalhos de agulha e costura.[102] Consentiram-no, mas a situação das monjas se arrastou intocada por anos, até que, em 1870, Dom Pedro Maria de Lacerda foi até lá e organizou um capítulo comunitário que elegeu uma nova abadessa, normalizando a situação.[103]

As hóspedes do Mosteiro da Ajuda refletiam enfim no Brasil a grande transformação em curso no meio religioso feminino, em vias de se transformar majoritariamente de vida ativa. Como se sabe, a partir de 1807, Roma permitiu oficialmente que as Adoradoras do Santíssimo Sacramento vivessem nesta condição. Foi providencial inclusive porque o número das vocacionadas nobres diminuía sensivelmente, ao contrário das candidatas das classes populares, que se multiplicaram de forma extraordinária, abrindo o leque dos carismas da vida regular para mulheres,[104] o que se estenderia também ao território brasileiro.

6.4.1 – Filhas da caridade

Foi Dom Antônio Ferreira Viçoso, bispo de Mariana, quem encarregou o Pe. Cunha de conseguir em Paris algumas religiosas dessa congregação para trabalharem na sua diocese. Antes de partir o padre percorreu o interior de Minas recolhendo dinheiro para pagar as passagens das eventuais irmãs. Quando, enfim, chegou à capital francesa no dia 12 de junho de 1848, o emissário procurou o superior-geral, Pe. Jean-Baptiste Etienne, para apresentar-lhe o pedido. O Geral avaliou a proposta positivamente e acedeu à solicitação, enviando às irmãs uma mensagem comovente: "Parti, minhas irmãs, parti! Levai numa das mãos o archote da fé e na outra, a chama da caridade!"[105]

As doze designadas, tendo a irmã Virginie Marguerite Dubost como responsável do grupo, embarcaram no veleiro *Etoile du Matin* no porto de Havre aos 28 de novembro de 1848. Uma delas, a Irmã Charpentier, perdeu a razão e teve de ser substituída. Assim, o grupo definitivo ficou constituído pelas irmãs Dubost, Odet, Lézat, Laveissière, Rigail, Rouy, Martinier, Lenormand, Chazet, Mass, Millet e Bonnardet. Com elas, além do Pe. Cunha, veio também um novo grupo de lazaristas; e, depois de 76 dias de fatigosa travessia, numa manhã de

---

[101] Vivaldo Coaracy, *Memórias da cidade do Rio de Janeiro*, José Olympio, Rio de Janeiro, 1955, p. 303-307.
[102] Otávio Cirillo Bortoluzzi, *Documentário*, p. 246-247.
[103] Antenor de Andrade Silva, *Os Salesianos e a educação na Bahia e em Sergipe – Brasil, 1897-1970*, p. 26.
[104] Gentila Richetti, *História da aprovação da Congregação das Irmãs do Imaculado Coração de Maria e "aggiornamento"*, Estudos Preparatórios da Cúria Generalícia à causa da beatificação da Madre Fundadora Maria Bárbara da Santíssima Trindade, Roma, 2002, p. 6.
[105] Maria Amélia Ferreira Ribeiro et alii, *150 anos de presença das Filhas da caridade de São Vicente de Paulo no Brasil*, Artes Gráficas Formato, Belo Horizonte, 1999, p. 24-25.

sexta-feira, 9 de fevereiro do ano seguinte, adentraram na Baía de Guanabara. As Filhas da Caridade permaneceram hóspedes no Convento da Guia das irmãs franciscanas de clausura até 26 de fevereiro, sendo depois transferidas para a fazenda do Sr. Lacerda, correspondente de Dom Viçoso no Rio,[106] até que, no dia 11 de março seguinte, iniciaram no lombo de burros a última etapa da viagem. Aos 3 de abril de 1849, chegaram à destinação, sendo acolhidas por Dom Viçoso e acomodadas na humilde Casa da Providência, próxima à igreja do Carmo, que seria o primeiro passo da obra da congregação no país.[107]

O significado simbólico que tinha para a Igreja do Brasil o estabelecimento da primeira congregação religiosa europeia de vida ativa no país foi reconhecido pelo Arcebispo Primaz, que de Salvador, no dia 5 de junho do mesmo ano, escreveu uma pastoral para louvar o acontecimento:

> A Providência que acaba de salvar tantas inocentes esposas de JESUS CRISTO, arrojadas pelas tempestades políticas da Europa nas nossas praias hospitaleiras, e que retribuem o generoso asilo e acolhida que encontraram na capital do império, com a edificação de suas virtudes e o maternal desvelo com que se empregam na educação cristã de numerosas pensionistas, não deixará por certo de continuar aquela miraculosa proteção, que há mais de dois séculos tem sustentado inviolável o crédito das ínclitas virgens.[108]

O tempo confirmaria o otimismo de Dom Romualdo, pois as Filhas da Caridade, além de pioneiras, tornar-se-iam também a maior e mais importante congregação religiosa feminina do Brasil imperial. Sua obra se desenvolveu por várias etapas. Pouco depois de instaladas, transformaram a Casa da Providência num pequeno pensionato para formação de moças, que logo conquistou a boa aceitação das famílias; e, aos 10 de março de 1850, abriram o Colégio Providência, um dos primeiros educandários femininos de Minas Gerais, seguido de outras obras como creche, lactário e dispensário. O sucesso das irmãs nas áreas da educação e da saúde acabaram chegando ao conhecimento de Dom Pedro II, que as convidou para fundarem um estabelecimento de ensino para estudantes da classe abastada no Rio. Elas foram, abriram outro colégio de nome Imaculada Conceição, ao lado do qual instituíram também um orfanato para crianças e jovens carentes, bem como outras obras sociais, como a assistência aos menores negros. Isso foi consequência da lei n. 2.040, de 28 de setembro de 1871, de autoria José Maria da Silva Paranhos, visconde do Rio Branco, que assegurou a liberdade dos filhos de escravos nascidos de 1872 em diante. A questão é que a mesma lei também dispunha que tais crianças permaneceriam em poder dos senhores e de suas mães nos primeiros oito anos de vida, depois do que seria consentido aos patrões de se servirem da sua mão de obra até que atingissem a idade de 21 anos, como forma de "compensação", caso não fossem indenizados pelo estado. O Estado, obviamente, esqueceu

---

[106] Maria Amélia Ferreira Ribeiro et alii, *150 anos de presença das Filhas da caridade de São Vicente de Paulo no Brasil*, p. 26-27.
[107] Eponina da Conceição Pereira, "Commemorazione del 150º anniversario dell'arrivo delle Figlie della Carità in Brasile", em: *Echi della Compagnia*, n. 6, Officine Grafiche Napolitane, Napoli, 2000, p. 227-231.
[108] Romualdo Antônio de Seixas, *Coleção das obras do Exmo. e Reverendíssimo Senhor Dom Romualdo Antônio de Seixas*, tomo IV, p. 219.

este particular, e a maioria dos meninos fugia para as cidades, onde facilmente caíam na mendicância ou na delinquência juvenil. As irmãs, por si só, não poderiam resolver tão grande problema, de abrangência nacional, mas a elas coube o pioneirismo de ter instituído um orfanato somente para os menores negros abandonados.[109]

Mais iniciativas viriam, até porque, com seu pragmatismo em matéria de religião, Dom Pedro II percebeu o potencial das "vicentinas". Por isso, em 1852, desejando melhorar o atendimento da Santa Casa do Rio de Janeiro, ele mandou chamar de Mariana o Pe. Pierre Monteil e o enviou a Paris para obter do superior-geral, Pe. Jean-Baptiste Étienne, mais irmãs, tanto para trabalharem ali como no Asilo dos Alienados. O enviado conseguiu realizar o intento do soberano, pois retornou trazendo nada mais nada menos que 30 religiosas. Padre Monteil, vitimado pela febre amarela, faleceu no dia 27 de novembro daquele mesmo ano, mas o trabalho das Filhas da Caridade continuaria sua marcha. Não se passara ainda nem um ano, e durante o mês de agosto desembarcou na Bahia um novo grupo de 34 religiosas. Destas, 11 permaneceram em Salvador, atendendo insistente pedido de Dom Romualdo Seixas, enquanto que as demais prosseguiram viagem rumo ao Rio de Janeiro. No ano de 1854 acolheram a primeira vocacionada, conhecida depois como irmã Lacerda. E a expansão pelo Brasil continuou: em 1856 as irmãs foram cuidar do hospital de Nossa Senhora do Desterro, SC (atual Florianópolis), onde permaneceram até 1864; e em abril de 1857, atendendo ao pedido do Presidente da Província e do próprio imperador, ficaram encarregadas da direção do Hospital Pedro II de Pernambuco.[110] No ano seguinte assumiram a direção do Colégio de Santa Teresa em Olinda e, em 1865, fundaram o Colégio do Imaculado Coração de Maria de Fortaleza, ao que se seguiu, em 1868, o Colégio Santa Isabel, de Petrópolis.[111]

Em apenas nove anos (1849-1858), graças sobretudo aos contínuos reforços de novas irmãs francesas, as Filhas da Caridade assumiram 17 casas, marcando presença em cinco províncias: Minas Gerais, Rio de Janeiro, Bahia, Santa Catarina e Pernambuco. Novas vocações nativas surgiram, e como a inteira obra não parava de crescer, aos 22 de agosto de 1860, foi constituída a sua primeira província no Brasil, com sede no Colégio da Providência, no Rio.[112] Esse desenvolvimento levaria Joaquim do Monte Carmelo a criticá-las ferozmente em 1873:

> Enquanto sofrem as nossas míseras patrícias, folgam as *beneméritas Irmãs de Caridade* (o grifo é do autor), que aqui chegam aos bandos, sem que ninguém lhes saiba a procedência. Elas monopolizam o ensino das nossas mães de família, sem que lhes exija provas das habilitações que trazem para o magistério! Vivem em comunidades sujeitas a superiores estrangeiros, contra a doutrina do Aviso de 3 de julho de 1828. Admitem finalmente à profissão de seus estatutos quantas brasileiras podem *angariar*, sem que ninguém possa dizer-lhes: alto lá![113]

---

[109] MARIA AMÉLIA FERREIRA RIBEIRO ET ALII, *150 anos de presença das Filhas da caridade de São Vicente de Paulo no Brasil*, p. 29-30.
[110] JOSÉ TOBIAS ZICO, *Congregação da Missão no Brasil*, p. 63, 65, 70-71.
[111] LAÉRCIO DIAS DE MOURA, *A educação católica no Brasil*, Edições Loyola, São Paulo, 2000, p. 88-89.
[112] MARIA AMÉLIA FERREIRA RIBEIRO ET ALII, *150 anos de presença das Filhas da caridade de São Vicente de Paulo no Brasil*, p. 32.
[113] JOAQUIM DO MONTE CARMELO, *O Arcipreste da Sé de São Paulo Joaquim Anselmo de Oliveira e o clero do Brasil*, (editora não citada), Rio de Janeiro, 1873, p. 230.

Por conveniência, Dom Pedro II evitou interferir, mas, fiel ao seu estilo, considerava as Filhas da Caridade excelentes "nos ofícios próprios do seu nome", acrescentando que cumpria, porém, "cortar sua tendência a estender sua influência além desses limites". E, embora isso não tenha acontecido, ele chegou inclusive a cogitar para as irmãs uma direção exclusivamente brasileira, independente da matriz francesa.[114]

6.4.2 – Irmãs de São José de Chambéry

A vinda das Irmãs de São José de Chambéry ao Brasil aconteceu por mérito do bispo de São Paulo, Dom Antônio Joaquim de Melo, que apresentou ao frei Eugênio de Rumilly, reitor do seminário diocesano, projeto para a vinda de religiosas educadoras. Por coincidência, dito reitor era primo da irmã Maria Antonieta, assistente geral da congregação das Irmãs de São José, e escreveu-lhe sobre o assunto. Decorridos dois anos de tratativas, aos 10 de junho de 1858, as primeiras sete irmãs partiram de Chambéry, França, com destino ao Brasil, acompanhadas dos Pe. Charles Marie Ferrier, futuro bispo auxiliar de Dom Antônio, e o Pe. Anthelmo Goud, mais tarde nomeado capelão do Patrocínio em Itu.[115]

Por fatalidade, a superiora do grupo, Madre Maria Basília Genou, adoeceu durante a viagem, vindo a falecer na altura de Cabo Frio. Quando as irmãs desembarcaram e comunicaram o fato à Geral, esta nomeou como nova superiora das recém-chegadas uma jovem religiosa de 24 anos, cujo nome se tornaria célebre no Brasil: Maria Teodora Voiron (1835-1925), que com mais duas religiosas se juntou ao grupo precedente um ano depois. Acolhidas inicialmente pelas monjas do convento da luz de São Paulo, na tarde de 15 de junho de 1859, todas elas finalmente chegaram a Itu, onde estabeleceram sua primeira residência. Menos entusiasmo manifestou Dom Antônio ao ver uma religiosa tão jovem como superiora – "Uma criança!" – exclamou ele e, por isso, impôs que uma irmã mais madura, de nome Maria Justina Pépin, exercesse tal ministério. Num primeiro momento elas permaneceram no hospital, esperando pela conclusão das obras do colégio, tempo este em que Dom Antônio acabou mudando de opinião sobre a irmã Teodora, que afinal foi investida da função original. Ainda no dia 13 de novembro de 1859, o grupo pôde se transferir para o prédio do colégio, que cresceria continuamente, a ponto de em pouco tempo já registrar a presença de 62 alunas provenientes de outras províncias como Minas Gerais, Goiás e Rio de Janeiro. Em 1863 seria criado um orfanato gratuito anexo ao colégio, que chegou a atender 40 órfãos; e dois anos mais tarde, seria levada a efeito uma ação até então inédita no Brasil: a madre conseguiu convencer patroas e sinhás a enviarem as pequenas cativas para a escolinha que montou para elas bem ao lado do colégio, onde também lhes ensinava o catecismo e trabalhos manuais. Em pouco tempo reuniu um grupo inicial de 26 negrinhas e se entusiasmou tanto com a experiência, que escreveu à Geral: "É-me impossível descrever-lhe a ventura que experimento cuidando destas pobres escravas". Problemas, no entanto,

---

[114] Heitor Lyra, *História de Dom Pedro II*, vol. II, Companhia Editora Nacional, São Paulo, 1939, p. 355.
[115] Roberto Machado Carvalho, *A glorificação da Serva de Deus, Madre Maria Teodora Voiron*, Sociedade Impressora Pannartz, São Paulo, 1982, p. 23.

era o que não faltava à obra em expansão: a mentalidade regalista da classe política não via com bons olhos a novidade, e um fiscal do governo exigiu que as autorizações para que as irmãs permanecessem no Brasil fossem renovadas. Superado a custo o problema, outro se pôs, pois o capelão da congregação manifestou desejo de que as irmãs se desligassem da casa madre francesa. Madre Teodora acabou tendo de ir se explicar na França em 1866, de onde regressou absolvida e trazendo consigo um novo grupo de religiosas. Desse momento em diante novas iniciativas se seguiriam: em 1867 as irmãs assumiram a direção da Santa Casa de Itu; em 1871 o Presidente da Província de São Paulo lhes confiou o Seminário Nossa Senhora da Glória para a formação das órfãs de militares; e em 1872, a administração da irmandade da Santa Casa de Misericórdia de São Paulo entregou-lhes a direção desse estabelecimento de caridade. Além disso, a mesma administração ainda lhes passaria o controle do Externato São José da capital provincial, que muito cresceria nos anos seguintes. Madre Teodora foi também uma grande propulsora das novas devoções no Brasil, organizando em todas as casas da congregação a guarda de honra do Sagrado Coração de Jesus, a comunhão reparadora e o ato de desagravo da primeira sexta-feira do mês. No Colégio do Patrocínio especificamente, estabeleceu a entronização do Sagrado Coração e, numa iniciativa que ultrapassou os muros daquele, fundou a congregação leiga das Filhas de Maria, agregando-a à primária de Roma.[116]

6.4.3 – Irmãs de Santa Doroteia de Frassinetti

A fundadora dessa congregação, irmã Paula Frassinetti (1809-1882), ainda estava viva, quando as primeiras religiosas vieram para o Brasil. Isso aconteceu a pedido do bispo de Olinda, Dom Manuel do Rego de Medeiros, que na tarde de 16 de julho de 1865 fora até a casa de Ripetta onde habitavam, expondo seus planos à superiora, Madre Gianelli, que se mostrou disponível a contentá-lo.[117] Dom Medeiros foi ordenado bispo em Roma, na Igreja Santa Cruz de Jerusalém aos 12 de novembro de 1865, e decidiu partir para o Brasil um mês antes da irmãs, para preparar-lhes a acolhida. Para que elas não viajassem sozinhas, dispôs também que três padres da companhia de Jesus, liderados pelo Pe. Shembri, que iam igualmente trabalhar na sua diocese, de acompanhá-las. As religiosas designadas para tanto foram seis: Ir. Teresa Casavecchia (superiora), Ir. Virgínia Janozzi, Ir. Giuseppina Pingiani, Ir. Francesca Toscani, Ir. Gertrude Mattei e a jovem Sofia Filippa, que estava terminando o noviciado.[118]

O grupo partiu do porto de Civitavecchia aos 10 de janeiro de 1866 e, no dia 12 de fevereiro seguinte, desembarcou em Recife, sendo hospedadas no convento das Filhas da Caridade. O bispo ainda não conseguira preparar a casa, pois encontrava forte oposição da parte de alguns padres regalistas, principalmente do deão Faria. Enquanto continuava na busca, um professor de português foi

---

[116] CARLOS COELHO FARIA, *Vida e obra de Madre Teodora*, Gráfica Editora Bisordi, São Paulo SD, p. 40, 95, 213.
[117] TERESA SOMMARIVA E MARIA MARGUERITE MASYN, *Memórias acerca da venerável Serva de Deus Paula Frassinetti e do Instituto por ela fundado*, p. 166-168.
[118] MARISA VITA FINZI, *Figlie di Paola, figlie della Chiesa*, Pubblicazioni della Curia Generalizia, Roma, 2002, p. 24-25.

imediatamente contratado para ensinar às recém-chegadas o novo idioma. Pouco depois, no dia 28 daquele mês, o prelado chamou-as ao seu palácio e ali lhes apresentou a modesta casa que para elas alugara, e as duas primeiras alunas para a escola que estavam por abrir. No dia 2 de março, instalaram-se no seu primeiro convento brasileiro, e o número das educandas logo começou a crescer. O trabalho era extenuante, pois contavam apenas com o auxílio de uma senhora negra, que cuidava das compras e da cozinha. A certa altura fez-se necessário encontrar outra habitação, e Dom Manuel pensou em transferi-las ao Convento da Soledade, antiga habitação jesuítica, que no momento era propriedade da confraria do mesmo nome, e que estava sendo usado como quartel. Com o consenso do governo, o bispo iniciou a restauração, mas não pôde assistir à conclusão dos trabalhos, porque faleceu em circunstâncias misteriosas. As irmãs encontraram-se de novo em crise, porque o deão Faria iniciou uma campanha para impedi-las de se mudarem para a velha construção. Antes que conseguisse realizar seu intento, o Dr. Fonseca, advogado da Cúria e amigo do prelado falecido, instruiu as irmãs a se mudarem imediatamente, na calada da noite. Elas aceitaram a sugestão e, na madrugada do dia 1º de setembro de 1866, passaram para lá com suas alunas, mesmo tendo de enfrentar o desconforto de uma residência em que sequer ainda haviam sido instaladas as portas e as janelas. O deão quando soube, ficou furioso, mas dessa vez não partiu para atitudes mais drásticas, porque confiou na falsa notícia que recebeu, de que era conveniente conter-se até que saísse sua nomeação episcopal, dada como certa. Fez-se então uma breve trégua, e isso consentiu que o colégio das irmãs começasse o ano letivo de 1867 com 75 educandas, num clima de relativa calma. A situação melhorou ainda mais porque a Madre Fundadora enviou sucessivamente, aos 14 de março de 1867 e aos 11 de fevereiro de 1868, dois grupos de irmãs, perfazendo um total de 9 novas religiosas.[119]

Entrementes, chegou o sucessor do bispo falecido – Dom Francisco Cardoso Ayres –, amigo das religiosas, mas que também viveria pouquíssimo. Depois dele, outro bispo jovem seria indicado para Recife, mas este marcaria época: Dom Vital Maria Gonçalves de Oliveira. Sob o seu governo, a partir de 1872, eclodiu a "questão religiosa", conflito que não deixaria de envolver as irmãs. Nos tumultos que aconteceram na tarde de 14 de maio de 1873, uma turba, após depredar o colégio dos jesuítas, também tentou atacar o colégio delas, que se salvou porque foi circundado pela infantaria e pela cavalaria. Preocupadas com a segurança das próprias filhas, muitas famílias retiraram-nas da instituição, dando início a uma prolongada crise. Num crescendo, o educandário foi vasculhado e todos os seus documentos passaram por rigorosa revista. O mês de maio ainda não terminara quando o número de alunas se reduziu a apenas trinta. E já não era possível sequer a livre comunicação com a casa geral, pois tanto a correspondência que partia quanto a que chegava passou a ser interceptada e violada. A pressão atingiu seu ponto máximo quando, no afã de difamar o bispo de Olinda, a imprensa anticlerical insinuou que ele mantinha uma relação clandestina com a irmã Virgínia Jannozzi.[120]

---
[119] Marisa Vita Finzi, *Figlie di Paola, figlie della Chiesa*, p. 25-26.
[120] Teresa Sommariva e Maria Marguerite Masyn, *Memórias acerca da venerável Serva de Deus Paula Frassinetti e do instituto por ela fundado*, p. 339, 343-344, 350, 352.

A certo ponto, a continuidade das Doroteias na diocese entrou em discussão, e a própria irmã Paola Frassinetti desejou encontrar-se com a madre Giuseppina Pingiani em Lisboa, para decidir o destino da fundação brasileira. A irmã Pingiani deixou Recife aos 30 de abril de 1875, sendo sucedida pela Ir. Virgínia Jannozzi. O clima de tensão não se atenuava, mas, caindo o gabinete do visconde de Rio Branco, a fase aguda do conflito entre a Igreja e a política regalista imperial adquiriu uma aparente normalidade. Em 1878, com a ajuda do cônego Francisco do Rego Maia, que havia sido secretário de Dom Vital, o educandário entrou numa segunda fase de crescimento. Restava apenas um grave problema: o edifício ocupado pelo colégio tinha uma situação jurídica irregular e, em 1883, foi levado a leilão público. Para impedir que os anticlericais vencessem e expulsassem as Doroteias, o cônego Rego Maia, com astúcia, instruiu-as a não participar do evento, mandando no lugar delas seu cunhado, que arrematou a propriedade. Como a quantia disponível das irmãs não era suficiente, ele próprio completou o montante necessário, resolvendo a questão.[121]

Nesse meio tempo, atendendo a pedido feito por Dom Antônio de Macedo Costa em 1875, as irmãs já haviam aberto também outra casa na Amazônia. Chegando a Belém no dia 3 de setembro daquele ano, a primeira obra que assumiram foi o asilo-orfanato Santo Antônio, habitado por 44 meninas. As alunas logo começaram a afluir, mas também em Belém não tardariam a surgir situações conflitivas. A irmandade da Ordem Terceira de São Francisco, que havia sido antes interditada por Dom Antônio e que se reunia na Igreja anexa ao convento, desentendeu-se com as irmãs, gerando uma longa pendência que só se resolveria após a reconciliação da dita confraria com o prelado.[122]

Já não havia desafios particularmente grandes para a congregação no Brasil, e a madre Pingiani foi chamada de volta para Roma aos 15 de novembro de 1881. Certamente pesou nessa decisão o seu caráter excessivamente enérgico e um tanto impulsivo, mas o importante é que, sob a sua gestão, a congregação das Doroteias criara raízes. Por isso, quando regressou à pátria mãe, aos 6 de fevereiro de 1879, a "Pia Obra" no Pará já havia tomado forma e também o noviciado começara a funcionar. Boas igualmente eram as perspectivas educacionais, uma vez que a escola da diocese de Belém estava em pleno florescimento, contando o orfanato com 149 alunas, 60 das quais, órfãs.[123]

6.4.4 – Irmãs franciscanas da penitência e da caridade cristã

Essa congregação de origem holandesa (1835), que se irradiara em território alemão, teve em 1868 a sua colaboração solicitada para trabalhar no Brasil pelo superior jesuíta das missões rio-grandenses, Pe. Guilherme Feldahus, que desejava religiosas para assistirem às crianças e jovens, na maioria dos casos filhos de imigrantes alemães, em São Leopoldo, RS. A superiora-geral, madre Aloísia Lenders, das franciscanas de Heythuysen, Holanda, que residia temporariamente

---

[121] Teresa Sommariva e Maria Marguerite Masyn, *Memórias da venerável Serva de Deus Paula Frassinetti e do instituto por ela fundado*, p. 372-373.
[122] Ibidem, p. 429-434.
[123] Marisa Vita Finzi, *Figlie di Paola, figlie della Chiesa*, p. 28.

na Alemanha, hesitou ante o pedido, mas um personagem externo contribuiria para que mudasse de opinião. Seu nome: Otto von Bismarck.[124]

O "Chanceler de Ferro", depois da proclamação do império da Alemanha aos 18 de janeiro de 1871, viveu sob o governo do imperador Guilherme I da Prússia o auge do seu poder. E visando a reforçar a unificação recém-conseguida, logo tentaria estender a supremacia do Estado também no âmbito eclesiástico por meio da célebre *Kulturkampf* (luta cultural). Assim, em 1872 os jesuítas foram expulsos do país, e no ano seguinte as célebres "leis de maio" cerceariam a assistência e o ensino religioso. Em meio a tantas restrições, madre Aloisia deu mais atenção ao pedido do Pe. Feldhaus. Como, porém, não subestimava as dimensões do desafio de uma terra desconhecida, resolveu fazer antes uma sondagem entre as suas irmãs, enviando uma circular pedindo que se pronunciassem a respeito. Dezenas responderam afirmativamente,[125] mas as escolhidas para a fundação brasileira foram seis, provenientes do convento da ilha alemã de Nonnenwerth, cuja idade variava de 24 a 37 anos. Eram elas: Madre Ana Moeller, Ir. Teresa Kremer, Ir. Maria Lichtenberg, Ir. Florência Hemsel, Ir. Alvina Ferbers e Ir. Ludgera Hellwig, que partiram de trem até Marselha, na França, de cujo porto tomaram o vapor francês *Poitou* rumo ao Brasil. Desembarcando no Rio de Janeiro, seguiram num pequeno barco de nome *Camões* para Porto Alegre, aonde finalmente chegaram aos 2 de abril de 1872. Instaladas numa pequena e humilde casa de chão de terra batida, no dia 5 seguinte, começaram a ensinar para 23 alunas. O número das matriculadas crescia sempre e, por isso, no dia 1º de setembro, daquele mesmo ano, efetuou-se a mudança para um prédio maior. Muitas irmãs adoeciam por causa da diferença de clima, mas a expansão da obra não parou, porque recebiam contínuos reforços da Alemanha: no dia 7 de julho de 1873 chegaram cinco novas irmãs; em julho do ano seguinte mais três; e, em 1887, outro grupo de seis.[126]

Passados apenas quatro anos do início das atividades, também foi possível organizar o noviciado e, aos 22 de junho de 1876, seis jovens, todas elas filhas de alemães, receberam das mãos da Madre Ana Moeller o hábito franciscano. Contemporaneamente, as iniciativas da congregação rapidamente se multiplicavam no Rio Grande do Sul, como o Ginásio Sagrado Coração fundado em Santa Cruz do Sul (1874); a Escola Nossa Senhora dos Anjos em Porto Alegre (1881); o Orfanato Nossa Senhora da Piedade também em Porto Alegre (1888) e o Asilo de órfãs Nossa Senhora da Conceição em Pelotas (1889). Já nos tempos da República assumiram a direção da Santa Casa de Porto Alegre (1893) e abriram novos conventos em Bagé (1905) e Cruz Alta (1914), entre outros.[127]

As Franciscanas da Penitência e da Caridade Cristã tiveram ainda importante papel na difusão da devoção do Sagrado Coração, uma vez que a inteira congregação a Ele fora dedicada em 1º de janeiro de 1874. Naquele dia, em todas as suas casas, elas se reuniram em torno da imagem, consagrando em solene ato comunitário ao Coração Sagrado do Filho de Deus a própria vida e o apostolado.[128]

---

[124] BENÍCIA FLESCH, *Seguindo passo a passo uma caminhada*, vol. I, p. 40.
[125] ANGELITA COOLS E HILDELGARD WINPERSEE, *Madre Madalena Damen e sua congregação*, SNT, p. 172, 179.
[126] A. I., *Polianteia comemorativa do 75º aniversário da chegada das Irmãs Franciscanas no Rio Grande do Sul*, Gress, Trein e Cia Ltda., Porto Alegre 1947, p. 11-17.
[127] CARLOS ALBINO ZAGONEL, *Igreja e imigração italiana*, p. 81.
[128] BENÍCIA FLESCH, *Seguindo passo a passo uma caminhada*, p. 26-27.

6.4.5 – Dominicanas de Nossa Senhora do Rosário de Monteils

Última congregação europeia a chegar ao Brasil império, as irmãs dominicanas de Nossa Senhora do Rosário de Monteils foram fundadas no ano de 1851 em Bor, Aveyron, França, e receberam a primeira proposta para trabalharem na América do Sul em 1881. O convite foi feito pelo Pe. Cormier OP, que apresentou à superiora-geral, Madre Dosithée, pedido para que as irmãs auxiliassem os frades dominicanos já estabelecidos. Proposta aceita, a cidade de Uberaba foi escolhida para acolher as primeiras missionárias, que eram Madre Maria José, designada para presidir os trabalhos da fundação, acompanhada das irmãs Maria Otávia, Maria Eleonora, Maria Hildelgarda, Maria Juliana e Maria Reginalda.[129]

Aos 5 de maio de 1885, o grupo partiu e, depois de uma travessia marítima penosa, chegou ao Rio de Janeiro no dia 23 de maio seguinte, sendo as irmãs acolhidas pelas Filhas da Caridade. Dali foram até São Paulo, prosseguindo de trem até Ribeirão Preto, onde as esperava frei Vicente Lacoste, superior dominicano do convento de Uberaba. O restante da viagem foi feito em carro de boi, enquanto que seu acompanhante, frei Vicente, ia a cavalo. Finalmente, às 16h do dia 15 de junho chegaram ao seu destino, onde foram recepcionadas por uma massa festiva e pelo bispo Dom Cláudio Ponce de Leão que viera de Goiás para saudá-las.[130]

As dominicanas tiveram de conviver com algumas surpresas insólitas, pois a quase totalidade da população jamais tinha visto uma religiosa em toda a sua vida. Por isso, quando paravam para pernoitar antes prosseguir o caminho, os membros da família e os vizinhos (se existiam por perto) vinham beijar-lhes as mãos, cumprimentá-las e pedir notícias da viagem. E, como desconheciam completamente hábitos religiosos, pediam-lhes para mudar a "roupa da viagem", e isso incluía o véu, que, pensando que fosse uma espécie de chapéu, gentilmente lhes sugeriam de retirá-lo, a fim de refrescar a cabeça. Quando as irmãs explicavam que aquilo fazia parte da veste da congregação, as pessoas mal conseguiam esconder seu espanto. Outros ainda imaginavam que fossem "irmãs", porque consanguíneas, ou que uma delas era mãe das outras, ou ainda, que fossem todas "filhas" do padre que as acompanhava. Perguntas que seriam consideradas inusitadas na Europa, ali se lhes faziam com espantosa naturalidade, havendo mesmo quem pensasse que elas fossem sacerdotisas, podendo ministrar sacramentos; ou santas, que curavam todas as doenças e faziam milagres, donde o costume de chamá-las as "santas mulheres".[131]

Depois de chegarem à destinação, as irmãs tiveram que esperar a conclusão de certas reformas indispensáveis numa ala da Santa Casa de Misericórdia, para ali instalarem seu colégio. Isso posto, no dia 26 de outubro abriram as classes com pensionato e externato. As alunas eram apenas seis (2 internas e 4 externas), mas as religiosas exerciam outras atividades, como a de prestar

---

[129] ZÉLIA REZENDE MORAIS ET ALII, *Dominicanas de Monteils – Província Nossa Senhora do Rosário*, Gráfica Ferrari, São Paulo, 1995, p. 7.
[130] ZÉLIA REZENDE MORAIS ET ALII, *Dominicanas de Monteils – Província Nossa Senhora do Rosário*, p. 7.
[131] MARIA ANTONIETA BORGES LOPES E MÔNICA M. TEIXEIRA VALE BICHUETTE, *Dominicanas: cem anos de missão no Brasil*, Editora Vitória, Curitiba, 1986, p. 48.

assistência aos doentes que ocupavam as demais dependências da Santa Casa, e outros tantos em suas residências. No ano seguinte o número de alunas subiu para uma centena, e fez-se necessário pedir reforços à França. Dez meses depois chegou o segundo grupo com outras cinco irmãs, ao que se seguiria um terceiro, que viria um pouco mais tarde, com mais sete. A perda de subsídios do governo com a proclamação da República, a transferência de Dom Cláudio para a diocese de Porto Alegre em 1890 e a atitude do seu sucessor, Dom Eduardo Duarte Silva, que adotou como primeira prioridade a organização do seminário diocesano, limitaram a ação das irmãs. E, o que era pior, um grupo de médicos, que chegou para atender a região, pediu às irmãs o prédio onde haviam se instalado. Superado o choque, com o auxílio das famílias de Uberaba e o apoio dos dominicanos, elas comprariam um terreno, onde aos 5 de agosto de 1893 foi lançada a pedra fundamental do novo prédio para o colégio. Em setembro de 1895 se transferiram para lá, e assim, aos 30 de dezembro do mesmo ano, o educandário foi solenemente inaugurado.[132]

Nesse ínterim, a Congregação já abrira outra casa na cidade de Goiás, GO (1889), à qual se seguiria novas fundações em Conceição do Araguaia, PA (1902), e Porto Nacional, GO (1904).[133]

6.4.6 – As congregações autóctones

O "novo espírito" criado pelo episcopado reformador, com o apoio das ordens e congregações masculinas recém-instaladas, também inspiraram o surgimento ou a renovação das três primeiras congregações femininas do Brasil, a saber:

a) *Religiosas do Sagrado Coração de Jesus*: Embora tenha se tornado de vida ativa apenas em meados do século XIX, sobre essa congregação, que também é considerada a primeira fundação do gênero no Brasil, a pesquisa ainda é extremamente acanhada. Segundo o Pe. Geraldo Vangel, ela se originou de um recolhimento fundado na Vila de Igaraçu pelo padre diocesano Miguel Rodrigues Sepúlveda junto com o missionário jesuíta Pe. Gabriele Malagrida, no dia 1º de março de 1742. Na ocasião, vinte donzelas, tendo à frente a jovem Rita Teresa de Jesus, foram encorajadas pelo Pe. Sepúlveda a constituírem um recolhimento. Padre Malagrida não só apoiou a ideia, como não mediu esforços para que a obra se concretizasse. Sepúlveda abriu mão de todos os seus bens, investindo o montante deles na construção da casa das recolhidas, erguida afinal num sítio próximo à matriz de São Cosme e Damião, em cujo local até os dias atuais se encontra.[134]

Malgrado o *status* das recolhidas fosse algo parecido com o das "leigas consagradas", o seu estilo de vida se assemelhava ao dos mosteiros europeus: possuíam uma regra que era cópia fiel daquela das ursulinas, com determinações precisas sobre as horas da oração, o tempo do descanso, das refeições

---
[132] Maria Antoneita Borges Lopes e Mônica M. Teixeira Vale Bichuette, *Dominicanas: cem anos de missão no Brasil*, p. 39-41.
[133] Zélia Rezende Morais et alii, *Dominicanas de Monteils – Província Nossa Senhora do Rosário*, p. 8-10.
[134] Geraldo Vangel, *Resumo Histórico da Congregação das Religiosas do Sagrado Coração de Jesus*, SNT, Olinda 1992, p. 3.

e do silêncio; e também usavam hábito preto de mangas justas, véu negro e capa comprida, trazendo ao peito uma chapa representando um coração, em redor do qual se liam as palavras "Santíssimo Coração de Jesus". A primeira madre superiora foi a irmã Rita, que, com o auxílio do Pe. Malagrida, ampliou a casa onde moravam e deu início à construção da capela. Por fim, em 1751, Pe. João Honorato, provincial da companhia de Jesus, alcançou para o Brasil a faculdade do Papa Bento XIV e licença régia de El-Rei Dom João V para a profissão, e o breve ganhou validade no país. As primeiras jovens puderam então professar, mas, por isso mesmo, continuaram levando um estilo de vida contemplativo. Morrendo o Pe. Sepúlveda em 1768, elas perderam a ajuda econômica externa que possuíam, mas sobreviveram vendendo os bens que lhes deixaram os fundadores e dedicando-se aos trabalhos manuais. Em 1773 a irmã Ana Maria da Conceição substituiu a irmã Rita na direção do recolhimento, e, como no seu caso, o bispo diocesano de Olinda sempre indicaria as sucessoras. As irmãs conseguiram duas proezas memoráveis nas décadas seguintes: sobreviveram a todos os assaltos do regalismo e souberam adaptar-se perfeitamente ao espírito reformador que marcaria a diocese a partir da segunda metade do século XIX. A maior das mudanças ocorreu depois que, aos 2 de junho de 1852, o bispo diocesano nomeou um provedor e administrador para o recolhimento na pessoa do Pe. Florêncio Xavier Dias de Albuquerque, que deu novo impulso à obra e moveu-a na direção da vida ativa. Foi criada uma escola de primeiras letras, ensino de música vocal, flores e costura. Surgiria também um internato para crianças e, antes que 1852 terminasse, veio a maior de todas as transformações: as religiosas do Sagrado Coração de Jesus se integraram no apostolado externo, principalmente na formação da juventude local, assumindo de vez o modelo ativo de vida.[135]

b) *Irmãs do Imaculado Coração de Maria*: fundação brasileira iniciada por austríacas, o nome que atualmente portam só se definiria nos tempos da República. O autor foi o bispo de Porto Alegre, Dom José Cláudio Ponce de Leão, que ao publicar um opúsculo escreveu "Irmãs do Imaculado Coração de Maria", apelativo este que seria mantido em 1947, ano em que dita congregação recebeu a aprovação pontifícia.[136] No tocante à origem e desenvolvimento, tudo começou em Viena com Bárbara Maix (1818-1873), jovem modista órfã, que idealizou a formação de uma nova congregação, tendo sempre recebido o apoio do Pe. João Nepomuceno Pöckl. O contexto adverso, primeiro a causa do josefismo conservado pelo imperador Francisco I (1792-1835) e depois pelo anticlericalismo advindo com a eclosão da "Primavera dos Povos" em 1848, acabou forçando Bárbara e suas companheiras a emigrarem para o Brasil desembarcando no porto do Rio de Janeiro no dia 9 de novembro de 1848.[137]

Assim que chegaram, entraram em contato com o bispo diocesano, D. Manoel do Monte Rodrigues Araújo, que pediu à Abadessa Cecília, do Mosteiro da Ajuda, hospedá-las. A abadessa assim o fez, enquanto que o Pe. Pöckl e seus dois companheiros, que as haviam acompanhado, foram acolhidos no convento dos

---
[135] GERALDO VANGEL, *Resumo Histórico da Congregação das Religiosas do Sagrado Coração de Jesus*, p. 4-7.
[136] CF. GENTILA RICHETTI, *História da aprovação da Congregação das Irmãs do Imaculado Coração de Maria e "aggiornamento"*, p. 2-5.
[137] OTÁVIO CIRILLO BORTOLUZZI, *Documentário*, p. 192-193, 215-216, 221, 226-227.

capuchinhos, situado no Morro do Castelo. Durante os primeiros meses, o grupo das irmãs aprendeu o português, e, no dia 8 de maio de 1849, constituíram-se finalmente como uma congregação diocesana, vestindo o hábito e professando. A fundadora adotou o nome de Madre Maria Bárbara da Santíssima Trindade, e naquele mesmo dia elas se mudaram para o colégio Senhor dos Passos, da "Venerável e Episcopal Ordem Terceira de Nossa Senhora do Terço", assumindo a direção. A irmandade contratou uma professora de português e o número de alunas começou a crescer rapidamente, mas as dificuldades não tardaram. No Rio predominava o modelo educacional francês, preferido pelas ricas famílias das alunas que confiaram suas filhas às irmãs. Estas, entretanto, adotaram um método escolar germânico, ensinando o alemão junto com o francês, e incutindo nas educandas o senso prático, que incluía trabalhos manuais. As críticas despontaram, e dois anos depois, como não chegassem a um acordo com os administradores da irmandade, as irmãs retiraram-se da instituição. Foram então para o Catumbi, onde alugaram um sobrado, transformaram a antiga estrebaria em dormitório e fundaram um novo e pequeno colégio. As rendas da casa não eram suficientes para manter as irmãs, e a princesa Isabel, sabendo que os franciscanos possuíam um convento abandonado na Ilha do Senhor Bom Jesus, também chamada Ilha dos Frades, consultou o ministro da justiça, Conselheiro Eusébio de Queirós Coutinho Matoso da Câmara, sobre a possibilidade de acomodar nele as irmãs. O ministro entrou em contato com frei Custódio, provincial franciscano, que se mostrou disponível, cedendo por vinte anos às irmãs o convento e a chácara adjacente. Aos 5 de abril de 1852 foi assinado o contrato de empréstimo e no mesmo dia as religiosas instalaram-se no seu novo endereço. Ali abriram uma escola para meninas, e a situação financeira melhorou.[138]

Na nova residência, Madre Bárbara dedicou-se à redação final das constituições e decidiu apresentá-las ao Papa, para obter a aprovação. Ela obteve audiência com Pio IX aos 18 de outubro de 1852, que ordenou ao Cardeal Gabriele della Genga Sermattei (1801-1861), prefeito da Sagrada Congregação dos Bispos e Regulares, que escrevesse ao Núncio de Viena, pedindo-lhe informações exatas sobre as suplicantes. Obtida a resposta, o Cardeal Binani escreveu ao bispo do Rio de Janeiro de forma evasiva, na qual, sem tecer críticas à congregação, adiava a aprovação para um tempo em que esta se encontrasse bastante madura. Entrementes, outras vocacionadas austríacas chegavam a 1857 e, com a ajuda do Pe. Miguel Cabeza SI, Madre Bárbara reformulou o projeto das constituições, que também dessa vez não foi aprovado. Enquanto isso, a obra das religiosas crescia, expandindo-se rapidamente em novas frentes: em 1855 lhes fora confiado pelo governo provincial o Asilo Santa Leopoldina em Niterói; aos 7 de novembro do ano seguinte assumiriam um novo asilo, de nome Nossa Senhora da Conceição, dessa vez em Pelotas, RS; seguido de mais uma casa de acolhida para crianças deixadas na célebre "roda dos expostos" da Santa Casa de Misericórdia de Porto Alegre, no ano de 1857. A congregação também prestou serviço tanto à colônia alemã como à colônia italiana.[139]

---

[138] Otávio Cirillo Bortoluzzi, *Documentário*, p. 245-247, 256, 262-264, 274, 278-280.
[139] Carlos Albino Zagonel, *Igreja e imigração italiana*, p. 82.

O trabalho nessas casas tornou-se tão absorvente que aos 14 de maio de 1856 Madre Bárbara devolveu o convento da Ilha do Bom Jesus aos Franciscanos. A congregação prosperava, mas sofreria agressões contínuas. Em 1857 começou o boato em Porto Alegre de que o Asilo Santa Leopoldina estava se transformando em convento, porque as irmãs acolhiam vocacionadas. Dois anos depois, a crítica reacendeu porque duas jovens de conceituadas famílias da capital, Rita Escolástica (que tomou o nome de Irmã Maria Mônica) e Emília Pereira da Silva (que se tornou Irmã Maria Vitória) no dia 5 de abril, participaram da cerimônia de vestição na capela do asilo. A imprensa provocou enorme alarido, e o presidente da província mandou abrir um inquérito. Da investigação veio fora toda a arenga regalista que havia decidido que a admissão de noviças e fundação de novas congregações estavam proibidas. O presidente gaúcho acabou repassando o assunto ao ministro da justiça do império, Francisco Diogo de Vasconcelos, que não chegou a uma decisão. Madre Bárbara, no dia 21 de junho de 1858, escreveu então ao imperador que concedesse à sua congregação o direito de admitir novas candidatas. O assunto voltou às mãos do ministro da justiça, que, estando vacante a diocese de Porto Alegre, consultou o vigário capitular, Pe. Juliano de Faria Lobato. Este era um padre da velha guarda, sequaz do liberalismo e se manifestou contrário no dia 11 de setembro daquele mesmo ano. Com base nesse parecer, o ministro Vasconcelos deu resposta negativa às irmãs no dia 12 de outubro. Foi um golpe para a jovem congregação que teve sua expansão cerceada até a proclamação da República.[140]

As pendências nas distintas casas também passaram a se multiplicar, e em 1863, vítimas de intrigas políticas, as irmãs tiveram de abandonar o asilo de Porto Alegre, e pouco depois também o de Pelotas, concentrando-se num convento da capital gaúcha. E este não foi o único problema, pois nesse meio tempo a diocese de Porto Alegre havia recebido novo bispo, Dom Sebastião Dias Laranjeira. Em 1870, ao regressar do Concílio Vaticano I, o jovem prelado se viu às voltas com as acusações contra Madre Bárbara e, por isso, decretou visita canônica na casa central da congregação, destituindo a fundadora de diversos poderes como superiora-geral, reservando-os a sacerdotes ou ao bispo diocesano. Madre Maria Margarida de São José foi nomeada superiora da comunidade, e Irmã Bárbara transferida para Petrópolis, onde assumiu a direção da Escola Doméstica Nossa Senhora do Amparo em 1871. A experiência acabou cedo: desentendendo-se com o Pe. João Francisco de Siqueira Andrade, fundador da instituição, as irmãs seriam abruptamente expulsas.[141] Madre Bárbara morreria em 1873, antes desse desfecho, sem ter conseguido ver sua congregação possuidora de reconhecimento canônico ou de um patrimônio que lhe assegurasse a sobrevivência. Sucedeu-a Madre Maria Anna do Menino Deus (Anna Bhart), que permaneceria à frente das irmãs até o ano da queda da monarquia. O período foi de provação contínua: após a expulsão de Petrópolis, as irmãs tiveram de voltar a viver no Mosteiro da Ajuda. Com grande dificuldade, graças ao auxílio de um advogado e com a licença do

---

[140] OTÁVIO CIRILLO BORTOLUZZI, *Documentário*, p. 353, 407-415.
[141] AAEESS., Relatório de Monsenhor Adriano Felici, encarregado interino da internunciatura apostólica ao Cardeal Lodovico Iacobini (1883), pos. 227, fasc. 13, fl. 30b.

internúncio, compraram, pagando quase tudo com sucessivos empréstimos, uma casa na Rua Itapiru, nº 65, atual Largo do Catumbi para instalar a cúria generalícia. Em 1877 ali também abririam um colégio (externato e internato), conquistando certa estabilidade. No Rio Grande do Sul, no entanto, as relações com o vigário capitular, Monsenhor Vicente da Costa Pinheiro, eram das mais tensas. No dia 4 de março de 1889, Madre Maria Ana, que habitava numa nova casa comprada no bairro de São Cristóvão, RJ, faleceu repentinamente. Sua sucessora foi Madre Maria Margarida de São José (Bárbara Landerl), que transferiu a cúria geral para Porto Alegre. Proclamou-se a República naquele ano, e, aos 20 de setembro de 1890, Dom Cláudio José Gonçalves Ponce de Leão tornou-se o novo bispo diocesano da diocese gaúcha. A pedido de Madre Margarida, ele examinou as constituições da congregação, adaptou-as às novas orientações em vigor, dando-lhes a aprovação alguns anos depois. Assim, as irmãs do imaculado coração de Maria se tornaram a primeira congregação brasileira a receber reconhecimento diocesano, que também seria concedido pela Santa Sé cinquenta anos mais tarde.[142]

d) Franciscanas de Nossa Senhora do Amparo: foram fruto de uma longa evolução histórica iniciada a partir da criação em Petrópolis, RJ, aos 22 de janeiro de 1871, da obra pia "O Amparo", citada acima. A iniciativa partiu do Padre João Francisco da Siqueira Andrade (1837-1881), que tinha como objetivo dar assistência e educação às crianças carentes. Trinta meninas compuseram o grupo inicial das assistidas; e, da fundação até 1873, o padre contou inicialmente com a colaboração direta de cinco irmãs do imaculado coração de Maria. Com a saída destas, apenas a Irmã Joana optou por continuar, para não deixar as meninas sem assistência, ainda que para tanto tenha tido de depor o hábito. Seria ela uma das colaboradoras e integrantes da nova congregação que estava por despontar.[143]

A obra se mantinha sobretudo por meio de donativos de benfeitores, como aquele do Sr. Vicente Ublehart, que lhe deixou em testamento o importante legado de 74.000$000 em apólices da dívida pública, ou o do comendador José de Souza Breves, que, além de ser um dos colaboradores mais assíduos, contribuiu com 15.000$000 e outros numerosos favores.[144] Graças também ao apoio da família imperial, o Pe. Siqueira conseguiria edificar o prédio do asilo e a capela anexa para acolher as meninas, cujo número passou a 42. A "Escola Doméstica" era exclusivamente beneficente, não admitindo pensionistas mas somente desvalidas e órfãs. Às internas se ensinava a ler e escrever, catecismo e prendas domésticas. Aos 21 anos todas deixavam a instituição, umas para serem domésticas, e, as de maior talento, para serem professoras.[145]

A "Escola Doméstica" florescia, mas a débil constituição física do Pe. Siqueira não tardou a se ressentir de tanto esforço. Pediu então o auxílio de uma sua sobrinha, a jovem Francisca Narcísea de Siqueira (1856-1931), de apenas vinte anos, recém-formada professora no colégio Providência do Rio

---

[142] GENTILA RICHETTI, *História da aprovação da Congregação das Irmãs do Imaculado Coração de Maria e "aggiornamento"*, p. 14-24.
[143] HUGO DOMINGOS BAGGIO, *Padre Siqueira*, p. 51, 53-57.
[144] JOÃO FRANCISCO DE SIQUEIRA ANDRADE, *Estatutos da Escola Doméstica Nossa Senhora do Amparo*, p. I – II.
[145] JOÃO FRANCISCO DE SIQUEIRA ANDRADE, *Relatório da Escola Doméstica de Nossa Senhora do Amparo*, p. 6-9.

de Janeiro, pertencente às Filhas da Caridade. Ela chegou a Amparo aos 29 de novembro de 1877 e logo colocou mãos à obra, tornando-se sucessivamente professora de religião, português, francês, música e trabalhos artísticos. Enquanto isso, abalado pela tuberculose, a saúde do Pe. Siqueira deteriorou-se sempre mais, e ele teve de se retirar da instituição em fevereiro de 1881, vindo a morrer dois meses depois em São José dos Campos, SP. Antes de expirar tivera o cuidado de nomear em testamento um substituto na pessoa de seu irmão sacerdote, que foi investido com todos os direitos, para dar continuidade à obra. O cônego faria isso até 1885, quando então decidiu ir para Jacareí fundar uma obra para meninos pobres, deixando em seu lugar Francisca Narcísea, nomeada diretora definitiva de Amparo aos 23 de novembro de 1885.[146]

Francisca era uma moça muito religiosa, congregada das "Filhas de Maria" desde 1876, e sua piedade pessoal mais o estilo de vida que desenvolvia encaminharam-na naturalmente para a formação de uma congregação. Amadurecida a ideia, no dia 25 de março de 1886, data que é considerada o natalício da nova fundação religiosa, o pequeno grupo recebeu do internúncio, Dom Rocco Cocchia, o rescrito de autorização. Tiveram, todavia, de submetê-lo ao famigerado beneplácito imperial, que foi concedido pelo barão de Cotegipe no dia 21 de novembro do ano seguinte. Afinal, no supracitado dia 23 de março de 1888, a sobrinha do Pe. Siqueira e mais sete moças receberam as medalhas, fitas e diplomas da consagração na Congregação de Nossa Senhora do Amparo, que adotou o carisma de "ser amparo, aprendendo com Maria a amparar e servir os mais necessitados". Com a República assumiram algumas obras importantes: O Asilo Isabel, no Rio de Janeiro, fundado em 8 de dezembro de 1891 (do qual se afastaram alguns anos depois); o Colégio Dona Carolina Tamandaré, em São Paulo, fundado no dia 1º de novembro de 1893; o Asilo Furquim, na cidade de Vassouras, RJ, fundado em 29 de junho de 1895; e o Asilo Porciúncula, também em Vassouras, iniciado aos 31 de maio de 1896.[147]

6.5 – O triunfo do novo modelo religioso e as resistências enfrentadas

Os membros das ordens e congregações masculinas e femininas, anteriormente citadas, tinham consciência – e desejavam-no – de estarem colaborando para a consolidação de um novo modelo eclesial no país. As Irmãs Doroteias, por exemplo, educavam as moças suas alunas "a crescerem na piedade verdadeira e sólida", o que de per si supunha "eliminar dos seus tenros espíritos certos preconceitos contra a Santa Sé, principalmente contra o Vigário de Cristo,

---

[146] MARGARIDA PINHEIRO LIMA E NELI DO SANTO DEUS, *Irmã Francisca Pia*, Edições Loyola, São Paulo, 1993, p. 22, 27-28.
[147] As Irmãs de Nossa Senhora do Amparo nos anos seguintes teriam um desenvolvimento regular, ainda que não chegasse a ser excepcional. Em 1906, que foram aprovadas como congregação diocesana por Dom João Braga, bispo de Niterói. Tempos depois abriram novas casas na capital federal e nos estados do Rio de Janeiro, Minas Gerais, Ceará, alagoas e Pernambuco. No ano de 1957, agregaram-se à Ordem dos Frades Menores, assumindo o nome que atualmente conservam – Franciscanas de Nossa Senhora do Amparo. A última conquista aconteceu em 1979, quando se tornaram enfim congregação religiosa de direito pontifício em 1979 (GUILHERME SCHUBERT, *A província eclesiástica do Rio de Janeiro*, Livraria Agir Editora, Rio de Janeiro, 1948, p. 311; HUGO DOMINGOS BAGGIO, *Padre Siqueira*, p. 173, 182-184).

em cuja augusta pessoa, em vez de um pai, considerava-se não raramente um opressor dos povos". Além disso, na medida do possível, tentavam envolver também as mães, que não raro as procuravam depois de ouvirem em casa as filhas: "E as irmãs aproveitavam a ocasião para instruir aquelas senhoras que escutavam reverentemente aqueles ensinamentos e procuravam com todo o empenho pô-los em prática e melhorar sua vida".[148]

Os membros das novas fundações geralmente mantinham boa convivência com os bispos reformadores, mas não raro olhavam com visível desagrado para os remanescentes das ordens tradicionais, como bem o demonstra uma carta do Pe. Luigi Lasagna a Pe. Giulio Barberis, seu superior salesiano em Turim, na Itália, aos 7 de agosto de 1883:

> Recorde-se, caríssimo, que aqui o clero se encontra num estado de abandono que causa espanto. As velhas ordens religiosas dos Carmelitas, Beneditinos, Mercedários e Franciscanos estão para extinguir-se e *esta é uma coisa boa* (o grifo é do autor), dado que não têm mais espírito [religioso]. Nadam na opulência e na depravação, com rendas fabulosas, com milhares de escravos (horror!) ao seu serviço e, no entanto, quase às portas da capital, na província do Espírito Santo, existem centenas de tribos de índios Caboclos e Botocudos terríveis, antropófagos, que vivem como feras e ninguém pensa em evangelizá-los.[149]

Em relação à autoridade leiga, o comportamento que assumiam era inédito no Brasil de então: cordial, aberto à colaboração, mas independente. Foi assim com os salesianos, que desde o início tiveram ótimas relações com a família imperial. Aliás, uma das primeiras iniciativas do Pe. Luigi Lasagna ao chegar ao Brasil foi a de ir a Petrópolis, onde se entrevistou longa e amigavelmente com Dom Pedro II. A perspectiva, porém, era óbvia, pois o jornal católico *O Apóstolo* fez questão de corrigir o periódico francês *La Défense*, afirmando que Dom Bosco não enviara missionários a pedido do imperador, mas devido a gestões com o bispo do Rio.[150]

Como esse não era um fato isolado, os novos religiosos quase sempre eram criticados em bloco. Em 1864 os ataques foram particularmente sentidos no parlamento, com destaque para Pedro Luiz Pereira de Souza (1839-1884), representante do Rio de Janeiro. Os seus anacrônicos argumentos basicamente consistiam na repetição de que todos os regulares estavam uniformemente agrupados sob a capa do "jesuitismo", conspirando contra a "liberdade" e o "progresso":

> Combato o jesuitismo, meus senhores, apareça como aparecer; combato o jesuitismo venha ele com o burel do capuchinho, ou com a batinha do lazarista, ou com a touca branca da irmã de caridade. [...] Os lazaristas, senhores, são exatamente os jesuítas. [...] E essas mulheres [as Filhas da Caridade] não vivem só na humildade, cobertas com as suas toucas, contando os seus rosários; são armas políticas, digo mais, são *limas* (o grifo é do autor) políticas.[151]

---

[148] Teresa Sommariva e Maria Marguerite Masyn, *Memórias acerca da venerável Serva de Deus Paula Frassinetti e do Instituto por ela fundado*, p. 190-191.
[149] Luigi Lasagna, *Epistolario*, vol. II, p. 156.
[150] Juan E. Belza, *Luis Lasagna, el obispo misionero*, p. 239-240, 273.
[151] Luigi Lasagna, *Epistolario*, vol. II, p. 156.

Os excessos verbais foram tão vistosos que Dom Antônio de Macedo Costa naquele mesmo ano teve de sair em campo para replicá-los:

> Os mais venerados institutos do Catolicismo foram há pouco tão injusta quão violentamente agredidos no seio da nossa Representação nacional, [...] atirados em rosto aos Sócios de São Vicente de Paulo, aos Padres da Missão, às Irmãs de Caridade e aos missionários Capuchinhos, que desta vez mereceram compartilhar as supremas honras do insulto. [...] Digo fora das leis da justiça, porque me parece que quando a lei conferiu ao deputado o privilégio da inviolabilidade, foi para garantir-lhe a independência e liberdade de seu mandato, mas não para investi-lo do direito de desacreditar corporações inteiras, sem provas demonstrativas. [...] Pois bem! *Jesuitismo, ultramontanismo, reação ultramontana, partido clerical* (os grifos são do autor), ou como quer que aí chamam, tudo isto significa simplesmente *Catolicismo*.[152]

Certos maçons, contudo, não estavam dispostos a aceitar a mudança de rota levada a cabo nos conventos e radicalizaram ainda mais a sua oposição nos anos que se seguiram à publicação do *Syllabus*, como bem o demonstra um parecer de Saldanha Marinho:

> Daí vem que o Vaticano, "não confiando no clero nacional" brasileiro, despeja de Roma para aqui uma quantidade espantosa de Barbadinhos, de Jesuítas, de Lazaristas e das inseparáveis Irmãs de Caridade, seus dóceis instrumentos, e como eles, iniciadas nos tenebrosos mistérios de Roma para a depredação e para o poder!
> E, essa terrível imigração fradesca, que em coisa alguma nos vem coadjuvar, é pelos bispos criminosos e escravos de Roma, espalhada no interior das províncias, aonde vão esses padres corrompidos plantar o fanatismo, enredar o povo, proclamar o *Syllabus* e o poder do Papa, e aconselhar a resistência às leis e poderes do Estado![153]

Não deixa de ser significativo que em 1873 as lojas maçônicas do Brasil tenham comemorado festivamente a supressão da companhia de Jesus, iluminando as suas "grandes lojas".[154] O culto do passado apenas escondia os temores do presente, pois se sabia que os novos religiosos estavam colaborando ativamente para a consolidação de um novo modelo eclesial, razão pela qual, a inércia ante a infiltração maçônica já começava a ser questionada. Ciente do fato, Monte Carmelo, maçom e regalista, clamaria: "Em vez de pedirem honras e privilégios ao estudo e ao merecimento, como os pediam os religiosos de outros tempos, [os atuais] compravam-nos com o próprio dinheiro dos conventos aos internúncios, que para aqui tem mandado Pio IX e os seus predecessores!"[155] Essa crítica, eivada de alusões conspiracionistas, atacava a observância da comunhão universal na raiz, sem poupar as suas fontes de inspiração, sobrando farpadas até contra a forma como fora realizado o Vaticano I:

---

[152] PEDRO LUIZ PEREIRA DE SOUZA – JOAQUIM MANOEL DE MACEDO, *Questão Janrad. Discursos proferidos na Câmara dos Deputados*, Tipografia do Jornal de Recife, Recife, 1864, p. 16, 22, 33.
[153] JOAQUIM SALDANHA MARINHO, *O confessionário*, tomo II, Tipografia do Diário do Rio de Janeiro, Rio de Janeiro, 1874, p. 12.
[154] VITAL MARIA GONÇALVES DE OLIVEIRA, *Abrégé historique de la question religieuse du Brésil*, Imprimerie de la Propagande, Rome, 1875, p. 31.
[155] JOAQUIM DO MONTE CARMELO, *Carta à Sereníssima princesa regente*, 1ª parte, Tipografia Parlamentar, Rio de Janeiro, 1876, p. 41, 230.

> A substituição que fez o finado bispo de São Paulo [Dom Antônio Joaquim de Melo] dos jesuítas pelos *capuchinhos* (os grifos são do autor), para dirigir o seminário daquela diocese, não foi sem desígnio. Não podendo estabelecer logo ali os primeiros pela resistência que encontrou, de quem mais lançaria mão o prelado, senão dos *instrumentos mais próprios para realizar os imensos e admiráveis projetos* dos homens de roupeta, cujo sonho dourado é reconquistarem o monopólio do ensino, estendendo-o agora também ao do sexo feminino, por meio de suas Irmãs de São José, do Coração de Jesus, do Bom Pastor etc. [...] Nunca, diz quem quer que escreveu [um] sermão atribuído a Mr. Maining, nunca até agora brilhou tão fulgente o brasão da universalidade. Ainda a pouco em redor do *trono* do vigário de Jesus Cristo reuniram-se setecentos bispos... [...] A universalidade ou ecumenicidade dos concílios prova-se pelo número de bispos, que neles figuram, ou pelas solenidades que precedem à sua reunião, e acompanham o seu encerramento? No concílio do Vaticano guardaram-se todas essas solenidades? Foram os chefes das nações católicas convidados para se fazerem representar por seus agentes ou mesmo intervirem pessoalmente, se o quisessem?[156]

O estilo de vida dos novos regulares se tornou objeto de crítica também por parte de alguns escritores. Foi o que fez entre 1864 e 1865 José de Alencar (1829-1877), filho do sacerdote homônimo, na obra *As minas de prata*, malgrado confundisse frades com padres. Dentre os personagens de sua ficção estava o espanhol *Vilarzito*, marido de certa Dulce, abandonada quando ele, por ambição, decidiu se tornar jesuíta. Isso aconteceu após ter ouvido que o Geral da Companhia de Jesus "movia o mundo", tendo mais poder que o próprio Papa, até porque o Sacro Colégio que elegia o Romano Pontífice era manobrado pela mesma Companhia.[157] Bernardo Guimarães (1825-1884), por sua vez, no livro *O seminarista* (1872), adotou como alvo o modelo formativo dos Padres da Missão, para daí manifestar sua oposição aos regulares em geral:

> A educação claustral é triste em si mesma e em suas consequências: o regime monacal que se observa nos seminários é mais típico para formar ursos do que homens sociais. Dir-se-ia que o devotismo austero, a que vivem sujeitos os educandos, abafa e comprime com suas asas lôbregas e geladas naquelas almas tenras todas as manifestações espontâneas do espírito, todos os voos da imaginação, todas as expansões afetuosas do coração.
> O rapaz que sai de um seminário depois de ter estado ali alguns anos faz na sociedade a figura de um idiota. Desazado, tolhido, desconfiado, por mais inteligente que seja, não sabe dizer duas palavras com acerto e discrição, e muito menos com graça e afabilidade. E se acaso o moço é tímido e acanhado por natureza, acontece muitas vezes ficar perdido para sempre.[158]

Dom Pedro II fez "ouvidos de mercador", pois sabia reconhecer a erudição e a idoneidade onde as encontrava e, por isso, até elogiava as instituições religiosas que se destacavam. Tanto assim que, quando visitou o colégio dos jesuítas de Santa Catarina, fundado em 1845, não escondeu sua satisfação; e

---

[156] JOAQUIM DO MONTE CARMELO, *O Arcipreste de São Paulo Joaquim Anselmo de Oliveira e o clero do Brasil*, p. 78, 80, 120.
[157] JOSÉ DE ALENCAR, *As minas de prata*, vol. 2, 6ª ed., Edições Melhoramentos, São Paulo, SD, p. 52-65.
[158] BERNARDO GUIMARÃES, *O seminarista*, B. L. Garnier, Rio de Janeiro, 1872, p. 91-92.

mais tarde, em outubro de 1886, junto com a imperatriz Teresa Cristina, também fez questão de conhecer o liceu dos salesianos em São Paulo, mostrando interesse pelo progresso apresentado pela instituição.[159]

6.6 – As diretrizes inovadoras do clero ultramontano

Consolidando-se a reforma da Igreja no Brasil, houve um forte acento na piedade, na austeridade da vida interior e na comunhão com a Igreja universal, o que, como se viu, foi levado a cabo enfrentando a oposição declarada tanto dos padres do velho sistema, desejosos de conservarem hábitos inveterados, quanto de certos expoentes políticos, nada dispostos a abrirem mão do controle que o Estado exerce na ambiência eclesial. Como os dois grupos via de regra se apoiavam, a maioria dos membros do novo clero se convenceu de que os vícios do modelo político vigente é que propiciavam tal situação. Como diria o internúncio em 1863, o sistema constitucional brasileiro era em si mesmo a causa permanente da ruína do clero, pois dos seus dispositivos derivavam "tristes consequências". Citava como exemplo o caso do seminário do Pará, onde Dom Antônio de Macedo Costa tivera que suspender três professores – cônegos Eutíquio Pereira da Rocha, Ismael de Sena Ribeiro Nery e Manoel Inácio da Silva Espíndola –, por princípios heterodoxos. Sem se retratarem, os três, aliados da classe política liberal da província, partiram para o escândalo jornalístico, provocando a reação indignada do internúncio: "Aqueles desgraçados, não há injúria que não lhe lancem nas folhas públicas, chamando-o de ultramontano, defensor dos jesuítas e opressor dos brasileiros".[160]

A vantagem é que o clero reformado também podia contar com parlamentares sensíveis aos seus projetos, o que foi crucial para a consolidação da reforma dos seminários. Por isso, após anos de polêmicas, quando no dia 11 de janeiro de 1867 a seção de negócios do império recebeu recurso interposto pelos cônegos citados acima, a comissão deu parecer contrário às suas pretensões. A decisão definitiva sobre o caso, emanada no dia 24 de agosto do mesmo ano confirmaria o parecer da seção, afirmando não haver recurso à Coroa do ato pelo qual o bispo demitia professores do seminário, segundo a interpretação que se dava das normas existentes: "Não é recebido o presente recurso porque o reverendo bispo não fez mais do que usar do direito que lhe confere o artigo 7º do decreto n. 3.073 de 22 de abril de 1863".[161]

Paralela à luta pela "purificação dos costumes do clero", toda uma série de iniciativas foram tomadas para disciplinar a piedade popular, considerada igualmente "mundana". A tarefa não era fácil: a religiosidade que chegara intacta até iniciar-se a ação dos bispos reformadores encontrava-se impregnada pelas devoções domésticas e pelo culto exterior, com destaque para as grandes procissões e as missas festivas. Desenvolvida fora do controle das estruturas

---
[159] PEDRO AMÉRICO MAIA, *Crônica dos Jesuítas do Brasil centro-leste*, p. 26.
[160] ASV, Carta ao Cardeal Antonelli, em: *Nunciatura Apostólica no Brasil*, fasc., 183, caixa 40, doc. 5, fl. 46b.
[161] *Consulta do conselho de Estado sobre negócios eclesiásticos, compilada por ordem de Sua. Ex.ª, o Senhor Ministro do Império*, Tipografia Nacional, Rio de Janeiro, 1870, p. 87-111.

eclesiásticas, ou à sombra das debilidades e ausência daquelas, essa Igreja dominada pelos "grandes" da terra, onde a construção de templos e capelas acontecia por iniciativa de irmandades e chefes de família, não traçava limites entre o sagrado e o profano, e tampouco tinha a "sã doutrina" como uma das suas preocupações primeiras. De acordo com Nelson Werneck Sodré, "nessas cerimônias públicas, expandia-se a alma das populações. Era diversão única. As procissões, as missas, as festas internas ou externas, as cerimônias de culto constituíram, para todas as camadas da sociedade, uma evasão..."[162] Mas, tanto para os padres liberais quanto para a Igreja popular festiva, as medidas disciplinadoras viriam. Para ficar.

6.6.1 – O refluxo das "batinas liberais" e revolucionárias

Graças à ação do episcopado reformador, movimentos insurrecionais, com ampla adesão de sacerdotes, praticamente desapareceram na segunda metade do século XIX, e também a presença de padres no parlamento caiu de forma drástica. Recorda-se que, apenas no ano de 1828, dos 103 deputados eleitos, 22 eram eclesiásticos, número que subiria para 23 na legislatura de 1834-1837; isso para não falar das relações promíscuas que existiram entre eles e os "pedreiros livres", e que também tiveram de ser combatidas. O pior é que certos clérigos-parlamentares não tinham boa reputação, como era o caso de José Martiniano de Alencar (1794-1860). Ex-revolucionário, ele se tornara um concubinário público e defensor de ideias liberais, merecendo de Monsenhor Marino Maurini aos 16 de março de 1855 um comentário nada complacente:

> José Martiniano de Alencar, que eu conheci casualmente, é oriundo da província do Ceará, ora ereta em diocese. [...] Ele tomou parte nos primeiros movimentos políticos do Brasil, é senador desde 1832, e foi presidente da sua província. Sendo já sacerdote, estabeleceu relações com uma sua prima [de nome Ana Josefina de Alencar], da qual teve muitos filhos. [...] Habita em companhia de sua concubina e dos seus filhos numa casa de sua propriedade num dos subúrbios desta capital. Possui uma fortuna. [...] Faz tempo que não exercita mais o ministério. [...] O seu concubinato é conhecido por todos.[163]

A Igreja não estava mais disposta a tolerar esse tipo de padre, até porque os bispos sabiam que o modelo reformador que defendiam se tornava impraticável com um clero desprezado, e que abandonava as freguesias para se dedicar a assuntos seculares. O caso de um vigário deputado em Mariana é exemplar: o parlamentar em questão, um dia, abandonou sua paróquia para participar duma sessão legislativa. O bispo soube, chamou-o e deu-lhe tal reprimenda, que ele prontamente renunciou aos "negócios mundanos" e nunca mais deixou suas ovelhas...[164]

---

[162] NELSON WERNECK SODRÉ, *Panorama no Segundo Império*, Companhia Editora Nacional, São Paulo, 1939, p. 110.
[163] AAEESS., Carta de Monsenhor Marino Marini ao Cardeal secretário de Estado da Santa Sé (16-3-1855), em: *fasc. 170*, pos. 106, fl. 86-87.
[164] SILVÉRIO GOMES PIMENTA, *Dom Antônio Ferreira Viçoso*, p. 170.

O desvelo de bispos como Dom Antônio Ferreira Viçoso jamais arrefeceu, e suas palavras, exigindo que os padres tomassem distância dos partidos políticos, calavam fundo entre os vigários dos grotões das Gerais.[165] Nas demais regiões do Brasil, outros bispos tomavam atitude semelhante, sendo Dom Antônio Joaquim de Melo um dos que fechou questão sobre o assunto:

> Nada tem desmoralizado mais o clero, depois que pela forma do nosso governo, é necessário haver partidos, do que sua influência em eleições. É voz geral, que se apartem os sacerdotes de cabalas eleitorais. Nós temos sido testemunhas do odioso, que sobre eles tem recaído por sua malvada influência. Desde que o sacerdote é influente, uma maldição se entranha até seus ossos; sua voz é a de um metal; sua missão fica sem efeito saudável. Mandamos, portanto, que dado o seu voto para onde levar sua simpatia, ou consciência, nenhum outro passo deem, deixando aos mortos enterrar seus mortos. Os nossos Reverendos Vigários da Vara devem, com todo zelo, vigiar sobre o cumprimento deste mandamento e, sabendo por três testemunhas contestes que um padre trabalha em eleições, devem ouvi-lo e suspendê-lo, se não se justificar.[166]

A segunda geração de bispos reformadores continuaria a insistir nesse ponto, e Dom Antônio de Macedo Costa, no dia 1º de agosto de 1861, em sua primeira carta pastoral advertiu o clero diocesano de Belém:

> Sacerdotes de Jesus Cristo, sede santos como Ele foi santo!
> Não nos impliqueis nos negócios seculares. Vosso grande negócio, vosso único negócio é a salvação das almas – Ministros de Jesus Cristo, nós vos dizemos: nosso lugar não é no foro tumultuoso da política, mas na calma augusta do santuário. Lá está o vosso trono; de lá podeis reinar sobre toda a terra. [...] Bem sabemos que não é absolutamente proibido a um eclesiástico tomar certa parte nos negócios políticos, mas sabemos também que, nas circunstâncias infelizes em que nos achamos, não se pode, em geral, fazê-lo, sem comprometer a augusta dignidade do caráter sacerdotal.[167]

Cinco anos depois da posse, Dom Antônio também enviaria um longo ofício ao ministro do império pedindo medidas contra a utilização das paróquias como centros de votação:

---

[165] Para Dom Viçoso não havia dúvidas: "A Igreja não se embaraça, de modo algum, com as diversas formas de governo, adotadas pelos diferentes povos como as mais apropriadas aos seus costumes e às suas necessidades: nós ministros de Deus, no exercício de nossas funções, não devemos fazer seleção de pessoas alguma, e mostrar-nos ser dedicados a todos sem distinção de opinião nem partidos políticos. Para isso é mister que no nosso trato com os fiéis nos conservemos alheios a essas opiniões, a esses partidos, quaisquer que, aliás, sejam nossas convicções e nossas simpatias. O sacerdote que, na prédica da palavra divina, esquecendo-se do respeito devido à cadeira cristã, transformasse-a em tribuna teria comprometido os sagrados direitos da religião. [...] Se esta nossa exortação não for ouvida, seremos obrigados a lançar mão das outras armas da Igreja" (BELCHIOR J. SILVA NETO, *Dom Viçoso, Apóstolo de Minas*, p. 106).
[166] ANTÔNIO JOAQUIM DE. MELO, *Carta Pastoral do Exmo. e Revmo. Bispo de São Paulo dando um regulamento ao clero da sua diocese*, Tipografia Liberal de J. R. De A. Marques, São Paulo, 1852, p. 5.
[167] ANTÔNIO DE MACEDO COSTA, *Carta Pastoral do Exmo. e Revmo. Bispo do Pará por ocasião da sua entrada na diocese (1-8-1861)*, Tipografia de Santos e irmãos, Belém, 1861, p. 4-5.

> Os templos segundo a doutrina do Cristianismo são lugares santos, exclusivamente consagrados ao culto da Divindade. [...] Quanto se desdiz de tudo isto a funesta prática introduzida entre nós da lei que falamos? Ah! Sr. Ministro, sinto-me estremecer até o mais profundo de minha alma ao lembrar-me das horrendas profanações e desacatos que se reproduzem, à sombra da lei, a cada reunião dos comícios eleitorais. Aquele entrar dissipado de uma numerosa multidão pelo templo sagrado, com ideias, sentimentos e paixões inteiramente alheias à religião, como se fora o lugar santo um bazar ou praça pública; aquele estrondar confuso de falas, de reclamações, de gargalhadas, de insultos grosseiros, de palavras obscenas, quebrando o silêncio augusto do Santuário; aquele afrontar a presença do Deus da Verdade com tantos manejos fraudulentos, praticados escandalosamente à vista e face de todo o mundo, no meio das vociferações e imprecações do partido contrário; aquele referver de ódios violentos que estão flamejando nos olhos, rebentando nos gestos, atroando em ameaças e gritos descompostos; aquele ficar aberto o augusto recinto a noite inteira, muitas noites consecutivas para que o povo, soberana possa valer a urna, que então se mostra rodeada de velas acesas, como um ídolo, no meio do Santuário, e os grupos dos patriotas a passearem pela nave, a fumarem, a conversarem, a rirem estrepitosamente, fazendo-se ceatas e orgias, cujos restos imundos alastram no outro dia o pavimento sagrado!
> [...] Não, no Brasil não se respeita a casa de Deus. [...] Mas não é só a santidade dos templos que é violada; a religião toda é comprometida. Do desrespeito das igrejas, Sr. Ministro, passa-se, por uma transição insensível, ao desrespeito dos mistérios que aí se celebram. O desacato do lugar sagrado andou sempre vinculado à decadência da religião em todos os povos.
> [...] Não, Exmo. Sr., nossas igrejas não podem continuar a ser assim profanadas. O braço da divina justiça pesaria sobre nossa cara pátria. [...] Modifique-se essa lei. [...] Ouça o governo o clamor dos bispos. O Episcopado é unânime a reclamar contra esta praxe funestíssima. [...] Não, é impossível que fiquemos sempre nestas horríveis torturas. Tempo é já, Exmo. Sr. Caberá a V. Exa. e aos eminentes caracteres cívicos que se acham à frente dos negócios públicos, a glória de abrir, com a abolição de tão funesta lei, uma nova era para a Religião no Brasil.[168]

O governo nada fez, mas a própria Igreja, com a autoridade moral que ia conquistando, conseguiu impor limites aos excessos mais visíveis das práticas denunciadas. Por outro lado, a influência do Papa Pio IX foi decisiva, como demonstra a denúncia de um regalista do período: "Pio IX não quer que os bispos nem os padres tomem assento entre os legisladores do seu país. Para Sua Santidade e seus admiradores, os ultramontanos da França e do Brasil, de toda parte, é motivo de *severa reprimenda* (o grifo é do autor) um bispo sentar-se nos bancos senatoriais de sua pátria".[169]

Os padres parlamentares não desapareceram, mas seu número decresceu e muitos deles abandonaram os postulados liberais, passando a defender os interesses da Igreja nas suas proposições. Nas assembleias provinciais a novidade era ainda mais visível, conforme ficou patente na atuação do jovem sacerdote de Taubaté, Pe. José Pereira da Silva Barros (futuro bispo de Olinda e do Rio de Janeiro). A cura d'almas, por este mister, passou a ser a primeira priorida-

---
[168] ANTÔNIO DE MACEDO COSTA, *Ofício de S. Ex.ª Revma., o Senhor Bispo do Pará, ao Exmo. Sr. Ministro do Império, indicando várias medidas importantes*, Tipografia da Estrela do Norte, Belém do Pará, 1866, p. 12-19.
[169] JOAQUIM DO MONTE CARMELO, *Carta à Sereníssima princesa regente*, 1ª parte, p. 49.

de, tendo encontrado no cearense de Sobral, Pe. José Antônio Pereira Ibiapina (1805-1883), um dos seus exemplos meritórios. Ibiapina, que havia sido juiz de direito da comarca de Quixeramobim em 1834, e que, ao demitir-se naquele mesmo ano de tal função, se tornara deputado na legislatura 1834-1837, tudo deixara para servir à Igreja. Depois de ser ordenado por Dom João da Purificação aos 3 de junho de 1853, nunca mais se envolveu com querelas políticas, abrindo exceção apenas quando saiu em defesa dos bispos implicados na questão religiosa. Sua atenção se voltou para a missão junto à população do interior nordestino, e isso acabou gerando uma obra monumental, que incluiu desde numerosas "casas de caridade", a matrizes, cemitérios e hospitais.[170]

Outros ainda, como o Pe. João Manuel de Carvalho, deputado pelo Rio Grande do Norte, assumiram projetos políticos diversos daqueles dos seus antecessores. Pe. João Manuel, no caso, ganharia notoriedade por, na 11ª sessão parlamentar, realizada aos 11 de junho de 1889, haver se tornado o primeiro a clamar pela mudança do regime.[171] Mesmo posturas assim estavam cada vez mais isoladas. A Igreja havia entrado numa nova fase.

6.6.2 – O início da normalização da piedade popular

A "piedade popular festiva", anteriormente citada, com o tempo havia se constituído no elemento social de maior poder aglutinador do Brasil. Nela, o culto doméstico, com seus oratórios privados prevalecia sobre liturgia, e nas cidades os fiéis se reuniam em irmandades, que promoviam numerosas festas religiosas, procissões e romarias. A miscigenação racial e a alforria deram o toque final para a solidificação dessa original forma de ser Igreja, que se tornou popular, porque soube preencher lacunas pastorais. Explica-se: o católico brasileiro não lia a Bíblia, pouco participava dos sacramentos (exceção feita ao batismo) e assistia esporadicamente à missa, celebrada em latim, cujo ar místico ele respeitava, mas não compreendia. Coube então às procissões e novenas a função de darem o caráter vivencial à religião, suprindo uma necessidade que a liturgia não estava em grau de satisfazer. Por este mister, além das formas tradicionais – em que a devoção ao "Bom Jesus" se destacava –, seriam inventadas várias outras, muito participadas, sobretudo quando se relacionavam com a paixão do Senhor.[172]

O episcopado reformador logo trataria de resgatar o valor central da doutrina e o próprio papel da hierarquia, editando continuamente pastorais sobre os mais variados aspectos da fé do povo, ao tempo em que estimulava ao máximo o estudo da verdades de fé definidas e a participação aos sacramentos.[173] O projeto disciplinador não pouparia os leigos afinados com a velha religiosidade popular,

---

[170] JOSÉ TEIXEIRA OLIVEIRA, *Dicionário brasileiro de datas históricas*, p. 83-84.
[171] "Não tardará muito", proclamou audacioso Pe. João Manoel, "que, neste vastíssimo território, no meio das ruínas das instituições que desmoronam, faça-se ouvir uma voz nascida espontânea do coração do povo brasileiro, repercutindo em todos os ângulos deste grande país, penetrando mesmo no seio das florestas virgens, bradando enérgica, patriótica e unanimemente: Abaixo a monarquia e viva a república" (JOÃO MANUEL DE CARVALHO, *Reminiscências sobre vultos e fatos do império e da República*, Tipografia do Correio Amparense, Amparo, 1894, p. XV).
[172] JOÃO CAMILO DE OLIVEIRA TORRES, *História das ideias religiosas no Brasil*, Editorial Grijalbo, São Paulo, 1968, p. 58, 76, 87-88.
[173] THALES AZEVEDO, *Igreja e Estado em tensão e crise*, Editora Ática, São Paulo, 1978, p. 144-146.

que se viram diante de duas alternativas, ou se submetiam, ou eram substituídos. Para aquela maioria que permanecia, nada seria mais como antes, pois a convivência com o clero assumia outro tom: agora, os párocos não só dirigiam os santuários e as capelas, como também interferiam diretamente nas associações piedosas, podendo inclusive confirmar ou não os seus líderes eleitos. As mudanças em curso se converteram em conflito quando atingiram a mais poderosa herança do Catolicismo colonial – as irmandades – que eram justamente as organizações leigas mais infiltradas por maçons e regalistas.[174] Nada disso faria a hierarquia eclesiástica recuar, provocando o gradual, mas inexorável, fim daquilo que o francês Auguste de Saint-Hilaire, no primeiro quartel do século XIX, qualificara de "Igreja acima de todas as regras".[175]

Na segunda metade do século em questão, tornaram-se abundantes as normas visando a enquadrar a religiosidade popular, como bem o demonstram uma *Carta Circular* de Dom Viçoso, datada de 24 de junho de 1873:

> Temos sabido que em certas festividades e procissões, e com especialidade no mês de Maria, tem havido abusos que é necessário iluminar, para não se ofender o Senhor, quando se pretender obsequiar sua Santíssima Mãe. Portanto, das igrejas e procissões observem-se os antigos costumes e nada de novo se invente arbitrariamente com especialidade a respeito da posição do sexo feminino. As mulheres não podem acompanhar as procissões à noite; a constituição do bispado lhes proíbe debaixo de pena de excomunhão. Fiquem elas no seu lugar na igreja, e sem necessidade não ocupem a capela-mor. Não peguem nas tochas, nem nos andores, ou varas do pálio. Não entrem no corpo da procissão, mas vão atrás dela, inteiramente separadas dos homens. É este o antigo costume de que não é lícito arredarmo-nos. Zelem os Reverendos Párocos estes costumes e não permitam que se falte a eles. Melhor será não fazer procissões que fazê-las com tais abusos.[176]

Dom Antônio Joaquim de Melo também insistiria na defesa da sobriedade e da introspecção, como meios que conduzissem à decência do culto e ao esplendor da religião. Por isso, houve por bem remover tudo que fosse minimamente profano e não respirasse piedade e devoção. Assim sendo, recomendava que os mestres de capelas de toda a diocese de São Paulo "tomassem sob sua imediata inspeção as músicas que tivessem de executar nas igrejas, nas diferentes solenidades do ano, e não permitissem preencher os intervalos das cantorias com pedaços de contradanças, tão impróprias de Deus e do seu templo".[177]

Os dispositivos de Trento se tornaram uma das referências obrigatórias dos novos bispos, e os documentos que editavam sobre os mais diversos assuntos, normalmente, aludiam ao "Santo Concílio Tridentino". Estando assim as coisas, as medidas corretivas tornaram-se sempre mais vistosas. Novamente Dom Antônio Ferreira

---

[174] Via de regra, as irmandades eram de dois tipos: as "irmandades de misericórdia", destinadas à construção e à manutenção de hospitais e abrigos para indigentes, e as "confrarias" de fins culturais e devocionais. Estas últimas, de acordo com seus estatutos, tiveram como finalidade principal, mas não exclusiva, o culto do santo patrono. Algumas irmandades chegaram a ter um poder tão grande, que muitos padres eram seus "contratados", e os compromissos e estatutos das irmandades proviam até o valor do salário que o sacerdote devia receber (AUGUSTIN WERNET, *A Igreja paulista no século XIX*, p. 19-20; 57).
[175] AUGUSTE DE SAINT-HILAIRE, *Segunda viagem do Rio de Janeiro a Minas Gerais e a São Paulo (1822)*, p. 80.
[176] AEAM: "Circular", em: *Governos episcopais* – Dom Viçoso, 2.1.3.
[177] PAULO FLORÊNCIO DA SILVEIRA CAMARGO, *A Igreja na história de São Paulo*, vol. VII, p. 89.

Viçoso foi um dos pioneiros e estimulou tenazmente a regularização dos casais não casados, provocando uma verdadeira onda de matrimônios. Alguns resultados obtidos foram deveras fulminantes: ao visitar Itatiaia, Dom Viçoso conseguiu que todos os casais amasiados dali se esposassem! A luta que empreendeu em favor da sacramentalização chegou a usar como meio a própria irrisão pública: certa vez, no meio de uma imensa multidão, com brados de protesto ("Olha aquele lá"...) apontou um impenitente que vinha com a manceba na garupa do cavalo. Valeu: o pobre homem prontamente aceitou se casar...[178]

Paralelo a isso, um conjunto de obras piedosas, muito apreciadas na Europa, começou a ser difundido, como o *Guia dos confessores da gente do campo* de Santo Afonso Maria de Ligório para os padres, e outras devocionais para o povo em geral, tais como: *Missão abreviada*, de frei Luís de Granada, *Tesouro da paciência*, de Teodoro de Almeida, *Imitação de Maria Santíssima*, do Pe. Marchttallense e o *Memorial dos discípulos de Cristo*, de Arvlsenet. Havia ainda aquelas de cunho apologético (como contra o casamento civil) para os fiéis mais ilustrados, destacando-se *Das leis civis relativas ao matrimônio dos cristãos*, do Pe. Antônio Rosmini, e a *Apologia do Cristianismo*, do conde de Samodães. Teve também início enorme difusão de cânticos espirituais, rosários, coroas meditadas em verso e máximas rimadas, tudo para o efeito de "promover o conserto dos bons costumes, ou ao menos despertar santos afetos".[179]

No restante do Brasil, com diferentes nuances, o processo caminhava inexorável, e, em São Paulo, as recolhidas não demoraram a sentir seus efeitos. Na capital paulista existiam dois recolhimentos: Santa Teresa e Nossa Senhora da Luz. Ao visitá-los em 1852, Dom Antônio verificou que a clausura não era muito respeitada, o capelão do Santa Teresa era desleixado, e, ao contrário de tudo quanto ele apreciava, dentro do recolhimento se organizara uma enorme orquestra com rabecas, rabecões e pianos. Sua atitude foi típica: mandou fechar a clausura e retirar dela todos os instrumentos. As irmãs se encolerizaram e muitas abandonaram o claustro com o seu consentimento. Os ressentimentos chegaram a tal ponto que os dois prédios acabaram incendiados, mas nem assim a decisão não foi revogada. No tocante a certas manifestações religiosas do povo, as medidas não seriam menos severas. A devoção a Nossa Senhora Aparecida foi, até certo ponto, uma das poucas exceções, mas também sobre ela Dom Antônio fez uma advertência clara: "Visitamos a casa dos milagres e achamos muita pintura que não convém, ainda mais as gravadas em papel. Nós proibimos com pena de culpa ao capelão que consinta mais pintura em papel, consumindo desde já todas as que existem". Um conjunto de medidas outras alterou o cotidiano dos fiéis: aboliram-se os sepultamentos à noite ("para não se cometer irreverência dentro das igrejas"), proibiu-se aos amasiados ou penitentes que não se confessavam a mais de três anos a faculdade de serem padrinhos, foram cassadas todas as licenças de oratórios particulares, e vetou-se a "devoção mal-entendida para imagens de casas particulares". Para esta última, a alternativa era clara: "ou o seu dono a colocava na Igreja, ou os fiéis nada entregariam de esmolas ao proprietário dela". Outras medi-

---

[178] BELCHIOR J. SILVA NETO, *Dom Viçoso, Apóstolo de Minas*, p. 111.
[179] SILVÉRIO GOMES PIMENTA, *Dom Antônio Ferreira Viçoso*, p. 158-168; JOAQUIM SILVÉRIO DE SOUZA, *Vida de Dom Silvério Gomes Pimenta*, Escolas Profissionais do Liceu Sagrado Coração de Jesus, São Paulo, 1927, p. 47.

das disciplinadoras se seguiram: proibiram-se as festas de Santa Cruz à noite misturadas com toques e danças, institui-se um sistema de precedência nas irmandades (em paróquias onde elas eram muito populares, com consequência nos atos de culto), eliminaram-se os juízes, fogos e rojões na devoção do terço pelas ruas e foi regulamentada a "subversão hierárquica" da festa do divino (coordenada pelos líderes leigos, reservando aos padres um papel secundário), resgatando para os clérigos o seu devido posto.[180]

A renovação da piedade popular iniciada pelos bispos encontraria seus colaboradores mais preciosos e fiéis nas ordens e congregações religiosas que paulatinamente iam se instalando no Brasil. Estas, além de reforçarem o papel da hierarquia eclesiástica, tudo fariam para difundir as devoções que lhes eram próprias. Surgiram assim as "Luizas", "Luizinhas", "Juventude Marial Vicentina", "Associações das Filhas de Maria Imaculada", "Damas da Caridade" e "Conferências Vicentinas", fundadas ou estimuladas pelos padres lazaristas e pelas irmãs "vicentinas". Em certos casos, o controle dos padres acabou se tornando tão severo, que, por causa dele, a irmandade do Caraça desapareceu em 1885.[181]

Melhor destino teve uma novidade que ia ganhando força no país: o Apostolado da Oração. Iniciado em 30 de junho de 1867, na igreja Santa Cruz do Recife, PE, por iniciativa do padre jesuíta Francisco Xavier Gautrelet, encontrou, na pessoa do Pe. Bartolomeu Taddei SI, o religioso que lhe daria organização nacional. Padre Taddei começou sua atuação em Itu, SP, onde, no dia 1º de outubro de 1871, fundou um novo núcleo da associação, ao qual se seguiram outros em diversos lugares. Mais tarde, em 1º de junho de 1896, já nos tempos da República, ele lançaria a revista *Mensageiro do Coração de Jesus*, que se tornaria também o único arquivo de toda a história do Apostolado da oração no Brasil.[182]

Foi ainda no século XIX que teve início no Brasil a Pia União das Filhas de Maria, associação laical feminina que tomou corpo na Santa Casa de Misericórdia de São Paulo em 1885. Esta, juntamente com outras organizações que surgiram depois, daria um renovado impulso à devoção a Nossa Senhora. Elas tinham como regra, além de celebrar o mês de maio como mês de Maria, confessar e comungar com regularidade, participar de todas as festas marianas, rezar diariamente o terço, dar bom exemplo de vida e manter o autocontrole diante do outro sexo.[183]

Um instrumento a mais para a educação da fé coletiva foram as missões populares. Padre Miguel Sípolis CM, numa carta que enviou ao seu superior em Paris no ano de 1881, explicou-lhe que, em sua congregação (lazaristas), as missões duravam quatro semanas, começando e terminando num domingo. A congregação custeava a viagem e os párocos geralmente forneciam a hospedagem. Quanto à alimentação, "não eram de peso a ninguém", porque a população, sobretudo os pobres, contribuía. Ele acentuava um fato de que se transformaria na marca registrada de quase todas as missões, das mais diversas ordens: a insistência no ensino da doutrina, e na participação frequente aos sacramentos. O

---

[180] PAULO FLORÊNCIO DA SILVEIRA CAMARGO, *A Igreja na história de São Paulo*, vol. VII, p. 89, 97, 122, 145.
[181] JOSÉ EVANGELISTA DE SOUZA, *Província Brasileira da Congregação da Missão*, p. 67.
[182] PEDRO AMÉRICO MAIA, *O Apostolado da Oração no Brasil (1871-1993)*, Edições Loyola, São Paulo, 1994, p. 40-41, 43; PAULA PORTA (ORG.), *História da cidade de São Paulo*, p. 223.
[183] PAULA PORTA (ORG.), *História da cidade de São Paulo*, p. 223.

otimismo, que este trabalho suscitava, pôde ser medido nas palavras finais do Pe. Sípolis: "É certamente às missões populares que se deve a prosperidade de nossas outras obras. O Colégio do Caraça tem tido, nestes últimos anos, quatrocentos alunos, e o Seminário Maior tem 60. Depois de uma missão, os pais de família não querem confiar os seus filhos senão aos padres santos".[184]

Enquanto isso, devoções provenientes da Europa, sobretudo da Itália e da França, ganhavam cada vez mais espaço, também porque o fenômeno coincidia com o recrudescimento da imigração de europeus, o que, como se sabe, alteraria notavelmente a conformação étnica e cultural do país. Os jesuítas não mediriam esforços para que os recém-chegados não se "contaminassem" ou se perdessem, tendo inclusive fundado o "ministério das colônias". A satisfação manifestada pelo Pe. Ferdinando Jacoby aos 6 de novembro de 1878, ao salientar a afluência do povo na matriz durante os domingos e dias de festa, demonstra o sucesso da estratégia. Como ele dizia então, "aqui a frequência dos sacramentos é muito regular, e talvez comparável à regularidade europeia".[185]

Curiosamente, a mais difundida devoção do período – o Sagrado Coração de Jesus – chegara ainda nos tempos da Colônia. Revigorada por mérito de Pio IX, que em 1856 oficializou seu culto, ganharia sempre mais espaço, até que Leão XIII fez publicar um decreto em 1889 estimulando-a. Sua propagação no Brasil foi insistentemente estimulada pela companhia de Jesus a partir de 1861,[186] que ressaltava o significado teológico que tinha. Ou seja, no Sagrado Coração se concebia a tradução do mistério da redenção, que, na decisão das Três Pessoas Divinas, o Coração traspassado, o Coração aberto, anunciava os novos tempos. Assim, a expressão "coração aberto", presente no evangelista São João, era entendida como coração em ação, do Filho do Homem que reconciliava céu e terra. Confessar com a Igreja de Cristo que o amor se fez coração tornou-se, portanto, testemunhar a verdade da Escritura, eliminando tentações gnósticas.[187]

No Brasil, a exemplo de outros países, quando o Pio IX se declarou "prisioneiro no Vaticano" após a ocupação de Roma em 20 de setembro de 1870, acreditou-se que havia uma conspiração das forças do mal contra a Igreja. Assim, o reinado do Coração Sagrado de Cristo ("o coração de um mundo sem coração") significava e inspirava uma reação organizada, em torno ao Romano Pontífice, contra este suposto complô. Nada a admirar, portanto, que Rui Barbosa tenha imprecado contra tal devoção:

> No século XIX a infâmia do jesuitismo não parou de crescer. Todas as invocações ímpias, com que a Cúria tem paganizado o Catolicismo, desde o culto materialista do Sagrado Coração de Jesus, inaugurado nos fins do século passado, até a devoção do Sagrado Coração de Maria, todo esse misticismo supersticioso, com que se tem propagado, em detrimento do culto de Deus, a mariolatria e a adoração abusiva de imagens, tudo isso é artefato deles.[188]

---

[184] JOSÉ TOBIAS ZICO, *Congregação da Missão no Brasil*, p. 83-85.
[185] ASV, Carta do Pe. Ferdinando Jacoby ao internúncio Luigi Matera (6-11-1878), em: *Nunciatura Apostólica no Brasil*, caixa 50, fasc. 236, doc. 1, fl. 6.
[186] BÓRIS FAUSTO ET ALII, *O Brasil Republicano*, vol. II, 3ª ed., Difel, São Paulo, 1985, p. 47.
[187] PEDRO AMÉRICO MAIA, *Crônica dos Jesuítas do Brasil centro-leste*, p. 112.
[188] RUI BARBOSA, *O Papa e o Concílio*, Brown e Evaristo Editores, Rio de Janeiro, 1877, p. 29.

O mesmo contexto também ajuda a entender porque Dom Vital, da sua prisão na fortaleza de São João, não tenha se esquecido de dedicar ao Coração Sagrado de Cristo o mês de junho.[189] Outros clérigos tomaram medidas afins, como o fez Dom Viçoso, que à mesma invocação, "fonte das maiores graças", consagrou a inteira diocese de Mariana. Seu sucessor, Dom Antônio Maria Correia de Sá Benevides (1836-1896) foi além, tornando-se um apóstolo incansável na divulgação do Coração Sagrado de Jesus, dando total estímulo para que lhe fosse estabelecida a guarda de honra em quase todas as paróquias, seguida do Apostolado da Oração.[190]

Todas essas medidas afirmaram progressivamente a autoridade dos clérigos, pois eram eles que conduziam o processo disciplinador; mas, certos segmentos das elites, habituados a conviver não com um clero influente, mas sob sua influência, resistiriam às inovações. O grão-mestre maçom Joaquim Saldanha Marinho foi um deles. Percebendo o afluxo do "belo sexo" aos confessionários, aos 21 de março de 1874, vociferou:

> É nele que os Jesuítas e ultramontanos encontram o principal elemento do seu poder! A mulher! É a primeira e principal vítima desse artifício fraudulento. [...] Esses abutres da consciência têm estudado a índole da mulher, compreendem quanto poder ela tem no seio da família e, abusando do caráter sagrado que sem cessar malbaratam, empenham-se em iludi-la, prometendo-lhe o reino do céu em prêmio de sua perdição, acenando-lhe com o inferno se ousar permanecer digna e fiel e resistir ao sofisma torpe, com que pretendem arrastá-la a seus fins. [...] Atendam as senhoras ao que tem vindo do "castelo", quartel general do fanatismo!
> Estudem refletidamente as doutrinas que ali se ensinam, os conselhos malévolos que ali se dão; avaliem as consequências a que necessariamente chega quem se deixa iludir por essas sereias barbadas, e abandonarão toda a falange de Roma, que com tanta "devoção" trabalha na obra maldita do obscurantismo.[191]

Saldanha Marinho insistiria no dia 25 do mesmo mês que "a Igreja de Roma fez do confessionário obrigado o lugar mais cômodo ao diabo para exercer seu encargo. [...] O confessor, dirigindo o espírito do seu penitente, toma a maior ascendência sobre ele e a aproveita oportunamente. [...] O confessionário é a principal arma política de Roma!..."[192]

6.6.3 – A opção abolicionista

O protesto dos anticlericais e regalistas se repetiria em muitas outras circunstâncias, mas nada podiam contra a expansão da reforma eclesiástica, que de tão profunda, acabaria questionando uma das mais antigas instituições brasileiras: o cativeiro dos negros. Não se tratou de uma mudança simples, pois a escravidão estava tão arraigada na vida social e econômica do país, que até liberais exaltados titubeavam ante uma eventual abolição. Teófilo Otoni, por exemplo, ideologicamente era contra o escravismo, mas não se atreveu a combatê-lo na

---
[189] FÉLIX OLÍVOLA, *Dom Frei Vital Gonçalves de Oliveira*, p. 119.
[190] REB, vol. 4, fasc. 2, 1944, p. 393.
[191] JOAQUIM SALDANHA MARINHO, *O Confessionário*, p. 3-5.
[192] IBIDEM, p. 4, 9, 12.

tribuna da câmara dos deputados e do senado quando lá esteve, para não contrariar os interesses dos escravocratas de Minas Gerais e do Rio de Janeiro.[193] Para complicar, tampouco faltavam negros alforriados que se tornassem indiferentes à situação dos escravizados, ou, pior ainda, na medida de suas posses, que se tornassem eles próprios escravizadores. Tanto assim que o relatório enviado em 1840 pela *Anti-Slavery Society* de Londres registrou que seus membros não podiam contar com os negros livres do Brasil na luta abolicionista. Por essa razão, só após 1870, surgiriam os primeiros líderes mestiços livres, como José do Patrocínio e André Rebouças.[194] Charles Ribeyrolles (1812-1860), que conheceu de perto vendedoras negras livres, sobre elas diria: "Não acrediteis que esta pequena aristocracia do comércio negro socorra os 'pés descalços', seus irmãos da África. Ela é avara e implacável. Só ama e compreende o dinheiro, e os próprios portugueses a respeitam em negócios".[195] Trata-se, naturalmente, de um parecer pessoal, mas ganha força graças a outros testemunhos afirmando que velhas negras libertas se mantinham com o trabalho de escravas jovens,[196] e que ricas senhoras negras, a exemplo das sinhás brancas, desfilavam vestidas de seda e cobertas de joias – mas escoltadas por escravos de libré.[197]

Em se tratando do clero e dos religiosos, sua opção antiescravista foi complexa e tardia, dificilmente analisada com a devida isenção, quer seja por amor à crítica fácil, quer seja pelo peso do libelo acusatório contido no livro *O Abolicionismo*, de Joaquim Nabuco, publicado em 1883. Ignorando as evoluções porque passou o pensamento do autor, e sem levar em conta as circunstâncias em que dita obra foi escrita, esta se converteu para muitos em verdadeiro ponto de referência quando se trata de analisar a relação Igreja – escravidão. Isso equivale a uma condenação *a priori*, porque o tom usado por Nabuco não poderia ser mais execratório:

> Em outros países, a propaganda da emancipação foi um movimento religioso, pregado do púlpito, sustentado com fervor pelas diferentes igrejas e comunhões religiosas. Entre nós, o movimento abolicionista nada deve, infelizmente, à Igreja do Estado; pelo contrário, a posse de homens e mulheres pelos conventos e por todo o clero secular desmoralizou inteiramente o sentimento religioso de senhores e escravos. No sacerdote, estes não viam senão um homem que os podia comprar, e aqueles a última pessoa que se lembraria de acusá-los. A deserção, pelo nosso clero, do posto que o Evangelho lhe marcou foi a mais vergonhosa possível: ninguém o viu tomar a parte dos escravos, fazer uso da religião para suavizar-lhes o cativeiro, e para dizer a verdade moral aos senhores. Nenhum padre tentou nunca impedir um leilão de escravos, nem condenou o regímen das senzalas. A Igreja Católica, apesar do seu imenso poderio em um país ainda em grande parte fanatizado por ela, *nunca* (grifo é do autor) elevou no Brasil a voz em favor da emancipação.[198]

---

[193] LEÔNIDAS LORENTZ, *Teófilo Otoni no tribunal da história*, p. 28.
[194] MANUELA CARNEIRO DA CUNHA, *Negros estrangeiros, os escravos libertos e sua volta para a África*, Brasiliense, São Paulo, 1985, p. 24.
[195] RIBEYROLLES, CHARLES, *Brasil pitoresco*, vol. I, p. 203.
[196] Cf. ROBERT WALSH, *Notícias do Brasil*, p. 28.
[197] THOMAS EWBANK, *Vida no Brasil*, p. 223.
[198] JOAQUIM NABUCO, *O Abolicionismo*, Tipografia de Abraham Kingsdom, Londres, 1883, p. 18.

Quando se situa esse parecer no seu devido contexto, verifica-se que o mesmo se harmoniza perfeitamente com outros pronunciamentos feitos pelo autor no período. Vivendo o auge do seu anticlericalismo, Joaquim Nabuco na época se declarava, e de fato era, seguidor do radical liberalismo francês, demonstrando-o em diversas ocasiões. Aos 15 de maio de 1879, falando da tribuna do parlamento, após reduzir o Catolicismo a uma "religião da consciência", e um grande sentimento da humanidade, advogou a venda dos bens dos conventos para que o governo, com o produto, acudisse às despesas religiosas do orçamento. Foi justamente o ministro da Fazenda, Afonso Celso, quem o reprovou com dureza: "É um bom liberalismo este: apropriar-se dos bens alheios e viva a liberdade".[199]

Aos 16 de julho do ano seguinte, ele admitiu ser acusado de querer liberdade para tudo e para todos, menos para os católicos, mas isso de modo nenhum era uma reconsideração. Muito pelo contrário: assumiu que não andava no aprisco do Santo Padre, porque "não confundia Catolicismo com clericalismo", nem misturava a totalidade do país "com a milícia estrangeira a serviço de Roma". Sarcástico, recordava que o imperador do Brasil era "um verdadeiro papa", com direito de impor um veto caprichoso aos documentos pontifícios. Levando suas opiniões às últimas consequências, atacou a prática dos sacramentos tanto insistida pelo novo clero, acrescentando que a doutrina de Jesus havia sido convertida na doutrina de uma seita. Concluiu dizendo, ou melhor, ameaçando, correr à tribuna toda vez que aquela casa abordasse assuntos religiosos.[200]

Interessante que, pouco depois, o notório anticlerical gradualmente se reaproximou da instituição que combatera, e isso produziu reflexos imediatos nas suas obras. O pontificado de Leão XIII teve certamente notável influência nessa mudança, que ultrapassaria com o tempo o limite da simples adesão, a ponto do ex-aguerrido opositor transformar-se num verdadeiro neoescolástico: "Hoje sinto a grandeza da filosofia católica e coloco São Tomás de Aquino entre Aristóteles e Platão", diria. Em processo de transformação, ele, que também era militante abolicionista, não titubeou de ir a Roma pedir apoio ao Papa para a sua causa. Na ocasião, enviou uma carta ao Cardeal Mariano Rampolla del Tindaro, cujo conteúdo contrastava com o que afirmara anos antes em *O Abolicionismo*: "No Brasil latino e católico, é preciso dizê-lo em honra da nossa religião e da nossa raça, não se achou um único indivíduo, como nos Estados Unidos protestantes se achou um povo inteiro, para defender o princípio da escravidão".[201]

Recebido pelo Pontífice aos 10 de fevereiro de 1888, o encontro resultou extremamente cordial, e Leão XIII o abençoou e apoiou sua causa, tendo inclusive escrito a carta *In Plurimis* condenando a escravidão. Parlamentar astuto, Joaquim Nabuco, percebeu a importância do evento, traduziu e divulgou o conteúdo da entrevista no Brasil (meses antes da sua publicação oficial, que só

---

[199] CAROLINA NABUCO, *A vida de Joaquim Nabuco*, Companhia Editora Nacional, São Paulo, 1928, p. 69.
[200] JOAQUIM NABUCO, *Discursos parlamentares (1879 – 1889)*, Instituto do Progresso Editorial, São Paulo, 1949, p. 102-118.
[201] SOARES DE AZEVEDO, *Brado de alarme*, Tipografia Desembargador Lima Drumond, Rio de Janeiro, 1922, p. 204-205.

se daria após a abolição), causando grande impressão.²⁰² Meses mais tarde, a importância dessa encíclica seria questionada, porque parlamentares alegaram que nela o Papa não citava a questão principal, e que, sendo datada de 5 de maio, não podia ter relação com a *Lei Áurea*, firmada no dia 13 daquele mês. O próprio Nabuco, aos 24 de setembro de 1888, tratou de defendê-la, e, o que é mais surpreendente, associou o episcopado à corrente que apoiava o abolicionismo:

> A verdade é que, quando Sua Santidade se manifestou sobre o procedimento do clero brasileiro em relação à abolição, ele estava perfeitamente informado da parte que o mesmo clero tinha tido naquele movimento. [...] Eu mesmo tive a honra de apresentar ao Cardeal secretário de Estado as pastorais dos nossos bispos, que foram devidamente vertidas para o italiano; as quais foram examinadas com aquele minucioso cuidado que é o desespero de quantos recorrem à Santa Sé, pois ela costuma examinar todas as matérias em que tem que fazer interferir a sua autoridade com o maior exemplo. Foi, por consequência, um documento pronunciado *ex informata conscientia*, no sentido literal da frase; a consciência do Santo Padre estava perfeitamente informada de todo o movimento abolicionista; não há que separá-lo nisto do episcopado.²⁰³

Foi assim que, no ano de 1898, o novo Nabuco, na obra *Minha Formação*, ao retomar a questão da Igreja e a escravidão, insistiria sobre o particular que quinze anos antes omitira – a postura diversa que o episcopado reformado assumira em relação aos seus predecessores: "Eu sempre tinha lastimado a neutralidade do clero perante a escravidão, o indiferentismo do seu contato com ela... Por fim, porém, a voz dos bispos se fez ouvir num momento de inspiração". Além disso, com admirável honestidade, também reconheceu que o regalismo e o anticlericalismo foram importantes componentes da sua reflexão anterior:

> Nesse tempo, e durante anos, o radicalismo me arrasta; eu sou, por exemplo, dos que tomaram parte ativa na campanha maçônica de 1873, contra os bispos e contra a Igreja. Entro até nas ideias de Feijó, de uma Igreja nacional, independente da disciplina de romana; faço conferências, escrevo artigos, publico folhetos.²⁰⁴

Uma importante correção deve ser feita: antes que "um momento de inspiração", a mudança de atitude dos bispos foi fruto de uma nova consciência que se formou, de modo lento e tardio – como de resto a própria reforma eclesiástica –, e em consonância com esta. Ou seja, a rejeição da escravidão cresceu junto com a reforma eclesiástica. Para aqueles que abraçaram a nova tendência, o cativeiro aparecia como coisa degenerante, que afastava os escravos da reta doutrina e moral cristãs. Não deixa de ser significativo que foi justamente entre os opositores de Feijó que se levantaram as primeiras críticas à escravidão. Ainda em 3 de julho de 1827, Dom Romualdo Seixas faria no parlamento um violento discurso contra a prática, abrindo caminho para outras tomadas de posição do gênero:

---

²⁰² PEDRO CALMON, *A Princesa Isabel, "A Redentora"*, Companhia Editora Nacional, São Paulo, 1941, p. 178-179.
²⁰³ JOAQUIM NABUCO, *Discursos parlamentares (1879-1889)*, p. 336-337.
²⁰⁴ JOAQUIM NABUCO, *Minha Formação*, p. 25, 221.

> E haverá quem diga que os meios fornecidos pelo comércio de escravos não são injustos, ou que este comércio não é ilícito, vergonhoso, degradante da dignidade do homem, antissocial, oposto ao espírito do Cristianismo, e somente próprio para retardar os progressos da civilização da espécie humana?
> [...] Para colorar o crime invocam-se as Leis da humanidade atrozmente suplantadas, assim como já se tem invocado o Sagrado Nome da Religião, com o pretexto de converter os africanos, como se uma Religião Celestial e Divina, uma Religião que proclama os primitivos direitos do homem, que o restituiu à sua dignidade, mostrando estampada no seu ser a formosa imagem da Divindade, uma Religião enfim, que reprova a violência e a força, que na frase do sábio Fénelon não pode fazer senão hipócritas, se pudesse por tais meios diametralmente opostos ao seu prodigioso estabelecimento. Sabe-se, além disso, qual é o zelo de tais mercadores, e quanto o seu bárbaro procedimento tem contribuído para alienar e indispor os africanos contra o Cristianismo, de cujas máximas eles não podem julgar senão pelo exemplo dos que o professam; sabe-se também qual é o zelo e cuidado da maior parte dos senhores na instrução religiosa desses miseráveis, que eles tratam como bestas de carga, olhando unicamente para o produto do seu trabalho.
> [...] Sempre estive persuadido de que a palavra escravidão desperta a ideia de todos os vícios e crimes; assim como que o doce nome de liberdade desperta as sensações e ideias de todas as virtudes e de todos os bens; sempre entendi que a escravidão é um estado violento, que abate o espírito, embota as faculdades do entendimento, perverte o coração, destrói o brio e toda a emulação da virtude; sempre lastimei finalmente a sorte dos tenros meninos brasileiros que, nascendo e vivendo entre os escravos, recebem desde os seus primeiros anos as funestas impressões dos contagiosos exemplos desses seres degenerados; e Oxalá que eu me enganasse! Oxalá que fossem mais raros os triunfos da sedução, e os naufrágios da inocência! Oxalá que tantas famílias não tivessem deplorado a infâmia e a vergonha em que as tem precipitado a imoralidade dos escravos! Convenho que muitos pretos e pardos se fazem credores da maior estima; eu não avalio o homem pela cor da pele, mas pelo seu comportamento e caráter. O escravo porém não tem caráter; ele não é mais que um instrumento das vontades do seu senhor: um escravo virtuoso é um prodígio da ordem moral.[205]

O mesmo problema seria abordado pelo visconde de Cairu em 1828, quando propôs o casamento e a boa educação dos cativos em vista de sua gradual emancipação, inclusive por achar que isso propiciaria à nação "uma clerezia ilustrada e uma população robusta, subordinada e progressiva".[206]

Com o passar dos anos, na mesma proporção em que clero ultramontanista ia ganhando visibilidade, a crítica à escravidão se acentuou. Observantes e defensores da moral rígida, tanto os padres que chegavam da Europa, quanto aqueles que se formavam em seminários dirigidos por severos religiosos também vindos do Velho Mundo, olhavam com crescente oposição a superficialidade doutrinária dos cativos e, mais ainda, as relações lascivas existentes entre a senzala e a casa grande. Reconhecendo que os vícios da escravidão eram um empecilho para a regeneração dos costumes que se desejava realizar, a crítica

---
[205] ROMUALDO ANTÔNIO DE SEIXAS, *Coleção das obras do Excelentíssimo e Reverendíssimo Senhor Dom Romualdo Antônio de Seixas*, tomo III, p. 76-78, 81-83
[206] JOSÉ DA SILVA LISBOA, *Causa da religião e disciplina eclesiástica do celibato clerical defendida da inconstitucional tentativa do Padre Diogo Antônio Feijó*, p. 15.

subiu de tom. Os bispos passaram a denunciar a má influência que a escravidão exercia sobre a piedade e, principalmente, a pouca participação dos escravos nos sacramentos. Eles não se conformavam em ver a prática da religião reduzida a atos externos, como consequência dos escravos terem se tornado "rudes".[207]

De fato, não havia como defender a moral cristã e a sacralidade do matrimônio sem indispor-se com os velhos costumes nacionais: além do concubinato ter se convertido há tempos numa verdadeira instituição, a sífilis fizera do Brasil a terra venérea por excelência. Antes mesmo da independência, entre 1817 e 1820, os alemães Carl Friedrich Philipp von Martius (1794-1868) e Johann Baptist von Spix (1781-1826), ambos católicos, denunciaram alarmados a sifilização do país.[208]

Pouca alteração ocorrera nas décadas seguintes, e muitos viajantes estrangeiros, ou mesmo brasileiros, apontavam uma causa comum para isso: a escravidão. E não era difícil entender o porquê: nos tortuosos caminhos do cativeiro, os negros eram as grandes vítimas de um modo de pensar em que o uso de pessoas se estendera ao campo sexual. Exceções existiam, como provam as pinturas de Jean Baptiste Debret, retratando casamentos entre escravos, sobretudo entre aqueles pertencentes às famílias urbanas e ricas;[209] mas é fato comprovado que o poder quase ilimitado de que dispunham os senhores sobre seus subordinados facilitava em todos os modos a prevaricação. Havia uma lógica perversa em tudo isso, que ultrapassava a própria libidinagem: a "flexível" moral vigente tinha como preocupação primeira o fruto do trabalho escravo, fazendo vista grossa às suas práticas licenciosas, que, como se sabe, resultavam em novos rebentos. Ressalva feita a certos pareceres preconceituosos que emitiu, o depoimento de Robert Walsh é esclarecedor:

> Os pobres escravos, utilizados apenas como bestas de carga são, de longe, entre todas as classes humanas, os mais desamparados e humilhados. Empregados somente como animais inferiores, sem o menor respeito à sua condição de seres dotados de raciocínio, eles trabalham o dia todo e só à noite são liberados, quando, por uma grande incongruência, têm permissão de praticar os atos mais licenciosos e irrefreados.[210]

Em tudo isso, coube à escrava o papel mais ingrato: importava-se mais homens que mulheres, e certos proprietários não hesitaram em suprir a carência de negras, por meio do inusitado costume de reservar uma cativa para cada grupo de quatro homens, deixando a critério destes a forma de "arranjarem-se".[211] Isso naturalmente sem se esquecerem de que ditas escravas continua-

---

[207] Silvério Gomes Pimenta, *Dom Antônio Ferreira Viçoso*, p. 93.
[208] "Como médicos", relatam Spix e Martius, "tivemos, sobretudo, oportunidade de observar a incrível difusão da sífilis e as suas incalculáveis consequências no físico e no moral dos habitantes. Não só a generalização do contágio vai reduzindo bastante a população, mas também o despudor, com que dela se fala abertamente, oferecendo o sentimento moral, além de lesar os direitos do sexo feminino, ao qual não é permitido exercer influência sobre o modo de pensar dos homens, nem pode fundamentar a fidelidade conjugal. Essas tristes condições, que são a mancha mais sombria na pintura do caráter brasileiro, ainda mais se agravaram pelo grande número de escravas negras e concubinas (mulheres de cama) manteúdas" (Johann Baptist von Spix e Carl Friedrich Philipp Martius, *Viagem pelo Brasil (1817-1820)*, vol. I, Edições Melhoramentos, São Paulo SD, p. 197-198).
[209] Cf. Jean-Baptiste Debret, *Viagem pitoresca e histórica ao Brasil*, vol. II, p. 200.
[210] Robert Walsh, *Notícias do Brasil (1828-1829)*, vol. I, p. 127.
[211] Jean-Baptiste Debret, *Viagem pitoresca e histórica ao Brasil*, vol. I, p. 268.

vam propriedades do seu dono, que delas poderia "dispor" (e geralmente "dispunha"!) quando bem lhe aprouvesse.[212]

Sob outro prisma, o resultado mais visível dessa promiscuidade inter-racial foi a formação de uma multidão de mestiços que alterou progressivamente a configuração étnica do Brasil. Infelizmente, ser pardo nem sempre revertia em benefício, tornando-se comum a existência de escravos de cor clara. Os estrangeiros que passavam pelo Brasil se sentiam perplexos, e o relato do francês, conde de Suzannet, é um misto de indignação e estupor: "Muitas vezes acontece que um senhor, tendo abusado de uma jovem cativa, vende-a quando engravida; outros ainda mais desavergonhados conservam os próprios filhos como escravos".[213]

Às razões de ordem moral e doutrinária, os austeros membros do novo clero também ajuntaram aspectos humanitários. Consta que Dom Antônio Ferreira Viçoso começou a se indispor com a instituição escravista quando ainda trabalhava no Caraça. Em dado momento, ele constatou as tentativas teológicas de se legitimar o cativeiro, e advogou a causa dos escravos, indo contra o parecer do seu confrade, Pe. Leandro Rabelo de Castro, então diretor do colégio, que defendia os "direitos" dos senhores.[214] Sua atitude foi ainda mais longe: baseando-se numa encíclica do Papa Gregório XVI, escreveu um opúsculo contra a escravidão, além de se insurgir contra as "horrorosas mancebias" livremente praticadas. Essas atitudes lhe granjearam grande simpatia entre os negros escravos, que fizeram questão de saudá-lo assim que tomou posse. No dia seguinte à sua chegada, com grande surpresa, aos abrir as janelas da sacada do palácio episcopal, ele viu uma imensa multidão de negros, que também tinham vindo trazer-lhe suas oferendas. Os presentes eram tudo o que a miséria da sua condição lhes permitia ofertar: simples feixinhos de lenha enfeitados com flores. A reação do bispo foi inédita para a época: comovido e em lágrimas, ele saiu à rua, cumprimentou-os e deu cada um deles uma pequena imagem de Nossa Senhora.[215] Ainda em Mariana, Pe. Silvério Gomes Pimenta, ele próprio negro, bateu-se igualmente contra a escravidão pelas mesmas razões: o cativeiro era fonte de imoralidade e degradação humana e também contribuíra para a pouca instrução religiosa dos escravos.[216]

A partir daí, a posição da hierarquia alterou-se rapidamente, também devido à influência externa. Não passara despercebida a atitude dos bispos franceses da província de Bordeaux, que, ao se reunirem no sínodo de La Rochelle em 1853, haviam feito solene declaração em favor da emancipação dos escravizados nas possessões do seu país. Além disso, os sucessivos documentos dos prelados do Velho Mundo apoiando a causa da abolição começaram a ser difundidos com alarde no Brasil. Particular impressão causou a carta pastoral de Félix-Antoine-Philibert Dupanloup, bispo de Orleans, lançada no domingo da paixão, 6 de abril de 1862, e que o visconde de Jequitinhonha fez questão de traduzir e publicar em 1865:

---

[212] SÉRGIO BUARQUE DE HOLANDA, *História geral da civilização brasileira*, Difusão Europeia do Livro, São Paulo, 1969, p. 123.
[213] CONDE DE SUZANNET, *O Brasil em 1845*, Livraria Editora da Casa do Estudante do Brasil, Rio de Janeiro, 1954, p. 47.
[214] SILVÉRIO GOMES PIMENTA, *Dom Antônio Ferreira Viçoso*, p. 48.
[215] BELCHIOR SILVA NETO, *Dom Viçoso, Apóstolo de Minas*, p. 61, 69, 71.
[216] ALÍPIO ORDIER OLIVEIRA, *Traços biográficos de Dom Silvério Gomes Pimenta*, p. 28.

> Depois do Divino Mestre, apregoava São Paulo, um dos seus mais fervorosos discípulos, ao mundo pagão esta sublime máxima: "Não há mais senhor nem escravo, todos nós somos irmãos em Jesus Cristo".
> E bem? Ainda hoje, depois de dezoito séculos de Cristianismo, depois daquelas palavras de Jesus Cristo, depois daquele sublime pregão de São Paulo, há, em terras cristãs, ainda escravos![217]

Essa tendência da Igreja universal seria assumida por vários bispos do segundo império, que se declararam abertamente abolicionistas. Ainda no ano de 1846, Dom João Antônio dos Santos condenara o "infame tráfico de carne humana, como se vivêssemos no centro da África, nas matas entre selvagens ou no tempo de barbárie",[218] e, em 1863, Dom Antônio de Macedo Costa também defendera o fim da escravidão enquanto tal:

> Desejo para o meu país a abolição da escravidão. [...] Foram criadas nas principais cidades do Brasil associações que têm como único objetivo o resgate dos escravos. Nós temos uma dessas associações na Bahia, a minha cidade natal: ela permite libertar, em média, vinte escravos por ano. Há uma feliz tendência aí, um progresso real, mas, eu o confesso, ainda não é suficiente. A escravidão é uma chaga; está condenada pelo cristianismo; tem que desaparecer. É este o desejo mais ardente do meu coração.[219]

Depois de 1870 a maioria do clero brasileiro passou a insistir na tese de que a escravidão era contra o Evangelho, e, ainda que nem todos tivessem a mesma firmeza, bispos como Dom Pedro Maria de Lacerda, Dom Antônio Ferreira Viçoso, e Dom Sebastião Laranjeira apoiaram abertamente a lei do ventre livre. Enquanto isso, as ordens religiosas tradicionais que incluíam escravos entre seus "bens eclesiásticos" começaram a libertá-los. Os beneditinos iniciaram concedendo a alforria aos nascituros em 1866, até darem liberdade plena a todos os 4.000 cativos que possuíam no Brasil aos 29 de setembro de 1871.[220] Os carmelitas e franciscanos imitaram seu gesto em 8 de dezembro do mesmo ano, mas os segundos, de acordo com decisão tomada na sessão definitorial de 3 de outubro, optaram pela libertação gradual. O método adotado foi o seguinte: os maiores de vinte anos teriam a carta de alforria no dia 4 de outubro de 1876, os menores de vinte anos quando completassem vinte e um, deixando, porém, aberta a possibilidade de uns e outros serem remidos antes, de acordo com quantia que o provincial estipulasse.[221]

Dentre as novas congregações, nenhuma delas, exceto os lazaristas, possuiu cativos, e, as últimas que chegaram se escandalizavam com as práticas do cativeiro. Pe. Luigi Lasagna, na primeira viagem que fez ao Rio de Janeiro para acertar a vinda dos salesianos, escreveria a Dom Bosco no dia 24 de maio de 1882, contando o mal-estar que o fato lhe causava:

---

[217] FÉLIX-ANTOINE-PHILIBERT DUPANLOUP, *Carta do Exmo. e Revmo. Bispo de Orleans ao clero de sua diocese sobre a escravidão*, Tipografia Universal de Laemmert, Rio de Janeiro, 1865, p. 6.
[218] SOARES DE AZEVEDO, *Brado de alarme*, p. 267.
[219] BARON DE GERLACHE ET ALII, *Assemblée générale des catholiques en Belgique* (1863), Victor Devaux, Bruxelles, 1865, p. 393-394.
[220] MICHAEL EMÍLIO SCHERER, *Frei Domingos da Transfiguração Machado*, p. 31, 39.
[221] BASÍLIO RÖWER, *História da Ordem Franciscana da Imaculada Conceição do Brasil*, p. 361.

Oh! Se pudesse dizer-lhe a angústia que senti, quando correndo os olhos sobre um grande jornal de comércio, entre outros anúncios de venda, como de casas, de cavalos, de vacas, de bois, encontrei também aqueles deste tipo. Oh! Faz-me mal ao coração continuar. – Os escravos valem de duas a três mil liras cada um e se constituem por isso uma grande riqueza para certos sinhozinhos, que têm milhares e milhares destes infelizes nos seus campos.[222]

Os jesuítas até que tentaram medidas amenizadoras, mas tiveram de recuar. Aconteceu em 1865, na cidade de Itu, quando se propuseram a pregar exercícios espirituais para os negros, com o objetivo de elevar o nível da sua piedade. Os escravistas ituanos certamente intuíram que este gesto se prolongaria em outras iniciativas e reagiram violentamente, impedindo os padres de realizarem seu propósito, sob pena de serem expulsos da cidade. Mesmo assim, não faltariam outros testemunhos em favor dos escravizados, como o da Madre Maria Teodora Voiron, primeira superiora das Irmãs de São José de Chambéry, que sempre se compadeceu da sua situação e procurava consolá-los e catequizá-los.[223]

Alguns sacerdotes seculares atuaram igualmente de forma positiva em favor da abolição. No Ceará, destacou-se João Augusto Frota; enquanto que em Pelotas, RS, ganhou notoriedade a figura do Pe. João Caetano Catalano, que fazia parte da primeira diretoria do clube abolicionista. O próprio episcopado posicionou-se enquanto tal em 1887, ano do jubileu de ouro sacerdotal de Leão XIII, pela extinção da escravidão. Cartas pastorais foram publicadas, e alguns prelados como os bispos de Diamantina e Salvador chegaram inclusive a defender o fim próximo da escravidão e o apoio aos libertos. O bispo de Mariana, Dom Antônio de Sá e Benevides (1836-1896), apoiou, de fato, a alforria de muitos escravos e até fundou em 1885 a Associação Marianense Redentora dos Cativos.[224] Também o bispo de São Paulo, Dom Lina Deodato Rodrigues de Carvalho, envolveu-se na questão, tendo oferecido seu apoio aos "caifazes" – que assim se autodenominaram inspirando-se no evangelho de João 11,49-51 – filados à Confraria de Nossa Senhora dos Remédios, fundada por Antônio Bento de Souza e Castro (1843-1898) em 1877, e que se destacava pelo seu abolicionismo aguerrido. Além disso, sempre por inspiração de Dom Lino, em 1887, a Câmara Eclesiástica de São Paulo imitou o exemplo de Mariana, criando uma sua Caixa Auxiliadora da Redenção dos Cativos.[225]

Quando a abolição se tornou um fato em 1888, a princesa Isabel foi agraciada com a rosa de ouro do Papa Leão XIII. O clero deu demonstrações públicas de regozijo, mas as palavras de Dom Antônio Macedo Costa proferidas na ocasião demonstram que o episcopado não se iludia: "Abolimos o cativeiro material. Foi muito; mas isto foi apenas o começo; removemos um estorvo e nada mais. Cumpre agora abolir o cativeiro moral". [226]

---

[222] Luigi Lasagna, "Lettera brasiliana", em: *Bolletino Salesiano* (agosto 1882), n. 8, Scuola Tipografia Salesiana, Torino, 1882, p. 133.
[223] Valeriano Altoé, *A Igreja e a abolição – uma posição conservadora*, p. 77-123; Pedro Américo Maia, *Crônica dos Jesuítas do Brasil centro-leste*, p. 45.
[224] Ronaldo Vainfas et alii, *Dicionário do Brasil Imperial (1822-1889)*, Editora Objetiva Ltda., Rio de Janeiro, 2002, p. 185.
[225] Paula Porta (Org.), *História da cidade de São Paulo*, p. 218-219.
[226] Valeriano Altoé, *A Igreja e a abolição – uma posição conservadora*, p. 123-125, 132.

7

IGREJA E ESTADO EM TEMPOS DE TENSÃO

Lentamente, as diferenças inconciliáveis entre ultramontanos e regalistas foram ganhando contornos de evidência, ainda que, no início, se evitasse tratar o assunto como problema. Vivia-se nesse clima de paz intranquila quando o imperador, para melhor viabilizar o seu funcional projeto de renovação do clero, baixou aos 28 de março de 1857 o decreto n. 1.911, mais conhecido pelo nome de *ex informata conscientia*, contendo algumas disposições que teriam grandes consequências:

> Art. 2° Não há recurso à Coroa:
> § 1.° Do procedimento dos prelados regulares – *intra claustrum* – contra seus súditos em matéria correcional.
> § 2° Das suspensões e interditos que os bispos, extrajudicialmente ou – *ex informata conscientia* – impõem aos clérigos para sua emenda e correção.[1]

No seu conjunto, esse decreto longe estava de ser generoso, pois nos demais artigos regulava de novo a competência, interposição, efeitos e forma do julgamento do recurso à Coroa. Mesmo assim, a pequena concessão feita quase foi retirada em 1865, quando no dia 31 de agosto daquele ano, Dom Sebastião Dias Laranjeira, bispo do Rio Grande do Sul, por meio de uma portaria aplicou a nova disposição, suspendendo de ordens, por tempo indeterminado, quatro cônegos do cabido da catedral: Joaquim Procópio de Oliveira Nunes, José de Noronha Nápoles Massa, João Inácio Bitencourt e Manoel da Conceição Braga. A punição se estendeu ainda a mais três eclesiásticos – "três cônegos concubinários", segundo o internúncio Sanguigni,[2] entre os quais, o cônego José Joaquim da Purificação Teixeira. A medida foi motivada pelo mesmo espírito que predominava em todos os bispos reformadores, para "sustentar a disciplina da Igreja e manter a boa ordem que deve ser o fruto da obediência às nossas determinações e respeito que nos é devido por parte do nosso clero diocesano".[3]

O caso teve enorme repercussão porque os cônegos punidos, "instruídos" pelo senador gaúcho Gaspar da Silveira Martins, interpuseram recurso contra a medida. Silveira Martins foi além e, nas colunas do jornal *Reforma*, informativo

---

[1] *Coleção das leis do Império do Brasil de 1857*, Tipografia Nacional, Rio de Janeiro, 1857, p. 103.
[2] ASV, Carta do intenúncio Sanguigni ao Cardeal Antonelli, em: *Nunciatura Apostólica no Brasil*, fasc. 183, caixa 40, doc. 5, fl. 46b.
[3] THEODORO HUCKELMANN ET ALII, *Dom Vital in memoriam*, p. 211.

do liberalismo radical, em quatro artigos, manifestou-se veemente em favor dos punidos. Tomando conhecimento do fato, aos 30 de agosto de 1866, Dom Antônio de Macedo Costa fez publicar um opúsculo criticando a iniciativa, porque, segundo ele, nenhum sacerdote havia sido suspenso de ordens sem motivo justo, além do que, as acusações de arbítrio por parte dos bispos eram vagas e não provadas. Também recordou que, no caso de alguma situação do gênero ocorrer, a última instância de apelo era a Santa Sé e não o Estado:

> Ele [o clérigo que se julga injustamente punido] pode mandar uma súplica ao Sumo Pontífice, munida com os documentos comprobatórios de sua inocência; o bispo é convidado a dar as razões da suspensão; a causa é confiada a um juiz delegado da Santa Sé, a qual decide se houve ou não gravame e assim fica resolvido o negócio, sem nenhuma quebra nem da justiça nem da caridade.[4]

Sem fazer caso da objeção, a petição dos padres apelantes foi parar na câmara dos deputados, que derrubou o artigo inovador introduzido por Dom Pedro II, gerando um protesto irado de Brás Florentino:

> Contra a expectativa e com assombro geral, a câmara dos deputados, longe de reconhecer a sua incompetência na matéria e repelir tão impertinente e insólita representação, acolheu-a mediante um parecer da comissão de assuntos eclesiásticos, em que tristemente figurava um sacerdote, e revogou o artigo segundo e os seus parágrafos, "restabelecendo o recurso à Coroa por qualquer procedimento dos prelados regulares contra seus súditos, ainda em matéria correcional, judicial e extrajudicialmente impuserem aos clérigos". [...] Colocando-se imprudentemente o governo acima dos prelados pretende-se, no interesse exclusivo da desordem, despojá-los de sua legítima autoridade, e reduzi-los à triste condição de cúmplices *forçados* (o grifo é do autor) dos dissolutos e degenerados! [...] São regalistas ardentes, fautores de grandes males.[5]

A satisfação regalista, dessa vez, foi fugaz, pois o senado rapidamente reverteu a situação, derrotando a medida aprovada na câmara. Silveira Martins teve que admitir o revés e, ao fazê-lo, traçou um plausível perfil político dos senadores em relação à Igreja:

> Eu mesmo fiz o requerimento que ao corpo legislativo foi presente, assinado pelo Sr. Manoel Vaz Pinto, e sustentei na imprensa os direitos dos oprimidos, que eram os da justiça, que não tem e não pode conhecer outros. A comissão competente de que era relator o Dr. Corrêa das Neves lavrou doutíssimo parecer, concluindo pela necessidade do restabelecimento do recurso das censuras *ex informata conscientia*, e revogação do decreto de 28 de março de 1857. Este projeto, que passou na Câmara dos deputados, foi cair no senado, pelos votos combinados daqueles que julgam a Igreja tão fraca, que não pode viver sem a proteção do Estado, e aqueles que não querem a independência da Igreja, porque a Igreja, desligada do Estado, torne-se um poder tão formidável, que suplante o poder civil.[6]

---

[4] Antônio de Macedo Costa, *A residência dos bispos, as suspensões extrajudiciais e os recursos à Coroa*, Tipografia da Estrela do Norte, Belém do Pará, 1866, p. 57-58.
[5] Brás Floentino Henriques de Souza, *Estudo sobre o recurso à Coroa*, Tipografia da Esperança, Recife, 1867, p. 4-6.
[6] *Anais do Parlamento brasileiro, Câmara dos deputados, sessão de 1873*, p. 244.

O governo imperial não se opôs aos esforços da Igreja pela manutenção do artigo com a disposição da *ex informata conscientia* – de sua autoria, recorde-se –, mas fê-lo unicamente porque isso ia ao encontro dos critérios de reforma que ele próprio estabelecera. A comprovação de que a política oficial não mudara aconteceu aos 19 de dezembro de 1860, quando o decreto n. 2.711, expedido para a execução da lei n. 1.083 de 22 de agosto precedente, no capítulo IX ("Das associações religiosas, políticas e outras") subtraiu abruptamente as irmandades leigas à influência dos prelados. Por meio dessa medida, tais associações adquiriram um caráter quase que inteiramente civil, reduzindo a precedência da aprovação do Ordinário de lugar apenas à parte espiritual.[7]

Disso resultou que, para se constituírem entidades jurídicas, possuírem e administrarem bens, e pleitearem seus interesses perante os tribunais de justiça nas questões relativas aos próprios membros ou com estranhos, passaram elas a depender apenas da confirmação dos governos-gerais ou provinciais. Tratava-se de uma inovação gravíssima, considerando que ditas irmandades controlavam numerosas igrejas, alfaias litúrgicas e vasos sagrados. Em termos simples, daí por diante elas ficariam oficialmente habilitadas – e isto, obviamente, sem levar em conta o que determinassem os prelados e as disposições canônicas vigentes – a admitirem nos seus quadros maçons e anticlericais de todo gênero, os mesmos que depois, efetivamente, zelariam pelos templos, podendo inclusive decidir sobre horários e o número de celebrações a serem realizadas. Como seria dito mais tarde, o bispo que levantasse a voz contra semelhante sistema opressivo não teria exercido uma função própria do seu ministério pastoral, mas "invadido o Poder Temporal", envolvendo-se naquilo "que não estava dentro do círculo das suas atribuições".[8]

7.1 – A tentativa imperial de controlar os seminários diocesanos

Repetindo o que fizera acima, e mais uma vez sem que nenhum prelado fosse consultado, aos 22 de abril de 1863, o governo baixou um novo decreto, de n. 3.073, estabelecendo a uniformidade das cadeiras dos seminários episcopais subsidiados pelo Estado. Os bispos julgaram as determinações ali contidas intoleráveis, dado que, entre outras coisas, tocaria ao Estado o "direito" de regular por si próprio a vida seminarística, escolher o professorado e revisar estatutos e compêndios. As reações foram iradas e, como antes, Dom Antônio Macedo Costa tomou a iniciativa de contestá-la, enviando no ano seguinte uma *Memória* ao imperador manifestando a indignação que os bispos sentiam, e que ultrapassava largamente o decreto em questão:

> Este Decreto abre infelizmente uma nova brecha na disciplina da Igreja, inflige-lhe novas humilhações e aperta cada vez mais as cadeias com que se acha ela oprimida em nosso país.

---

[7] *Coleção das Leis do Império do Brasil de 1860*, vol. II, Tipografia Nacional, Rio de Janeiro, 1857, p. 1134.
[8] ASV, "Consulta da seção dos negócios do império do conselho de Estado sobre o recurso interposto pela Irmandade do Santíssimo Sacramento da igreja matriz da freguesia de Santo Antônio da cidade do Recife, contra o ato pelo qual o Reverendo Bispo de Olinda a declarou interdita" em: *Nunciatura Apostólica no Brasil*, fasc. 208, caixa 45, fl. 105b-106.

> Permita-me Vossa Majestade Imperial que o diga com a dolorosa franqueza que devo ter nesta ocasião: de há muito, Senhor, os bispos do Brasil somos contristados com avisos e decretos restritivos da liberdade e independência de nosso sagrado ministério; de há muito notamos a funesta tendência do governo de ingerir-se na economia da Igreja, como se procurasse reduzi-la pouco a pouco à condição de um estabelecimento humano, a um mero ramo da administração civil. Parecem não ser mais os bispos do Brasil que funcionários públicos, sujeitos ao Conselho de Estado, que à imitação da Mesa de Consciência e Ordens, decide em última instância as questões mais graves do direito canônico e da administração eclesiástica, apenas se dignando às vezes a consultar os prelados como meros informantes. A catequese, a residência dos párocos, o noviciado dos conventos, a administração das igrejas deles, os estatutos das catedrais e dos seminários, a organização que se deve dar a estes últimos estabelecimentos, e até os nomes que lhes competem, as condições que se devem exigir para admissão às ordens, tudo isso julga o governo ser de sua alçada, sobre tudo isto se crê no direito de decidir, decretar e legislar, e se um bispo do império promove esmolas da Propagação da Fé e da Santa Infância, é porque dois decretos lhe concedem para isso uma *autorização* (os grifos são do autor) que aí se declara *necessária*; e enfim, para podermos assistir aos exames dos nossos lentes do Seminário, é mister que o Decreto de 22 de abril último declare que os Bispos *poderão assistir* a este exame.
> [...] Não, Senhor, não podemos resolver-nos a tomar, em circunstâncias tão críticas para a Igreja, a tremenda responsabilidade do silêncio. [...] O Decreto ofende a dignidade e os direitos do Episcopado. [...] O Decreto, finalmente, fere e humilha o clero da maneira a mais injusta na pessoa dos professores destes pios estabelecimentos. Tais motivos são mais que suficientes para legitimar, não digo as *resistências*, mas a inação dos bispos, que poderão suportar um jugo ordinário, mas não pô-los eles mesmos sobre si. [9]

O marquês de Olinda, presidente do conselho de ministros do império, aos 12 de outubro de 1863, enviou-lhe um Aviso, acusando-o de fazer uma imputação gratuita, tão grave quanto injusta. Nas suas palavras, o governo brasileiro, católico como era, não tinha a sacrílega pretensão de ingerir-se no ensino dos seminários e no governo da Igreja, mas apenas aplicar uma prática corrente nos países católicos. Dom Antônio retrucou rigidamente: "E porque não diríamos a verdade toda inteira a um governo que folga tanto de ouvi-la e sobre assunto que a todos interessa?" Isso posto, prosseguiu:

> Combatemos pela grande causa da liberdade da Igreja. [...] O Episcopado brasileiro é unânime em lamentar comigo estas invasões que se tem feito, que vão se fazendo cada dia nos domínios da Igreja. [...] Para justificar-nos bastaria, Excelentíssimo Senhor Ministro, um olhar rápido sobre a nossa legislação. [...] O direito de inspeção! Precisamo-lo bem. V. Ex.ª sabe quanto se tem abusado desse direito. O Jansenismo parlamentar, o Febronianismo ou Josefismo acobertaram constantemente suas tendências invasoras sob este especioso nome de – *Jus inspectionis circa sacra* – e até sob outro ainda mais especioso de – *Jus protectionis* – o que tudo bem se pode resumir em última análise a esta fórmula mais breve e mais expressiva: – *Jus in sacra* – precisemos bem o sentido daquela palavra.

---
[9] ANTÔNIO DE MACEDO COSTA, *Memória apresentada a Sua Majestade o Imperador pelo Exmo. Bispo do Pará, Dom Antônio de Macedo Costa, acerca do decreto n. 3.073 de 22 de abril último, que uniformiza os estudos das cadeiras dos Seminários episcopais subsidiados pelo Estado*, Tipografia de Santos e irmãos, Belém, 1863, p. 3-5.

O governo tem um direito de inspeção nos seminários – inspeção geral, de polícia, para punir e prevenir desordens, vias de fato e quaisquer ofensas às leis e à ordem pública. Nada mais justo. [...] Mas desta inspeção geral e ordinária, desta inspeção de polícia e de segurança, que diz respeito à ordem civil, inferir que o governo tem direito de influir na parte moral desses estabelecimentos, revistando os estatutos, sujeitando à censura de suas secretarias as doutrinas dos compêndios, marcando regras para a escolha dos professores e demitindo-os quando quiser, eis, Exmo. Sr., o que nós, os Bispos do Brasil, não poderíamos conceder, sem abdicar o direito exclusivo, que temos, na direção moral e intelectual das escolas sacerdotais. [...] Os Bispos podem introduzir abusos e práticas ofensivas às leis nas regras dos seminários. V. Ex.ª se esforça por me fazer admitir que isto é possível. Sem dúvida alguma é possível. [...] Perdoe-me V. Ex.ª, mas me parece que o que se deduz como consequência necessária da hipótese figurada é que o governo terá então o direito de fazer que semelhantes abusos sejam reprimidos pelos meios legítimos. O Bispo tem superior na hierarquia sagrada. Se apesar das representações justas ao governo, ele se obstinasse a fazer ensinar no seu seminário doutrinas peregrinas, princípios contrários às leis e comprometedoras da ordem pública; se ele persiste em manter à frente do noviciado sacerdotal um Lente que ousasse afrontar as regras da decência e do dever, seria logo tudo isto levado ao conhecimento da Sé Apostólica por intermédio do Metropolita ou do Concílio Provincial, e o Bispo infiel seria reconduzido ao dever pelos meios canônicos.[10]

Os protestos foram tantos e tão contundentes que o governo reconsiderou, deixando os bispos livres para nomearem os diretores dos seminários e contratarem professores estrangeiros. O episcopado, porém, não se iludia, e Dom Antônio de Macedo Costa alertou:

Os nossos adversários não estão convertidos. Desejemos-lhes que reconheçam o seu erro e que cheguem a compreender, enfim, que não há liberdade séria sem a liberdade da Igreja, e que para ser livre a Igreja dever ter, antes de tudo, a liberdade do seu ensinamento. Portanto, que eles a deixem organizar seus seminários grandes e pequenos, como ela entender: estão aí em todos os países católicos o direito e o dever dos bispos católicos. O governo nada tem a ver com isso. Ele tem as suas próprias escolas; aí está na casa dele; pode legislar e regulamentar quanto quiser.[11]

As autoridades imperiais, no entanto, vingar-se-iam do recuo feito, retirando a subvenção que se dava aos seminários junto com o pagamento dos professores.[12]

7.2 – O problema da residência dos bispos e o revide do clero regalista

Durante a década de 60 conflitos outros se sucederam, e quase sempre devido à impertinência das autoridades governamentais. Um deles aconteceu aos 24 de janeiro de 1866, quando um aviso de autoria do conselheiro José Ignácio Silveira da Mota (1807-1893) cientificou o episcopado da resolução do conselho de Estado, declarando que os bispos deviam ser considerados empregados públicos, assim como

---

[10] ANTÔNIO DE MACEDO COSTA, *Resposta de S. Ex.ª Revma. o Senhor Bispo do Pará ao Exmo. Sr. Ministro do Império acerca da questão dos seminários*, Tipografia da Estrela do Norte, Belém, 1864, p. 4-13.
[11] BARON DE GERLACHE ET ALII, *Assemblée Générale des catholiques en Belgique*, tome I, p. 393.
[12] ASV, Carta do Vigário Capitular de Olinda, chantre José Joaquim Camelo de Andrade a Luigi Matera (3-12-1878), em: *Nunciatura Apostólica no Brasil*, fasc. 235, caixa 50, fl. 15.

os vigários, e que não podiam deixar suas dioceses sem licença do governo imperial, sob pena de ser declarada a sé vaga. De Recife, aos 4 de junho de 1866, Dom Manuel de Medeiros rejeitou a qualificação de funcionário do Estado para os bispos e, numa carta enviada ao internúncio Sanguigni, afirmou categoricamente que não tencionava pedir licença ao governo, por estar convencido de que para sair da sua diocese, cada ano por três meses, bastaria a licença que lhe dava o Concílio Tridentino. Ele também escreveu aos demais bispos para que tomassem posição contra um Aviso que pretendia fazer dos prelados dependentes dos caprichos dos ministros.[13]

Os bispos de Belém do Pará, de Goiás, do Ceará e do Rio Grande do Sul deram pleno apoio à sua crítica. O de Belém, Dom Antônio de Macedo Costa, cuja cultura teológica e desenvoltura verbal paulatinamente o transformavam numa espécie de porta-voz informal do episcopado brasileiro, de seu próprio punho elaborou outro protesto no dia 20 de julho do mesmo ano, em que questionou a inteira política religiosa vigente no país:

> Os Apóstolos não foram estabelecidos por Jesus Cristo como empregados semirreligiosos, semicivis, sorte de funcionários de duplo caráter. [...] Ora, se assim é, já parece claro que a pretensão do governo não se sustenta. O ilustre consultor do Conselho de Estado estabeleceu esta série de proposições: – o bispo é empregado público por ordem mista, isto é, além de empregado religioso, é também empregado civil: logo, a residência não é só dever canônico, é também civil; logo o governo é competente para conhecer das razões que pode ter o Bispo para ausentar-se de sua diocese, se se realizam os casos de *christiana charitas debita obedientia* etc. Ao seu raciocínio temos já direito de opor o seguinte: o Bispo não é empregado público de ordem mista; seu cargo é formal e exclusivamente religioso e espiritual, logo a residência que é o primeiro dever desse cargo, e sem cuja observância não se pode cumprir nenhum outro, participa da natureza dele, e é, por conseguinte, um dever puramente espiritual; logo, não é o governo competente.
> [...] Primeiramente, de terem as funções episcopais efeitos na ordem civil não se segue de modo nenhum ser o Bispo empregado do governo. Se assim fosse, sujeitas seriam ao governo as cousas mais espirituais, porque todas elas têm mais ou menos efeitos na ordem civil. [...] Logo o governo tem poder sobre os dogmas de fé; logo o governo deve com suas decisões regular as matérias de fé.
> [...] Uma lei que dá ao governo o poder estranho de demitir o Bispo, de declarar logo vagas às Sés, só pelo fato de se ausentarem os Prelados sem prévia licença, ainda havendo para a ausência os motivos mais justificados no ponto de vista dos cânones; uma lei que investe a Autoridade civil de um poder que nem a Santa Sé possui, pois ela não depõe ou destitui um bispo por sair da diocese; [...] uma lei que dá ao governo a faculdade de tirar a jurisdição espiritual dos Bispos, como se os Bispos do governo a recebessem; uma lei que torna os Magistrados seculares árbitros supremos da Igreja, violando toda a ordem da sagrada hierarquia; [...] uma lei fundada em princípios tão contrários à fé católica, à disciplina universal do Catolicismo, poderá ainda ser invocada em tempos como os nossos, alumiados, como se diz, pelo clarão da liberdade e da tolerância, e por um governo que nada tem tanto a peito como manter essa Religião, que é a base do nosso edifício político, e o vínculo mais poderoso de nossa união nacional? Eis porque dissemos que em vez de basear-se em semelhante legislação, devia antes o governo procurar reformá-la, em conformidade com os princípios da fé e da ciência.[14]

---

[13] ASV, "Carta de Dom Manuel de Medeiros ao internúncio Sanguigni", em: *Nunciatura Apostólica no Brasil*, fasc. 193, caixa 42, fl. 4b.
[14] ANTÔNIO DE MACEDO COSTA, *A residência dos bispos, as suspensões extrajudiciais e os recursos à Coroa. Questões canônicas do bispo do Pará*, p. 6, 11-13, 21-22.

Publicado no *Jornal Oficial* do império, esse opúsculo foi considerado uma opinião autorizada e não um ato de rebeldia; mas, a crítica do prelado subiria de tom. Os padres regalistas, nesse ínterim, mesmo perdendo continuamente espaço, reagiriam quase do mesmo modo, e ainda eram bastante fortes para causarem enormes constrangimentos. Um dos casos mais clamorosos ocorreu na Bahia, no ano de 1861, quando, após a morte do Arcebispo Dom Romualdo de Seixas, foi eleito vigário capitular o cônego Rui de Souza Meneses. Segundo a versão de um seu colega de ideias, dito vigário era "sacerdote distinto por sua vasta ilustração";[15] mas, de acordo com o parecer da internunciatura, ele não passava de "um descarado maçom, exercendo advocacia sem ter faculdade para isso, vivendo em concubinato e com filhos". O certo é que dito cônego não titubeou em "suspender" Dom Antônio de Macedo Costa por haver celebrado pontifical no mosteiro de São Bento da Bahia. Foi severamente punido e teve de abandonar suas funções, mas outros nomes de opositores ganhariam destaque após o Concílio Vaticano I. No Rio Grande do Sul o sacerdote português, Pe. Guilherme Pereira Dias, maçom, vigário de Pelotas, escreveu diversos artigos contra a infalibilidade do Papa, que foram inclusive traduzidas e publicadas na Alemanha.[16]

Noutras províncias ocorreram casos análogos, mas o maior defensor da velha ordem no período era o cônego Joaquim do Monte Carmelo (1813-1899). Em 1873, ele fez publicar de forma anônima o opúsculo *O Arcipreste da Sé de São Paulo Joaquim Anselmo de Oliveira e o clero do Brasil*, cujo conteúdo será retomado no capítulo seguinte. Foi um escândalo, mas a obra enquanto tal chamou mais atenção pela linguagem rancorosa que pelos pontos doutrinários que defendia, os quais, a rigor, pouco acrescentavam ao que já fora dito pela literatura pombalina e em certos pronunciamentos de Feijó. Num misto de nostalgia e de crítica feroz contra todas as inovações acontecidas, ele fazia verdadeira louvação da época em que os bispos eram como Dom Fr. Manoel da Ressurreição (a igreja de São Paulo era "alumiada"... "Nós não estávamos tão bem sem jesuítas desde 1759 até 1852?"), e o clero paulista se "ufanava" de poder contar com membros tais como Feijó, Moura... Para os reformadores, somente anátemas: os padres de Itu, de onde saíra Dom Antônio Joaquim de Melo, eram entregues ao *beatério* (o grifo é do autor) e o próprio Dom Antônio não passava de um ignorante, caprichoso e cínico. Quanto ao seminário de São Paulo, segundo o autor, dali não saiu ninguém que prestasse, pois, enquanto a faculdade de direito local dera logo abalizados lentes que muito honravam o país, lá, no seminário, nada se estudava e nada se ensinava, pois os capuchinhos que o dirigiam eram apenas cizânia. Dom Vital, por sua vez, vinha definido como "um rapazola", e daí por diante. As mazelas papais e romanas eram dissecadas de forma impiedosa, ao tempo em que se sugeria que o intervencionismo estatal deveria ser ainda mais duro. O tom ressentido confirmava, no entanto, que Dom Pedro II preferia o sério clero ultramontano aos regalistas relapsos:

---

[15] Joaquim Monte Carmelo, *O Arcipreste de São Paulo, Joaquim Anselmo de Oliveira e o clero do Brasil*, p. 142.
[16] Arlindo Rubert, Os bispos do Brasil no Concílio Vaticano I (1869-1870), em: *REB*, vol. 29, fasc. 1, Vozes, Petrópolis 1969, p. 111-112, 119.

De tudo era o governo informado, já pelo que escreviam os jornais de maior circulação, já pelas representações que lhe eram dirigidas. Mas a tudo fazia ele ouvidos de mercador! Membros do cabido que ousaram resistir às inovações episcopais foram processados e sentenciados. Se eles recorriam das sentenças inquisitoriais, seus recursos não eram aceitos.

Como se já não bastasse o incompreensível silêncio com que o governo respondia a tudo isto, ele fez baixar o decreto de 28 de março de 1857, que armou os bispos de um poder tão formidável, qual o de suspenderem indefinidamente os míseros padres *ex informata conscientia*, sem darem satisfação a ninguém, sem que ninguém os possa chamar às contas. E esse poder, que vai se mostrando tão funesto ao próprio governo, ainda os bispos o conservam! Armado com ele D. Vital diz aos sacerdotes de sua diocese: quem me desobedecer, para mostrar-se fiel aos deveres de cidadão brasileiro, será suspenso *incontinenti*! E o governo imperial não atende a isto, prossegue no passo erradíssimo que deu, não reassume o direito que contra todo direito abdicou de si.[17]

Os bispos reagiam, mas faltava-lhes um plano de ação comum, pois a Igreja no Brasil jamais havia realizado um Concílio Provincial. A única tentativa fora as *Constituições Primeiras do Arcebispado da Bahia* em 1707, mas depois disso, até a convocação conciliar em Roma em 1869, eles nunca mais se reuniram de novo. Como diria depois Monsenhor Francesco Spolverini, a situação se assemelhava a um verdadeiro individualismo diocesano:

> Antes um novo bispo ia para a sua diocese, e, depois de tomar posse, só dela se ocupava, isolado, incomunicável com os seus colegas, muitos dos quais não conhecia. Adotava em relação aos negócios gerais da Igreja resoluções e maneira de agir comumente diversa, senão contrária àquela dos outros, nenhuma relação, sequer epistolar, tinha com eles. O Metropolita, sem ação diretiva na sua província, tinha apenas um título de preeminência honorífica: assim, não unidade de ação, não concórdia, não ajuda de luzes e de defesa recíproca. Isto é querido pelo padroado![18]

O internúncio apostólico, Monsenhor Sanguigni, chegou a sugerir ao Primaz, Dom Manuel Joaquim da Silveira e a outros diocesanos, um concílio preparatório dos prelados brasileiros antes de partirem para o Vaticano I; mas a proposta foi recusada por razões de peso: faltavam teólogos e canonistas capazes de coadjuvar nos trabalhos; a locomoção era difícil entre dioceses distantes e privadas de estadas transitáveis; pesava a dificuldade financeira, sem falar da ameaça representada pelo aviso de 24 de janeiro de 1866 citado acima, fixando normas sobre a residência episcopal.[19]

7.3 – Os prenúncios da irrupção de uma crise

A propósito, a medida governamental sobre a residência dos bispos se baseava naquela que para a hierarquia eclesiástica era uma dos seus mais intoleráveis pressupostos políticos: o de que os clérigos eram "empregados públicos".

---

[17] JOAQUIM DO MONTE CARMELO, *O Arcipreste da Sé de São Paulo Joaquim Anselmo de Oliveira e o clero do Brasil*, p. 40, 49, 61, 78-79, 86, 247, 285-286.
[18] AAEESS., "Conferências dos bispos brasileiros", em: *Brasil*, fasc. 29, pos. 308, fl. 24b-25.
[19] JERÔNIMO LEMOS, *Dom Pedro Maria de Lacerda, último bispo do Rio de Janeiro no Império (1868-1890)*, p. 132-133; FLÁVIO GUERRA, *A questão religiosa do Segundo Império*, p. 81.

Dom Antônio de Macedo Costa se encarregaria outra vez de manifestar o descontentamento do episcopado aos 20 de junho de 1866, por meio de um veemente protesto:

> Não deveis estranhar que reclamemos.
> Quem lança um olhar atento sobre o estado atual da Igreja Brasileira só reconhecerá uma coisa: que os Bispos não reclamam bastante. Há para esta nobre Igreja ligeiros intervalos em que respira mais desassombradamente; mas bem rápidos passam eles! A tendência jânsenico-regalista, aí, sempre a mesma reaparecendo sempre, como a hidra da fábula, prosseguindo às surdas, e com uma tenacidade incrível, a obra de escravização da Igreja.
> O governo ingere-se tudo e quer decidir sobre tudo. [...] Ele decide, enfim, que os Bispos são também empregados públicos e, como tal, não podem sair da diocese, ainda para qualquer ponto do império, ainda por poucos dias, senão com licença prévia do governo, que é o Juiz das razões canônicas que pode ter o Bispo para ausentar-se, ficando assim privados os Bispos do Brasil de fazer o que fazem todos os Bispos do mundo.
> E assim vão os avisos, os decretos, as consultas dos magistrados seculares substituindo, pouco a pouco, os cânones da Igreja![20]

Como noutros casos análogos, Dom Pedro II fez vista grossa. Num misto de ingenuidade e arrogância, ele ainda parecia acreditar que as leis repressoras existentes e as novas, que com o seu aval poder-se-iam instituir, seriam obedecidas, ou que continuassem a ser um mecanismo eficiente de controle do clero. Por afinidade ideológica, sua atitude era outra quando se tratava da maçonaria. Fechando os olhos ante a evidência de que, a exemplo do que sucedera anteriormente às suas similares europeias, as "grandes lojas" do Brasil se tornavam sempre mais anticlericais e irreligiosas,[21] o imperador insistia em nelas ver apenas inocentes associações de beneficência. Por isso, com seu consentimento, o artigo 34 do decreto n. 2.711 de 19 de dezembro reconheceu as sociedades secretas e lhes deu existência legal.[22] Foi outro erro político, pois o primeiro signatário do famoso *Manifesto Republicano* de 3 de dezembro de 1870 não seria ninguém menos que o grão-mestre Joaquim Saldanha Marinho![23]

No que tange à Igreja, o estado de ânimo de Dom Pedro II tornou-se ainda mais prevenido depois da visita que fez em 1871 à Itália recém-unificada. Como se sabe, naquele ano a capital italiana foi transferida de Florença para Roma; mas o rei Vittorio Emanuele II, sem subestimar os problemas políticos oriundos da chamada "Questão Romana", procuraria paliativos para contorná-la. Uma das

---

[20] Francisco de Macedo Costa, *Lutas e Vitórias*, Estabelecimento dos dois mundos, Bahia, 1916, p. 45-46.
[21] Flávio Guerra, *A questão religiosa do Segundo Império*, p. 15.
[22] ASV, "Requerimento da Irmandade do SS. Sacramento da freguesia de Santo Antônio do Recife", em: *Nunciatura Apostólica no Brasil*, fasc. 208, caixa 45, fl. 91; *Coleção das Leis do Império do Brasil de 1860*, vol. II, p. 1134.
[23] O *Manifesto* de 1870, que teve Joaquim Saldanha Marinho como primeiro signatário, recebeu também a adesão de 57 outros correligionários de ideias, boa parte dos quais, maçons. Prolixo e ambíguo, ele seria visto com grandes reservas por estudiosos posteriores. José Maria Bello, por exemplo, é taxativo: "É um documento sem grande vibração emocional. O problema básico da escravatura, essência do Império, é cuidadosamente evitado, decerto para não irritar os escravocratas paulistas e fluminenses. Talvez, por isso mesmo, mostra-se medíocre a capacidade de proselitismo dos republicanos. São elementos muito precários de propaganda os pequenos e quase sempre insignificantes jornais e clubes republicanos que se fundam por todo o país. Não se destacam os primeiros deputados republicanos que chegam ao parlamento". (José Maria Bello, *História da República (1889-1902)*, Civilização Brasileira, Rio de Janeiro SD, p. 15).

tentativas foi a aprovação no parlamento, aos 13 de maio de 1871, das *Leis das Garantias*, mas que terminaram prontamente rejeitadas por Pio IX, devido às suas características unilaterais. A conveniência da tranquilização política, aliada quiçá às instâncias da sua esposa e filhas, incomodadas com a excomunhão que pesava sobre o governo italiano (embora não exatamente sobre a inteira dinastia Savoia), impunham, porém, uma solução. Foi então que lhe ocorreu a ideia de se servir do imperador do Brasil como novo intermediário. Dom Pedro II aceitou e, com a máxima discrição, conseguiu uma audiência privada com Pio IX.[24]

O fracasso foi total, pois o Pontífice reagiu com firmeza às suas ponderações: "É inútil que Vossa Majestade me faça este pedido. Quando o rei do Piemonte terá feito sua obrigação, então o receberei. Antes disso não posso". Afora isso, também o Papa se sentira magoado por Dom Pedro II haver sido o único entre os soberanos católicos do mundo a se apresentar na tribuna especial, para a abertura do Parlamento italiano naquele ano, motivo pelo qual o Cardeal secretário de Estado não foi ao hotel em que se hospedara para lhe retribuir a visita. Por tudo isso, acredita-se que, quando o imperador regressou ao Brasil, estava um tanto ressentido, e que, com base no que viu na Suíça e Alemanha, ele tenha cogitado tratar os bispos no país à maneira de lá.[25]

Reforçando essa hipótese, Dom Vital salientaria que o *Correio Paulistano*, órgão da loja maçônica *América* de São Paulo, havia anunciado que o governo decidira chamar o episcopado para prestar contas de seus atos, de modo particular os prelados do Pará, do Rio de Janeiro, do Rio Grande do Sul e do Ceará, pelo motivo deles saírem das suas respectivas dioceses sem permissão, não colocarem as paróquias em concurso, nomearem párocos a clérigos estrangeiros e por questões mais. O mais importante é que, de acordo com o mesmo jornal, Dom Pedro, fazendo-se preceder por essa ação, queria mostrar que a sua viagem à Europa não tinha sido inútil. O bispo de Olinda, ao fazer uma análise geral do acontecido, abordou a questão do seguinte modo: O periódico "inventou ou disse o que sabia? Eu não sei nada, o que é certo é que, se não houve um intento prévio entre o governo e a maçonaria, ao menos o governo aproveitou da ocasião para impor a sua vontade aos bispos".[26] Tentativa fracassada, como se verá, cujo resultado seria apenas o de provocar o maior conflito religioso da história do Brasil.

7.4 – Uma Igreja dotada de nova autoconsciência e seus efeitos práticos

Bem cedo os protagonistas do ultramontansimo no Brasil reconheceram que uma Igreja alinhada com Roma, para ser fiel a si mesma, teria por força de colidir com o aparato regalista do Brasil. Isso foi sentido já na primeira geração episcopal reformadora, não sendo outro o motivo que levou Dom Antônio Joaquim de Melo a denunciar em 1856: "Os legisladores do governo do Brasil são o verdadeiro elemento dissolvente da disciplina e da moral católica; são ímpios e indiferentes. […] São mais hereges que jansenistas e galicanos".[27]

---

[24] RAMOS DE OLIVEIRA, *O conflito maçônico-religioso de 1872*, Vozes, Petrópolis, 1952, p. 20.
[25] ANTÔNIO CARLOS VILLAÇA, *História da questão religiosa no Brasil*, p. 39.
[26] VITAL MARIA GONÇALVES DE OLIVEIRA, *Abrégé Historique*, p. 27.
[27] ASV, "Memória" (1856), em: *Nunciatura Apostólica no Brasil*, fasc. 131, caixa 29, doc. 16, fl. 34.

Nos anos seguintes, os clérigos que assim pensavam ganharam o reforço extra de um combativo grupo de intelectuais e políticos católicos, que, receptivos às orientações de Pio IX, adotavam postura semelhante à dos jesuítas da revista *Civiltá Cattolica* e à de polemistas conhecidos como o francês Louis Veuillot (1813-1883), redator em chefe do *Univers*. Recife, capital da província de Pernambuco, era um dos grandes centros da sua atividade, o que propiciava acirradas disputas com as influentes associações maçônicas e anticlericais ali concentradas. Pedro Autran da Mata e Albuquerque (1805-1881), lente de economia política da faculdade de direito local e figura proeminente por fazer parte do Conselho do imperador, havendo inclusive recebido a alta condecoração da Ordem da Rosa, era um dos membros do grupo católico citado acima. Ele viria a desenvolver grande trabalho em defesa da Igreja, traduzindo obras piedosas, ou escrevendo do próprio punho opúsculos apologéticos como *O poder temporal do Papa* e a *Apologia do Catolicismo e dos Soberanos Pontífices Gregório XVI e Pio IX*.[28]

Outro nome conhecido na militância religiosa foi Brás Florentino Henriques de Souza (1825-1870). Nascido na Paraíba, ele ingressou no seminário de Olinda, donde saiu alguns anos depois, ao constatar que não possuía vocação sacerdotal. Suas convicções religiosas, porém, permaneceram, e conservou-as após matricular-se no curso de direito de Recife. Tornou-se em seguida doutor e Lente de direito civil da mesma faculdade, período em que contraiu matrimônio com uma jovem pia, o que reforçou ainda mais sua fé. Tomista e antirregalista, levou seu pensamento ao público por meio de obras contundentes, como *O casamento civil e o casamento religioso*, e o tratado intitulado *Estudo sobre o Recurso à Coroa*. Neste último, não poupou críticas ao intervencionismo régio, com argumentos históricos e teológicos:

> Entre as instituições que atacam, senão destroem completamente a preciosa e divina independência da Igreja, aparece no primeiro plano, ao lado do beneplácito, o Recurso à Coroa (o grifo é do autor), instituição destinada a subjugar o poder judiciário da Igreja (assim como o beneplácito subjuga o seu poder legislativo), e que, como se sabe, não é senão – *a provocação interposta das decisões dos juízes seculares, a fim de que estes as emendem ou reformem* (idem). [...] Sem dúvida, ambos os poderes (espiritual e temporal) vêm de Deus, como única fonte perene e comum donde só podem decorrer: *Non est potestas nisi a Deo, quae autem sunt a Deo ordinate sunt* (Rom. 13,1). Mas, enquanto o poder do príncipe é um poder *natural*, que decorre de Deus como autor da natureza, de modo que (para falar a linguagem dos autores), posta esta em qualquer dos seus diversos estados, logo ele nos aparece com todos os meios conducentes ao fim desejado; – o poder sagrado, pelo contrário, é um poder *sobrenatural*, que decorre de Jesus Cristo, como autor de toda graça, e por Ele somente comunicado aos seus Apóstolos, para a felicidade eterna e sobrenatural dos homens.
> Como poderia, pois, o natural decorrer do sobrenatural, e o poder dos Apóstolos e seus sucessores ser inerente aos príncipes ainda na menor parcela? Não: dai a Deus o que é de Deus, e a César o que é de César.[29]

---

[28] Augusto Vitorino Alves Sacramento Blake, *Dicionário bibliográfico brasileiro*, vol. VII, p. 21-23.
[29] Brás Florentino Henriques de Souza, *Estudo sobre o Recurso à Coroa*, p. 2-3, 34-35.

Brás Florentino tinha ainda dois outros irmãos "ultramontanos": o político Dr. Tarquínio Bráulio de Souza Amaranto (1829-1894) e o filósofo Dr. José Soriano de Souza (1833-1895). José Soriano era formado em medicina pela faculdade do Rio de Janeiro e doutor em filosofia pela universidade belga de Louvain. Erudito e dotado de talento não vulgar, no tempo que lhe restava fora da clínica e do magistério, dedicava-se a estudos filosóficos e doutrinários. Sua obra teve reconhecimento público da Igreja, sendo agraciado pelo próprio Papa Pio IX com a comenda da Ordem de São Gregório Magno. Dentre seus escritos em defesa do Catolicismo, destacam-se: *Pluralidade de cultos*, *Princípios sociais e políticos de Santo Agostinho*, *Considerações sobre a Igreja e o Estado sob o ponto de vista jurídico, filosófico e religioso*, além de vários artigos no jornal *A união* da capital pernambucana, que dirigia.[30]

Fora do círculo de Recife, um dos personagens católicos mais conhecidos foi o também nordestino conde Cândido Mendes de Almeida (1818-1881).[31] Jurista, sua obra maior se intitula *Direito Civil e Eclesiástico Brasileiro antigo e moderno*, que é uma minuciosa reconstituição histórica e canônica em três volumes, os dois primeiros publicados em 1866 e o último sete anos depois. Antirregalista e defensor veemente das ordens religiosas, Cândido Mendes foi um dos primeiros brasileiros a traduzir o *Syllabus Errorum* e a *Quanta Cura* para o português, além de outras encíclicas e opúsculos de Pio IX. Também se posicionou claramente a favor do Concílio Vaticano I e da infalibilidade papal. São palavras textuais suas, redigidas em 18 de fevereiro de 1873, na introdução do último tomo da obra *Direito Civil e Eclesiástico Brasileiro* citada acima:

> Pio IX é sem dúvida a figura culminante deste século, qualquer que seja o lado por onde o aquilatemos. O seu paciente e firme "non possumus" tem sabido inutilizar os assaltos do erro e da tirania que, apesar dos favores da fortuna, ainda não conseguiram consolidar sua obra; nem consolidará em vistas da promessa do Salvador, bem comprovadas com a experiência de dezoito séculos. Pio IX, sempre bem inspirado, pode alcançar a convocação de um Concílio Ecumênico neste século. O Concílio do Vaticano é o mais belo florão de sua coroa de glória. O grande Pontífice não só abriu-

---

[30] AUGUSTO VITORINO ALVES SACRAMENTO BLAKE, *Dicionário bibliográfico brasileiro*, vol. V, p. 200-211.
[31] Cândido Mendes de Almeida era maranhense, natural da Vila de São Bernardo do Brejo. Em 1839, formou-se em direito pela Faculdade de Direito de Olinda, cidade onde exerceu a advocacia, e a função de promotor público entre 1841 e 1842. Tornou-se depois professor de história e geografia do liceu de São Luís/ MA, onde ensinou por quatorze anos, acumulando também o cargo de sócio do Instituto Histórico e Geográfico Brasileiro. Acabou mudando-se para o Rio de Janeiro, local em que viria a exercer o cargo de chefe da seção da secretaria do Império. Ingressou na política pelo partido conservador, sendo eleito suplente da câmara de vereadores em 1843 e por fim titular, entre 1850 e 1860; e entre 1869 e 1872. No seu último mandato foi nomeado (1871) senador do Império. Fundou na sua província vários jornais e distinguiu-se na defesa dos bispos durante a questão religiosa. Jurisconsulto e historiador, escreveu diversas obras conhecidas como o *Direito Civil Eclesiástico Brasileiro* (1866-1873), o *Atlas do Império do Brasil* (1868) e as *Memórias para o Estado do Maranhão*. Mendes foi um defensor intransigente da Igreja e combateu o quanto pôde o regalismo. O Barão do Rio Branco definiu-o como "uma das mais robustas inteligências e uma das mais profundas ilustrações do Império", enquanto que o Papa Pio IX lhe mandou a bênção apostólica e a comenda de São Gregório Magno quando publicou em 1866 os primeiros volumes do *Direito Civil Eclesiástico*. Seus dois filhos, Fernando e Cândido, respectivamente redator chefe e redator secretário do *Jornal do Brasil*, seguiriam as pegadas do pai, tendo ambos se destacado na fundação de informativos católicos e de associações confessionais de estudantes e leigos (ASV, "Honorificências", em: *Nunciatura Apostólica no Brasil*, caixa 82, fasc. 401, doc. 1, fl. 1; BARÃO DO RIO BRANCO, *Efemérides brasileiras*, Imprensa Nacional, Rio de Janeiro, 1956, p. 139, 483).

-o, como presidiu-o, tendo a satisfação de confirmar e publicar as duas constituições "de Fide" e "de Ecclesia Christi", as que mais podiam magoar os adversários da Igreja do Salvador, os pertinazes negadores de sua divindade. Sobretudo o dogma da infalibilidade de Pedro exasperou-os em alto grau, porque foi a mais esplendente aspiração da doutrina católica, em que tudo parece conspirar para fazê-la esquecida ou menoscabá-la. [...] O Concílio do Vaticano é um grandioso acontecimento e será o começo de uma época de hercúleas lutas, mas de triunfo glorioso para a Igreja.[32]

Juntos, intelectuais leigos e clérigos reformadores, enfrentariam o anticlericalismo político dos liberais, a maçonaria, o positivismo e todas as forças que de algum modo opunham à doutrina católica, numa luta acirrada que duraria até os últimos dias do império. A convicção de alguns deles era tão grande, que um lente do Ginásio Pernambucano reprovou o futuro presidente Epitácio Pessoa numa arguição, quando aquele emitiu uma opinião contrária à escolástica. A intervenção da direção salvou Epitácio de perder o ano, mas deixou claro que a disposição apologética de certos católicos era capaz de ir às últimas consequências.[33]

7.5 – A reação dos opositores do novo clero

Depois que as pequenas alterações na legislação regalista começaram a ter efeitos práticos, personagens como Rui Barbosa imediatamente desejaram reduzir o clero à inação, pois para eles a menor concessão à hierarquia eclesiástica equivalia a uma ameaça à causa da liberdade, da civilização e do progresso, que, naturalmente, diziam encarnar. Quanto a isso, Rui era categórico: "O regime liberal, o nivelamento das confissões religiosas pela lei, esse sim, que é o sistema racional e eficaz, legítimo e estável, o que, como linha divisória definitiva e mútua, garantia entre as duas sociedades, preenche cabalmente as condições de oportunidade, juridicidade, congruência e solidez".[34]

Entrementes, a atuação da maçonaria também era notável, dada a influência que tinha nas classes favorecidas. Em 1860 o *Masonic World-Wide Register* enumerou a existência de 130 lojas brasileiras. Grandes transformações eram registradas ao seu interno: aos 30 de setembro daquele ano, o Grande Oriente n. 2 e o Supremo Concílio n. 1 foram dissolvidos e extintos por decreto imperial; mas isso não significou decadência, pois o Grande Oriente original (n. 1) absorveu todos os outros e tornou-se o único Grande Oriente do Brasil. O que não conseguiu foi eliminar certas divergências internas, o que acabou provocando nova divisão em 1863. Surgiriam daí dois novos Grandes Orientes, que tomaram os nomes respectivos das ruas em que suas lojas-sede se localizavam: Grande Oriente do Vale (Rua) do Lavradio (conservador) sob a liderança do barão de Cairu; e Grande Oriente do Vale (Rua) dos Beneditinos, sob a direção do liberal-republicano Joaquim Saldanha Marinho, que exerceria ali a função de grão-mestre de 1864 a 1883.[35]

---

[32] CÂNDIDO MENDES DE ALMEIDA, *Direito Civil Eclesiástico brasileiro moderno em suas relações com o direito canônico*, tomo II, p. 13.
[33] LAURITA PESSOA RAJA GABAGLIA, *Epitácio Pessoa (1865-1942)*, Livraria José Olympio Editora, Rio de Janeiro, 1951, p. 81.
[34] RUI BARBOSA, *O Papa e o Concílio*, p. 261.
[35] DAVID GUEIROS VIEIRA, *O Protestantismo, a maçonaria e a questão religiosa no Brasil*, p. 45-46.

Em 1862, enquanto a situação das grandes lojas se definia, Aureliano Cândido Tavares Bastos (1839-1875), constatando que o clero não estava disposto a retroceder, na obra *Cartas do solitário*, conclamou seus companheiros de ideias para combatê-lo:

> Levantemo-nos e apressemo-nos em combater o inimigo invisível e calado que nos persegue nas trevas – Ele se chama espírito clerical, isto é, o cadáver do passado; e nós somos o espírito liberal, o espírito do futuro. [...] Na ordem de ideias que esbocei a mais ligeira vantagem conseguida pelo espírito clerical deve ser combatida com energia. É, com efeito, pouco a pouco, por meio de disfarces e com branduras, que o sacerdotalismo vai ganhando o terreno da sociedade. É preciso, pois, atender cuidadosamente para cada um dos atos de nosso governo em suas relações com a Igreja.[36]

O episcopado suportava cada vez menos tais provocações, e, no ano seguinte (1863), ao participar como representante brasileiro na *Assemblée générale des catholiques en Belgique*, Dom Antônio de Macedo Costa faria uma irada denúncia:

> Entre nós também, no governo, há certos homens nutridos dos preconceitos da velha Europa, os quais, falando muito em liberdade, não podem aceitar a ideia de conceder esta liberdade à Igreja. Estes homens procuram a maneira melhor para entravar em toda parte onde eles podem a ação do clero, para atormentar o episcopado. Tudo isso, bem entendido, para a maior glória do progresso, para o bem do país. Que estou a dizer? Da religião mesma! Pois esses senhores preocupam-se também dela, mas à maneira deles.[37]

O pronunciamento de Dom Antônio logo ficaria conhecido no Brasil, mas serviu apenas para acirrar os ânimos dos seus opositores. A obsessão de controlar cada aspecto da vida eclesial por parte de alguns políticos era tão exasperada, que até movimentos laicais católicos foram atacados por certos parlamentares. O deputado Pedro Luiz Pereira de Souza (1839-1884), por exemplo, despejou sua ira contra os vicentinos:

> A Sociedade de São Vicente de Paulo é um *status in statu*; uma entidade forte que trata com o governo de igual para igual. Tem os seus jornais, os seus editores, os seus livreiros, os seus almanaques, os seus manuais e, exatamente como o antigo jesuitismo, vai estendendo pelo mundo civilizado a sua imensa teia de congregações.
> Creio que isso não deixa de ser assustador.[38]

O liberalismo no Brasil, contudo, jamais foi uniforme nem todos os liberais eram maçons, donde resulta que as opiniões que emitiam variavam muito. Theodoreto Carlos de Faria Souto (1841-1893), com um pouco mais de mo-

---
[36] AURELIANO CÂNDIDO TAVARES BASTOS, *Cartas do Solitário*, Tipografia da atualidade, Rio de Janeiro, 1863, p. 93-94.
[37] BARON DE GERLACHE, *Assemblée générale des catholiques en Belgique*, p. 393.
[38] PEDRO LUIZ PEREIRA DE SOUZA – JOAQUIM MANOEL DE MACEDO, *Questão Janrad. Discursos proferidos na Câmara dos Deputados pelos senhores doutores Pedro Luiz Pereira de Souza e Joaquim Manoel de Macedo, seguidos de alguns artigos publicados na imprensa da cidade*, p. 11.

deração, em meados de 1864, ponderava: "A Igreja deve acomodar-se à ação progressiva dos tempos e não se condenar a um status quo, em que a mudança se considera perversão. Ora, as instituições dos Lazaristas, longe de se dobrarem nos moldes dos tempos, são um protesto vivo contra as formas da nossa civilização".[39]

Os acontecimentos da Igreja universal, cuja influência era sempre mais sentida, não favoreciam semelhantes acomodações, e a possibilidade da adoção de uma alternativa como a que propunha Theodoreto mostrou-se inverossímil ao serem publicados a *Quanta Cura* e o *Syllabus Errorum* aos 8 de dezembro de 1864. Liberais e regalistas brasileiros entraram em polvorosa, mas os bispos em peso não só aderiram às disposições de Pio IX, como, sem fazer caso do *placet* imperial, fizeram traduzir e publicar os dois documentos de norte a sul do país. Nisso se destacou Dom Sebastião Dias Laranjeira, único bispo a ser sagrado até então por um Papa. Quem o fez foi Pio IX, na capela sistina, aos 7 de outubro de 1860.[40] Numa *Pastoral*, publicada no início de 1865, ele apresentou para os fiéis gaúchos a versão portuguesa dos documentos supracitados, aos quais acrescentou uma introdução ilustrativa do pensamento dominante no episcopado:

> Nós recebemos a Encíclica do Soberano Pontífice, Irmãos e Filhos em Jesus Cristo, como a verdadeira e pura palavra de Deus, aceitamo-la com profunda e filial obediência. Nós a proclamamos hoje e solenemente em Nossa Diocese. O que ela afirma, Nós afirmamos, o que ela condena, Nós condenamos. Bispo, Sacerdotes e Fiéis, tenhamos o sentimento da Fé sem abjeção, não o arrastando por terra, diminuindo pela pusilanimidade ou pelo temor, mas elevado e altivo. [...] Com a Encíclica, Irmãos e Filhos muito amados, publicou o Soberano Chefe da Igreja e Vigário de Jesus Cristo, um resumo dos erros de nossa época. – Nós vos exortamos da parte de Deus Padre que vos acauteleis contra eles, nem vos deixeis iludir pelos que, ou por simplicidade, ou por tenebrosos planos, propalam-nos e pregam em jornais, em romances, brochuras e qualquer sorte de livros. – Tudo quanto se tem escrito, ainda se escreve e se escreverá em defesa daqueles erros condenados pela Sé Apostólica, Mãe e Mestra e depositária da verdade, e contra o Supremo poder que os fulminou, reputai sem medo algum de enganar-vos, como falso, caviloso e inspirado pelo enganador antigo, pai da mentira e inimigo de nossas almas. Abracemo-nos, como um só homem, com essa Pedra inabalável, em que está assentado Pedro em seu glorioso Sucessor, o nosso amorosíssimo Padre e diretor de nossas almas, o imortal Pontífice Pio IX, e porque juntos a Ele estamos com Jesus Cristo.[41]

O bispo do Rio de Janeiro, Dom Pedro Maria de Lacerda, não faria por menos e também autorizou a edição dos supracitados documentos, que rapidamente chegaram ao público em edição bilíngue elaborada pela tipografia

---

[39] PEDRO LUÍS PEREIRA DE SOUZA e JOAQUIM MANOEL DE MACEDO, *Questão Janrad. Discursos proferidos na câmara dos deputados*, p. 5.
[40] JOSÉ PEREIRA ALVES, "Os Papas na história do Brasil", em: *Jornal do Comércio* (25-12-1929), p. 2.
[41] SEBASTIÃO DIAS LARANJEIRA, *Pastoral do Exmo. e Revmo. Sr. D. Sebastião Dias Laranjeira, Bispo de S. Pedro do Rio Grande do Sul, anunciando aos seus diocesanos a Encíclica de 8 de dezembro de 1864 e o jubileu concedido pelo SS. Padre Pio IX no decurso do corrente ano de 1864*, Tipografia da Estrela do Sul, Porto Alegre, 1865, p. 5-7.

de Quirino & Irmão. Desse momento em diante, o diálogo, que já era difícil, complicou-se de vez. A maioria absoluta dos liberais brasileiros não abandonou o Catolicismo, mas as críticas recíprocas acirraram-se continuamente. Dentre os anticlericais de diversos matizes, a atitude mais comum era deixar de lado o aspecto religioso que movia as intenções do Papa, reduzindo tudo a uma questão política. O discurso a respeito proferido pelo parlamentar e professor pernambucano Aprígio Justiniano da Silva Guimarães (1832-1880) o exemplifica com perfeição:

> Sou católico romano e a Deus imploro a graça de morrer como tal, mas isto para mim nunca significou nem jamais significará que eu veja em cada padre um santo, em cada pontífice um senhor universal, dispondo do céu e da terra, decidindo infalivelmente do espiritual e do temporal, impondo ao mundo o seu Syllabus político, fazendo-se árbitro das nações.[42]

Não menos explícita era a linguagem de muitos clérigos, como bem o demonstra o pronunciamento feito pelo mesmo bispo do Rio, ao anunciar a convocação do Concílio Vaticano I:

> E sim, caros filhos em Jesus Cristo, que fato grandioso e solene; que espetáculo grandioso e magnífico; que assembleia respeitável e veneranda, essa que vai reunir-se na esplêndida basílica do Príncipe dos Apóstolos! E nós vamos ser espectadores daquilo que nunca nossos olhos viram, nem nossos avós puderam ver! [...] E estes séculos vão ser chamados a exame, para que seja confirmado o bem que tem sido o feito, e reprovada e anatematizada a longa série de impiedades, de invasões no espiritual, de injustiças, de encobertas perseguições, de acatamento hipócrita, de fingido Catolicismo, de tantas tricas e alicantinas vergonhosas, de tão fementido zelo e interesse religioso. [...] Com o trigo tem crescido muito cizânia, é tempo de arrancar esta cizânia.[43]

A divulgação posterior das duas constituições dogmáticas aprovadas no Vaticano I foi outro motivo de discórdia. Como acontecera com o *Syllabus*, muitas vezes a crítica anticlerical resvalava para os preconceitos grosseiros ("teocracia pontifícia", "obscurantismo"...); mas a interpretação feita por alguns bispos sobre tais documentos tampouco era conciliadora. Bem característica foi a opinião emitida aos 16 de junho de 1871 por Dom Antônio de Macedo Costa:

> A primeira ideia que preocupou o Concílio foi opor um dique à torrente de erros, que tantos estragos fazem atualmente no mundo, mediante a uma solene declaração daquelas verdades eternas, que são o fundamento não só da Religião, senão também de toda a razão humana. [...] O que é o Galicanismo? [...] O célebre Gérson, com Pedro d'Ailly, teólogos do famoso Concílio de Constança, foram os que pela primeira vez formularam em suas obras a doutrina galicana, antes

---
[42] NILO PEREIRA, *Conflito entre a Igreja e o Estado no Brasil*, Imprensa Universitária, Recife, 1966, p. 133-134.
[43] PEDRO MARIA DE LACERDA, *Carta Pastoral do Bispo de São Sebastião do Rio de Janeiro anunciando o jubileu concedido pelo Santo Padre o Papa Pio IX por ocasião do Concílio Ecumênico que deve ser celebrado em Roma em São Pedro do Vaticano a 8 de dezembro de 1869*, Tipografia do Apóstolo, Rio de Janeiro, 1869, p. 6, 8-9, 11.

completamente desconhecida em todas as nações católicas. [...] O que deveria fazer a Igreja reunida? Encarregada por Jesus Cristo de dirimir questões de fé, devia calar e trair sua missão? [...] Não, não podia a Igreja proceder deste modo. [...] Está reunido vosso soleníssimo tribunal. Venha pois à barra o Galicanismo![44]

Para dar o toque final à crise, os padres maçons e regalistas, cada vez mais acuados e reduzidos em número, tudo faziam para alimentar as desavenças. Encontraram uma oportunidade de ouro para extravasar seus rancores, quando se tornaram públicas certas atitudes nada edificantes de alguns clérigos europeus que haviam se refugiado no Brasil, durante o processo de absorção do reino de Nápoles pela unificação italiana. Completamente diversos dos religiosos reformadores, os deslizes que ditos padres cometeram seriam explorados com gosto por Joaquim do Monte Carmelo:

> O governo quer que as igrejas e o culto público estejam à disposição de quanto carcamano ambicioso que nos chega de Nápoles, do Piemonte e de Roma, e que o povo, que nem sempre distingue o princípio dos indivíduos que os devem representar, exclame com os filisteus desesperados: *Dirumpamus vincula eorum, et projiciamus a nobis jugum ipsorum*. [...] Em 1848 apareceu em São Paulo um Fr. Samuele di Lodi que fez cousas do arco da velha. [...] Ele inaugurou o sistema de confessar *mulheres à noite, e a portas fechadas* (os grifos são do autor). [...] Em 1844 ou 45 passaram pela capital da mesma província em direção ao Mato Grosso quatro reverendos *capuchinhos*, que, convidados para cantarem ali uma missa, tais cousas fizeram no altar, que ninguém os supôs sacerdotes. [...] E são estes homens de que se lança mão para *regeneradores* do clero brasileiro? [...] Para saber-se quanto é desenfreado o clero de Roma, basta ver o que fazem os padres italianos que aqui chegam. O grau de ilustração deles é dos primeiros; todos mostram a mesma fome de *denaro*! Para saciá-los não há meios que os faça recuar; a simonia, o sacrilégio, a profanação dos objetos mais sagrados, tudo fazem, contanto que daí lhes venha algum *baiocco*![45]

E a acusação tinha fundamento, pois o próprio internúncio Sanguigni faria um comentário severíssimo sobre tais religiosos:

> Chegou aqui uma falange de sacerdotes napolitanos das duas dioceses de Policastro e Salerno cuja conduta é tudo menos que exemplar. A maior parte com opiniões *garibaldinas* (o grifo é do autor), nada instruídos, avidíssimos de dinheiro e imorais. Foi para mim um verdadeiro tormento o combater com tais desgraçados, sobre quem eu sabia, por meio dos ótimos jesuítas que haviam viajado com eles, do modo indecentíssimo como se conduziam nos vapores e a não menor inconveniência quando estavam na cidade, nada dizendo das cartas falsificadas de que estavam munidos.[46]

---

[44] Antônio de Macedo Costa, *Carta Pastoral do Exmo. e Revmo. Bispo do Pará publicando as constituições dogmáticas do Sacrossanto Concílio Geral do Vaticano*, Tipografia S. De Mattos, São Luís do Maranhão, 1871, p. 17-99, 22.
[45] Joaquim do Monte Carmelo, *O Arcipreste da Sé de São Paulo Joaquim Anselmo d'Oliveira e o clero do Brasil*, p. 68, 76, 78, 104-105, 162.
[46] ASV, Carta do internúncio ao Cardeal Antonelli (13-7-1863) (tradução) em: *Nunciatura Apostólica no Brasil*, fasc. 183, caixa 40, fl. 47b.

Tratava-se, na verdade, de religiosos emigrados sem licença dos seus superiores ou com autorização de superiores intrusos, que forçaram o representante da Santa Sé a empregar enorme esforço para que alguns capuchinhos e franciscanos fugitivos regressassem.[47] O assunto repercutiu tanto, que Pio IX em pessoa enviou ordem ao internúncio Mariano Falcinelli, que ele por meio de circular repassou aos bispos, para que tivessem "todo cuidado na admissão de sacerdotes estrangeiros, examinando severamente suas dimissórias ou títulos de missionários apostólicos".[48]

7.6 – A delimitação das diferenças entre dois modelos socioeclesiais

Não eram as questões pessoais ou intrigas de um ou de grupos de clérigos o centro da questão. A essência do problema repousava no fato de que a hierarquia eclesiástica reformada havia colocado em cheque uma inteira concepção sociorreligiosa que se sedimentara no Brasil a partir do século XVIII, pondo a nu diferenças inconciliáveis: os liberais fizeram do princípio da tolerância e da liberdade de consciência sua grande bandeira. A Igreja, ao contrário, convicta de ser portadora de uma verdade revelada, não aceitava compromissos com o que entendia ser erros. Disso decorria que os primeiros achavam que a verdade deveria ser buscada livremente, sendo impossível que alguém errasse se tivesse condições de procurá-la sem entraves. A hierarquia eclesiástica não podia partilhar desse ponto de vista: se a verdade fora revelada, e a Igreja era a sua legítima transmissora, os hierarcas com toda a autoridade a ministravam. Os equívocos e as incompreensões recíprocos impediam uma análise serena da opinião contrária, e os desentendimentos só cresciam. Um exemplo: a ideia de que um católico pudesse fundamentar sua fé em doutrinas bem estudadas parecia aos liberais algo sem sentido, ou a última das extravagâncias. E isso produziu um paradoxo: como ditos liberais estavam convencidos de que as ideias dos católicos eram contrárias à liberdade, defendiam que os seguidores do Catolicismo não deveriam ter o mesmo direito de defender suas ideias, direito este que eles próprios tanto reclamavam para si.[49]

Essa contradição de princípio transparece claramente na monografia de José Antônio Pimenta Bueno (1803-1878), marquês de São Vicente, maçom, publicada em 1873, em que o autor se serviu de todos os artifícios de que dispunha para apresentar o aparato coercitivo do Estado como sendo "bom", e a consequente submissão do clero como "necessária":

> Nem se sofisme com a liberdade de imprensa, Const. Art. 179 parágrafo 4° (contrariamente ao beneplácito), porquanto essa liberdade é um direito político concedido aos simples cidadãos como tais, que, publicando suas ideias, entregam e sujeitam-nas à livre crítica e opinião dos leitores; o que é diferente e não procede a respeito do Sumo Pontífice nem dos Bispos que, não como particulares, sim como autoridades, e com o grande prestígio do seu poder, emitem, em vez de opiniões, normas positivas, que devem ser obedecidas e observadas.[50]

---

[47] ARLINDO RUBERT, "Os bispos do Brasil no Concílio Vaticano I", em: *REB*, vol. 29, fasc. 1, p. 112.
[48] ASV, Carta de Dom Sebastião Dias Laranjeira a Monsenhor Mariano Falcinelli (29-11-1862), em: *Nunciatura Apostólica no Brasil*, fasc. 145, caixa 32, doc. 6, fl. 13.
[49] JOÃO CAMILO DE OLIVEIRA TORRES, *História das ideias religiosas no Brasil*, p. 105-108.
[50] JOSÉ ANTÔNIO PIMENTA BUENO, *Beneplácito e Recurso à Coroa em matérias de culto*, Tipografia Nacional, Rio de Janeiro, 1873, p. 2-3.

Semelhante modo de conceber a realidade produzia em certas ocasiões episódios deveras embaraçosos: documentos como a *Quanta Cura* e o *Syllabus*, de acordo com a legislação regalista, não poderiam ser traduzidos e publicados pelo clero sem o *placet* imperial, pois, como defendiam os regalistas, o Estado tinha o direito e a necessidade de precaver-se das intrusões da Igreja. Acontece que a imprensa leiga era livre de fazê-lo e o fez, sem nenhuma autorização prévia, dado que encarnava o ideal da "liberdade". O que fazer, entretanto, se um bispo tomasse como referência algum documento não placitado, mas publicado num órgão não confessional, e o difundisse com outra interpretação? O império jamais foi capaz de responder a esta questão, e, por isso, o bispo de Goiás, GO, Dom Cláudio Ponce de Leão C.M. (1841-1924), deixaria certa vez Dom Pedro II mudo, ao fazer-lhe uma comunicação provocatória: "Mandarei ler no púlpito o documento pontifício publicado no *Jornal do Comércio*. Certamente Vossa Majestade não impedirá que meus padres leiam jornais, pois é o soberano mais amigo da liberdade da imprensa". Sem saber o que dizer, o imperador escapou do constrangimento, mandando o visitante para a sala contígua, onde disse ser ele aguardado pela Imperatriz.[51]

Não menos complicada era discussão no campo econômico. Os liberais, desejosos de aumentar seus lucros, reclamavam da grande quantidade de dias santos, hostilizando por vezes o próprio repouso dominical; os católicos condenavam a usura e pregavam o princípio do justo lucro, do justo preço e do justo salário. Para os liberais o grande princípio era o da liberdade econômica (evolução do provérbio "a cada um segundo o seu talento"), enquanto a Igreja argumentava que a justiça devia reger as ações humanas, e que não se podia haver liberdade em questões vitais; e daí, os padres criticavam abertamente a tão defendida liberdade de contrato apregoada na época, por nele virem a possibilidade de vida ou morte sobre o servo, da parte do contratante.[52] Nenhuma das partes cederia, e, enquanto o império durou, conciliação praticamente não houve.

7.6.1 – O problema da colação dos párocos

Em meio ao conflito de ideias, entrou em cena outro caso: o das competências na colação dos párocos. A controvérsia surgiu em torno do preceito do Concílio de Trento estabelecendo que os bispos deveriam pôr em concurso as freguesias vagantes, para escolherem o padre melhor habilitado para assumi-la. Dessa disposição se apropriara a legislação regalista, que a interpretando e a comentando com extrema liberdade por meio do *alvará das faculdades*, estabelecera que os nomes dos três melhores sacerdotes resultantes do referido concurso teriam de ser comunicados ao governo. De posse deles, aí sim, as autoridades governamentais exercitariam mais um dos seus numerosos "direitos": o de escolher e apresentar o padre que seria colado. Como ditos sacerdotes eram inamovíveis, os bispos encontravam-se de mãos atadas quando necessitavam de realizar qualquer mudança. Em reação a isso, quase todas as dioceses do Brasil simplesmente deixaram de realizar tais concursos, e os

---

[51] RAMOS DE OLIVEIRA, *O conflito maçônico-religioso de 1872*, p. 28.
[52] JOÃO CAMILO DE OLIVEIRA TORRES, *História das ideias religiosas no Brasil*, p. 105, 106-108.

próprios prelados começaram a indicar pessoalmente os párocos, nomeando inclusive muitos estrangeiros. A novidade fez o governo se envolver na questão, lembrando por meio de comunicado aos Ordinários de lugar o direito e a lei e as "vantagens" práticas da inamovibilidade dos párocos. Nenhum prelado seguiu a recomendação, e somente o bispo do Pará se dignaria mais tarde a responder, mas somente para explicar que o Concílio tridentino admitia exceções à regra dos párocos perpétuos colados e que, além disso, o clero local estava reduzido em número, não podendo oferecer concorrentes para as igrejas vagas.[53]

O problema permanecia em aberto, quando um novo incidente eclodiu no Rio Grande do Sul. Aos 8 de janeiro de 1864, Dom Sebastião Laranjeira requereu ao marquês de Olinda, ministro e secretário de Estado dos negócios do império, a aprovação dos estatutos do cabido da catedral de Porto Alegre. Somente onze meses depois, no dia 13 de dezembro, o ministro se dignou responder, acrescentando uma longa série de emendas, em que se estabelecia desde quem deveria levar o báculo nas funções pontificais, a quem acompanhava e recebia o bispo, chegando a minúcias tais como os paramentos que os cônegos deveriam usar. Após consultar o arcediago Zeferino Dias Pinheiro e o cônego teologal do Cabido, Vicente Ferreira da Costa Pinheiro, o bispo enviou resposta ao ministro em que lhe negava o direito de opinar em semelhante no âmbito:

> Na parte religiosa só a mim compete emendar e aprovar. Atendendo que nada vá ao encontro com o que a Igreja houver já determinado; ou mesmo legislar nessa parte em minha diocese, e não cedo esse direito a ninguém [...] Como bispo me cumpre manter e defender os direitos da Igreja e velar para que eles não sejam invadidos, como infelizmente vão sendo todos os dias pelo poder temporal.[54]

E Dom Laranjeira realmente fez valer as suas prerrogativas, pois poucos meses depois suspendeu de ordens e dos ofícios e benefícios a vários cônegos. O caso trouxe novas repercussões, mas ele deu a discussão por encerrada aos 2 de setembro de 1865, por meio dum comunicado sem evasivas, enviado ao ministro do império: "Cada vez me convenço mais, Exmo. Senhor, que com o clero atual, desgraçadamente na sua maioria, perde de um modo assombroso a moralidade pública, e muito sofre a Religião do Estado por não haver medidas enérgicas para reprimir seus desmandos e o não se pensar seriamente em formar um clero novo segundo o coração de Deus".[55]

Aos 27 de março de 1873, e mais uma vez no Rio Grande do Sul, o presidente da província, Dr. João Pedro de Carvalho Morais, em cumprimento a requerimento feito pela assembleia legislativa, solicitou informações detalhadas da administração eclesiástica. Dom Sebastião deu-lhe uma resposta que ganharia notoriedade nacional: "Não escapa por certo à inteligência de V. Ex.ª, quanto tem o mencionado requerimento de ofensivo à independência do poder espiritual, de agressivo às atribuições episcopais, inteiramente fora da inspeção e

---

[53] CRISTIANO BENEDITO OTONI, *A liberdade de cultos no Brasil*, Brown & Evaristo Editores, Rio de Janeiro, 1877, p. 37-38.
[54] THEODORO HUCKELMANN ET ALII, *Dom Vital in memoriam*, p. 209-210.
[55] CARLOS ALBINO ZAGONEL, *Igreja e imigração italiana*, p. 93.

exame da assembleia provincial. [...] A digna assembleia parece laborar em um falso pressuposto que vem assistir-lhe esse direito de inspeção e exame dos atos da administração diocesana. Esse direito não posso reconhecer-lhe nem aceder e consentir em tão manifesta exorbitância". Como sempre acontecia, Gaspar Silveira Martins tomou posição contra o bispo, acusando-o de "inimigo do clero nacional e do poder civil".[56]

A réplica veio na pena do bacharel em direito, Manoel da Costa Honorato, em quinze artigos publicados no *Jornal do Comércio* e *A Nação*, em que contestou cada uma das opiniões do senador gaúcho. O grão-mestre maçom Joaquim Saldanha Marinho (1816-1895)[57] também entrou em cena, no mesmo ano de 1873, por constatar que atitudes como a de Dom Sebastião não eram casos isolados:

> Para onde vamos? A assembleia do Rio Grande do Sul, para melhor conhecer o meio "indecente" posto em ação pelo Exmo. bispo para a sua imprudente e iníqua propaganda ultramontana, pediu (podia exigir) informações. [...] O bispo furtou-se a dá-las, "deixou de cumprir seu dever", guardou silêncio dos meios, pouco decorosos por ilegais, de que tem prevalecido o tenebroso *plano do episcopado* (o grifo é nosso). Onde estamos? Para onde vamos?[58]

A reação não foi casual: a aproximação da Igreja do Brasil com Roma, fatalmente, implicava assumir suas diretrizes, sendo, portanto, inevitável que a negligência até então mantida ante a infiltração maçônica no âmbito eclesial terminasse eliminada. Daí a atitude assumida por Saldanha Marinho, ao analisar um fato que em princípio não o devia interessar: "Os padres de Roma são sempre os preferidos, os professores brasileiros são despedidos, e tudo no plano tenebroso de Roma para estabelecer nesta terra o domínio teocrático".[59]

O que ele realmente combatia não era um suposto desejo de "domínio teocrático" católico, mas sim o novo modelo eclesial que se afirmava, portando no seu bojo decisivas alterações na postura do clero. Até então, certos personagens não haviam tido problemas de praticar uma fé "seletiva", mas era óbvio que casos assim não seriam mais tolerados. Dr. Luís de Figueiredo Martins, pai de Jackson de Figueiredo, herdeiro da velha tradição, dá um bom exemplo do que

---

[56] THEODORO HUCKELMANN ET ALII, *Dom Vital in memoriam*, p. 212.
[57] Joaquim Saldanha Marinho (1816 – 1895) foi um dos mais destacados líderes do anticlericalismo do Segundo Império. Pernambucano de Olinda, bacharelou-se em direito e transferiu-se para o Ceará, onde se tornou promotor público e, mais tarde, deputado provincial. Em 1848, elegeu-se deputado geral e se transferiu para o Rio de Janeiro. Tornar-se-ia em seguida presidente nomeado das províncias Minas Gerais (1866) e São Paulo (1867 – 1868). Por seus reconhecidos dons naturais, jurídicos e parlamentares, viria a exercer o lugar de chefe supremo da Maçonaria no Brasil. Assinou em primeiro lugar o manifesto republicano de 1870 e combateu sem tréguas o clero reformado durante a questão religiosa. Escreveu cerca de 200 artigos anticlericais no decorrer da querela com os bispos, 170 dos quais foram reunidos numa coleção de cinco volumes. Ao contrário de outros anticlericais, como Joaquim Nabuco e Ruy Barbosa, jamais reconsiderou suas posições, ainda que tenha se casado religiosamente. Quanto a isso, não se descarta que dito matrimônio tenha sido mais uma das suas atitudes desafiadoras. O certo é que o celebrante, o ambíguo Monsenhor Pinto Campos foi imediatamente suspenso *ex-informata conscientia* (Cf. EUGÊNIO EGAS, *Galeria dos Presidentes de São Paulo – Período Monárquico*, vol. I, p. 365-368, 373-374; UBALDINO DO AMARAL, *Segunda conferência no Grande Oriente Unido do Brasil*, Tipografia de Hipólito José Pinto, Rio de Janeiro, 1877, p. 28).
[58] JOAQUIM SALDANHA MARINHO, *A Igreja e o Estado*, vol. I, Tipografia de J. C. Villeneuve, Rio de Janeiro, 1873, p. 31.
[59] JOAQUIM SALDANHA MARINHO, *A Igreja e o Estado*, vol. I, p. 303.

até então acontecera: ele respeitava em termos os rituais da Igreja e a devoção da esposa, mas era anticlerical e não gostava nem da confissão nem da comunhão.[60]

Contra a mudança desejada pelo clero, de novo pesou a atuação do governo imperial, ainda apegado à convenção de "protetor" da instituição eclesiástica, o que, dito de forma mais prosaica, implicava conferir na pessoa mesma do imperador a chefia virtual da Igreja no Brasil, coisa que aconteceu até 1861, por meio do ministério da justiça e daí para frente por meio do ministério do império.[61] Como, no entanto, a observância de doutrinas religiosas não era uma das maiores virtudes de Dom Pedro II, ele exercia semelhante controle de modo extremamente pragmático. Por isso, apesar de nunca ter sido maçom, não hesitava em defender os filiados ao Grande Oriente, se os membros dos altos escalões da sua política maçons fossem. Compreensivelmente, nenhum dos numerosos documentos papais contra a maçonaria havia recebido o *placet* no Brasil.[62]

7.7 – O início das desavenças públicas com os membros das "grandes lojas" e a apologética maçônica

Os maçons, naturalmente, não manifestavam interesse em alterar o regalismo vigente. Ou melhor, em 1873, Joaquim Saldanha Marinho propôs que a Igreja no Brasil fosse rigidamente "enquadrada" nos meandros dele:

> Mas o que há de fazer o governo? Cumprir o seu dever. Compelir o clero oficial a respeitar as doutrinas da Carta, recusar o beneplácito a tudo que venha de fora alterar a religião do país, a religião como ela era em 1826, e obstar que os prelados aceitem e promulguem como dogmas *erros de fé* (o grifo é nosso); como direito, a quebra dos cânones; como doutrina católica as *blasfêmias* (idem) contra as máximas fundamentais da sociedade civil. O governo tem arbítrio para conceder ou negar o *exequatur* às decisões conciliares ou às letras apostólicas quando não colidirem com a Constituição do reino. As que forem hostis a estas, é óbvio que há de rejeitá-las, combatê-las e anulá-las. [...] Nas próprias resoluções sinodais ou pontifícias que não se contraponham à carta, mas de aplicação geral, e que, portanto, hão de obrigar a generalidade dos cidadãos nas suas relações religiosas, a simples aceitação do governo não basta: é necessária, para terem vigor e obrigarem, a aceitação do parlamento.[63]

Os maçons se encontravam numa posição confortável, pois a própria presidência do conselho de ministros do império, aos 7 de março de 1871, passara às mãos do grão-mestre visconde do Rio Branco. Foi, aliás, em setembro daquele mesmo

---

[60] Clélia Alves Figueiredo Fernandes, *Jackson de Figueiredo, uma trajetória apaixonada*, Forense Universitária, Rio de Janeiro, 1989, p. 35, 63.
[61] Gérson Brasil, *O Regalismo brasileiro*, p. 11.
[62] Clemente XII anatematizou a maçonaria na encíclica *In Eminenti* (28-4-1738); Bento XIV por meio da *Providas Romanorum* (18-3-1751); Pio VII por meio da *Ecclesiam a Iesu Christo* (13-9-1821); Leão XII na bula *Quod Graviora* (13-3-1825); Pio VIII com a encíclica *Traditi Humiliati* (21-5-1829); Gregório XVI com a encíclica *Mirari Vos* (15-8-1832); e Pio IX com vários documentos, entre os quais a encíclica *Qui Pluribus* (9-11-1846), a alocução *Quibus Quantisque* (20-4-1849), a alocução *Singulari Quadam* (9-12-1854), na encíclica *Quanto Conficiamur Moerore* (10-8-1863) e, ainda, na Constituição *Apostolicae Sedis* (12-10-1869) (Hugo Bressanie de Araújo, *Pastoral – Centenário do Apostolado da Oração, devoção à Santíssima Virgem, centenário de Dom Vital*, Editora Vozes, Petrópolis, 1944, p. 25).
[63] Joaquim Saldanha Marinho, *A Igreja e o Estado*, vol. I, p. 113.

ano que Clímaco dos Reis atacou violento o bispo do Rio, Dom Pedro Maria de Lacerda, quando aquele se recusou a celebrar as exéquias do escritor português Luís Augusto Rebello da Silva (1822-1871), maçom, autor da obra anticlerical *Fastos da Igreja*. Mais que uma pessoa, era o significado do gesto que Clímaco atacava:

> A recusa tem altíssima importância, para quem investiga os acontecimentos da época, e a quem cumpre zelar pelas invasões adversas à liberdade. V. R. é um bispo diocesano, [...] fulmina com os raios da excomunhão a imprensa que lhe fustiga os atos, [...] trata o clero como um corpo de servos da mitra; inculca-se o único sacerdote virtuoso, e não vê senão vícios e corrupção nos seus pares e no infeliz rebanho que, por fatalidade inexplicável, caiu-lhe debaixo do furibundo cajado. [...] V. R. assumiu o governo da Igreja fluminense. Foi a Roma e votou a favor da infalibilidade. [...] Voltou de Roma e em pouco tempo surpreendeu a população da capital, dando verdadeiro golpe de Estado.
> V. R. demitiu em massa todos os lentes e empregados do Seminário São José. [...] V. R. pode, contudo, vangloriar-se de que tem feito prosélitos. A ignorância vai conquistando terreno, e os poderes públicos encarregam-se de coroá-la, demitindo funcionários honestíssimos e inteligentes. [...] É preciso que a emancipação do liberalismo se consolide, fortaleça e expulse da sociedade brasileira os morcegos do Cristianismo que circundam as luzes do aperfeiçoamento social.[64]

O que era crítica pessoal ganhou contornos coletivos no ano seguinte, quando se constatou que alguns bispos, em observância à alocução *Multíplices Inter Machinationes*, pronunciada pelo Papa Pio IX durante o Consistório de 25 de setembro de 1865, decidiram expurgar o clero e as associações católicas leigas dos filiados às "grandes lojas". Nos círculos maçônicos, naturalmente, não faltou quem rejeitasse tal inovação; ou melhor, logo que o documento viera a público, houve mesmo quem o reduzisse a mais uma manifestação das trevas do Vaticano, em cujo Sacro Colégio não penetrava "a luz da civilização e o estridor do progresso".[65] Além disso, ante acusações de impiedade que os bispos inspirados na referida alocução faziam aos membros das "grandes lojas", intelectuais amigos daqueles, como Joaquim Nabuco, saíram em campo para defendê-los. Com esse fim eles descreviam as sociedades maçônicas como sendo pias e beneficentes, cheias de membros virtuosos. Neste particular, Joaquim Nabuco era categórico:

> Para a grande maioria do país, a maçonaria é uma associação de caridade, de beneficência, de socorro mútuo. Excomungá-la é condenar uma associação pia. Os seus adversários imaginam que ela mina a ordem política e religiosa, que quer destruir a Igreja e a sociedade. No Brasil é difícil acreditar nessa acusação. [...] Quando mesmo a maçonaria fosse nos outros países uma seita filosófica, destinada a opor uma teologia à de Jesus, basta ver que no Brasil ela não se preocupa em estudar morais nem discussões metafísicas para não fulminá-la fora de tempo".[66]

---

[64] Clímaco dos Reis, *Carta ao Bispo Diocesano D. Pedro Maria de Lacerda*, Tipografia Franco-americana, Rio de Janeiro, 1871, p. 4-5, 13, 20, 22-23, 29.
[65] A.I., *O Papa e a maçonaria – Resposta à alocução de Pio IX proferida no Consistório de 26 de setembro de 1865*, Tipografia da Biblioteca Clássica (local de publicação não citado), 1865, p. 4-5.
[66] Joaquim Nabuco, *O Partido Ultramontano, suas incursões, seus órgãos e seu futuro*, p. 57-59.

Essa afirmação de Nabuco, no entanto, está em desacordo com um pronunciamento contido nos *Anais da Câmara dos Deputados* de 1873. Ali está documentado o parecer – jamais desmentido – de Leandro Bezerra, cujo conteúdo é esclarecedor: "O nobre deputado [Silveira Martins], quando eu quis fazer uma comparação entre a maçonaria brasileira e a maçonaria europeia, foi o primeiro a dizer que não havia diferença entre uma e outra, porque a maçonaria era uma só família espalhada pelo mundo..."[67]

Saliente-se contudo que, salvo em situações esporádicas, no Brasil realmente não foram registradas manifestações anticlericais maçônicas violentas. Segundo Vilhena de Morais, porém, isso acontecia por um motivo simples: não precisava! Ele assegura que a maçonaria, que em todas as partes do mundo tem horror ao cheiro do incenso, e vive completamente retirada das sacristias e dos templos católicos, no Brasil se sentia segura, dirigindo as funções do culto, senhora das chaves do tabernáculo, dos vasos e paramentos sagrados, com padres e até vigários como caixeiros seus e sob as suas ordens. Diante disso, questiona: "Não se pode realmente deixar de concordar que não tinha a seita entre nós intuitos agressivos. Contra quem? Contra si própria? Uma vez muros adentro e senhora da praça, tinha naturalmente de cessar o combate, limitando-se calmamente a governar a conquista". O problema teria surgido apenas quando se tratou de desalojá-la.[68]

O motivo pelo qual o clero tanto desejava desembaraçar-se dos maçons decorria do fato de não vê-los como parte do rebanho católico. Isso porque a figura do impassível "Arquiteto do Universo", que aqueles apregoavam, parecia inconciliável com a doutrina cristológica do Verbo de Deus encarnado, além de colocar em dúvida a necessidade da Igreja como continuadora histórica da Sua obra. Era essa uma das críticas de Dom Vital:

> Permita-me um ligeiro reparo à denominação de *Mártir do Gólgota* (os grifos são do autor), que hoje em dia ouvimos tão frequentemente, sobretudo na boca dos maçons, e que me inspirou algumas suspeitas. Verdade é que a frase tem seu fundamento na Escritura, [...] porém nos demonstra a experiência e nos advertem os Santos Doutores da Igreja que, na boca dos hereges, até as frases mais ortodoxas tomam sentido herético.
>
> Se se observa, a palavra Mártir (testemunho), por si mesma, tem sentido indiferente, que se deve determinar pelo seu complemento: há testemunhos da verdade e testemunhos da mentira. Portanto, quem é que nos assegura que na boca de algumas pessoas, aquele Mártir do Gólgota, em vez de significar o nosso Divino Redentor, não significa algum mau ladrão? E não é destituída de fundamento esta suspeita; porquanto os maçons nos estão falando continuamente de um certo Cristo maçom, iniciado na *maçonaria* de seu tempo.[69]

Não era o único a pensar assim. O próprio Joaquim Nabuco transcreveu o testemunho de Antônio Paulino Limpo de Abreu, visconde de Abaeté (1798-1883), para quem a maçonaria nacional era tão deísta quanto suas congêneres da Europa:

---

[67] *Anais do Parlamento Brasileiro – Câmara dos Deputados, sessão de 1873*, tomo I, p. 156.
[68] Eugênio Vilhena de Morais, *O Gabinete de Caxias e a anistia aos bispos na "questão religiosa"*, F. Brugiet & Cia, Rio de Janeiro, 1930, p. 31.
[69] Vital Maria Gonçalves de Oliveira, "Resposta ao Aviso de 12 de junho de 1873", em: *Pastorais e discursos*, Imprensa Oficial, Recife, 1942, p. 168-170.

Em matéria de religião, a minha é a do berço e da família, sigo a fé do carvoeiro. Pertenci, em 1830 ou 1831, a uma loja maçônica, mas desde 1834, isto é, há quarenta anos, retirei-me da associação. [...] Para isto muito concorreu uma circunstância que vou revelar. Nunca ali ouvi pronunciar a palavra Deus. Esta suavíssima palavra é substituída por uma circunlocução – Supremo Arquiteto do Universo, e diz-se que se devem erguer templos à virtude e cavar masmorras ao vício.[70]

É aceitável, portanto, a hipótese de que a convivência "harmoniosa" das "grandes lojas" com a Igreja no Brasil se apoiava em bases realmente frágeis. Coube à maçonaria a iniciativa de dar o primeiro passo que levaria à ruptura, pois, ainda antes de os bispos de Olinda e Belém adotarem medidas contra a presença de seus "obreiros" nas confrarias, ela manifestou a insatisfação que sentia na imprensa. Abriu-se, assim, um período em que a paixão dos contendedores não deixaria espaço ao diálogo.[71]

---

[70] JOAQUIM NABUCO, *Um Estadista do Império – Nabuco Araújo*, vol. III, p. 338.
[71] O anticlericalismo de jornais como *A Família* no Rio de Janeiro; *A Família Universal* e *A Verdade*, no Recife; *O Pelicano* no Pará; *A Fraternidade* no Ceará; *A Luz*, no Rio Grande do Norte; *O Lábaro*, em Alagoas; e *O Maçom*, no Rio Grande do Sul, era evidente demais para que se pudesse negá-lo. Barbosa Lima Sobrinho se situa entre aqueles que fecham questão sobre o assunto. Ao prefaciar a obra de Flávio Guerra, *A questão religiosa do Segundo Império*, ele foi categórico: "A maçonaria se revelava uma força agressiva de um anticlericalismo persistente. A presença de católicos nas lojas existentes era anulada pela ação desrespeitosa dos escritores que dirigiam a imprensa maçônica, em todas as províncias brasileiras. Dizer-se, pois, que a maçonaria no Brasil não era anticatólica era fechar os olhos à evidência da linguagem das gazetas, que se disseram, ou se proclamaram, órgãos autorizados da maçonaria brasileira" (FLÁVIO GUERRA, *A questão religiosa do Segundo Império*, p. 17).

8

DA TENSÃO AO CONFRONTO: A QUESTÃO RELIGIOSA

Os elementos do conflito já estavam articulados, e o estopim foi o discurso proferido pelo sacerdote português, Pe. José Luís de Almeida Martins, aos 2 de março de 1872 no Grande Oriente [da Rua Marquês] do Lavradio, enaltecendo a maçonaria na pessoa do grão-mestre visconde do Rio Branco. O visconde havia conseguido aprovar no dia 28 de setembro do ano precedente a "lei do ventre livre", que tornava libertos os filhos de escravos que nascessem daquela data em diante; mas o bispo do Rio de Janeiro, Dom Pedro Maria de Lacerda, não gostou nada de como os maçons haviam se apropriado de uma inovação, cujo mérito atribuía a amplos setores da sociedade, incluindo a própria Igreja. Realmente, no dia 1º de outubro do ano anterior, Dom Pedro havia lançado uma *Pastoral* clamando pela mudança, e, quando o projeto foi submetido a votação, os parlamentares católicos em peso apoiaram-no. O regozijo do Grande Oriente lhe soava inconveniente, conforme consta de um desabafo que fez pouco depois numa *Reclamação* que publicou:

> Lei de tanta magnitude e tão própria de cristãos e tanto de agrado da grande libertadora dos homens, a Igreja Católica foi amesquinhada com uma festa maçônica, quando não aos maçons mas à assembleia-geral e não ao governo imperial é que deveriam ser dados os aplausos e vivas; quando, como bem ponderou o Exmo. Sr. Senador Cândido Mendes, um *Te Deum* deveria ser solicitado para agradecer-se a Deus tamanho favor.[1]

Para aumentar a irritação do bispo do Rio, o Pe. Almeida Martins, além de desobedecê-lo, no dia seguinte mandou também publicar no *Jornal do Comércio* o controvertido discurso que proferiu, o qual, para cúmulo da provocação, ainda por cima ostentava a sua assinatura.[2] Dom Lacerda ordenou ao Pe. Almeida Martins de abjurar à maçonaria e, não sendo atendido, suspendeu-o de ordens. A maçonaria reagiu compacta e as duas "obediências" maçônicas, cindidas desde 1863, de repente se colocaram de acordo. Foi algo deveras notável porque, entre outras coisas, o Vale dos Beneditinos, liderado por Joaquim Saldanha Marinho, era reconhecido pela franco-maçonaria e assumia uma postura republicana; enquanto que o Vale do Lavradio, sob o comando do visconde do Rio Branco, encontrava-se ligado à maçonaria italiana, sendo chamado de maçonaria imperial.[3]

---

[1] ASV, "Reclamação de Dom Pedro Maria de Lacerda", em: *Nunciatura Apostólica no Brasil*, fasc. 210, caixa 45, doc. stampato n. 4, fl. 194b.
[2] Vital Maria Gonçalves de Oliveira, *Abrégé historique de la question religieuse du Brésil*, p. 6.
[3] Flávio Guerra, *A questão religiosa do Segundo Império*, p. 46.

A aliança tática teve início no dia 16 de abril de 1872, quando os maçons do Lavradio decidiram em reunião radicalizar a ofensiva contra o episcopado pela imprensa e convidar os membros de todas as "grandes lojas" do Brasil a tomarem parte na batalha que se ia travar contra "o ultramontanismo e o jesuitismo":

> Estando presentes noventa membros, (...) [tomaram-se] as seguintes conclusões:
> 1° Autorizar a publicação pela imprensa de artigos que tenham por fim defender a associação maçônica do ataque contra ela dirigida pelo Rev. Prelado desta diocese [do Rio] pelo ato de suspensão do exercício do púlpito e do confessionário, que acaba de sofrer o Ir.·. Padre José Luiz de Almeida Martins.
> 2° Nomear uma com.·. à qual devem ser dirigidos todos os artigos de que trata a resolução 1ª para serem sujeitos à sua sanção, revisão e correção, antes de serem publicados.[4]

O apelo encontrou imediata acolhida no Grande Oriente dos Beneditinos, razão pela qual no dia 27 de abril seguinte, na abertura dos trabalhos de tal círculo maçônico, seu grão-mestre, Joaquim Saldanha Marinho, lançou um desafio:

> Provocar tão bruscamente, como foi provocada a Maçonaria Brasileira pelo Revmo. Diocesano, é desacatar "a parte mais nobre" da nossa sociedade. E não se pode fazer isso impunemente. O inimigo se mostrou a descoberto, a Maçonaria se lhe opõe franca e lealmente. [...] Os padres, os bispos, os papas temporais morrem; a Maçonaria é eterna, tanto for o mundo.[5]

A mesma reunião aprovou o *Manifesto da Maçonaria do Brasil* que, pelas razões anteriormente citadas, fazia veemente defesa do regalismo:

> O poder espiritual de que S. Ex.ª [Dom Pedro Maria de Lacerda] está investido faculta-lhe certamente o direito de suspensão de ordens, como um meio disciplinar, para com os sacerdotes desobedientes que vivem sob a imediata jurisdição do episcopado. Mas também é certo que S. Ex.ª Revma., para especificar a culpa do Rev. Padre Almeida M, estribou-se numa razão que não tem força na lei do país, isto é, na excomunhão lançada por Sua Santidade contra as sociedades maçônicas, em alocução proferida no Consistório Secreto de 25 de setembro de 1865.
> Ora, se a excomunhão não mereceu ainda o beneplácito secular neste império, e se esse beneplácito, firmado pelo art. 102 parágrafo 14 da constituição brasileira, regula perfeitamente a dependência em que estão as constituições pontifícias e os cânones (quanto mais simples alocuções ou rescritos) para com a legislação civil que nos rege, admira muito o procedimento de S. Ex.ª Revma, que em sua autoridade eclesiástica estando também ligado a obrigações de funcionário civil, não pode prevenir aquilo que a lei não previne e muito menos castigar por aquilo que a lei não castiga. [...] S. Ex.ª Revma. para não parecer frouxo, desmemoriado ou incoerente, poderia sair-se muito bem da sua guerra contra a Maçonaria, pelo modo seguinte: ou pedindo o beneplácito para essas bulas excomungatórias, antes

---

[4] GRANDE ORIENTE DO LAVRADIO, "Sessão extraordinária n. 686" (16-4-1872), em: *Boletim do Grande Oriente do Brasil*, n. 6 (maio), Tipografia do Grande Oriente e da Luz, Rio de Janeiro, 1872, p. 202.
[5] JOAQUIM SALDANHA MARINHO, *Discurso proferido na abertura dos trabalhos da assembleia-geral do povo maçônico brasileiro em 27 de abril de 1872*, Tipografia da Esperança, Rio de Janeiro, 1872, p. 4-6.

de torná-las vigentes na pena imposta ao Sr. Padre Martins; ou, se lhe fosse negado o beneplácito, esperando uma assembleia constituinte em que se restringissem muitos os casos de dependência da Igreja para com o Estado.[6]

A reunião dos dois "Grandes Orientes" foi selada no dia 20 de maio de 1872, e no mês seguinte o boletim do Lavradio publicaria exultante: "Eis finalmente terminada a dissidência entre os dois corpos maçônicos no Brasil".[7] Na verdade, muitos contratempos ainda aconteceriam antes que a reunião definitiva viesse a se consolidar em 1º de janeiro de 1883; importa, porém, que a estratégia anticlerical já estava em pleno andamento. Isso acontecia sobretudo por meio da rede de jornais maçônicos capitaneada por Saldanha Marinho (que provocadoramente adotara o pseudônimo "Ganganelli", sobrenome do Papa Clemente XIV, que suprimira os jesuítas).[8] O ataque era frontal e visava a atingir a Igreja em seus fundamentos, cobrindo de ridículo doutrinas que para ela eram centrais. Não foi com outra intenção que *A Verdade* negou a divindade de Cristo; *A Família Universal*, a Santíssima Trindade; *O Pelicano*, a Eucaristia; e, em quatro edições, *A Verdade*, numa segunda investida, escarneceu a virgindade de Maria.[9]

Sem se contentarem com os próprios periódicos, entre abril e maio de 1872, os maçons também mandaram publicar numa das maiores folhas de então, o *Jornal do Comércio*, três novos artigos, em que o achincalhe era a nota dominante:

– 18 de abril: a Igreja foi definida como sendo "a seita do Crucificado alterada e pregada pelos pontífices *infalíveis*";

– 29 de abril: um segundo artigo declarava ser a Igreja "um mar de torpezas";

– 11 de maio: Sob o título "Papado", o último artigo afirmou: "Em lugar de terminar a obra da Redenção do gênero humano iniciada por Cristo, o Cristianismo, ou este grupo de cristãos (os católicos) abandonando seu divino Mestre e seguindo Satanás, lançou os alicerces de um trono, que desde logo fez firme propósito de subjugar os outros. É ao apóstolo Pedro que o mundo deve essa calamidade. Ninguém de fato, que o mau discípulo, que havia renegado o seu Mestre em vida, poderia renegá-lo ainda depois de sua morte, fundando a dinastia do poder temporal. Seria inútil traçar aqui a história dos papas, do romanismo, este Cristianismo adulterado em sua forma e em sua essência; esta história que começou com um renegado (Pedro), que passou

---

[6] JOAQUIM SALDANHA MARINHO, *Manifesto da maçonaria do Brasil*, Tipografia do Grande Oriente do Brasil, Rio de Janeiro, 1872, p. 54-56.
[7] GRANDE ORIENTE DO LAVRADIO, "O Grande Oriente Unido do Brasil", em: *Boletim do Grande Oriente do Brasil*, n. 7 (junho), Tipografia do Grande Oriente Unido do Brasil, Rio de Janeiro, 1872, p. 223.
[8] Saldanha Marinho era contra toda e qualquer concessão ao clero, defendendo com um radicalismo extremado que o regalismo fosse mantido na íntegra: "A Constituição não distingue nem estabelece exceções; [...] não pode permitir que o Sumo Pontífice, rei estrangeiro, governe entre nós por sua única autoridade. [...] Portanto, é fora de dúvida que, para entre nós ser efetiva a Sua autoridade, é indispensável que os respectivos atos sejam *submetidos* (o grifo é nosso) à apreciação dos poderes do Estado, e que estes *consintam* (idem) em sua execução". Partindo desse pressuposto, desafiava: "O Exmo. bispo do Rio de Janeiro, pendendo ainda da decisão do Governo imperial a grave execução das bulas sem *beneplácito*, publicou agora, e acintosamente, a sua pastoral. Lançou agora, por sua conta e risco, excomunhão a todos os maçons" (JOAQUIM SALDANHA MARINHO, *A Igreja e o Estado*, vol. I, p. 12, 65).
[9] VITAL MARIA GONÇALVES DE OLIVEIRA, *Abrégé historique de la question religieuse*, p. 9.

por um envenenador incestuoso (Alexandre VI – Rodrigo Bórgia) e acabou na infalibilidade".[10]

Contemporaneamente os padres eram chamados de padrecos, ferrenhos detratores, capadócios de grande força, irrisórios pedagogos e pedantescos, sicofantas e termos afins.[11] E, derrubando de vez a suposta diferença dos maçons do Brasil em relação à maçonaria internacional, as publicações anticlericais das grandes lojas brasileiras, muitas delas redigidas em francês, o idioma internacional de então, eram encaminhadas para as "obediências amigas" dos mais variados recantos do planeta.[12]

Mesmo assim, Dom Pedro Maria de Lacerda, seguindo sugestão do internúncio apostólico, que lhe recomendara prudência e paciência, preferiu silenciar, mas a situação não se acalmou. Os artigos nos jornais haviam aberto um precedente, e, no dia 9 de maio os maçons convidaram novamente os filiados ao Grande Oriente a participarem de uma missa, a ser celebrada na igreja do Bom Jesus, em presença de todo o cerimonial maçônico. A intenção, óbvia, era a de tão somente dar uma demonstração de força, conforme se via no teor do anúncio: "A loja manda celebrar amanhã uma Missa na igreja do Bom Jesus e, apesar de todas as iras dos ultramontanos, apesar de todas as proibições do Bispo, a Igreja transbordará de gente. É este o ultimatum da maçonaria do Rio ao Bispo Lacerda".[13]

Diante da provocação, Dom Lacerda chamou o vigário indicado para oficiar tal celebração e o proibiu de fazê-lo, sob pena de suspensão. O padre desobedeceu, e, diversamente do que ocorrera antes, não recebeu nenhuma punição. Foi uma derrota moral para o prelado e um triunfo para as "grandes lojas", que por meio do novo jornal que passaram a publicar, intitulado *O Ponto Negro*, sentiram-se ainda mais confiantes para redigir novos artigos criticando com vigor redobrado o episcopado brasileiro e a Santa Sé.[14] Num tom cada vez mais insultuoso, os maçons lançariam outro desafio, dessa vez à pessoa mesma do bispo do Rio:

> Tenha a necessária coragem e dê execução às bulas sem beneplácito, que expulsam os maçons do seio da Igreja. Se não o fizer, confessará que errou a princípio e que, chegando à razão, concorda conosco sobre a indeclinável formalidade do placet. [...] Seja franco Dom Lacerda: ou a excomunhão ou a confissão do seu perigosíssimo erro. Não trepide. Não autorize a que se diga que, depois de acoroçoar os companheiros, os abandone ou foge covardemente. Parece que a consciência do bispo do Rio de Janeiro vai se libertando da pesada influência de Roma".[15]

Uma saída ainda foi tentada em 19 de junho de 1872, durante um diálogo de duas horas entre Dom Antônio de Macedo Costa e o imperador. Em vão o bispo de Belém tentou convencer o soberano dos perigos que a maçonaria representava para a Igreja. Mesmo diante da campanha difamatória movida pelos jornais maçônicos, Dom Pedro II insistiu em dizer que ela era no Brasil uma sociedade que nada tinha de contrário à religião. Dom

---

[10] VITAL MARIA GONÇALVES DE OLIVEIRA, *Abrégé historique de la question religieuse*, p. 10.
[11] ANTÔNIO DE MACEDO COSTA, *A questão religiosa perante a Santa Sé*, Lallemant Fréres, Lisboa, 1886, p. 78.
[12] Cf. JOSÉ CASTELLANI, *Os maçons e a questão religiosa*, Editora Maçônica "A Trolha", Londrina, 1996, p. 87.
[13] ANTÔNIO DE MACEDO COSTA, *A questão religiosa perante a Santa Sé*, p. 72.
[14] FLÁVIO GUERRA, *A questão religiosa do Segundo Império*, p. 52.
[15] ANTÔNIO CARLOS VILLAÇA, *História da questão religiosa no Brasil*, p. 7.

Antônio lhe fez ver que isto não era exato, pois as "grandes lojas" do Brasil adotavam como livro básico e ritual o *Guia da Maçonaria Brasileira e Portuguesa* de 1833, que negava claramente a Trindade, a divindade de Cristo e a inspiração da Bíblia. Também lhe recordou a campanha anticlerical que os maçons vinham realizando por meio da imprensa. O imperador não fez mais que dizer que defendia a liberdade de pensamento, ao que o bispo lhe retrucou que era uma luta desigual, porque os inimigos do clero tinham jornais, livros, teatros, todos os meios enfim de propaganda, enquanto que a hierarquia eclesiástica nada tinha. Sem se preocupar de dar uma resposta plausível à questão, Dom Pedro friamente sugeriu que os prelados se defendessem pela discussão.[16]

Dom Antônio, mesmo diante de tanta relutância, não desistiu e, no dia 23 de junho, desta vez em companhia de D. Pedro Maria de Lacerda, retomou o assunto, solicitando-lhe igualmente não consentir numa homenagem que seria prestada – e que afinal acabou não sendo – pelo governo a Renan, célebre apóstata francês, no dia seguinte.[17] Como antes, em nome da liberdade de pensamento, Dom Pedro II não aceitou nenhuma reconsideração, e assim as palavras que lhe proferira o prelado, durante a entrevista, adquiriram conotação de temível profecia: "Então, eu irei pedir a Deus que poupe Vossa Majestade de desgostos futuros…"[18]

---

[16] FRANCISCO DE MACEDO COSTA, *Lutas e Vitórias*, Estabelecimento dos Dois Mundos, Bahia 1916, p. 233-239.
[17] Ernest Renan (1823-1892) estudou e recebeu ordens menores no Seminário São Sulpício de Paris, onde se ocupava do estudo das línguas orientais. Perdendo a fé, abandonou o seminário (e também a Igreja) aos 6-10-1845. Tornou-se escritor e em 1860 partiu numa expedição científica à Síria e à Palestina. Fruto dessa viagem e das suas convicções pessoais, compôs *La vie de Jésus* ("A vida de Jesus"), baseada na crítica evangélica de D. F. Strauss, em que negava a divindade de Cristo. Foi um dos maiores escândalos do século XIX, e isso lhe custaria a perda da cátedra universitária onde lecionava. O anticlericalismo científico que professava se acirrou com o tempo, mas sua erudição e prestígio praticamente o transformaram no pensador oficial da Terceira República Francesa. Ao morrer foi sepultado com honras no panteão parisiense. Seu pensamento atravessou o oceano, havendo influenciado certos círculos intelectuais e políticos do segundo Império do Brasil, granjeando o favor de alguns nomes conhecidos. Cristiano Benedito Otoni foi um deles, tendo anotado na sua autobiografia que "a pura doutrina cristã" ninguém expôs "em termos mais edificantes que Ernest Renan". Daí que, ao adotá-la como sua, Cristiano coerentemente afirmava: "à divindade de Cristo não aludo". Joaquim Nabuco foi outro aderente, conforme ele mesmo relataria: "Em matéria de religião eu estava sob a influência de Renan, Havet e Strauss, e com os fragmentos de todos eles formava a minha lenda pessoal de Jesus". Nabuco chegou a travar um relacionamento pessoal com seu inspirador, o que teria marcado sua vida por longos anos: "Das influências exercidas sobre mim, nenhuma se igualou à de Renan. [...] Foi Renan que operou em mim a separação da imaginação e do raciocínio em matéria religiosa. [...] Foi assim que passei da dúvida se Jesus Cristo teria sido um homem à ideia de que ele não fora senão um homem". Renegando depois tais ideias, ele esclarecia: "Eu seria incapaz de experimentar hoje, relendo-o, a impressão de outrora. Hoje eu compreendo melhor o modo porque esse rompimento se efetuou, o único porque seria possível comigo. Tenho as notas que tomava então e, por elas, vejo que foi somente à força de amor que podia ter sido enfraquecido em mim o sentimento da divindade de Jesus. Foi por uma nova encarnação, que tinha por mim a fascinação de ser literária. [...] Na Religião é preciso fazer entrar as artes e os moralistas. [...] É somente a arte que mata as religiões, não a ciência, e, felizmente para o Catolicismo, foi ele que deu vida às últimas artes". Nem todos percorreram o mesmo caminho de Joaquim Nabuco, razão que levaria depois Jackson de Figueiredo, ao se referir "àquele homem" (Renan) com as palavras mais duras: "Tão suave e sorridentemente envenenou tantos corações, arrancou a fé de tantas almas frágeis, entregou fria e desapiedadamente tantas consciências ardentes e generosas, às misérias da dúvida". Jackson recordava, no entanto, que um neto de Ernest Renan – Ernest Psichari – se convertera, recebendo a confirmação de Monsenhor Gibier aos 8-2-1913 (JOAQUIM NABUCO, *Minha Formação*, p. 62-64; IDEM, *Escritos e discursos literários*, H. Garnier, Rio de Janeiro, 1901, p. 285-302; CRISTIANO BENEDITO OTONI, *Autobiografia*, p. 169; JOSÉ RAFAEL DE MENEZES, *Jackson de Figueiredo*, Agir, Rio de Janeiro, 1958, p. 67-71).
[18] FRANCISCO DE MACEDO COSTA, *Lutas e Vitórias*, p. 246-247.

8.1 – A querela nas vias de fato

Recife levou a crise ao seu termo. A capital pernambucana possuía na época por volta de cem mil habitantes, dos quais somente 572 eram filiados a dez "grandes lojas". Não obstante o número relativamente reduzido, sua influência numa sociedade notoriamente oligárquica e estratificada era enorme. Além do mais, a cobertura da legislação vigente havia consentido que o juiz de capelas assumisse pretensões episcopais de comando; e, analogamente, nas paróquias, os líderes maçons das irmandades ditavam as regras, conforme descreveria depois Dom Vital:

> A direção [das irmandades] é geralmente confiada aos veneráveis das lojas ou, ao menos, a maçons graduados, notórios, e, algumas vezes, blasfemadores públicos. Tudo isso é feito à vista e conhecimento de todo o mundo.
> O venerável (ou o grão-mestre, como sucede no Rio de Janeiro) se faz eleger presidente da confraria B; o cura ou o capelão, sobre a cátedra, anuncia ao povo. [...] É este presidente que determina quais são as festas que se devem fazer, por fim, a festa paroquial e a forma desta, e os padres que devem servir ou pregar, sem nunca fazer caso do cura, o qual é quase sempre deixado de lado.
> Esse mesmo presidente muda sem a permissão da autoridade eclesiástica a destinação das ofertas consagradas às festas e aos sufrágios dos confrades falecidos e utiliza o dinheiro em edifícios e outras coisas totalmente estranhas ao objetivo das confrarias.
> Sem o consentimento desse presidente, o pároco não pode fazer nada em sua igreja paroquial; e, se deseja levar o viático aos moribundos, realizar um batizado, celebrar a Santa Missa, necessita ir pedir a chave do tabernáculo, os paramentos a esse presidente, ou a alguém delegado por ele para essa função. No caso de uma negativa é obrigado a ir buscar o santo viático à capela episcopal ou às igrejas dos religiosos.[19]

O receio que tal sistema fosse alterado explica o porquê de os maçons terem criticado Dom Vital ainda antes de ele pôr os pés em Pernambuco, qualificando-o de "jesuíta", "ultramontano" e "homem perigoso" (porquanto membro de uma ordem religiosa), contra o qual era necessário advertir e premunir o rebanho.[20]

O novo bispo chegou à sede episcopal aos 22 de maio de 1872, sendo empossado dois dias depois. Não reagiu de imediato, precavendo-se com constante número de remoções, afastamentos e outras medidas administrativas, conseguindo formar na diocese grande unidade com a maioria dos membros do clero. Por isso, ao seu grito de protesto, salvo raras exceções, os presbíteros em peso lhe manter-se-iam fiéis.[21]

Vivia-se num clima de conflito não declarado, quando, apenas um mês depois da posse, a maçonaria resolveu partir para o desafio, conforme consta de um manuscrito anônimo, existente no Arquivo Nacional:

---

[19] Flávio Guerra, *A questão religiosa do Segundo Império*, p. 86.
[20] Vital Maria Gonçalves de Oliveira, *Abrégé historique de la queston religieuse du Brésil* (tradução), p. 12.
[21] Flávio Guerra, *A questão religiosa do Segundo Império*, p. 86.

Em princípios de junho [de 1872] aparecia uma folha maçônica com o título de "Família Universal" – atacando fortemente o religioso. Esta folha aparecia depois de ter dado quatro números onde negava não menos de cinco dogmas católicos, sem falarmos da disciplina e dos santos prelados da Igreja, e desapareceu, deixando lugar à outra, muito mais encarniçada inimiga da religião, intitulada: "A verdade" – Que antífrase! Esta folha trazia logo no frontispício: "órgão da maçonaria pernambucana" – e vazou sempre a mais negra bílis contra o Papa, os bispos (principalmente o de Olinda), os sacerdotes, a Igreja Romana, os ministérios sacrossantos, todas as pessoas enfim, e cousas sagradas.

Das palavras e escritos insultuosos, passaram os maçons aos atos de provocação. Assim é que, no dia 29 de junho de 1872, festa de São Pedro, os maçons mandaram celebrar uma missa na Igreja do mesmo santo e apóstolo, para comemorar a fundação de uma loja maçônica. Esta missa foi previamente anunciada com ruído, não só pela folha maçônica, senão também pelos diários da capital: e para ela foram convidados os irmãos dos três pontinhos.[22]

Dom Vital entendeu o teor das provocações e enviou ao clero uma circular sigilosa, ordenando que não fosse celebrada aquela missa ou qualquer outra com a mesma finalidade, estendendo depois o veto até para missas pelas almas dos maçons. Foi obedecido. A maçonaria, conforme o mesmo documento citado acima, revidou, desafiando o prelado para o enfrentamento:

> A folha "A Verdade" provocou o bispo a "*sair dos bastidores, a ter coragem e tomar a responsabilidade pública de seus atos, declarar se era bispo brasileiro ou bispo ultramontano, empregado do governo do país ou agente da Cúria Romana etc.*" (o grifo é do autor).
>
> De provocação em provocação, a maçonaria continua, até o ponto de atacar a Virgindade de Maria Santíssima, e de publicar no seu órgão oficial – "A verdade" – os nomes dos beneméritos, vigilantes, secretários e demais oficiais das lojas, que eram ao mesmo tempo membros nas irmandades e confrarias religiosas, no caráter de juízes, tesoureiros, secretários etc.[23]

Os ataques contra a virgindade perpétua de Maria e contra outros dogmas da Igreja, publicados de forma chamativa de 22 a 26 de outubro, forçaram o prelado de Olinda a vencer suas últimas reservas e a tomar uma atitude. Aos 21 de novembro de 1872, festa da Apresentação da Virgem, ele enviou outra pequena circular aos párocos, protestando contra o ultraje e ordenando que fossem celebrados atos reparatórios. A circular evitou citar os nomes dos detratores e dos jornais que os apoiavam e tampouco mencionava penas canônicas; mas, ao fazer restrições a uma maçonaria não habituada a críticas, estava fadado a provocar reações:

> A todos nós é bem patente e conhecido, irmãos muito amados que, em algumas províncias do império, tem surgido (do íntimo da alma o deploramos) uma imprensa inteiramente ímpia, já tantas vezes fulminada pelo Vigário de Jesus Cristo, Mestre e Doutor infalível na doutrina, *por quem o Filho de Deus orou para que*

---

[22] AN, "*Ligeiros apontamentos sobre a Questão Religiosa no Pernambuco*", n. topográfico 02631, pacote 1, documento 16, Caixa S/n., 1874, p. 1-2.
[23] AN, "*Ligeiros apontamentos sobre a Questão Religiosa no Pernambuco*", p. 3-4.

jamais falecesse a sua fé. [...] Mas ah! Bem longe estávamos nós de supor que homens alimentados com o leite desta mesma Religião, nascidos no seio de um povo eminentíssimo religioso, e que se dizem católicos, ousassem ferir e ultrajar o que o Catolicismo há de mais doce, mais suave, mais consolador, e sobremodo caro a todo o coração católico – a Santíssima e Imaculada Virgem Maria, nossa terna Mãe do Céu!
Chegaram a ponto, diletíssimos irmãos, de negar à nossa Mãe Santíssima uma das prerrogativas que, segundo a linguagem do melífluo São Bernardo, é o mais precioso brilhante de sua coroa de glória: negaram a sua Virgindade perpétua!!!
Tal foi, veneráveis irmãos no Senhor, o veneno mortífero que destilou uma pena sacrílega, tal foi o abominável escrito há pouco reproduzido pelo órgão da seita inimiga do Catolicismo. [...] Entretanto, é isso um fato incontestável.
Corre-nos, pois, o imprescindível dever de opor um dique valente ao curso desses princípios capciosos e heréticos, de combatê-los com aquela arma que o adorável Salvador do mundo colocou em nossas mãos – a pregação da palavra divina, espada de dois gumes.
Eia! Pois, veneráveis colaboradores, embocai a tuba evangélica e protestai energicamente contra os insultos ultimamente atirados à face da Santíssima e Imaculada Virgem, nossa terna e carinhosa Mãe celestial. Alçai a voz do alto da tribuna sagrada e protestai solenemente contra as injúrias e ultrajes incessantemente irrogados pela imprensa ímpia à Igreja Católica e ao seu augusto Chefe. Ponde de sobreaviso as ovelhas confiadas à vossa ternura e premuni-as constantemente contra essas teorias especiosas e subversivas, que só podem produzir frutos de morte.[24]

O esplendor com que foram realizados os atos reparatórios irritaram ainda mais os membros das "grandes lojas", que elegeram para juiz da irmandade da igreja da Soledade, localizada justamente nas vizinhanças do palácio episcopal, o Sr. Aires de Albuquerque Gama, venerável da loja *seis de março*, que não era outro senão o redator do anticlerical *A Verdade* e de mais conhecidas folhas maçônicas. O bispo então, discretamente, chamou cada um dos padres maçons e os exortou a abandonarem a maçonaria. Todos abjuraram, publicando as próprias retratações na imprensa, a exceção de dois, que foram suspensos.[25] Ele chamou também ao seu palácio o tenente coronel João Valentim, juiz efetivo daquela irmandade da Soledade, e pediu que exortasse o eleito, de quem também era genro, a que abjurasse à maçonaria ou então se retirasse da agremiação, visto que, na condição de maçom, ele não podia ser membro dela. De novo as associações infiltradas relutaram. No limite da sua paciência, o bispo ainda convidou os maçons das confrarias ao seu palácio, mas somente um se dignou a comparecer. Era o juiz da irmandade Nossa Senhora do Terço, que apesar de ser maçom, aceitou a reprimenda e pediu um ano de espera para pôr em execução o mandamento diocesano, ao que o bispo acedeu.[26]

Chegara a hora da decisão: entre a obediência servil a uma legislatura regalista imposta e que jamais autorizara as bulas antimaçônicas e a obediência ao Magistério, Dom Vital não hesitou e, mesmo sem o *beneplácito*, preferiu seguir diretamente às objeções de Pio IX. Por isso, ao cônego Antônio

---

[24] ANTÔNIO MANUEL DOS REIS, *O bispo de Olinda, D. Frei Vital Maria Gonçalves de Oliveira perante a história* (documentário), Tipografia da Gazeta de Notícias, Rio de Janeiro, 1878, p. 397-400.
[25] VITAL MARIA GONÇALVES DE OLIVEIRA, *Abrégé historique*, p. 19.
[26] IBIDEM, p. 22.

Martins, pároco da paróquia Santo Antônio, ordenou no dia 28 de dezembro de 1872 que advertisse o Dr. Antônio José da Costa Ribeiro (avô do escritor Manuel Bandeira), membro da irmandade do Santíssimo Sacramento da sua freguesia, que abjurasse à maçonaria e acrescentou: "Se por infelicidade este não querer se retratar, seja imediatamente expulso do grêmio da irmandade, porquanto de tais instituições são excluídos os excomungados. Da mesma sorte se proceda com todo e qualquer maçom".[27]

Circular semelhante foi enviada aos vigários de outras freguesias, com indicações idênticas a serem tomadas em relação a outros maçons conhecidos. A mesa regedora da irmandade do Santíssimo Sacramento se reuniu e decidiu comunicar ao pároco que não podia cumprir o mandamento episcopal, por não lhe dar o compromisso direito para expelir qualquer irmão em virtude de tal fundamento. O pároco repassou a resposta para o bispo no dia 8 de janeiro de 1873, o qual, no dia seguinte, enviou-lhe novo ofício para que insistisse. Padre Antônio, obedecendo à determinação, enviou o ofício recebido à irmandade, aconselhando-a formar uma comissão que fosse tentar um entendimento com o prelado. A irmandade alegaria ter recebido a comunicação apenas no dia 12; mas o certo é que nada declarou. Por isso, Dom Vital enviou outro ofício no dia 13, exigindo que ela se pronunciasse em quatro dias, sob pena de considerar seu silêncio uma resposta negativa. Finalmente, no dia 19, o juiz da irmandade, Galdino Antônio Alves Ferreira, respondeu, e a sua carta era a perfeita simbiose de linguagem melíflua e obstinada:

> A Mesa Regedora leu com a mais subida consideração e no mais profundo silêncio os ofícios e ordens do nosso ilustrado Bispo, o Exmo. e Revmo. Sr. D. Fr. Vital; e, depois de madura reflexão, compatível com a brevidade ordenada pelo nosso preclaro Bispo, que com a devida vênia marcou um prazo tão exíguo, que não lhe permite consultar e ouvir a terceiros mais competentes, nem mesmo opinar pelo alvitre lembrado por V. S. Revma. em seu ofício de 12, responde:
> Nestas tristes e apartadas circunstâncias, a Mesa Regedora transida de aflição, acabrunhada pela mais íntima dor, vem com a maior humildade confessar a V. S. Revma. que não pode mudar de convicção acerca da ordem de nosso ilustrado e virtuoso Bispo. É talvez um erro; mas sabe V. S. Revma. que, enquanto a luz da verdade não operar no espírito outro fato, deve ela ser verdadeira na manifestação de seu pensamento; do contrário seria império da hipocrisia, prejudicial à sociedade e condenada por nosso Pai e Criador Jesus Cristo.
> A Mesa Regedora não tem motivos alheios que a determinem a não executar as ordens do nosso digno e respeitável Bispo, mas faz porque pensa cumprir também um sagrado dever.[28]

Como Dom Vital não era um bispo para se entreter com ambiguidades, poucas horas depois de receber tal ofício – era o dia 16 de janeiro de 1873 – enviou a sentença de interdito para a irmandade rebelde, declarando que a

---
[27] ASV, Carta de Dom Vital ao pároco da freguesia de Santo Antônio (28-12-1872), em: *Nunciatura Apostólica no Brasil*, fasc. 208, caixa 45, doc. 1, fl. 2b.
[28] ASV, "Consulta da Seção dos Negócios do Império do Conselho de Estado sobre o recurso interposto pela Irmandade do Santíssimo Sacramento da igreja matriz da freguesia de Santo Antônio da cidade de Recife, contra o ato pelo qual o Reverendo Bispo de Olinda a declarou interdita", em: *Nunciatura Apostólica no Brasil*, fasc. 208, caixa 45, fl. 98-99.

pena ficaria em pleno vigor até sua retratação ou expulsão de todos os membros filiados à maçonaria. No dia seguinte, o cônego vigário Antônio Marques de Castilha comunicou a decisão episcopal, cujo conteúdo precisava que a interdição atingia apenas a parte religiosa, deixando a agremiação isenta no tocante ao temporal, o que de per si incluía a administração dos bens que aquela possuía. A mesa regedora dos penalizados logo se reuniu e, no dia vinte, enviou um requerimento a Dom Vital pedindo que reconsiderasse, apesar de que ela própria em nada se manifestasse disposta a reconsiderar. A resposta do bispo veio no mesmo dia e não permitia dúvidas: "De muito bom grado levantaremos a pena de interdito lançada, desde que os irmãos maçons abjurem, como devem, ou então sejam eliminados".[29]

Para esclarecer de vez qual era seu propósito, aos 2 de fevereiro de 1873, Dom Vital lançou uma nova carta pastoral, desta vez pública e de linguagem inequívoca, condenando não só a propaganda anticatólica que os informativos maçônicos moviam contra a Igreja, como – numa forma que até então ninguém fizera – questionava abertamente o aparato regalista em que a ação daqueles se apoiava:

> O beneplácito imperial é o principal reduto onde se acastelam os pedreiros livres, procurando escapar aos anátemas fulminados pela Santa Sé contra as sociedades secretas: é o último recurso desses sectários da *nova religião Católica não romana* que vai aparecendo entre nós. [...] A doutrina herética do *placet*, como vós bem sabeis, irmãos e filhos caríssimos, já tem sido inúmeras vezes ferida de anátema por vários Sumos Pontífices, tais, por exemplo, Inocêncio X, Alexandre VII, Clemente XI, Clemente XIII, Leão X, Bento XIV e outros muitos, cujos nomes omitimos por amor da brevidade. [...] Todos vós bem sabeis, irmãos e filhos muito amados, que os *príncipes e monarcas são ovelhas de Jesus Cristo e não pastores: São Filhos da Santa Madre Igreja e não pais; são os seus súditos e não prelados*. Entretanto, a admitir-se a monstruosa doutrina do *placet*, força é admitir também que os soberanos temporais são ao mesmo tempo pastores, pais, prelados e até Sumos Pontífices: que a eles e não ao Vigário de Jesus Cristo compete o *Pasce oves meas*.[30]

Concluídas as considerações, a pastoral condenou o que chamava de erros, heresias e blasfêmias da maçonaria, proibindo aos fiéis a leitura de *A verdade*. Também repetia aos párocos a ordem de eliminar do seio das irmandades e confrarias os que permanecessem em sua obstinação e que aqueles sofressem as consequências da excomunhão maior em que incorreram *ipso facto*. Os curas deviam ainda instruir os fiéis e rezar com povo nas missas pela conversão dos rebeldes. Por fim, ordenava-se que as disposições tivessem toda a publicidade, sendo depois o documento arquivado em livro competente.[31]

---

[29] ASV, "Consulta da Seção dos Negócios do Império do Conselho de Estado sobre o recurso interposto pela Irmandade do Santíssimo Sacramento da igreja matriz da freguesia de Santo Antônio da cidade de Recife, contra o ato pelo qual o Reverendo Bispo de Olinda a declarou interdita", em: *Nunciatura Apostólica no Brasil*, fasc. 208, caixa 45, fl. 99.
[30] VITAL MARIA GONÇALVES DE OLIVEIRA, *Carta pastoral do bispo de Olinda premunindo os seus diocesanos contra as ciladas e maquinações da maçonaria*, Tipografia da União, Recife 1873, p. 33-37.
[31] IBIDEM, p. 40-41.

Apenas duas das irmandades advertidas se submeteram. Dom Vital fez ainda outras duas admoestações, mas, diante das respostas negativas que recebeu, decidiu tomar medidas mais enérgicas. Entrementes, fez imprimir e distribuir grátis muitos escritos explicando a sua posição e para conscientizar a população humilde. Os párocos também foram empregados nesse trabalho, explicando aos fiéis que a maçonaria era uma sociedade condenada pela Igreja e as razões porque o era. Como o próprio Dom Vital recorda no seu *Abrégé Historique*, Henrique Pereira de Lucena, o barão de Lucena (1835-1913), que havia sido empossado presidente da província de Pernambuco no dia 25 de novembro do ano anterior – e que era maçom –, escreveu-lhe para que intimasse os padres da diocese a não falarem mais do assunto. O bispo não o fez, mas, para evitar polêmicas inúteis com o governo, simplesmente deixou de responder.[32]

Nesse meio tempo certos maçons se enveredaram pela senda da difamação moral. Dom Vital era jovem, viril e bem apessoado, e foi com base nos seus dotes físicos que a campanha infamante teve início. Aos 7 de dezembro de 1872 *A Verdade* publicou uma carta de um certo "Nabucodonosor", assegurando que o prelado de Olinda era um vaidoso que passava o seu tempo fazendo as unhas e penteando a barba. A insinuação paulatinamente ganhou novos contornos quando, dias mais tarde, o mesmo jornal maçônico salientou que a cidade estava comentando a demasiada frequência com que ele visitava os conventos da Glória e de São José, lugares onde por vezes permanecia por duas horas ou mais e que às vezes, sob pretexto de calor, tomava banho lá. A questão da igreja da Soledade também entrou na pauta da rede de intrigas que se ia armando. Conforme o costume da época, toda vez que o bispo deixava o palácio, os sinos tocavam. *A Verdade*, cujo diretor era presidente da irmandade paroquial interditada, propositalmente deu outra interpretação: o badalar era para indicar as repetidas e prolongadas visitas [de Dom Vital] à escola das irmãs de Santa Doroteia. A insinuação virou acusação aberta depois da ordem dada aos vigários de exigirem aos membros maçons das irmandades religiosas de abjurarem ou de abandoná-las. Aí as alusões se tornaram claras, e até mesmo num debate parlamentar o Senador Francisco de Paula de Negreiros Sayão Lobato (1815-1884), visconde de Niterói, daria a entender que o bispo interditara as irmandades, porque estavam intervindo na sua vida amorosa. Não obstante as acusações, Dom Vital não perdeu a sua dignidade comentando-as, rompendo o silêncio apenas depois que a imprensa maçônica publicou o artigo do calvinista Félix Bungener (1814-1874) desdenhando a virgindade de Maria.[33]

Paralelamente, a irmandade Nossa Senhora da Soledade, do bairro da Boa Vista, procurou ignorar a decisão episcopal. Esse foi seu pior engano: Dom Vital, além de interditá-la,[34] estenderia a punição às demais recalcitrantes, cuja lista completa dos nomes seria recordada por Joaquim Saldanha Marinho com surpresa e irritação: Conceição dos Militares, Santa Teresa, Nossa Senhora do Livramento, Santa Casa de Misericórdia, Nossa Senhora da Congregação, Or-

---

[32] VITAL MARIA GONÇALVES DE OLIVEIRA, *Abrégé historique*, p. 22.
[33] DAVID GUEIROS VIEIRA, *O Protestantismo, a maçonaria e a questão religiosa no Brasil*, p. 332-335.
[34] JOAQUIM NABUCO, *Um Estadista do Império*, vol. III, p. 334.

dem Terceira do Carmo, Congregação do Santíssimo Sacramento, São José de Ribamar, todas as irmandades da igreja de Corpo Santo, todas as irmandades da igreja da Madre de Deus e também as da Santíssima Trindade da Igreja de São Francisco.[35]

Com a punição, essas agremiações se viram impedidas de se apresentarem aos ofícios divinos como associações católicas, usarem hábitos religiosos e receberem novos membros, ficando também interditadas todas as capelas dirigidas exclusivamente por elas. Tal declaração ressaltava, contudo, que a suspensão seria eliminada assim que os chefes tivessem expulsado os maçons, ou que estes houvessem abandonado a maçonaria. Os penalizados eram outrossim considerados excluídos da comunhão católica, motivo pelo qual não poderiam mais ser padrinhos, casar-se na Igreja, receber sepultura católica ou participarem de festas religiosas. O bispo, para evitar os eventuais pretextos regalistas, salientou que tais penalidades se restringiam à sua parte espiritual e religiosa.[36]

8.2 – A repercussão dos interditos e o recurso à Coroa apresentado em Recife

A notícia dos interditos lançados repercutiu no país inteiro, e, no dia 9 de janeiro de 1873, os maçons organizaram uma grande reunião em Recife em que, após inflamados discursos, aprovaram uma representação ao poder legislativo, pedindo providências em seu favor. O conteúdo de tal documento não fazia mais que repetir conhecidas teses regalistas, eivadas de costumeiros preconceitos antijesuíticos, extensivos aos demais regulares:

> E, pois, os abaixo-assinados vêm pedir as medidas e providências que a esta augusta Câmara pareçam adequadas a nos serem garantidos todos os direitos conferidos pela constituição Política do império e, especialmente, a fiel observância dos artigos 102§5° da mesma constituição; visto como está o bispo desta diocese executando bulas que não tiveram a imperial sanção, e bem assim perseguindo por motivo de religião a concidadãos que respeitam e até professam a do Estado.
> Pedem finalmente a expulsão da Companhia de Jesus; qualquer que seja a denominação que se apresentem, e ora admitidos nesta província contra as leis vigentes.[37]

A 28 do mesmo mês os solicitantes foram até o presidente da província de Pernambuco levando a referida representação contra o prelado. Ato contínuo, deputados e senadores que os apoiavam se encarregaram de repassá-la ao ministério. João Alfredo Correia de Oliveira, então ocupante da pasta do Interior, informou-lhes que um *recurso à Coroa* seria admitido, com a condição de que o demandante fosse o direto interessado, isto é, as irmandades, e não os políticos. Impunha ainda três condições: que dito recurso fosse formulado no prazo de dez dias após o ato administrativo contestado; que fosse assinado

---

[35] JOAQUIM SALDANHA MARINHO, *A Igreja e o Estado*, vol. I, p. 540.
[36] VITAL MARIA GONÇALVES DE OLIVEIRA, *Abrégé historique*, p. 16, 21.
[37] AMÉRICO BRASILIENSE DE ALMEIDA E MELO, *Lições de História Pátria*, p. 334.

por um advogado pelo conselho de Estado; e enfim, como se tratava de abuso atribuído à autoridade eclesiástica, que fosse dirigido preferivelmente ao Arcebispo Primaz ou ao Papa.[38]

O documento foi elaborado, mas sem observar nenhuma das formalidades estipuladas: a impetração foi feita muito depois do prazo, não continha a assinatura do advogado, nem tampouco havia sido apresentada à autoridade eclesiástica superior. Mesmo assim, foi tranquilamente acolhido.[39] Datado de 10 de fevereiro de 1873, era assinado pelo próprio presidente (ou juiz, como também era chamado) da irmandade do Santíssimo Sacramento, Galdino Alves Ferreira. Tratava-se de uma verdadeira súmula da ideologia maçônico-regalista da época, e seu conteúdo outra vez demonstrava que o problema de fundo era a reforma eclesial em si mesma:

> Viviam na paz do Senhor as ovelhas desta capital e província, e sem lhes passar por pensamento ao menos que seriam despertadas por maneira tão injusta quanto grave. Mas o Diocesano, pastor legal, entendeu que as havia de punir por faltas que imaginou. [...] As causas que determinaram a resolução do Diocesano podem ser várias e algumas desconhecidas.
> Entretanto, a se julgar pelos fatos, pode-se assegurar que fora zelo demasiado pelas doutrinas da Santa Cúria Romana, falta de lição das cousas do Estado, que no pensar de S. Ex.ª não merecem a menor atenção, nem limitam o poder absoluto de que se julga representante. [...] Assim doutrinando, cercado de Jesuítas e de um clero cego e obediente, certamente o Bispo desta Diocese terá dentro em pouco dominado toda a sociedade, ou dado lugar a graves conflitos, que trarão a desordem ao Estado, o que cumpre evitar e prevenir a todo transe. [...] Ainda S. Ex.ª, dominado pelo mais exagerado ultramontanismo, não considerou que mandar eliminar um irmão da recorrente, por ser maçom, além de não ser admitido pelo Compromisso, sua lei reguladora era contrário à parte espiritual; que por conseguinte, quer a recorrente obedecesse, quer resistisse, como fez e é do seu dever, cometeu S. Ex.ª o excesso de jurisdição temporal, chamando a si a eliminar irmãos, que somente pertence à recorrente, com recurso para o temporal, ou Juízo de Capelas, superior, nesta parte, da recorrente. [...] Se falta motivo para a exclusão, não é menos carecedora de direito, porquanto é sabido que as leis da Cúria Romana, para ter execução neste império, devem ter o *placet* do governo, *placet* imemorial, que nasceu com a monarquia portuguesa, que coexiste com a nossa; uma regalia da soberania nacional, e uma garantia da ordem pública contra as invasões de Roma. [...] A recorrente pois, confiada na ilustração e justiça que ornam a pessoa de Vossa Majestade Imperial, e certa de que ante o trono de Vossa Majestade Imperial não prevalecerão as perseguições da autoridade absoluta e estrangeira, que outra não é o poder dos Bispos, sem atenção ao direito natural, civil e eclesiástico, espera que se digne dar provimento ao presente recurso, e declarar nula, irrita e sem efeito a sentença de interdição, que contra a recorrente proferiu o Exmo. Sr. Bispo de Olinda que assim procedendo animará a crença de que neste país imperam a liberdade e o progresso, incompatíveis com o espírito e execução de Bulas, que já não têm razão de ser.[40]

---

[38] RAMOS DE OLIVEIRA, *O Conflito maçônico-religioso de 1872*, p. 91-92.
[39] ANTÔNIO CARLOS VILLAÇA, *História da questão religiosa no Brasil*, p. 40.
[40] ASV, "Requerimento da Irmandade do SS. Sacramento da freguesia de Santo Antônio de Recife", em: *Nunciatura Apostólica no Brasil*, fasc. 208, caixa 45, fl. 90-91.

O ministro do império, autoridade competente para o caso, ignorando as irregularidades que circundavam a impetração do documento, dois dias entregou-o à quarta seção do ministério para que o analisasse e o submetesse em seguida ao conselho de Estado.[41] João Alfredo, ao perceber os rumos que a questão ia tomando, escreveu a Dom Vital no dia 15 de fevereiro, advertindo para a gravidade do conflito que se abria entre o clero e o governo. Na carta, pedia-lhe moderação "até que, pelo tempo, pela reflexão e por meio de providências mais oportunas cesse para o governo a obrigação de conjurar os perigos de ordem pública e se ofereça a V. Revma. uma ocasião de conseguir de suas ovelhas, pacificamente, pela autoridade moral da Igreja, que lhe aceitem os conselhos e as determinações".[42]

Convicto dos seus princípios, no dia 27 seguinte, Dom Vital respondeu-lhe categoricamente:

> Não fui perturbar os maçons em suas oficinas, Exmo. Sr., não saí do recinto da Igreja em que sou chefe. Não questiono diretamente com os maçons, porém sim com as irmandades. [...] Desejo tão somente que elas realizem o fim para que foram criadas. Entretanto me parece que a maçonaria deveria ser mais consequente. Já que ela não reconhece a autoridade da Igreja, brade muito embora contra a Igreja, mas abandone-a, deixe-a àqueles que se prezam de filhos obedientes. [...] A carta de V. Exa. deixa entrever, a menos que eu não a tenha compreendido devidamente, que se eu continuar na resolução tomada, talvez a decisão do governo imperial me seja desfavorável. [...] Porém, ceder ou não ir avante é impossível. Não vejo meio termo. Se tal (desautorização) acontecer, rogo a V. Exa., como bom amigo, lavre antes o meu decreto de prisão e ostracismo, porque o apoio prestado à maçonaria pelo governo imperial, não me fazendo de modo algum ceder, dará infalivelmente ocasião a conflitos lamentáveis.[43]

O barão de Lucena, por meio de um ofício, também se dirigiu ao bispo no dia 18 de fevereiro de 1873, pedindo-lhe informações a respeito do *recurso à Coroa* e da questão em geral. Dom Vital respondeu-lhe dois dias depois, negando explicações sobre um assunto que julgava de sua exclusiva competência:

> Tive a honra de receber o ofício de V. Ex.ª de 18 do corrente, pedindo-me que diga o que julgar conveniente acerca da petição que ao governo imperial endereça a irmandade do Santíssimo Sacramento da matriz de Santo Antônio, desta cidade, recorrendo do interdito lançado contra ela pela autoridade diocesana.
> Omitindo qualquer observação sobre as inúmeras inexatidões contidas na dita petição, limito-me a dizer a V. Ex.ª que semelhante recurso é condenado por várias disposições da Igreja.
> Deus guarde V. Ex.ª.[44]

---

[41] O exótico termo jurídico, celebrizado como recurso ou agravo à coroa, foi mais um dos expedientes de que se serviu o Governo imperial para, segundo denuncia Cândido Mendes, "influir, dominar e subordinar o poder eclesiástico, em suas decisões". O pretexto utilizado foi o tradicional: "ao poder temporal cabe proteger seus súditos da opressão e violência". Para os regalistas não havia dúvida: isso era um "direito natural" do império (CÂNDIDO MENDES DE ALMEIDA, *Direito civil eclesiástico antigo e moderno*, tomo I, terceira parte, p. 1263).
[42] HEITOR LYRA, *História de Dom Pedro II*, vol. II, p. 332-333.
[43] ANTÔNIO DE MACEDO COSTA, *A questão religiosa do Brasil perante a Santa Sé*, p. 119-121.
[44] JOAQUIM NABUCO, *Um Estadista do Império*, vol. III, p. 337.

Segundo Joaquim Nabuco, essa resposta causou surpresa, porque "o império estava habituado à outra ordem de bispos, a bispos mansos, pacíficos, cordatos, dotados de espírito de prudência e submissão".[45] Como tal submissão já não era mais possível, o barão de Lucena passaria o recurso ao procurador da Coroa na província, desembargador José Pereira da Costa Mota, que no dia 4 de março de 1873 se pronunciou, afirmando que a autoridade competente para decidir sobre o *Compromisso* das irmandades era o juiz de capelas. Desprezando o fato das irmandades estarem diretamente ligadas ao culto católico, ele afirmou não ser da alçada do prelado de Olinda se pronunciar a respeito, pois a maçonaria já fora definida como uma sociedade permitida e tolerada pelas leis do país, e isso bastava. Sendo assim, Dom Vital tinha apenas exorbitado e invadido atribuições que não eram suas, e o recurso apresentado pela irmandade era baseado "em jurídicos fundamentos".[46] De posse do parecer, que Lucena julgou "bom", aos 13 de março de 1873, encaminhou-o ao ministro do império, para dar andamento à causa.[47]

8.3 – A solidariedade do episcopado e a explosão da violência anticlerical na capital pernambucana

Enquanto a questão se encaminhava para um desfecho jurídico, todos os demais prelados, a exceção de dois, escreveram ao bispo de Olinda, apoiando seus atos.[48] Em Salvador, o Arcebispo Primaz, Dom Manoel Joaquim da Silveira, ainda que enfermo, no dia 25 de março de 1873, lançou uma *Pastoral* contendo tradução da Letra Apostólica de Pio IX *Multíplices inter machinationes* (que motivara as medidas dos bispos), aproveitando do ensejo para acrescentar sua censura pessoal às grandes lojas baianas:

> Esta nossa declaração servirá de protesto solene de que, em virtude do Nosso Ofício Pastoral, reprovamos e altamente condenamos todas as proposições falsas, errôneas e heterodoxas, contidas na representação endereçada pela maçonaria baiana às Câmaras Gerais, como evidentemente ofensiva ao dogma, à disciplina da Igreja e insultuosas ao Venerando Chefe do Cristianismo, aos bispos e ao clero brasileiro. Também, o quanto cabe em Nossas forças, rejeitamos a todos os elogios que nos foram espontaneamente consagrados na reunião maçônica de 20 de março corrente, como opostas à Nossa consciência e posição de Prelado, que unicamente deseja, e ardentemente procura, viver com o Rebanho, em perfeita harmonia e obediência com a Santa Igreja Romana, centro da unidade, Mãe e Mestra de todas as Igrejas.[49]

---

[45] JOAQUIM NABUCO, *Um Estadista do Império*, vol. III, p. 337.
[46] ASV, "Consulta da Seção dos Negócios do Império do Conselho de Estado sobre o recurso interposto pela Irmandade do Santíssimo Sacramento da igreja matriz da freguesia de Santo Antônio da cidade de Recife contra o ato pelo qual o Reverendo Bispo de Olinda a declarou interdita", em: *Nunciatura Apostólica no Brasil*, fascículo 208, caixa 45, fl. 100.
[47] GÉRSON BRASIL, *O regalismo brasileiro*, p. 168.
[48] VITAL MARIA GONÇALVES DE OLIVEIRA, *Abrégé historique*, p. 24.
[49] MANUEL JOAQUIM DA SILVEIRA, *Pastorais do Exmo. e Revmo. Senhor Arcebispo da Bahia Conde de São Salvador e do Exmo. e Revmo. Bispo do Pará condenando os erros da maçonaria*, Tipografia Americana, Salvador, 1873, p. 4.

Seu exemplo foi seguido pelos prelados do Ceará, Rio de Janeiro, Diamantina, São Paulo e Mariana, Rio Grande do Sul e Goiás que também publicaram cartas pastorais manifestando adesão.[50] À maçonaria não passou despercebido o alargamento da contenda, coisa que Joaquim Saldanha Marinho criticaria, insinuando que a Igreja brasileira estava sendo "romanizada" e que os bispos assumiam assim uma atitude antipatriótica:

> Uma nova pastoral foi dada à luz em 9 deste mês, a do Sr. Bispo de Mariana que também, *reprovando a doutrina do beneplácito* (o grifo é do autor), anatematizando a constituição política, e sem a menor atenção nem respeito à ordem do governo de 12 de junho deste ano, mandou acintosamente publicar e dar execução ao celebérrimo breve de Pio IX, de 29 de maio, não autorizado pelo poder civil! [...] O Sr. Bispo de Mariana preferiu obedecer aos caprichos de Pio IX e se declarar *romano* (o grifo é nosso), sem se lembrar de que estava no Brasil, exercendo cargo brasileiro, e que assim lhe cumpria respeitar as leis do Estado. [...] O governo podia ter feito recair a sanção legal contra um só bispo, o de Pernambuco, que os outros se conteriam.
> Agora é mister que estenda a sua energia contra o Arcebispo da Bahia, e o bispo do Pará, do Rio Grande do Sul, do Rio de Janeiro e de Maranhão![51]

Recife, no entanto, continuou a ser o centro da polêmica, e foi lá que um personagem ávido de desforra ensejaria as primeiras manifestações violentas do conflito. Seu nome: Joaquim Francisco de Faria. O deão, não obstante continuasse a ser acusado de pertencer à maçonaria, ser um liberal exaltado, e de levar vida escandalosa,[52] possuía notável influência, e, por isso, o próprio internúncio o havia definido de "homem habilíssimo e perigosíssimo". De fato, ele não era um político qualquer: era o chefe do diretório do Partido Liberal, e suas atitudes em relação aos últimos prelados de Olinda havia sempre sido desafiadoras. Dom Vital não seria a exceção e, por isso, sem lhe dar a menor satisfação, o deão aceitou a nomeação de diretor do Liceu Provincial e com a mesma arrogância se recusou a responder à interpelação episcopal a respeito das necessárias faculdades para isentar-se do coro.[53] Dessa vez, sua carreira de rebelde contumaz chegaria ao fim: no dia 10 de maio de 1873 Dom Vital declarou-o suspenso de ordens, sob a acusação de que não tinha licença do Papa para residir fora da Sé, ou antes, para aceitar uma comissão do governo brasileiro, privando-o igualmente do ofício e do benefício.[54]

A notícia logo se espalhou por Recife, e da polêmica na imprensa se passou aos tumultos públicos. Na tarde do dia 14 de maio, uma turba incitada por José Mariano se reuniu na Rua da Aurora, diante da casa do deão, manifestou-lhe total solidariedade e partiu dali para despejar sua fúria contra os jesuítas do Colégio São Francisco Xavier, situado no n. 32 da vizinha Rua do Hospício. Lá chegando, arrombaram portas, quebraram vidraças e profanaram a capela, que havia sido preparada para a celebração do mês de Maria. Os alunos foram

---

[50] Antônio de Macedo Costa, *A questão religiosa do Brasil perante a Santa Sé*, p. 111-112.
[51] Joaquim Saldanha Marinho, *A Igreja e o Estado*, vol. I, p. 378-379.
[52] Arlindo Rubert, "Os bispos do Brasil no Concílio Vaticano I", *REB*, vol. 29, fasc. 1, p. 112.
[53] ASV, Relação da Sagrada Congregação dos Negócios Eclesiásticos – 1873, em: *Nunciatura Apostólica no Brasil*, fasc. 208, caixa 45, fl. 32b.
[54] *Anais do Parlamento Brasileiro – Câmara dos Deputados, sessão de 1873*, tomo I, p. 164.

dispersos e se salvaram, porque fugiram com seu prefeito saltando os muros do jardim. Penetrando no interior do prédio, os incitados espancaram a todos os religiosos que encontraram, apunhalando o Pe. Virgili que havia contraído a febre amarela e estava acamado, o que provocaria a sua morte dois dias depois. Ainda naquela tarde, outro grupo empastelava o jornal *A União*, que substituíra *O Catholico* como órgão de divulgação da Igreja, e ao qual tinham livre acesso intelectual os jesuítas. Tanto sua redação quanto as oficinas situavam-se na Rua da União e de lá os manifestantes levaram quase todo o material gráfico, uma edição já pronta e alguns móveis, que foram jogados no rio Capibaribe. Dali ainda se encaminharam ao Colégio das Doroteias, que por pouco se salvou, e ao palácio episcopal. Dom Vital, destemidamente, paramentou-se e foi esperá-los à sacada. Ao vê-lo, nenhum dos manifestantes se atreveu a transpor as grades do jardim, e se dispersaram. Lucena lavou as mãos diante dos incidentes, e dois dias depois, após convocação feita por meio de boletins, espalhados na véspera por toda a cidade, reuniram-se os opositores do bispo num comício no Campo das Princesas (atual Praça da República). No momento em que José Mariano estava falando da varanda do Ginásio Dramático, o governo enfim interveio, e por meio da ação do brigadeiro Manoel da Cunha Vanderlei, comandante de armas, a cavalaria os dispersou: houve espancamentos, correrias e feridos. José Mariano foi espaldeirado por um miliciano.[55]

Pensou-se apenas na ordem pública, não em reais punições: nenhum processo foi instaurado, nenhuma averiguação foi feita para conhecer os nomes dos responsáveis, e assim os crimes ficaram completamente impunes.[56] Da sua parte, Dom Vital, mesmo lamentando os "nefastos acontecimentos", não se deixara intimidar e demonstrou-o numa *Carta Pastoral*, em que reafirmou sua disposição de não ceder: "Na crise de agitações que estamos atravessando, é um dever imprescindível rendermos preito ao princípio da autoridade, que por toda parte uma mão misteriosa se esforça por aniquilar".[57] O conflito continuou seu curso.

8.4 – Os incidentes de Belém

Tensa era também a situação em Belém do Pará, onde o jornal *O Pelicano* adotou uma linha editorial semelhante à dos congêneres de Recife. Como aqueles, também publicou de forma chamativa os nomes dos chefes maçons e acusou padres e bispos de serem emissários tenebrosos da Cúria [Romana], verdadeiros fariseus, seita reprovada que ensina ao povo um Cristianismo falso e deturpado, motivo pelo qual eles estavam se indispondo com os maçons, verdadeiros seguidores do "Mártir do Gólgota".[58]

Era audácia demais para ficar sem resposta, e, por isso, aos 25 de março de 1873, Dom Antônio tornou pública uma detalhada *Instrução pastoral sobre a maçonaria*, em que abordava a atuação desta no Brasil sob os aspectos

---

[55] Cf. NILO PEREIRA, *Dom Vital e a questão religiosa no Brasil*, Imprensa Universitária, Recife, 1966, p. 55-56.
[56] *Anais do Parlamento Brasileiro – Câmara dos Deputados, sessão extraordinária de 1875*, Tipografia Imperial e Constitucional de J. Villeneuve e Cia, Rio de Janeiro, 1875, p. 366.
[57] VITAL MARIA GONÇALVES DE OLIVEIRA, *Carta Pastoral do Bispo de Olinda aos seus diocesanos, sobre os desacatos do dia 14 de maio*, Tipografia Clássica de I. F. dos Santos, Recife, 1873, p. 16.
[58] CF. ANTÔNIO DE MACEDO COSTA, *A questão religiosa do Brasil perante a Santa Sé*, p. 76-77.

moral, religioso e social. Com uma linguagem que não poderia ser mais clara e rígida, o prelado acusou-a de ser intrinsecamente má e anticristã, acusação esta que justificou apresentando como prova vários artigos de autores maçons em que tanto a doutrina católica quanto o seu clero eram atacados.[59] Para debelar o problema, o prelado proibiu a leitura de *O Pelicano* e condicionou a absolvição sacramental aos maçons à promessa sincera de abandonar as sociedades secretas. O matrimônio não sofreu uma restrição particular, mas, na prática, nem precisava, uma vez que deveria ser precedido da confissão. Por fim, chegou à decisão que levaria os penalizados a apelarem ao *recurso à Coroa*:

> Só continuarão a fazer parte das confrarias e irmandades os maçons que declararem por escrito que não querem mais pertencer à maçonaria. Se depois de caridosa admoestação feita pelo nosso Rev.do Vigário-Geral e formal intimação houver alguma confraria, o que não presumimos, que se revolte contra a ordem do Prelado Diocesano e recuse obedecer, ser-lhe á notificada a suspensão de todas suas funções religiosas, até inteiro cumprimento de nossa ordem; ficando interdita a capela ou igreja que estiver debaixo da administração da dita confraria enquanto permanecer a sua rebelião.[60]

A pastoral informava ainda aos párocos, capelães e a mais pessoas a quem competisse que as decisões nela tomadas deveriam ser lidas e explicadas ao povo nas missas. Isso foi feito, mas três confrarias recusaram-se a obedecer. Fiel à orientação recebida, no dia 4 de abril seguinte, por meio de uma portaria, o vigário-geral, cônego Sebastião Borges de Castilho, baixou as penalidades:

> À vista das respostas do Prior da Venerável Ordem Terceira do Carmo e provedor da Irmandade do Senhor Bom Jesus dos Passos [Dr. José da Gama Malcher] e do Ministro da Venerável Ordem Terceira de São Francisco da Penitência [Antônio N. Monteiro], datadas de 3 de abril desse ano, na qual formalmente declaram desobedecer à ordem de S. Ex.ª Revma. exarada no artigo 6° da Instrução Pastoral de 25 de março último [de só fazer parte das confrarias e irmandades os maçons que declararem por escrito não quererem mais pertencer à maçonaria], declaro efetivas as penas marcadas no supramencionado artigo 6°, ficando desde já suspensas todas as funções religiosas daquelas duas confrarias e interditas as capelas onde funcionam.[61]

As punições em Belém foram menos rígidas daquelas adotadas em Recife, pois não impunham excomunhão por inteiro. Igual foi a atitude tomada pelas irmandades penalizadas, que, como as pernambucanas, depois de "instruídas" por um aviso do governo datado de 26 de março de 1873, também impetraram *recurso*. Dom Antônio, ao ser informado, preferiu apelar diretamente ao imperador, apresentando-lhe uma polida *Memória contra o recurso à Coroa*, para explicar que não houvera usurpação de jurisdição e poder

---

[59] CF. Antônio de Macedo Costa, *Instrução pastoral sobre a maçonaria considerada sob o aspecto moral, religioso e social*, Tipografia da Boa Nova, Belém, 1873, p. 9, 11, 46-47.
[60] AN, *Ministério do Império – Relatório do ano de 1874, apresentado à assembleia-geral legislativa na 4ª sessão da 15ª legislatura*, anexo E, em: *sessão de microfilmes*, n. 0071382, p. 3.
[61] A. N. – sessão de microfilmes, *o. c.*, anexo E, p. 8.

temporal, considerando que as confrarias haviam sido suspensas somente das suas funções religiosas (certas festas, acompanharem procissões, lucrarem certas indulgências etc.). Oportunamente, lamentou o fato de os presidentes de província haverem alterado a parte dos compromissos relativa à administração temporal das confrarias, depois de estarem estes já aprovados na parte religiosa pelos prelados. No seu entender, isso não só eliminava as condições de inteira reciprocidade, como consentia que alguns compromissos, como os da ordem terceira de São Francisco do Pará, sequer estabelecessem como condição o ser católico para a admissão. Ressaltando que os Bispos não podiam assistir de braços cruzados ao flagrante abuso, reclamava para a Igreja tratamento semelhante ao que se dava às "grandes lojas": "A maçonaria excomunga; nenhum maçom excluído do seu grêmio se lembrou de apelar para o governo. Cada sociedade expulsa livremente de seu seio os sócios que contrariam os seus regulamentos; deixe-se igual direito à sociedade católica".[62]

Dom Antônio além de ficar sem resposta de Dom Pedro II, ainda teve de dar satisfações ao presidente da província do Pará, Dr. Domingos da Cunha Júnior, que lhe enviou um ofício para que revisse sua posição. Ele respondeu dizendo que não era da competência do governo intervir nesse âmbito, pois as punições das irmandades se resumiam à parte religiosa. Encerrou a discussão afirmando: "Cumpre-me dizer a V. Ex.ª, que não podendo eu em consciência, em face da constituição divina e legislação da Igreja Católica, reconhecer a validade de tal recurso, nada julgo dever alegar em favor de meu ato".[63]

8.5 – A militância anticlerical de Joaquim Nabuco e os pareceres jurídicos

Para contrastar a atitude firme dos prelados, a maçonaria pôde contar com o talento de Joaquim Nabuco, que, aos 20 de maio de 1873, atacou a "invasão ultramontana", no Grande Oriente Unido do Brasil. Na ocasião, após elogiar o dissidente alemão Dölinguer (o "nobre Dölinguer", como ele dizia), Nabuco demonstrou quais eram suas reais intenções:

> Não quero, no momento atual, a separação radical da Igreja do Estado; não quero, sobretudo porque, se a Igreja fosse livre entre nós, não teríamos um só paradeiro que opor à invasão ultramontana. Senhores, foi um protestante liberal que o disse: "Um governo católico é antes um obstáculo que uma animação ao ultramontanismo". [...] Seria um perigo quebrar hoje as amarras com que nos podemos defender. É por isso que eu peço a liberdade de cultos e a separação das duas sociedades, a temporal e a religiosa, a independência civil da eclesiástica, sem abandonar os direitos do Estado inscritos na constituição, antes, reivindicando-os com toda força.[64]

---

[62] ANTÔNIO DE MACEDO COSTA, *Memória dirigida a S. M. o Imperador pelo Exmo. e Revmo. Bispo do Pará, acerca do recurso interposto para o Governo civil por parte de algumas irmandades suspensas das funções religiosas*, Tipografia da Boa Nova, Belém, 1873, p. 15-16, 18, 21-23, 25-27.
[63] AN, JOÃO ALFREDO CORREA DE OLIVEIRA, Ministério do Império – Relatório do ano de 1874, apresentado à assembleia-geral legislativa na 4.ª sessão da 15ª legislatura, anexo E, em: *sessão de microfilmes*, n. 0071382, p. 11.
[64] JOAQUIM NABUCO, *A invasão ultramontana*, Tipografia Franco-americana, Rio de Janeiro, 1873, p. 38-39.

Ele estava tão convencido de que a conservação do modelo antigo era conveniente ao Estado, que outro artigo seu, de título *O Partido Ultramontano, suas invasões, seus órgãos e seu futuro*, publicado no mesmo ano, abordou de novo o argumento, em tom alarmista:

> Tome cuidado o governo; é preciso não comprometer os privilégios da Coroa, que são os do Estado: o direito do padroado e o de beneplácito não devem cair em prescrição. Se caírem – essa Igreja nacional que a iniciativa de Pombal preparou-nos e que a constituição fundou, desaparecerá como uma explosão terrível, ou da superstição ou da impiedade![65]

Nesse ínterim, duas iniciativas estavam à espera de uma resposta: a primeira tinha sido de Dom Vital, que, depois de suspender duas ou três irmandades, havia escrito ao Papa Pio IX no dia 12 de março de 1873 para expor-lhe a situação em que se encontrava e pedir-lhe poderes especiais;[66] a segunda era relacionada ao *recurso* impetrado pela irmandade do Santíssimo Sacramento, que continuava a correr no conselho de Estado. Dissolvido em 1834, dito conselho fora restabelecido em 1841. Compunha-se de doze membros ordinários e doze extraordinários, aos quais o imperador recorria quando tinha que debater problemas internos relevantes ou encaminhar proposições de reconhecida importância ao parlamento por intermédio do ministério. No caso citado acima, os membros da seção encarregada eram três – e todos maçons: Luís Pedreira do Couto Ferraz, visconde do Bom Retiro (1818-1886), nomeado relator, Cândido José de Araújo Viana, marquês de Sapucaí (1793-1875), e visconde Bernardo de Souza Franco (1805-1875). O parecer dado por Bom Retiro aos 23 de maio de 1873 foi o previsível: defendeu o beneplácito do governo, com base em todos os privilégios que, em sua opinião, o uso, a tolerância, a prescrição investiram a Coroa portuguesa, acrescentando que tal realidade tivera natural prosseguimento na Coroa brasileira após a independência. Nesse pressuposto, segundo ele, os bispos haviam cometido uma infração, devendo ser penalizados.[67]

Com o parecer do visconde do Bom Retiro em mãos, a seção dos negócios do conselho de Estado o acatou e confirmou no dia 3 de junho seguinte. Justificou a medida em três pontos: a excomunhão fora fulminada com base em bulas sem beneplácito; o bispo não podia impor às irmandades o que não estava previsto nos seus respectivos *Compromissos* e, que ao fazê-lo, invadira uma competência que "não era da sua alçada", mas do poder temporal, no caso, representado pelo juiz de capelas, nomeado pelas autoridades civis; e por fim, o mais grave: Dom Vital negara a legitimidade do *beneplácito*! Este último particular, a seção até que admitia, contanto que o bispo o mantivesse em foro íntimo, ou mesmo, se se limitasse a dar bons conselhos aos fiéis. Porém colocar em discussão o jurisdicionalismo régio e a maçonaria era algo que simplesmente não se podia tolerar:

---

[65] JOAQUIM NABUCO, *O Partido Ultramontano, suas invasões, seus órgãos e seu futuro*, p. 13.
[66] ANTÔNIO DE MACEDO COSTA, *A questão religiosa do Brasil perante a Santa Sé*, p. 86.
[67] JOAQUIM NABUCO, *Um Estadista do Império*, vol. III, p. 337-338.

Ora, que a Maçonaria no Brasil não conspira patentemente contra a Religião não há quem em boa-fé o possa duvidar. [...] Nada diria [a seção], se o Prelado Diocesano se limitasse a aconselhar suas ovelhas que deixassem de entrar, ou de conservar-se em sociedades que o Chefe visível da Igreja Universal tinha, a exemplo dos seus antecessores, condenado no orbe católico. [...] Negar, porém, a legitimidade do Beneplácito, denominando-o de *monstro, doutrina herética, falsa e perniciosa, e declarar até que ninguém, que se prezar filho obediente da Igreja, pode admiti-la, por ser em extremo absurda, injuriosa e ofensiva das prerrogativas do Primado do Vigário de Jesus Cristo* (o grifo é do autor), deduzindo dele as mais perniciosas consequências, que, aliás, felizmente *nunca* (o grifo é nosso) apareceram no Brasil; é o que, com mágoa o diz a Seção, não de esperar da reconhecida ilustração do Rev. Bispo.[68]

Antes de levar o caso às últimas consequências, naquele mesmo dia o imperador convocou o conselho de Estado pleno ao palácio São Cristóvão, para uma nova avaliação. A reunião começou por volta das 19h, sob a presidência do próprio Dom Pedro II. Estavam presentes, além do relator, o visconde de Abaeté, o marquês de Sapucaí, o marquês de São Vicente, o visconde de Souza Franco, José Tomás Nabuco de Araújo, o visconde de Muritiba, o visconde de Inhomerim, o visconde de Jaguary, Duque de Caxias e o visconde de Niterói. O visconde de Abaeté objetou que o beneplácito, tal como estava sendo aplicado, tendia, como na Inglaterra, a inaugurar a supremacia espiritual dos reis. E advertiu que se encontrava entre aqueles que reconheciam a existência de uma propaganda contra a religião Católica, defendendo que a Igreja era o juiz competente para tomar as decisões que tomara. Era evidente que ele estava sozinho, num ambiente hostil. O marquês de São Vicente, tomando o governo de Napoleão Bonaparte como exemplo, recordou a concordata de 1801 que estabelecera que os bispos antes de tomar posse de suas dioceses deviam prestar perante o governo francês juramento de fidelidade de obediência às leis do Estado – dever sagrado! O visconde de Souza Franco, ao falar em seguida, foi além, afirmando que se podia ser bom católico e maçom; e, sem ocultar sua condição de filiado à maçonaria, fez uma consideração bem característica: "Deus pode ser designado pela expressão 'Supremo Arquiteto do universo', como pela de 'Criador', de 'Redentor do mundo' de 'onipotente' e de muitas outras em uso". Também deixou claro que na pessoa do bispo o que realmente condenava era a Igreja em si mesma: "O Brasil é católico como Jesus Cristo ensinou e não como queira a Cúria Romana".[69] Com base em tais pareceres, a conclusão aprovada pela maioria dos presentes foi a esperada:

---

[68] ASV, "Consulta da seção dos negócios do império do conselho de Estado sobre o recurso interposto pela Irmandade do Santíssimo Sacramento da igreja matriz da freguesia de Santo Antônio da cidade de Recife, contra o ato pelo qual o Reverendo Bispo de Olinda a declarou interdita", em: *Nunciatura Apostólica no Brasil*, fasc. 208, caixa 45, fl. 105, 107.
[69] *Consulta do Conselho de Estado Pleno sobre o recurso interposto pela Irmandade do Santíssimo Sacramento da Igreja Matriz da Freguesia de Santo Antônio, da cidade de Recife, na Província de Pernambuco contra o ato pelo qual o Rev. Bispo de Olinda a declarou interdita*, Tipografia Nacional, Rio de Janeiro, 1873, p. 6-28.

§ 1° Que não podia o bispo recorrido aplicar em sua diocese as bulas que fulminam as sociedades maçônicas e outras, porque falta a essas bulas o *placet* do poder civil: este ponto está tão demonstrado, que dizer mais, seria desagradar muito.
§ 2° Que tais bulas nunca foram recebidas e executadas em Portugal e no Brasil.
§ 3° Que, quando mesmo essas bulas tivessem tido *placet*, ou alguma vez houvessem sido executadas, tinham caducado perante nosso direito público.
Sim, o art. 8° reduziu a jurisdição eclesiástica às matérias puramente espirituais. Esta disposição é conforme à verdadeira doutrina, porquanto Jesus Cristo não deu, mas antes negou à Igreja todo o poder temporal, como bem dizem estas palavras dirigidas aos Apóstolos: *Reges gentium dominatur eorum, vos autem non sic* (Lucas, XXII, 25). O fim da salvação não pode atingir senão os objetos externos, essencial e diretamente ligados àquele fim, como os símbolos dos sacramentos.
§ 4.° Que as irmandades constituem matéria mista, e havendo a recorrente obtido um compromisso aprovado pelo poder eclesiástico e pelo poder civil, não podia aquele poder, sem acordo deste, alterar o mesmo compromisso, criando uma incapacidade que ele não criou, e tanto mais quanto essa alteração não se refere ao culto, mas à associação, que é a parte temporal.[70]

No dia 12 de junho de 1873 saiu a boa resolução que a quarta seção havia pedido ao imperador de dar "em sua sabedoria": com a rubrica imperial, foi aprovado o provimento ao recurso, o que implicava necessariamente submeter o bispo de Olinda a processo criminal.[71]

8.6 – A tenacidade dos prelados envolvidos e o subjacente conflito de mentalidades

O parecer jurídico foi emanado num momento em que o sedicioso movimento do "quebra-quilos" eclodia no sertão. O governo, temeroso de que a rebelião assumisse intenções republicanas e provocasse inúmeras desordens, julgou que devia encontrar algum expediente com Dom Vital para acalmar a demasiada agitação dos ânimos. O gabinete imperial contatou então o internúncio, Monsenhor Domenico Sanguigni, e para obter o seu apoio lhe assegurou que seriam expedidas ordens positivas para dar total proteção à pessoa do bispo, ao clero e aos padres jesuítas. Acordo feito, decidiram que o melhor seria convencer o prelado de Olinda a abandonar momentaneamente sua sede e partir pelo interior em visita pastoral.[72]

Fosse qual fosse a intenção, a oferta apresentada por carta pelo internúncio a Dom Vital se assemelhava perfeitamente a uma tentativa de suborno, pois a certa altura se lhe acenava a necessidade de levar consigo algum dinheiro em ocasião da visita, tanto para socorrer os pobres, como para outras extraordinárias ocorrências. Necessidade esta que ele, o internúncio, e o governo se prontificavam tranquilamente a resolver: "E como tivesse longa conferência

---
[70] *Consulta do conselho de Estado pleno sobre o recurso interposto pela Irmandade do Santíssimo Sacramento da Igreja Matriz da Freguesia de Santo Antônio, da cidade de Recife, na Província de Pernambuco contra o ato pelo qual o Reverendo Bispo de Olinda a declarou interdita*, Tipografia Nacional, Rio de Janeiro, 1875, p. 28-29.
[71] ASV, "Requerimento da Irmandade do Santíssimo Sacramento da freguesia de Santo Antônio de Recife", em: *Nunciatura Apostólica no Brasil*, fasc. 208, caixa 45, fl. 121.
[72] ASV, Relação da Sagrada Congregação dos Negócios Eclesiásticos de 1873, em: *Nunciatura Apostólica no Brasil*, fasc. 208, caixa 45, doc. 2, fl. 32.

sobre este negócio com o Exmo. Sr. ministro, assim me acho no caso de dar--lhe certeza de que está pronto também a dar-lhe auxílio em dinheiro".[73]

Sobraria evidentemente ao vigário-geral a ignomínia da capitulação, mas Dom Vital os surpreendeu com uma negativa cheia de firmeza:

> Da leitura da carta de V. Exa., desprendi que V. Exa. me supõe sem força moral. Não, Exmo. Sr., não há tal. [...] Sem moral ficaria eu, se agora cedesse. [...] Agradeço o recurso pecuniário que me ofereceu por parte do Exmo. Ministro do Império. [...] Tendo feito voto de pobreza, tenho-me acostumado a distribuir com os pobres o que não me é absolutamente necessário, e na qualidade de pobre capuchinho, com pouco me contento, e meus diocesanos não me deixariam fazer um real de despesa.[74]

Nesse ínterim havia chegado às suas mãos o breve *Quamquam Dolores*, datado de 29 de maio, em que o Papa Pio IX aprovava integralmente o procedimento adotado na diocese de Olinda:

> Nós vos concedemos pleno poder para procederes com a severidade das leis canônicas contra aquelas irmandades que por esta impiedade tão torpemente viciaram sua índole, dissolvendo-as completamente e criando outras que correspondam ao fim da sua primitiva instituição.[75]

O mesmo documento lhe ordenava, ainda, repassá-lo aos demais prelados para que também eles o fizessem executar em suas dioceses.[76] Isso seria observado à risca, e no dia 2 de julho, sem *placet*, a tradução do breve chegou às ruas, e exemplares seus foram espalhados por todo o país. Tratou-se de uma opção deveras corajosa, considerando que, no dia 12 do mês precedente, o governo imperial aprovara a resolução concedendo provimento ao recurso impetrado, e um Aviso assinado por João Alfredo, que se apresentava em nome do imperador, havia intimado Dom Vital a suspender as penalidades que estabelecera e a não mais questionar o jurisdicionalismo régio:

> Houve por bem o mesmo augusto senhor conformar-se com o parecer de se dar provimento ao recurso, e manda que no prazo de um mês seja cumprida esta decisão, cessando os efeitos de que a mencionada irmandade recorreu, como se não houvesse existido.
> Transmitindo a V. Exa. Revma. esta resolução do governo imperial, fundada na constituição e nas leis até hoje respeitadas pelos bispos brasileiros, devo observar que incorrem em justo e sério reparo palavras e atos que se opõem à legitimidade do recurso à Coroa, assim como ao beneplácito de que usam quase todos os Estados Católicos, e que no Brasil foi sempre e deve ser sempre acatado.[77]

---

[73] RAMOS DE OLIVEIRA, *O conflito maçônico-religioso de 1872*, p. 55.
[74] JÚLIO CÉSAR DE MORAIS CARNEIRO, *O Catolicismo no Brasil (Memória histórica)*, p. 55-56.
[75] VITAL MARIA GONÇALVES DE OLIVEIRA, *Carta Pastoral que o Bispo de Olinda publicando o Breve de S.S. o Papa Pio IX, de 29 de maio de 1873*, Tipografia Clássica de I. F. dos Santos, Recife, 1873, p. 8, 11-12.
[76] ANTÔNIO DE MACEDO COSTA, *A questão religiosa do Brasil perante a Santa Sé*, p. 87.
[77] JOAQUIM SALDANHA MARINHO, *A Igreja e o Estado*, vol. I, p. 202-203.

Lucena entregara o Aviso no dia 22, mas o prelado de Olinda, sem se abalar, no dia 6 de julho seguinte redigira e fizera publicar na imprensa uma *Resposta* em que refutava categoricamente tal determinação:

> Que esta ordem versa sobre *matéria religiosa* (os grifos são do autor) é que ninguém, de boa-fé, pode negar. Porquanto, não sei se de propósito deliberado ou por admirável disposição da Divina Providência, o mesmo ofício, que tive a honra de receber, confessa tratar-se de uma *pena espiritual*, cominada pela autoridade eclesiástica contra uma corporação religiosa; e à frente dessa peça, [...] lê-se, no órgão oficial, que a estampou em suas colunas, a seguinte epígrafe:
> Ministério do Império
> Questão Religiosa
> Logo é verdade incontrastável ser a *ordem* sobre *matéria religiosa*, logo é verdade admitida e explicitamente confessada pelo governo definir, legislar e mandar em matéria religiosa. Neste caso, Exmo. Sr., com todo respeito e acatamento devidos aos altos poderes do Estado, eu ouso fazer notar que o governo imperial caiu em um equívoco manifesto e evidente. Com efeito, se a matéria em questão é mista, como admite e solenemente reconhece o governo imperial, segue-se que definir e decidir no caso vertente não é atribuição de um dos dois poderes somente, mas de ambos ao mesmo tempo, do religioso e do civil. [...] Mas, enfim, V. Exa. significou-me que Sua Majestade o Imperador, a quem tributo o maior respeito, veneração e acatamento, me ordena a mim, humilde sucessor dos Apóstolos, que, em matéria religiosa, ou para melhor dizer, questão religiosa, segundo a confissão pública do governo imperial, deixe de fazer aquilo que o Vigário de Jesus Cristo me ensina a ser dever indeclinável. [...] Desde que, para obedecer às ordens de Sua Majestade Imperial, me seja preciso fazer o sacrifício da minha consciência de Bispo Católico, Apostólico Romano, e desobedecer ao Vigário de Jesus Cristo, não vacilarei um só instante em responder como o exímio Bispo de Milão: "Se Sua Majestade o Imperador me pedir as minhas faculdades, o serviço da minha obscura pessoa, até a própria vida, tudo, tudo está à sua disposição; tudo abandonarei, porque a nada tenho apego. [...] Quanto, porém, ao sagrado depósito que me foi confiado e que pertence a Deus e à Igreja, não posso, nem devo ceder, e jamais cederei".
> Jurei observar a constituição do império do Brasil, mas tão somente enquanto esta não for de encontro à leis de Deus, que são as da Santa Igreja Católica. Do contrário, seria jurar a Deus e não obedecer a Deus, o que além de ímpio, seria ridículo. Isto me parece claro demais.
> Em cousas puramente civis e da alçada do Poder civil, reconheço a plena e inteira competência do governo de Sua Majestade, e como todo e qualquer cidadão brasileiro, submeter-me-ei à sua decisão. [...] Em matérias, porém, espirituais e religiosas, Exmo. Sr., releve-me V. Ex.ª a franqueza de confessar que não reconheço na terra outra autoridade sobre mim, senão o Vigário de Jesus Cristo, e nos casos previstos, o Exmo. e Revmo. Metropolita.[78]

Na mesma *Resposta*, Dom Vital, citou os documentos papais que haviam condenado a maçonaria e as razões porque o fizeram. Desse pressuposto, como que intuindo o que estava por vir, afirmou convicto que a maçonaria poderia ter o prazer de insultar, injuriar, perseguir e até prender os bispos do Brasil,

---

[78] VITAL MARIA GONÇALVES DE OLIVEIRA, *Resposta do Bispo de Olinda ao Aviso de 12 de junho de 1873*, Tipografia Clássica de I. F. dos Santos, Recife, 1873, p. 7, 9-10, 43-44.

mas que não teria jamais a satisfação de ver um deles cair de joelhos em terra e adorá-la. A legislação regalista vigente tampouco foi poupada ("a expressão mesma '*jus cavendi ab Ecclesia Christi*' é profundamente herética. Significa que a Igreja pode violar os direitos do Poder Civil por malícia ou engano") e muito menos a tradição que a sustentava ("Que valor podem ter aos olhos de um Bispo católico as opiniões particulares de Borges Carneiro, Dupin e outros que sustentam a necessidade do Beneplácito e do recurso à Coroa, quando a Igreja anatematiza tais doutrinas?"), negando assim a validade dos argumentos utilizados pelo conselho de Estado:

> Asseguro a V. Exa. que tudo aquilo que o ilustrado Conselho de Estado ponderou a Sua Majestade o Imperador, e me foi comunicado, está fielmente consignado nas obras de todos os galicanos e de todos os regalistas antigos e modernos; tudo já foi cabalmente confutado pelos Teólogos e Canonistas ortodoxos; tudo já foi expressamente condenado pela Sé Apostólica.[79]

Além disso, ele atacou a política religiosa oficial na sua essência, permitindo antever que não havia acordo possível:

> Decidir [o governo] que [as Irmandades] podem continuar a ser sociedades espirituais, sem embargo de sua formal desobediência às leis da Igreja, [...] isto significa que o poder civil busca diretamente definir em matéria religiosa, enquanto religiosa; significa invadir o domínio do Poder eclesiástico; significa querer que o Bispo reconheça o governo como superior supremo em matéria de Religião. Em uma palavra, tudo isso constitui a essência da sociedade protestante que admite, como princípio, que toda a autoridade, seja civil ou religiosa, deriva-se da Coroa. Assim é a Inglaterra, país protestante. [...] O governo aprova, respeita, defende e sustenta a maçonaria, sociedade secreta, que impunemente pode maquinar contra o altar e contra a sociedade em geral, sem que pessoa alguma lhe tome contas. O governo entra diretamente nas Irmandades e julga, como autoridade suprema e infalível, entre os bispos e elas: traça as raias da jurisdição que tem os bispos sobre as Irmandades, matéria especial e exclusivamente religiosa; decide se o ser maçom é ou não pecado, é ou não contrário ao fim espiritual das irmandades; inabilita ou não a pertencer à sociedade espiritual; decide se o maçom é ou não excomungado pela Igreja de Deus, se deve ou não se considerar incurso nas repetidas censuras e penas fulminadas contra eles; decide se os Bispos têm ou não direito de julgar em matérias puramente espirituais; se têm ou não poder de lançar interdito sobre as Irmandades e suas capelas!!!
> Em suma, o governo faz o que todos os dias está fazendo o governo Inglês protestante. [...] Nota-se, porém, que o governo Inglês só exerce esta jurisdição relativamente à religião anglicana, cuja única autoridade suprema é S. M. a Rainha Vitória.[80]

O bispo também ordenou aos párocos, sob pena de suspensão, que não cumprissem a decisão do governo, evitando celebrar nas igrejas interditadas ou perante as irmandades nas mesmas condições. Todos obedeceram, e apenas o pároco da freguesia de São José, Pe. João José da Costa Ribeiro (primo do Dr. Costa Ribeiro, maçom juiz da irmandade que havia interposto o *recurso*

---

[79] VITAL MARIA GONÇALVES DE OLIVEIRA, *Resposta do Bispo de Olinda ao Aviso de 12 de junho de 1873*, p. 11-13, 41.
[80] IBIDEM, p. 26, 30-31.

à Coroa), pediu algum tempo para refletir. Menos de 24 horas depois, aos 24 de junho de 1873, Dom Vital suspendeu-o de ordens e enviou ao presidente da província um ofício denunciando as suas invectivas: "Aqui estou eu para responder pelo que ordenei aos meus subordinados; dirigi-vos a mim, que sou o autor, e não a eles, que não se deixam levar por vossas seduções e ameaças. *Ego sum*".[81] Em reação, um dia depois Lucena enviou uma carta a João Alfredo pedindo que o prelado fosse punido, pois a sua obstinação prometia sérios embaraços, e que ele estava disposto a não consentir que fossem desrespeitadas as leis do país e determinações do governo.[82] Abrindo caminho para a configuração jurídica que o caso tomaria em seguida, o presidente provincial também enviou ofício ao procurador da Coroa no dia 8 de julho, pedindo medidas legais:

> Chamo a atenção de V. Exa. sobre o n. 80 do periódico *União* de 2 do corrente, no qual se lê uma pastoral do Revmo. diocesano mandando publicar e cumprir um breve em forma de carta do SS. Padre Pio IX, sem que tenha obtido previamente o indispensável beneplácito imperial, ofendendo assim a constituição política do Império e praticando uma verdadeira usurpação do poder temporal; pelo que lhe recomendo que proceda a respeito de conformidade com a lei, interpondo logo o recurso por ela estabelecido.[83]

Na diocese de Belém, a situação tornava-se igualmente irreversível: no dia 26 de julho o conselho de Estado pleno se reuniu e acatou tranquilamente o parecer do barão do Bom Retiro sobre as irmandades impetrantes. O único a opor-se foi o mineiro José Ildefonso de Souza Ramos, 2.º visconde de Jaguari (1812-1883), mas prevaleceu a acusação previsível: Dom Antônio de Macedo Costa foi considerado culpado por invadir atribuições do poder temporal. E, semelhante ao que sucedera com o bispo de Olinda, aos 9 de agosto de 1873, João Alfredo lhe enviou ordem do governo imperial para suspender os interditos:

> Tendo ouvido a seção de negócios do império do conselho de Estado, que deu os pareceres juntos, e o Conselho de Estado Pleno, que concordou com a doutrina e as conclusões dos mesmos pareceres, houve por bem, conformando-se com estes, dar provimento aos ditos recursos e mandar que no prazo de 15 dias seja cumprida esta Resolução, ficando de nenhum efeito o ato de que recorreram aquelas irmandades.[84]

Como fizera Dom Vital, Dom Antônio não se intimidou e, numa carta reservada a Dom Viçoso, datada de 7 de novembro de 1873, manifestou sua intenção de partilhar do mesmo destino do colega de Olinda, sugerindo ainda que o inteiro episcopado brasileiro resistisse até o fim:

---

[81] *Anais do Parlamento Brasileiro – Câmara dos Deputados, sessão de 1874*, tomo I, Tipografia Nacional, Rio de Janeiro, 1876, p. 125.
[82] ASV, Carta confidencial de Lucena a João Alfredo (25-3-1873), em: *Nunciatura Apostólica no Brasil*, fasc. 208, caixa 45, fl. 128b.
[83] AMÉRICO BRASILIENSE DE ALMEIDA E MELO, *Lições de História Pátria*, p. 337.
[84] A. N. – sessão de microfilmes, *Ministério do Império – Relatório do ano de 1874*, anexo E, p. 11.

> Meu Exmo. e am.o Sr. Bispo,
> Por este vapor que segue hoje para a Corte remeto ao governo uma representação ou reclamação sobre o processo ao nosso Irmão Frei Vital, Bispo de Olinda. Eu reclamo a minha parte no seu cálice e mostro a injustiça de sermos poupados, estando todos de acordo em sentimentos e proceder com aquele nosso digno colega, ao menos no que diz respeito ao *placet*. [...] O governo contava amedrontar-nos e *conter-nos* (o grifo é do autor), [...] mas não contava com esta raça de gente batizada que não teme os que matam o corpo, mas temem os que matam a alma e a podem condenar à geena. Meu Venerando Sr. Bispo da Conceição, não devemos abandonar nosso colega. Reclamemos cada um por si a incomparável honra das perseguições. [...] Unamo-nos entre nós e, com a Cadeira de Pedro, seremos invencíveis.[85]

É mister ressaltar que existiam deveras aqueles que desejavam somente ser fiéis aos seus princípios, não sendo poucas as crises de consciência que a situação provocou. João Alfredo, por exemplo, pelo que se sabe, depois de abandonar a maçonaria, tornara-se um católico sincero, e a querela envolveu-o até em dramas familiares. Isso acontecia, porque o peso histórico de mais de um século de regalismo institucionalizado havia criado raízes profundas num meio político que, há várias gerações, habituara-se a conviver com uma Igreja resignada com a sua subserviência. Daí a dificuldade de tantos que se declaravam católicos, em superar o filtro regalista que envolvia e embotava a fé que diziam professar. E, o que era mais grave: essa visão se amparava num complexo aparato jurídico imposto nas décadas precedentes e que passara a ser vista como normal. Com os bispos sucedia o extremo oposto: havendo estudado teologia na Europa e aprendido uma eclesiologia sem enxertos e limitações impostas, concebiam a Igreja e suas relações com o Estado numa ótica até então inédita para amplos setores da política do país. Por isso, às vezes, acontecia de os contendedores se antagonizarem sem se entenderem. No fundo, portanto, recordando sempre que tal parecer não pôde ser estendido a todos, o problema religioso era também cultural. Em meio às incompreensões recíprocas, a possibilidade de uma solução consensual desaparecia, como já deixava pressentir a reposta enviada por Dom Antônio ao ministro do império no dia 24 de janeiro de 1874:

> Pelo aviso de 9 de agosto último, comunica-me V. Exa. que Sua Majestade o Imperador, conformando-se à doutrina e parecer do Conselho de Estado, houve por bem dar provimento ao recurso de três confrarias que suspendi das funções religiosas e mandar que no prazo de quinze dias seja cumprida esta resolução, ficando de nenhum efeito o ato de que recorreram aquelas confrarias.
> Não podendo eu, sem apostatar da fé católica, reconhecer no Poder Civil autoridade para dirigir as funções religiosas, nem anuir de modo algum as doutrinas do Conselho de Estado, que serviam de fundamento a esta decisão, por serem elas subversivas de toda jurisdição eclesiástica, e claramente condenadas pela Santa Igreja Católica Apostólica Romana, e sendo igualmente impossível, sem cometer clamorosa injustiça, reconhecer como regulares, como dignas de graças espirituais

---

[85] AEAM, "Carta de Dom Antônio de Macedo Costa a Dom Antônio Ferreira Viçoso", em: *Governos episcopais* – Dom Viçoso, 16.1.3.

as ditas confrarias maçonizadas, sobretudo depois do procedimento escandaloso que elas têm tido com seu prelado e com a Santa Igreja, como tudo expus a Sua Majestade numa *Memória* recente.
Tenho o profundo pesar de conservar-me inteiramente passivo diante desta lamentável resolução do governo e de manter em todo o seu vigor a pena espiritual que, no legítimo exercício de minha autoridade de Pastor, lancei sobre as ditas confrarias, até que elas voltem ao verdadeiro caminho.
Estou pronto Sr. Ministro, a obedecer em tudo ao governo de Sua Majestade; mas não posso sacrificar-lhe minha consciência e a lei de Deus.[86]

Esteja claro, contudo, que a mentalidade em voga pesava, mas não determinava. Intenções pouco éticas havia, e justo nos mais altos escalões do governo. Comprovam-no uma carta escrita aos 12 de agosto de 1873 pelo visconde de Rio Branco ao barão de Lucena, em que, após aludir à defesa de princípios essenciais à ordem social, o instruía a "predispor favoravelmente à opinião pública, contrastando as hipócritas exortações do bispo..."[87]

8.7 – As repercussões no parlamento

No parlamento o assunto suscitou prolongados debates entre os defensores e os acusadores dos bispos. A posição assumida por numerosos regalistas era o exemplo acabado da contradição: diziam-se zelosos defensores dos postulados liberais, pedindo atenção para questões como a instituição do casamento civil e a total liberdade de culto; mas, ao mesmo tempo, manifestavam-se contrários a uma possível perda do controle que o Estado mantinha sobre a Igreja. Por isso, ou deixavam em segundo plano a proposta de laicização do Estado, ou sugeriam que fosse adotada num futuro distante e indeterminado. O discurso de Tristão de Alencar Araripe, grão-mestre maçom no Ceará, proferido aos 24 de maio de 1873, é exemplar: "Não me pronuncio contra a religião do Estado. Este, como indivíduo, deve manifestar-se por aquilo que julga a verdade; e assim convém que tenha uma crença professada e pública; [...] [e] graças à providência de nossos pais, o país tem legislação conveniente para obstar as iniciativas de usurpação eclesiástica".[88]

O desejo de trazer a Igreja em rédea curta seria recolocado quatro dias depois, dessa vez por José de Alencar. Numa estranha incongruência, o parlamentar cearense repetiu os lugares comuns da velha argumentação de Antônio Pereira; ou seja, defendeu o episcopalismo e a autocefalia, usando como justificativa os méritos da civilização moderna:

> Não é a separação da Igreja do Estado o meio que devemos lançar mão para coibir os abusos que se têm dado e os males que estão iminentes, como para assegurar a prosperidade e engrandecimento do país. Creio, ao contrário, que o meio eficaz é estreitar mais ainda a união da Igreja com o Estado, *purificando-a* (o grifo é nosso). Cumpre que todos nós católicos, todos nós que defendemos a religião de nossos pais, e devemos ter a nobre ambição de transmiti-la para os nossos filhos, façamos

---

[86] A. N. – sessão de microfilmes, *o. c.*, anexo E, p. 12.
[87] ARMANDO SOUTO MAIOR, *Quebra-Quilos*, Companhia Editora Nacional, São Paulo, 1978, p. 72-73.
[88] *Anais do Parlamento brasileiro, sessão de 1873*, tomo 1, p. 164-165.

uma propaganda, uma cruzada para reabilitar a religião Católica no nosso país e, permitam-me dizer, para incutir na Igreja nacional um espírito mais conforme com a civilização moderna. [...] O Catolicismo é uma religião universal; mas a Igreja de Roma entendeu que não bastava ser universal, que era mister que fosse una. Eis aí o erro. O Catolicismo não pode existir, senão como uma grande confederação de igrejas nacionais. É preciso que a cadeira de São Pedro seja apenas um tabernáculo aonde vão se inspirar todas as igrejas apostólicas, mas não um trono.[89]

Esses arroubos retóricos muitas vezes acabavam desqualificados por certas atitudes assumidas por alguns dos seus próprios autores. É caso de José de Alencar. Apesar da oratória "ilustrada", não consta que a causa abolicionista tenha feito parte das suas preocupações. O mesmo se diga de Gaspar da Silveira Martins, tradicional líder dos estancieiros gaúchos, cuja postura em relação aos escravizados era idêntica àquela que assumia no confronto com a Igreja: para preservar o governo imperial de eventuais problemas, era contrário. Ele chegaria mais tarde ao extremo de defender a continuidade do cativeiro e o argumento de que se serviu para justificar uma atitude tão insólita num defensor da "civilização" não poderia ser mais desconcertante: "Sou mais amigo do Brasil que do negro!"[90]

Em meio às discussões dos parlamentares, a notícia da difusão do Breve *Quamquam dolores*, anteriormente citado, aumentou ainda a tensão. Os regalistas, apoiando-se nos argumentos habituais, insistiam na manutenção do *status quo*, o que de per si supunha punir os prelados que o haviam desafiado. Silveira Martins argumentava que o *beneplácito*, consagrado no §14 do art. 102 da constituição era resultante de um pacto, que expressava um contrato entre dois poderes independentes que concederam e aceitaram direitos e obrigações recíprocas. Sem mencionar que o governo sempre legislara em causa própria, e que a Igreja jamais dera seu consentimento a um pacto para o qual sua opinião jamais fora considerada, indiretamente reconhecia que, no final das contas, independente mesmo acabava sendo somente o Estado. Esta é a única dedução possível ante o detalhe seguinte por ele acrescentado de que o direito do *placet* nem precisava ser consagrado por um artigo da constituição do império, uma vez que ele era – retomando exatamente o que o fora dito em 1827 – "inerente à soberania do Estado".[91]

Enquanto isso, demonstrando mais uma vez a força do seu caráter, Dom Vital havia entregado aos jornais cópia da resposta que enviara ao ministro do império comunicando sua decisão de não suspender os interditos. Para replicá-lo, o deão Faria compôs e mandou publicar pela tipografia do *Jornal do Recife* um livro intitulado *Cartas sobre a Companhia de Jesus, dirigida aos Reverendos Padres do Colégio São Francisco Xavier*, que era uma verdadeira apologia ao tradicionalismo regalista. O longo prefácio ficou por conta de Fábio Rústico, (pseudônimo usado por Aprígio Guimarães), que também aproveitou da ocasião para vociferar mais uma vez contra os "jesuítas" e os "romanos":

---

[89] *Anais do Parlamento brasileiro, sessão de 1873*, tomo 1, p. 189.
[90] Luiz Sartorelli Bovo, *Desafios ao trono*, Editora Resenha Universitária, São Paulo, 1975, p. 57.
[91] *Anais do Parlamento brasileiro, sessão de 1873*, tomo III, p. 240.

> O que podemos nós, os velhos católicos, os crentes das verdades substanciais da religião do Calvário, que não as confundimos com esses dogmas de fornada recentíssima, e que foram amassados porque Vítor Emanuel tomou o Estado dos Jesuítas. [...] E o Jesuíta aí está, acocorado por trás de quatro ou seis bispos indiscretos e vaidosos, que se presumem de alguma coisa, porque são cadáveres ambulantes, chancelas, bordões do Jesuíta.
> [...] O Jesuitismo é uma cadeia elétrica de escravidões. Em suma, o Jesuíta faz da Igreja um regimento, e do Papa o mais rígido dos coronéis, se o Papa se faz escravo do Jesuíta; e então, temos o que estamos vendo: o Papa senhor do bispo; o bispo, senhor do padre; o padre, senhor do simples fiel.
> Fora o Jesuíta, o audaz, o corruptor, o algoz do padre brasileiro, o vil mercador que ganha dinheiro fazendo cadáveres. Esse ofício incrível, que o bispo de Olinda acaba de dirigir ao governo imperial, não deixa espaço à dúvida.[92]

No parlamento, onde o próprio Aprígio atuava incansavelmente, os debates prosseguiam, e logo aflorou a antiga acusação pombalista de que, a Igreja pretendia usurpar atribuições do Estado. Desnecessário acrescentar que, entre as citadas atribuições do Estado, se supunha, uma vez mais, a preservação do "direito" de ingerência deste ao interno da vida eclesiástica. Tal anacronismo foi explorado pelos defensores dos bispos, como o fez Diogo de Vasconcelos, em discurso proferido na sessão de 31 de julho do mesmo ano:

> A necessidade do *placet* é, pois, opinião somente daqueles que põem os reis acima das leis divinas e humanas, e que não podem compreender como uma Majestade, que há dinheiro e soldados, poderá também não dirigir nossas consciências, não torcer a seu gosto a fé de nossa alma, não subordinar enfim a seus cálculos os pobres e inermes delegados de uma outra potestade que reina lá no céu, e paga-nos a virtude com promessas de outra vida. [...] O povo quer que o poder temporal não vilipendie a Igreja, como está fazendo.[93]

Naquele mesmo dia Silveira Martins apresentou uma interpelação ao presidente do conselho, com veemente defesa da tradição (beneplácito, direito de inspeção, recurso à Coroa...), tecendo pesadas críticas contra as "violências do prelado de Pernambuco". O parlamentar aproveitou do ensejo para defender a suspensão do decreto *ex informata conscientia*, atacar a infalibilidade papal, além de sugerir uma total liberdade de cultos, a laicização dos registros de nascimento e a introdução do casamento civil.[94] O interpelado, visconde do Rio Branco, deixou clara qual era a posição do governo, e que seria aplicada num futuro próximo:

> Senhores, a opinião do governo quanto ao procedimento do reverendo prelado da Sé de Olinda é conhecida. Está no domínio do público a decisão do recurso à Coroa. Ninguém, pois, desconhece que o governo vê nos atos daquele prelado diocesano uma ofensa grave à constituição do império, à soberania nacional, aos direitos do Estado.

---
[92] Joaquim Francisco de Faria, *Cartas sobre a Companhia de Jesus, dirigidas aos Reverendos Padres do Colégio São Francisco Xavier da cidade de Recife*, Tipografia do Jornal do Recife, Recife, 1873, p. 3-5.
[93] *Anais do Parlamento brasileiro, Câmara dos Srs. Deputados, sessão de 1873*, tomo III, p. 249.
[94] Ibidem, p. 239-245.

Negar o direito do beneplácito, direito antiquíssimo e consagrado expressa e terminantemente em nossa lei fundamental; negar o direito não menos antigo, e que tem os mesmos fundamentos, do recurso à Coroa contra os abusos das autoridades eclesiásticas e antepor a tudo a jurisdição espiritual é postergar inauferíveis e essenciais direitos do Estado.

Esta opinião do governo está assaz manifesta; ela assenta sobre uma decisão que tem força de sentença, e que foi mandada cumprir em Pernambuco pelas autoridades competentes. Confiemos nessa execução e demos tempo a que prossiga os recursos legais.[95]

Considerando que a lei de 18 de agosto de 1851 havia estabelecido que os Arcebispos e bispos do império do Brasil, nas causas que não fossem puramente espirituais, seriam julgados pelo Supremo Tribunal de Justiça,[96] os recursos legais de que falava o visconde tinha a ver com a sua intenção de submeter os bispos a julgamento naquele órgão.[97]

8.8 – A configuração jurídica da pendência entre as partes

Em meio às discussões que se sucediam, ante a firme atitude de Dom Vital de não cumprir a ordem que lhe fora dada, as autoridades governamentais julgaram-se no direito de resolverem elas mesmas a pendência. Assim, por meio de um edital baixado aos 13 de agosto de 1873, todos os interditos foram declarados levantados por decisão do Dr. Joaquim Corrêa de Oliveira, juiz substituto da provedoria de capelas de Recife, que declarou o seguinte:

> Faço saber aos que o presente edital virem, e dele notícia tiverem, que em cumprimento do aviso do ministério do império de 12 de junho do corrente ano, que baixou em consequência da imperial resolução tomada sobre consulta do Conselho de Estado, dando provimento ao recurso para o mesmo interposto pela irmandade do Santíssimo Sacramento da matriz de Santo Antônio desta cidade contra a sentença pela qual a julgou interdita o Exmo. bispo desta diocese, pela razão, por ele dada, de não ter a mesma irmandade eliminado do seu grêmio os irmãos maçons, e que por cópia me foi enviado pelo Exmo. presidente da província, em seu ofício de 8 do mês passado, e intimado ao Exmo. bispo D. Frei Vital Maria Gonçalves de Oliveira no dia 23 do mesmo mês próximo passado; como quer que não tivesse ele dado cumprimento à resolução imperial no prazo de 30 dias, que lhe foi marcado pelo governo, depois de expirado o dito prazo, [...] *mandei passar mandato de levantamento do interdito, pelo diocesano fulminado* (os grifos são do autor) contra a irmandade recorrente e as outras nas mesmas condições, sendo-lhe este intimado, bem como as irmandades, para sua ciência e execução, *acha-se efetivamente levantado o interdito lançado* sobre as irmandades do Santíssimo Sacramento da matriz de Santo Antônio das Almas da mesma igreja, da Ordem Terceira de São Francisco, do divino Espírito Santo do Colégio, do Santíssimo Sacramento de São José, de Nossa Senhora da Soledade da boa Vista, do Bom Jesus da Via Sacra da igreja

---

[95] *Anais do Parlamento brasileiro, Câmara dos Srs. Deputados, sessão de* 1873, tomo III, p. 245.
[96] RAMOS DE OLIVEIRA, *O conflito maçônico-religioso*, p. 31.
[97] ANTÔNIO DE MACEDO COSTA, *A Questão Religiosa do Brasil perante a Santa Sé*, p. 1.

da Santa Cruz, e Santa Ana mesma igreja, das Almas da matriz da Boa Vista, de São José da Agonia do convento do Carmo, do Santíssimo Sacramento da matriz de Boa Vista, de Nossa Senhora do Livramento, do bom Jesus das Dores de São Gonçalo, de Santa Rita de Cássia, de Nossa Senhora da Soledade da igreja do Livramento, e de São Crispim do convento do Carmo, e das referidas irmandades na posse de todos os seus direitos reais e pessoais, funções e regalias, declarando nulas como declaro, nos termos dos artigos 13 e 14 do decreto de 19 de fevereiro de 1838, *nulas e como se não existissem as censuras sobre elas lançadas por aquele motivo.*[98]

Um leigo foi enviado pelo governo para ler diante das associações e capelas interditadas a decisão imperial. As irmandades punidas festejaram ruidosamente a decisão com fogos de artifício e bandas de música, mas tratava-se de uma alegria efêmera: o clero e o povo não ignoravam a decisão do bispo em contrário, e para eles tudo continuou como antes.[99] A situação era deveras incandescente, pois, naquele mesmo período, o cadáver de Domingos Morais, membro da irmandade do Espírito Santo, ficou sem encomendação porque o vigário era o Pe. Antônio Marques de Castilha, fidelíssimo de Dom Vital, que se recusou terminantemente a fazê-lo, enquanto durasse a interdição episcopal. Na matriz de Santo Antônio, por razões idênticas, o coadjutor também se negou a assistir sacramentalmente a um moribundo, provocando uma reação furibunda da irmandade, que só foi aplacada com a intervenção da polícia. E isso, depois que um caso idêntico já se verificara na matriz de São José, igualmente interditada.[100]

Percebendo que, sem o aval da hierarquia, nada se alterava, o barão de Lucena chamou a todos os párocos para dizer-lhes que deviam desobedecer ao bispo e cumprir à ordem do governo. Na reunião ele se serviu tanto de promessas quanto de ameaças, mas, além de não ser obedecido, Pe. Antônio de Castilha e Pe. Antônio Manuel de Assunção, em nome do clero diocesano, mandaram publicar um protesto na imprensa:

> Os abaixo-assinados, párocos das freguesias da capital do Recife, lendo no *Diário de Pernambuco*, de 8 do corrente ano, um ofício do Exmo. Ministro do império ao procurador da Coroa, Fazenda e Soberania Nacional, de 27 de setembro deste ano, mandando dar denúncia contra o nosso caro diocesano, exprimindo-se nestes termos: 'E para mais ostentar a sua recusa, tratou de incitar os vigários a desobedecer por sua vez ao governo imperial, aterrando com suspensão *ex informata conscientia* etc.', protestam contra tais expressões porquanto não foi o Exmo. bispo que nos ameaçou, pelo contrário, estas ameaças saíram da parte do governo querendo nos obrigar, já com promessas lisonjeiras, já com processos e prisões; para que nós desobedecêssemos ao nosso prelado, autorizando destarte a desobediência ao nosso legítimo superior.[101]

---

[98] *Anais do Parlamento Brasileiro – Câmara dos Srs. Deputados, sessão extraordinária de 1875*, p. 49.
[99] VITAL MARIA GONÇALVES DE OLIVEIRA, *Abrégé historique*, p. 30-31.
[100] AAEESS, "Conflito surgido entre Dom Vital Gonçalves de Oliveira, bispo de Olinda e o governo Imperial do Brasil a causa de alguns atos emanados pelo bispo contra a maçonaria" (tradução), em: *América I* (Brasil), fasc. 184, pos. 156, fl. 133-134.
[101] *Anais do Parlamento Brasileiro – Câmara dos Deputados, sessão de* 1874, tomo IV, p. 25.

O ministro do império serviu-se então de outro expediente: aos 8 de setembro enviou um aviso ao barão de Lucena, comunicando-lhe que a magra côngrua só seria concedida aos párocos que se apresentassem ao Tesouro provincial com o atestado de frequência aos seus serviços religiosos. Foi um novo fracasso: ainda desta vez os clérigos resistiriam. Estando as coisas nesse pé, João Alfredo, na condição de conselheiro do império, por meio de ofício de 27 de setembro de 1873, remeteu ao procurador da Coroa, Soberania e Fazenda nacional, conselheiro Francisco Baltazar da Silveira, os documentos necessários, ordenando-lhe que iniciasse o competente processo, perante o Supremo Tribunal Federal de Justiça, promovendo a acusação contra Dom Vital. Segundo tal acusação o prelado havia cometido usurpação de jurisdição e poder temporal, sendo exorbitante e tumultuário em relação aos fiéis, motivo pelo qual o governo tivera de vir em socorro dos cidadãos ofendidos, vítimas de uma violência manifesta e clamorosa.[102]

Oferecida a denúncia em 10 de outubro, por meio de despacho do dia 18, mandou o ministro relator que o denunciado respondesse no prazo de quinze dias. A resposta de Dom Vital veio no dia 21, não para discutir as acusações contra ele articuladas, mas para impugnar a competência do Supremo Tribunal para julgá-lo no caso que se debatia. Afirmou ele que se tratava de matéria puramente espiritual e como tal isenta da jurisdição do poder civil. Por isso declarou que não retrocederia, porque se o fizesse estaria reconhecendo competência de um tribunal civil em matéria religiosa. Além disso, declarava não querer com a sua apostasia levar a dor, a amargura e a consternação ao coração de todos os bispos católicos das cinco partes do mundo, principalmente ao daqueles que na Prússia, na Suíça, na Áustria e na Itália, que resistiam a pressões semelhantes às que ele padecia sob o governo brasileiro. E concluía: "Não posso finalmente, porque cumpre-me evitar a ignomínia de faltar, por temor de penas temporárias, ao meu sagrado dever episcopal: vergonha que me acompanharia desonrado à sepultura; culpa que eu não cessaria de chorar até meu último instante; mácula que nem rios de lágrimas poderiam extinguir".[103]

O procurador da Coroa, sentindo-se altamente ofendido, apelou ao imperador. Dom Pedro II ordenou então que se promovesse, perante o Supremo Tribunal de Justiça, as acusações criminais. No dia 16 de outubro o solicitador geral da Coroa, Conselheiro Messias Leão, denunciava Dom Vital com base no artigo 96 do código criminal, que estabelecia pena de dois a seis anos a quem obstasse ou impedisse de qualquer maneira o efeito das determinações dos poderes moderador e executivo, que estivessem conformes à constituição e às leis. A pronúncia foi lavrada a 17 de dezembro e declarava:

> Vistos e relatados estes autos, posta em decisão a matéria, depois do sorteio; considerando que o Revmo. Bispo de Olinda declarou formal e obstinadamente que não cumpria a ordem do governo imperial dando provimento ao recurso à Coroa interposto pela confraria do Santíssimo Sacramento da matriz de Santo Antônio da

---

[102] ASV, "Aviso do Procurador da Coroa para promover a acusação do Bispo de Olinda", em: *Nunciatura Apostólica no Brasil*, fasc. 208, caixa 45, fl. 127b-128.
[103] ASV, "Reposta do denunciado", em: *Nunciatura Apostólica no Brasil*, fasc. 208, caixa 45, fl. 131.

cidade do Recife, assim como que a observância de dita ordem, além de ser um pecado gravíssimo e crime enorme aos olhos do incorruptível Juiz de nossas almas, seria uma vergonhosa traição aos sagrados juramentos que prestaram os vigários, e uma verdadeira apostasia da religião de Jesus Cristo, e que pelo contrário, os que não a observassem, longe de cometer um crime, seriam heróis credores de admiração do orbe católico e dignos das bênçãos do seu Pastor; considerando finalmente que, com seu exemplo, pela posição elevada em que se acha, pela faculdade de suspender *ex informata conscientia*, que pôs em prática contra um dos vigários que se mostrou hesitante, influiu poderosamente para que não produzisse o devido efeito a ordem do Poder Executivo no exercício de suas atribuições legais, como consta dos documentos às folhas 9, 27, 30, 32 e 39; obrigam à prisão e livramento o mesmo Rev. Bispo D. Vital Maria Gonçalves de Oliveira, como incurso na disposição do art. 96 do Código Criminal, seja seu nome lançado no rol dos culpados e exerçam-se as ordens precisas para ser cumprido este despacho.[104]

No mesmo dia, o Supremo Tribunal confirmou a ordem de prisão, publicando o competente decreto no dia 22 do mesmo mês.[105] No referido documento, o conselheiro Joaquim Marcelino de Brito (1799-1879), presidente do Supremo Tribunal Federal, e que era qualificado de "irmão" do vale dos Beneditinos no *Boletim do Grande Oriente do Brasil*,[106] determinava ao juiz da 1ª vara cível de Recife prender o bispo diocesano, visto ser o crime inafiançável, e providenciar o seu transporte para a Corte, mediante entendimento com o presidente da província.[107] Poucos meses depois seria a vez de Dom Antônio. Denunciado em 17 de dezembro seguinte, recebeu intimação do Supremo Tribunal de Justiça para proceder à suspensão dos interditos. Em resposta, aos 24 de janeiro de 1874, negou a competência dos tribunais civis para julgar semelhantes matérias. Passados exatos dois meses, no dia 24 de março, foi pronunciado, sendo sua prisão ordenada em 28 de abril seguinte.[108]

8.9 – O conflito na sua segunda fase: penalidades e calúnias

Ao mesmo tempo em que o governo mandava responsabilizar criminalmente o bispo de Olinda, e logo depois o do Pará, abrindo caminho para a prisão de ambos, Francisco Inácio de Carvalho Moreira, barão de Penedo (1815-1906), então embaixador do Brasil em Londres, era designado para ir a Roma, em caráter de ministro plenipotenciário e enviado extraordinário em missão especial, para tentar uma solução diplomática para a questão. Penedo aceitou, mas, num ofício seu ao visconde Caravelas no dia 30 de setembro de 1873, deixou claro seu ceticismo:

---

[104] ASV, "Pronúncia", em: *Nunciatura Apostólica no Brasil*, fasc. 208, caixa 45, fl. 133.
[105] DAVID GUEIROS VIEIRA, O Protestantismo, a maçonaria e a questão religiosa no Brasil, p. 345.
[106] A.I, "Círculo Beneditinos", em: *Boletim do Grande Oriente do Brasil*, n. 4 (março), Tipografia do Grande Oriente e da Luz, Rio de Janeiro, 1872, p. 102.
[107] GÉRSON BRASIL, *O regalismo brasileiro*, p. 200.
[108] MANOEL TAVARES CAVALCANTI, "Relações entre o Estado e a Igreja", em: *Revista do Instituto Histórico e Geográfico Brasileiro* (tomo especial – 1922), vol. VI, Imprensa Nacional, Rio de Janeiro, 1928, p. 312.

A importância e dificuldade da missão igualam, sem dúvida, à gravidade dos acontecimentos que lhe dão origem, e as preocupações sérias e que naturalmente dão lugar a conflitos dessa natureza. [...] Quanto, porém, ao êxito da missão, permita-me V. Ex.ª não lhe dissimular o meu pensamento: duvido, a ponto de não crer, do seu feliz resultado. Quando o atual Pontífice, prosseguindo na sua obra de "restauração religiosa", encetada depois dos desastres de 1848, obteve do Concílio do Vaticano o concentrar na sua pessoa a *infalibilidade* (o grifo é do autor) da Igreja Universal; – quando, aquele que deve ser o conselheiro, o juiz dos bispos, se faz parte com eles nas suas agressões, aprovando-as e animando-os, como no nosso caso, o que é lícito esperar de um Poder dessa natureza, que se erige em superior nas suas relações com o Estado.[109]

O grão-mestre do Vale dos Beneditinos, Saldanha Marinho, posicionou-se contra a iniciativa, por entender que a Santa Sé não merecia semelhante consideração e que, com base na própria legislação que tinha, o Brasil deveria resolver o caso a seu modo:

Além de ser um erro imperdoável, além de manifestar uma contradição flagrante com os atos anteriores, e especialmente com a arrogante rejeição das medidas que o corpo legislativo oferecera, seria igualmente improfícuo e prejudicial. [...] Em nome do Imperador do Brasil se depositou aos pés de Pio IX um PEDIDO SUBMISSO, por que este, que "nem chefe do Catolicismo pode ser considerado" é temido pelo nosso governo como o "infalível despótico" dominador de uma Igreja, que o Sr. Presidente do Conselho quer "por força e contra a própria dignidade da nação", que continue a ser considerada do Estado!
As bulas de excomunhão da maçonaria não estavam revestidas dessa impreterível solenidade. Se, pois, alguma coisa se devesse fazer em Roma, era exigir da Santa Sé e impor-lhe o reconhecimento desse direito político brasileiro.[110]

Embora "Ganganelli" não o tenha dito e quiçá não o soubesse, foi mais ou menos isso que as autoridades governamentais tentaram fazer. As *instruções* que Penedo tinha recebido aos 21 de agosto de 1873 demonstram que não se desejava nenhum acordo, mas somente defender com intransigência o carrancismo de corte pombalino, dando um *ultimatum* à Santa Sé:

Pela leitura dos diários dessa capital, estará V. Ex.ª informado do grave conflito que alguns Bispos Brasileiros, com especialidade o de Pernambuco, têm provocado, procedendo de modo inteiramente contrário às instituições do país e às disposições que se acham em vigor desde os tempos da monarquia portuguesa. [...] O Papa aprovou-lhe os atos e aconselhou que dissolvesse irmandades, criando outras de sua própria autoridade. Devo prevenir V. Exa. que o governo ordenou o processo do bispo de Pernambuco e, se for necessário, empregará outros meios legais de que pode usar, embora sejam mais enérgicos, sem esperar pelo resultado da missão confiada ao zelo e às luzes de V. Ex.ª. Encarregando-o dessa missão, não pensa ele suspender a ação das leis. É do seu dever fazer que estas se cumpram. O que o governo quer é acautelar a recorrência de procedimentos mais graves.

---

[109] AHI, Ofício n. 1 do Barão de Penedo ao Visconde de Caravelas, Londres 30-9-1873, em: *Missão especial a Roma*, 272, 4, 4.
[110] JOAQUIM SALDANHA MARINHO, *Estado da questão religiosa*, tomo II, Tipografia do Diário do Rio de Janeiro, Rio de Janeiro, 1874, p. 6-7, 15.

A ordem para o processo do Bispo há de ser publicada talvez antes de se expedir este despacho. Quanto à possibilidade do emprego de meios mais enérgicos, não será necessário que V. Ex.ª a mantenha em reserva. Se for interrogado a este respeito, poderá dizer francamente o que lhe comunico.
Não envio a V. Exa. plenos poderes porque, tratando-se de conseguir que sejam respeitadas a constituição e as leis, não há ajuste possível. O governo não pede favor, reclama o que é 'justo' e não entra em transação.[111]

Como Penedo era bastante sagaz para perceber a inconveniência de apresentar semelhantes *instruções*, melhor dizendo, ameaças, em Roma, chegando lá no dia 18 de outubro de 1873, adotou outra tática. No dia 20 ele procurou o Cardeal secretário de Estado, Giacomo Antonelli, para conseguir uma audiência com o Papa, o que acabou ocorrendo no dia 23 seguinte. Do encontro, o barão diria: "Sua Santidade me recebeu com tanta afabilidade, recordando a minha primeira missão e facilitando-me tratar logo da matéria".[112] Ele faria isso, mas, ocultando sua condição de maçom, também apresentaria a Pio IX noutra ocasião, um detalhado *Memorandum* cuja redação terminara no dia 29 daquele mesmo mês. O documento acabou indo parar nas mãos do Cardeal secretário de Estado, e seu conteúdo desenvolvia uma teoria semelhante àquela de Joaquim Nabuco, segundo a qual, a questão religiosa havia eclodido por culpa do bispo de Olinda, que adotara doutrinas subversivas, com abuso do múnus episcopal, coisa que não tinha nenhuma razão de ser, considerando que a maçonaria nunca havia se mostrado hostil à religião no país. Hábil no uso das palavras, o autor cometeria o deslize ao citar o *beneplácito* e o *recurso à Coroa* como "direitos" da soberania do Brasil, coisa que a Santa Sé, como se sabe, sempre rejeitara com firmeza. A necessidade, entretanto, de salvar a todo custo o regime, levá-lo-ia a alertar que "outros prelados tomaram igualmente o caminho da ilegalidade, desprezando o beneplácito imperial".[113]

Apesar das gafes verbais, o barão não fazia as coisas a esmo: o artifício de que se serviu era de uma engenhosidade maquiavélica, pois, se convencido, o Papa provavelmente faria uma admoestação aos acusados, a qual seria utilizada para desacreditá-los e desagravar o Estado, colocando os prelados em contradição com a palavra do próprio Sumo Pontífice. Com esse objetivo, Penedo manipulou o quanto pôde os fatos:

> Prescindindo do abuso em postergar o beneplácito imperial, se o Rev. Bispo se houvesse limitado a exortar os seus diocesanos a que abandonassem uma sociedade que a Santa Sé tem declarado inimiga da Religião, lembrando aos fiéis as penas e censuras eclesiásticas, e até mesmo examinando-as, seria isso mera questão de consciência, circunscrita ao domínio das crenças nas prescrições da Igreja.
> Mas, desde que estas penas, passam a ter feitos externos, começa o conflito entre o mandamento espiritual e a lei civil. Querer dar a essas penas semelhantes efeitos, é no Brasil ir de encontro aos princípios fundamentais da constituição, tais como, entre outros, o direito de não ser perseguido por motivos de religião.

---

[111] AHI, Despacho do visconde de Caravelas ao barão de Penedo (21-8-1873), em: *Missão especial a Roma*, 272.4.4.
[112] AHI, Ofício n. 2 do barão de Penedo ao visconde de Caravelas (27-10-1873), em: *Missão especial a Roma*, 272.4.4.
[113] AAEESS, "Memorandum", em: *América I* (Brasil), fasc. 185, pos. 156, fl. 2-7.

> Aplicando como fez o Rev. Bispo a pena de interdito à irmandade inteira por não haver expelido de seu seio os maçons, exorbitou de sua jurisdição, exigindo para uma pena meramente espiritual um efeito temporal, contrário à natureza da pena, e oposto à lei civil.
> O excesso de jurisdição e usurpação do poder temporal legitimava, pois, o recurso à Coroa por parte da irmandade interditada.[114]

Naturalmente que o representante do Brasil omitiu a campanha anticlerical das folhas maçônicas, além do fato de que os bispos estavam sob processo e do escândalo que isso causara entre os católicos.[115] A audiência, no entanto, terminou com uma vaga promessa de Pio IX de fazer o que pudesse, contanto que não ficasse em contradição consigo próprio. Seguiram-se então as tratativas com o Cardeal Antonelli, que recebeu ao mesmo tempo relatório confidencial do internúncio, Monsenhor Sanguigni. Nesse ínterim, chegando o dia 16 de janeiro de 1874, mesmo sem possuir em mãos nada que o confirmasse, numa viagem de Paris a Londres, Penedo enviou ao Brasil outro ofício afirmando que o Papa estava em desacordo com as atitudes assumidas por Dom Vital:

> Só aqui me foi dado ler a resposta do Bispo de Olinda ao Supremo Tribunal de Justiça, declinando a competência desse tribunal para julgá-lo. Nesse celerino documento, insiste aquele Prelado em ostentar o apoio do Santo Padre, o qual, no seu dizer, "não só havia louvado o seu procedimento, como até lhe havia auferido plenos poderes para dissolver as irmandades recalcitrantes e rebeldes, mandando que comunicasse o respectivo Breve aos outros bispos do império".
> Esta insistência me sugere a necessidade de dar quanto antes a V. Ex.ª informações mais circunstanciadas sobre este assunto. O Santo Padre mostrou-se descontente de todos esses excessos, e atribuindo-os à exageração de ideias bebidas na França, onde fora educado, mais de uma vez falou do escrúpulo que tivera em aprovar a nomeação de um Bispo ainda tão moço, ao que só anuíra por condescendência para com o Imperador. O Cardeal Antonelli disse-me confidencialmente que o Bispo de Olinda nunca sequer respondera ao Internúncio Apostólico, Monsenhor Sanguigni, o qual, mais de uma vez, lhe escrevera aconselhando-lhe prudência e moderação.
> À vista destes fatos, é forçoso reconhecer que o Bispo de Olinda não recebeu de Roma a missão de executar um plano premeditado para a preponderância da Igreja sobre o poder civil.[116]

A interpretação de que a resistência do bispo de Olinda ante a notória invasão do espiritual pelo temporal era exatamente o contrário, isto é, um plano premeditado para a preponderância da Igreja sobre o poder civil, dá a exata noção do que Penedo era capaz no manejo das palavras. Em relação à acusação feita acima, ele deixava, no entanto, um importante particular em aberto: em sua defesa, Dom Vital tinha o Breve assinado por Pio IX, autorizando-o a repassá-lo aos demais bispos, enquanto que ele, o barão, tinha apenas sua palavra e um arcabouço regalista imposto que a Igreja jamais

---

[114] ANTÔNIO DE MACEDO COSTA, *A questão religiosa do Brasil perante a Santa Sé*, p. 33.
[115] PEDRO CALMON, *O Rei filósofo – vida de Dom Pedro II*, p. 311.
[116] AHI, Ofício n. 5 do barão de Penedo ao visconde de Caravelas (16/1/1874), em: *Missão especial à Santa Sé*, 272.4.4.

reconhecera. Mesmo assim, o barão acrescentaria novos e pitorescos detalhes à sua experiência romana, alguns particularmente insólitos, como aquele em que assegurava ter ouvido do próprio Papa a reclamação de que Dom Vital era *una testa calda* (uma cabeça quente). Mais extravagante ainda foi certa história divulgada, segundo a qual, ao encontrar-se tempos depois com o bispo de Olinda, o Papa teria levantado o solidéu e exclamado: "Ah! Figlio mio! Agora compreendo os vossos atos em Pernambuco. Não tendes um só cabelo branco; e, entretanto, muitos do que tenho em minha cabeça, fostes vós que mos fizestes!"[117]

Outra versão dos fatos se encontra na obra *A Questão Religiosa do Brasil perante a Santa Sé*, de Dom Antônio de Macedo Costa, em que o prelado de Belém afirma que o autor da expressão de que Dom Vital era uma *testa calda* havia sido o próprio Penedo, desejoso se passar dele a imagem de um jovem estouvado e imprudente. Quanto às palavras ditas por Pio IX ao se encontrar com o prelado nordestino, segundo Dom Antônio, teriam sido as seguintes: "Mio caro Olinda! Mio caro Olinda! Exclamava Pio IX, trocando-lhe generosamente o nome pelo da diocese; e os olhos do Vigário de Jesus Cristo fitavam arrasados de lágrimas, o jovem confessor da fé".[118]

Pesa em favor da segunda versão a pouca confiança demonstrada pelo governo ante a suposta intimidade benévola de Pio IX para com Penedo; tanto assim que o visconde de Rio Branco lhe enviou em seu auxílio o cônego Pinto Campos. O trabalho desse padre seria o de reforçar a obra de persuasão, mas sua empreitada não foi menos infeliz que a do barão. Conhece-se, no entanto, o conteúdo de uma carta sua, datada de 28 de janeiro de 1874, em que dizia que "o barão foi muito bem recebido! O Santo Padre censura e reprova o procedimento do bispo de Pernambuco, que não interpretou bem as pias intenções".[119]

As coisas não aconteceram exatamente assim, e a imprensa católica tomou a defesa dos bispos, criticando asperamente o cônego,[120] enquanto que o Arcebispo Primaz, Dom Joaquim, enviou ao imperador uma *Representação* que havia terminado de redigir no dia 18 de dezembro do ano precedente, acusando asperamente o fato de o deísmo haver substituído o Catolicismo como religião de Estado no Brasil:

> Quando presumia-se que a Religião Católica Apostólica Romana, a Religião do Estado, o depósito precioso que nos legaram nossos antigos pais, continuaria a ser, como sempre, seguida e acatada, é quando pelo inverso, com indescritível pesar, a vemos quase banida de nossas plagas, a fim de ser substituída pelo fictício culto do Supremo Arquiteto do Universo, que outra cousa não é nem pode ser senão o puro deísmo.[121]

---

[117] CARLOS DELGADO DE CARVALHO, *História diplomática do Brasil*, Companhia Editora Nacional, São Paulo, 1959, p. 132, 134.
[118] ANTÔNIO DE MACEDO COSTA, *A Questão Religiosa do Brasil perante a Santa Sé*, p. 99, 285.
[119] PEDRO CALMON, *História do Brasil*, vol. IV, Companhia Editora Nacional, São Paulo, 1947, p. 488.
[120] PEDRO CALMON, *A Princesa Isabel, "A Redentora"*, Companhia Editora Nacional, São Paulo, 1941, p. 118.
[121] MANUEL JOAQUIM DA SILVEIRA, *Representação a Sua Majestade o Imperador*, Tipografia Americana, Bahia, 1873, p. 3.

Enquanto isso, a missão de Penedo começava a ver desmoronar as suas pretensões. Para começar, no dia 18 de dezembro anterior, o Cardeal havia respondido ao *Memorandum* que dele recebera, com um parecer que praticamente descartava a possibilidade de tomá-lo em consideração numa tratativa; mas ele não desistiria. Afinal, após as entrevistas de praxe, Penedo assegurou que Antonelli em pessoa lhe informara que havia redigido uma carta repreensiva a Dom Vital. Sem possuir uma cópia que o comprovasse, ele enviou um ofício exultante ao marquês de Caravelas:

> Em ofício reservado n. 2, de 25 de novembro último, tive a honra de dizer a V. S.ª que o meu *Memoradum* ia ser submetido a uma congregação de Cardeais. Tenho agora o prazer de comunicar a V. Ex.ª a solução final da questão que me trouxe a Roma: É a mais completa e satisfatória possível.
> Na cópia junta lib. n. 1, verá V. Ex.ª a Nota do Cardeal Secretário d'Estado em resposta ao meu *Memorandum*. Ali diz Sua Eminência "que o Santo Padre está disposto a empregar aqueles meios que, na sua alta sabedoria e na sua paternal benevolência para com os católicos do Brasil, julgar apropriados para pôr termo ao deplorável conflito". Os meios que ele alude são os seguintes: Por ordem do Santo Padre, escreve o Cardeal Antonelli ao Reverendo Bispo de Olinda uma carta oficial, fazendo-lhe censuras e admoestações sobre o seu procedimento e recomendando-lhe que levante os interditos lançados sobre a Igreja de sua diocese. O Cardeal mostrou-me a carta, e estou autorizado a dizê-lo a V. Ex.ª. O teor dessa carta é assaz severo, e aqui refiro em substância alguns de seus tópicos. Traz logo no exórdio a seguinte frase "*gesta tua non laudantur*", e declara o pesar que causaram ao Santo Padre esses sucessos. – Que o Bispo entendera mal a carta do Santo Padre de 29 de maio. – Que se houvesse a tempo consultado o Santo Padre lhe teria poupado esse pesar. – Que ali tanto se lhe recomendava moderação e clemência, mas que se havia lançado no caminho da severidade. – Pelo que o Santo Padre lhe ordenava que restabelecesse ao antigo Estado, *ad pristinum statum adducas*, a paz da Igreja que se havia perturbado. E apesar de estar a ideia do levantamento dos interditos implicitamente subentendida no contexto da carta, ficou afinal expressamente inserida essa determinação, pelo que tanto insisti com o Cardeal e até pedi a Sua Santidade.
> O Internúncio Apostólico, Monsenhor Sanguigni, receberá essa carta com instrução de levá-la ao Reverendo Bispo de Olinda e transmitir cópia ao do Pará.[122]

O visconde do Rio Branco, o marquês de Caravelas e Dom Pedro II se alegraram com o ofício do barão de Penedo, mas, a frase *gesta tua non laudantur* (os seus feitos não são louváveis) não era mencionada na dita carta (seria publicada por Dom Antônio de Macedo Costa em 1886); e mais tarde, o embuste acabaria desmentido por Tarquínio Bráulio de Souza Amaranto, em pleno parlamento: "O 'gesta tua' é uma grande mentira que se pregou a esse país".[123]

8.9.1 – A prisão de Dom Vital e Dom Antônio

A ordem de detenção do bispo de Olinda, datada de 22 de dezembro de 1873, chegou ao Recife no dia 1º de janeiro de 1874, e, no dia seguinte, o desembargador Quintino José de Miranda, Chefe de polícia, por volta de uma da tarde, apresentou-se

---

[122] AHI, Ofício (reservado) n. 4 do barão de Penedo ao Visconde de Caravelas (20-12-1874), em: *Missão especial à Santa Sé*, 272.4.4.
[123] *Anais do Parlamento Brasileiro – Câmara dos Deputados, sessão de 1874*, p. 26.

no palácio episcopal da soledade, com seu escrivão, para ler o decreto e executar a ordem. O bispo ouviu-o tranquilo, mas disse que só iria levado à força. Ele saiu para buscar o destacamento, enquanto Dom Vital foi para seus aposentos onde escreveu duas cartas. Na primeira, nomeava três governadores para o bispado, que deviam substituí-lo interinamente de forma sucessiva, no caso de impedimento ou morte de algum deles. Na segunda lavrou um protesto contra a ordem de prisão; após o que, recolheu-se na capela do palácio. Chegando a força requisitada, junto ao desembargador estavam o inspetor do arsenal da marinha, um tenente-coronel e vários soldados. Dom Vital recebeu-os revestido dos paramentos episcopais e entregou-lhes o protesto que redigira, e que levava também a assinatura de vários padres diocesanos. O conteúdo do documento não contemporizava:

> Protestamos, diante do nosso rebanho muito amado e de toda a Santa Igreja de Jesus Cristo, da qual somos bispo, posto que muito indigno, que só deixamos esta cara diocese, que foi confiada à nossa solicitude e vigilância, porque dela somos arrancados violentamente pela força do governo. Protestamos, outrossim, com todas as forças de nossa alma contra esta violência, que em nossa humilde pessoa acaba de ser arrogada à Santa Igreja Católica Apostólica Romana, violência que jamais será capaz de alienar nossos direitos, privilégios e prerrogativas de supremo e legítimo pastor desta diocese. Protestamos, finalmente, que em todo e qualquer lugar onde nos acharmos, conservaremos fielmente o mais ardente amor e a mais profunda dedicação aos nossos queridos diocesanos, cuja guarda a Deus confiamos e, depois, aos governadores por nós nomeados.[124]

O bispo se dispôs ir até a prisão a pé, mas o juiz, percebendo que começava a se juntar gente ao redor do palácio, advertiu-o que ele, na condição de prisioneiro, já não possuía vontade própria. Seguiram então num carro de praça até o arsenal da marinha, onde Dom Vital permaneceria sob a vigilância do inspetor do porto de Recife, capitão Steple da Silva. Nos três dias que se seguiram, houve grande agitação na cidade, e de todos os lados acorriam pessoas para visitar e manifestar apoio ao bispo detido. Um fato particularmente insólito marcou o período: trinta maçons vieram até ele e abjuraram, colocando aos seus pés os diplomas das grandes lojas que frequentavam. Num crescendo, no domingo, 5 de janeiro, após participar das missas nas distintas igrejas, uma grande massa de fiéis se dirigiu ao arsenal, provocando profundos receios em Lucena. Como expediente, ele mandou dizer a todos que Dom Vital não seria embarcado naquele dia, e a multidão se dispersou. Durante a noite, porém, fez o possível para antecipar a transferência, e por volta das 5 da manhã do dia seguinte, o prisioneiro, acompanhado voluntariamente pelo Pe. José de Lima Sá, foi embarcado na corveta *Recife* e enviado para o Rio de Janeiro.[125] A embarcação chegou à Bahia no dia 8, e o Arcebispo Primaz, Dom Manuel Joaquim da Silveira, subiu a bordo para cumprimentar o irmão de episcopado. Colocou seu palácio à disposição, mas negaram-lhe o consentimento. Após permanecer ali por quatro dias, Dom Vital foi transferido para o vaso *Bonifácio* que o levaria ao seu destino.[126]

---
[124] JÚLIO CÉSAR DE MORAIS CARNEIRO, *O Catolicismo no Brasil (Memória histórica)*, p. 197-198.
[125] RAMOS de OLIVEIRA, *O Conflito maçônico-religioso de 1872*, p. 141-142.
[126] THEODORO HUCKELMANN ET ALII, *Dom Vital in memoriam*, p. 66-67.

A bordo da nova embarcação, Dom Vital chegou à Corte na noite do dia 13, sendo recolhido no arsenal da marinha. No dia 5 de fevereiro, foi-lhe enviado o libelo-crime para que desse sua resposta em contrário, mas, no dia 10, ele se limitou a repetir um versículo sucinto do evangelho de São Mateus 26,63: "Senhor! – *Jesus autem tacebat*!"[127] O meio político logo registrou as primeiras reações: Tarquínio Bráulio de Souza Amaranto, RN, amigo de Dom Vital, rompeu com o ministério, do qual era membro, e declarou seu apoio aos prisioneiros. Foi o início para que outros parlamentares assumissem o mesmo tom.[128]

O internúncio Sanguigni, que havia dado um tratamento político ao caso, inclusive colaborando com membros do alto escalão do governo para que os bispos assumissem atitudes conciliatórias, sentiu na própria pele que as autoridades civis brasileiras não aceitavam acordo, mas apenas submissão eclesiástica. Informado da prisão de Dom Vital, de Petrópolis, local onde se encontrava a internunciatura, aos 22 de fevereiro de 1874, escreveu uma prudente e polida nota de protesto ao visconde de Caravelas, lamentando o escândalo que o fato causara nos jornais da capital, sem excluir o *Diário Oficial*, e para recordar que a detenção de um prelado da Igreja, fato até então desconhecido na história do Brasil, era uma humilhação, além de manifesta violação da imunidade eclesiástica. Sanguigni, sabendo que Dom Antônio corria o mesmo risco, ainda tentou contemporizar, salientando que, "longe de discutir esta assaz penosa e desgraçada questão, sobre a qual apareceram por todos os lados e em todos os sentidos razões mui valiosas para dilucidá-la, limita-se em querer conservar salvos e ilesos os imprescritíveis direitos da Igreja e da Santa Sé, e particularmente as da violada imunidade eclesiástica".[129]

A resposta, que recebeu no dia 1 de março seguinte, demonstrou de forma definitiva todo o desprezo que determinados setores do governo do país sentiam pela Igreja:

> Nesta nota trata S. Exa. do julgamento do Revmo. Bispo de Olinda, alude ao processo instaurado contra o do Pará, e, depois de declarar que o tribunal civil é incompetente, conclui, protestando contra qualquer violação dos direitos e leis da Igreja, praticada nesta questão, especialmente em prejuízo da imunidade eclesiástica. Os próprios termos essenciais do protesto indicam qual pode e deve ser a resposta do governo imperial. Formulo-a em poucas palavras, não porque seja difícil ao mesmo governo sustentar o que V. Exa. nega, mas porque não devo aceitar a discussão daquilo que só pode ser discutido por quem tenha o direito de fazê-lo. O tribunal que julgou o Revmo. Bispo de Olinda e que há de julgar o do Pará é o Supremo Tribunal de Justiça do Império, por nossas leis competentes, e esta competência não depende do juízo de nenhuma autoridade estrangeira, seja ela qual for. O protesto do Sr. Internúncio Apostólico, permita S. Exa. que o diga, é, portanto, impertinente e nulo, não pode produzir efeito algum.[130]

---

[127] ASV, "Contrariedade", em: *Nunciatura Apostólica no Brasil*, fasc. 208, caixa 45, fl. 135.
[128] Luiz da Câmara Cascudo, "Um amigo de Dom Vital", em: *A Ordem*, vol. XVI, Centro Dom Vital, Rio de Janeiro, 1936, p. 59.
[129] Antônio Manuel dos Reis, *O bispo de Olinda, D. Frei Vital Maria Gonçalves de Oliveira perante a história*, p. 343-345.
[130] Júlio César de Morais Carneiro, *O Catolicismo no Brasil (Memória histórica)*, p. 196-197.

Enquanto isso, a notícia das prisões chegou a Roma, provocando forte comoção. A carta mencionada por Penedo não foi enviada ao governo, nem seu conteúdo pôde ser comprovado. O próprio descaso com que o governo tratava a Santa Sé pôs a perder qualquer possibilidade de solução diplomática. Afinal, somente como um intencional ultraje, pôde ser entendida a atitude das autoridades do país de mandarem publicar na imprensa as duríssimas *instruções* dadas anteriormente ao seu emissário. O barão de Alhambra, embaixador do Brasil junto à Santa Sé, no dia 9 de março de 1874, escreveu a Penedo para lamentar o fato e censurar-lhe o comportamento:

> Logo que recebi sua penúltima carta, fui falar com o Cardeal Antonelli, dizendo-lhe que estava autorizado da parte de V. Ex.ª a confirmar não ter feito as declarações enunciadas naquela nota. Respondendo-me Sua Eminência que, quando falasse na sua nota dos sentimentos manifestados pelo Sr. Barão de Penedo, se referia às vãs disposições expressas por parte do governo imperial para o estabelecimento do desejado acordo.
> Sua Eminência disse que ele foi vivamente surpreendido conhecendo pelos jornais do Brasil a publicação das instruções que foram dadas por S. Ex.ª pelo governo imperial [...] O Cardeal disse: "Se o Santo Padre houvesse prévio e formal conhecimento de tais disposições das instruções, recusaria certamente tratar com S. Ex.ª, bem como nunca foi questão nas conferências, da prisão e condenação dos bispos".[131]

Penedo acabou passando por mistificador, e Dom Macedo, tomando conhecimento do boato, negou qualquer mérito à sua missão e acusou-o de haver tentado enganar a Cúria Romana, dissimulando a perseguição que o império movia à Igreja. Registre-se, no entanto, que o Cardeal Antonelli realmente enviou uma carta ao internúncio, datada de 18 de setembro de 1873, para ser entregue a Dom Vital. Monsenhor Sanguigni foi à prisão para entregá-la, mas se viu surpreendido pela perspicácia do bispo, que lhe perguntou decidido: "Monsenhor, terá porventura notícia do Santo Padre a me comunicar? Sabe ele que estou preso?" Embaraçado, Sanguigni balbuciou algumas palavras evasivas e saiu sem explicar o motivo da visita.[132] Mesmo assim, como a carta devia ser entregue, ele incumbiu Dom Pedro Maria de Lacerda de executar a penosa tarefa, o que foi feito no dia 21 de janeiro de 1874. Dom Vital leu-a e respondeu-a no dia seguinte, dizendo que desejava quanto antes executar a vontade do Vigário de Jesus Cristo, mas que para tanto precisava de esclarecimento "acerca de um ponto prático".[133] Sanguigni lhe mandou dizer que não podia dar-lhe nenhuma explicação, porque não recebera instruções a respeito. Mesmo assim, aconselhava-o a publicar a letra imediatamente e pedir instruções ao Cardeal secretário de Estado.[134] Antes de recorrer a Antonelli, o bispo optou por apelar ao próprio Papa, confiando tal incumbência ao seu secretário particular, Pe. José de Lima e Sá, futuro jesuíta. De posse das informações

---
[131] AHI, Carta do barão de Alhambra a Penedo (9/3/1874), em: *Missão especial à Santa Sé*, 272.4.4.
[132] JACINTO PALAZZOLO, *Crônica dos Capuchinhos do Rio de Janeiro*, p. 201.
[133] ASV, "Carta de Dom Vital ao internúncio Sanguigni" (22-1-1874), em: *Nunciatura Apostólica no Brasil*, fasc. 210, caixa 45, doc. 19, fl. 86.
[134] VITAL MARIA GONÇALVES DE OLIVEIRA, *Abrégé historique*, p. 35-36.

contidas em dita missiva, Pio IX, indignado, no dia 1° de abril de 1874, escreveu a Dom Vital, mandando destruir a carta de Antonelli e desmentindo a versão do barão:

> Nós, venerável irmão, nunca absolutamente duvidamos desta tua excelente vontade, e nada mais desejamos do que, se algum cuidado por esta causa te angustia, o lances fora. Nem só, porém, pensamos que te deves livrar de toda ansiedade a tal respeito, mas além disso, outra vez te louvamos no Senhor pelo teu zelo sacerdotal em defender a causa da religião, pelo qual sentimos veementíssimo pesar de estares sofrendo uma injusta condenação, e sinceramente Nos congratulamos que a sofras com uma virtude digna do grau que ocupas.[135]

Quanto a Dom Antônio, no dia 20 de março, prevendo a própria prisão, como já fizera Dom Vital, ele baixou igualmente uma portaria minuciosa, nomeando seus eventuais substitutos no governo da diocese e os limites da autoridade interina que exerceriam:

> Tendo nós, já, nesta data, prevendo a violência que nos vai ser feita, nomeado aqueles que têm de governar o Bispado em Nossa ausência, julgamos tomar as medidas seguintes para serem publicadas e executadas em tempo oportuno, caso o exijam as eventualidades: 1°) Se por qualquer impedimento os três governadores nomeados – Revmos. Cônegos Sebastião Borges de Castilho, Dr. João Tolentino Guedelha Mourão e Luís Barroso de Bastos – ficarem inibidos a exercer as funções desse cargo, desde já nomeamos para os substituir os seguintes Revmos. Cônegos: Arcediago José Gregório Coelho, José Pinto Marques, João Ferreira de Andrade Muniz, cura da Sé, Luís Martinho de Azevedo Couto, Padres Raimundo Amâncio de Miranda, João Simplício das Neves Pinto e Souza e José Nicolino de Souza, os quais, firmes como nos princípios católicos e na obediência aos seus legítimos prelados, servirão cada um por sua vez e pela ordem de sua nomeação, no impedimento dos outros, sendo estes os Nossos únicos delegados, legítima e canonicamente nomeados. 2°) Tanto os nossos três governadores primeiramente nomeados, como estes outros que agora nomeamos, terão plena jurisdição episcopal para governarem e administrarem a Diocese do Pará em nossa ausência, exceto as limitações seguintes:
> a) Não poderão conceder em tempo nenhum letras dimissórias para ordenação;
> b) Não poderão levantar os interditos que temos imposto às capelas das Ordens Terceiras de São Francisco e de Nossa Senhora do Carmo, assim como as suspensões das funções religiosas ou das sagradas Ordens que houvermos fulminado, às Irmandades e aos clérigos;
> c) Não darão demissão nem suspenderão das santas Ordens a nenhum sacerdote, nem admitirão na Diocese nenhum de fora, sem que sejamos primeiro consultados, servindo-se do telégrafo em caso de urgência;
> d) Não farão finalmente mudança alguma nem na direção do seminário nem no estado da Diocese, sem consulta e direção Nossa.
> Exceto estes pontos, em que Nós reservamos a Nós pessoalmente toda jurisdição, damos a estes Nossos delegados todos os poderes que lhes podem ser conferidos em virtude dos sagrados cânones.[136]

---

[135] Antônio de Macedo Costa, *A questão religiosa do Brasil perante a Santa Sé*, p. 67-68.
[136] Ramos de Oliveira, *O Conflito maçônico-religioso de 1872*, p. 204-205.

Foi uma medida sensata, pois, no dia 28 de abril, o juiz de direito João Florentino Meira de Vasconcelos ordenou a prisão do prelado de Belém, indo ele próprio entregar o mandato. Após lê-lo, Dom Antônio, repetindo o gesto de Dom Vital, disse que cedia à força, mas que ia protestar. O juiz, temeroso de uma reação popular, quis impedi-lo, mas Dom Antônio lhe replicou que até metido em ferros ninguém o impediria. Ditou então um manifesto para o cônego Mourão redigir, o qual, além da sua assinatura, levava as firmas de todos os clérigos presentes, afirmando:

> Cedendo à força, e entregando-me à prisão, devo, como cidadão e como Bispo, levantar um protesto solene contra esta violência e, o que é mais, uma violação da constituição e das leis deste país, mais uma ofensa à liberdade das almas, mais um golpe doloroso, que irá ferir através do oceano o coração já tão magoado do Santo Padre Pio IX e de todos os católicos do mundo. Declaro perante meus diocesanos, perante minha pátria, perante a Igreja, e sobretudo perante Deus, que há de julgar as justiças da terra, que não cometi a mínima infração das leis do meu país e que só procurei ser fiel à Santa Igreja Católica, Apostólica, Romana, a que pertenço e pertencerei, mercê de Deus, até o último suspiro de minha vida. Declaro mais que sou arrancado contra a minha vontade e por viva força a este caro rebanho, de que sou legítimo Pastor. Perdoo de todo coração os que deram causa a estas tribulações, porque está passando a Igreja do Brasil, e nesta hora solene de minha vida, dou do fundo d'alma minha mais afetuosa bênção a todos os meus queridos diocesanos, a este povo fiel do Pará e do Amazonas, a quem rogo fique sempre fiel às suas crenças, estando sempre unido ao seu legítimo bispo, que continua a sê-lo ainda no cárcere ou no degredo, e, principalmente, ao nosso Augusto Pontífice Pio IX, Vigário de Jesus Cristo.[137]

Levado para o arsenal da marinha local, Dom Antônio seria embarcado no dia 7 de maio para a capital federal, a bordo de um vapor inglês,[138] que o fez chegar à sua destinação no dia 19. O Arcebispo da Bahia, Dom Manuel Joaquim da Silveira (1807-1874), revoltado, conclamou todos os prelados do Brasil à resistência passiva contra o cerco maçônico institucionalizado:

> Veneráveis Irmãos, eis chegada, como sabeis, a hora sinistra do triunfo das trevas, em que o império do erro e da mentira devia firmar seu trono sobre os mais deploráveis destroços da Religião e da Fé. [...] Um abismo cava ordinariamente outro abismo. Aí vem mais uma ilustre vítima escoltada, singrando as ondas do Amazonas para a Corte do império, compartilhar os mesmos acerbos sofrimentos de seu coirmão no apostolado. [...] Transido de profunda dor à vista de tantas e tão estupendas emergências, eu não hesito dizer que a Religião seria mais bem acatada entre os sectários do Alcorão do que nas cristianizadas terras do cruzeiro. É sobremodo evidente que pertence à seita, e não à Santa Igreja, a inteligência das Escrituras, a manutenção dos cânones, a explicação das Bulas, a interpretação dos Concílios, porque quem governa no Brasil o Catolicismo é o poder dos *Orientes* (os grifos são do autor), e não o Evangelho de Jesus Cristo. [...] Veneráveis Irmãos, o que cumpre fazer em tão crítica atitude? Bradamos em alta voz e por escrito, com o *clama ne cesses* do Profeta, e empreguemos a resistência passiva que o Evangelho nos recomenda. Sim,

---
[137] RAMOS DE OLIVEIRA, *O conflito maçônico religioso de 1872*, p. 143-144.
[138] ANTÔNIO MENDES JÚNIOR E RICARDO MARANHÃO, *República* Velha, p. 132.

obedeçamos primeiro a Deus, depois de Deus a César, aos *Orientes* nunca. Venham e venham quanto antes as denúncias, as acusações, as prisões, os libelos, as sentenças, os cárceres, as deportações, os banimentos. Falange compacta nos certames da Fé, nós os bispos brasileiros não imitaremos o repreensível exemplo dos antigos *traditores*, que apavorados com a vista dos suplícios, ou abandonavam as suas sedes, ou entregavam aos tribunos idólatras o sagrado depósito dos livros inspirados.[139]

Enquanto isso, aos 17 de junho de 1874, no arsenal da marinha carioca onde estava recolhido, foi entregue a Dom Antônio cópia do libelo acusatório contra sua pessoa. Ele se limitou a dizer: "Nada mais me resta a fazer senão apelar para a justiça divina".[140] O mesmo libelo, no dia 7 de julho seguinte, seria apresentado no tribunal; mas como também o fizera Dom Vital, ele não se abalou. Chegado o dia 22 de outubro, em pleno andamento do processo, veio a público sua carta pastoral de nome *A razão do atual conflito*, em que reafirmava a posição que assumira:

> A nossos olhos, nenhum é digno do nome de bispo, senão aquele que sofre perseguição pela justiça, e por isso dispostos estamos a arrostar as inimizades dos maus, servindo fielmente a causa de Deus, antes que provocar a cólera celeste traindo nosso dever para lhes agradar. [...] Defendemos o depósito da fé; mantivemos a santa liberdade das almas diante dos poderes humanos. [...] As razões alegadas pelo Supremo Tribunal Federal não militam só em particular contra os interditos por nós postos, mas contra todo e qualquer interdito; não é só o ato pessoal dos bispos que recebe o estigma da condenação judiciária; são os interditos em geral, ou antes, a faculdade e o poder mesmo de impor interditos em irmandades. [...] O último Concílio Vaticano declarou que: "Do poder supremo do Romano Pontífice de governar a Igreja universal, segue-se que no exercício deste seu ministério, tem ele o direito de comunicar livremente com os Pastores e o rebanho de toda a Igreja, para que os mesmos possam ser por ele ensinados e dirigidos no caminho da salvação; pelo que condenou e reprovou (o mesmo Concílio), a doutrina daqueles que asseveram *poder-se licitamente impedir* (o grifo é do autor) essa comunicação e que a tornam sujeitas ao poder secular.
> Portanto, quando se acusa os bispos de haverem obedecido a um *Soberano estrangeiro* (idem), quando se dá essa qualificação tão odiosa como inexata ao Chefe Supremo e Augusto do episcopado e da Igreja universal, estabelecido por Jesus Cristo; quando se diz que os bispos são culpados, porque deram por válidas e obrigatórias no Brasil as bulas condenatórias da maçonaria, que aqui nenhum vigor tem por falta de régio e imperial beneplácito, quando se diz que o dever de obediência ao Chefe da religião, ao Vigário de Jesus Cristo, fica subordinado ao parecer das chancelarias governamentais, que com que serem compostas de simples leigos, sectários às vezes de religiões diferentes, têm todavia, jus de aprovar ou desaprovar, deixar correr ou suprimir as decisões da suprema autoridade espiritual estabelecida por Jesus Cristo! Quando se afirma isto, quando se formula esta acusação, e se põe na prisão os bispos por não quererem reconhecer esse pretenso direito das chancelarias do governo, dizei-nos, irmãos caríssimos! O que é que se ataca, o que é que se reprime, o que é que se condena?[141]

---

[139] Manuel Joaquim da Silveira, *Carta Circular do Arcebispo da Bahia, Conde de São Salvador, Metropolitano e Primaz do Brasil aos Exmos. e Revmos. Bispos do Império*, Tipografia Americana, Bahia, 1874, p. 3, 5, 7.
[140] Eugênio Vilhena de Morais, *O Gabinete Caxias e a anistia aos bispos na "questão religiosa"*, F. Brugiet & Cia, Rio de Janeiro, 1930, p. 20.
[141] Antônio de Macedo Costa, *A razão do atual conflito*, Tipografia do Apóstolo, Rio de Janeiro, 1874, p. 7-8, 34, 36-37.

Foi então que um episódio inusitado aconteceu: Dom Antônio recebeu a inesperada visita de uma dupla de emissários que se diziam enviados da parte de dois ministros, com o intuito de convencê-lo a mudar de atitude. Se quisesse, disseram-lhe, fazer muito em segredo a promessa de, voltando à diocese, desfazer os seus atos contra a maçonaria, seria logo posto em liberdade, e o governo o favoreceria de todos os modos. A réplica que receberam foi taxativa: "Estou aqui na prisão, exercendo uma função pontifical. Antes quero morrer, do que fazer um ato indigno que me cobriria de vergonha aos olhos da minha consciência e aos de Deus".[142]

Dom Viçoso, que aos noventa anos de idade era então o mais velho dos bispos do Brasil, acompanhava de perto o desenrolar dos fatos e, por meio de cartas pastorais e instruções, assumiu a causa dos seus irmãos de episcopado, denunciando abertamente a infiltração maçônica. Seu gesto mais desafiador foi realizado no dia 10 de janeiro de 1874, quando, seguindo o exemplo do Arcebispo de Salvador, aderiu à *Representação* que aquele publicara, mas fazendo questão de enviá-la ao próprio imperador. Não havia meios termos na sua indignação:

> Ao escrever e protestar esta minha adesão [à representação redigida pelo Arcebispo da Bahia], chega o correio oficial de 4 deste janeiro, com a notícia da prisão do Sr. Bispo de Pernambuco, e logo a mesma folha de 5 traz a notícia do que se está passando na Alemanha e do muito que sofrem os párocos e os bispos por motivos semelhantes. [...] O Imperador da Alemanha, Rei da Prússia, é herege e penso que também os seus ministros. Eis os protótipos a que imitam os nossos.
> Que vergonha para os da Terra de Santa Cruz, onde plantaram o Catolicismo os Anchietas, Nóbregas e Vieiras e aonde vinham plantá-lo os 40 mártires, trazendo por prelado o Beato Ignácio de Azevedo.
> Senhor, Vossa Majestade sabe que não tenho cavalos nem carruagens, e menos os talers, em que me possam multar; também não podem me prender em calabouços, porque em calabouços estou eu metido, sendo bispo há trinta anos, e tendo de idade quase noventa; pôr-me-ão em liberdade se me tirarem dessa masmorra do bispado, ainda que lhes pareça que me mandam para outra pior prisão".[143]

Apesar das palavras fortes que usou, não recebeu nenhuma represália. Explica-se: Minas, além de ser a mais populosa província do império, era a única a possuir duas dioceses e uma Igreja bastante forte, o que poderia provocar um desfecho diverso daquele que se registrara em Pernambuco e em Pará. Nesse meio tempo, Joaquim Saldanha Marinho e o visconde do Rio Branco preferiram continuar a insistir que os bispos acusados eram estrangeiros, por estarem sujeitos a uma potência estrangeira, a Santa Sé.[144] A inutilidade dessa estratégia acabou sendo reconhecida pelo próprio Saldanha, forçado que foi a admitir que a questão não se restringia a dois bispos, mas a uma inteira concepção de Igreja, em que os reformadores, longe de recuarem, haviam se enrijecido em suas posições:

---

[142] ANTÔNIO DE MACEDO COSTA, *A questão religiosa do Brasil perante a Santa Sé*, p. 132.
[143] ASV, "Representação que faz a Sua Majestade o Imperador, o Bispo de Mariana, aderindo à do Senhor Arcebispo da Bahia de 18 de dezembro de 1873", em: *Nunciatura Apostólica no Brasil*, fasc. 210, caixa 45, doc. 19, fl. 84.
[144] HÉLIO SILVA, *Deodoro da Fonseca*, Editora Três, São Paulo, 1983, p. 116.

O restante do episcopado, salvas as dioceses de Maranhão e Cuiabá, acha-se obcecado do mesmo modo, de ódio, de ultramontanismo. Sociedades chamadas católicas se formam e trabalham para desvirtuar o espírito do povo contra a constituição, contra as leis e contra até a segurança pública. O confessionário trabalha incessantemente na perturbação da paz das famílias. Do púlpito se atiram à população asquerosos insultos. A cadeira sagrada está convertida em esquina onde cada garoto ultramontano pode afixar o seu pasquim. As comunicações para Roma formigam, as ordens secretas se aumentam. A audácia episcopal cada vez mais se ostenta. Os tribunais, que são os competentes, por força do nosso direito, são desacatados; os bispos não os reconhecem! Preso, como está, o jesuíta fr. Vital no Arsenal da Marinha, daí mesmo dirige a diocese de Olinda e manda suspender sacerdotes dignos! As pastorais contra o direito de beneplácito imperial aos decretos de Roma formigam em todo o império.[145]

Para combater a perda do caráter nacional e o fim da submissão da Igreja no Brasil às forças políticas dominantes, "Ganganelli" articulou sua própria eclesiologia. Não se tratava, evidentemente, de um tratado autônomo, mas de um substrato ideológico que transparecia ao longo dos vários assuntos que compunham a obra *Estado da questão religiosa*, publicada em 1874. Teologicamente falando, resumia-se numa interpretação rudimentar, que não ia além da monótona repetição dos lugares comuns da literatura pombalina. Ainda assim, e mesmo que a tentativa tenha sido um previsível fracasso, o documento é interessante por confirmar uma vez mais o quanto a mentalidade regalista era instrumentalizada pelo mencionado grão-mestre:

> A Igreja é a reunião de fiéis e, desde que sua existência não depende dos pontífices, o poder de ligar e desligar é dela e não deste. [...] Nos primeiros séculos as igrejas eram nacionais e autônomas, o que não as impedia de serem unas e católicas, pela comunhão de fé, pelo culto, de caridade e de graça [...] A atual Igreja de Pio IX só reconhece a nacionalidade romana, os usos romanos, a disciplina romana, a vida romana, a autoridade romana, a fé romana...[146]

8.9.2 – O julgamento e condenação dos prelados

Mais discutível que a, digamos assim, teologia de "Ganganelli" só mesmo o processo contra os bispos, se se considera que quem os conduzia era o visconde do Rio Branco, grão-mestre reeleito do Grande Oriente do Lavradio, e que ostentava abertamente sua condição. Isso inclusive foi denunciado pelo senador fluminense Firmino Rodrigues da Silva (1816-1879), na sessão de 5 de julho de 1873:

> Na íntima convicção da impossibilidade de procederem como o Sr. visconde do Rio Branco em circunstâncias especialíssimas, quais as realizadas na situação atual, sendo o presidente grão-mestre da maçonaria; [...] a aceitação da presidência do Conselho pelo grão-mestre da maçonaria não é o fato, que tem mui justamente reprovado, mas haver ele pleiteado com a preponderância de sua posição política,

---
[145] JOAQUIM SALDANHA MARINHO, *Estado da questão religiosa*, tomo IV, p. 11-13.
[146] IBIDEM, tomo I, p. 12-14.

segundo foi publicado na imprensa, a reeleição do mesmo cargo em circunstâncias que exigiam a convicção, incompatível com esta reeleição, da maior imparcialidade do governo. Nenhum de tão afamados estadistas deixaria de atender a essa exigência, empenhando-se para ser outra vez grão-mestre.[147]

Surdo às críticas, Rio Branco continuou imperturbável no seu posto e, no dia anterior ao julgamento de Dom Vital, foi publicado na folha ministerial *A Nação* um artigo escrito por dois deputados – um deles amigo íntimo do presidente do conselho de ministros, e o outro, seu próprio filho! – em que se afirmava que a questão era "eminentemente política". Assim sendo, a punição do réu era conveniente e necessária, dado que quem estava para ser julgado não era apenas um bispo que cometera um "excesso", mas "uma escola, um sistema todo inteiro" que ele personificava. E esse "sistema" não podia ser absolvido, porque se fosse, em seu lugar condenadas seriam, implicitamente, "todas as leis que regulavam as relações entre a Igreja e o Estado". Portanto, segundo os mesmos articulistas, a condenação seria um modo de evitar que o episcopado levasse "as próprias pretensões até os últimos limites do exagero".[148]

A possibilidade de uma absolvição era deveras remota, pois, como o próprio Dom Vital salientou, o tribunal responsável pelo seu julgamento, exceto três ou quatro juízes, estava quase inteiramente composto por maçons.[149] Nesse cenário, as sessões do julgamento do bispo de Olinda se efetuaram em 18 e 21 de fevereiro de 1874. Como ele não se defendeu nem apresentou advogado, os juristas e senadores do império, Zacarias de Góes e Vasconcelos e Cândido Mendes de Almeida, pediram para serem admitidos como defensores espontâneos e gratuitos. Deferido o pedido, pouco depois se registraria a primeira controvérsia: o procurador da Coroa, Dr. Francisco Baltazar da Silveira, recusou como juiz – e sua decisão foi cumprida – o ministro Jerônimo Martiniano Figueira de Melo, devido a certas opiniões que ele manifestara no senado, favoráveis a Dom Vital. A atitude do procurador mudou completamente quando os dois defensores pediram que o ministro Manuel de Jesus Valdetaro, opositor declarado dos acusados, fosse substituído. Ele, assim como a maioria dos membros do tribunal, recusaram-se terminantemente a fazê-lo.

O julgamento propriamente dito se iniciou às 10h da manhã do dia 21, data em que o bispo de Kansas City, Estados Unidos, John Baptiste Miège (1815-1884), de passagem pelo Brasil, manifestou a Dom Vital sua solidariedade, entrando com ele, junto com Dom Pedro Maria de Lacerda, na sessão crucial. A defesa fundou seus argumentos apelando para a inconsistência técnica do processo, o qual estaria baseado no enquadramento inapropriado do caso no artigo 96 do código criminal. Zacarias afirmou que a questão era puramente espiritual, razão pela qual o bispo na hipótese não devia obediência ao governo, além do que, o fato de que era acusado não encontrava sanção em nenhum dos artigos do código criminal. Analisou outros aspectos da questão para demonstrar a não fundamentação das agravantes capituladas no libelo. Encerrou sua defesa

---

[147] FIRMINO RODRIGUES SILVA, *Discurso sobre a questão religiosa pronunciado pelo Senador Firmino Rodrigues Silva na sessão de 5 de julho de 1883*, Tipografia do Apóstolo, Rio de Janeiro, 1873, p. 3-4.
[148] VITAL MARIA GONÇALVES DE OLIVEIRA, *Abrégé historique*, p. 43-44.
[149] IBIDEM, p. 42.

sustentando a incompetência do tribunal, também pela ausência de leis que estabelecessem as normas para o processo em curso. Cândido Mendes defendeu igualmente a legalidade da recusa do bispo de se apresentar ante um tribunal civil, alegando a legislação canônica, à qual eles prestavam juramento e que fora aceita pela própria constituição do império. Com base nela proclamava que o referido tribunal civil não estava habilitado para levar a efeito um julgamento de assunto eclesiástico. Findos os debates, às 15h30min o secretário da presidência leu a sentença condenatória: com a única exceção de Manuel Inácio Cavalcanti de Lacerda, barão de Pirapama, Dom Vital foi considerado culpado e condenado à pena de prisão por quatro anos com trabalhos forçados e custas.[150] No dia 13 de março o imperador comutaria a pena em prisão simples. Passada uma semana, no dia 21, o condenado seria transferido do arsenal da marinha para a fortaleza de São João, na Urca.[151]

Mostrando que a condenação em nada alterara seu estado de ânimo, quatro dias depois da transferência, o prelado de Olinda lançaria uma pastoral conclamando à resistência:

> Pela liberdade de nossa consciência a nenhum perigo fugiremos; nenhum gênero de suplício, nenhum absolutamente, temeremos, e se mil vezes pudéssemos morrer, mil vezes por ela morreríamos alegremente. [...] Tudo sofreremos com silenciosa resignação, e sem proferirmos sequer um monossílabo de queixa; mas não teremos a desventura, em Deus firmemente confiamos, de entregar covardemente o sagrado depósito que nos foi cometido, a Arca Santa de nossas crenças, que nos legaram os nossos pais na fé. [...] Eia, pois Soldados de Jesus Cristo! Despidos de armas seculares, e revestidos com as da fé, já que não são carnais as nossas armas, marchemos impávidos aos combates do Senhor! [...] Recuar?... nem uma só linha.[152]

Fato parecido sucederia ao bispo do Pará. Antes que fosse julgado, a fala do Trono de 5 de maio de 1874 já o dava por condenado, porque Dom Pedro II deixou claro ser imprescindível que o Estado conservasse intacto seu controle na ambiência eclesiástica, interesse este que ele, obviamente, ocultava com uma motivação aparentemente oposta:

> O procedimento dos bispos de Olinda e do Pará sujeitou-os ao julgamento do Supremo Tribunal de Justiça. Muito me penaliza este fato, mas *cumpria que não ficasse impune* (o grifo é nosso) tão grave ofensa à constituição e às leis.
> Firme no propósito de manter ilesa a soberania nacional e de resguardar os direitos dos cidadãos contra os excessos da autoridade eclesiástica, o governo conta com o vosso apoio, e sem apartar-se da moderação até hoje empregada, há de conseguir por termo a um conflito tão prejudicial à ordem social, como aos verdadeiros interesses da religião.[153]

---

[150] MANOEL TAVARES CAVALCANTI, "Relações entre o Estado e a Igreja", em: *RIHGB* (tomo especial 1922), vol. VI, Imprensa Nacional, Rio de Janeiro, 1928, p. 311-312.
[151] ANTÔNIO CARLOS VILLAÇA, *História da questão religiosa no Brasil*, p. 117.
[152] VITAL MARIA GONÇALVES DE OLIVEIRA, "Carta Pastoral da Fortaleza de São João", em: *Pastorais e discursos*, p. 251-252, 257-259.
[153] *Falas do Trono desde o ano de 1823 até o ano de 1889*, p. 422.

Injuriado com a falta de ética de tal pronunciamento, o senador José Inácio Silveira da Mota (1807-1893) denunciou a atitude do imperador no *Jornal do Comércio* no dia 26 de junho de 1874 recordando que não esperava que tão perspicazes conselheiros da Coroa aconselhassem o monarca a vir, perante a representação nacional, assumir a iniciativa de uma perseguição oficial aos bispos, declarando que o procedimento destes não poderia ficar impune. Para ele, aquilo era um modo estranho de influir nas decisões do poder judiciário, o que de per si autorizava a concluir que a sentença de condenação dos bispos foi dada pela Coroa.[154]

O processo, no entanto, seguiu sem alterações seu curso, e como fizera Dom Vital, por não reconhecer a autoridade do tribunal para julgá-lo, Dom Antônio deixou de constituir defensor. O deputado geral, Antônio Ferreira Viana, pediu para que ele e Zacarias de Góis o fizessem, como defensores espontâneos. Deferido o pedido, a 1º de julho, realizou-se o grande júri, de altíssimo significado por haver levado às últimas consequências o confronto de duas escolas de pensamento inconciliáveis. De uma parte se encontrava a acusação, representada na pessoa do promotor Francisco Baltazar da Silveira, que encarnava com perfeição o tradicionalismo pombalino; doutra, um ultramontanismo à brasileira que, para ser fiel a Roma, estava por abrir mão de um dos princípios que para Roma eram mais caros: a defesa do Estado confessional. A tese da acusação era aquela de que as irmandades eram matéria mista, mas deixando claro que o governo imperial estava em seu direito mesmo quando entrava em questões puramente religiosas. O fundamento para uma afirmação tão categórica o promotor foi buscar no velho regalismo lusitano, citando como exemplo o caso da pastoral do bispo de Coimbra, Dom Miguel da Anunciação, condenada aos 23 de dezembro de 1768. Apelou também às máximas de Borges Carneiro e até a um trecho contido à página 56 do manual de *Histórica Eclesiástica* composto por encomenda em 1769, para legitimar a autocracia de Dom José I. Ali se dizia – e o promotor afirmava ser muito importante – que "a constituição das monarquias foi instituída por Deus, independente de qualquer religião (é a tese geral). Receberam depois os monarcas a verdadeira religião nos seus estados, a qual não mudou cousa alguma na constituição primitiva deles, antes veio ela (a religião) fazer uma parte do corpo do Estado..."[155]

Zacarias de Góis iniciou a defesa criticando o governo que fizera publicar no dia do julgamento, "talvez para exercer pressão sobre os ânimos dos julgadores" um artigo dizendo que o tribunal tinha em suas mãos o desenlace da máxima questão, do conflito antiquíssimo entre o sacerdócio e o império. Com refinado sarcasmo, ele demonstraria que não era assim:

> O nobre promotor de justiça foi dando por sabido aquilo que está em questão; para ele tudo está assentado, a acusação está assentada, a rejeição da preliminar da incompetência está assentada, de sorte que só eu estou de pé. [...] O prelado determinou que os membros das confrarias filiados a lojas maçônicas fossem intimados para que deixassem as confrarias e, se não fossem ouvidas as ordens

---
[154] RAMOS DE OLIVEIRA, *O conflito maçônico-religioso de 1872*, p. 32-33.
[155] ZACARIAS DE GÓIS E VASCONCELOS E ANTÔNIO FERREIRA VIANA, *Discursos proferidos no Supremo Tribunal de Justiça na sessão de 1º de julho 1874 pelos Srs. Conselheiro Zacarias de Góis e Vasconcelos e Dr. Antônio Ferreira Viana, por ocasião do julgamento do Exmo. e Revmo. Sr. Dom Antônio de Macedo Costa, Bispo do Pará, precedidos da acusação feita pelo procurador da Justiça, Dr. Baltazar da Silveira*, Tipografia do Apóstolo, Rio de Janeiro, 1874, p. 3-5.

> episcopais, então se suspendessem as confrarias de funções religiosas e fossem interditas as capelas onde funcionavam. [...] A causa do castigo é a incompatibilidade que existe entre a sociedade maçônica e o culto católico reconhecida por quem de direito; as penas são suspensão e interdito, penas espirituais. [...] Até há pouco tempo, os maçons limitavam-se às suas lojas, ninguém ia saber o que lá faziam. [...] Mas, uma tal reclusão não existe mais: eles estão nas ruas e querem as pastas para governar o país. Então os bispos viram-se em uma verdadeira colisão; ou usarem de severidade ou deixarem-se de todo humilhar e enxovalhar por estes indivíduos que querem acumular as lojas e as sacristias, que pensam que, com o mesmo direito que vão festejar o *grande arquiteto*, podem festejar Sant'Ana ou outra invocação que tenha uma irmandade. Ora, semelhante acumulação é que me parece indecente.
> [...] Senhores, tem-se dito: "O poder espiritual quer escravizar o país, quer perseguir os maçons": onde está isso? Quando o poder espiritual manda eliminar os maçons de uma confraria, não manda fechar as lojas maçônicas, nem tem meios, nem direito para isso. [...] Trata-se na verdade de uma questão política e religiosa, que é o programa daqueles que querem governar este país, ou eliminando do artigo 5° da constituição a religião do Estado, a Religião Católica, Apostólica, Romana, ou deixando-a aí como um simulacro, com a cláusula de tornar-se subserviente ao governo, um braço da administração para sustentar a cabeça do soberano, como disse o nobre promotor da justiça, citando-nos pedaços de conhecidos autores portugueses que escreveram sob influência das doutrinas de Pombal.[156]

Vasconcelos ainda usou de vários argumentos jurídicos que conhecia e, sempre com cáustica ironia, afirmou que não existia no código penal a figura delituosa que se atribuía ao prelado. Ao terminar, recebeu aplausos e ovações de "muito bem". Antônio Ferreira Viana tomou a palavra em seguida e criticou abertamente a tradição lusitana evocada pelo promotor, apontando-a como autoritária e superada. Retomando a questão do bispo de Coimbra, relatou que haviam entregado ao carrasco a consciência da fé, e que o caso se enquadrava "no fanatismo do despotismo, do despotismo daqueles reis". Suas palavras suscitaram tal emoção que o público presente explodiu em aclamações, fazendo o presidente advertir aos presentes que não podiam dar sinais de aprovação ou reprovação. Retomando a palavra, Ferreira Viana prosseguiu veemente:

> Vossa Majestade, que assenta o seu poder e a sua autoridade em um grande fato, que gerou um grande direito, a revolução da liberdade gerando a constituição política, não pode aprovar, nem mesmo consentir, que o nobre agente da justiça figure a nossa geração como herdeira e sucessora de tradições odiosas.
> A Igreja brasileira, Senhor, como a querem chamar, não está sujeita, não pode estar, a esta legislação odiosa, que é resquício do despotismo antigo.[157]

O auditório se sentiu tão tocado pela defesa dos defensores, que ao final os aplaudiram e cumprimentaram calorosamente. Nada disso alteraria o previsível resultado: ao ser lida a sentença ao final daquele dia, com um único

---
[156] ZACARIAS DE GÓIS E VASCONCELOS E ANTÔNIO FERREIRA VIANA, *Discursos proferidos no Supremo Tribunal de Justiça na sessão de 1º de julho 1874*, p. 11, 16-17, 34, 48-49.
[157] IBIDEM, p. 61-63.

voto contrário dado pelo conselheiro Albino Barbosa de Oliveira, também Dom Antônio foi condenado à pena de quatro anos de prisão com trabalhos forçados, comutada pelo imperador, aos 23 de julho de 1874, em prisão simples.[158]

As penalidades impostas aos bispos fundamentaram-se na falaciosa acusação de que ambos haviam cometido o crime de "obstar ou impedir o efeito das determinações do poder moderador e executivo, conforme a constituição e as leis".[159] O que essas palavras ocultavam era a falta de isenção com que havia sido conduzido o processo, o que pode ser percebido nas palavras do próprio Rio Branco. Segundo consta de uma carta sua a Dom Pedro II, datada de 28 de fevereiro de 1874, ele dava a entender que conduzia o caso como parte interessada: "da maior importância é para mim [a punição dos bispos], que aceitarei todas as consequências, inclusive a dissolução do ministério".[160]

Quanto ao imperador, no entender de Dom Antônio de Macedo Costa, ele manteve sua postura intransigente por ver na atitude dos bispos uma afronta à sua autoridade:

> Com efeito, a Questão Religiosa no Brasil, pelo menos no que se refere ao governo, não era senão a questão do *Placet*. Não se tratava de algumas confrarias, nem mesmo da maçonaria. Os bispos haviam declarado efetivas e em pleno vigor as Bulas dos Papas, que atingem com excomunhão a Maçonaria, e eles agiram de acordo. Eis o crime que cometeram. O Imperador com essa atitude ficou muito magoado. Os Tribunais basearam-se nisso. Os Bispos não reconheciam as prerrogativas majestáticas e os direitos da Soberania nacional, desde que ousaram executar Bulas pontifícias que não haviam tido o *Regium placet*. No fundo, não era mais que isso.[161]

Joaquim Nabuco, apesar da benevolência com que tratava a figura do visconde de Rio Branco, era do mesmo parecer:

> O sentimento dos nossos estadistas era todo regalista; não era assim preciso a sugestão do Imperador para o presidente do Conselho deliberar o processo dos bispos; mas, por tudo que se sabe do caráter político e dos métodos de Rio Branco, pode-se afirmar que, sem o apoio enérgico, voluntarioso, do Imperador, ele teria transigido, teria fiado mais da missão a Roma do que de uma condenação jurídica, teria deixado intervir a anistia, de que logo lança mão seu sucessor, ou não teria, pelo menos, conservado durante o conflito a qualidade de grão-mestre da maçonaria.[162]

Que Rio Branco viesse a assumir outra atitude, é apenas uma hipótese; a certeza de que existe diz respeito ao imperador: ele não estava disposto a ceder. Passados vários meses da condenação dos bispos, enquanto o clima de

---

[158] ANTÔNIO CARLOS VILLAÇA, *História da questão religiosa no Brasil*, p. 120.
[159] JOAQUIM NABUCO, *Um Estadista do Império*, vol. III, p. 351-352.
[160] HEITOR LYRA, *História de Dom Pedro II*, vol. II, p. 339.
[161] ANTÔNIO DE MACEDO COSTA, "Memória sobre a situação presente da Igreja no Brasil", em: *Cadernos de história da Igreja no Brasil*, n. 1, Edições Loyola, São Paulo, 1982, p. 43-44.
[162] JOAQUIM NABUCO, *Um Estadista do Império*, vol. III, p. 356.

rancores e os levantes populares do sertão prosseguiam, Pio IX em pessoa, no dia 9 de fevereiro de 1875, tomou a iniciativa de escrever a Dom Pedro II uma missiva cortês, pedindo clemência para os bispos condenados, ao tempo em que explicava as razões pelas quais a Igreja não podia conceder ao Brasil o que negara a outras nações católicas:

> O Ministro de Vossa Majestade junto a esta S. Sede me insinuou escrever a Vossa Majestade sobre o litígio dos Bispos súditos seus; e dos Maçons, súditos igualmente.
> Porém, não posso escrever no sentido insinuado pelo Sr. Ministro, uma vez que os Bispos, também devido aos últimos relatórios que tenho sob os olhos, comportaram-se plenamente bem, segundo o teor das leis Canônicas; dado, porém, que as leis civis não concordam com as leis canônicas, não nascer um contraste. Substancialmente, o Ministro pede a reabertura das igrejas interditadas, e Eu não creio poder dar tal ordem, se não vejo em antecedência a liberdade dos Bispos que segundo as leis canônicas se encontram injustamente encarcerados. Por outro lado, a prerrogativa soberana de conceder a graça depende sempre da vontade de Vossa Majestade que pode colocá-la em prática quando o desejar.
> Se essa graça será concedida, é certo que as igrejas (ora parcialmente fechadas, serão súbito reabertas, porém, com o afastamento dos Maçons dos ofícios das irmandades. O Sr. Ministro dirá que os Maçons do Brasil são diferentes daqueles da Europa, mas Eu sei, infelizmente, que não se diferenciam em nada daqueles que estão aqui e têm as mesmas tendências, as mesmas regras, o mesmo objetivo; e como são condenados pela Igreja os Maçons da Europa, é certo que os Maçons da América caem sob a mesma condenação.
> Majestade! Peço-lhe refletir que diante do Tribunal de Deus deverão todos comparecer, e quem é locado mais em alto terá uma responsabilidade mais severa; enquanto que vivendo ainda peregrinos sobre esta terra, é necessário fazer tudo o que é possível para prevenir um juízo severo e inapelável.
> Oro por Vossa Majestade e peço humildemente a Deus a fim de que pela intercessão da Virgem Santíssima lhe conceda os salutares conselhos e a graça para colocá-los em prática. Liberte os Bispos e ponha fim a essa história dolorosa. Eu o espero do coração generoso de Vossa Majestade, ao qual e a sua Augusta família envio a Apostólica Bênção.[163]

A resposta que Dom Pedro II mandou dizer aos ministros diante do apelo feito foi: "O poder moderador não transige".[164]

8.9.3 – As campanhas difamatórias subsequentes e o alargamento das penalidades e discussões

Entrementes, o mais radical interlocutor da maçonaria, "Ganganelli", comportou-se como quem recebe um prêmio esperado. Ele, que defendera a tese que o melhor a fazer era tornar os bispos apátridas e deportá-los sem julgamento, deu-se, enfim, por satisfeito. Aos 4 de março de 1874, qualificando Dom Vital de "criminoso vulgar", escreveu triunfante:

---
[163] EUGÊNIO VILHENA DE MORAIS, *O Gabinete de Caxias e a anistia aos bispos na "questão religiosa"*, p. 143-145.
[164] JOAQUIM NABUCO, *Um Estadista do Império*, vol. III, p. 356.

> Dom Frei Vital de Oliveira foi pronunciado em crime inafiançável; foi preso e trazido para esta Corte. [...] Para esse triunfo a maçonaria concorreu eficazmente. [...] A maçonaria se regozija, sim, contemplando a severidade de um tribunal de justiça, que corajoso e digno, deu, nesta terra, execução ao princípio cardeal de ordem e de segurança pública.[165]

Regozijo igual, só mesmo o de Joaquim do Monte Carmelo que, aos 15 de março de 1875, terminou a redação da sua obra mais famosa e de linguajar mais rude: *O Brasil mistificado na questão religiosa*. Superando-se em agressividade, dedicava o escrito, "em sinal de apreço, ao ilustríssimo e excelentíssimo Sr. Conselheiro Joaquim Saldanha Marinho, que sob o pseudônimo de Ganganelli, tão prática e irrespondivelmente, há combatido as pretensões ultramontanas". Com rara agressividade, Monte Carmelo afirmava que o "desnaturado" Dom Vital "serviu para bispo, quando não se achavam mais os Ayres nas cavalariças do Cardeal Wisemann". A intenção execratória era tamanha, que apelou até para insinuações obscenas: "Sua utilidade [de Dom Vital] era tão indispensável no seminário de São Paulo, que os seus parceiros de hábito o degradaram para Itu, onde passava vida alegre e folgazã, até que lhe proveio a *moléstia* (o grifo é do autor), que o levou a Minas, para não ficar sem brônquios e sem pulmões!" Quanto a Dom Antônio de Macedo Costa, este era apenas comparsa do bispo de Olinda. Para ambos, proclamava prazeroso: "É justo que sofram o que estão sofrendo!"[166]

Essa, como as demais obras de Monte Carmelo, apenas provocou escândalo, para logo cair no esquecimento. O que maçons e regalistas não contavam é que ambos os prelados permaneceriam firmes nas suas posições, mesmo após a condenação. Além disso, enquanto estavam presos, os governadores que haviam nomeado para substituí-los – chantre José Joaquim Carmelo de Andrade em Olinda e o idoso cônego Sebastião Borges de Castilhos em Belém do Pará – observariam zelosamente as prescrições recebidas. O governo, por meio de aviso enviado a Lucena aos 30 de setembro de 1874, reconheceu a legitimidade do governador de Olinda, mas impôs-lhe cumprir a mesma determinação que Dom Vital rejeitara:

> O governo imperial, depois de ter ouvido as instruções reunidas dos negócios da justiça e do império do conselho de Estado, e o mesmo conselho, resolveu reconhecer os governadores das dioceses nomeados pelos ditos bispos e ordenar que fossem intimados para cumprirem o Aviso de 12 de junho de 1873, expedido em virtude da real resolução que dera provimento aos recursos interpostos por diversas irmandades contra o interdito que lhes fora fulminado; e responsabilizados no caso de recusa.[167]

No dia 1º de outubro de 1874 aviso semelhante seria enviado ao governador do Pará, mas em ambos os casos a decisão não seria acatada. Em reação, no dia 16 de janeiro de 1875, o governador do bispado de Olinda, chantre José

---
[165] JOAQUIM SALDANHA MARINHO, *O julgamento do bispo de Olinda*, vol. III, Tipografia do Diário do Rio de Janeiro, Rio de Janeiro, 1874, p. 5, 10.
[166] JOAQUIM DO MONTE CARMELO, *O Brasil mistificado na questão religiosa*, Tipografia da Reforma, Rio de Janeiro, 1875, p. 5, 21, 276.
[167] AN, Sessão de microfilmes, *Brasil* – Ministério do Império. Relatório ao ano de 1874, apresentado à assembleia-geral legislativa na 4ª sessão da 15ª legislatura, publicado em 1875, em: *microfilme n. 071.382*, p. 58.

Joaquim, foi preso, permanecendo incomunicável por três dias na fortaleza do Brum. Depois disso foi processado e condenado a quatro anos de prisão com trabalhos, pena esta comutada pouco depois por um ano de desterro em Aracati, CE, onde teve de receber ajuda dos amigos para sobreviver. O seu suplente, Pe. Sebastião Constantino de Medeiros, reitor do seminário diocesano, não teve melhor sorte, pois também ele recebeu um aviso no dia 21 de novembro, ainda mais duro que aquele enviado ao chantre aprisionado, no qual, além de ser intimado a levantar os interditos, acrescentava-se a obrigação de fazê-lo por meio de ato público, quase como se fosse uma retratação. Ele não se submeteu, aceitando somente suspender os efeitos temporais (teoricamente a excomunhão tinha efeitos civis), mas não os espirituais (direito de participação às celebrações e aos sacramentos). Tanto ele quanto o seu sucessor, cônego Joaquim Graciano de Araújo (ex-vigário-geral), acabaram penalizados, o que provocou nova reação de Tarquínio Bráulio no parlamento. Num país cuja política liberal fizera da liberdade de consciência um verdadeiro dogma, o destemido parlamentar não aceitava que essa faculdade fosse negada somente ao clero: "É clamorosa injustiça, despotismo grosseiro, exigir-se em um país livre e católico que um sacerdote faça aquilo que as leis da Igreja e a própria consciência repelem".[168]

Apesar do protesto, as punições se repetiram em Belém do Pará, encontrando a mesma resistência. O clero diocesano e seus amigos mais fiéis foram colocados sob pressão constante, conforme denúncia apresentada por Leandro Bezerra:

> O presidente da província aprovou a suspensão dos ordenados dos professores do seminário durante o tempo das férias, em virtude de um aviso ou ofício do Sr. visconde do Rio Branco.
> O governador-geral do bispado [cônego Sebastião Borges de Castilho] foi pronunciado nas penas do art. 96 [em cumprimento da decisão do juiz do 1° Distrito de Belém, José Quintino de Carneiro Leão], por não ter querido levantar de novo os interditos, visto ter-se reservado esta faculdade ao bispo diocesano.
> O presidente da província mandou instaurar novo processo ao governador do bispado, por continuar a dirigir os negócios espirituais da diocese na prisão.
> O reverendo vigário de Anajás, Pe. José Henrique Félix da Cruz Dacia, foi pronunciado nas penas do artigo 96, por haver mandado fechar a igreja de Santo Antônio. É o segundo processo que sofre o sacerdote. Uma escolta de 7 soldados capitaneados por um oficial foi capturá-lo, o que não conseguiu, por já ter vindo o referido vigário a esta capital entregar-se à prisão. Está recolhido na cadeia de São José.
> Em consequência da prisão do governador do bispado, estão não só os cônegos como todos os empregados subalternos da Sé privados de suas côngruas. [...] O ilustrado Dr. Samuel Wallace Mac Dowel, por ser defensor espontâneo dos padres, está sofrendo as consequências do seu generoso procedimento, sendo condenado a quatro meses de prisão por um artigo assinado pelo brioso jovem, o Sr. Martinho Nina Ribeiro, que assumiu toda a responsabilidade legal de seu ato.
> O ilustrado e zeloso Pe. Dr. Mâncio Caetano Ribeiro está sob a pressão de dois processos. [...] Em face desta curiosa estatística *criminal* (o grifo é do autor) quem negará a existência de uma terrível perseguição promovida contra a Igreja Católica na pessoa de seus ministros?[169]

---

[168] *Anais do Parlamento Brasileiro – Câmara dos Deputados, sessão extraordinária de 1875*, p. 83; IDEM, tomo 2, p. 156-157.
[169] IBIDEM, tomo 2, p. 227.

Mais uma vez o governo adotou uma estratégia equivocada, pois as suas medidas repressivas apenas reforçavam o espírito de corpo da hierarquia eclesiástica da Amazônia. Por essa razão, ao ser preso no dia 30 de janeiro de 1875, o governador do bispado, cônego Sebastião Borges de Castilho, lançou veemente protesto, reafirmando que era sim um cumpridor fiel das suas obrigações de delegado de Dom Antônio de Macedo Costa. Não estava sozinho nessa atitude, pois ao se reunir o cabido dois dias depois, os cônegos elaboraram um manifesto de solidariedade a ele, ao tempo em que reafirmavam total fidelidade à linha pastoral adotada na diocese:

> Ainda uma vez protestamos contra a nova e inaudita violência exercida na pessoa do digno e venerando Sr. Vigário-Geral e governador do bispado, ancião por tantos títulos respeitável.
> Nos termos em que se acha a questão entre a Igreja e o Estado, o clero se vê na duríssima alternativa: ou cisma ou prisões, ou apostasia ou cadeias. Nenhum sacerdote fiel pode hesitar na escolha. Venham, pois, as ignomínias do cárcere. [...]
> Julgamos oportuno fazer desde já esta solene declaração, em nosso nome e do clero todo, para acautelar os interesses da religião:
> Não estando a Sé vaga, só reconhecemos como Pastor desta diocese o Sr. D. Antônio de Macedo Costa e permaneceremos na obediência ao seu delegado, encarcerado no quartel desta cidade [de Belém]. A prisão e classificação de um suposto delito pelo poder secular contra os cânones e Constituições pontifícias não constituem impedimento para a governação diocesana.[170]

O governo respondia à resistência com novas medidas repressoras. Por isso, ao serem submetidos a processo, o padre José Joaquim foi condenado a quatro anos de prisão com trabalhos (comutada em 3 de abril em um ano de desterro fora da diocese), e o cônego Castilho a seis, também com trabalho, aos 10 de fevereiro do mesmo ano. Enquanto isso os incidentes se multiplicavam: em Belém um pároco sofreu ameaças, em Curaçá outro foi agredido fisicamente em frente ao altar; e em Cintra, o Pe. João de São Tomás de Aquino Carrera foi ferido com arma de fogo e morreu três dias depois. Na diocese de Olinda tampouco reinava a tranquilidade: sacerdotes seculares criticavam o governo nos sermões dominicais, e um deles, Pe. Manuel Antônio de Jesus, vigário encomendado de Granito, foi denunciado – mas não preso – pelo promotor público Geraldo de Carvalho sob a acusação de ter procurado alterar a ordem pública com as práticas insidiosas contra o governo, tomando por fundamento a questão religiosa e a condenação do bispo Dom Vital. Também circulavam proclamações de apoio aos bispos condenados, e, em Buíque, o delegado João Pires apresentou-se armado na igreja matriz para impedir que o padre Herculano Marques da Silva lesse o manifesto de adesão na missa e solicitasse o apoio da paróquia. Da prisão, Dom Antônio usava seu próprio exemplo para estimular a resistência: "Apesar de minhas cadeias, sinto-me feliz de viver, de viver para lutar e sofrer, de viver para dar um testemunho da fidelidade com que devemos servir à pátria da terra e à pátria do céu".[171]

---
[170] *Anais do Parlamento Brasileiro – Câmara dos Deputados, sessão de 1875*, tomo 2, p. 228.
[171] ANTÔNIO DE MACEDO COSTA, *Direito contra o Direito ou o Estado contra tudo*, Tipografia do Apóstolo, Rio de Janeiro, 1874, p. 239.

Foi ouvido: Quando o governo da província do Pará ordenou ao cabido que elegesse um vigário capitular em substituição do cônego Castilho, a ordem não foi cumprida. Afora isso, da cadeia o prisioneiro continuou exercendo sua jurisdição espiritual e era obedecido.[172]

Em meio aos sucessivos atritos, fez-se clareza, e as diferenças não declaradas tornaram-se públicas. Ilustrativa foi a discussão acontecida entre os deputados Tarquínio de Souza e Francisco Leopoldo de Gusmão Lobo no dia 30-3-1875. Naquele dia, Tarquínio, servindo-se da expressão "nós católicos", acusou a política oficial de desejar que os defensores da Igreja se calassem ante os atentados que sofriam. "Nós católicos!" ironizou Gusmão Lobo, "e nós não somos católicos?" A réplica que recebeu foi a demonstração definitiva de uma incompatibilidade assumida: "Pois sejam. O certo é que o meu Catolicismo consiste principalmente em um ponto, com o qual não se concordará o do nobre deputado: eu submeto-me, em matéria religiosa, sem reservas nem restrições a tudo quanto for determinado pelo Chefe Supremo do Catolicismo".[173]

8.10 – A reação popular e o surgimento do "Quebra-quilos"

O conflito aberto não era uma simples querela de bispos. Era muito mais: era o confronto de dois modelos socioeclesiais levado ao extremo e que contou com ampla participação popular. Internamente saiu vencedora a proposta reformista, pois a contenda se tornou um fator de coesão católica, como ficou demonstrado nos numerosos abaixo-assinados pela libertação dos prelados e nas correntes de oração que se sucediam pelo país afora. Foi também a oportunidade de demonstrar ao império que a Igreja não era despida de influência social, pois, paralelo à Questão Religiosa, desenvolvia-se o sedicioso movimento do "Quebra-Quilos", que logo fez causa comum com os "ultramontanos".

O Quebra-quilos, concentrado em alguns setores agrários do nordeste, teve como principal protagonista a empobrecida massa camponesa local. Ele surgiu marcado pela espontaneidade, despojado de uma maior organização interna ou lideranças estáveis, provocado por causas várias. Uma das primeiras foi a introdução da lei n. 1.157, votada pelo legislativo e referendada pelo ministro de agricultura de finanças, comércio e obras públicas, João Lins Vieira Cansanção de Sinimbu (1810-1907) aos 26 de junho de 1862, adotando no império o sistema francês de pesos e medidas também conhecido como sistema métrico decimal. A lei estabeleceu um prazo de dez anos para que sua aplicação se tornasse total, mas, pelas multas e prisões que aplicava a quem não a observasse, suscitou indignação. Para complicar, o contexto era adverso, pois a economia local estava em crise. Recorda-se de que a produção europeia de açúcar de beterraba entre 1850-1860 havia feito cair a exportação do produto brasileiro, que atingiu seu período crítico em 1864; e para complicar, outra grande cultura nordestina, o algodão, também entraria em crise após o final da Guerra de Secessão dos Estados Unidos, pois os produtores do Brasil encontraram-se sem meios de competir com os algodoeiros do Mississipi, que retomaram a

---

[172] *Anais do Parlamento Brasileiro – Câmara dos Deputados, sessão de 1875*, tomo III, p. 53.
[173] IBIDEM, *sessão extraordinária de 1875*, p. 84.

produção de outrora. Em 1870 muitos proprietários já não conseguiam pagar os salários, mas mesmo assim, o fisco imperial continuou asfixiante. E, como se não bastasse, o império também impôs o recrutamento militar obrigatório. Um ano depois, no Rio de Janeiro, alguns grupos de homens depredaram casas comerciais que estavam usando o novo sistema aos gritos de "Quebra os quilos! Quebra os quilos!", dando origem à expressão que passou a indicar genericamente todos os participantes de movimentos de contestação ao governo.[174]

E as contestações pipocaram deveras, ganhando simpatias e adesões. Severiano Martins da Fonseca, coronel comandante das forças legalistas no nordeste, no relatório que apresentou aos 16 de março de 1875, traçou um quadro sintético da rebelião popular em curso na região:

> Em Fagundes, vila da comarca de Ingá [PB], foi onde a 31 de outubro de 1874 desabrochou o movimento sedicioso por ocasião em que, na feira, o arremate de impostos municipais cobrava o imposto denominado de *chão*. O povo que ia a feira para abastecer-se de gêneros alimentícios pronunciou-se contra esse imposto; a autoridade policial acudiu de pronto, porém foi desrespeitada e obrigada a retirar-se por não ter garantia alguma. A notícia voou. [...] Principia a fazer-se notório a formação de diversos grupos os quais vão tomando vulto a cada dia. O que no primeiro não era ainda ideia dominante dos futuros sediciosos, passou a ser nos grupos posteriores um programa. [...] Principiaram então as incursões brutais de grupos desordenados em todas as povoações da província.
> A cidade de Campina Grande foi assaltada nos dias 14, 21, 23 e 28 de novembro, e 2, 4 e 5 de dezembro, tudo daquele ano, por grupos de cem homens mais ou menos. [...] A cidade de Areia, importante não só pela posição geográfica, como também por ser ponto principal de todo o comércio do sertão, foi duas vezes assaltada, uma a 26 e outra a 28 de novembro. [...] Toda sorte de atentados foi praticada pelos ferozes assaltantes.
> Quebravam pesos e medidas do novo sistema que encontraram e exigiram, por todos os lugares, destruírem o açougue público; queimaram todos os papéis, acometeram a casa da coletoria e outras casas, fazendo ouvir os gritos de *morra maçom; abaixo os tributos, o regimento de custos judiciários e medidas novas inventadas pelos maçons* (os grifos são do autor).
> O pequeno teatro existente nesta cidade, diz o Sr. Dr. Correa Lima, era uma das principais cousas procuradas pelo povo, em sua ideia fixa contra a maçonaria; diziam os exaltados que era casa de *maçons* e que nela tinham o *livro azul* contra a Igreja. Invadiram o teatro e não o destruíram todo por serem contidos por diversas pessoas desta cidade, que se puseram de permeio a fazer-lhes sentir a extravagância da ideia. Existia no edifício um retrato a óleo de S.M. o Imperador. Apenas o viram, apoderaram-se dele e com um frenesi de canibais o esfaquearam e puseram-no em pequenos pedaços no meio de violentas injúrias à pessoa Augusta do Chefe da Nação. [...] O povo em desordens penetrava nas cidades aos gritos de *viva a religião, ao bispo encarcerado e abaixo os impostos*.[175]

As manifestações acabaram se estendendo por 78 localidades – 35 na Paraíba, 23 em Pernambuco, 13 no Rio Grande do Norte e 7 em alagoas –,

---

[174] ARMANDO SOUTO MAIOR, *Quebra-quilos*, p. 7, 13-14, 22, 56.
[175] AN, "Quebra-quilos – Relatório do comandante das forças imperiais estacionadas na Província da Paraíba do Norte", em: *sessão de microfilmes, n. 008.1.78/ PH 34*, p. 114-118.

adotando sempre como tática a destruição dos novos pesos e medidas, queima de documentos relativos às coletorias fiscais e devastação de prédios e de objetos públicos ou que se supunha pertencentes a maçons.[176] Mesmo enfrentando repressão cega e violenta, o movimento refluía para reaparecer em novos focos. O próprio coronel citado acima reconheceu que os caboclos fugiam, esperavam a retirada das tropas, para depois retornarem às suas incursões.[177] Da sua parte, as autoridades governamentais, ao invés de reavaliar as medidas tomadas na condução da problemática, optaram pela explicação simplista: a culpa era "dos jesuítas e do *Syllabus*".[178]

Em plena ebulição da Questão Religiosa, o clero realmente não tinha porque defender um opressor do governo regalista; mas o "Quebra Quilos" foi uma rebelião popular de cunho social antes que religiosa. O problema é que os dois conflitos eram simultâneos, e, não sem certa razão, a massa em fúria muitas vezes identificou nos inimigos dos bispos os seus próprios, e isso explica porque portugueses, tido como anticlericais, e maçons foram agredidos no Pará, enquanto que, ao investirem contra instituições oficiais na Paraíba, em Pernambuco e no Rio Grande do Norte, os sertanejos tenham-no feito repetindo o grito de "morram os maçons". Apesar dessas demonstrações de solidariedade, a atitude da hierarquia eclesiástica foi extremamente cautelosa, variando segundo o ambiente e as circunstâncias. Houve, se sabe, casos como o do vigário de Campina Grande, Pe. Calisto Correia da Nóbrega, ardoroso defensor de Dom Vital, que terminou apontado como direto envolvido. Isso porque, quando o Quebra-quilos explodiu na sua paróquia, os papéis da câmara, da coletoria e do cartório do tabelião Pedro Américo de Almeida, foram queimados; mas não os livros da loja maçônica "Segredo e lealdade", que lhe foram entregues, consentindo-lhe ter a maçonaria em suas mãos. Ele seria preso, mas graças à defesa de Irineu Pereira Joffely terminou absolvido. O Pe. Ibiapina foi outro que não ficaria imune às contendas reinantes, a ponto de o próprio visconde do Rio Branco escrever ao imperador para lhe informar que o velho sacerdote parecia ser o agitador que andava proclamando o movimento. Ficou o dito pelo não dito: o nome de Ibiapina era uma legenda viva, e o governo preferiu não denunciá-lo. Por outro lado, um grande número de padres exortou os enfurecidos a não queimarem cartórios, a pagarem os impostos e respeitarem as autoridades. Os frades capuchinhos inclusive tentaram, sem sucesso, pacificar os sediciosos, colaborando com o governo. Foi o intendente interino da guerra, João José de Oliveira Junqueira, quem recomendou ao presidente da província do Pernambuco que os animasse nesse propósito, indicando inclusive o nome de frei Afonso de Bolonha que para lá seguiria afim de "empregar-se nesse louvável mister".[179]

Não funcionou. Baldadas as iniciativas apaziguadoras, e percebendo que o movimento dos rebelados crescia, havendo inclusive ultrapassado as fronteiras nordestinas, uma força militar de mar e terra foi deslocada para impe-

---

[176] RONALDO VAINFAS, *Dicionário do Brasil Imperial*, Editora Objetiva Ltda., Rio de Janeiro, 2002, p. 602.
[177] AN, "Quebra-quilos – Relatório do comandante das forças imperiais estacionadas na Província da Paraíba do Norte", em: *sessão de microfilmes, n. 008.1.78/ PH 34*, p. 109.
[178] NILO PEREIRA, *Dom vital e a questão religiosa no Brasil*, p. 67-68.
[179] ARMANDO SOUTO MAIOR, *Quebra-quilos*, p. 46, 51, 65, 79, 204.

dir que bandos armados atingissem as capitais das províncias, sufocando a rebelião.[180] Sem se sensibilizar com as dramáticas condições sociais dos que dela haviam participado, o relatório anual apresentado na sessão de negócios eclesiásticos do ministério do império fez o possível para reduzir todo o acontecido à mera demonstração de desordem e fanatismo religioso:

> Alguns mal-intencionados, abusando do povo incauto dos sertões e tomando por pretexto as questões religiosas e as leis gerais e provinciais sobre recrutamento, e impostos e novos pesos e medidas, conseguiram levantar, em diversos pontos das províncias do Rio Grande do Norte, Paraíba, Pernambuco e Alagoas, um certo número de sediciosos, com os quais atentaram contra a ordem pública; esta porém, dadas as convenientes providências, foi em breve restabelecida, tendo sido reprimidos os desordeiros.[181]

Discordando dessa simplificação, Tarquínio Bráulio de Souza Amarantho denunciou:

> Logo que apareceram no Recife as primeiras notícias do movimento sedicioso, procuraram inocular ao espírito público que era obra dos ultramontanos, reunidos e favorecidos pela imprensa e por homens do partido liberal.
> Nem uma nem outra destas asserções é verdadeira. Para a sedição concorreram indivíduos de ambos os partidos, liberais e conservadores, mas sem fim político, sem o acordo das influências políticas, e levados somente pelas opressões que sofriam, pelas fraudes de que eram vítimas.[182]

Essa mesma insensibilidade social, segundo Armando Souto Maior, redundaria na posterior tragédia de Canudos, que, segundo ele, foi a repetição de um drama não resolvido.[183]

8.11 – A expulsão dos jesuítas de Pernambuco

Rio Branco suspeitou desde o início que os padres da companhia de Jesus fossem autores de um vasto plano de subversão, travando contatos com Lucena por meio de telegramas. Aos 22 de dezembro de 1874, demonstrando já estar convencido, escreveu categoricamente a Dom Pedro II para denunciar que o caso se tratava de um plano jesuítico, com algum auxílio de políticos desabusados. Nesse ínterim, também lhe chegara em mãos uma queixa do presidente de Santa Catarina contra o jesuíta João Maria Cybeo, que andara pregando contra o governo no interior daquela província. Foi o que bastou para que, mais uma vez, o dedo jesuítico fosse visto como o elemento incitador. Como o grupo maior dos padres da companhia, após a destruição do colégio São Francisco Xavier de Recife, havia se concentrado momentaneamente na Vila do Triunfo, Rio Branco telegrafou de novo a Lucena para adverti-lo que a autoridade não devia recuar,

---

[180] RUI DE AZEVEDO SODRÉ, *Evolução do sentimento religioso de Rui Barbosa*, Gráfica Sangirard, São Paulo, 1975, p. 7.
[181] A. N. – sessão de microfilmes, *Ministério do Império – Relatório do ano de 1874*, p. 59.
[182] *Anais do Parlamento Brasileiro, Câmara dos Deputados, sessão extraordinária de 1875*, p. 87.
[183] ARMANDO SOUTO MAIOR, *Quebra-quilos*, p. 84-89, 91, 203.

sendo que os jesuítas de Triunfo eram os mais perigosos; tendo preparado o movimento da Paraíba e de Pernambuco, de inteligência com Ibiapina e outros missionários. Com base nisso, sugeria que procedesse com prudência, mas com energia, dispondo para esse fim de elementos eficazes, aumentando a força de linha. O importante era salvar o sistema: "O essencial é não arriscar um revés da autoridade, fazer cumprir a ordem, apresentando no lugar, por uma ação pronta, hábil, enérgica e sem estrépito os meios eficazes de impor o respeito e vencer pela força, se for indispensável".[184]

A questão é que jamais se pôde provar o envolvimento dos acusados nos conflitos, ainda que, como era inevitável, suas missões pelo interior algumas vezes tenham se cruzado com os rebelados. Tentativas de demonstrar o envolvimento dos padres da companhia de Jesus até que houve, mas nenhuma convincente. Ilustrativa foi a reportagem sensacionalista do O *Diário do Pernambuco* em 5 de dezembro de 1874, quando noticiou com alarde a suposta apreensão feita pela polícia de documentos comprometedores contra os religiosos de roupeta, num sítio da Travessa que ao da Soledade para a Rua do Príncipe e estrada de João Barros. Na falta de elementos que sustentassem a afirmação, o periódico se contentou em repetir clichês tradicionais: Os jesuítas eram os mais cruciantes inimigos da liberdade; a negação absoluta das verdades políticas e científicas dos tempos modernos, por personificarem o aniquilamento da razão, o ensombramento da consciência, o que faria deles a alma negra dos Quebra-quilos. A pseudo-reportagem acabava deixando transparecer que sua postura antijesuíta nada mais era que parte de uma estratégia antiultramontana: "É fora de dúvida e incontestável que, embora socorrendo-se das paixões atiçadas por outros, é o ultramontanismo que tem sua mais alta expressão nos jesuítas; e inspirado a alma danada da sedição que vai por esta e pela província da Paraíba".[185]

Outra tentativa incriminatória partiu do próprio barão de Lucena, que articulou um verdadeiro dossiê, com todas as provas que conseguiu encontrar. Um fiasco: tratava-se somente de onze cartas de conteúdo inócuo, que exprimiam sentimentos pessoais ou manifestavam preocupações pelo conflito em curso, mas que em nenhum modo continham elementos para fundamentar acusações conspiratórias. Das ditas cartas, duas eram de Dom Vital, outras duas do Pe. Antônio Onorati e mais outras duas vinham de Liverpool, enviadas pelo Pe. Jesuíta Joseph Lasemby. As demais tinham como autores José Soriano, Carlos Norcelli, Tarquínio Bráulio de Souza Amarantho, Manoel J. Xavier Ribeiro e Souza Rangel. Para apresentá-las como provas, Lucena forçou ao máximo interpretações, como explicar a frase "convém irmos nos firmando acolá, de maneira que possamos atingir os desiderata que almejamos" como exemplo de incitamento sedicioso. A essas alturas já haviam sido presos os padres Mário Arconi, Giovanni Battista Raiberti, Vincenzo Mazzi e Felippo Sottovia, que ficaram recolhidos na corveta *Vital de Oliveira*. Outros dois padres, Antônio Onorati e Antônio Aragnetti, que andavam pregando missões em Triunfo e proximidades, também acabaram presos e deportados. Ao todo

---
[184] ARMANDO SOUTO MAIOR, *Quebra-quilos*, p. 70-71.
[185] IBIDEM, p. 77-78.

foram nove os padres da companhia penalizados: quatro que estavam em São Lourenço da Mata, um em Recife, dois na Vila do Triunfo, um na freguesia do Pau d'Alho e outro finalmente que se encontrava no engenho Tibiry, Paraíba do Norte. Lucena, por meio de uma portaria, autorizou a expulsão dos padres, publicada no mesmo *Diário do Pernambuco* aos 23 de dezembro de 1874. O lacônico documento se limitava a dizer: "Em cumprimento de ordens do governo imperial, [decidiu-se] ordenar que os mencionados padres jesuítas [residentes no Pernambuco], que forem estrangeiros, deixem o território do império, sendo desde já postos em segurança".[186]

No dia 29 seguinte os religiosos foram deportados para a Europa. Deportados sem processo, sem julgamento e sem provas acusatórias, tendo como culpa apenas a vaga acusação de chefes ou ao menos cúmplices de sublevações populares.[187] Para Tarquínio Bráulio, foi somente "um ato de vingança, que veio provar ainda uma vez a impotência do governo imperial perante a questão religiosa, foi uma inútil ostentação de força contra sacerdotes católicos que não tinham outra culpa senão aderir aos atos do ilustre bispo, em cuja diocese estavam".[188] Além disso, resultou completamente inútil, pois Dom Vital, com a mesma disposição de antes, defendeu os deportados, escrevendo na prisão a obra *A maçonaria e os jesuí*tas, em que refutou um a um todas as acusações que se lhes faziam.[189]

8.12 – As controvérsias no meio político e militância da imprensa confessional

Controlar a oposição política era bem mais difícil do que a massa camponesa, e no senado as vozes de Zacarias de Góis, Jerônimo Martiniano Figueira de Melo, Cândido Mendes de Almeida, Firmino Rodrigues da Silva, barão de Abaeté e Francisco de Paula da Silveira Lobo acusaram o império de abuso de poder. Também na câmara temporária, Paulino de Souza, Antônio Ferreira Viana, Tarquínio Bráulio de Souza Amaranto, Diogo de Vasconcelos, Araújo Lima, Duque Estrada Teixeira, Leandro Bezerra de Meneses, Carlos da Luz e outros não poupavam o ministério de Rio Branco. Leandro Bezerra, um dos mais destacados defensores dos bispos, na sessão de 2 de setembro de 1874 da câmara dos deputados, resolveu contratacar e apresentou denúncia contra os ministros de Estado, conselheiro visconde do Rio Branco, conselheiro João Alfredo Correia de Oliveira e conselheiro visconde de Caravelas, pelo crime de traição. Sustentou sua acusação em dois fatos: 1º por maquinarem a destruição da religião Católica Apostólica Romana, consagrada pela constituição do império; 2º por suborno, empregando por intermédio de seu delegado, presidente de Pernambuco, peditório e influência para que os vigários da cidade de Recife não cumprissem o dever de obediência ao seu legítimo prelado. Uma comissão composta por Tristão de Alencar Araripe, A. C. Carneiro e Luís Acioli Pereira Franco, foi nomeada para dar parecer sobre a denúncia. Arari-

---

[186] *Anais do Parlamento Brasileiro – Câmara dos Srs. Deputados, sessão extraordinária de 1875*, p. 49-50
[187] VITAL MARIA GONÇALVES DE OLIVEIRA, *Abrégé historique*, p. 46.
[188] *Anais do Parlamento Brasileiro – Câmara dos Srs. Deputados, sessão extraordinária de 1875*, p. 88, 364.
[189] JOSÉ DO CARMO BARATTA, *História eclesiástica de Pernambuco*, Imprensa Industrial, Recife, 1922, p. 113.

pe, o relator, como se sabe, era grão-mestre maçom e, após acatar o lacônico parecer do deputado João Mendes, obviamente concluiu com a negativa de todas as acusações, pedindo a rejeição da denúncia, que, realmente, foi derrubada na Câmara.[190]

Restava, no entanto, o clamor das ruas, e foi para motivá-la que se articulou a imprensa católica. Vários jornais religiosos ganharam projeção nesse período, entre os quais, *Boa Nova*, *A Regeneração*, *O Diário de Belém* e o *Vigiense* no Pará; *O Apreciável* e *A Cruz* no Maranhão; *A Tribuna Católica* no Ceará; *A União* em Recife; *A Crônica Religiosa*, em São Paulo; *A Ordem* em Minas Gerais; e, sobretudo, *O Apóstolo*, no Rio de Janeiro. Neste último, destacar-se-ia a figura de Antônio Manoel dos Reis, formado em ciências jurídicas e sociais pela faculdade da mesma cidade. Teria ele destacado participação em favor dos bispos, havendo replicado um a um, todos os artigos de Saldanha Marinho, que depois seriam reunidos na obra *Ganganelli em cena*. No seu afã apologético, Manoel dos Reis ajudaria também a instalar a Associação Católica Fluminense,[191] inspirada numa similar que já existia em Pernambuco. Da associação carioca faziam parte estadistas e parlamentares da envergadura de Zacarias de Góis e Vasconcelos, Cândido Mendes, Antônio Ferreira Viana, Figueira de Melo e outros, mas foi aí que o governo imperial mostrou toda sua intransigência, negando o reconhecimento a ambas as organizações. Cândido Mendes protestaria furibundo: "Como explicar esta recusa, quando vimos que os republicanos entre nós se reúnem em associações, formam clubes e o Estado em nada se lhes opõe! Quando vemos que a maçonaria estabelecida no império se reúne em diferentes lojas, em seus antros secretos e obscuros, e não precisam de autoridade alguma".[192]

Na verdade, havia uma explicação sim: o governo estava receoso da respeitabilidade que a Igreja conquistara com a resistência demonstrada pelos bispos. E, o que era pior, durante o desenrolar dos atritos, generalizou-se a ideia de que o imperador do Brasil não acreditava em nada, e certas atitudes suas começaram a ganhar interpretações inquietantes. O hebraico que estudava ou a visita que fizera à sinagoga de Londres ganharam contornos inusitados. Seria ele um Renan, um agnóstico.[193] O contexto externo tampouco era favorável, e o caso do Brasil começou a ser associado ao insucesso do anticlerical *Kulturkampf* que Otto von Bismarck iniciara a partir de 1871. No dia 1º de agosto de 1874, Tarquínio de Souza leu no parlamento a tradução de um discurso do Papa Pio IX no Sacro Colégio, onde o caso do Brasil era alinhado à problemática germânica;[194] e num crescendo, na sessão de 30 de março de 1875, o próprio Diogo Velho, ministro da justiça, visitou a câmara dos deputados na tentativa de minimizar a extensão do conflito. Reduzindo toda a problemática a dois bispos rebeldes, ele pretendeu transmitir calma aos parlamentares:

---

[190] Júlio César de Morais Carneiro, *O Catolicismo no Brasil*, p. 198-199.
[191] Augusto Vitorino Alves Sacramento Blake, *Dicionário bibliográfico brasileiro*, vol. I, p. 252-253.
[192] Francisco de Macedo Costa, *Lutas e Vitórias*, p. 77-78.
[193] Pedro Calmon, *O Rei filósofo – vida de Dom Pedro II*, p. 312.
[194] No dia 17-6-1874, Pio IX fez a seguinte afirmação aos membros do Sacro Colégio: "Fiquemos unidos com o episcopado que, na Alemanha, no Brasil e em toda a Igreja dá provas luminosas de constância e de firmeza. Unir-nos-emos a ele e a todas as almas queridas do Senhor" (*Anais do Parlamento Brasileiro – Câmara dos Deputados*, sessão de 1874, tomo IV, p. 26).

> O exemplo que nos vem da Alemanha da ineficácia dos meios extraordinários para uma luta desta natureza traz-me a convicção de que nesta melindrosa questão deve haver toda prudência, tanto mais necessária quanto o chamado conflito episcopal não é o de toda a Igreja brasileira. Há no Brasil, senhores, doze bispos, e com dois apenas o governo teve de se achar em luta.
> Este fato, que demonstra a sem razão dos bispos das duas dioceses de Pernambuco e do Pará no conflito que criaram, e que não foi aceito pelos pastores das outras dioceses, mostra por sua vez que a oportunidade de levar a luta aos seus extremos não está reconhecida.[195]

O ministro não poderia ser mais infeliz na sua colocação, pois teve de ouvir de João Mendes que o acontecido apenas demonstrava que o governo evitara processar os demais bispos, uma vez que todos eles haviam publicado o breve papal. Tarquínio, além de criticar a política vigente, aproveitou da oportunidade para sugerir que os católicos do Brasil imitassem o exemplo dos alemães:

> O meu intento é combater a política religiosa do governo, tomar a defesa de uma grande e nobilíssima causa, a causa da liberdade e da independência da Igreja, pela qual tenho sempre pleiteado neste recinto, e que agora mais que nunca atrai e chama toda a minha atenção, todos os meus esforços. [...] Não, senhores, não hão de ser as leis votadas pelo parlamento, não hão de ser as leis opressivas da liberdade da Igreja, que hão de pôr termo ao conflito; e se quereis uma prova evidente disto, vede o que se tem passado durante estes últimos quatro anos na Alemanha: ali, um ministro ousado, inimigo implacável da Igreja Católica, na pujança do seu poder e, por assim dizer, dispondo da vontade do soberano, tem obtido do parlamento as leis mais vexatórias e iníquas; sendo, entretanto, certo, como os fatos atestam, que toda esta legislação não só não tem resolvido nenhuma das dificuldades, como tem sido até favorável à religião católica. [...] E, como há poucos dias dizia um insuspeito órgão da imprensa, o *Jornal do Comércio*, as leis de Bismarck hão de ter consequências mais funestas para os luteranos do que para os católicos, que retemperam a sua fé no meio da luta, a que são provocados.
> Pela minha parte, não temo as leis que se possam votar. [...] Declaro muito solenemente que desejo que tais leis sejam propostas, que se ataque de frente a Igreja, a fim de que as máscaras caiam e melhor possamos conhecer o inimigo com que lutamos, e os católicos do Brasil poderão mostrar que não são menos aferrados à sua fé, nem menos dignos filhos da Igreja, do que aqueles que moram além do oceano.[196]

Compreensível que João Pandiá Calógeras tenha dito mais tarde que a intransigência do Ocupante do Trono no decorrer da questão foi o mais grave erro político do segundo império. Nenhuma questão, segundo ele, perturbou tanto a consciência nacional. Nenhuma tão remotas consequências exerceu para o enfraquecimento da fidelidade à monarquia.[197]

Entrementes, Pio IX, que já se encontrava bem informado pelos emissários religiosos do Brasil, declarou-se abertamente a favor dos bispos e fez sabê-lo ao barão de Alhambra, ministro do Brasil junto à Santa Sé, além de animar o clero nacional. Sua atitude firme abalou a resistência do governo do

---

[195] *Anais do Parlamento Brasileiro – Câmara dos Deputados, sessão extraordinária de 1875*, p. 75.
[196] IBIDEM, p. 79.
[197] JOÃO PANDIÁ CALÓGERAS, *Formação Histórica do Brasil*, Pimenta Melo e Cia, Rio de Janeiro, SD, p. 371.

Brasil,[198] até porque encontrava em Dom Vital uma perfeita correspondência. A têmpera do bispo de Olinda mereceu até mesmo da parte de Ubaldino do Amaral, conhecido expoente maçom, um comentário que diz tudo: "Justiça seja feita! Era ele um campeão digno de bater-se com o grão-mestre da maçonaria".[199] Nem mesmo Rui Barbosa, para quem os bispos prisioneiros nada mais eram que delinquentes, ficaria indiferente ao fenômeno: "Presos e condenados, granjearam reputação e adesões. Viram-se cingir quase com a auréola de mártires".[200]

8.13 – A anistia dos implicados

Urgia encontrar uma solução para o caso, mas o imperador relutava teimosamente à simples possibilidade de rever sua posição. Manifestou-o de novo da *fala do trono* proferida aos 3 de maio de 1875, ainda que reconhecesse que a punição dos bispos não resolvera a problemática:

> As dioceses de Olinda e do Pará conservam-se nas condições anormais que produziu o conflito suscitado pelos respectivos prelados. O governo tem sido, infelizmente, constrangido a usar de meios repressivos, para trazer aquela parte do clero à obediência devida à constituição e às leis. Creio que a Santa Sé, convencendo-se da verdade dos fatos e apreciando exatamente tão penosas circunstâncias, fará o que está de sua parte para restaurar a antiga harmonia entre a autoridade civil e a eclesiástica; mas se tanto for necessário, conto com o vosso ilustrado concurso para as providências legislativas que esse estado de coisas vier a exigir.[201]

A empáfia do Ocupante do trono, no entanto, por força das circunstâncias teria de ser revista, até porque, o próprio império era já uma instituição decadente no Brasil. Da sua parte, a permanência do gabinete regido por um maçom também se tornara insustentável, tendo se agravado ainda mais depois que o parlamento lhe negara uma moção de confiança. Para cúmulo do infortúnio de Dom Pedro II, no dia seguinte à bravata contida na sua *fala*, o visconde de Rio Branco, alegando motivos de saúde, renunciou, sendo afastado um mês depois. Enquanto isso, a reação dos parlamentares católicos às ameaças do trono não se fizeram esperar, e de novo Tarquínio de Souza, no dia 18 de junho de 1875, lançou um desafio da tribuna do parlamento: "Desde já aconselho aos meus concidadãos que não se curvem, que não obedeçam a leis que porventura possam ser votadas contra a Igreja Católica. O legislador de um povo livre, de um povo católico, tem antes de tudo a necessidade, o dever de atender e respeitar as crenças de seus súditos".[202]

Uma saída começou a ser vislumbrada quando tomou posse Luís Alves de Lima e Silva, Duque de Caxias, como novo presidente do conselho de ministros. Dom Pedro II em pessoa o encarregou no dia 23 de junho organizar um novo gabinete, e ele mostraria grande habilidade na busca de uma

---
[198] FLÁVIO GUERRA, *A questão religiosa do Segundo Império*, p. 206, 209.
[199] UBALDINO DO AMARAL, *Saldanha Marinho – esboço biográfico*, p. 162.
[200] RUI BARBOSA, *O Papa e o Concílio*, Brown e Evaristo Editores, Rio de Janeiro, 1877, p. 180-181.
[201] *Falas do Trono desde o ano de 1823 até o ano de 1889*, p. 430.
[202] *Anais do Parlamento Brasileiro – Câmara dos Deputados, sessão de 1875*, tomo II, p. 154.

solução. Nos tempos da sua mocidade, Caxias também fora maçom, saíra e recaíra, chegando até a se tornar grão-mestre; mas, no momento em que tomou posse, havia se reaproximado da Igreja e estava convencido de que a anistia dos bispos era essencial para serenar os ânimos e fazer com que Roma levantasse os interditos. Pressionou o imperador, que, intransigente, não consentira sequer que se pagassem as côngruas dos prelados prisioneiros. O novo presidente do conselho de ministros jogou uma cartada decisiva: ou o governo concedia a anistia ou ele se retirava. Sem alternativa política para substituí-lo no momento, Dom Pedro foi forçado a ceder, mas o fez condicionando seu gesto à suspensão dos interditos. De novo Caxias foi radical. O imperador então capitulou. Coube à princesa Isabel, dado que Dom Pedro viajou para Filadélfia, Estados Unidos, para participar dos festejos da comemoração da independência daquele país, cumprir a sua decisão, "fazendo por satisfazer, com tolerância tardia do governo, os sentimentos católicos da população".[203]

Esse era o desfecho que a princesa desejara desde o início: Conta-se que ela, muito pejada, nos últimos dias de uma gravidez, ia pessoalmente de chinelos (devido ao seu estado) a Caxias pedir uma solução para o caso, que afinal acabou sendo resolvido como pretendia.[204] No dia 8 de setembro de 1875, por volta das 17h, foi aberta no palácio São Cristóvão mais uma reunião do conselho de Estado para decidir a anistia. O grupo já não era o mesmo da célebre decisão de 3 de julho de 1873: o visconde de Souza Franco, considerado o mais intransigente opositor dos bispos, havia falecido no dia 8 de maio precedente, e também o marquês de Sapucaí expirara aos 23 de janeiro daquele ano. Nabuco Araújo pronunciou-se a favor, lamentando que os bispos não tivessem sido deportados como ele sugerira: "A experiência justificou as previsões. Os processos foram tidos como perseguição, os réus como mártires, as consciências se sublevaram, o poder do Estado perdeu e não ganhou nada com esses processos". Com ou sem restrições, os demais membros presentes também opinaram pelo perdão aos condenados. Oposição mesmo, somente os três maçons presentes fizeram. Eram eles os viscondes de Rio Branco, Caravelas e Niterói (Francisco de Paula de Negreiros Sayão Lobato). Prevaleceu a vontade da maioria.[205]

Enfim, aos 17 de setembro de 1875, o imperador rubricou o decreto n. 5.993, que anistiava a todos os eclesiásticos punidos:

> Tomando em consideração a proposta que me fez o Meu Conselho de Ministros, e tendo sobre ela ouvido o Conselho de Estado, hei por bem, no exercício da atribuição que me confere o art. 101 §9.° da constituição, Decretar o seguinte:
> Artigo único: Ficam anistiados os bispos, governadores e outros eclesiásticos das dioceses de Olinda e do Pará, que se acham envolvidos no conflito suscitado em consequência dos interditos postos a algumas irmandades das referidas dioceses, e em perpétuo silêncio os processos que por esse motivo tenham sido instaurados.[206]

---

[203] HEITOR FERREIRA LIMA, *Perfil político de Silva Jardim*, Companhia Editora Nacional, São Paulo, 1987, p. 20.
[204] JOÃO CAMILO DE OLIVEIRA TORRES, *História das ideias religiosas no Brasil*, p. 157.
[205] ANTÔNIO CARLOS VILLAÇA, *História da questão religiosa no Brasil*, p. 140-141.
[206] *Coleção das leis do Império do Brasil de 1875*, parte II, p. 572-573.

O desgosto de Dom Pedro, que se viu forçado a recuar, ficou bem demonstrado na carta cheia de temores que enviou no mesmo dia ao Duque de Caxias:

> Ainda observo que processos pelo não levantamento dos interditos *existentes* (o grifo é do autor) não seriam absoltos dos efeitos jurídicos de anistia. O não levantamento dos interditos foi por todos os Ministros considerado crime. Se eles continuarem a produzir efeitos, a anistia será esquecimento que só poderá dar a respeito do passado e não do futuro. Esta questão é grave, e por isso mesmo, ao menos, o meu modo de pensar sobre ela. Faço votos que as intenções do Ministério sejam recompensadas pelo resultado do ato da anistia; mas não tenho esperanças disto. Nunca me agradaram os processos; mas só via e vejo dois meios de resolver a questão dos Bispos: ou uma energia legal e constante que faça a Cúria Romana recear as consequências dos erros dos Bispos, ou uma separação embora não declarada entre o Estado e a Igreja; o que sempre procurei e procurarei evitar, enquanto não o exigir a independência, e portanto a dignidade do poder civil.[207]

Não era o momento, porém, de abrir nova celeuma em torno da lamúria imperial, e os bispos foram libertados no dia seguinte. Dom Pedro Maria de Lacerda, acompanhado do cônego Juan Esberard, foi recebê-los. Primeiro apanhou Dom Vital na saída da fortaleza de São João, e de lá seguiram juntos para a Ilha das Cobras, onde estava Dom Antônio de Macedo Costa. Ao chegarem, uma lancha da marinha levou o prelado de Olinda até a saída da prisão na ilha, momento de grande emoção para os dois bispos amigos. Após os cumprimentos prosseguiram até o Seminário São José, e depois para a internunciatura apostólica. Dali ainda iriam até o palácio São Cristóvão, saudar o imperador; mas a formalidade protocolar não foi uma reconciliação. A disposição combativa de ambos os anistiados continuava inalterada, e o que Dom Vital realmente sentia veio à tona no dia 24 do mesmo mês de setembro, apenas uma semana após sua libertação. Numa carta pastoral de conteúdo inequívoco ele declarou:

> Relaxaram-se, afinal, as cadeias da nossa prisão! Mas ai! que não podemos exultar. [...] Nos templos do Senhor, campeia insolente a *abominação* da *desolação* de que fala o profeta Daniel; no santuário do Deus vivo, introduzindo-se gente estranha, a despeito do formal preceito do Senhor que lhes proibira o ingresso. [...] Inverteu-se a ordem das coisas, trocou-se-lhes o nome. [...] E que diremos do Estado?... Esse vai rolando precipite, pelo declive escorregadio de um plano inclinado. Já tem descido muito; continua a descer, a descer sempre! Irá, certamente, esboroar-se, no fundo do abismo, se na carreira vertiginosa em que se despenha, não o deter expressa a mão de Deus!"[208]

O bispo de Olinda podia assumir semelhante postura, pois seu prestígio crescera tanto que, estando hospedado no convento dos capuchinhos do Morro do Castelo, situado bem no centro do Rio de Janeiro, assistiu naqueles dias a verdadeiras romarias de pessoas de todas as classes sociais, que iam até lá para lhe dar demonstrações de apreço e júbilo.[209]

---

[207] AN, "Questões Religiosas", em: *sessão de microfilmes, n. 008.1.78/ PH 34*, p. 178.
[208] VITAL MARIA GONÇALVES DE OLIVEIRA, *Carta Pastoral anunciando o término da reclusão e a sua próxima viagem ad limina Apostolorum*, Tipografia de J. F. dos Santos, Recife, 1875, p. 3-5, 7-8.
[209] JACINTO PALAZZOLO, *Crônica dos Capuchinhos do Rio de Janeiro*, p. 200.

9

A IGREJA NA FASE POSTERIOR AO CONFLITO ABERTO

Pode-se dizer que o anômalo resultado do confronto entre Trono e Altar no Brasil deixou Dom Pedro II completamente insatisfeito. A sua imperial pessoa continuava a sentir-se ofendida por uma questão que oficialmente terminara, deixando em aberto duas pendências altamente significativas para a concepção que tinha das relações Igreja-Estado: os prelados não reconheceram seu "erro" sobre o uso das bulas não placitadas, e a anistia fora decretada sem impor como prévia condição o levantamento dos interditos. Manifestou seus sentimentos numa carta que escreveu ao barão de Cotegipe no dia 3 de outubro de 1875, para tratar do pagamento das côngruas aos envolvidos na querela:

> Escuso repetir que jamais nutri as esperanças do ministério. Tomara enganar-me. Não me consta que o bispo do Pará também queira fazer a sua visita *ad limina apostolorum*.
> Eu não soube que se mandaram pagar as côngruas que os bispos deixaram de perceber por estarem cumprindo sentença. Faça-o o ministério; mas sem aprovação de minha parte ao ato dele. Podia-se dar dinheiro aos bispos para a viagem, sem se lhes pagarem as côngruas a que eles não tinham nenhum direito.
> Eu entendo que, mesmo falhando o meio conciliatório que o ministério julgou acertado e não ficou, segundo a opinião deste, dependente do levantamento dos interditos, para que não se tornem a repetir as medidas de que se fala, serão estas indispensáveis para que se acautele o futuro contra a repetição de uma surpresa como a do procedimento passado dos dois bispos.
> Diz o despacho: Sem prescindir do que é de sua competência etc., mas eu não posso deixar de repetir que *os bispos praticaram um crime*, excluindo das irmandades membros delas sem ser em virtude dos compromissos aprovados pelo poder civil, e fazendo-o eles no cumprimento de bulas não placitadas. É preciso que o despacho não seja redigido de modo a pôr isso em dúvida.[1]

Também dessa vez a queixa ficou sem ressonância, mas a surpresa viria não do Brasil e sim da Santa Sé. Dom Antônio embarcou para a Bahia no dia 5 de outubro a fim de visitar o pai moribundo, e lá estava, quando recebeu uma carta do internúncio Luigi Bruschetti, datada de 26 do mesmo mês, em que participava ofício do Cardeal Antonelli, comunicando em tom normativo que ele e o bispo de Olinda deviam suspender os interditos, cumprindo determinação do próprio Santo Padre. O bispo estranhou o tom insistente e a pressa

---

[1] Eugênio Vilhena de Morais, *O Gabinete Caxias e a anistia aos bispos na "questão religiosa"*, p. 61-62.

com que a dita missiva estabelecia uma medida de tão sérias consequências, sobretudo porque Dom Vital estava para chegar em visita *ad limina* a Roma. Perspicaz, usou de um expediente alternativo: escreveu ao seu vigário-geral, declarando suspensa a interdição das duas capelas punidas, mas esclarecendo que as irmandades maçonizadas ficariam como estavam, até que a mesma Santa Sé sobre elas resolvesse definitivamente. A intuição do bispo do Pará era correta: sem que ele soubesse, a carta que Pio IX enviara a Dom Pedro II no dia 9 de fevereiro daquele ano, pedindo a liberdade para os bispos ainda presos, explicara que concedida a graça da anistia, era certo que as igrejas, até então fechadas, seriam imediatamente reabertas, contanto, porém, que se afastassem os maçons dos cargos que exerciam nas irmandades. O governador do bispado de Olinda foi menos sagaz e levantou os interditos sem estabelecer condições, acreditando piamente se tratar da última vontade do Romano Pontífice: *Roma locuta, causa finita est*.[2]

Dom Antônio de Macedo Costa descreveria amargurado na sua *Memória sobre a situação presente da Igreja no Brasil* o tripúdio verificado nos arraiais maçônicos ante esta decisão, citando exemplos de jornais que de uma extremidade do Brasil repetiam que o Papa havia enfim reconhecido "a inocência da maçonaria brasileira" e deixado "os maçons tranquilos na direção das confrarias católicas", admitindo assim que eles não estavam excomungados nem eram contrários ao velho Cristianismo.[3] Menor não foi, entre os políticos regalistas, as demonstrações de satisfação. Domingos José Gonçalves de Magalhães (1811-1882), visconde de Araguaia, ministro brasileiro junto à Santa Sé, dando por encerrada a questão aos 3 de outubro de 1875, explicou que Roma "correspondera à generosidade do governo imperial", por haver, segundo ele, "corrigido e censurado com a conveniente reserva o zelo imprudente de dois prelados noviços".[4]

Essa alegria logo cederia lugar à frustração, aos rancores e a novas querelas verbais; mas, enquanto uma nova versão dos fatos estava em vias de ser conhecida, Dom Vital partiu do Rio de Janeiro para Roma, lá chegando aos 9 de novembro de 1876. O Cardeal Antonelli disse-lhe secamente que dera ordens para levantar os interditos e publicar a carta que lhe enviara. Sem perder a calma, Dom Vital encontrou-se com Pio IX no outro dia e lhe apresentou dito documento, o qual, segundo consta, o Pontífice mostrou desconhecer. O episódio envolveu a figura do secretário de Estado da Santa Sé numa nuvem de suspeita, e Dom Antônio de Macedo Costa aludiria às sombras que pairavam sobre alguns dos seus atos políticos. Não era o único a pensar assim: Pe. Apolinário, amigo e confidente de Dom Vital, numa carta escrita anos depois a Monsenhor Esberard, também afirmou ter ouvido do prelado de Olinda a seguinte acusação: "Toda culpa recai sobre o Cardeal Antonelli, que agiu como um traidor. Creio ser impossível deixar de o reconhecer".[5]

---

[2] JERÔNIMO LEMOS, *Dom Pedro Maria de Lacerda*, p. 276-277.
[3] ANTÔNIO DE MACEDO COSTA, "Memória sobre a situação presente da Igreja no Brasil", em: *Cadernos de história da Igreja no Brasil*, n. 1, p. 36-37.
[4] SÉRGIO BUARQUE DE HOLANDA, *O Brasil monárquico*, 4ª ed., Difel, São Paulo, 1985, p. 174.
[5] JERÔNIMO LEMOS, *Dom Pedro Maria de Lacerda*, p. 266.

9.1 – O imperante clima de suspeita e a morte de Dom Vital

Certos fatos levam a crer que os opositores mais decididos dos bispos de modo nenhum acreditavam que a Igreja se dera por vencida tão facilmente. Senão, que outro motivo explicaria aquela preocupação não diminuída, em relação aos "romanos"? Para esse fim todos os meios eram válidos, a exemplo da publicação feita em Recife em 1875 da coletânea dos escritos de frei Caneca – o frade liberal maçom (cf. p. 145-146) –, elaborada pelo comendador Antônio Joaquim de Melo, em que o antigo carmelita era apresentado como "um sacerdote, cuja índole boa e liberal o induziu, desde os verdes anos até a morte, a servir extremosamente a pátria com suas luzes e pessoal exemplo".[6]

Os temores que sentiam aqueles que rejeitavam o ultramontanismo ganharam forma real pouco depois, quando Pio IX enviou a todo o episcopado do Brasil a encíclica *Exorta in ista ditione*, datada de 29 de abril de 1876. Traduzida imediatamente para o português e divulgada de norte a sul do país, ela repetia uma a uma as condenações de outrora, recomendando ao mesmo tempo que as irmandades deviam ser reformadas e que tudo o que nelas houvesse de "irregular e incongruente" devia se conformar "às leis da Igreja e à disciplina canônica".[7]

Nesse meio tempo, o bispo do Maranhão, Dom Luiz da Conceição Saraiva, um dos raros prelados brasileiros que tivera atitude omissa durante o conflito aberto, havia falecido no dia 26 de abril precedente, e o vigário capitular, Arcediago Manuel Tavares da Silva, ao assumir interinamente o governo diocesano, deixou claro ao internúncio Bruschetti que sua atitude era outra: "Acatando e obedecendo, como rigorosamente devo, à voz do Pastor universal, cumpre-me comunicar a V. Ex.ª Revma. que os ensinos e as determinações do Chefe infalível da Cristandade terão nesta diocese [...] a mais completa execução".[8]

A reação anticlerical não se fez esperar, e, no dia 10 de julho de 1876, um artigo anônimo publicado no *Correio Paulistano* já utilizava uma linguagem despida dos acenos triunfantes do ano anterior:

> O levantamento dos interditos foi *ato de clemência* (os grifo são do autor) de Sua Santidade. A condição que impôs é a exclusão dos maçons das irmandades. Não pergunta se foi aceita tal condição; podia impô-la e a impôs. E tanto a decisão passou *em julgado*, que alguns bispos começaram a deduzir-lhe os corolários naturais: Maçom não pode ser padrinho de batismo; maçom não recebe os sacramentos sem abjurar, isto é perjurar; cadáver de maçom não é encomendado. Daqui não poderá casar, não terá sepultura sagrada etc.[9]

---

[6] Joaquim do Amor Divino Rabelo e Caneca, *Obras políticas e literárias*, p. 7.
[7] Antônio de Macedo Costa, *A questão religiosa no Brasil perante a Santa Sé*, p. 296-299.
[8] ASV, Carta do Arcediago Manuel Tavares da Silva ao internúncio Luigi Bruschetti (13-8-1876): *Nunciatura Apostólica no Brasil*, fasc. 220, caixa 47, doc. 6, fl. 50.
[9] Cristiano Benedito Otoni, *A liberdade de cultos no Brasil*, Brown e Evaristo Editores, Rio de Janeiro, 1877, p. 82.

Ásperas manifestações dos maçons também se fizeram sentir, a exemplo de Ubaldino do Amaral que, ainda em 1876, ao apresentar uma conferência no Grande Oriente do Brasil, sobre "os meios da ação ultramontana e os da sociedade civil" levou seus excessos retóricos ao paroxismo. Naquela ocasião, ele não hesitou em denunciar que o ultramontanismo tinha "terríveis meios de ação", dentre estes, em primeiro lugar, "a nefasta ordem dos jesuítas", que era verdadeira "peste" e funcionava como uma espécie de "internacional negra". Segundo Ubaldino, os ultramontanos eram deveras perigosos, porque tinham por si no Brasil "oito milhões de analfabetos", que poderiam ser arregimentados para colocarem em prática "um novo São Bartolomeu"! Isso saciaria com sangue "o velho ódio teológico" e fartaria "cobiças recalcadas" e sobre os destroços da sociedade civil ergueria "o império do Papa..."[10]

A ação do clero teve outras repercussões, e em 1877 o conselheiro José Bento da Cunha e Figueiredo (1808-1891), ao apresentar o *Relatório à assembleia legislativa*, ainda que com grande prudência, propôs uma revisão das relações entre a Igreja e o Estado no país:

> Não vos dissimularei que o movimento da crise que passamos deixou bem patente a necessidade de rever-se a legislação atual sobre a matéria e a forma de recurso à Coroa, de modo que possam ficar bem determinadas e acauteladas as prerrogativas majestáticas de ambos os poderes, temporal e espiritual; meio seguro de se evitarem no presente e no futuro recíprocas incursões, e tornarem-se cada vez mais respeitados e consorciados os verdadeiros interesses da Religião e do Estado.[11]

Como o governo nada reconsiderou, a Igreja tampouco reviu sua posição. Assim sendo, em dioceses como Belém, a maioria dos interditos continuou em vigor, e quando, no dia 3 de fevereiro de 1879, a mesa regedora da ordem terceira de São Francisco solicitou de Dom Antônio de Macedo Costa que lhe designasse um padre para a procissão das cinzas, dois dias depois recebeu dele um ofício exigindo como condição prévia para tanto, que respondesse positivamente a cinco quesitos:

> 1° – Já que se acham os membros desta Ordem animados dos mais puros sentimentos católicos, [...] está a atual Mesa regedora disposta a fazer uma pública declaração de sua fé, em que confesse abraçar firmemente todas as doutrinas ensinadas pela Igreja Católica Apostólica Romana? [...] Estão dispostos a ajuntar que condenam e reprovam as doutrinas e as seitas que o mesmo Vigário de Cristo tem reprovado e condenado?
> 2° – Se os membros desta Ordem professam sincera obediência à Igreja, devem submeter, como lhes foi exigido, à aprovação do Prelado as nomeações dos diversos funcionários que são chamados a dirigir a Ordem. [...] Está decidida a Ordem Terceira de São Francisco a tomar esta medida ordenada pelo Prelado, para o bem espiritual e exercício espiritual da mesma Ordem, e exercício da obediência e submissão que professa para com a Igreja?

---

[10] UBALDINO DO AMARAL, *Clericalismo*, p. 6-7.

[11] A. N. – seção de microfilmes, Relatório à assembleia legislativa, primeira sessão da 15ª legislatura, pelo secretário de Estado dos negócios do império, conselheiro José Bento da Cunha Figueiredo, 1877, p. 56, em: *microfilme n. 071.582*.

3° – Ordenando a Regra do Seráfico Padre S. Francisco que os irmãos terceiros se confessem e comunguem ao menos pelas Festas de Natal, Páscoa e Espírito (cap. VI), estão os membros da Mesa diretora dispostos a cumprir estas pias disposições?
4° – Ordenando a Regra da terceira Ordem de S. Francisco que as profissões tenham lugar depois de cumprido um ano de noviciado (cap. II) tem a Ordem Terceira de S. Francisco cumprido esta regra? Outrossim, tem a mesma Ordem admitido novos membros não só sem este noviciado, mas ainda sem assistência de um Padre comissário, estando estas profissões radicalmente nulas. [...] Está a atual Mesa regedora disposta a reconhecer esta nulidade e irregularidade, e não continuar mais em semelhante modo de admissão, até restabelecer-se a união da Ordem com a Igreja e entrarem as cousas nos devidos trâmites?
5° – Tendo a ordem feito muitos *enterros civis* (o grifo é do autor), apoderando-se dos cadáveres até dos fiéis católicos falecidos na paz do Senhor, e sepultando-os sem nenhuma oração da Igreja, está disposta a abandonar já esta prática, que deve encher de horror todo homem católico?[12]

A mesa regedora era presidida pelo maçom João Constantino do Vale, e a atitude que tomou foi típica das associações leigas recalcitrantes: no dia 22 do mesmo mês de fevereiro respondeu negativamente a todos os quesitos, servindo-se de conhecidos argumentos do regalismo do passado, para justificar sua posição do presente. Assim, depois de afirmar que o primeiro ponto não tinha razão de ser, tendo presente os "sentimentos ortodoxos" da associação, a mesa abordava o segundo ponto, evidenciando de vez que a sua ortodoxia era regalista e nada católica, dado que se manifestava contrária a obedecer ao bispo, porque preferia fazê-lo em relação ao juiz de capelas. E não só dito juiz era qualificado por ela como sendo a "autoridade única", segundo a legislação pátria para a administração temporal das ordens terceiras... Demonstrando que algumas dessas associações já não podiam ser chamadas de católicas, a referida mesa não hesitou em dizer que os sacramentos solicitados no terceiro quesito, "as mais das vezes", eram "feitos para armar e iludir a credulidade pública".[13]

A negativa se estendeu igualmente aos outros dois quesitos, mas a mesa pagou o preço da sua intransigência, pois continuou penalizada. No resto do país, fatos análogos aconteciam: as bulas não placitadas eram observadas à risca, e o resultado foi que no Pará maçom não podia se casar na Igreja, enquanto que no Rio de Janeiro a aceitação dos nubentes ficou a critério dos párocos.[14] Nesse particular, faz-se necessário recordar que o bispo do Rio de Janeiro se tornou mais decidido o que quase lhe valeu uma agressão física. Aconteceu na igreja carioca de Santa Rita, quando, estando no púlpito, um desconhecido lhe lançou uma ou duas pedras, ao que ele reagiu abandonando

---

[12] ASV, Resposta do presidente da mesa regedora da Venerável Ordem Terceira de São Francisco da Penitência, João Constantino do Vale, a Dom Antônio de Macedo Costa (22-2-1879), em: *Nunciatura Apostólica no Brasil*, fasc. 234, caixa 50, doc. 42, fl. 119.
[13] IBIDEM, fl. 121-122.
[14] JOAQUIM SALDANHA MARINHO, *Discursos proferidos e projetos apresentados na Câmara dos Senhores Deputados na sessão de 1879*, Tipografia Perseverança, Rio de Janeiro, 1880, p. 75-76.

a cátedra e se retirando do recinto.¹⁵ E, ao contrário do que fizera no passado, manteve sua atitude, motivando Saldanha Marinho a atacá-lo na câmara dos deputados no dia 16 de julho de 1880:

> Agora mesmo, lá está, na cidade de Vitória (Espírito Santo), o celebérrimo bispo do Rio de Janeiro, [...] e por ocasião da crisma executa o tal breve *Quamquam Dolores* e não admite maçons a serem testemunhas do ato, ou padrinhos. [...] Este mesmo bispo obsta por todos os meios a aprovação de compromissos de irmandades, exigindo que neles se estátua quanto manda esse célebre breve de condenação da maçonaria.¹⁶

Entrementes, o Cardeal Antonelli falecera aos 6 de novembro de 1876, um mês exato após o retorno de Dom Vital ao Brasil e de sua acolhida triunfal pelos diocesanos. O internúncio Sanguigni foi transferido para Lisboa, e a maçonaria perdeu dois dos seus membros mais ilustres, tomando em relação à morte de cada um deles atitudes contrastantes: o primeiro a falecer foi o Duque de Caxias, que expirou no dia 7 de março de 1880. O velho homem de farda passou seus últimos momentos abraçado a um crucifixo, e não obstante fosse o segundo personagem mais importante da hierarquia monárquica, as "grandes lojas" ignoraram o fato. Já não o consideravam um dos seus. Sete meses mais tarde, no dia 1º de novembro, depois de grandes padecimentos, também baixou à sepultura o outrora poderoso visconde do Rio Branco, e então os maçons deram vazão aos seus sentimentos: pranchas, necrológios, oração oficial pela boca de Alencar Araripe e artigos e mais artigos de louvores e condolências nos jornais.¹⁷ Quanto a Dom Vital, seu prestígio continuava em alta, inspirando inclusive novas conversões. Particular impressão causou, nesse sentido, a retratação de um dos líderes dos tumultos de 14 de maio de 1873, o mesmo que havia apunhalado o Pe. Vergili S.I. Caindo enfermo, no leito de morte ele declarou-se arrependido e pediu a confissão.¹⁸

A saúde do bispo de Olinda, no entanto, inspirava cuidados. Mesmo assim ele organizou uma visita pastoral na diocese, que acabaria sendo a última. No dia 12 de outubro, partiu para a Corte e aparentava estar tão mal que a princesa Isabel lhe aconselhou procurar um tratamento adequado na Europa. Ele acatou a sugestão e, depois de nomear o destemido Pe. Graciano de Araújo como seu substituto, no dia 25 de abril de 1877, embarcou no vapor *Paraná* rumo ao Velho Mundo. Junto dele ia a peregrinação brasileira organizada por Dom Pedro Maria de Lacerda em homenagem ao Papa, pela ocorrência do seu jubileu sacerdotal.¹⁹

Na Europa demorou um pouco em Clermont Ferrand e, depois de se submeter a tratamento de especialistas franceses, seguiu para Roma, debalde solicitando da Santa Sé a exoneração das funções episcopais. Aos 26 de fevereiro de 1878, retornou à França, chegando a Paris no dia 13 de maio, onde se hospedou no convento La Santé. Malgrado a confiança que Leão XIII depositava em sua pessoa, o jovem prelado agonizava, vindo a expirar por volta das 23h20min

---

¹⁵ UBALDINO DO AMARAL, *Segunda conferência no Grande Oriente Unido do Brasil*, p. 4.
¹⁶ JOAQUIM SALDANHA MARINHO, *A questão religiosa no Brasil*, p. 28.
¹⁷ EUGÊNIO VILHENA DE MORAIS, *O Gabinete Caxias e a anistia aos bispos na "questão religiosa"*, p. 115-116.
¹⁸ TERESA SOMMARIVA E MARIA MARGUERITE MASYN, *Memórias da venerável Serva de Deus Paula Frassinetti e do instituto por ela fundado*, p. 371.
¹⁹ JACINTO PALAZZOLO, *Crônica dos Capuchinhos do Rio de Janeiro*, p. 194.

do dia 14 de julho daquele mesmo ano. O falecimento de um bispo na flor da mocidade – contava com apenas trinta e três anos de idade e seis de episcopado – suscitou muitas interrogações. Em Roma ele se recuperou quando, no dia 21 de fevereiro, passou a queixar-se de dores lancinantes no abdômen;[20] após o que o médico que o seguia, Dr. Ozanam, ao examinar seu cadáver, notou uma placa negra de 15 cm de diâmetro na região umbilical. A conjectura foi que a *causa mortis* teria sido envenenamento a longo prazo,[21] mas jamais se chegou a um diagnóstico definitivo. Dom Antônio de Macedo Costa preferiu não especular sobre o assunto, deixando sobre o colega morto um depoimento emocionado:

> Era de gênio vivo e alegre, mas ao mesmo tempo reservado e calmo. Muito fino e perspicaz em conhecer os homens, tratava a todos com lhaneza, mas a muitíssimos poucos dava toda sua confiança. Caráter singular que reunia dotes mui difíceis de conciliar: jovial e discreto, corajoso e prudentíssimo; casando a urbanidade do cavalheiro com a austeridade do asceta; a ternura e a maviosidade do poeta com a precisão e rigor lógico do matemático; brando como a cera, quando era possível condescender; rijo como a rocha, quando era mister. [...] Era um anjo de candura e bondade, a acolher a todos indistintamente, grandes e pequenos, ricos e pobres, fazendo a cada um participar daquele seu recôndito tesouro de inalterável mansidão e carinho.[22]

O monarca brasileiro, da sua parte, continuava cheio de mágoas pela resistência dos bispos. Admitindo, afinal, que a reforma da Igreja era um fato e uma ameaça ao modelo que com tanto zelo insistia em conservar, Dom Pedro passou a alimentar propósitos restauradores. Numa recomendação confidencial à princesa Isabel em 1876, ao embarcar para os Estados Unidos, alertou-a: "A questão dos bispos cessou. Mas receio ainda do de Olinda, quando voltar à sua diocese. [...] O bispo do Maranhão está enfermo. Todo cuidado na escolha de novo bispo. Há padres dignos do cargo sem serem eivados de princípios ultramontanos".[23]

Quatro anos mais tarde, no primeiro colóquio que teve com Monsenhor Ângelo di Pietro, internúncio recém-chegado ao Brasil, ele declararia abertamente que sustentaria sempre o *placet* e o *exequatur* e até recomendou ao novo representante da Santa Sé imitar o exemplo de seu antecessor Sanguigni. Falando como uma pessoa alienada da realidade eclesial circundante, ou como alguém que se recusava a ver a propaganda republicana que tantos membros das sociedades secretas movia, Dom Pedro insistiu no argumento de que os maçons não obstaculizavam a religião, apresentando como única ressalva o fato de eles "desejarem" entrar na política.[24]

Em 1881, quando ele visitou com sua esposa o Colégio do Caraça, em Minas Gerais, suas reservas viriam de novo à tona. O Caraça se tornara então uma grande instituição com mais de trezentos alunos, entre seminaristas e estudantes leigos. Dom Pedro II, depois de ouvir os estudantes de teologia a respeito de dogma,

---

[20] Cf. THEODORO HUCKELMANN, *Dom Vital in memoriam*, p. 32-33, 73.
[21] RAMOS DE OLIVEIRA, *O conflito maçônico-religioso*, p. 59.
[22] ANTÔNIO DE MACEDO COSTA, *A questão religiosa do Brasil perante a Santa Sé*, p. 101-102, 104.
[23] HEITOR LYRA, *História de Dom Pedro II*, vol. II, p. 354.
[24] AAEESS., Audiência do internúncio com o imperador para a entrega das credenciais (24-1-1880), em: *Brasil*, fasc. 9, pos. 192, fl. 8.

moral e história eclesiástica, quis saber do professor de direito canônico o que se ensinava sobre a aprovação régia para os documentos pontifícios, o *placet*. Para responder foi chamado o jovem seminarista Rodolfo Augusto de Oliveira Pena, que, sem hesitação, afirmou ser falsa e contrária aos ensinamentos do Concílio Vaticano I a doutrina que julgava necessário o *placet* para que os atos pontifícios tivessem força de lei num país católico. Convidado a justificar suas afirmativas, o formando não se intimidou: "Há dois poderes, o eclesiástico e o civil, e ambos vêm de Deus. Sobre o segundo, as opiniões divergem: imediatamente ou mediante o povo. O poder eclesiástico é superior ao civil, porque tem objeto mais nobre, espiritual, sobrenatural, o bem das almas, e extensão territorial maior, pois abrange o mundo todo. O poder civil tem por objeto o bem temporal e se limita a uma nação particular. Esses dois poderes são distintos e livres na sua esfera". Criou-se um silêncio embaraçoso, e o imperador insistiu: "E nas questões mistas?" Antes que o aluno respondesse, o professor, Pe. Jean Chanavat, tomou a palavra: "Para estas, a decisão pertence... à Igreja". Dom Pedro irritou-se: "Protesto! Como Chefe do poder civil e defensor nato da Constituição Brasileira, protesto contra esta doutrina". A resposta do padre veio pronta: "Vossa Majestade protesta contra a doutrina da Igreja, estampada em documentos pontifícios que vou apresentar". "Conheço muito bem a doutrina da Igreja", retorquiu o imperador. O Dr. Gorceix, que estava junto ao padre, puxou sua batina, e o superior da casa, com sutileza interveio, alegando muito haver ainda que examinar.[25]

Um pouco mais tarde, durante o recreio, o professor de direito não se conteve: "Não admito o protesto de V. M. É escandaloso um monarca católico protestar contra a doutrina da Igreja diante de Seminário Maior". Dom Pedro retrucou: "Eu sou mais católico que o lente. Sou católico tolerante, ao passo que o senhor é intolerante". A notícia vazou e chegou a Ouro Preto, assumindo proporções tais que o próprio monarca se encarregou de amenizar a importância do ocorrido;[26] mas um assunto tão complexo não poderia ser resolvido com um simples gesto conciliador.

9.2 – Os remanescentes regalistas e a militância quase isolada de Joaquim do Monte Carmelo

O incidente do Caraça foi um fato secundário num conflito que persistia, ainda que mais discretamente. A Igreja se sentia vitoriosa, também porque os padres regalistas estavam tão reduzidos em número, que o cônego Joaquim do Monte Carmelo[27] se transformara num nostálgico quase solitário. Isso não

---

[25] JOAQUIM SILVÉRIO DE SOUZA, "O Pe. João Gualberto Chanavat", em: *Revista do Instituto Histórico Geográfico Brasileiro*, parte 1, tomo LXII, Imprensa Nacional, Rio de Janeiro, 1900, p. 249.
[26] JOSÉ TOBIAS ZICO, "Os Lazaristas do Caraça", em: *REB*, vol. 41, fasc. 163, p. 505-507.
[27] Opositor obstinado de D. Antônio Joaquim de Melo e depois da reforma eclesiástica em geral, Joaquim do Monte Carmelo dos Santos, nasceu em Salvador, Bahia, aos 19-11-1813. Filho de Francisco Gonçalves dos Santos e de Maria Francisca Rosa da Conceição, entrou para o mosteiro beneditino de Salvador aos 19-9-1835, recebendo ali a tonsura no dia 22 de setembro do ano seguinte. Ordenado presbítero aos 9-4-1837, tornou-se capelão da irmandade de Nossa Senhora das Angústias. Em dezembro de 1838 foi transferido para o mosteiro do Rio de Janeiro e mais tarde, em 1842, feito presidente do mosteiro de Santos. Daí seguiu para Roma, onde se doutorou em Direito Canônico. De volta ao Brasil, iniciou-se na maçonaria aos 14-11-1843 e, embora não existam provas que consintam uma associação dos fatos, quase contemporaneamente se desentendeu com os seus superiores. Em 1845, tornou-se padre secular e, depois de realizar uma nova viagem aos Estados Pontifícios, fixou residência na diocese paulista, sendo honrado aos 6-9-1848 com o título de cônego da catedral e

quer dizer que seu ânimo polêmico arrefecera. Em 1876 ele reuniu os artigos que redigira entre dezembro de 1874 e dezembro de 1875, fazendo-os publicar pela editora Laemmert num livro intitulado *O Brasil e a Cúria Romana ou análise e refutação do Direito contra direito do Sr. Dom Antônio de Macedo Costa*. Era uma súmula de toda a ideologia antiga, mas ia além, combatendo tenazmente outros aspectos do Magistério eclesiástico. Já no primeiro capítulo evocava máximas do "josefismo", para em seguida atacar rijo a pessoa e a obra de Dom Antônio de Macedo Costa ("Chefe dos ultramontanos do Brasil"), o Concílio Vaticano I e a infalibilidade papal ("trinta papas do século X eram assassinos, simoníacos e envenenadores..."), e os jesuítas ("Malvadíssimos. Educados na escola das falsificações de toda espécie"), ao tempo em que retomava a acusação de que a Igreja Romana era um mal, por "romanizar" as igrejas nacionais:

> A Igreja romana monopoliza a sucessão apostólica. [...] Pode apresentar Dom Antônio título algum para certificar que a Igreja romana é a única fundada por Jesus Cristo e por ele autorizada a ensinar infalivelmente a verdade, a única que pode impor aos homens a obrigação moral de fazerem parte de sua comunhão? [...] E porque, contra a inovação do Concílio Vaticano, há católicos que lhe preferem 18 concílios ecumênicos anteriores, que guardaram por 19 séculos sempre pura a doutrina da verdadeira Igreja de Jesus Cristo, o Sr. Dom Antônio e os ultramontanos que desgovernam a Igreja romana acusam-nos de negar a existência da Igreja Católica.[28]

---

lente de retórica do curso anexo. Dom Antônio Joaquim de Melo o forçaria a abandonar o Cabido, motivo pelo qual Monte Carmelo sempre se referiria a ele nos seus escritos de forma injuriosa, mesmo longos anos após sua morte, como bem o demonstram as palavras que usou em 1873 na obra *O Arcipreste de São Paulo Joaquim Anselmo d'Oliveira e o clero do Brasil*. Seu caso foi deveras singularíssimo: ao contrário do que fariam praticamente todos os brasileiros que estudaram nas "ortodoxas" escolas europeias do século XIX, Monte Carmelo não apenas rejeitou a aproximação da Igreja do Brasil com a Santa Sé, como se transformou num verdadeiro porta-voz do regalismo clerical. Por outro lado, ajudou a edificar a bela igreja de tardia inspiração barroca de Aparecida e permaneceu seu capelão até 1878, embora pouco residisse naquelas redondezas. Em 1877, Dom Antônio de Macedo Costa teceria sobre ele uma crítica feroz: "*Em falta com a lei de residência há quatorze anos em que mora no Rio, autor de um livro infame e obsceno intitulado 'O Brasil mistificado na Questão Religiosa', de um sermão herético e de outras obras no Índex, este padre publica em um dos principais jornais do Rio uma série de artigos pagos pela maçonaria, intitulados 'Os infalíveis de Roma', nos quais os Sumos Pontífices são arrastados uns após outros na esteira dos mais infames insultos e calúnias. Este miserável, eu sou testemunha disso, celebra missas todos os dias no Rio de Janeiro!*" Dom Antônio tinha motivos para estar ressentido: nos seus escritos, o polêmico clérigo paulista, além de posicionar-se claramente contra os bispos envolvidos na "Questão Religiosa" e criticar Cândido Mendes, tecia rasgados elogios à maçonaria e a Joaquim Saldanha Marinho. Suas obras eram todas anônimas, mas logo tiveram a autoria identificada. Após a proclamação da República, Monte Carmelo foi readmitido na Ordem Beneditina aos 2-3-1891. Feito de novo presidente do mosteiro de Santos em 1893, por ser um dos pouquíssimos beneditinos ainda sobreviventes no Brasil, opor-se-ia tenazmente contra os monges europeus que se propunham a restaurar a vida monástica no país. Sem conseguir seu intento, nem renunciar às suas ideias, regressou à Bahia em junho de 1898. Recolhido no mosteirinho de Nossa Senhora do Montserrat, ali faleceu aos 11-8-1899. (JOSÉ LOHR ENDRES, *Catálogo dos Bispos, Gerais, Provinciais, Abades e mais cargos da Ordem de São Bento do Brasil (1582-1975)*, Editora Beneditina, Salvador, 1976, p. 273-276; JOAQUIM DO MONTE CARMELO, *O Arcipreste de São Paulo Joaquim Anselmo de Oliveira e o clero do Brasil*, 1873, p. 79-80, 109, 127, 165, 180, 236-237, 277, 292, 315, 325; ANTÔNIO DE MACEDO COSTA, *Memória sobre a situação presente da Igreja no Brasil*, p. 46; JOSÉ CASTELLANNI, *Os maçons e a questão religiosa*, p. 124).

[28] JOAQUIM DO MONTE CARMELO, *O Brasil e a Cúria Romana ou análise e refutação do Direito contra direito do Senhor Dom Antônio de Macedo Costa*, Tipografia Universal de E & H. Laemmert, Rio de Janeiro, 1876, p. 5, 13, 17, 28-38, 73.

A encíclica de Pio IX citada anteriormente, recomendando que as irmandades fossem depuradas sob estreito controle do clero, é que motivava sua irritação. Sabedor de que leigos regalistas das famílias influentes eram os grandes sustentáculos do modelo que defendia, como ficara provado no desenrolar da questão religiosa, o clérigo rebelde não titubeou em atacar frontalmente o documento papal numa outra obra, intitulada *Carta à sereníssima Princesa Isabel*:

> Pela encíclica de 29 de abril de 1876, não se consente que os sacerdotes estejam à mercê dos leigos e dos seculares, aos quais sacerdotes devem exclusivamente competir toda a sua administração, espiritual e temporal das mesmas irmandades! Quer isso dizer que – o tribunal da provedoria de capelas –, essencialmente leigo, ficará extinto por mera autoridade de Pio IX! Quer também dizer que Sua Santidade teve toda razão de afirmar, como afirmara na encíclica "Quanta Cura", que serve de introdução ao "Syllabus", que: "As leis da Igreja obrigam em consciência, embora não promulgadas pelo poder civil; que os atos e decretos dos pontífices romanos, relativos à religião e à Igreja (neste nome fica compreendido tudo o que pertence à mesma Igreja, o riquíssimo patrimônio de nossas irmandades, ponto *objetivo* de todos os esforços da grei ultramontana!), não têm precisão de sanção e aprovação, ou pelo menos do consentimento do poder civil".
>
> Quer, outrossim, Pio IX, que os capelães das irmandades, ou os vigários das freguesias, que como tais exercerem aqueles cargos, não sejam considerados como *funcionários* (os grifos são do autor) das mesmas irmandades, e sim seus *superiores, administradores, diretores*, ou como melhor nome e lugar haja! Mudadas assim as cousas, e posto tudo em seu lugar, como *ordena o santíssimo padre*, extinto o clero nacional como se vai extinguindo pelo aviltamento em que o arremessara o governo imperial com seus decretos de 28-3-1857 e de 22-4-1864, pela prepotência com que os bispos o privaram do direito das colações nas freguesias, teremos de ver em muito pouco tempo todos estes estabelecimentos de caridade e religião, transformados em habitações de imundice e desmazelo.[29]

Carmelo fazia ainda vivaz defesa da maçonaria, mas, como nas tentativas precedentes, isso em nada alterou a atitude geral da Igreja. Muito pelo contrário, há tempos os clérigos "ultramontanos" se tornavam sempre mais audazes, a exemplo do Pe. Joaquim José Vieira (futuro bispo do Ceará) que se recusara a dar a mão ao imperador por ele haver assinado o decreto de prisão contra os bispos![30]

9.2.1 – Rui Barbosa e a apropriação do conceito germânico "romanização"

A insatisfação de maçons como Joaquim Saldanha Marinho era igualmente grande ante os fatos acontecidos. O grão-mestre citado, que defendera a deportação e perda da cidadania dos prelados, a laicização pura e simples do Estado e o rompimento das relações diplomáticas com a Santa Sé,[31] demonstrava não estar disposto a ceder. Pôde tentar novas investidas contra a Igreja

---

[29] Joaquim do Monte Carmelo, *Carta à sereníssima Princesa Isabel*, 1ª parte, p. 40-41.
[30] Pontifícia Comissio pro America Latina, *Os últimos cem anos de evangelização na América Latina*, p. 783.
[31] Antônio de Macedo Costa, *A questão religiosa do Brasil perante a Santa Sé*, p. 178.

quando entrou em cena o providencial auxílio de Rui Barbosa de Oliveira. Rui não era maçom, mas, quando estudante na academia de São Paulo (1868-1870), havia feito uma breve experiência na loja *América*. Depois de 1871 ele a abandonara,[32] mas manteve a amizade e, sobretudo, a vizinhança de ideias com alguns maçons, um dos quais era justamente Saldanha Marinho. E não só: o radical baiano também reunia em si as convicções liberais herdadas do pai, João José Barbosa de Oliveira, mais o vasto conhecimento adquirido na leitura dos anticlericais franceses e dos liberais da Inglaterra. O anticlericalismo que professava progrediu sempre: em 1874 publicou a tradução feita pelo pai – *A Imaculada Conceição*, de Laboulaye – em cujo prefácio seu genitor negava a definição dogmática. Defronte às reações contrárias, ele revidou, afirmando pertencer aos "velhos católicos", negando não só a Imaculada, como também o *Syllabus* ("esta carta de uma teocracia abominável"), além de execrar o "ultramontanismo". Fez mais: em 1875, bateu-se pela representação do drama *Os Lazaristas*, de autoria do português Antônio José Enes (1848-1901), obra que difamava dita congregação e que foi vista pelo clero como atentatória à moral e à religião. Um ano depois, ele deu outro passo, integrando o aguerrido grupo antipapista que circundava Saldanha Marinho. Sua militância "antiultramontana" estava chegando ao apogeu.[33]

Respeitado por sua inegável erudição, orador brilhante e grande polemista, Rui se tornaria um dos mais temíveis anticlericais do seu tempo. Em 1875 ele comunicou que traduzira a obra *Der Papst und das Konzil* do padre alemão Johann Joseph Ignaz von Döllinger (1799-1890), composta em 1869, cujo autor fora excomungado em 1871. Döllinger, na sua luta contra a definição da infalibilidade papal e em prol da autonomia das igrejas nacionais ante Roma, criara o neologismo "romanização" para denunciar que "o ideal da Igreja para os ultramontanos é a '*romanização*' de cada igreja particular e possivelmente a supressão de toda vida própria das igrejas nacionais".[34]

Rui Barbosa se apropriou desse termo, dando-lhe uma nova interpretação, bem a gosto dos anticlericais brasileiros. Saldanha Marinho, ao tomar conhecimento dessa sua proeza, procurou-o e lhe ofereceu a polpuda quantia de cinquenta contos de réis, mais a promessa de adquirir 1.500 exemplares da obra para a sua loja maçônica, a fim de que esta fosse publicada.[35] Rui prontamente aceitou, mas antes de fazê-lo casou-se às pressas em 1876 com Maria Augusta Viana Bandeira, sua noiva, receoso que depois da publicação nenhum padre oficiasse a cerimônia.[36] Tinha então 28 anos. No ano seguinte, após a recusa de algumas grandes editoras como a protestante Laemmert, o polêmico livro acabou sendo lançado no Rio de Janeiro pela Brown e Evaristo editores. A versão que chegou ao público surpreendeu tanto pelo tamanho da introdução feita, bem maior que a obra traduzida, quanto pela virulência dos ataques

---

[32] Brasil Bandecchi, *A Bucha, a Maçonaria e o espírito liberal*, p. 107.
[33] Eugênio Schmidt, "Rui Barbosa e o decreto de separação", em: *REB*, vol. 14, fasc. 2, Vozes, Petrópolis, 1954, p. 360-361.
[34] Joseph Ignaz von Döllinger, Janus, *Il Papa ed il Concilio*, Ermano Loescher Editore Libraio, Torino, 1869, p. 38.
[35] Luís Viana Filho, *Rui & Nabuco*, José Olympio Editora, Rio de Janeiro, 1949, p. 133-134.
[36] Raimundo Magalhães Júnior, *Rui, o homem e o mito*, 3ª ed., Civilização Brasileira, Rio de Janeiro, 1979, p. 15.

desferidos contra o pontificado romano e as "trevas ultramontanas". O centro da crítica era o novo dogma, contido na *Pastor Aeternus*: "A infalibilidade pontifícia é hoje a base do Catolicismo ultramontano, a sua arma de guerra, o eixo da sua propaganda. Entre o primitivo Catolicismo e o Catolicismo farisaico de agora, essa teologia escavou um abismo".[37]

Partindo de semelhante premissa, atacava tudo o que supunha serem seus sustentáculos, entre os quais o "jesuitismo", o "romanismo", a "repugnante ortodoxia romanista" e o "sacerdócio romanista", entendidos como expressões da "enfermidade universal" ultramontana. O inteiro processo de mudança eclesial ocorrido era reduzido pelo polêmico baiano a uma indevida "romanização":

> A crença tradicional no Catolicismo, crença até por declarações pontifícias justificada mais de uma vez, de que o Papa é capaz de resvalar à heresia e de que a soberania eclesiástica que está nos concílios perpetuou-se na mais ilustre das igrejas nacionais, a Igreja Galicana. Não houve talvez, antes da sua recente *romanização* (o grifo é nosso), um sínodo importante que ali não afirmasse a subalternidade dos papas à autoridade do Concílio Geral. [...] O episcopado abdicou é certo, afinal, à consciência e o dever aos pés do ídolo ultramontano. [...] A primeira consequência dessa nova fase, aparentemente religiosa, é a absorção da Igreja pelo papado.[38]

Rui demonstrou tanto interesse por tal publicação que inclusive escreveu uma carta a Francisco Ramos Paz pedindo o parecer de *A Gazeta* a respeito dela:

> Há um mês que aguardo com ansiedade o juízo analítico que do meu escrito comprometeram-se a redatores da *Gazeta*, e até hoje não me foi dada esta honra, que tem para mim especial apreço. Parto para a minha província nestes três dias, e já agora me parece sentir esta satisfação. Não poderia sua valiosa intervenção aí concorrer para que não esqueçam esta promessa? Não é a apologia o que eu desejo, é a crítica, a apreciação – favorável ou desfavorável – de que julgaram digno um trabalho que, nesta terra de ociosidade literária e incurável preguiça intelectual e moral, revela pelo menos uma apreciação conscienciosa e pouco comum com o estudo, e muito amor das ideias liberais que a *Gazeta de Notícias* tantos serviços vai fazendo e tão brilhantemente.[39]

Só que, ao contrário do que ele pensava, tal lançamento editorial só lhe trouxe dissabores. Para começar, "Ganganelli" não pagou os cinquenta contos prometidos, e a loja maçônica devolveu 350 exemplares do total de volumes enviado; e, depois, o prejuízo político acabou sendo atroz.[40] Sem se aperceber do estrago que estava causando à própria carreira de parlamentar, aos 21

---

[37] Rui Barbosa, *O Papa e o Concílio*, p. 12, 33.
[38] Ibidem, p. 11-12, 46, 73, 76, 91, 167.
[39] BN, "Carta dirigida por Rui Barbosa a Francisco Ramos Paz, comunicando-lhe a remessa, por determinação de Saldanha Marinho, de 390 exemplares de sua obra à secretaria (do Grande Oriente do Vale dos Beneditinos) e solicitando a intervenção para que a Gazeta de Notícias publique a crítica sobre seu escrito", em: *Seção de manuscritos*, n. I, 4, 5, 71.
[40] Décadas depois, já reconciliado com o catolicismo, Rui Barbosa faria um depoimento de desconcertante sinceridade: "Escrevi isso (*O Papa e o Concílio*) no começo de minha vida para manter minha mulher. O Saldanha Marinho me prometeu cinquenta contos, que seriam uma fortuna para mim. Tive castigo imediato, pois o Saldanha nunca me deu coisa alguma" (Luís Viana Filho, *Rui & Nabuco*, p. 134).

de julho de 1876, Rui proferiu uma conferência no Grande Oriente unido do Brasil, manifestando indignação pela anistia concedida aos bispos ("arbitrária, injurídica, inconstitucional e insensata"), principalmente porque eles nenhum instante cederam dos seus arraiais uma polegada. A isso ajuntou mais críticas aos "assaltos do jesuitismo".[41]

Ele ainda conseguiu ser eleito deputado provincial da Bahia em 1877 e deputado geral da Corte no ano seguinte, mas não se dava conta de que o cerco sobre seu nome se fechava. Por isso, aos 16 de janeiro de 1879, afirmou categoricamente: "Eu me declaro, declarei-me sempre e quero que me conheçam como inimigo irreconciliável desse sistema (Catolicismo), a cuja debelação devoto a minha vida inteira". Consequentemente com esse princípio, no mesmo ano se insurgiria contra o "abuso" das licenças concedidas aos jesuítas, lazaristas e às irmãs de caridade de ensinar, porque, segundo, pervertiam as crianças pelas doutrinas antiliberais. Rui concluiu 1879 militando contra a Igreja e seus "agentes" no Brasil. Aos 27 de julho de 1880, num discurso que era uma verdadeira síntese de acusações, deixou claro que rompera abertamente com a religião em que fora batizado. Tendo como meta restabelecer a integridade regalista, disse que o Catolicismo reformado "é a ciência caluniada de falsa; é a exploração das populações rurais pelo clero, é a charlataria divina da água de Lourdes especulando com a saúde pública, é o casamento acatólico equiparado de libertinagem; é o marido substituído pelo professor, a mãe trocada pelas irmãs de caridade; é a família absorvida pelo confessionário; é a beatice impingida no ensino; é a história falsificada no catecismo. É tudo o que se conhece de mais antagônico à ordem secular do Estado".[42]

A comemoração do centenário da morte do marquês de Pombal foi outro momento de embate ideológico. O visconde do Rio Branco, feito presidente da comissão de homenagens, junto com seus correligionários, organizou toda sorte de festejos para despertar no povo a memória do antigo déspota, mas teve de enfrentar a ira dos católicos, que reagiram vivamente.[43] De novo Rui Barbosa tomou a frente, e com um discurso proferido aos 8 de maio de 1882 no teatro imperial, fez exaltada apologia do seu homem símbolo:

> Pombal não é um homem: é uma idade, uma antecipação do futuro, bem que não incólume da eiva inevitável do seu tempo. [...] Um espírito educado nas tradições da Magna Carta e do Bill dos direitos, seria exótico e estéril ante a invencível ignorância de uma aristocracia corrompida, a inconsciência de um povo imbecilizado pela crendeirice de um clero todo-poderoso, a fraqueza de uma dinastia decadente. O Portugal servo das especulações britânicas, o Portugal monástico, dissoluto e sangrento de Odivellas, da inquisição e dos Jesuítas. [...] A companhia de Santo Ignácio envolvera Portugal numa atmosfera tumular. [...] Portugal descera, a um simples logradouro da família de Loyola. Era como disse alguém: coisa da companhia.[44]

---

[41] RAIMUNDO MAGALHÃES JÚNIOR, *Rui, o homem e o mito*, p. 13-14.
[42] EUGÊNIO SCHIMIDT, "Rui Barbosa e o decreto de separação", em: *REB*, vol. 14, fasc. 2, p. 361-364.
[43] JUAN E. BELZA, *Luís Lasagna, el obispo misionero*, p. 237-238.
[44] RUI BARBOSA, *Centenário do marquês de Pombal*, Tipografia Leuzinger e Filhos, Rio de Janeiro, 1882, p. 13, 17, 34, 39.

Por fim, em 1884, o polêmico baiano se autodenominou (ou diz ter sido denominado) heresiarca impenitente e liberal apaixonado. Foi um erro político fatal: subestimando a repulsa que causava entre os católicos, teria barrada por vários anos a ascensão na vida pública. Por toda parte seu nome passou a ser associado à heresia, e, ao concorrer novamente para o parlamento na Bahia, sofreu um profundo revés. Contra ele se candidatou Dr. Inocêncio de Araújo Góes (1811-1897), um católico "ortodoxo", e os padres o apoiaram. Nos púlpitos e noutros lugares sacerdotes execravam Rui ante a opinião pública como "um homem sem princípios e sem religião, inimigo figadal da Igreja e dos seus ministros". Houve até o caso de um sacerdote que lançou um folheto no qual se dizia que "votar no Dr. Rui é votar no diabo" e acrescentava: "Votai em qualquer outro candidato, ou deixai de votar, mas não afronteis vossa consciência, nem mancheis vossas listas com o nome do Dr. Rui Barbosa". A tática teve resultado fulminante: Rui foi suplantado pelo oponente e perderia novamente nos escrutínios de 1886, 1888 e 1889. Somente em 1892, já nos tempos da República, quando se mudara para o Rio de Janeiro, recuperaria projeção eleitoral.[45]

9.3 – As controvérsias pendentes após a anistia dos bispos

No tocante à hierarquia eclesiástica, em 1878, ao ser eleito Papa o Cardeal Gioachino Pecci, (Leão XIII), a facção regalista quase nada contava. O alinhamento com a Santa Sé já estava fora de discussão e, por isso, quando, aos 13 de julho de 1881, a comitiva que trasladava os restos mortais de Pio IX do Vaticano para a basílica de *San Lorenzo extramuros* foi atacada por anticlericais, Dom Lino Deodato Rodrigues de Carvalho, a exemplo de outros bispos, protestou: "O mundo católico gemeu diante de tão sacrílego atentado, praticado em Roma; bispos e cabidos, clero e fiéis dirigiram de toda parte a Leão XIII manifestações de pesar pelo ultraje feito à memória de seu ilustre e imortal antecessor".[46] O triunfo "ultramontano" se consumara.

O desprezo do clero pela legislação regalista, por sua vez, tornou-se tão ostensivo, que em 1879 até virou motivo de interpelação no parlamento, dando oportunidade para que "Ganganelli" elevasse novamente a voz contra Dom Antônio de Macedo Costa:

> O Bispo do Pará não reconhece no governo nenhuma autoridade sobre si; trata sempre o governo com o maior desprezo, e para ele as ordens, as decisões dos nossos poderes constituídos são cousas que nada valem. [...] Esse prelado constituiu-se Estado no Estado. Entende que o governo não tem poder algum sobre os bispos, entende que não pode ser considerado como empregado público; entende que está fora do alcance da letra de nossa Lei criminal, como que não é subordinado nem à constituição e nem às leis do nosso país. [...] Reassume corajoso, e com a maior audácia, a sua posição anterior ao provimento dos recursos das irmandades, ao processo e prisão que sofreu por deliberação do poder moderador, que o mandou

---

[45] Luís Viana Filho, *Rui & Nabuco*, p. 177-209.
[46] Lindo Deodato Rodrigues de Carvalho, *Carta Pastoral do Excelentíssimo e Reverendíssimo Senhor Dom Lino Deodato Rodrigues de Carvalho, Bispo de São Paulo, ordenando um tríduo de preces públicas pela paz da Igreja, soberania, independência e liberdade do Sumo Pontífice*, Tipografia a vapor Louzada e irmão, São Paulo, 1889, p. 25-26.

processar, que o fez condenar, que lhe comutou a pena, e que, afinal, por seu livre arbítrio o anistiou. [...] É sem dúvida um monumento do seu grande talento e da sua vasta erudição, mas que encerra o mais audacioso sofisma contra todas as leis civis e políticas. [...] É um diocesano perigosíssimo às instituições liberais. [...] O bispo do Pará não faz caso do governo, não faz caso da constituição, nem das leis do país. E tanto que, ainda agora, e bem recentemente, apresenta-se nesta Corte à face do governo, tendo abandonado a sua diocese sem licença.⁴⁷

Inabalável, o bispo de Belém replicou-o em dois artigos publicados nos dias 9 e 10 de maio daquele ano no *Jornal do Comércio*, para alegria de outros prelados, entre os quais o primaz Dom Joaquim Gonçalves de Azevedo, que comentou satisfeito: "Que liberdade no falar, como se põem ali em relevo o sentir dos bispos brasileiros, que o tem manifestado sempre que julgam necessário".⁴⁸ Desta vez o imperador preferiu não se posicionar, até porque, ele já não conseguia encontrar clérigos respeitáveis que dessem seu aval a uma restauração do velho modelo. Não deixa de ser significativo que o sucessor de Dom Vital tenha sido justamente o "ultramontano" Dom José Pereira da Silva Barros. Assim que foi sagrado em 1881, ele fez questão de deixar bem claro que daria continuidade à obra reformadora iniciada, tendo assumido o termo "romano" (e seus derivados), como expressão legítima da fé católica:

> Assim como nenhum império pode existir sem unidade – *omne reguum divisum contra se desolabitur* –, assim como a própria sociedade doméstica não pode existir sem união – *omnis civitas, vel o domus divisa contra se non stabit* –, assim também a grande sociedade religiosa, que chamamos Igreja Católica ou universal, não pode permanecer sem união e concórdia entre seus membros. Ora, rejeitar o Papa, o Chefe visível, o Soberano dessa sociedade, é destruir pela base a unidade, é afastar o princípio de coesão, e destruir enfim toda a Igreja. [...] Dizer-se católico, mas não romano, é rejeitar o centro da unidade e afirmar simplesmente um absurdo.⁴⁹

Além disso, Dom José também fez questão que o corpo de Dom Vital ficasse sepultado no Brasil, e não em Versailhes, na França, onde então se encontrava. O cônego Francisco do Rego Maia foi encarregado de levar a cabo a trasladação, o que realizou com êxito, desembarcando em Recife aos 6 de julho de 1882. Isso posto, os despojos foram solenemente depositados na igreja da Penha, onde ainda hoje se encontram.⁵⁰

9.3.1 – O fortalecimento da apologética católica

A apologética católica, da sua parte, após a fase aguda da questão religiosa prosseguia rígida, e o Pe. João Filippo na obra intitulada *Justificação da crença cató-*

---

⁴⁷ JOAQUIM SALDANHA MARINHO, *Discursos proferidos e projetos apresentados na Câmara dos Senhores Deputados na sessão de 1879*, p. 67-71, 75.
⁴⁸ ASV, Carta do Arcebispo de Salvador a Monsenhor Luigi Matera (10-5-1879), em: *Nunciatura Apostólica no Brasil*, fasc. 432, caixa 88, doc. 9, fl. 22.
⁴⁹ JOSÉ PEREIRA DA SILVA BARROS, *Carta Pastoral do Bispo de Olinda saudando aos seus diocesanos depois de sua sagração*, Tipografia de Jorge Seckler, São Paulo, 1881, p. 18.
⁵⁰ JOSÉ DO CARMO BARATTA, *História eclesiástica do Pernambuco*, p. 115.

lica contra "o Brasil mistificado" se encarregou de rebater cada ponto criticado por Joaquim do Monte Carmelo. Ele, aliás, baseou-se no anonimato, com que sempre se ocultava, e na linguagem vulgar que utilizava, para melhor desqualificá-lo:

> É fanatismo da presente época zombar de tudo. Perguntamos: esse modo de proceder é conforme a caridade? É esse o modo de combater os *abusos* (como dizem uns); e é esse o caminho e o meio para ilustrar o povo e publicar-lhe a *verdade* (os grifos são do autor)? [...] O Senhor Anônimo dá indubitável certeza de não ter ele escrito verdades, porquanto depois de ter-se dado um considerável trabalho em cumprir a mencionada obra, receou assiná-la, a fim de não manchar a sua reputação. [...] E, se esse livro é desmoralização para seu próprio autor, que lhe nega a paternidade, que moralidade pode trazer para os outros?[51]

E assim, toda uma série de conflitos continuou seu curso, sem que ninguém cedesse. O que mudou foram os resultados, pois nenhuma lei regalista produzia mais efeito. Em 1884, um ministro do império emanou novo decreto sujeitando à pena de suspensão e à perda do benefício os párocos que não realizassem os seus deveres paroquiais. Os bispos simplesmente trataram a novidade com desdenhoso silêncio, exceto um, Dom José, que protestou vivamente contra ela. Contrariando a tradição a que o governo se apegara, a iniciativa do dito ministro de tentar processar criminalmente o prelado daria em nada; e, como então observou Monsenhor Adriano Felici, encarregado interino da Santa Sé, o assunto sequer chegou ao domínio público, sendo ignorado pela impressa.[52]

9.3.2 – A tentativa de se formar um partido confessional

O fim da contenda aberta com o império criara, no entanto, uma "crise de consciência" que atingiu os próprios militantes da causa republicana: os católicos passaram a defender a Igreja, e os que eram maçons atacaram-na. Com isso, os maiores jornais republicanos assumiram posturas antagônicas: na corte, *A República* ficou do lado dos maçons, não por defender a monarquia, mas visando à manutenção da justiça imperial, que afinal assumia a causa das grandes lojas; em Diamantina, MG, *O Jequitinhonha* organizado por Joaquim Felício dos Santos, irmão do bispo diocesano, ficou abertamente do lado dos prelados.[53]

Quanto aos fiéis católicos, cresceu notavelmente o desejo de afirmar a identidade da Igreja e assegurar os seus direitos. Coube à província de Minas Gerais liderar a reação, quer seja por meio de abaixo-assinados de protesto ao governo imperial, quer seja pela tentativa da criação de um partido católico.[54]

---

[51] João Filippo, *Justificação da crença católica contra o "Brasil mistificado"*, Tipografia de Jorge Secker, São Paulo, 1880, p. 63, 70.
[52] AAEESS., Relatório de Monsenhor Adriano Felici, encarregado interino da Santa Sé, em: *Brasil*, fasc. 15, pos. 236, fl. 16.
[53] Heitor Lyra, *História da queda do Império*, tomo 1, Companhia Editora Nacional, São Paulo, 1964, p. 235.
[54] Com relação ao partido confessional, em 25 de março de 1875, em Mariana, o Pe. Silvério Gomes Pimenta (pouco depois feito bispo coadjutor, e mais tarde primeiro Arcebispo da mesma diocese) apresentou ao senador mineiro Firmino Rodrigues Silva a proposta de fundação de um partido católico. "A Associação Católica Mariana deseja escolher a V. Ex.ª com o Conselheiro Silveira Lobo e o Visconde de Abaeté, para dirigirem o Partido Católico de Minas, mas receoso de não ser recebido seu desejo e passar por descalabro, incumbiu-me de escrever a V. Ex.ª e ao Senhor Conselheiro Silveira Lobo para saber se se dignam de anuir a esses votos,

Na verdade, a ideia de uma agremiação política confessional começou a tomar corpo em Pernambuco, cabendo a José Soriano a primazia de propô-la por meio do jornal *A União* aos 30 de setembro de 1876. Ele tomou como base um pronunciamento feito por Cândido Mendes no dia 5 de maio precedente, advertindo que "se o partido católico existisse, a Igreja não estaria como presentemente se acha, com tão poucos defensores".[55]

Tentativas análogas também aconteceram em São Paulo, Ceará e Pará, mas faltava clareza de objetivo e de estratégia à proposta, e o clero preferiu não endossá-la. Mesmo assim, a divulgação do projeto foi suficiente para provocar sobressaltos entre liberais e regalistas. Uma das reações mais aflitas apareceu nas páginas do jornal *Correio Paulistano*, em que um anônimo, que se fazia chamar de "Velho liberal", publicou vários artigos sobre o assunto, reunidos em seguida num livro por Cristiano Benedito Otoni (que admitiria pouco depois, na sua autobiografia, de ser ele mesmo o autor).[56] No primeiro de tais artigos, publicado no dia 30 de abril de 1876, dito liberal denunciava:

> Organiza-se no país um partido católico, que pretende conquistar o poder. [...] Tem esse partido órgãos na imprensa do Rio, São Paulo, Minas, Pernambuco, Pará e outras províncias; é dirigido por uma parte do clero, tendo à sua frente alguns bispos. Reúne-se, trabalha, em tempo há de apresentar seus candidatos, que hão de ser os apóstolos do jesuitismo.[57]

O "Velho Liberal", sempre em tom alarmista, voltaria ao assunto repetidas vezes: no dia 25 de maio atacou o jornal *O Bom Ladrão*, da diocese de Mariana, que, segundo ele, já havia começado a levantar candidaturas, proclamando que nenhum católico poderia deixar de votar no Sr. Diogo de Vasconcelos. No dia 30, retomaria a crítica, dessa vez contra o cônego José Eduardo Honorato da Silveira e outros "hábeis escritores ultramontanos" do Rio de Janeiro, que tinham proclamado a urgência de organização de suas coortes em partido político. Sem se dar por satisfeito, no dia 25 de julho do mesmo ano, também Dom Antônio de Macedo Costa seria colocado na mira: "No Pará, o bispo anistiado influi na eleição política, com o empenho de mandar para a câmara dos deputados candidatos seus, que venham no seio da representação nacional sustentar o *Syllabus*, em detrimento da lei política fundamental".[58]

---

entendendo-se V. Ex.ª com o Senhor Visconde de Abaeté, porque com ele não temos relações para escrever-lhe". O senador, um católico convicto e militante, sentiu-se tentado a aceitar, mas sua saúde o impediu de levar a cabo a empreitada, como bem o demonstram uma carta que lhe enviou Dom Pedro de Lacerda: "Soube por V. Ex.ª tem passado mal de saúde, e isso me tem dado pena. Peço a Nosso Senhor que quanto antes dê melhoras a V. Ex.ª e faça V. Ex.ª ficar inteiramente restabelecido em sua preciosa saúde, tão preciosa para a Exma. Senhora e família, como também para o Estado, do qual V. Ex.ª é servidor, e para a Igreja, que V. Ex.ª tanto tem defendido e amado". Mas, a mesma missiva já demonstrava a impossibilidade de ele levar avante o tão desejado projeto partidário: "...é mister que V. Ex.ª não embarace a cura, e atenda às prescrições dos médicos". Assim foi feito, mas o senador morreria poucos anos depois, fazendo com que a proposta fosse abandonada (Nelson Lage Mascarenhas, *Um jornalista do Império*, Companhia Editora Nacional, São Paulo, 1961, p. 431-433).
[55] Vamireh Chacon, *História dos partidos brasileiros*, Editora Universidade de Brasília, Brasília, 1981, p. 41.
[56] Cristiano Benedito Otoni, *A liberdade de cultos no Brasil*, p. 8.
[57] Idem, *Autobiografia*, p. 177-178.
[58] Idem, *A liberdade de cultos no Brasil*, p. 18, 31, 98.

Saldanha Marinho foi outro que se preocupou com a possibilidade de formação duma bancada católica, mas não foi a oposição, e sim o desinteresse da maioria do clero que levou a proposta da agremiação católica a fenecer. Ainda assim, alguns militantes católicos de Minas Gerais se elegeram, erguendo depois a voz no parlamento contra os anticlericais. Um deles, citado acima, foi Diogo de Vasconcelos, sobrinho do já falecido Bernardo de Vasconcelos. Em 1885, tendo morrido o escritor francês Victor Marie Hugo, a câmara federal propôs emitir um voto de pesar. Diogo fez campanha e votou contra, apesar das críticas ferrenhas proferidas por Olavo Bilac. Refratário à opinião contrária ele foi irredutível: como católico, não podia admitir homenagens a um adversário da sua Igreja.[59]

A reação do clero foi bem mais discreta, pois não se deve esquecer de que os bispos não se rebelaram contra o Estado e sua autoridade, mas contra o incômodo intervencionismo que aquele praticava. O objetivo dos prelados era a afirmação de uma Igreja, "sociedade hierárquica perfeita", cujas atividades se realizassem com autonomia de movimentos, num regime de mútua colaboração. Na falta de uma opção condizente com seus pressupostos, a maioria dos membros da hierarquia evitou qualquer compromisso tanto com os republicanos quanto com os partidos do império. A querela, porém, evidenciara o peso popular da Igreja, e, em 1876, a *Revista Ilustrada* publicaria uma caricatura em que liberais e conservadores tentavam conquistar as suas graças.[60] Nenhum deles conseguiu.

9.3.3 – O recrudescimento da proposta de um governo laico

O *Syllabus Errorum*, publicado no pontificado de Pio IX aos 8 de dezembro de 1864, afirmava ser um erro moderno defender que a Igreja devesse ser separada do Estado e o Estado da Igreja.[61] Paradoxalmente, foi o alinhamento do clero brasileiro com semelhantes postulados que, involuntariamente, contribuiu ainda mais para que o reclamo divisionista se reforçasse. Já os primeiros clérigos brasileiros doutorados nas universidades católicas europeias, ainda que com prudência, passaram a ver com restrição o modelo de Estado confessional brasileiro. Nessa categoria se enquadrou o Cônego Dr. Joaquim Caetano Fernandes Pinheiro, que se especializou em teologia em Roma. Ele destacava que pudera acompanhar a movimentação da Igreja Católica em toda a Europa e que se deixara influenciar por ela. Numa mensagem ao conselheiro Eusébio de Queiroz, afirmou que o regime misto – Igreja unida ao Estado – era o único que convinha ao Brasil, mas não ocultava que inquietações certamente cresceriam na hierarquia eclesiástica nos anos seguintes. Tendo o cuidado de esclarecer que os modelos estrangeiros não poderiam ser facilmente transplantados para outros climas, acabou ressaltando as conveniências daqueles:

---

[59] Eduardo Frieiro, *O Diabo na livraria do cônego*, Itatiaia, Belo Horizonte, 1981, p. 145.
[60] Cf. José Castellani, *Os maçons e a questão religiosa*, p. 17.
[61] Heinrich Denzinger, *Enchiridion Symbolorum*, Edizioni Dehoniane, Bologna, 1995, p. 1036.

> Nos países onde o ensino é livre, como na Bélgica e nos Estados Unidos, o clero aproveitou-se do favor da lei para entrar em concorrência com as demais classes de cidadãos e fundou escolas, universidades, independentes da ação governativa. [...] À liberdade de que goza neste ponto, bem como em muitos outros, deve a Bélgica sua prosperidade".[62]

A crítica ao regalismo brasileiro deixou de ser apenas o sentimento particular de certos padres, assim que se preanunciou a questão religiosa. Dom Antônio de Macedo Costa era categórico: "Temos horror dessa fusão de poderes, dessa absorção do religioso pelo civil, do espiritual no temporal, que só pode dar na escravização das consciências".[63] Quando o conflito desnudou as contradições da união Trono-Altar, também Dom Vital manifestou-se desejoso de estabelecer certa distância da engrenagem oficial:

> Se essa migalha que recebemos deve ser o preço de nossa traição aos sagrados e inalienáveis direitos da Santa e Imaculada Esposa do Divino Cordeiro, no-la tirem, muito embora. Educados na escola do Calvário, não tememos a pobreza. Outro tanto digo acerca das honras civis que o governo concede aos bispos. [...] Em uma palavra, renunciamos a todas as honras civis que nos dá o governo de Sua Majestade, contanto que nos restituam a liberdade de poder dirigir e governar a porção do rebanho de Nosso Senhor Jesus Cristo, que o Espírito Santo confiou aos nossos cuidados e solicitudes, segundo o ensino da Santa Madre Igreja e os ditames da nossa consciência".[64]

Os leigos logo seriam envolvidos na problemática, e, ao saber da nota brutal enviada pelo ministro dos estrangeiros ao internúncio após o julgamento do bispo de Olinda, Antônio Ferreira Viana fez um pronunciamento até então inédito na boca de um católico convicto: "Prefiro a separação, que nos manterá Bispos independentes, Bispos da Santa Sé, Bispos depositários da alta missão que os Apóstolos receberam da mão de Jesus Cristo, a nos impor Bispos instrumentos de reinar. Desejo ver a Igreja livre desse contato, desta pestilencial influência!"[65]

Dom Antônio Macedo Costa, durante a fase aguda do conflito, ainda tentou um meio termo. Na obra *Direito contra o Direito ou o Estado sobre tudo*, que é considerada sua composição intelectual de maior relevância, ele teorizou que a unidade religiosa é necessária ao Estado; mas suas palavras ganhavam outro significado ao ser acrescentada importante ressalva: "Só uma Igreja independente do Estado a realiza". A razão: sendo esta mesma Igreja uma instituição divina, não poderia ficar sujeita aos caprichos dos políticos. Daí que a citada independência, sem corresponder a separação, idealizava uma concórdia com a soberania civil. Não chegava a ser um projeto demasiado ambicioso, pois o prelado, contradizendo uma das críticas mais comuns dos liberais que sempre acusaram os "ultramontanos" de quererem transformar o Brasil num Estado teocrático sob seu controle, salientava categoricamente que "a soberania nacional

---

[62] JOAQUIM CAETANO FERNANDES PINHEIRO, *Apontamentos religiosos*, Tipografia do Diário de A. & L. Navarro, Rio de Janeiro, 1854, p. 26.
[63] FRANCISCO DE MACEDO COSTA, *Lutas e Vitórias*, p. 47.
[64] VITAL MARIA GONÇALVES DE OLIVEIRA, *Resposta do Bispo de Olinda ao Aviso de 12 de junho de 1873*, p. 36-37.
[65] FRANCISCO DE MACEDO COSTA, *Lutas e Vitórias*, p. 77.

tinha todos os poderes políticos". Isso não o fazia arredar do objetivo proposto: os poderes totais se resumiam a estes. No caso específico das matérias que o governo, por sua própria conta, definira como sendo mistas – mas que a Igreja sempre insistira serem exclusivamente religiosas –, tipo irmandades, ele, num supremo esforço, serviu-se dessa terminologia, para ponderar:

> Nas matérias mistas legisle cada poder na parte que compete, e ficará cada um livre e independente dentro da própria esfera. No caso de dúvida sobre a extensão da jurisdição, caberá, na hipótese do Estado Católico, a decisão à Igreja. Portanto, o Estado Católico adota logicamente como critério, nesses casos, a doutrina dos Concílios Gerais e dos Sumos Pontífices.[66]

As assim chamadas matérias mistas não eram secundárias – foram elas, afinal, que provocaram a questão religiosa – e sempre tinham sido resolvidas pelo governo. Acontece que isso esvaziava o ministério episcopal e colocava em risco a própria disciplina eclesiástica. Por isso, em consciência, Dom Antônio estava impedido de transigir, e não transigiu:

> Mas o Estado, dizem, é o protetor da Igreja. Respondo com Fénélon: "o protetor da Igreja não a oprime nunca". [...] Falais ainda de inquisição, de escravidão! Declarações vãs! Não queremos nem uma nem outra. A Igreja, intolerante com doutrinas, é tolerantíssima com as pessoas. [...] Escravidão dura e ignominiosa escravidão é esse Estado de mitra e báculo, governando a Igreja, levantando interditos, dirigindo irmandades, encarcerando bispos por terem fulminando censuras; é uma reunião de magistrados leigos, filhos da Santa Igreja, decidindo quais decisões dessa Igreja devem ser abraçadas, quais não, como leis sagradas, como de direito absoluto, incontestável, ainda que opostas sejam aos dogmas e à santidade da religião revelada por Deus! Isto que é escravidão ignóbil, vergonhosíssima![67]

Um episcopado alçando a voz era algo que causava desconforto nalguns segmentos políticos, também por outra razão não citada: ao menos teoricamente, a excomunhão eclesiástica tinha efeitos civis no Brasil. Com isso, um parlamentar maçom que incorresse em sentença do gênero tornava-se passível – coisa que jamais havia acontecido – de ser excluído da representação nacional. Essa era uma possibilidade tão remota que, aos 23 de maio de 1873, o próprio ministro da justiça tinha ido ao parlamento proferir um discurso tranquilizador.[68] Nem assim se serenaram os ânimos e a alternativa partiu do próprio Dom Antônio de Macedo Costa. Evidenciando já como um a um os vínculos com a instituição monárquica fraquejavam, ele apresentou a Dom Pedro II uma proposta impensável na época, principalmente se tratando de um bispo: "Se o governo não julga dever dar efeitos civis à excomunhão, recuse os efeitos civis".[69]

---

[66] ANTÔNIO DE MACEDO COSTA, *Direito contra o direito ou o estado sobre tudo*, p. 65, 67, 78.
[67] IBIDEM, p. 86, 88.
[68] Disse naquela ocasião o ministro: Tenhamos atenção senhores que, sendo a excomunhão a pena em virtude da qual o católico é privado dos benefícios da Igreja, pena espiritual, cujos efeitos, em regra, não tolhem ao exercício dos direitos civis e políticos, nenhum motivo de ordem social podia autorizar e aconselhar o Governo a intervir para que o condenado fosse restituído ao grêmio da Igreja (*Anais do Parlamento Brasileiro – Câmara dos Deputados, sessão de 1873*, tomo I, p. 154).
[69] ANTÔNIO DE MACEDO COSTA, *Memória dirigida a Sua Majestade o Imperador*, p. 27.

A legislação não mudou, mas a psicologia católica em relação ao modelo existente sim. No meio do laicato esclarecido isso se manifestou em duas tendências: a primeira aspirava a uma reforma do sistema, mantendo, contudo, as suas características essenciais. O projeto do deputado Ignácio Antônio de Assis Martins (1839-1903), apresentado no parlamento aos 20-3-1875 em defesa do casamento civil para quem não desejasse receber o sacramento católico, enquadra-se nessa tentativa:

> Já tive ocasião de dizer à câmara que me prezo e honro-me de ser católico, e como tal de nenhum modo ainda senti abaladas as firmes convicções que tenho das ideias liberais. [...] Para mim o casamento é um sacramento; o que quero é que o casamento católico continue, como até agora tem sido. Quem se casar catolicamente não precise fazer o contrato civil ou, quando muito, registre civilmente a certidão passada pelo pároco; mas que os protestantes, ou os que não forem católicos, ou os que não quiserem casar-se catolicamente, façam o contrato civil, e deste resulte os mesmos direitos que resultam do casamento católico.[70]

Dessa tendência – sem chegar a defender propostas como a citada acima – também fizeram parte Carlos de Laet e Eduardo Prado. Em linha de máxima queria essa emancipação, sem separar a Igreja do Estado, mantendo o dispositivo da lei, considerada sábia naquilo que respeitava a tradição espiritual. Outros militantes católicos leigos já não acreditavam na possibilidade de uma adaptação e passaram a defender a ruptura pura e simples. Entre eles, além de Ferreira Viana, encontravam-se intelectuais de peso como José Soriano de Souza e Cândido Mendes de Almeida, que assim pensavam "por não ver de que modo poderia a Igreja manter-se livre em um Estado que a limitava quase que ao escalão duma repartição do governo".[71] Dito grupo era da opinião que o império brasileiro no fundo nunca havia sido verdadeiramente cristão e que insistir era inútil. Sobre isso, Cândido Mendes assumiu uma posição clara:

> Quando os reis eram católicos e os estados se regiam por legislação impregnada do mesmo espírito, quase não havia perigo em deixar ao poder temporal o cuidado de fazer a cobrança dos rendimentos da Igreja, e ainda mesmo, a distribuição dessas rendas pelo pessoal empregado no culto. Hoje semelhante situação é insustentável, máxime nos países com forma de governo idêntica à nossa. O Estado, se não é ateu, tem-se tornado indiferente em matéria religiosa: portanto, não é mais competente para ser procurador oficioso e imposto à Igreja.[72]

Os separatistas católicos se sentiram reforçados quando a eles se agregou Leandro Bezerra Monteiro (1826-1911), pois não se tratava de um personagem qualquer, mas sim um dos mais convictos "ultramontanos" do parlamento brasileiro, que se notabilizara pela defesa apaixonada em favor dos bispos. Ele havia enfrentado tantos debates com os anticlericais que até recebera a alcunha de "frei Leandro", da parte de certos críticos e caricaturistas.[73] E foi este mesmo aguerrido polemista que, em defesa do seu credo, admitiu ser chegada a hora de levar a cabo a cisão:

---

[70] *Anais do Parlamento Brasileiro* – Câmara dos deputados, sessão extraordinária de 1875, p. 48.
[71] THALES AZEVEDO, *Igreja e Estado em tensão e crise*, Editora Ática, São Paulo, 1978, p. 154.
[72] JÚLIO CÉSAR DE MORAIS CARNEIRO, *O Catolicismo no Brasil*, p. 218.
[73] EUGÊNIO VILHENA DE MORAIS, *O Gabinete de Caxias e a anistia aos bispos na questão religiosa*, p. 82.

> Se querem que a religião Católica Apostólica Romana seja a do Estado para exercício de tão cruento despotismo, declaro solenemente que por mim renuncio ao privilégio, que fere a consciência dos fiéis, e prefiro a separação da Igreja do Estado.
> Em estado tão excepcional que nos achamos, seja-me permitido esta declaração. Lastimo que o extremo dos sofrimentos nos leve a esse ponto. O Brasil perde, mas o que quero é a liberdade da Igreja. Amo a minha sociedade pátria, porém, amo mais a minha religião, porque aquela só pode me oferecer as prosperidades desta vida, quando esta me promete as glórias da eternidade.
> Já ouvi um dos nossos estadistas dizer na outra casa do parlamento que agora mais do que nunca o Estado deverá estar ligado à Igreja, depois da definição do dogma da infalibilidade do Papa, porquanto, separados, a Igreja, em liberdade, havia de dominar. Assim, vê-se que há escola dos que sustentam a união não por amor da Igreja, mas por desejo de dominá-la. Favores e privilégios neste sentido, nós católicos devemos recusar.[74]

No tocante aos regalistas, também o pensamento deles evoluiu muito, antes que a maioria dos seus optasse pela laicização do Estado. A reação inicial, que tiveram diante do avanço inexorável da reforma eclesiástica, foi de surpresa e rancor. Foi assim com Rui Barbosa, que por certo período não só lamentava o fim dos tempos idos, como idealizava sua futura restauração: "Há quem, nesta nossa terra tão fértil de originalidades, entre inculcados estadistas, que assegure que a questão clerical é uma balela, que a poeira pelo próprio peso há de aplacar-se e que havemos de tornar com os padres à convivência desleixadamente camaradesca de outrora".[75]

Com ele fazia coro o "Velho Liberal", que aos 15 de junho de 1876 criticou ressentido o desaparecimento da Igreja submissa:

> Retrocedamos meia dúzia de anos: qual era o estado de coisas? A religião era "mansa"; a Igreja obedecia às leis civis, não abria luta com a sociedade. [...] Hoje é diverso: a Igreja se diz militante; os padres e beatos só falam nos nossos inimigos. Por que a mudança? Sem dúvida porque retumbou entre nós o grito de guerra dos jesuítas, que em toda parte pleiteiam o domínio, agitam as sociedades, preparam guerras de crenças para reconquistar o poder temporal.[76]

O que Rui e seus pares mais temiam aconteceu: o espírito reformador que rompera com a tradição de servilismo não retrocederia, coisa que Ubaldino do Amaral, retomando o que já dissera Saldanha Marinho depois da anistia dos bispos, veio a reconhecer ressentido: "Constitui, portanto, a Igreja de Roma, em condições diametralmente opostas à Igreja do Estado, como a Constituição consentiu e autorizou. A atual Igreja Romana, essa de Pio IX, não é a do Estado".[77] A questão é que Ubaldino não renunciava ao regalismo. Ou melhor, passou a defender ainda mais o *status quo*, chegando inclusive a propor a formação de uma Igreja nacional, para que a instituição eclesiástica no Brasil continuasse sob rígido controle. Movido por tal intento, diria ele em 1876:

---

[74] *Anais do Parlamento Brasileiro – Câmara dos Deputados, sessão de 1875*, tomo 2, p. 229.
[75] Rui Barbosa, *O Papa e o Concílio*, p. 9.
[76] Cristiano Benedito Otoni, *A liberdade culto no Brasil*, p. 49.
[77] Ubaldino do Amaral, *Saldanha Marinho – esboço biográfico*, p. 154-155.

Separar simplesmente a Igreja do Estado, proclamar absolutamente livres e independentes as igrejas, é criar soberanias simultâneas. [...] De que provém, com efeito, o conflito atual? De exercer no Brasil o chefe do Catolicismo atribuições soberanas: de terem os poderes políticos criminosamente permitido à Igreja essa mesma independência e liberdade, que o liberalismo inculca como corretivo ao abuso! No dia em que tão perigosa doutrina passasse para a lei, o jesuitismo não conheceria limites ao seu arrojo.[78]

Independentemente do que proclamavam os radicais de diversos matizes, a verdade era que o modelo de união Trono-Altar no Brasil se tornara uma fórmula exaurida, coisa que transparecia até em certas atitudes do episcopado. Teoricamente os bispos defendiam o Estado religioso, mas na prática, entre a oposição frontal que suas propostas enfrentavam – mesmo em relação a projetos conciliatórios como o de Dom Antônio de Macedo Costa, citado anteriormente – e a ingerência regalista que prosseguia, eles acabavam ficando sem nenhuma alternativa concreta. O desconforto era recíproco, e Antônio Carlos Villaça, abordando a questão na ótica da própria consciência nacional brasileira, diria que o modelo confessional de Estado se desfizera quinze anos antes da queda do império. Isso porque, segundo ele, das questões que provocaram o fim da monarquia – a servil, a militar, a dinástica e a religiosa – a mais complexa foi por certo a religiosa, ainda que todas tenham tido o seu papel na criação da nova ordem política.[79]

Fatores outros, como o contínuo afluxo, ainda que em proporções limitadas, de grupos imigrantes das mais diversas confissões, impunham igualmente uma mudança de rota e tiveram de ser abordados pelos meios políticos. Isso levou a maior parte dos regalistas e maçons a aderirem à segunda tendência, que afinal triunfaria: o separatismo puro e simples. A proposta laicizadora foi ganhando terreno de forma gradual na classe política: antes de 1875, seus defensores ainda eram minoritários, manifestavam suas opiniões de forma comedida, e somente radicais como os grão-mestres Alencar Araripe e Joaquim Saldanha Marinho defendiam o laicismo às escancaras. Depois de 1875 o ambiente mudou, pois se tornou evidente que o clero não recuaria, apesar de que, por algum tempo, Joaquim Nabuco e Tito Franco tenham resistido à ideia da separação. Para não entregar o país sem defesa à "dominação ultramontana", muitos regalistas os apoiavam, desejosos de salvaguardar a preponderância do poder civil.[80] Foi uma última e vã tentativa, bem cedo suplantada pela corrente defensora da laicização total. Já então liberais, maçons e positivistas militavam abertamente por ela, e, por fim, o próprio Dom Pedro II, sem chegar a tanto, em 1876, escreveu à princesa Isabel defendendo algumas mudanças importantes, como a instituição do casamento civil para os acatólicos.[81]

---

[78] UBALDINO DO AMARAL, *Clericalismo*, p. 15-17.
[79] ANTÔNIO CARLOS VILLAÇA, *História da questão religiosa no Brasil*, p. 150.
[80] CRISTIANO BENEDITO OTONI, *A liberdade de cultos no Brasil*, p. 135.
[81] Na carta, Dom Pedro II declarava: "Entendo que é urgente tornar os efeitos civis dos atos desta natureza independentes da autoridade eclesiástica. Se se tivesse seguido o meu parecer, ter-se-ia votado já o projeto de lei do casamento civil, apresentado às câmaras pelo ministério de 1875. Adoto inteiramente as ideias desse projeto. O católico deve casar-se catolicamente; mas não pode ser obrigado a isso por lei civil, para que esse ato da vida civil tenha efeitos civis. O registro civil já está regulamentado em virtude da lei; e é apenas preciso fazer executar o regulamento. Nos cemitérios já há lugar reservado para quem a Igreja não

Com o passar dos anos a tendência secularizadora foi se avolumando na classe política, mas sem renunciar aos vícios herdados da tradição. Essa incoerência ficou explícita no programa do partido liberal apresentado em 1º de junho de 1877. Nas enganosas palavras do preâmbulo, afirmava-se que a liberdade de consciência não é susceptível de interpretações diversas na sociedade civil e política. "É dogma da civilização moderna que a Constituição consagra no §5º do art. 179", dizia. Porém, como era próprio do estilo, calava-se sobre a férrea legislação regalista, limitando-se a afirmar que "as demais aspirações da sociedade não exigem, por enquanto, soluções práticas, que podem vir a ser indicadas e até solicitadas pelos acontecimentos."[82] Semelhante imoralidade política seria defendida até mesmo por Rui Barbosa, depois de que este abraçou o laicismo total. Ele demonstrou isso num discurso proferido em 27 de julho de 1880:

> Senhores, o regalismo é uma cautela constitucional. Ora, será legítimo abrir mão dela precisamente em benefício do ultramontanismo? [...] Não nos basta o regalismo; queremos a liberdade; porque o regalismo não é um baluarte absolutamente impenetrável contra a invasão religiosa das consciências; mas, se a liberdade não é possível, em nome da liberdade repelimos a abolição extralegal dessa garantia, imperfeita, mas não despicienda, contra as invasões da Igreja no domínio secular.[83]

Foi então que, com o tempo, o improvável aconteceu: certos "ultramontanos" e anticlericais, por razões próprias, fizeram causa comum. Até mesmo Saldanha Marinho, sem arredar pé da sua costumeira mordacidade, no dia 12 de fevereiro de 1879, admiti-lo-ia: "Temos conhecido que os ultramontanos, ainda os mais arraigados, os que se dizem mais firmes nisso, que eles chamam a sua doutrina e a sua fé e querem que seja a única possível, estão acordes na ideia da separação da Igreja do Estado. Todos eles concordam".[84]

O desejo separatista dos católicos seria contido a partir de 1º de novembro de 1885, data em que o Papa Leão XIII lançou a carta encíclica *Da constituição cristã dos estados*. Nela, o Pontífice afirmava que tanto o poder espiritual quanto o poder temporal eram soberanos no seu gênero; mas, considerando que exercem tal autonomia sobre os mesmos súditos, a divina Providência estabelecera o caminho com que deviam regular suas ações. Sem propor um retorno ao passado, era lá que o documento encontrava sua fonte de inspiração:

> Houve um tempo em que a filosofia do Evangelho governava os Estados. Nesta época, a influência da sabedoria cristã e a sua divina virtude introduzia-se nas leis, nas instituições, nos costumes dos povos, em todas as classes e em todas as relações da sociedade civil. Então a religião instituída por Jesus Cristo, solidamente

---

possa ou queira enterrar em sagrado; e é só regular este assunto. Ainda com estas medidas poderá haver usurpação do poder civil pelas autoridades eclesiásticas, e para isso cumpre que fica bem esclarecido o recurso à Coroa. O ministro do Império ficou de apresentar-me um projeto de lei a tal respeito. Talvez o possa estudar antes da minha partida" (HEITOR LYRA, *História de Dom Pedro II*, vol. II, Companhia Editora Nacional, São Paulo, 1939, p. 354).

[82] VAMIREH CHACON, *História dos partidos brasileiros*, p. 234-235.
[83] RUI BARBOSA, "Discursos Parlamentares – Câmara dos Deputados", em: *Obras Completas de Rui Barbosa*, vol. VII, tomo I, Ministério da Educação e Saúde, Rio de Janeiro, 1947, p. 164, 168.
[84] JOAQUIM SALDANHA MARINHO, *Discursos proferidos e projetos apresentados na Câmara dos Senhores deputados na sessão de 1879*, p. 56.

estabelecida no grau de dignidade que lhe é devido, estava por toda parte florescente, graças ao favor dos príncipes e à proteção legítima dos magistrados. Então o sacerdócio e o império estavam ligados entre si por uma feliz concórdia, e amigável reciprocidade de bons ofícios. Assim organizada, a sociedade civil deu frutos superiores a toda a expectativa, cuja memória subsiste e subsistirá, consignada como está, em inúmeros documentos, os quais nenhum artifício dos adversários poderá corromper ou obscurecer. [...] A defesa do nome católico reclama, absolutamente, que o assentimento às doutrinas ensinadas pela Igreja, seja da parte de todos unânime e constante, e desta forma necessário é que todos se acautelem, para que de modo algum se tornem coniventes com as falsas opiniões, e as combatam com menos energia do que suporta a verdade, pondo contudo de parte as suspeitas injustas e as acusações recíprocas.[85]

Entre os não devotos, porém, o assunto continuou em debate, entrando de novo na pauta das discussões a partir do momento em que o juramento de posse dos parlamentares abriu uma nova celeuma. Segundo o costume, os deputados deviam jurar nos seguintes termos: "Juro manter a religião do Estado; defender o imperador e as instituições; concorrer para a prosperidade do império e satisfazer com lealdade as obrigações que me forem incumbidas". No momento de proferir a fórmula, o deputado Antônio Romualdo Monteiro Manso, eleito pelo 9º distrito de Minas Gerais, negou-se a fazê-lo, alegando que isso era contra suas convicções. Acabou sendo empossado sem juramento, e o empedernido Silveira Martins dizendo-se movido de graves e urgentes motivos de ordem pública, aproveitou da oportunidade para apresentar no senado um projeto no qual simplesmente se declarava: "É livre no império a todas as religiões o exercício público do seu culto, sem outro limite além da repressão legal a que ficam sujeitos os que no uso a essa liberdade cometerem algum delito". Somente na sessão do ano sucessivo dito projeto entrou na pauta, e, por meio de bem articulada manobra – sem debate –, foi aprovado. A segunda discussão aconteceu no dia 1º de junho do mesmo ano, sendo porém adiada devido à ausência do ministro do império (conselheiro Costa Pereira). No dia 2 de junho, seria de novo aprovado. A proposta ainda retornaria em plenário nos dias 4 e 6 de junho, seguindo depois da terceira aprovação para a câmara de redação. Aprovada também a redação definitiva, o texto foi enviado à câmara dos deputados.[86]

A reação veio quase que imediata: Carlos de Laet nas páginas do *Jornal do Comércio* acusou o senado de haver traído a causa católica, e uma Associação de Senhoras Católicas Fluminenses, liderada por Dona Maria Eufrásia Lisboa, filha do marquês de Tamandaré, dirigiu uma representação com milhares de assinaturas ao parlamento clamando pela rejeição do projeto. Muitas senhoras de outras províncias aderiram ao movimento, no que se destacou sobretudo Minas Gerais, expedindo petições parecidas. Dom Antônio de Macedo Costa se posicionou igualmente, enviando no dia 20-8-1888 uma *Representação à assembleia geral legislativa*, criticando a inovação. O documento foi lido no plenário

---

[85] LEÃO XIII, *Carta Encíclica Da constituição cristã dos Estados* (tradução), Tipografia Nacional, Lisboa, 1885, p. 13, 22.
[86] ASV, Análise do Pe. João Esberard acerca do projeto de liberdade de culto no Império, em: *Nunciatura Apostólica no Brasil*, fasc. 330, caixa 68, doc. 30, fl. 82.

e publicado depois no *Diário Oficial*, com resultado surpreendente: mesmo sem conseguir fazer rejeitar a proposta na câmara temporária, embaraçou-lhe a marcha, impedindo que fosse posta na ordem do dia para entrar em discussão.[87]

O motivo se encontrava no conteúdo da referida *Representação*, difícil de ser desmentido. O bispo do Pará recordava que os limites legais impostos aos protestantes, na prática, nunca haviam sido observados. Quanto à imigração, ele recordou que a maioria dos europeus que optava por emigrar para o Brasil não era formada por anglo-saxões ou germânicos protestantes, mas por latinos católicos, que não tinham pretensões secularizadoras. Além disso, não perdeu a oportunidade para denunciar que aquela era mais uma investida anticlerical da velha política liberal-regalista, que beneficiaria somente aos protestantes, após haver esvaziado o Catolicismo dos seus meios de defesa:

> A Igreja entre nós está diminuída do seu prestígio. O nosso clero abatido, mendicante e muitíssimo desfalcado em número. Os bispos sem meios de formar novas vocações. Estamos privados do auxílio eficaz das Ordens religiosas, que votadas à prática dos conselhos evangélicos, são o complemento essencial da vida da Igreja. Esses conventos, que reformados e transformados, podiam ainda ilustrar o Brasil, estão reduzidos, por ordem do governo, a solidões soturnas, cuja só vista entristece a alma. [...] Não podemos policiar nossos templos, entregues como propriedade a seculares, que neles dominam despoticamente. Sob esta direção anômala, nossas festividades religiosas tornam-se muitas vezes exterioridades, verdadeiras profanações.
> Não se tem permitido ao episcopado reunir-se para dar algum remédio aos abusos que fazem gemer nossa Igreja. E se nosso Chefe espiritual, o Sumo Pontífice, envia-nos ordens ou conselhos para a direção de nossas consciências, dá-se rebate no Parlamento, como se tratasse da invasão de um inimigo nas fronteiras do império. Olhando, pois, para o lado do campo católico, esta é a nossa situação: estamos enfraquecidos, desamparados, e ainda por cima presos nas algemas do regalismo.
> Se olhamos para o outro campo, o que vemos? Vemos o materialismo e o ateísmo corrompendo a mocidade do alto das cadeiras de nossos liceus e academias. Vemos propagar por toda parte o princípio de que a ciência é a antítese da fé. [...] Entre nós vai o mal fazendo estragos tanto maiores quanto ele se alastra em um meio social pouco instruído, novo, sem tradições cristãs. [...] O ateísmo, o positivismo, o espiritismo estão aí pervertendo um sem-número de almas; a tendência que vai dominando nossa classe dirigente é o desprezo da religião, é levar Deus para as fronteiras do Estado, e lá despedi-lo, agradecendo-lhe os serviços.[88]

Quem dava o tom da política no Brasil, entretanto, eram as suas elites, e o império não podia ignorá-las. Por isso, quando o visconde de Ouro Preto assumiu a presidência do conselho de ministros no ano seguinte, ele reintroduziu a proposta da liberdade de cultos na agenda parlamentar. Dita proposta foi acatada sem maior resistência no senado, mas terminou barrada na câmara dos deputados, ante a visível contrariedade manifestada pelo Partido Conservador. O trono no Brasil já era então uma instituição agonizante, e não deixa de ser sintomático o brado que um padre-deputado – Pe. João Manuel de Carvalho

---

[87] ASV, Análise do Pe. João Esberard acerca do projeto de liberdade de culto no Império, em: *Nunciatura Apostólica no Brasil*, fasc. 330, caixa 68, doc. 30, fl. 83.
[88] ANTÔNIO DE MACEDO COSTA, *A liberdade de Cultos – Representação à assembleia geral legislativa*, Editora Vozes, Petrópolis, 1956, p. 43-46.

– daria em plena sessão parlamentar: "Viva a República". Dom Antônio de Macedo Costa que também estava lá como observador, com a habitual perspicácia que tinha, resumiu suas impressões numa frase lapidar: "Acabo de assistir a uma sessão da Convenção"![89]

Após seis dias de inflamados debates, a câmara foi dissolvida no final de junho sem que nenhuma das propostas do presidente do conselho de ministros fosse aprovada. A oposição, mais uma vez, deu a culpa à princesa Isabel.[90] O episódio não chegou a ser uma derrota completa dos liberais, porque o juramento de defender a Igreja acabou sendo abolido.[91]

No breve período de existência que restava ao império, muitos eclesiásticos e também leigos de prestígio continuaram acreditando na necessidade da manutenção da união Igreja – Estado, ainda que numa perspectiva diversa daquela até então praticada. Júlio César de Morais Carneiro, o futuro Pe. Júlio Maria, ao contrário, mesmo aceitando a validade da união Trono-Altar, nas suas famosas *Apóstrofes*, deixava claro que não via a possibilidade da aplicação sincera desse modelo no Brasil:

> O gênio católico, que velava por nós, voou, desapareceu. [...] O Estado, ateu disfarçado, já não tem medo de Deus! [...] Escrever simplesmente na lei fundamental que a religião católica é a do Estado, sem dar a todas as leis orgânicas o cunho dessa religião, [...] não é ter religião do Estado: é mascarar com a mais funesta das hipocrisias, uma covardia que nem quer ser sinceramente cristã, nem quer ter a coragem de declarar-se francamente ateísta![92]

Para além das polêmicas, a separação entre a Igreja e o império já estava lentamente se concretizando, sem que nenhuma das partes o lamentasse: na diocese de Mariana, no ano de 1882, Dom Antônio Maria Corrêa de Sá Benevides proibiu aos estudantes prestarem exames perante as bancas examinadoras de Ouro Preto, afirmando que a casa formativa do clero diocesano não era um colégio sujeito ao ensino, exames e disciplina à mercê dos pais.[93] Mais importante ainda foi que aos bispos se deixou de exigir o juramento de fidelidade ao imperador, devendo estes ater-se somente ao canônico; também virou costume não mais submeter a nomeação dos internúncios ao *placet*, ficando tudo restrito às formalidades de praxe comuns a qualquer embaixador; e além disso, a partir de 1º de janeiro de 1889, justamente o último ano de existência da monarquia no Brasil, não se mandou mais ao governo as relações do movimento religioso das paróquias. Os tempos estavam maduros para a completa separação,[94] ainda que o desenlace procurado pelo Vaticano fosse uma concordata. Não o fariam os republicanos, que depois de acolherem hostes inteiras de ex-regalistas, optariam pelo separatismo total.[95]

---

[89] RAIMUNDO MAGALHÃES JÚNIOR, *Deodoro, a espada contra o Império*, vol. I, Companhia Editora Nacional, São Paulo, 1957, p. 355-361.
[90] LUIZ SARTORELLI BOVO, *Desafios ao trono*, p. 141-142.
[91] RAIMUNDO MAGALHÃES JÚNIOR, *Deodoro, a espada contra o Império*, p. 20.
[92] JÚLIO CÉSAR DE MORAIS CARNEIRO, *Apóstrofes*, p. 82-83.
[93] MANOEL ISAÚ SOUZA PONCIANO SANTOS, *Luz e sombras*, nota 26, p. 89.
[94] LUIGI LASAGNA, *Epistolário*, vol. II, p. 27.
[95] BOANERGES RIBEIRO, *Protestantismo no Brasil Monárquico*, p. 35.

10
A GESTAÇÃO DE UMA NOVA REALIDADE RELIGIOSA NACIONAL

Em meados do segundo império os cultos acatólicos ganharam impulso. Dentre as formas importadas figurou o espiritismo, desenvolvido no hemisfério norte graças à ação de alguns precursores. Foi o caso das irmãs estadunidenses Margaret ("Maggie") Fox (1833-1893) e Katherine ("Kate") Fox (1837-1892), filhas adotivas do pastor metodista John David Fox. Habitantes de Hydesville, aldeia da cidade de Arcádia, situada no condado de Wayne, Estado de Nova York, em 1848 elas afirmaram ser sua casa assombrada e que se comunicavam com o espírito do falecido Charles B. Rosna. Às duas, consideradas "médiuns" ou "intermediárias", juntou-se uma terceira irmã, Leah Fox (1814-1890), filha biológica, mais velha e já casada, cujo temperamento empreendedor faria o trio ficar famoso. As irmãs realizavam apresentações a pagamento e outras "profissionais" do gênero surgiram. A partir de 1852 as práticas espíritas, sobretudo as "mesas girantes", foram levadas para a Europa, atraindo a burguesia, no que se incluíram até mesmo personalidades do porte de Victor Hugo (1802-1885) e Arthur Conan Doyle (1859-1930). Dentre os franceses, Hippolyte Léon Denizard Rivail (1804-1869) foi outro que se interessou pelo assunto em 1854, vindo a publicar três anos mais tarde *O livro dos espíritos*, contendo um corpo doutrinário a respeito. Nessa nova fase de sua vida, ainda em 1857 ele adotou o pseudônimo Allan Kardec, convicto de que tal havia sido seu apelativo "druida celta" numa vida precedente.[1]

Kardec compôs ainda *O livro dos médiuns* (1861), *O Evangelho segundo o espiritismo* (1865), *O céu e o inferno* (1865) e *A Gênese* (1867), ao lado de obras menores, sistematizando doutrinas não conciliáveis com a fé católica, também porque negavam pontos de fé como a Trindade e a divindade de Cristo, que a Igreja sustentava como essenciais.[2]

Após a morte do "codificador" em 31 de março de 1869, as incompatibilidades doutrinárias com o Catolicismo perduraram, também porque Léon Denis (1846-1927), um dos seus mais proeminentes continuadores, não amenizou o tom. Demonstram-no as obras que compôs, entre as quais a que se intitula *Cristianismo e espiritismo*, publicada originalmente em 1898. Nela, Denis teceu críticas severas à Igreja em campo bíblico, histórico e

---

[1] MARY DEL PRIORE, *Do outro lado. A história do sobrenatural e do espiritismo*, Editora Planeta do Brasil Ltda., São Paulo 2014, p. 37-45; PAUL POUPARD (DIR.), *Dizionario delle religioni*, vol.4, Mondadori, Milano, 2007, p. 2162.
[2] Cf. ALLAN KARDEC, *Obras completas*, 3ª ed., Opus, São Paulo, 1991, p. 32, 34, 54, 72, 74, 150, 171, 322, 388, 576.

dogmático, além de asseverar que a Sagrada Escritura não pode ser considerada produto da inspiração divina.[3]

Isso explica a condenação que o Santo Ofício impôs ao espiritismo em 1851 e 1917;[4] mas convém precisar que existem duas versões espíritas: a latina e a anglo-saxônica. A segunda, e Arthur Conan Doyle é um exemplo disso, não deu a Allan Kardec a proeminência que os latinos geralmente lhe concedem, além de ter rejeitado a reencarnação.[5] Isso não é tudo: mais tarde, o Congresso Internacional do Espiritismo, reunido em Paris no ano de 1925, decidiu de erigir um monumento às irmãs Fox, na localidade de Hydesville, o qual, de fato, seria inaugurado dois anos depois, bem como uma lápide em que se dizia: "Aqui nasceu o espiritismo moderno". Entretanto, no Brasil, a versão de corte francês que prevaleceu se afirmaria "kardecista", razão pela qual, 18 de abril de 1857, dia do lançamento da primeira edição de *O Livro dos espíritos*, é considerada a data da fundação da crença espírita hodierna.[6]

Sintomaticamente, foi francesa a primeira publicação sobre o espiritismo em solo brasileiro, coisa que aconteceu no Rio de Janeiro em 1860, por iniciativa de um cidadão da França chamado Casimir Lieutad, que mandou imprimir a tradução de *Les temps sont arrivés* ("Os tempos são chegados"). Quanto à parte "institucional", porém, o pioneirismo coube ao baiano Olímpio Teles de Menezes (1825-1903). No dia 17 de setembro de 1865, em Salvador, BA, Menezes criou a mais antiga organização do gênero, intitulada "Grupo Familiar do Espiritismo", ao que se seguiu, a partir de 1869, a publicação do jornal *Eco d'além túmulo*. Um segundo grupo seria organizado no Rio, a "Sociedade de Estudos Espíritos – Grupo Confúcio", cuja diretoria tinha Francisco de Siqueira Dias como presidente e Antônio da Silva Neto como vice. O mesmo grupo criaria em 1º de janeiro de 1875 a segunda publicação do seu credo no Brasil, que foi a *Revista Espírita*, editada mensalmente. Havia, porém, desavenças internas, e o Grupo Confúcio acabou extinto em 3 de outubro de 1879, tendo seus membros se unido a três outras instituições ("Sociedade de estudos espíritas Deus, Cristo e Caridade", "Congregação espírita anjo Ismael" e "Grupo espírita caridade"). Um importante passo para a coordenação do espiritismo kardecista aconteceu em 2 de janeiro de 1884, ao ser fundada a Federação Espírita Brasileira, cujo primeiro presidente foi Ewerton Quadros (1841-1919), função que exerceu até 1888, ano em que Adolfo Bezerra de Meneses (1831-1900) o substituiu. Diga-se ainda que, desde o início, as relações dos kardecistas com o clero foram delicadas e, em 16 de junho de 1867, o Arcebispo de Salvador, Dom Joaquim Manoel da Silveira editou uma pastoral contra o que apontava como sendo "erros perniciosos do espiritismo". Também no Rio, Dom Pedro Maria de Lacerda, aos 15 de julho de 1883, lançaria mais uma pastoral tratando do assunto.[7]

---

[3] LÉON DENIS, *Cristianismo e espiritismo*, 17ª ed., Federação Espírita Brasileira, Brasília, 2014, p. 109.
[4] PAUL POUPARD (DIR.), *Dizionario delle religioni*, vol.4, Mondadori, Milano, 2007, p. 2162.
[5] ARTHUR CONAN DOYLE, *História do espiritismo*, Editora Pensamento, São Paulo, SD, p. 10-11.
[6] BOAVENTURA KLOPPENBURG, *Espiritismo. Orientação para os católicos*, Edições Loyola, São Paulo, 1993, p. 13-14.
[7] ZÊUS WANTUIL, *Grandes espíritas do Brasil*, 4ª ed., Federação Espírita Brasileira, Rio de Janeiro, 2002, p. 118, 120, 126, 131, 173, 232, 326-327, 564, 567, 570, 576.

Entrementes, outra confissão francesa, o positivismo, criação de Auguste Comte (1798-1857), também havia sido implantada. O novo culto, que reverenciava a própria humanidade e excluía o transcendente, por iniciativa de Miguel Lemos (1854-1917) e Raimundo Teixeira Mendes (1855-1927), aos 11-05-1881 instituiu no Rio sua primeira "igreja". A eles se uniram personagens como Benjamin Constant (1833-1891), mas os aderentes permaneceram poucos. Graças, porém, ao *status* de vários deles, tiveram uma influência maior do que poderiam fazer supor.[8]

O maior opositor religioso do Catolicismo no Brasil, contudo, continuava a ser o protestantismo. Isso acontecia sob os olhos complacentes do governo que, além de assegurar a liberdade de culto para os seus seguidores, chegou a pagar salários para certos pastores e doar terrenos para igrejas e escolas que dirigiam.[9] O maçom Tavares Bastos, inclusive apresentaria um balanço de tais gastos, relativos aos anos de 1863 e 1864. Os números eram os seguintes: para os pastores e outros protestantes foram desembolsados 7.208$750 réis; para a construção de suas capelas, 1.309$700 réis; e, especificamente para o culto, outros 11$802$669 réis.[10]

De qualquer forma, tal presença não se deu maneira uniforme. Isto porque, nas três províncias meridionais (Rio Grande, Santa Catarina e Paraná), os imigrantes europeus recebiam imediatamente a posse da terra e passavam a viver como pequenos proprietários rurais. Em São Paulo era diferente: de 1827 a 1860, eles iam trabalhar nos latifúndios, sobretudo naqueles de café, num regime dito de "parceria". Nesse sistema lhes era prometido que, com o recebido pelo trabalho "livre", em cinco anos teriam ganhado o suficiente para adquirir sua própria colônia, coisa que não acontecia. Um dos motivos era que, ao migrarem, ditos trabalhadores recebiam dinheiro adiantado e na prática se tornavam verdadeira "propriedade" de quem os contratava. Daí, como acontecia com a firma do Senador Nicolau Pereira de Campos Vergueiro (1778-1859), quando esta não necessitava daquela mão de obra, aquela cedia para outra colônia, sem dar a mínima atenção à vida familiar do endividado colono. A situação chegou a ser tão opressiva que, na véspera do Natal de 1856, ensejou uma rebelião dos suíços na fazenda de Ibicaba, situada em Limeira, de propriedade do Senador Vergueiro, o que inclusive levou o citado sistema de "parceria" a decair. O autor do levante em questão foi o mestre-escola Thomas Davatz (1815-1888), que até escreveu um livro a respeito, no qual também abordava a situação religiosa dos imigrantes luteranos e calvinistas. Ele narra que estes se "arranjavam" com pregadores improvisados, e seus filhos, para serem batizados ou receberem a primeira comunhão, tinham de recorrer a uma paróquia católica. Ali geralmente não eram admitidos como padrinhos, e, nas situações de luto, os corpos acabavam sendo sepultados sem exéquias, no meio da floresta e, em certos casos, até sem caixão.[11]

---

[8] Hélio Silva, *Deodoro da Fonseca*, p. 126.
[9] Asa Routh Crabtree, *História dos batistas do Brasil até o ano de 1906*, Casa Publicadora Batista, Rio de Janeiro, 1937, p. 24.
[10] Aureliano Cândido Tavares Bastos, *Os males do presente e as esperanças do futuro*, Companhia Editora Nacional, São Paulo, 1939, p. 112.
[11] Thomas Davatz, *Memórias de um colono no Brasil*, Itatiaia, Belo Horizonte, 1980, p. 11, 86-88, 124, 137-138, 237.

10.1 – As peripécias do anglicanismo no Brasil

As poucas e pequenas confissões protestantes então implantadas no Brasil, por longo tempo se constituíram quase que exclusivamente por estrangeiros e seus descendentes. Era o que se convencionou chamar de "protestantismo de imigração". Contavam, porém, com o apoio de duas sociedades bíblicas, a *British and Foreign Bible Society* (BFBS), instituída na Inglaterra em 1804, e a *American Bible Society* (ABS), fundada em Nova York no ano de 1816. Ambas eram interconfessionais de orientação reformada e interessadas em atingir os brasileiros natos. Por isso, até 1854, elas distribuíram cerca de 4.000 versões protestantes da Escritura e outros 20.000 nos cinco anos seguintes. Tiveram, contudo, escasso sucesso.[12]

Nessa fase, a Igreja Anglicana pouco se desenvolveu. Explica-se: após a fundação, ela permaneceu sem supervisão de prelados britânicos, cabendo à coroa inglesa a competência de nomear os capelães consulares, por meio do ministério do exterior (*Foreign Office*). Estes, em seguida, eram licenciados pelo bispo de Londres, que possuía jurisdição sobre todas as congregações ainda não erigidas em diocese, embora não colocasse os pés na América do Sul. Somente em 1869, o bispo de Honolulu, Havaí, visitou em seu nome as capelas do Brasil. Naquele mesmo ano, aliás, as capelanias e paróquias do continente sul-americano, exceto as das Guianas, foram agrupadas numa única diocese. O primeiro bispo a ocupá-la foi Waite Hockin Sterling (1829-1923), que por décadas teve de assistir à enorme jurisdição que lhe fora confiada, fazendo intermináveis viagens.[13]

Foi aí que o ramo anglicano dos Estados Unidos ("episcopalianos") também decidiu se estabelecer no Brasil. Em 1853, a pedido de alguns fiéis residentes no Rio, William Henry Cooper (1816-1892), originário de Devon, Inglaterra, foi enviado pela Sociedade Missionária Americana, mas o navio em que ele viajava naufragou, fazendo-o desistir. Em 1861 seria levada a cabo outra tentativa, com a chegada ao Pará de Richard Holden (1828-1886), escocês, que estudara teologia em Ohaio. Ele verteu para o português o *Book of common prayer* (Livro de orações comum), tendo também viajado pela bacia do Amazonas, disseminando bíblias e impressos vários do seu credo entre as populações ribeirinhas. Paralelo a esta atividade também polemizou vivamente com Dom Antônio de Macedo Costa, bispo de Belém, após o que se retirou da região norte em 1864.[14]

Mudou-se então para Salvador, BA; mas ali se desentendeu com o departamento de missão da igreja episcopal que o subsidiava. Isso o convenceu a aceitar o convite para integrar uma nova denominação "congregacionalista", que Robert Reid Kalley (1808-1888) estava organizando no Rio de Janeiro, como será melhor analisado adiante. Holden tornou-se pastor auxiliar em 1865, mas cedo entrou em desacordo com o "colégio de anciãos" e abandonou o Brasil no ano de 1871. Em seguida, após uma breve passagem

---

[12] Cf. HANS-JÜRGEN PRIEN, *La história del cristianismo en América latina*, p. 714.
[13] DUNCAN ALEXANDER REILY, *História documental do Protestantismo no Brasil*, p. 46-47.
[14] AGNELO ROSSI, *Diretório Protestante no Brasil*, p. 72.

pela Inglaterra, estabeleceu-se em Portugal, onde morreu em 1886. Quanto ao anglicanismo, somente aos 26 de setembro de 1889, com a vinda dos estadunidenses Lucien Lee Kinsolving (1862-1929) e James Watson Morris, conseguiria algum progresso. Porto Alegre, RS, tornou-se seu centro difusor e Kinsolving o primeiro bispo "episcopaliano" residente no Brasil. Ele foi ordenado em 6 de janeiro de 1899,[15] num momento em que as relações com o Catolicismo eram tensas. O motivo foi que o Papa Leão XIII, por meio da bula *Apostolicae Curae* de 13 de setembro de 1896, declarara inválidas as ordenações dos bispos anglicanos, porquanto despidas de autêntica sucessão apostólica.[16]

10.2 – As evoluções internas do luteranismo

Embora na prática permanecesse circunscrito às colônias de imigrantes germânicos, com celebrações na língua de origem, também o luteranismo marcava presença em solo brasileiro. No Rio Grande do Sul, por exemplo, após a colônia de São Leopoldo, mais alemães de igual confissão chegaram, conseguindo infiltrá-la noutros lugares. Foi o caso da comunidade de Porto Alegre, estabelecida em 1857.[17]

A partir de 1829, Santa Catarina e Paraná começaram igualmente a acolher imigrantes vindos da Alemanha, fazendo o fenômeno se repetir. No caso catarinense, em certas cidades com forte presença alemã, os luteranos inclusive se tornaram maioria, como pôde verificar Johann Jakob von Tschudi (1818-1889) ao visitá-las nos anos de 1860. A Colônia Francisca, por exemplo, que em 1852 passara a se chamar Joinville, dentre os 4.120 moradores que tinha, 3.374 eram protestantes e somente 746, católicos. Em Blumenau, que então contava com 2.471 residentes, os católicos eram apenas 412, ao lado de 2.059 protestantes. Algo parecido acontecia em Teresópolis, na qual, das 200 famílias que a habitavam, 167 eram de fé protestante. A situação se invertia apenas em Brusque, onde as pessoas católicas eram 659 e as protestantes, 279.[18]

No que diz respeito ao serviço de culto, sobretudo a partir de 1864, os luteranos começaram a contar com pastores de nível universitário chegados principalmente da Prússia e da Suíça, abrindo uma nova fase da sua história no Brasil. Em se tratando do Paraná, porém, a situação religiosa permaneceu instável até 1872, quando Borchard, o mesmo que organizaria depois o sínodo luterano do Rio Grande do Sul, visitou seus irmãos de fé e resolveu interceder por eles. Graças à iniciativa que tomou, a "Sociedade Evangélica de Barmen" enviou naquele ano August Boecker (1843-1915), que assumiria o pastorado local até 1885. Ele regressou então para sua pátria, mas a comunidade local contatou o conselho superior de Berlim, que em 1886 enviou o pastor Wilhelm Haarmann (1859-1934), que lá ficou até 1891.[19]

---

[15] Ivo CAGGIANI, *Igreja Episcopal do Brasil*, Edigraf, Livramento, 1988, p. 5-6.
[16] HUBERT JEDIN, *Storia della Chiesa*, vol. IX, p. 169.
[17] CARL JOSEPH HAHN, *História do culto protestante no Brasil*, p. 94.
[18] JOHANN JAKOB VON TSCHUDI, *As colônias de Santa Catarina*, p. 37, 59, 64, 77.
[19] WILHELM FUGMANN, *Os alemães no Paraná*, Editora UEPG, Ponta Grossa 2010, p. 31-33, 53, 72-74.

Ao mesmo tempo, no Rio de Janeiro, seja na capital federal que na província homônima, depois da primeira iniciativa realizada em Nova Friburgo e doutra na sede imperial, também Petrópolis, desde 1845 passou a contar com um núcleo luterano estável. De modo análogo, no Espírito Santo, alemães seguidores de Lutero se estabeleceram na localidade de Domingos Martins em 1847 e, depois, em Santa Leopoldina e Rio Novo. Algo semelhante viria a suceder em Minas Gerais, como será analisado adiante. Estavam assim as coisas quando, a pedido de Johann Tschudi, anteriormente citado, entrou em cena a Sociedade Missionária de Basileia, que passou a enviar pastores para comunidades capixabas, fluminenses e do sul do Brasil. Foi o caso, dentre tantos, de Christian Tischhauser, que atuou nas localidades catarinenses de Santa Isabel e Desterro, de 1865 a 1872.[20]

No tocante à província de São Paulo, suíços e alemães fundaram núcleos luteranos em algumas localidades do interior, ao passo que na capital, a partir do Natal de 1858, o pastor Georg Holzer (1819-1889), proveniente de Joinville, começaria a celebrar na residência da família Schaumann, dona da farmácia "Ao veado de ouro". Holzer daria ainda a assistência possível às comunidades de Piracicaba, Limeira, Rio Claro, Colônia Jerônimo, São João e Campinas.[21] O trabalho na sede política da província se regularizou de vez a partir de 29 de outubro de 1891, graças ao pastor Emil Bamberg (1865-1948). Em 1907 a comunidade paulistana também ganharia templo próprio, situado numa via central, rebatizada depois como avenida Rio Branco.[22]

Em Minas Gerais eles se concentraram em Juiz de Fora e arredores e na localidade de Filadélfia (a atual Teófilo Otoni). No caso de Juiz de Fora, os luteranos permaneceram sem pastor até 1861, quando ministros de culto começaram a vir de Petrópolis para as funções religiosas. Isso durou até 1887, quando os juiz-foranos conseguiram afinal ter um pastor próprio. O núcleo de Filadélfia, por sua vez, povoação fundada por Teófilo Benedito Otoni em 1853, três anos mais tarde começou a receber suíços e alemães, majoritariamente protestantes. Eles ficaram religiosamente abandonados, mas, por mercê de Tschudi, conseguiram, em 23 de maio de 1862, que viesse para atendê-los o pastor Johann Leonhard Hollerbach (1835-1899). Naqueles primórdios, frequentemente as próprias comunidades de imigrantes angariavam recursos para a vinda de ministros de culto da Alemanha. Mais que isso, procuravam manter integralmente as matrizes litúrgicas e doutrinais do seu país de origem, bem como a submissão às instituições eclesiásticas lá existentes.[23]

As iniciativas em curso não foram suficientes para satisfazer todas as comunidades luteranas sem ministros ordenados ou com pastores improvisados, além do que, alguns núcleos ficaram submetidos a grande isolamento. Certa estruturação começou pelo Rio Grande do Sul, a partir de 1864, depois que o Supremo Conselho Eclesiástico Evangélico da Prússia enviou para o Bra-

---

[20] MARLON RONALD FLUCK, *Igreja Evangélica de confissão luterana no Brasil*, nota 95, p. 22.
[21] CARL JOSEPH HAHN, *História do culto protestante no Brasil*, p. 95.
[22] Cf. PAULA PORTA (ORG.), *História da cidade de São Paulo*, p. 231.
[23] CLÁUDIA MAUCH – NAIRA VASCONCELLOS (ORG.), *Os alemães no sul do Brasil. Cultura – etnicidade – história*, Editora da ULBRA, Canoas 1994, p. 141; MARLON RONALD FLUCK, *Igreja Evangélica de Confissão Luterana no Brasil*, p. 21-22.

sil Hermann Borchard (1823-1891), que atuaria em São Leopoldo de 1864 a 1870. Borchard, junto de nove pastores e nove delegados leigos, fundou em São Leopoldo um efêmero "sínodo", que durou até 1875. Depois, de novo em São Leopoldo, aos 20 de maio de 1886, Wilhelm Rotermnund (1843-1925), no Brasil desde 1874, reuniu doze pastores, nove delegados leigos de diversas comunidades, mais dois professores e juntos instituíram o "Sínodo Rio--Grandense", do qual o próprio Rotermud foi feito presidente. Consolidava-se a nova configuração do luteranismo no Brasil.[24]

10.3 – Robert Kalley e o começo da pregação congregacionalista

Ao lado do "protestantismo de imigração", o "protestantismo de missão" também se desenvolvia. Uma das suas protagonistas foi a *American and Foreign Christian Union* (União Cristã Americana e Estrangeira), instituída em Nova York no dia 10 de maio de 1849, a qual, em 1851, enviou ao Brasil o presbiteriano James Cooley Fletcher (1823-1901), que permaneceria no país até 1865. Fletcher conseguiu manter relações com Dom Pedro II e com algumas pessoas importantes da sociedade da época; mas, no campo estritamente religioso, quase nada obteve. Ainda assim, sua iniciativa de recomendar o envio para o Brasil de dois ou três ministros madeirenses se revelaria crucial.[25]

A sociedade mencionada levou a sério a recomendação e começou a fazer contatos em 1853. Anos depois, Robert Reid Kalley, citado em precedência, aceitou o encargo e, junto de sua esposa Sarah Poulton Kalley (1825-1907), partiu para o Brasil. Ele tinha a vantagem de conhecer o idioma português, porque o aprendera entre 1838 e 1845, período em que habitou em Funchal, Ilha da Madeira, antes de lá ser expulso. O casal chegou ao Rio de Janeiro no dia 10 de maio de 1855 e, no dia 27 seguinte, foi viver em Petrópolis. Os Kalley desde o início se mantiveram independentes seja dos métodos de Fletcher que da sociedade bíblica, porque preferiam o modelo "congrecionalista", ou seja, inspiravam-se no ramo calvinista típico das igrejas livres da Inglaterra. Antes que 1855 acabasse, no dia 18 de agosto eles fundaram a primeira escola dominical permanente no país, composta por cinco crianças filhas de pais ingleses. A convite de Kalley, as famílias de três madeirenses – Francisco da Gama, Francisco de Souza Jardim e Manoel Fernandes –, colegas seus de crença, também se mudaram dos Estados Unidos para o Brasil, desembarcando no Rio de Janeiro aos 6 de agosto de 1856. O pregador, a partir do dia 10 daquele mesmo mês, passou então a celebrar "a ceia" em tal cidade, servindo-se da casa da família de Francisco da Gama, situada no bairro da Saúde. Sucessivamente, no dia 8 de novembro de 1857, ele batizou em Petrópolis um neófito de nacionalidade portuguesa, cujo nome era José Pereira de Souza Louro. Meses mais tarde, aos 11 de julho de 1858, ministraria também o batismo de Pedro Nolasco de Andrade, primeiro brasileiro nato, fundando conjuntamente a chamada "Igreja Evangélica Fluminense", então constituída por 14 membros, além do casal pioneiro. Até

---

[24] DUNCAN ALEXANDER REILY, *História documental do protestantismo no Brasil*, p. 69.
[25] Cf. DUNCAN ALEXANDER REILY, *História documental do protestantismo no Brasil*, p. 94; HANS JÜRGEN PRIEN, *La historia del Cristianismo em América Latina*, p. 714.

aquele momento, ditos cônjuges continuavam a residir em Petrópolis, mas dali Kalley descia para a capital duas vezes por semana à cata de eventuais prosélitos. Do Rio de Janeiro, na quinta-feira ia para Niterói, pois lá formara outra minúscula comunidade.[26]

Os fiéis católicos daqueles lugares, desabituados à agressividade do discurso protestante contra sua fé, não poucas vezes reagiram às invectivas de Kalley, inclusive de modo violento, fazendo o assunto gerar discussões na assembleia legislativa provincial do Rio de Janeiro. Parlamentares como Castro Silva recordaram que a liberdade de cultos existia, condicionada ao dispositivo constitucional de que a religião do Estado fosse respeitada; mas Pinheiro Guimarães defendeu o ministro congregacionalista porque, segundo ele, tratava-se de liberdade de consciência. Ao lhe replicarem que não era isso que se discutia, Guimarães exprimiu qual era a verdadeira razão da defesa que fazia:

> Já que desgraçadamente discutimos questões religiosas, aproveito a ocasião para defender o clero brasileiro, que de plano tem sido entre nós ultimamente e com evidente injustiça atassalhado. É cousa muito para notar-se; a par passo que aqui criam raízes as ideias ultramontanas, semeadas principalmente pelos padres Lazaristas, é o nosso clero com as acrimônias censurado. [...] São acusações infundadas, que propalam aqueles que desejando ter às suas ordens um corpo de soldados de batina, prestes a obedecer ao seu menor sinal, prontos a combater no púlpito e no confessionário as doutrinas liberais, reconhecendo que os nossos padres não se prestam a essas exigências, vingam-se insultando-os.[27]

Daí que a ação de Kalley prosseguiu e ele inclusive se mudou para o Rio em 1864. O congregacionalismo não tardou a superar o ambiente carioca e arredores e, aos 19 de outubro de 1873, iniciaria uma nova fundação em Recife, PE.[28] O primeiro pastor foi James Fanstone (1851-1937).[29]

Robert Kalley voltou para a Escócia em 10 de julho de 1876, vindo a expirar em Edimburgo aos 17 de agosto de 1888. Antes de partir, porém, ele elaborara uma súmula com 28 artigos ("Breve exposição das doutrinas fundamentais do Cristianismo"), que se tornaria uma referência da denominação que fundou. Esta prosseguiu seu percurso histórico, independente das congêneres dos Estados Unidos e da Grã-Bretanha, tendo João Manoel Gonçalves dos Santos (1842-1928) como novo líder. Ordenado pastor no dia 31 de dezembro de 1875, João Manoel conseguiu que o imperador Dom Pedro II concedesse o registro jurídico da comunidade eclesial a que pertencia em 22 de novembro de 1880. Foi, aliás, a primeira denominação protestante nacional a alcançar tal *status*.[30]

---

[26] JÚLIO ANDRADE FERREIRA, *Galeria evangélica*, Casa Editora Presbiteriana, São Paulo, 1952, p. 47; ROBERTO CECIL MOORE, *Los evangélicos en marcha... en América Latina*, Editoriales Evangélicas Bautistas, Santiago, 1959, p. 54-55.
[27] FRANCISCO PINHEIRO GUIMARÃES, "Discurso na assembleia provincial legislativa", em: *Jornal do Comércio*, n. 330, Tipografia do Jornal, Rio de Janeiro, 28-11-1864, p. 1.
[28] ANTÔNIO GOUVÊA MENDONÇA, *O celeste porvir*, p. 24.
[29] ASA ROUTH CRABTREE, *História dos batistas do Brasil até o ano de 1906*, p. 31.
[30] ANTÔNIO GOUVÊA MENDONÇA, *O celeste porvir*, p. 24.

Já então os estadunidenses haviam assumido a liderança das missões reformadas, ainda que importantes denominações que tinham sofressem o fenômeno da desagregação. Um dos motivos disso foi a escravidão, combatida no norte e defendida no sul, coisa que teve reflexos também em campo religioso. Assim, as maiores comunidades eclesiais racharam: os metodistas em 1844, os batistas em 1845 e os presbiterianos em 1861.[31] Outro particular é que, a despeito de suas variações doutrinais, nelas imperava a teologia calvinista, só que, em sua versão arminiana, que havia superado o rigor originário e a concepção mais rígida da predestinação. Também comum entre os praticantes era o forte espírito anticatólico.[32]

10.4 – O proselitismo dos presbiterianos

Um pouco antes de os presbiterianos se dividirem, aos 12 de agosto de 1859, um pregador do norte, enviado pela Junta de Missões Estrangeiras sediada em Nova York, após 55 dias de viagem, desembarcou do navio *Banshee* no Rio de Janeiro. Seu nome: Ashbel Green Simonton (1833-1867). Tratava-se de um personagem de atitudes ambíguas: ainda nos Estados Unidos, mesmo declarando não ter ligações com o *Know-Nothing*, organização radical, que se opunha às minorias e aos direitos políticos dos católicos, não titubeou em anotar em seu diário, no dia 12 de outubro de 1854, que simpatizava com dito movimento. E, mesmo ressaltando que o ódio racial era algo lamentável, afirmava convicto de que "os estrangeiros, e especialmente os católicos, merecem uma lição".[33]

Uma vez estabelecido no Brasil, aos 29 de agosto de 1859, Ashbel Simonton se encontrou com o congregacionalista Kalley. A reunião evidenciou suas diferenças, pois Kalley recomendou prudência no tocante aos serviços religiosos, enquanto que o recém-chegado manifestou desejo de começar a agir já. Fiel a tal propósito, Simonton passou a realizar celebrações seja junto aos navios ancorados no porto, seja nas casas dos estadunidenses residentes no Rio de Janeiro. O passo seguinte, contornada a dificuldade da língua, seria a conquista de brasileiros natos. Com este fim, no dia 1º de maio de 1861, ele alugou uma sala no segundo andar de um prédio na Rua Nova do Ouvidor, n. 31, onde, a partir do dia 19 do mesmo mês, duas vezes por semana, passou a ministrar lições gratuitas de inglês como meio de atrair potenciais prosélitos para a classe bíblica dos domingos. Os primeiros alunos foram apenas dois.[34]

A adaptação do jovem presbiteriano foi delicada e, no primeiro Natal que passou no país, estranhando o calor dos trópicos, desabafou: "Natal nos trópicos não é Natal".[35] O povo tampouco lhe causava boa impressão e, em 30 de dezembro de 1860, ele anotou que fora enviado a "multidões de nativos ignorantes". Sucessivamente, no dia 12 de fevereiro do ano seguinte, durante uma viagem "de reconheci-

---

[31] DUNCAN ALEXANDER REILY, *História documental do Protestantismo no Brasil*, p. 42.
[32] JESÚS HORTAL, *E haverá um só rebanho*, p. 106-107.
[33] ASHBEL GREEN SIMONTON, *Diário, 1852-1867*, Casa Editora Presbiteriana, São Paulo, 1982, p. 78-79.
[34] JÚLIO ANDRADE FERREIRA, *História da Igreja Presbiteriana do Brasil*, vol. I, Casa Editora Presbiteriana, São Paulo, 1992, p. 26; WILTON OLIVAR DE ASSIS, *Ashbel Green Simonton, os missionários dos tristes trópicos*, p. 50.
[35] WILTON OLIVAR DE ASSIS, *Ashbel Green Simonton, o missionários dos tristes trópicos*, p. 45.

mento" em Itapetininga, interior de São Paulo, ao observar o tosco modo de viver do fazendeiro João Carlos Nogueira, Simonton, generalizando disse: "Ao ver João Carlos [...] viver daquele modo, minha confiança no Brasil e nos brasileiros diminuiu".[36]

Ele, porém, já podia contar com o auxílio do cunhado, Alexander Latimer Blackford (1828-1890), casado com sua irmã Elizabeth Wiggins Simonton Blackford (1822-1879), vulgo "Lille", que, em 25 de junho de 1860, chegara a bordo do navio *Monticello*, para ajudá-lo. Uma classe bíblica havia sido fundada com cinco crianças no dia 22 de abril anterior, data esta em Simonton começara a celebrar em português. Passados dois anos, em 12 de janeiro de 1862, foi organizada a igreja presbiteriana do Rio, mesma ocasião em que professaram os primeiros prosélitos, ambos ex-participantes dos doutrinamentos da Rua Nova do Ouvidor: Henry Milford, estadunidense, agente da companhia de máquinas de costura *Singer*, e Camilo Cardoso de Jesus, português do Porto, funcionário de navios. O evento contou com a presença de um novo missionário, Francis Joseph Christopher Schneider (1832-1910), alemão naturalizado estadunidense, que chegara aos 7 de dezembro de 1861. Pouco depois, aos 22 de julho daquele mesmo ano e de novo no Rio, também professou o primeiro brasileiro, cujo nome era Serafim Pinto Ribeiro.[37]

Isso posto, Ashbel Simonton foi de férias aos Estados Unidos, e em Baltimore se casou com Helen Murdoch aos 19 de março de 1863, regressando com ela para o Rio em 23 de maio seguinte. Helen, porém, faleceria nove dias após dar à luz à única filha do casal, nascida no dia 19 de junho de 1864; mas a atividade de seu marido não cessou. Disso resultou a fundação do jornal quinzenal *A Imprensa Evangélica* em 5 de novembro de 1864 (que funcionaria até 1892), cuja tiragem inicial foi de 450 exemplares, e a formação do "presbitério" aos 16 de dezembro de 1865. Dito presbitério contava apenas com a igreja mãe do Rio, que mudou várias vezes de endereço, mais as pequenas comunidades de São Paulo, organizada por Alexander Blackford em 5 de março precedente, e Brotas, instituída igualmente por ele no dia 13 de novembro daquele mesmo 1865. Novos núcleos surgiriam em Lorena (1868), Borda da Mata (1869) e Sorocaba (1869), ao tempo em que ganhou corpo a preocupação com formação de novos pastores. Daí, Simonton, Blackford, Chamberlain e o apóstata padre Conceição, que será analisado em seguida, fundaram no Rio de Janeiro um seminário aos 14 de maio de 1867 – mesmo ano em que Simonton faleceu em São Paulo, vítima da febre amarela – o qual, ainda que tenha durado só três anos, acolheu quatro candidatos. Eram eles: Modesto Perestrello Barros de Carvalhosa, Antônio Bandeira Trajano, Miguel Gonçalves Torres e Antônio Pedro de Cerqueira Leite. Os três primeiros nasceram em Portugal.[38] Carvalhosa seria em seguida designado para Lorena; Miguel Torres se tornaria o primeiro pastor residente em Caldas, MG, e depois em Borda da Mata; Trajano viria a presidir o supremo conselho presbiteriano entre 1881/82 e 1894/96, enquanto que Pedro de Cerqueira abandonou

---

[36] ASHBEL GREEN SIMONTON, *Diário, 1852-1867*, p. 166, 169.
[37] Cf. ANTÔNIO GOUVÊA MENDONÇA, *O celeste provir*, Edições Paulinas, São Paulo, 1984, p. 24.
[38] ADERI SOUZA DE MATOS, *Os pioneiros presbiterianos no Brasil (1859-1900)*, Editora Cultura Cristã, São Paulo, 2004, p. 15; JÚLIO ANDRADE FERREIRA, *Galeria evangélica*, p. 14-15, 48; HANS-JÜRGEN PRIEN, *La historia del Cristianismo en América Latina*, p. 791.

os estudos em 1870. No período seguinte, por certo tempo os candidatos ao pastorado ficariam sem seminário, recebendo orientação teológica junto aos pastores existentes.[39]

Nesse ínterim se destacou o supracitado padre José Manoel da Conceição (1822-1873). Paulistano, foi ordenado em 1845, depois de ter recebido uma formação do velho estilo. Por isso, a teologia que cursou foi aquela ministrada pelos cônegos do cabido da sé diocesana, sem falar que frequentou igualmente a academia jurídica do Largo de São Francisco, de orientação liberal. José Manoel se fez amigo do ultrarregalista cônego Joaquim do Monte Carmelo e também se incluiu entre os padres que apoiaram a revolução liberal de 1842.[40]

Afora tudo isso, dito personagem era atormentado por crises de melancolia e conflitos vocacionais e espirituais. A retidão da sua fé foi colocada em dúvida quando as autoridades diocesanas souberam que utilizava a Bíblia acatólica publicada pela editora Laemmert, o que acabou lhe valendo a alcunha de "padre protestante". Por isso, o bispo de São Paulo, Dom Manoel Joaquim Gonçalves de Andrade (1776-1847), e seu sucessor, Dom Antônio Joaquim de Melo, transferiam-no de uma paróquia a outra: Piracicaba, Ubatuba, Sorocaba, Limeira, Taubaté, Santa Bárbara e por fim Brotas, aonde chegou em 1860. O bispo seguinte, Dom Sebastião Pinto do Rego, preferiu dispensá-lo da maioria das funções sacerdotais, e ele, em 1863, passou a viver praticamente como leigo num sítio que comprara, junto ao rio Corumbataí, nos arredores de São João do Rio Claro. Blackford, que há pouco se mudara para São Paulo, em novembro daquele ano foi contatá-lo, após o que eles passaram a se corresponder. A 1º de maio de 1864, Conceição foi à capital da província retribuir a visita e aderiu ao presbiterianismo. Ato contínuo, partiu com seu novo amigo para o Rio de Janeiro e lá, aos 23 de outubro de 1864, emitiu a nova profissão de fé e nela se fez rebatizar.[41] Contudo, somente no dia 28 de setembro do ano seguinte comunicaria o fato a Dom Sebastião. Acusado formalmente no tribunal eclesiástico em 15 de dezembro de 1865, deixou correr o processo à revelia, declarando-se "presbiteriano puro". Aos 30 de outubro de 1866 foi condenado como herege e incurso *ipso facto* na pena de excomunhão maior.[42]

Ele não parece ter se perturbado com isso, pois no dia 17 de dezembro do mesmo ano se tornou pastor, o primeiro brasileiro, aliás, da nova fundação. Suas crises, no entanto, não cessaram, e Simonton em pessoa diria, aos 26 de novembro de 1864, que o padre desertor estava tão deprimido com seus sofrimentos nervosos, que "a morte lhe seria alívio".[43]

Apesar disso, demonstrou ser um proselitista incansável, viajando e divulgando a interpretação presbiteriana da Bíblia. Em Brotas conseguiu conquistar o favor de amigos e parentes, formando a maior comunidade protestante do Brasil império. Sua perambulação pelas paróquias onde trabalhara prosseguiu e com o tempo se fez acompanhar por outros pastores, até retornar ao seu

---

[39] JÚLIO ANDRADE FERREIRA, *História da Igreja Presbiteriana do Brasil*, vol. I, p. 132-136, 177-179.
[40] Cf. ADERI SOUZA DE MATOS, *Os pioneiros presbiterianos no Brasil (1859-1900)*, p. 297.
[41] JÚLIO ANDRADE FERREIRA, *História da Igreja Presbiteriana do Brasil*, vol. I, 2ª ed., Casa Editora Presbiteriana, São Paulo, 1992, p. 46-49.
[42] ASV, "Circular" (19-2-1867), em: *Nunciatura Apostólica no Brasil*, fasc. 185, caixa 41, fl. 22-23.
[43] ASHBEL GREEN SIMONTON, *Diário, 1852-1867*, p. 195.

ministério de pregador solitário em 1869, coisa que durou quatro anos. Ao morrer em Irajá, RJ, na madrugada de 25 de dezembro de 1873, as bases para a expansão futura do protestantismo no Brasil já estavam consolidadas.[44]

Alguns outros padres também apostatariam, mas com importância bem menor. Merecem ser citados Francisco José de Lemos (1827-?), José do Canto Coutinho (1836- ?) e João Ribeiro Franco.[45] Existiu ainda um quarto, que será analisado adiante, chamado Antônio Teixeira de Albuquerque (1840-1887), que optou por se tornar metodista e depois batista. Enquanto isso, os presbiterianos, após a divisão de 1861, a parte de Nova York deu continuidade à obra iniciada, ao passo que o *Committee of Nashville*, do sul, iniciou por conta própria uma nova frente. Isso teve início em 1869, na cidade de Campinas, SP, que se tornou o centro de sua missão. Ali, George Nash Morton (1841-1925), nascido na Virgínia, e Edward Lane (1837-1892), originário da Irlanda, organizaram em 10 de julho de 1870 a comunidade presbiteriana local e fundaram também, em 1873, o "Colégio Internacional". Os missionários de Nashville atuariam depois noutras localidades, tal como fizeram em 1873 John Rockwell Smith e William Leconte, que se estabeleceram em Recife, PE.[46]

Certas adesões ao presbiterianismo ensejaram situações embaraçosas. Uma delas foi a do escritor Júlio Ribeiro (1845-1890), que professou em São Paulo em 1870, ante Chamberlain, para depois se tornar racionalista e ateu.[47] Miguel Vieira Ferreira (1837-1895), um maranhense de posses convertido no Rio de Janeiro em 1874, foi outro caso constrangedor. Ele se tornou presbítero, mas, discordando da doutrina oficial de que Deus deixara de se comunicar diretamente com os homens desde que lhes dera as Escrituras, defendia a necessidade de uma visão mais próxima e sensível com o Transcendente. Resultado: acabou expulso e daí, no dia 11 de setembro de 1879, fundou a "Igreja Evangélica Brasileira". Tratava-se, entretanto, de uma congregação de abastados, que pouco prosperou.[48]

Contemporaneamente, os dois ramos presbiterianos vindos dos Estados Unidos mantinham relações cordiais, mas, somente após contatos com Nova York e Nashiville, elaboraram um plano de união. Assim, em 6 de setembro de 1888, quando já existiam no país três presbitérios – Rio de Janeiro, Campinas--oeste de Minas e Pernambuco –, foi criado o "sínodo do Brasil", conferindo autonomia ao presbiterianismo local. Na época, os templos eram 60, com 20 missionários e 12 pastores nativos.[49]

10.5 – A reimplantação dos metodistas

Terminada a guerra da secessão dos Estados Unidos com a derrota dos sulistas em 9 de abril de 1865, grupos protestantes de vários credos, provenientes

---

[44] ÉMILE G. LÉONARD, *O Protestantismo no Brasil*, ASTE, São Paulo, 1963, p. 56-67.
[45] CF. DAVID GUEIROS VIEIRA, *O Protestantismo, a maçonaria e questão religiosa no Brasil*, p. 264-268; JOSÉ DOS REIS PEREIRA, *História dos Batistas no Brasil*, Junta de Educação Religiosa e Publicações (JUERP), Rio de Janeiro, 1985, p. 19-20.
[46] JÚLIO ANDRADE FERREIRA, *Galeria evangélica*, p. 17.
[47] IDEM, *História da Igreja Presbiteriana do Brasil*, vol. I, p. 179.
[48] ALBERTO ANTONIAZZI ET ALII, *Nem anjos nem demônios*, Editora Vozes, Petrópolis, 1994, p. 72-73.
[49] ALDERI SOUZA DE MATOS, *Os pioneiros presbiterianos do Brasil (1859-1900)*, p. 15-16; DUNCAN ALEXANDER REILY, *História documental do protestantismo no Brasil*, p. 139.

do Texas, Alabama e Carolinas do Norte e do Sul emigraram para o Brasil. Nessa "onda", o metodismo também retornou, tendo se destacado um de seus membros, Junius Estaham Newman (1819-1895), ex-capelão das forças confederadas, filiado à chamada igreja metodista episcopal do sul (IMES), chegado em agosto de 1867. Por quase dois anos ele residiu em Niterói, RJ, voltando depois para os Estados Unidos a fim de trazer sua esposa e seus três filhos. Em seguida, no mês de abril de 1869, mudou-se para Saltinho, SP, e, em 20 de agosto de 1871, domingo, organizou a primeira igreja metodista local, da qual participavam apenas nove pessoas. Era o início do "circuito de Santa Bárbara". No ano de 1877 faleceu sua esposa, e dois anos mais tarde ele se mudou com as duas filhas para Piracicaba. Ali contraiu novas núpcias com Lydia E. Barr, mas o trabalho religioso que desenvolvia não chegou a ser um sucesso, coisa que parece estar ligada ao término da imigração de estadunidenses para o Brasil. Certo é que, aos 9 de setembro de 1889, Junius Estaham Newman regressou para sua pátria, indo viver em Point Plessant, Estado de West Virgínia, onde viria a falecer no dia 12 de maio de 1895.[50]

Anos antes de voltar para os Estados Unidos, porém, Newman pedira o envio de pastores e, por este mister, em 2 de fevereiro de 1876 desembarcara no Rio de Janeiro John James Ranson (1854-1934). Ele permaneceu no Brasil por uma década, sendo considerado o fundador oficial do metodismo no país. Ranson foi morar à Rua do Catete n. 175, mesmo local em que começou a dirigir cultos em língua inglesa a partir de 13 de janeiro de 1878. Da sua comunidade eclesial inicialmente participavam apenas seis pessoas, e todas estrangeiras, a saber: Emma Dawson, Henry Washington Hilliard, ministro plenipotenciário dos Estados Unidos; John MC Gee, Dr. Samuel D. Rambo, W. T. Rainey e Mary Watts. Foi também lá que, no dia 9 de março do ano seguinte, Ranson iria acolher o padre desertor Antônio Teixeira de Albuquerque e sua mulher, como será visto adiante. Ainda em julho de 1879 foram recebidos igualmente quatro brasileiros, pertencentes a uma única família, de sobrenome Pacheco. Mais alguns brasileiros seriam atraídos em seguida, e, em 1880, Ransom foi aos Estados Unidos e conseguiu que a "Junta de Missões" de lá enviasse outros "obreiros" para auxiliá-lo. Estes desembarcaram no Rio de Janeiro no dia 16 de maio do ano seguinte, de onde prosseguiram dois dias depois para São Paulo e dali para Piracicaba, aonde chegaram no dia 19. Os referidos "obreiros" eram três e cada um se dedicou a um papel específico: James William Koger (1851-1886), que logo passou a pregar para os estrangeiros anglófonos e organizou a comunidade eclesial metodista piracicabana; Martha Hite Watts (1845-1910), que criou uma pequena escola dominical e depois um colégio na mesma cidade, e James Lillbourne Kennedy (1857-1942), que viria a fundar mais uma comunidade em Taubaté.[51]

O aumento dos "obreiros" e das iniciativas empreendidas fez necessário criar um órgão centralizador, também para ser depositário das propriedades que se adquiria. A IMES autorizou o bispo John Cowper Granbery (1829-1907), na primeira visita que ele fez ao Brasil em 1886, a fundar uma "Conferência anual" (hoje chamada de "Concílio regional"). De igual modo, a igreja metodis-

---

[50] JAMES LILLBOURNE KENNEDY, *Cincoenta annos de methodismo no Brasil*, p. 16-19; ANTÔNIO GOUVÊA DE MENDONÇA, *O celeste porvir*, p. 23.
[51] JAMES LILLBOURNE KENNEDY, *Cincoenta annos de methodismo no Brasil*, p. 16-19; p. 20-25.

ta episcopal (IME), conhecida como igreja metodista do norte, a partir de 1880 também passou a mandar obreiros, entre os quais William Taylor e Justus Henry Nelson, que estenderam o metodismo ao norte, nordeste e sul do Brasil.[52] Ao contrário, porém, de outras denominações protestantes, o metodismo registraria seus estatutos junto ao governo somente após a instauração da república.[53]

10.6 – A chegada e desenvolvimento dos batistas

Os batistas foram outros que escolheram o Brasil como meta, tendo indicado para tanto Thomas Jefferson Bowen (1814-1875). Ele já havia atuado anteriormente na Nigéria e, junto de sua esposa, Lurenna Henrietta Davis Bowen, e uma filha de dois anos, de nome igual ao da mãe, desembarcou no Rio de Janeiro em 21 de maio de 1860; mas a experiência durou apenas nove meses. A tentativa de Bowen de converter escravos de língua yoruba não foi bem vista, sobreveio-lhe uma recaída de malária e, afinal, seu inteiro trabalho resultou infrutífero. Regressou então para os Estados Unidos, e a Junta que o enviara, desapontada, preferiu abandonar a iniciativa. Entretanto, ela reconsiderou depois que estadunidenses começaram a emigrar para o Brasil a partir do segundo semestre de 1865. Em Santa Bárbara do Oeste, SP, no dia 10 de setembro de 1871, ditos emigrados organizaram a primeira igreja batista do Brasil, com 23 membros, tendo como pastor Richard Ratcliff (1831-1912), que exerceria tal ministério até 1878. O culto era em inglês. Um segundo templo, que também só se celebrava em inglês, foi erigido aos 2 de novembro de 1879, não muito distante dali, na Estação, tendo Elias Hoton Quillin como primeiro pastor. Mais tarde as duas igrejas seriam reunidas. Havia ao mesmo tempo uma anômala relação entre certos membros da nascente agremiação batista e a maçonaria. A comunidade de emigrados de Santa Bárbara tinha em seu seio diversos iniciados, os mesmos que em 1874 fundaram a loja "George Washington", sob a liderança de William Hutchinson Norris (1800-1893), que foi eleito "venerável".[54]

De qualquer modo, antes de regressar para os Estados Unidos, Ratcliff escrevera à Junta de Richmond falando das "oportunidades" do Brasil.[55] A Junta se decidiu de vez também graças ao parecer dado por Alexander Travis Hawthorn (1825-1899), general dos confederados sulistas. Após a guerra ele se refugiou no Brasil até 1874 e, depois de voltar para sua pátria e ser ordenado ministro religioso, em 1880, Baptist participou da convenção batista do sul, realizada em Lexington, Kentucky, onde propôs o envio de pastores para arrebanharem brasileiros natos. A sugestão foi acatada e aos 12 de janeiro de 1881 o texano William Buck Bagby (1855-1939) e sua esposa Anne Luther Bagby (1859-1942), natural do Missouri, embarcaram em Baltimore, Maryland, a bordo do veleiro *Yamoyden*, com destino ao Rio de Janeiro, aonde chegaram em 2 de março seguinte.[56]

---

[52] Duncam Alexander Reily, *História documental do protestantismo no Brasil*, p. 105-106.
[53] Antônio Gouvêa de Mendonça, *O celeste porvir*, p. 23.
[54] Betty Antunes de Oliveira, *Centelha em restolho seco: uma contribuição para a história dos primórdios do trabalho batista no Brasil*, p. 72.
[55] Duncan Alexander Reily, *História documental do protestantismo no Brasil*, p. 111.
[56] José dos Reis Pereira, *História dos Batistas no Brasil*, p. 17-18.

Em 1882 partiram com o mesmo objetivo Zachary Clay Taylor (1851-1919) e sua mulher, Kate Stevens Crawford Taylor (1862-1892), e, pouco depois, os "missionários" contariam também com a ajuda do padre desertor Antônio Teixeira de Albuquerque. Alagoano de Maceió, este controvertido personagem fora ordenado em Fortaleza, CE, no dia 30-11-1871, mas, três anos mais tarde, abjurou o Catolicismo. No caso, além de alegadas motivações doutrinárias, possivelmente pesou a aparição na sua vida de uma certa Senhorinha Francisca de Jesus, com quem se uniria em rito protestante em Recife em 7-9-1878. A cerimônia foi oficiada pelo pastor John Rockwell Smith (1846-1918), que no dia 11 de agosto precedente, junto de 12 neófitos, havia organizado naquela cidade uma comunidade eclesial presbiteriana. No ano seguinte Antônio Teixeira, com sua mulher, viajou para o Rio, sendo ali acolhido em 9 de março por John James Ransom, que reconheceu seu batismo católico e ele, junto de Senhorinha, integrou-se à comunidade metodista do Catete. Passados três meses, o casal se transferiu para Piracicaba, SP, onde Teixeira começou a se relacionar com os batistas. Resultado: com a mesma desenvoltura com que ele abandonara o Catolicismo, também deixou de lado o metodismo e, aos 20-6-1880, emitiu a nova profissão de fé, foi rebatizado e consagrado, numa cerimônia cujo celebrante era o pastor Robert Porter Thomas (1825-1897). Detalhe: o evento se deu no salão da loja maçônica local! Outro detalhe: a esposa do "convertido", Senhorinha, somente aos 5-7-1883, aderiu à última confissão do marido e, depois, por supostos problemas mentais, acabou sendo internada por cerca de um ano num hospício de São Paulo. Fosse como fosse, Antônio Teixeira se tornaria o primeiro pastor batista nativo do país.[57]

Nem tudo foi tranquilo no período que se seguiu, pois, quando Teixeira e Elias Hoton Quilin tentaram abrir uma nova comunidade em Piracicaba, eles se desentenderam, tendo o primeiro se retirado em Capivari. Esta talvez tenha sido uma das razões que o levaram a acompanhar William Bagby quando aquele decidiu fundar um terceiro templo em Salvador, BA, no ano de 1882. Associaram-se à iniciativa também Zachary e Kate Taylor, depois que aprenderam o português no colégio presbiteriano de Campinas. Chegaram lá no dia 31 de agosto e, após ficarem três meses todos juntos numa pequena casa alugada, no dia 15 de outubro seguinte, o grupo organizou a comunidade batista local em novo endereço, mais exatamente à Rua Maciel de Baixo, 43. Em 1884, quando dita fundação contava com 25 membros, Bagby decidiu iniciar uma nova frente no Rio, e assim, deixando Taylor na Bahia, no mês de agosto se estabeleceu na capital federal, dando os primeiros passos com um grupo de apenas quatro sequazes. Pouco mais tarde, aos 17-5-1885, também Antônio Teixeira organizaria outra comunidade em Maceió, AL.[58] Nesta última seria consagrado no começo de 1886 Wandrejásello de Melo Lins, que foi para Recife dar início a uma fundação. Para auxiliá-lo em 30 de março daquele ano, chegou lá o pastor Charles David Daniel, e juntos iniciariam, no dia 4 do mês seguinte, a primeira igreja batista da capital pernambucana. Os membros eram só seis: os dois pastores, suas esposas e dois rebatizados. Passados alguns meses, Charles Daniel foi para a Bahia e Melo Lins assumiu seu lugar.[59]

---

[57] Cf. BETTY ANTUNES DE OLIVEIRA, *Centelha em restolho seco*, p. 64, 73, 172, 178-179, 181-182, 193, 196-197, 233; JOSÉ DOS REIS PEREIRA, *História dos batistas no Brasil*, p. 20.
[58] ROBERTO CECIL MOORE, *Los evangélicos en marcha... en América Latina*, p. 55-56.
[59] ASA ROUTH CRABTREE, *História dos batistas do Brasil até o ano de 1906*, p. 66-67.

10.7 – A controvertida postura cultural de certos reformados

As opiniões que alguns pregadores e instituições protestantes então emitiam em relação à nação que pretendiam conquistar eram deveras "singulares". Uma boa amostra disso foi a apreciação feita pelo batista William Bagby ao adentrar na Baía de Guanabara em 2 de março de 1881. Ainda antes de qualquer contato com o povo brasileiro, ele afirmou: *"Entristece-me o meu coração por haver aqui milhares de almas, 'sem Deus e sem esperança', sob a sombra triste de um eclipse! Oh Deus, conceda que a tua verdade, como está em Cristo Jesus, encha esta terra..."*[60]

Edward Lane, da parte sua, descrevia o Brasil como um lugar onde o domingo era desrespeitado e a Bíblia mal usada ou inteiramente negligenciada. Nesse pressuposto, ele não hesitava em apontar como alternativa a adoção do modelo escolar protestante que junto dos seus trazia pronto: "Se a juventude tem de receber cultura do intelecto e aprimoramento da sensibilidade, o missionário é que há de inaugurar a obra, e, ao fazê-lo, segue apenas as pegadas dos grandes reformadores". Dizia.[61]

Outro exemplo digno de nota foi o de Marta Hite Watts, anteriormente citada. Enviada pela *Women's Missionary Society* da comunidade eclesial metodista do sul dos Estados Unidos, ela teve de escrever à sua chefe, para pedir-lhe de tranquilizar seus amigos, informando-lhes que no Brasil as pessoas não comiam alimentos crus, sabiam ser corteses e as casas onde viviam não eram sujas como ouvira dizer. Isso de modo nenhum significava que Marta se sentisse uma igual no novo ambiente, ou renunciasse ao propósito de tentar impor integralmente o modelo educativo que trouxera: *"Eles são infelizes, de qualquer forma, por terem um Estado que se tornou corrupto na mão de seus líderes. [...] Deus garantirá que vivamos na plenitude de sua luz, que eles também receberão de nós!"*[62]

Em números absolutos, entretanto, todas as confissões acatólicas reunidas, até meados do segundo império, eram tão inexpressivas no Brasil, que o casal de pesquisadores Louis e Elizabeth Cary Agassiz, eles próprios protestantes, ao conversarem com as senhoras brasileiras do período em que visitaram o país (1865/66), observaram que elas sequer suspeitavam da existência de outro credo religioso além daquele dominante, e que talvez "nunca houvessem ouvido falar da reforma protestante".[63]

10.8 – O apoio de anticlericais ao protestantismo e as alterações legais em prol dos cultos acatólicos

As confissões cristãs dissidentes, mesmo que minguadas em número de seguidores, sabiam poder contar com o reforço extra de certos anticlericais que não dispensavam aliados na luta contra o ultramontanismo. A urdidura política era hábil no mascarar suas reais intenções, tal como fez em 1854 Paulino José

---

[60] Asa Routh Crabtree, *História dos batistas do Brasil até o ano de 1906*, p. 46.
[61] Júlio Andrade Ferreira, *Galeria evangélica*, p. 85.
[62] Marta Hite Watts, *Evangelizar e civilizar*, Editora UNIMEP, Piracicaba, São Paulo, 2001, p. 23-24.
[63] Louis Agassiz e Elizabeth Cary Agassiz, *Viagem ao Brasil (1865-1866)*, p. 569.

Soares de Sousa, visconde do Uruguai (1807-1866). O visconde, e isso não era exclusividade sua, calava-se ante o regalismo de corte pombalino vigente no país; mas, sem nenhum constrangimento, defendia a liberdade de culto criticando justamente a "tradição portuguesa". Elementar: ele estava a par que se seu propósito se concretizasse, apenas os protestantes seriam beneficiados, uma vez que o jurisdicionalismo régio continuaria intocado. Daí a facilidade com que lamentava o fato de o Brasil ainda se encontrar "restrito e limitado à antiga e intolerante legislação portuguesa, feita por Portugal e para colônias..."[64]

Atitude análoga afloraria antes da questão religiosa se tornar pública, entre 1861 e 1862, período em que o pregador Richard Holden, analisado em precedência, foi auxiliado e instigado pelos maçons, entre os quais Tito Franco e José Henriques, nas campanhas proselitistas e anticlericais que moveu na diocese de Belém. E, quando o conflito eclodiu, o jornal presbiteriano *A Imprensa Evangélica* chamou Ganganelli de "benfeitor da pátria" depois que ele publicou o primeiro volume de *A Igreja e o Estado* em 1873. Ainda assim, por razões objetivas, tais como a pouca relevância numérica e a escassa penetração social que tinham, os protestantes foram um elemento marginal no desenrolar da querela, em que pese certas opiniões em contrário. Porém, após a condenação de Dom Vital em 21 de fevereiro de 1874, o suporte ideológico que deram não seria esquecido. Tanto é verdade que, ao ser inaugurado o novo templo central do presbiterianismo no Rio no dia 29 de março seguinte, os brasileiros "amigos da causa" lá compareceram solícitos.[65]

Obviamente que nenhum anticlerical se "converteu" ou tampouco demonstrava qualquer interesse pelo conteúdo teológico do protestantismo. As razões eram de outra ordem. Rui Barbosa, por exemplo, não economizava elogios ao caráter da igreja nacional de luteranos e calvinistas e, é claro, sua inteira conformação nada afim ao ultramontanismo:

> Não é à escola liberal que o protestantismo amedronta. O protestantismo nasceu da liberdade da consciência individual, cuja consequência política é a liberdade religiosa. [...] O protestantismo é a anglicana Inglaterra; é a calvinista Suíça; é a América puritana; é a tendência antipapal, que, pelos galicanos e pelos huguenotes, salvou a independência do espírito francês dessa gangrena ultramontana.[66]

Esse apoio interessado, ditado pelo oportunismo político, não passara despercebido a Dom Vital, que denunciaria o "trabalho incessante de protestantinizar o país".[67] Dom Antônio de Macedo Costa tampouco subestimava tal ameaça e manifestou suas apreensões em 1875, na dedicatória contida no catecismo que lançou: "À augusta, à Imaculada Virgem Maria, protetora do império de Santa Cruz, que não permitirá jamais que nesta terra católica lance raízes a impiedade protestante".[68]

---

[64] Aureliano Cândido Tavares Bastos, *Os males do presente e as esperanças do futuro*, p. 112-113.
[65] Cf. David Gueiros Vieira, *O Protestantismo, a Maçonaria e a Questão Religiosa no Brasil*, p. 149, 178-182, 289-290.
[66] Rui Barbosa, "Discursos Parlamentares – Câmara dos Deputados", em: *Obras Completas*, vol. VII, tomo I, p. 164-165.
[67] Vital Maria Gonçalves de Oliveira, *Abrégé Historique*, p. 19.
[68] Antônio de Macedo Costa, *Sobre a Igreja Católica*, Tipografia Moreira, Maximino & Cia, Rio de Janeiro, 1875, p. 3.

Nesse meio tempo, foram levadas a cabo as inovações jurídicas que favoreceram a presença de imigrantes protestantes e a prática de seus cultos no país. A regularização do casamento acatólico foi uma delas. Tratou-se deveras de uma grande mudança, porque, até então, as normas canônicas tinham regulado todo o direito matrimonial entre brasileiros. Isso fora definido pelo decreto de 3 de novembro de 1827, que adotara como próprias as disposições do Concílio de Trento, contidas na sessão 24, capítulo primeiro (*De reformatione matrimonii*), assumidas pelas *Constituições Primeiras do Arcebispado da Bahia* de 1707, no livro primeiro, título 68 §291.[69]

Vigorava essa legislação quando a lei n. 581 ("Lei Eusébio de Queirós"), aprovada em 4 de setembro de 1850, aboliu o tráfico negreiro para o Brasil. A classe política logo se deu conta de que a carência de mão de obra, que a inovação provocava, deveria ser suprida com a vinda de imigrantes europeus, e a questão do matrimônio de protestantes voltou à baila. O governo, como era próprio do seu estilo, sem mais aquela, com o decreto n. 1.144 aprovado em 11 de setembro de 1861, tornou extensivos os efeitos civis do casamento às pessoas que professassem "religião diferente da do Estado".[70] Em seguida, chegado o ano de 1863, outro longo decreto, de número 3.069, contendo 59 artigos, aprovado no dia 17 de abril, completou a medida, ao regular o registro de casamentos, nascimentos e óbitos da mesma categoria de pessoas citadas acima. No caso, porém, o oficiante dos casamentos protestantes devia ter as credenciais registradas na Secretaria de Negócios do Interior.[71]

Ainda com relação aos óbitos, nesse meio tempo os protestantes já haviam estabelecido alguns cemitérios para si, como os dos ingleses no Rio de Janeiro e em Recife. A novidade alvissareira para eles, contudo, chegou em 20 de abril de 1870, quando uma resolução imperial ordenou que nos cemitérios públicos existentes se demarcasse um lugar para o sepultamento daqueles que não professassem a religião do Estado e que também para o futuro fosse reservado sempre nos campos santos um espaço suficiente para tanto.[72] E mais: os estatutos das novas confissões que se fixavam no país eram facilmente aprovados, facilitando sua inteira organização. Como afirma Reily, "o governo estava paulatinamente tornando viável o pleno funcionamento de grupos acatólicos no Brasil".[73]

Por tudo isso, um paradoxo se afirmou: o Catolicismo, religião de Estado, era cerceado e criticado em todos os modos, enquanto que o protestantismo, oficialmente sob variadas restrições legais, realmente gozava de liberdade e favores. Como bem explicou Dom José Pereira da Silva Barros, bispo de Olinda, tratava-se de verdadeira hipocrisia institucionalizada:

> Com efeito, os dissidentes, sem algum embargo do poder civil, faziam no Brasil a mais livre propaganda, pregando as suas descrenças particular e publicamente, distribuindo bíblias falsificadas e folhetos plenos de heresias, de afrontas e diatribes

---

[69] *Coleção das Leis do Império do Brasil de 1827*, parte I, p. 83.
[70] UBALDINO DO AMARAL, *Clericalismo*, p. 9.
[71] *Coleção das Leis do Império do Brasil de 1863*, Tipografia Nacional, Rio de Janeiro 1863, p. 85.
[72] IBIDEM.
[73] DUNCAN ALEXANDER REILY, *História documental do protestantismo no Brasil*, p. 132.

contra a Igreja, seu Chefe, seu culto e seus ministros; batizavam e rebatizavam; casavam a quantos os procuravam nesse intuito, estrangeiros e nacionais, mesmo ligados a impedimentos dirimentes reconhecidos pelas leis civis; tinham seus cemitérios e sepultavam neles os seus mortos com as cerimônias de seus ritos e sem alguma dependência do poder eclesiástico; possuíam seus templos com formas bem diversas das usadas nas habitações particulares e neles celebravam seus cultos publicamente, com as portas abertas a todo povo; viviam enfim no império, como se habitassem um país protestante.
Se além da *liberdade* não havia *igualdade* (os grifos são do autor) dos cultos, era porque os acatólicos levavam vantagens aos católicos no gozo de imunidades. Parecerá absurdo e estranho isto, mas é a verdade dos fatos.[74]

Os admiradores dos propagandistas protestantes, no entanto, bem cedo teriam de fazer as contas com um fenômeno que vez por outra aflorava no ambiente reformado: o fanatismo das seitas. Nas proximidades de São Leopoldo, RS, mais exatamente nas adjacências do Morro do Ferrabrás, situado ao norte do atual município de Sapiranga, a partir de 1872, conquistou visibilidade entre os colonos alemães, um grupo de orientação anabatista, sob a liderança de João Jorge Maurer (1840-1874) e sua esposa, a "profetisa" (e presumivelmente epilética) Jacobina Mentz Maurer (1841-1874). O casal adquiriu fama na região pelo seu sucesso de ervanários, até porque a ausência de médicos pelo interior gaúcho estimulava o curandeirismo.[75]

Os novos sectários, eivados de messianismo, diziam-se eleitos por Deus para fundar na terra uma nova era, mas não tardaram a entrar em atrito com os demais colonos. Seus adversários apelidaram-nos de *mucker* (em alemão "beato", "santarrão" e "fanático"), e aqueles revidaram chamando os que se lhe opunham de *spotter* (debochado). Das incompreensões e acusações recíprocas a situação se degenerou em conflito armado, dado que os adeptos dos Maurer botaram fogo em propriedades de alguns dos seus inimigos, com a consequente morte de muitos residentes, entre os quais mulheres e crianças. Em reação, no dia seguinte, João Daniel Collin liderou um grupo que se vingou, incendiando plantações e casas dos *muckers*. O governo provincial teve de intervir, e o coronel Genuíno Olímpio Sampaio (morto durante a contenda), à frente de cem homens atacou sem sucesso os membros do movimento em 28 de junho de 1873. Sucederam-se verdadeiras expedições de guerra até que, no dia 2 de agosto de 1874, o capitão Francisco Clementino de Santiago Dantas venceu o último reduto dos *muckers*, mesma ocasião em que tombou o casal líder. Os sobreviventes foram aprisionados e depois julgados a penas que variaram de oito a trinta anos de cárcere. Em 1883 acabaram sendo anistiados e regressaram ao Morro do Ferrabrás e às práticas de outrora. As desavenças com os vizinhos também recomeçaram e disso resultou que os últimos *muckers* foram exterminados em 1898.[76]

---

[74] ASV, Carta de Dom José ao internúncio (25-1-1890), em: *Nunciatura Apostólica no Brasil*, fasc. 330, caixa 68, doc. 15, fl. 35.
[75] ALDAIR MARLI LANDO – ELIANE CRUXÉN BARROS, *A colonização alemã no Rio Grande do Sul*, Editora Movimento, Porto Alegre, 1976, p. 72-73.
[76] Cf. HERNÂNI DONATO, *Dicionário das batalhas brasileiras*, Ibrasa, São Paulo, 1987, p. 156; RONALDO VAINFAS, *Dicionário do Brasil Imperial*, p. 645-647.

No desenrolar do conflito a classe política bem que tentou minimizar o fato, mas ele era veemente demais, e o jornal católico *O Apóstolo* fez questão de noticiá-lo, salientando que a tragédia resultava do livre exame bíblico. O próprio jornal presbiteriano *A Imprensa Evangélica* teve de se pronunciar sobre o caso, e se defendeu como pôde, explicando os *Muckers* eram apenas loucos, e que já deveriam ter sido recolhidos num manicômio.[77]

10.9 – O Catolicismo emancipado nos estertores do império

Como bem observou Dom Vital pouco antes de expirar, uma nova realidade católica se afirmara durante a querela da Igreja com o Estado:

> A questão religiosa tinha feito um bem inaudito à Fé entre nós. Os Bispos se tinham tornado mais vigilantes e mais ativos. Os Sacerdotes haviam sentido necessidade de mudar de vida, para poder erguer a fronte pura diante dos fiéis e diante dos inimigos de Deus; haviam-se unido mais a seus Bispos; mostravam-se mais zelosos no cumprimento de seus deveres. Os leigos também têm mudado de maneira verdadeiramente maravilhosa. O número de católicos praticantes aumentou. Perderam-se a timidez e respeito humano: começou-se a fazer peregrinações, procissões solenes, comunhões gerais para homens – coisa que jamais se viu no Brasil; alguns católicos, que se confessavam antes da questão religiosa, tinham tido o cuidado de o fazer em segredo para não passar por beatos. Foi então que se fundaram muitas associações católicas, muitos jornais religiosos, muitas sociedades de São Vicente de Paulo, em diferentes províncias do Brasil. Começou-se a estudar as matérias eclesiásticas e a Religião. Este estudo fez compreender que, para ser católico, era preciso obedecer ao Soberano Pontífice e aos Bispos; começou-se a amar Roma e a olhar o Papa, não como um soberano estrangeiro, como o chamava a maçonaria, mas como o Pai comum dos fiéis, o chefe do Catolicismo. Toda gente no Brasil, que até ali crera que se podia ser católico sem ter necessidade do Papa, então se desenganou completamente.[78]

O pontificado de Leão XIII, iniciado em 1878, também ajudou a passar uma imagem positiva do papado, conseguindo despertar admiração até em regalistas do calibre de Nabuco Araújo (ressaltar que ele, a seu modo, sempre se considerou um estadista católico). Foi assim que o autor da supressão branca dos religiosos abandonou a maçonaria e posicionou-se contra aqueles que pretendiam laicizar o Estado.[79]

Já um pouco antes algumas reaproximações célebres haviam acontecido, como a do jovem poeta romântico Antônio de Castro Alves, que antes de falecer no dia 6 de julho de 1871, pedira para se confessar, sendo atendido pelo padre Turíbio Tertuliano Fiúza.[80] Dezoito anos depois, a conversão do seu rival, o anticlerical Tobias Barreto de Meneses (1839-1889), seria ainda mais clamorosa. No leito de morte, Tobias Barreto portou a termo um penoso processo de mudança interior e mandou chamar o Pe. Silva, vigário da paróquia de Santo An-

---

[77] DAVID GUEIROS VIEIRA, *O Protestantismo, a Maçonaria e a Questão Religiosa no Brasil*, p. 52-53.
[78] RAMOS DE OLIVEIRA, *O Conflito maçônico-religioso de 1872*, p. 217.
[79] JOAQUIM NABUCO, *Um estadista do Império*, vol. III, p. 395, 408, 601-605
[80] *Revista Santa Cruz*, n. 5, 1911, p. 196.

tônio, e com ele se confessou, morrendo "no seio da Igreja em que nascera".[81] Entretanto, a conversão, que mais consequências trouxe, foi a do advogado Júlio César de Morais Carneiro (1850-1916), o futuro Pe. Júlio Maria, anteriormente citado. Formado na faculdade de direito de São Paulo, comungou das ideias anticlericais do seu tempo, mas as abandonou com o passar dos anos. Em 1882, ao lançar a obra *Pensamentos e Reflexões*, ele já se encontrava num estágio avançado de redescoberta da fé, que num crescendo chegou à conversão plena, manifestada no livro *Segredos d'Alma* de Carmo Gama, publicado em 1886.[82]

A mesmice anticlerical, no entanto, continuava insistindo que o Brasil vivia sob um clericalismo dominante e que a educação ministrada nos educandários religiosos era ruim, porquanto "ultramontana". Inclusive, os periódicos *O Fluminense* e *Folha Nova* não perderam tempo em acusar os salesianos de serem adeptos do "jesuitismo".[83] O governo preferiu não se indispor com os regulares, tendo presente que o trabalho de catequisar-civilizar-integrar o índio à sociedade, levado a cabo pelos capuchinhos em parceria com os militares, era indispensável. Tanto assim que em 1888 Antônio Ferreira Viana, então ministro das relações exteriores, solicitou à cúria geral da Ordem o envio de mais frades, porque, como ele próprio reconhecia, sem eles seria impossível continuar a quase abandonada educação dos índios. Foi aí que a política oficial teve de fazer as contas com seus equívocos: por causa de todos os cerceamentos existentes, a prefeitura do Rio, que chegara a possuir 29 missionários em 1870, naquele ano podia contar com apenas 11 e todos velhos.[84]

Contemporaneamente, o fluxo imigratório de italianos para o Brasil crescia a olhos vistos, mas tal presença – estimulada pelo governo – carecia sempre mais de pontos de apoio. Foi então que o prior-geral dos capuchinhos escreveu ao frei Fidélis no Rio de Janeiro, para que contatasse o governo imperial e avaliasse bem a situação. No dia 11 de maio de 1889 Ferreira Viana, ocupando do ministério do império, adotou a única solução possível: declarou abolida a odiosa *Circular* de 1855 que proibira a admissão de noviços. O ministro era um católico observante, mas como ele próprio admitia, a mudança era fruto da necessidade: "Os serviços dos Capuchinhos no Brasil eram de tal valor que o governo não cessava de instar para a vinda de novos missionários e que não hesitava em fazer as despesas necessárias e de manter os respectivos estabelecimentos".[85]

Ainda em relação aos religiosos, a última década monárquica presenciou o recrudescer de um fenômeno que explodiria no período seguinte: o convite sempre mais insistente dos bispos para que novas congregações se instalassem no Brasil. Os Padres do Espírito Santo provenientes da França fariam parte desse grupo de pioneiros, e, no dia 1º de dezembro de 1885, sete dos seus confrades vieram abrir uma nova frente em Belém, onde assumiriam a direção do Seminário Nossa Senhora do Carmo.[86] A propósito, a atitude geral dos bispos

---

[81] CF. HERMES LIMA, *Tobias Barreto*, Companhia Editora Nacional, São Paulo, 1939, p. 148, 178, 181-182, 188.
[82] FERNANDO GUIMARÃES, *Homem, Igreja e Sociedade no pensamento de Júlio Maria*, Editora Santuário, Aparecida, 2001, p. 22-23.
[83] ANTENOR DE ANDRADE SILVA, *Os Salesianos e a educação na Bahia e em Sergipe – Brasil*, p. 87-88.
[84] CARLOS ALBINO ZAGONEL ET ALII, *Capuchinhos no Brasil*, p. 228, 305.
[85] ASV, Comunicação do Ministério do Império (11-5-1889), em: *Nunciatura Apostólica no Brasil*, fasc. 345, caixa 71, doc. 8, fl. 71-72.
[86] HENRIQUE WENNINK, *Os espiritanos no Brasil*, Promoção da Boa Família Editora, Belo Horizonte, 1985, p. 17-18.

não mudara, levando o maçom Ubaldino do Amaral a esbravejar em 1878: "São passados cinco anos e a questão religiosa, se não está no mesmo pé de atividade em que foi levantada, pelo menos conserva-se estacionária".[87]

Ele até que tinha razão, pois no ano seguinte Dom Antônio de Macedo Costa publicou a *Resposta aos seus acusadores na Câmara dos deputados*, defendendo as mesmas ideias que provocaram sua punição. Em Londres, no ano de 1881, o Barão de Penedo revidou com a obra *A missão especial em Roma em 1873*. Sem as mesmas proporções de antes, reabriu-se a discussão. Dom Antônio rebateu o Barão em 1886 com *A Questão Religiosa perante a Santa Sé* e foi replicado pelo diplomata no ano seguinte com *O Bispo do Pará e a missão a Roma*. A tréplica veio em 1888, quando Dom Antônio editou *O Barão de Penedo e sua missão a Roma*. O debate só terminou porque no ano seguinte seria proclamada a República.[88]

Esse não foi o único conflito enfrentando por Dom Antônio. Em Belém, por longos anos os incidentes fizeram parte da ordem do dia, pois regalistas e maçons impediam aos padres de oficiarem em certas igrejas, e até improvisaram atos religiosos oficiados por leigos, procissões "civis" com as imagens dos santos e recitação de "ladainhas leigas" nos recintos sacros. A maior festa religiosa da diocese, o Círio de Nazaré, acabou igualmente profanada, quando uma mulher, sob umbela, em meio a ruidoso acompanhamento, trasladou a imagem do palácio do governo para uma ermida. O assunto foi notícia nacional, e, no senado, Jaguaribe diria enfático: "Só nos falta a deusa razão". Abriu-se assim a questão nazarena que agitou a Amazônia quase tanto quanto a questão religiosa. A 15 de junho de 1878 os sacerdotes redatores da *Boa Nova* publicaram um manifesto encarecendo a gravidade da situação e os perigos iminentes. A mesa regedora da irmandade homônima replicou em boletins afirmando que a festa de Nossa Senhora de Nazaré seria inteiramente leiga. O clero protestou novamente e Dom Antônio apelou para as autoridades governamentais, mas, apesar disso, a festa foi celebrada. A situação ameaçava degenerar-se sempre mais, quando, afinal, o bispo saiu vitorioso. Após muitas discussões e intervenções de políticos, a 22 e 30 de outubro de 1880, as ordens terceiras de Nossa Senhora do Monte Carmelo e de São Francisco da Penitência reconciliaram-se com a autoridade diocesana.[89]

Esgotando-se as últimas pretensões dos anticlericais de controlarem a piedade popular, o devocionário assumiu de vez nova perspectiva. Fiéis e disciplinadas, as novas manifestações pias eram elogiadas pelos bispos, como bem o demonstram o pronunciamento de Dom Lino Deodato Rodrigues de Carvalho, prelado de São Paulo, aos 26 de agosto de 1884, a respeito do Sagrado Coração de Jesus: "Onde, irmãos e filhos diletíssimos, poderíamos achar uma profissão de fé mais explícita e solene, uma afirmação mais completa e categórica do Cristianismo para opor às vociferações e blasfêmias da incredulidade nestes últimos tempos?"[90]

---

[87] UBALDINO DO AMARAL, *Joaquim Saldanha Marinho – esboço biográfico*, p. 199-200, 217.
[88] HÉLIO VIANA, *Estudos de história Imperial*, Companhia Editora Nacional, São Paulo, 1950, p. 283.
[89] RAMOS DE OLIVEIRA, *O conflito religioso-maçônico de 1872*, p. 41-42, 66-69, 71.
[90] LINO DEODATO RODRIGUES DE CARVALHO, *Carta Pastoral do Exmo. e Revmo. Senhor Bispo de S. Paulo anunciando ao Revdo. clero e a todos os fiéis, seus jurisdicionados, a solene consagração da Diocese ao Sagrado Coração de Jesus e designando o dia 8 de setembro do corrente ano de 1884 para esse ato na igreja catedral e na capela do mesmo Sagrado Coração na sede do Bispado*, p. 18.

Enquanto isso, uma novidade estava se afirmando: o império – não a classe política –, começava a perder o controle sobre decisões relativas à Igreja no parlamento. Foi o que se viu aos 3 de maio de 1889, quando Dom Pedro II finalmente apresentou proposta aos parlamentares reunidos na abertura dos trabalhos da assembleia-geral de "criação de um bispado em cada uma das nossas províncias, em geral tão extensas, que não podem estar reunidas em poucas dioceses, sem prejuízo da ação e doutrina pastoral".[91] João Alfredo, então presidente do conselho de ministros, e o deputado Simplício Coelho de Rezende, para transformar a proposta em lei, apresentaram pedido de urgência para que as novas jurisdições eclesiásticas fossem aprovadas. Para surpresa do gabinete, a maioria dos deputados o rejeitou na votação realizada no dia 22 seguinte. Rui Barbosa, que era um anticlerical lúcido, dissecou a política que dominava o império agonizante: "A Câmara não quer nem bispos nem liberdade religiosa".[92]

A Igreja a essa altura adotara uma ostensiva indiferença pelo destino da monarquia no país. Não a combatia, mas se desinteressou do seu destino. Isso explica porque o clero não a defendeu nem lamentou sua sorte, ao vê-la cair por terra aos 15 de novembro de 1889.[93]

---

[91] *Fala com que Sua Majestade o Imperador abriu a 4ª sessão da 20ª legislatura da assembleia-geral no dia 3 de maio de 1889*, p. 2.
[92] Rui Barbosa, *obras completas*, vol. XVI, tomo II, p. 475-476.
[93] Heitor Lyra, *História da queda do Império*, tomo 1, p. 236.

FONTES E BIBLIOGRAFIA

1 – FONTES

1.1.1 – AAEESS: Affari Ecclesiastici Straordinari – Roma

AMÉRICA I (BRASIL)
– Fasc. 145, pos. 22: Notícias sobre o atual estado da Religião Católica no Brasil.
– Fasc. 155, pos. 36: Pedido de um episcopado *in partibus* em favor do Pe. Antônio Maria de Moura./ pos. 37: Notícias sobre diversos assuntos do Brasil.
– Fasc. 157, pos. 43: Sobre o assassinato do padre-senador José Bento Leite Ferreira de Melo.
– Fasc. 170, pos. 103: Escandaloso conflito entre o bispo de São Paulo, Dom Antônio Joaquim de Melo, e o seu cabido. Gravíssimas desordens no episcopado e no clero brasileiro, especialmente na diocese do Rio de Janeiro"./ Pos. 106: Gravíssimas desordens no episcopado e no clero brasileiro, especialmente na diocese do Rio de Janeiro.
– Fasc. 175, pos. 121: Breves notícias sobre a diocese de São Paulo, especialmente a contrariedade do Cabido" em relação bispo, Dom Antônio Joaquim de Melo, e a dois religiosos capuchinhos que lá ensinavam filosofia e teologia. Providências relativas.
– Fasc. 184, pos. 153: Rio de Janeiro (1869-1870): Observações a respeito da obra intitulada *Elementos de Direito Eclesiástico* do defunto bispo do Rio de Janeiro, Monsenhor Manuel do Monte Rodrigues, e da obra do mesmo autor intitulada *Compêndio de Teologia Moral*./ Pos. 156: Olinda (1872-1873): Conflito surgido entre Dom Vital Gonçalves de Oliveira, bispo de Olinda e o governo imperial do Brasil a causa de alguns atos emanados pelo bispo contra a maçonaria (tradução).
- Fasc. 185, pos. 156: *Memorandum* (do barão de Penedo).

BRASIL
– Fasc. 9, pos. 192: Ofício do internúncio Ângelo di Pietro ao Cardeal L. Nina, relatando o colóquio que tivera com Dom Pedro II (13-2-1880).
– Fasc. 11, pos. 214: O internúncio Apostólico dá boas notícias sobre o estado da diocese de Diamantina e louva a conduta do bispo Dom João Antônio dos Santos (28-6-1882).
– Fasc. 13, pos. 224: Relatório de Dom Cláudio Ponce de Leão a Monsenhor Mário Moceni sobre a diocese de Goiás (7-12-1882);/ pos. 225: Exposição do Pe. Tommaso Ghetti SI, reitor do Colégio Pio latino-americano de Roma ao Papa Leão XIII (1882);/ pos. 227: Escola doméstica Nossa Senhora do Amparo de Petrópolis.
– Fasc. 15, pos. 236: Monsenhor Adriano Felici, encarregado interino da Santa Sé, relata as hostilidades do governo para com a Igreja, manifestada também contra os párocos e com os bispos.
– Fasc. 18, pos. 259: Monsenhor Rocco Cocchia, internúncio Apostólico, refere-se a respeito do deplorável estado de relaxamento das ordens religiosas em todo o império brasileiro. [...] Noutro despacho relata a vinda de dois religiosos brasileiros que, por não encontrarem vida regular nos mosteiros do Brasil, pediram poder regressarem para Portugal.
– Fasc. 29, pos. 308: Conferências dos bispos brasileiros.

1.1.2 – ACMSP: Arquivo da Cúria Metropolitana de São Paulo, SP
GOVERNOS EPISCOPAIS:
– ANTÔNIO JOAQUIM DE MELLO, *Carta pastoral dando um regulamento da conduta externa do clero*, São Paulo, 23-11-1852, p. 2.

1.1.3 – AEAM: Arquivo Eclesiástico da Arquidiocese de Mariana, MG
GOVERNOS EPISCOPAIS
– 2.1.3: Circular de Dom Antônio Ferreira Viçoso.
– 2.2.2: *Carta Pastoral de Dom Fr. José da Santíssima Trindade (19-4-1831)*.
– 16.1.3: Carta de Dom Antônio de Macedo Costa a Dom Antônio Ferreira Viçoso.

1.1.4 – AHI: Arquivo Histórico do Itamarati – Rio de Janeiro, RJ
LEGAÇÃO NÁPOLES:
– Seção Ofícios (1827-1844): 228, 4,1. – *Ofício n. 4 de Antônio Meneses Vasconcelos de Drumond a Gustavo Adolfo d'Aguilar Pantoja (18-3-1837)*.
MISSÃO ESPECIAL A ROMA:
– *272.4.4: Despacho do visconde de Caravelas ao Barão de Penedo (21-8-1873)*.
– *272, 4.4: Ofício n. 1 do barão de Penedo ao visconde de Caravelas*, Londres 30-9-1873.
– *272.4.4: Ofício n. 2 do barão de Penedo ao visconde de Caravelas (27-10-1873)*.
– *272.4.4: Ofício n. 5 do barão de Penedo ao visconde de Caravelas (16/1/1874)*.
– *272.4.4: Ofício (reservado) n. 4 do barão de Penedo ao visconde de Caravelas (20-12-1874)*.
– *272.4.4: Carta do barão de Alhambra a Penedo (9/3/1874)*.

1.1.5 – AN: Arquivo Nacional – Rio de Janeiro, RJ
MINISTÉRIO DO IMPÉRIO:
– Códice 507: Nomeação do Padre Sebastião Dias Laranjeira para bispo do Rio Grande do Sul. .
– Códice 507: Nomeação do Padre Antônio de Macedo Costa para bispo de Belém do Pará.
SEÇÃO DE MICROFILMES:
– N. 0071382: JOÃO ALFREDO CORREA DE OLIVEIRA, *Ministério do Império – Relatório do ano de 1874, apresentado à assembleia geral legislativa na 4ª sessão da 15ª legislatura*, anexo E.
– N. 071.582: *Relatório à assembleia legislativa, primeira sessão da 15ª legislatura, pelo Secretário de Estado dos Negócios do Império, Conselheiro José Bento da Cunha Figueiredo, 1877*.
– N. 008.1.78/ PH 34: *Quebra-quilos – relatório do comandante das forças imperiais estacionadas na Província da Paraíba do Norte*.
– N. 008.1.78/ PH 34: *Questões Religiosas*".
DIVERSOS:
– *Ligeiros apontamentos sobre a Questão Religiosa no Pernambuco*", n. topográfico 02631, pacote 1, documento 16, Caixa S/n., 1874.

1.1.6 – ACPLA: Arquivo do Pontifício Colégio Pio Latino-americano – Roma
– Pedro Maina – *Memórias do Pontifício Colégio Pio Latino-americano (1858-1958)*, tomo I, B2/1.
– Catálogo (manuscrito), C.19/2, fl. 6.

1.1.7 – ASNA – Arquivo de Estado de Nápoles – Nápoles
REAL SECRETARIA E MINISTÉRIO DAS RELAÇÕES EXTERIORES:
– Pasta 178 (Brasil): "Rapporto sul Brasile" (Relatório sobre o Brasil).
– Pasta 178: Cartas: n. 10 (30-7-1829) e n. 43 (5-1-1830).
– Pasta 178 II: Carta n. 8, Rio de Janeiro (11-2-1842).

ARQUIVO BOURBON:
– Caixa 755: folha n. 176 (12-7-1844).
– Caixa 755: folha 268 – Comunicado – Pergunta interessante.

1.1.8 – ASPF: Arquivo Histórico da Propaganda Fide – Roma
AMÉRICA MERIDIONAL – "SCRITTURE RIFERITE NEI CONGRESSI":
– Cód. 6 (1826-1842): Parecer da Comissão Eclesiástica sobre as Bulas Pontifícias com as quais o S. Padre Leão XII erigiu em bispados as prelazias de Goiás e Mato Grosso.
– Cód. 9 (1854-1856): Estado da missão de 1840 a 1847; Estado da missão de 1847 a 1854.
– Cód. 15 (1886-1889): Sucinta relação feita pelos Capuchinhos do Brasil em 1887./ Relatório apresentado por frei Serafim e frei Ângelo ao Cardeal Prefeito de Propaganda Fide (30-1-1889)/ Missão dos Padres Capuchinhos junto ao rio Itambacuri no Brasil", em: SC América Meridional.

1.1.9 – ATT: Arquivo da Torre do Tombo – Lisboa
LEIS ORIGINAIS
– Maço 6, n. 20.

LEIS (IMPRESSAS)
– *Leis* – livro n. 9.
– *Leis* – livro n. 10.
– *Leis* – livro n. 11.

COLEÇÃO DE LIVROS E IMPRESSOS – SÉRIE PRETA
– *Ministério da Justiça e Negócios Eclesiásticos*, livro 1.
– N. 2226.
– N. 3559.
– N. 3560.
– N. 3574.
– N. 3575.

1.1.10 – ASV: Arquivo Secreto do Vaticano – Roma
ARQUIVO DA NUNCIATURA APOSTÓLICA NO BRASIL
- Fasc. 8 (caixa 2): Diocese de Pernambuco e outras dioceses.
- Fasc. 10 (caixa 3): Governo imperial (1822). Voto do deputado Diogo Antônio Feijó como membro da comissão eclesiástica sobre a indicação do Sr. deputado Ferreira França, em que propõe que o clero do Brasil seja casado.
- Fasc. 13 (caixa 3): Secretaria de Estado e outros dicastérios (caso da nomeação de Moura).
- Fasc. 18 (caixa 4): Sobre a nomeação episcopal do cônego Antônio Maria de Moura.
- Fasc. 29 (caixa 7): Governo imperial (1839-1840).
- Fasc. 71 (caixa 16): São Paulo – discussões na Câmara no ano de 1836.

- Fasc. 73 (caixa 17): Processo de Antônio Maria de Moura, Bispo do Rio de Janeiro.
- Fasc.131 (caixa 29): Governo imperial (1839-1860).
- Fasc. 142 (caixa 32): Dioceses do Ceará, Cuiabá e Goiás.
- Fasc. 145 (caixa 32): Dioceses de Mariana, Pará e Rio Grande do Sul.
- Fasc. 183 (caixa 40): Correspondência com Roma.
- Fasc. 185 (caixa 41): Diocese de São Paulo.
- Fasc. 189 (caixa 41): Rio de Janeiro: Dom Pedro Maria de Lacerda, novo bispo.
- Fasc. 193 (caixa 42): Diocese de Olinda, PE: Dom Francisco Cardoso Aires, novo bispo.
- Fasc. 198 (caixa 43): Missionários Capuchinhos.
- Fasc. 208 (caixa 45): Questão Dom Frei Vital – diocese de Olinda.
- Fasc. 210 (caixa 45): Questão Dom Frei Vital – diocese de Olinda.
- Fasc. 220 (caixa 47): Dioceses do Ceará, Maranhão e Mariana.
- Fasc. 234 (caixa 50): Dioceses de Salvador, Diamantina, Pará e Ceará.
- Fasc. 235 (caixa 50): Dioceses de Olinda, PE; Cuiabá, MT; Mariana, MG; São Luiz, MA; Goiás, GO; Diamantina, MG; Rio de Janeiro, Porto Alegre, RS, e missionários capuchinhos.
- Fasc. 236 (caixa 50): Comunidades religiosas, prefeitos de missões, Conferência São Vicente de Paulo e outros assuntos.
- Fasc. 321 (caixa 66): Religiosos: carmelitas (1884-1887).
- Fasc. 322 (caixa 66): Religiosos; missionários.
- Fasc. 330 (caixa 68): Corpo diplomático – separação do Estado da Igreja, liberdade de culto.
- Fasc. 345 (caixa 71): Relações sobre o estado das dioceses. Religiosos *in genere*.
- Fasc. 378 (caixa 77): Ordem de São Bento.
- Fasc. 401 (caixa 82): Negócios diversos (honorificências – Cândido Mendes).
- Fasc. 432 (caixa 88): Estatutos das várias ordens.
- Fasc. 545 (caixa 110): Publicações dos jornais do Rio sobre a questão do Mosteiro de São Bento.

1.1.11 – Biblioteca Mário de Andrade – Seção de obras raras, São Paulo

– LUIZ CUNHA, *Instrução que Sua Majestade fidelíssima mandou expedir a Francisco de Almada de Mendonça, seu ministro na Cúria de Roma, sobre as desordens que os religiosos Jesuítas tinham feito neste reino e no Brasil, para as representar ao Santíssimo Padre Benedito XIV, com o extrato dos insultos que os mesmos religiosos haviam feito no Norte e no Sul da América Portuguesa*, seção de obras raras da Biblioteca Mário de Andrade, São Paulo, SNT.

– *Carta instrutiva escrita aos 10 de fevereiro de 1758*, SNT.

– LUIZ CUNHA, *Carta de ordem de Sua Majestade escreveu o Secretário de Estado dom Luís da Cunha ao Cardeal Acciaiuoli para sair da Corte de Lisboa*, seção de obras raras da Biblioteca Mário de Andrade, São Paulo, SNT.

1.1.12 – BN: Biblioteca Nacional – Seção de manuscritos, Rio de Janeiro

– N. I – 4, 5, 71: *Carta dirigida por Rui Barbosa a Francisco Ramos Paz, comunicando-lhe a remessa, por determinação de Saldanha Marinho, de 390 exemplares de sua obra à secretaria (do Grande Oriente do Vale dos Beneditinos) e solicitando a intervenção para que a Gazeta de Notícias publique a crítica sobre seu escrito.*

– N. I – 31,24.14: *Apontamentos biográficos sobre Dom Manoel do Rego Medeiros do Bispo de Pernambuco*.
– N. I – 31,33.4: *Ofício de Rodrigo José Ferreira Lobo dirigido a SM, em que acusa o governador Caetano Pinto de Miranda Montenegro de não ter providenciado para evitar a revolução e roga que seja impedida a volta do Bispo de Olinda àquela capital* (27-5-1817).

1.2 – Fontes Publicadas

ABREU ET ALII, JOÃO CAPISTRANO DE, *Livro de ouro comemorativo do centenário da Independência do Brasil e da Exposição Internacional do Rio de Janeiro*, Edições do Anuário do Brasil, Rio de Janeiro 1923.

Abdicação de S. M. o Sr. Dom Pedro I em favor de seu Filho, Sua Alteza Imperial o Senhor Dom Pedro de Alcântara, Tipografia Imperial de É. Seignot-Plancher, Rio de Janeiro 1831.

AGASSIZ, LOUIS E ELIZABETH CARY AGASSIZ, *Viagem ao Brasil (1865-1866)*, Companhia Editora Nacional, São Paulo 1938.

A.I., *Compêndio do que se passou na Corte de Roma depois da chegada do correio extraordinário que levou os despachos relativos à abertura da comunicação com o Reino e domínios de Portugal e do tribunal da Nunciatura na Corte de Lisboa*, Régia Oficina Tipográfica, Lisboa 1770.

A.I., *Exposição franca sobre a maçonaria por ex-maçom que abjurou à sociedade*, Tipografia Imperial e Nacional, Rio de Janeiro 1826.

A.I., *Reflexões imparciais sobre a Fala do Trono e as Respostas das Câmaras Legislativas de 1836 na parte relativa ao Bispo eleito desta diocese e à Santa Sé Apostólica*, Imprensa Americana, Rio de Janeiro 1837.

A.I., *O Papa e a maçonaria – Resposta à alocução de Pio IX proferida no Consistório de 26 de setembro de 1865*, Tipografia da Biblioteca Clássica (local de publicação não citado) 1865.

AIRES, FRANCISCO CARDOSO, *Circular do Exmo. Bispo Dom Francisco Cardoso Aires aos Veneráveis e Reverendos Párocos desta diocese*, Tipografia de Santos e Companhia, Pernambuco 1869.

ALMEIDA, CÂNDIDO MENDES DE, *Memórias para a história do extinto Estado do Maranhão cujo território compreende hoje as províncias do Maranhão, Grão-Pará e Amazonas*, tomo I, Tipografia do Comércio de Brito & Braga, Rio de Janeiro 1860.

ALMEIDA, CÂNDIDO MENDES DE, *Resposta ao protesto da maçonaria da Bahia*, Tipografia Americana, Bahia 1873.

ALMEIDA, CÂNDIDO MENDES DE, *Direito civil e eclesiástico brasileiro antigo e moderno em suas relações com o direito canônico*, tomos I-II, primeira parte, Garnier, Rio de Janeiro 1873.

AMARAL, ANTÔNIO CAETANO, *Memórias para a história da vida do venerável Arcebispo de Braga, Dom Frei Caetano Brandão*, tomo II, Impressão Régia, Lisboa 1818.

AMARAL, UBALDINO DO, *Saldanha Marinho – esboço biográfico*, Dias da Silva Júnior Tipógrafo Editor, Rio de Janeiro 1878.

AMARAL, UBALDINO DO, *Clericalismo*, Tipografia Hidelbrandt, Rio de Janeiro 1910.

AMARAL, UBALDINO DO, *Segunda conferência no Grande Oriente Unido do Brasil*, Tipografia de Hipólito José Pinto, Rio de Janeiro 1877.

Anais do Parlamento Brasileiro
– *Assembleia constituinte – 1823*, tomos I e V, Tipografia do Imperial Instituto Artístico, Rio de Janeiro 1874.

– *Anais do Parlamento Brasileiro, Câmara dos Deputados, sessão de 1827*, tomo V, Tipografia de Hipólito José Pinto e Cia, Rio de Janeiro 1876.
– *Anais do parlamento brasileiro, Câmara dos Deputados, sessão de 1828*, tomo II, Tipografia Parlamentar, Rio de Janeiro 1876.
– *Anais do Parlamento Brasileiro – Câmara dos Srs. Deputados*, sessão de 1835, tomo I, Tipografia da viúva Pinto e Filho, Rio de Janeiro 1887.
– *Anais do Parlamento Brasileiro – Câmara dos Deputados, sessão de 1836*, Tipografia da viúva Pinto e filho, Rio de Janeiro 1887.
– *Anais do Parlamento brasileiro – Câmara dos Deputados, sessão de 1873*, tomos I – III, Tipografia Imperial e Constitucional de J. Villeneuve, Rio de Janeiro 1873.
– *Anais do Parlamento Brasileiro – Câmara dos Deputados, sessão de 1874*, tomos I e IV, Tipografia Nacional, Rio de Janeiro 1876.
– *Anais do Parlamento Brasileiro – Câmara dos Deputados, sessão extraordinária de 1875*, tomos II-III, Tipografia Imperial e Constitucional de J. Villeneuve e Cia, Rio de Janeiro 1875.
ANCHIETA, JOSÉ DE, *Cartas, informações, fragmentos históricos e sermões*, Editora Itatiaia, Belo Horizonte 1988.
ANDRADE, JOÃO FRANCISCO DE SIQUEIRA, *Estatutos da Escola Doméstica Nossa Senhora do Amparo*, Tipografia Americana, São Paulo 1874.
ANTONIL, ANDRÉ JOÃO, *Cultura e Opulência do Brasil por suas Drogas e Minas*, Oficina Real Deslandesiana, Lisboa 1711.
ANTONINI, EMÍDIO, *Relatórios sobre o Brasil (1828-1831)*, Indústria Tipográfica Brasileira, São Paulo 1962.
ARAÚJO, HUGO BRESSANE DE, *Pastoral – Centenário do Apostolado da Oração, devoção à Santíssima Virgem, centenário de Dom Vital*, Editora Vozes, Petrópolis 1944.
BAERS, JOHANNES, *Olinda conquistada*, 2ª ed., Instituição Brasileira de Difusão Cultural, São Paulo 1978.
BARBOSA, RUI, *O Papa e o Concílio*, Brown e Evaristo Editores, Rio de Janeiro 1877.
BARBOSA, RUI, *Centenário do marquês de Pombal*, Leuzinger, Rio de Janeiro 1882.
BARBOSA, RUI, *Obras Completas de Rui Barbosa*, vol. VII, XVI, Ministério da Educação e Saúde, Rio de Janeiro 1947.
BARLÉU, GASPAR, *História dos feitos recentemente praticados durante oito anos no Brasil*, Livraria Itatiaia Editora Ltda., Belo Horizonte 1974.
BARROS, JOSÉ PEREIRA DA SILVA, *Carta Pastoral do Bispo de Olinda saudando aos seus diocesanos depois de sua sagração*, Tipografia de Jorge Seckler, São Paulo 1881.
BASTOS, AURELIANO CÂNDIDO TAVARES. *Cartas do Solitário*, Tipografia da atualidade, Rio de Janeiro 1863.
BASTOS, AURELIANO CÂNDIDO TAVARES, *Os males do presente e as esperanças do futuro*, Companhia Editora Nacional, São Paulo 1939.
BECKER, JOÃO, *A decadência da civilização. Causas, consequências e remédios*, Tipografia do Centro, Porto Alegre 1940.
BRANDÃO, ULISSES DE CARVALHO SOARES, *A Confederação do Equador*, Oficinas Gráficas da Repartição de Publicações Oficiais, Pernambuco 1924.
BUENO, JOSÉ ANTÔNIO PIMENTA, *Beneplácito e recurso à Coroa em matérias de culto*, Tipografia Nacional, Rio de Janeiro 1873.
Bullarium Romanum, tomo 17, Rainaldi Segreti, Romae 1855.
BURTON, RICHARD, *Viagem do Rio de Janeiro a Morro Velho*, Itatiaia, Belo Horizonte 1976.
CALADO, MANUEL, *O valeroso lucideno*, primeiro volume, Editora Itatiaia Limitada, Belo Horizonte 1987.

CAMARGO, PEDRO GOMES DE, *Oração fúnebre que por ocasião das exéquias feitas de corpo presente ao Exmo. e Revmo. Sr. Diogo Antônio Feijó, grão-cruz da imperial ordem do cruzeiro e senador do império, na igreja do convento de Nossa Senhora do Monte do Carmo da imperial cidade de São Paulo, aos 15 de novembro de 1843*, Tipografia do Governo arrendada por Silva Cabral, São Paulo 1843.

CANECA, JOAQUIM DO AMOR DIVINO RABELO E, *Obras políticas e literárias*, 1ª ed., Tipografia Mercantil, Recife 1875.

CARDIEL, JOSÉ, *Las misiones del Paraguay*, Gráfica Nilo, Madrid 1989.

CARNEIRO, JÚLIO CÉSAR DE MORAIS, *Apóstrofes*, Escola Tipográfica Salesiana, Niterói 1897.

CARNEIRO, JÚLIO CÉSAR DE MORAIS, *O Catolicismo no Brasil (memória histórica)*, Livraria Agir Editora, Rio de Janeiro 1950.

CARVALHO, JOÃO MANUEL DE, *Reminiscências sobre vultos e fatos do império e da República*, Tipografia do Correio Amparense, Amparo 1894.

CARVALHO, LINO DEODATO RODRIGUES DE, *Carta Pastoral do Exmo. e Revmo. Senhor Bispo de São Paulo anunciando ao Reverendo Clero e a todos os fiéis, seus jurisdicionados, a solene consagração da diocese ao Sagrado Coração de Jesus e designando o dia 8 de setembro do corrente ano de 1884 para esse ato na igreja catedral e na capela do mesmo Sagrado Coração na sede do Bispado*, Tipografia do Tabor, São Paulo 1884.

CARVALHO, LINO DEODATO RODRIGUES DE, *Carta Circular do Excelentíssimo e Reverendíssimo Bispo de São Paulo aos Reverendos Párocos e Curas do seu Bispado sobre o dever da residência e ensino do Catecismo*, Tipografia a vapor de Jorge Seckler, São Paulo 1887.

CARVALHO, LINO DEODATO RODRIGUES DE, *Carta Pastoral do Excelentíssimo e Reverendíssimo Senhor Dom Lino Deodato Rodrigues de Carvalho, Bispo de São Paulo, ordenando um tríduo de preces públicas pela paz da Igreja, soberania, independência e liberdade do Sumo Pontífice*, Tipografia a vapor Louzada e irmão, São Paulo 1889.

CHATEAUBRIAND, FRANÇOIS RENÉ DE, *O gênio do Cristianismo*, vol. II, W. M. Jackson Inc., Rio de Janeiro 1948.

CNBB, *Eras Tu Senhor?*, Dom Bosco, São Paulo 1995.

COARACY, VIVALDO, *Memórias da cidade do Rio de Janeiro*, José Olympio, Rio de Janeiro 1955.

Código Criminal do Império do Brasil, Tipografia Imperial e Constitucional de Émile Seignot-Plancher, Rio de Janeiro 1831.

Coleção das Letras Apostólicas em forma de Breves dos Sumos Pontífices Benedito XIV e Clemente XIV expedidas para o Reino de Portugal, desde 23 de agosto de 1756 até 22 de abril de 1774, e das Pastorais que o Eminentíssimo Cardeal Patriarca de Lisboa e Excelentíssimos Arcebispos e Bispos do Reino de Portugal têm publicado nas suas dioceses, desde 24 de fevereiro de 1770 até 13 de setembro de 1774 (miscelânea), Régia Oficina Tipográfica, Lisboa 1775.

Coleção das Leis do Brasil [anteriores à independência], Imprensa Nacional, Rio de Janeiro 1889.

Coleção das leis do Império do Brasil:

– *Coleção das leis de 1822*, Imprensa Nacional, Rio de Janeiro 1887.

– *Coleção das leis de 1824*, Imprensa Nacional, Rio de Janeiro 1887.

– *Coleção das decisões do Governo do Império do Brasil de 1827*, partes primeira e segunda, Tipografia Nacional, Rio de Janeiro 1878.

– *Coleção das leis de 1828*, Tipografia Nacional, Rio de Janeiro 1878.

– *Coleção das leis de 1831*, Tipografia Nacional, Rio de Janeiro 1875.

– *Coleção das leis de 1838*, tomo 1, parte 2, Tipografia Nacional, Rio de Janeiro 1863.

– *Coleção das leis de 1841*, segunda parte – aditamento, Tipografia Nacional, Rio de Janeiro 1875.
– *Coleção das leis de 1846*, tomo VII, parte I, Tipografia Nacional, Rio de Janeiro 1875.
– *Coleção das leis de 1857*, Tipografia Nacional, Rio de Janeiro 1857.
– *Coleção das leis de 1860*, vol. II, Tipografia Nacional, Rio de Janeiro 1867.
– *Coleção das leis do Império do Brasil de 1861*, parte I, Tipografia Nacional, Rio de Janeiro 1862.
– *Coleção das leis do Império do Brasil de 1863*, Tipografia Nacional, Rio de Janeiro 1863.
Coleção das Letras Apostólicas em forma de Breves dos Sumos Pontífices Benedito XIV e Clemente XIV expedidas para o Reino de Portugal, desde 23 de agosto de 1756 até 22 de abril de 1774, e das Pastorais que o Eminentíssimo Cardeal Patriarca de Lisboa e Excelentíssimos Arcebispos e Bispos do Reino de Portugal têm publicado nas suas dioceses desde 24 de fevereiro de 1770 até 13 de setembro de 1774 (miscelânea), Régia Oficina Tipográfica, Lisboa 1775.
CNBB, *Ouvi o clamor deste povo*, Paulinas, São Paulo 1988.
Coleção dos negócios de Roma no reinado de El-Rei Dom José I, Imprensa Nacional, Lisboa 1874.
Collecção de notícias para a história e geografia das nações ultramarinas, que vivem nos domínios portugueses, ou lhes são vizinhas, tomo III, parte I, Academia Real de Ciências, Lisboa 1825.
Coleção dos negócios de Roma no reinado de El-Rei Dom José I, Imprensa Nacional, Lisboa 1874.
Conciliorum Oecumenicorum Decreta, Edizioni Dehoniane, Bologna 1996.
Constituição política do império do Brasil (1824), seguida do Ato Adicional (1834), Eduardo Henrique e Laemmert Editores, Rio de Janeiro 1863.
Consulta do Conselho de Estado sobre negócios eclesiásticos, compilada por ordem de Sua. Ex.ª, o Senhor ministro do império, Tipografia Nacional, Rio de Janeiro 1870.
Consulta do Conselho de Estado Pleno sobre o recurso interposto pela Irmandade do Santíssimo Sacramento da Igreja Matriz da Freguesia de Santo Antônio, da cidade do Recife, na Província de Pernambuco contra o ato pelo qual o Rev. Bispo de Olinda a declarou interdita, Tipografia Nacional, Rio de Janeiro 1873.
COSTA, ANTÔNIO DE MACEDO, *Pio IX, Pontífice e Rei*, Tipografia Pongetti do Jornal da Tarde, Salvador 1860.
COSTA, ANTÔNIO DE MACEDO, *Carta Pastoral do Exmo. e Revmo. Sr. Bispo do Pará por ocasião da sua entrada na diocese (1-8-1861)*, Tipografia de Santos e Irmãos, Belém 1861.
COSTA, ANTÔNIO DE MACEDO, *Memória apresentada a Sua Majestade o Imperador pelo Exmo. Bispo do Pará, Dom Antônio de Macedo Costa, acerca do decreto n. 3.073 de 22 de abril último, que uniformiza os estudos das cadeiras dos Seminários episcopais subsidiados pelo Estado*, Tipografia de Santos e irmãos, Belém 1863.
COSTA, ANTÔNIO DE MACEDO, *Resposta de S. Ex.ª Revma. o Senhor Bispo do Pará ao Exmo. Sr. Ministro do Império acerca da questão dos seminários*, Tipografia da Estrela do Norte, Belém 1864.
COSTA, ANTÔNIO DE MACEDO, *Ofício de S. Ex.ª Revma. o Senhor Bispo do Pará ao Exmo. Sr. Ministro do Império indicando várias medidas importantes*, Tipografia da Estrela do Norte, Belém do Pará 1866.
COSTA, ANTÔNIO DE MACEDO, *A residência dos bispos, as suspensões extrajudiciais e os recursos à Coroa*, Tipografia da Estrela do Norte, Belém do Pará 1866.

Costa, Antônio de Macedo, *Notícia biográfica do finado Bispo de Pernambuco Dom Francisco Cardoso Ayres extraída de vários documentos pelo Bispo do Pará*, Tipografia Poliglota da Propaganda, Roma 1870.

Costa, Antônio de Macedo, *Protesto do Episcopado Brasileiro contra a usurpação de Roma, capital do Catolicismo e dos restantes Estados da Igreja pelo Governo Italiano*, Tipografia do Diário de Belém, Belém 1871.

Costa, Antônio de Macedo, *Carta Pastoral do Exmo. e Revmo. Bispo do Pará publicando as constituições dogmáticas do Sacrossanto Concílio Geral do Vaticano*, Tipografia S. De Mattos, São Luís do Maranhão 1871.

Costa, Antônio de Macedo, *Instrução pastoral sobre a maçonaria, considerada sob o aspecto moral, religioso e social*, Tipografia da Boa Nova, Belém 1873.

Costa, Antônio de Macedo, *Instrução pastoral sobre a maçonaria considerada sob o aspecto moral, religioso e social*, Tipografia da Boa Nova, Belém 1873.

Costa, Antônio de Macedo, *Memória dirigida a S. M. o Imperador pelo Exmo. e Revmo. Bispo do Pará, acerca do recurso interposto para o Governo civil por parte de algumas irmandades suspensas das funções religiosas*, Tipografia da Boa Nova, Belém 1873.

Costa, Antônio de Macedo, *A razão do atual conflito*, Tipografia do Apóstolo, Rio de Janeiro 1874.

Costa, Antônio de Macedo, *Direito contra o direito ou o Estado sobre tudo*, Tipografia do Apóstolo, Rio de Janeiro 1874.

Costa, Antônio de Macedo, *Sobre a Igreja Católica*, Tipografia Moreira, Maximino & Cia, Rio de Janeiro 1875.

Costa, Antônio de Macedo, *A questão religiosa perante a Santa Sé*, Lallemant Fréres, Lisboa 1886.

Costa, Antônio de Macedo, *A liberdade de Cultos – Representação à assembleia geral legislativa*, Editora Vozes, Petrópolis 1956.

Costa, Antônio de Macedo, "Memória sobre a situação presente da Igreja no Brasil", em: *Cadernos de história da Igreja no Brasil*, n. 1, Edições Loyola, São Paulo 1982.

Coutinho, José Joaquim da Cunha D'Azeredo, *Estatutos do seminário episcopal de Nossa Senhora da Graça da cidade de Olinda de Pernambuco, ordenados por Dom José Joaquim da Cunha de Azeredo Coutinho*, Tipografia da Academia Real de Ciências, Lisboa 1798.

Coutinho, José Joaquim da Cunha D'Azeredo, *Cópia da análise da bula do Santíssimo Padre Júlio III*, T. C. Hansard, Londres 1818.

Crespin, Jean, *Histoire des martyrs*, vol.2, Societé des Livres Religieux, Toulouse, 1887.

Davatz, Thomas, *Memórias de um colono no Brasil*, Itatiaia, Belo Horizonte 1980.

Debret, Jean-Baptiste, *Viagem pitoresca e histórica ao Brasil*, vol. I e II, Itatiaia, Belo Horizonte 1978.

Decretos do Governo Provisório da República dos Estados Unidos do Brasil, 11º fascículo, Imprensa Nacional, Rio de Janeiro, 1890.

Denis, Jean Ferdinand, *Brasil*, Itatiaia, Belo Horizonte 1980.

Denzinger, Heinrich, *Enchiridion Symbolorum*, Edizioni Dehoniane, Bologna 1995.

Dias, Antônio, *Dictame ou parecer sobre os dois papéis públicos dados à luz pelos Reverendos Senhores Padres, Luiz Gonçalves dos Santos e Diogo Antônio Feijó, nos quais se defende o celibato clerical e religioso de uma parte, e se impugna pela outra*, Tipografia de Torres, Rio de Janeiro 1827.

Döllinger, Joseph Ignaz von Janus, *Il Papa ed il Concilio*, Ermano Loescher Editore Libraio, Torino 1869.

D'Orléans, François Ferdinand Philippe Louis Marie, *Diário de um príncipe no Rio de Janeiro*, José Olympio Editora, Rio de Janeiro 2006.

DUPANLOUP, FÉLIX-ANTOINE-PHILIBERT, *Carta do Exmo. e Revmo. Bispo de Orleans ao clero de sua diocese sobre a escravidão*, Laemmert, Rio de Janeiro 1865.
ECKART, ANSELMO, *Memórias de um jesuíta prisioneiro de Pombal*, Livraria A. I., Braga 1987.
EWBANK, THOMAS, *Vida no Brasil*, Itatiaia, Belo Horizonte 1976.
Fala com que Sua Majestade o Imperador, o Senhor Dom Pedro II, abriu a primeira sessão da quinta legislatura da assembleia geral legislativa no dia 1-1-1843, Tipografia Nacional, Rio de Janeiro 1843.
Fala com que Sua Majestade o Imperador abriu a 4ª sessão da 20ª legislatura da assembleia-geral no dia 3 de maio de 1889, Imprensa Nacional 1889.
Falas do Trono desde o ano de 1823 até o ano de 1889, Melhoramentos, São Paulo 1977.
FARIA, JOSÉ JOAQUIM FRANCISCO DE, *Cartas sobre a companhia de Jesus dirigidas aos Reverendos padres do Colégio São Francisco Xavier da cidade do Recife*, Tipografia do Jornal do Recife, Recife 1873.
FEIJÓ, DIOGO ANTÔNIO, *Resposta às parvoíces, absurdos, impiedades e contradições do Sr. Pe. Luiz Gonçalves dos Santos, na sua intitulada defesa do celibato clerical contra o voto separado do Pe. Diogo Antônio Feijó, Membro da Comissão Eclesiástica da Câmara dos Deputados*, Imprensa Imperial e Nacional, Rio de Janeiro 1827, p. 18.
FEIJÓ, DIOGO ANTÔNIO, *Demonstração da necessidade de abolição do celibato clerical pela assembleia-geral do Brasil e da sua verdadeira e legítima competência nesta matéria*, Tipografia Imperial e Nacional, Rio de Janeiro 1828.
FIGUEIREDO, ANTÔNIO PEREIRA DE, *Tentativa Teológica em que se pretende mostrar que impedido o recurso à Sé Apostólica se devolve aos Senhores Bispos a faculdade de dispensar nos impedimentos públicos do matrimônio e de prover espiritualmente em todos os casos reservados ao Papa, todas as vezes que assim o pedir a pública e urgente necessidade dos súditos*, Oficina de Antônio Rodrigues Galhardo, Lisboa 1769.
FIGUEROA, LUIZ, *Arte de Gramática da Língua Brasílica*, Tipografia e Litografia de Lambaeris e Companhia, Rio de Janeiro ,1880, p. VIII.
FILIPPO, JOÃO, *Justificação da crença católica contra o "Brasil mistificado"*, Tipografia de Jorge Secker, São Paulo 1880.
GARDNER, GEORGE, *Viagem ao interior do Brasil*, Itatiaia, Belo Horizonte 1975.
GERLACHE ET ALII, BARON DE, *Assemblée générale des catholiques en Belgique* (1863), Victor Devaux, Bruxelles 1865.
GOMES, ORLANDO, *Carta Pastoral – centenário do Seminário da Conceição de Cuiabá, Mato Grosso*, Escolas Profissionais Salesianas, São Paulo 1958.
GRAHAM, MARIA, *Diário de uma viagem ao Brasil e de uma estada nesse país durante parte dos anos de 1821, 1822 e 1823*, Companhia Editora Nacional, São Paulo 1956.
GURGEL, MANOEL JOAQUIM DO AMARAL, *Análise da resposta do Exmo. Arcebispo da Bahia sobre a questão da dispensa do celibato, pedida pelo Conselho Geral de São Paulo*, Tipografia Ambrosiana, Rio de Janeiro 1834.
KARDEC, ALLAN, *Obras completas*, 3ª ed., Opus, São Paulo 1991.
KIDDER, DANIEL P., *Reminiscências de viagens e permanências no Brasil*, Itatiaia, Belo Horizonte 1980.
KOSTER, HENRY, *Viagens ao nordeste do Brasil* (Travels in Brazil), Companhia Editora Nacional, São Paulo 1942.
LACERDA, PEDRO MARIA DE, *Carta Pastoral do Bispo de São Sebastião do Rio de Janeiro anunciando o jubileu concedido pelo Santo Padre o Papa Pio IX por ocasião do Concílio Ecumênico que deve ser celebrado em Roma, em São Pedro do Vaticano a 8 de dezembro de 1869*, Tipografia do Apóstolo, Rio de Janeiro 1869.

LACERDA, PEDRO MARIA DE, *Carta Pastoral do Bispo de São Sebastião do Rio de Janeiro anunciando a suspensão do Concílio Vaticano por ocasião da tomada de Roma a 20 de setembro de 1870 e pedindo esmola para o Santo Padre Pio IX*, Tipografia do Apóstolo, Rio de Janeiro 1870.
LACERDA, PEDRO MARIA DE, *Carta Pastoral do Bispo de São Sebastião do Rio de Janeiro anunciando a lei n. 2.040 de 28 de setembro de 1871*, Tipografia do Apóstolo, Rio de Janeiro 1871.
LACERDA, PEDRO MARIA DE, *Pastoral anunciando a exaltação do SS. Padre o Papa Leão XIII anunciando a união e obediência à Santa Sé Apostólica*, Tipografia do Apóstolo, Rio de Janeiro 1878.
LARANJEIRA, SEBASTIÃO DIAS, *Pastoral do Exmo. e Revmo. Sr. D. Sebastião Dias Laranjeira, Bispo de S. Pedro do Rio Grande do Sul, anunciando aos seus diocesanos a Encíclica de 8 de dezembro de 1864 e o jubileu concedido pelo SS. Padre Pio IX no decurso do corrente ano de 1864*, Tipografia da Estrela do Sul, Porto Alegre 1865.
LASAGNA, LUIGI, *Epistolario*, vol. I-III, Libreria Ateneo Salesiano, Roma 1995.
LEÃO XIII, *Carta Encíclica da constituição cristã dos estados* (tradução), Tipografia Nacional, Lisboa 1885.
LEOPOLDO, DUARTE, *O Clero e a independência*, Tipografia do Anuário do Brasil, Rio de Janeiro 1923.
LÉRY, JEAN DE, *Viagem à terra do Brasil*, Livraria Martins, São Paulo 1941.
LISBOA, JOSÉ DA SILVA, *Causa da religião e disciplina eclesiástica do celibato clerical defendida da inconstitucional tentativa do Padre Diogo Antônio Feijó*, Imperial Tipografia de Pedro Plancher Seignot, Rio de Janeiro 1828.
MALAGRIDA, GABRIELE, *Juízo da verdadeira causa do terremoto que padeceu a Corte de Lisboa no primeiro de novembro de 1755*, Oficina de Manoel Soares, Lisboa 1756.
MARINHO, JOAQUIM SALDANHA, *Manifesto da maçonaria do Brasil*, Tipografia do Grande Oriente do Brasil, Rio de Janeiro 1872.
MARINHO, JOAQUIM SALDANHA, *Discurso proferido na abertura dos trabalhos da assembleia-geral do povo maçônico brasileiro em 27 de abril de 1872*, Tipografia da Esperança, Rio de Janeiro 1872.
MARINHO, JOAQUIM SALDANHA, *A Igreja e o Estado*, vol. I, Tipografia de J. C. Villeneuve, Rio de Janeiro 1873.
MARINHO, JOAQUIM SALDANHA, *O confessionário*, tomo II, Tipografia do Diário do Rio de Janeiro, Rio de Janeiro 1874.
MARINHO, JOAQUIM SALDANHA, *O julgamento do bispo de Olinda*, vol. III, Tipografia do Diário do Rio de Janeiro, Rio de Janeiro 1874.
MARINHO, JOAQUIM SALDANHA, *A execução da sentença do bispo de Olinda*, Tomos II – III, Tipografia do Diário do Rio de Janeiro, Rio de Janeiro 1874.
MARINHO, JOAQUIM SALDANHA, *Estado da questão religiosa*, tomos I, II e IV, Tipografia do Diário do Rio de Janeiro, Rio de Janeiro 1874.
MARINHO, JOAQUIM SALDANHA, *Discursos proferidos e projetos apresentados na Câmara dos Senhores Deputados na sessão de 1879*, Tipografia Perseverança, Rio de Janeiro 1880.
MARINHO, JOAQUIM SALDANHA, *A questão religiosa no Brasil*, Tipografia Perseverança, Rio de Janeiro 1880.
MAWE, JOHN, *Viagens ao interior do Brasil* (tradução), Itatiaia, Belo Horizonte 1978.
MELO, ANTÔNIO JOAQUIM DE, *Carta Pastoral do Exmo. e Revmo. Bispo de São Paulo dando um regulamento ao clero da sua diocese*, Tipografia Liberal de J. R. de A. Marques, São Paulo 1852.
MONTE CARMELO, JOAQUIM DO, *Ordens religiosas*, Tipografia do Correio Mercantil, Rio de Janeiro 1868.

Monte Carmelo, Joaquim do, *O Arcipreste de São Paulo, Joaquim Anselmo D'Oliveira e o clero do Brasil*, (editora não citada), Rio de Janeiro 1873.

Monte Carmelo, Joaquim do *O Brasil mistificado na questão religiosa*, Tipografia da Reforma, Rio de Janeiro 1875.

Monte Carmelo, Joaquim do, *Carta à Sereníssima princesa regente*, Tipografia Parlamentar, Rio de Janeiro 1876.

Monte Carmelo, Joaquim do, *O Brasil e a Cúria Romana ou análise e refutação do Direito contra direito do Sr. Dom Antônio de Macedo Costa*, Tipografia Universal de E & H. Laemmert, Rio de Janeiro 1876.

Monteiro, Leandro Bezerra, *Discurso proferido pelo deputado pelo primeiro distrito da província de Sergipe na sessão de 7 de junho de 1875*, Tipografia Imperial e Constitucional de J. Villeneuve e Cia, Rio de Janeiro 1875.

Monteiro, Luiz, *Oração fúnebre nas exéquias do augusto e poderoso senhor Dom José I Rei fidelíssimo*, Oficina de João Zempel, Roma 1777.

Muratori, Ludovico Antônio, *Il Cristianesimo felice nelle missioni dei padri della Compagnia di Gesù nel Paraguay* (tradução), Prello Giambattista Pasquali, Venezia 1743.

Ordenações e Leis do Reino de Portugal, confirmadas e estabelecidas pelo Senhor Rei Dom João IV, livro primeiro, Mosteiro de São Vicente de Fora, Câmara Real de Sua Majestade, Lisboa 1747.

Nabuco, Joaquim, *O Partido Ultramontano e suas invasões, seus órgãos e seu futuro*, Tipografia da Reforma, Rio de Janeiro 1873.

Nabuco, Joaquim, *A invasão ultramontana*, Tipografia Franco-americana, Rio de Janeiro 1873.

Nabuco, Joaquim, *O abolicionismo*, Tipografia de Abraham Kingsdom, Londres 1883.

Nabuco, Joaquim, *Escritos e discursos literários*, H. Garnier, Rio de Janeiro 1901.

Nabuco, Joaquim, *Minha formação*, Instituto do Progresso Editorial, São Paulo 1949.

Nabuco, Joaquim, *Um Estadista do Império*, tomos I, III, Instituto do Progresso Editorial, São Paulo 1949.

Nabuco, Joaquim, *Discursos parlamentares (1879-1889)*, Instituto do Progresso Editorial, São Paulo 1949.

Nieuhof, Joan, *Memorável viagem marítima e terrestre ao Brasil*, Livraria Martins, São Paulo 1942.

Nóbrega, Manoel da, *Cartas do Brasil*, Editora da Universidade de São Paulo, São Paulo 1988.

Oliveira, Vital Maria Gonçalves de, *Carta pastoral do bispo de Olinda premunindo os seus diocesanos contra as ciladas e maquinações da maçonaria*, Tipografia da União, Recife 1873.

Oliveira, Vital Maria Gonçalves de, *Carta Pastoral do Bispo de Olinda aos seus diocesanos sobre os desacatos do dia 14 de maio*, Tipografia Clássica de I. F. dos Santos, Recife 1873.

Oliveira, Vital Maria Gonçalves de, *Carta Pastoral que o Bispo de Olinda publicando o Breve de SS. o Papa Pio IX, de 29 de maio de 1873*, Tipografia Clássica de I. F. dos Santos, Recife 1873.

Oliveira, Vital Maria Gonçalves de, *Resposta do Bispo de Olinda ao Aviso de 12 de junho de 1873*, Tipografia Clássica de I. F. dos Santos, Recife 1873.

Oliveira, Vital Maria Gonçalves de, *Carta Pastoral anunciando o término da reclusão e a sua próxima viagem ad limina Apostolorum*, Tipografia de J. F. dos Santos, Recife 1875.

OLIVEIRA, VITAL MARIA GONÇALVES DE, *Abrégé historique de la question religieuse du Brésil*, Imprimerie de la Propagande, Rome 1875.
OLIVEIRA, VITAL MARIA GONÇALVES DE, "Resposta ao Aviso de 12 de junho de 1873", em: *Pastorais e discursos*, Imprensa Oficial, Recife 1942.
OTONI, CRISTIANO BENEDITO, *A liberdade de cultos no Brasil*, Brown & Evaristo Editores, Rio de Janeiro 1877.
OTONI, CRISTIANO BENEDITO, *Autobiografia*, Editora Universidade de Brasília, Brasília 1983.
PACCA, BARTOLOMEO, *Notizie sul Portogallo con una breve relazione della Nunziatura di Lisbona, dall'anno 1795 fino all'anno 1802*, Tipografia di Domenico Ercole, Velletri 1855.
Tratado de Limites das Conquistas entre os muito Altos e Poderosos Senhores Dom João V Rei de Portugal e Dom Fernando VI de Espanha, Oficina de José da Costa Coimbra, Lisboa 1750.
PORTUGAL, PEDRO DE ALMEIDA, *As prisões da Junqueira durante o ministério do marquês de Pombal*, Tipografia de Silva, Lisboa 1857.
REIS, ANTÔNIO MANUEL DOS, *O bispo de Olinda, D. Frei Vital Maria Gonçalves de Oliveira perante a história* [documentário], Tipografia da Gazeta de Notícias, Rio de Janeiro 1878.
REIS, CLÍMACO DOS, *Carta ao Bispo Diocesano D. Pedro Maria de Lacerda*, Tipografia Franco-americana, Rio de Janeiro 1871.
RIBEYROLLES, CHARLES, *Brasil pitoresco*, vol. I-II, Itatiaia, Belo Horizonte 1980.
RUGENDAS, JOHANN MORITZ, *Viagem pitoresca e histórica através do Brasil*, Livraria Martins, São Paulo 1940.
SAINT-HILAIRE, AUGUSTE DE, *Segunda viagem do Rio de Janeiro a Minas Gerais e a São Paulo (1822)*, Companhia Editora Nacional, São Paulo 1938.
SAINT-HILAIRE, AUGUSTE DE, *Viagem à província de São Paulo e resumo das viagens ao Brasil, província Cisplatina e missões do Paraguai*, 2.ª ed., Livraria Martins Editora, São Paulo 1945.
SAINT-HILAIRE, AUGUSTE DE, *Viagem pelo distrito dos diamantes e litoral do Brasil*, Itatiaia, Belo Horizonte 1974.
SANTA MARIA, AGOSTINHO DE, *Santuário mariano e história das imagens milagrosas de Nossa Senhora*, tomo IX, Oficina de Antônio Pedroso Galram, Lisboa 1722.
SANTOS, LUIZ GONÇALVES DOS, *O celibato clerical e religioso defendido dos golpes da impiedade e da libertinagem do correspondente da Astrea com um apêndice sobre o voto separado do Senhor Deputado Feijó*, Tipografia de Torres, Rio de Janeiro 1827.
SANTOS, LUIZ GONÇALVES DOS, *Réplica católica à resposta que o Reverendo Senhor deputado Padre Diogo Antônio Feijó deu ao Padre Luiz Gonçalves dos Santos, oferecida e dedicada ao Exmo. e Revmo. Sr. D. José Caetano da Silva Coutinho*, Tipografia de Torres, Rio de Janeiro 1827.
SANTOS, LUIZ GONÇALVES DOS, *Apologia dos bens dos religiosos e religiosas do império do Brasil, fundada na razão, na Justiça e na Constituição, contra os projetos espoliadores*, Tipografia de Torres, Rio de Janeiro 1828.
SANTOS, LUIZ GONÇALVES DOS, *Exame ortodoxo que convence de má fé, de erro e de cisma, a Análise da resposta do Exmo. e Revmo. Sr. Arcebispo Metropolitano da Bahia, feita pelo Doutor Manoel Joaquim do Amaral Gurgel, Lente do curso jurídico de São Paulo*, Imprensa Americana, Rio de Janeiro 1835.
SANTOS, LUIZ GONÇALVES DOS, *Desagravo do clero e do povo católico fluminense*, Imprensa Americana, Rio de Janeiro 1837.
SEIDLER, CARL, *Dez anos no Brasil*, Itatiaia, Belo Horizonte 1980.
SEIXAS, MANUEL JUSTINIANO DE, *Vocabulário da língua indígena geral para o uso do seminário*, Tipografia de Matos e Companhia, Pará 1853.

SEIXAS, ROMUALDO ANTÔNIO DE, *Coleção das obras do Excelentíssimo e Reverendíssimo Senhor Dom Romualdo Antônio de Seixas*, tomos II, III e IV, Tipografia de Santos e Companhia, Pernambuco 1839.
SEIXAS, ROMUALDO ANTÔNIO DE, *Memórias do marquês de Santa Cruz*, Tipografia Nacional, Rio de Janeiro 1861.
SILVA, FIRMINO RODRIGUES, *Discurso sobre a questão religiosa pronunciado pelo Senador Firmino Rodrigues Silva na sessão de 5 de julho de 1883*, Tipografia do Apóstolo, Rio de Janeiro 1873.
SILVA, JOSÉ SEABRA DA, *Dedução Cronológica e analítica*, parte primeira, Oficina de Miguel Menescal da Costa, Lisboa 1768.
SILVEIRA, MANUEL JOAQUIM DA, *Pastorais do Exmo. e Revmo. Sr. Arcebispo da Bahia conde de São Salvador e do Exmo. e Revmo. Bispo do Pará condenando os erros da maçonaria*, Tipografia Americana, Salvador 1873.
SILVEIRA, MANUEL JOAQUIM DA, *Representação a Sua Majestade o Imperador*, Tipografia Americana, Bahia 1873.
SILVEIRA, MANUEL JOAQUIM DA, *Carta Circular do Arcebispo da Bahia, conde de São Salvador, Metropolitano e Primaz do Brasil aos Exmos. e Revmos. bispos do império*, Tipografia Americana, Bahia 1874.
SIMONTON, ASHBEL GREEN, *Diário, 1852-1867*, Casa Editora Presbiteriana, São Paulo 1982.
SOLER, JOAQUIM VICENTE, *Dezessete cartas de Joaquim Vicente Soler*, Editora Index, Rio de Janeiro 1999.
SOUZA, BRÁS FLORENTINO HENRIQUES DE, *Estudo sobre o recurso à Coroa*, Tipografia da Esperança, Recife 1867.
SOUZA, PEDRO LUIZ PEREIRA DE – JOAQUIM MANOEL DE MACEDO, *Questão Janrad. Discursos proferidos na Câmara dos Deputados pelos senhores doutores Pedro Luiz Pereira de Souza e Joaquim Manoel de Macedo, seguidos de alguns artigos publicados na imprensa da cidade*, Tipografia do Jornal de Recife, Recife 1864.
SPIX, JOHANN BAPTIST VON E CARL FRIEDRICH PHILIPP MARTIUS, *Viagem pelo Brasil (1817-1820)*, vol. I, Edições Melhoramentos, São Paulo SD.
SUZANNET, CONDE DE, *O Brasil em 1845*, Livraria Editora da Casa do Estudante do Brasil, Rio de Janeiro 1954.
TAUNAY, ALFREDO D'ESCRAGNOLLE, *A retirada de Laguna*, 18ª ed., Edições Melhoramentos, São Paulo 1975.
TOLLENARE, LOUIS-FRANÇOIS DE, *Notas dominicais*, Governo do Estado de Pernambuco – Secretaria de Educação e Cultura, Recife 1978.
Tratado de Limites das Conquistas entre os muito Altos e Poderosos Senhores Dom João V Rei de Portugal e Dom Fernando VI de Espanha, Oficina de José da Costa Coimbra, Lisboa 1750.
VASCONCELOS, ZACARIAS DE GÓIS E ANTÔNIO FERREIRA VIANA, *Discursos proferidos no Supremo Tribunal de Justiça na sessão de 1º de julho 1874 pelos Srs. Conselheiro Zacarias de Góis e Vasconcelos e Dr. Antônio Ferreira Viana, por ocasião do julgamento do Exmo. e Revmo. Sr. Dom Antônio de Macedo Costa, Bispo do Pará, precedidos da acusação feita pelo procurador da Justiça, Dr. Baltazar da Silveira*, Tipografia do Apóstolo, Rio de Janeiro 1874.
VIDE, SEBASTIÃO MONTEIRO DA, *Constituições primeiras do Arcebispado da Bahia*, 3ª ed., Tipografia 2 de dezembro de Antônio Louzada Antunes, São Paulo 1853.
VIEIRA, ANTÔNIO, *Sermões do Padre Vieira*, vol. III, Oficina de Miguel Deslandes, Lisboa 1683.
VILLAS BOAS, MANUEL DO CENÁCULO, *Oração consolatória que na sensível morte do Sereníssimo Senhor Dom José, Príncipe do Brasil, oferece ao Exmo. e Revmo. Senhor, Dom Frei Manoel do Cenáculo Villas Boas, Bispo de Beja, do Conselho de Sua Majestade*, Oficina Patriarcal de Francisco Luiz Ameno, Lisboa 1778.
WALSH, ROBERT, *Notícias do Brasil (1828-1829)*, vol. I-II, Itatiaia, Belo Horizonte 1985.
WATTS, MARTA HITE, *Evangelizar e civilizar*, UNIMEP, Piracicaba, São Paulo 2001.

2 – BIBLIOGRAFIA

2.1 – LIVROS

ACQUARONE, FRANCISCO, *Mestres da pintura no Brasil*, Paulo de Azevedo, Rio de Janeiro SD.

AGUILAR, JURANDIR CORONADO, *Conquista espiritual: a história da evangelização na Província Guairá na obra de Antônio Ruiz de Montoya, S.I. (1585-1652)*, Editrice Pontificia Università Gregoriana, Roma 2002.

A. I., *História de Portugal nos séculos XVIII e XIX*, vol. I-II, Lallemant Frères, Lisboa SD.

A. I., *Vita di Sebastiano Giuseppe di Carvalho e Melo, Marchese di Pombal e Conte di Oeyras*, tomo I, (editora e local de publicação não citados) 1781.

A.I., *O assassino dos Távoras*, Tipografia Portuguesa, Lisboa 1882.

A.I., *A Maçonaria no Estado de São Paulo. Em comemoração ao primeiro centenário da independência do Brasil*, SNT.

A. I., *Polianteia comemorativa do 75º aniversário da chegada das Irmãs Franciscanas no Rio Grande do Sul*, Gress, Trein e Cia Ltda., Porto Alegre 1947.

ALBERA, PAOLO, *Monsignore Luigi Lasagna*, Scuola Tipografica Libreria Salesiana, Torino 1900.

ALENCAR, JOSÉ DE, *As minas de prata*, vol. 2, 6ª ed., Edições Melhoramentos, São Paulo, SD.

ALMEIDA, AGASSIZ, *500 anos do povo brasileiro*, vol. I, Paz e Terra, São Paulo 2001.

ALMEIDA, FRANCISCO JOSÉ DE LACERDA, *A Igreja e o Estado – suas relações no direito brasileiro*, Tipografia da Revista dos Tribunais, Rio de Janeiro 1924.

ALMEIDA, FRANCISCO RANGEL RAPOSO DE, *Biografia do marquês de Santa Cruz*, Tipografia de Camilo de Lelis Masson, Salvador 1863.

ALMEIDA, MANUEL ANTÔNIO DE, *Memórias de um sargento de milícias*, Tipografia do Diário do Rio de Janeiro, Rio de Janeiro 1863.

ALMEIDA, RENATO, *História da música brasileira*, Editrice Romana, Roma 1992.

ALTOÉ, VALERIANO, *A Igreja e a abolição – uma posição conservadora*, Universidade Federal do Rio de Janeiro, Rio de Janeiro 1987.

ALVARENGA, MANUEL, *O Episcopado Brasileiro*, A. C. P. Católico, São Paulo 1915.

ALVES, MÁRCIO MOREIRA, *A igreja e a política no Brasil*, Brasiliense, São Paulo 1979.

ANDRADE, MÁRIO DE, *Padre Jesuíno do Monte Carmelo*, Publicações do Serviço do Patrimônio Histórico e Artístico Nacional, Rio de Janeiro 1945.

ANTONIAZZI ET ALII, ALBERTO, *Nem anjos nem demônios*, Editora Vozes, Petrópolis 1994.

ARMITAGE, JOÃO, *História do Brasil*, Editora Itatiaia, Belo Horizonte 1981.

ASCENSIO, LUIS MEDINA, *Historia del Colegio Pio Latino Americano*, Editorial Jus, México 1979.

ASSIS, WILTON OLIVAR DE, *Ashbel Green Simonton, o missionário dos tristes trópicos*, Editora Mackenzie, São Paulo 2001.

AZEREDO, CARLOS MAGALHÃES, *O reconhecimento da independência e do império do Brasil pela Santa Sé*, Indústria Tipográfica Romana, Roma 1932.

AZEVEDO, CARLOS MAGALHÃES DE, *Dom Pedro II – traços de sua fisionomia moral*, Anuário do Brasil, Rio de Janeiro 1923.

AZEVEDO ET ALII, CARLOS MOREIRA, *Dicionário de história religiosa de Portugal*, vol. I – III, Printer Portuguesa, Rio de Mouro 2000.

AZEVEDO, JOSÉ LÚCIO DE, *O marquês de Pombal e sua época*, 2ª ed., Anuário do Brasil, Rio de Janeiro 1922.

AZEVEDO, JOSÉ LÚCIO DE, *Os Jesuítas no Grão-Pará, suas missões e a colonização*, Imprensa da Universidade, Coimbra 1930.
AZEVEDO, SOARES DE, *Brado de alarme*, Tipografia Desembargador Lima Drumond, Rio de Janeiro 1922.
AZEVEDO, THALES, *Igreja e Estado em tensão e crise*, Editora Ática, São Paulo 1978.
BAGGIO, HUGO DOMINGOS, *Padre Siqueira*, Editora Vozes, Petrópolis 1987.
BALMES, JAIME, *A Igreja Católica em face da escravidão,* Centro Brasileiro de Fomento Cultural, São Paulo, 1988.
BANDECCHI, BRASIL, *A Bucha, a Maçonaria e o espírito liberal*, Parma, São Paulo 1982.
BANDEIRA, ALÍPIO, *O Brasil heroico em 1817*, Imprensa Nacional, Rio de Janeiro 1918.
BARATA, ALEXANDRE MANSUR, *Luzes e sombras. A ação da maçonaria brasileira (1870-1910)*, Oficinas Gráficas da Universidade Estadual de Campinas, Campinas 1999.
BARATTA, JOSÉ DO CARMO, *História eclesiástica de Pernambuco*, Imprensa Industrial, Recife 1922.
BARBOSA, ELMER CORRÊA, *O ciclo do ouro, o tempo e a música do barroco católico*, PUC, Rio de Janeiro 1979.
BARBOSA, MANUEL, *A Igreja no Brasil*, A Noite, Rio de Janeiro 1949.
BARBOSA, MARIA DE FÁTIMA MEDEIROS, *As letras e a cruz: pedagogia da fé e estética religiosa na experiência missionária de José de Anchieta, S.I. (1534-1597)*, Editrice Pontificia Università Gregoriana, Roma 2006.
BARDI, PIETRO MARIA, *História da arte brasileira*, Melhoramentos, São Paulo 1975.
BARQUILLA, JOSÉ BARRALDO E SANTIAGO RODRÍGUEZ, *Los Dominicos y el Nuevo Mundo – Siglos XIX – XX. Actas del V Congreso Internacional Querétaro (4-8 septiembre 1995)*, Editorial San Esteban, Salamanca 1997.
BARROSO, JOSÉ LIBERATO, *Conferência Radical*, Tipografia Americana, Rio de Janeiro 1869.
BASTIDE, ROGER, *Estudos afro-brasileiros*, Perspectiva, São Paulo 1973.
BELLO, JOSÉ MARIA, *História da República (1889-1902)*, Civilização Brasileira, Rio de Janeiro SD.
BELZA, JUAN E., *Luis Lasagna, el obispo misionero*, Instituto Salesiano de Artes Gráficas, Buenos Aires 1969.
BLAKE, AUGUSTO VITORINO ALVES SACRAMENTO, *Dicionário bibliográfico brasileiro*, vol. I, V, VII, Tipografia Nacional, Rio de Janeiro 1883.
BOANERGES, DENIS ANTÔNIO DE MENDONÇA, *O patriotismo constitucional: Pernambuco*, 1820-1822, Editora Universitária UFPE, Recife 2006.
BONI, ROVÍLIO COSTA E LUÍS ALBERTO DE, *Os Capuchinhos do Rio Grande do Sul*, Est Edições, Porto Alegre 1996.
BORGES, PEDRO, *Historia de la Iglesia em Hispanoamerica y Filipinas*, vol. I, Biblioteca de Autores Cristianos, Madrid 1992.
BORTOLUZZI, OTÁVIO CIRILLO, *Documentário*, Gráfica Dom Bosco, São Paulo 1996.
BOSI, ALFREDO, *História concisa da literatura brasileira*, 49ª ed., Editora Cultrix, São Paulo, 2013.
BOTELHO, ÂNGELA VIANA – LIANA MARIA REIS, *Dicionário Histórico. Brasil Colônia e Império*, 6ª ed., Autêntica, Belo Horizonte 2001.
BOVO, LUIZ SARTORELLI, *Desafios ao trono*, Editora Resenha Universitária, São Paulo 1975.
BRASIL, GÉRSON, *O Regalismo brasileiro*, Livraria Editora Cátedra, Rio de Janeiro 1978.
BUTIÑA, FRANCISCO, *Vida del Padre Gabriel Malagrida de la Compañia de Jesús, quemado como hereje por el Marqués de Pombal*, Imprenta de Francisco Rosal, Barcelona 1886.

CAGGIANI, IVO, *Igreja Episcopal do Brasil*, Edigraf, Livramento 1988.
CALMON, PEDRO, *Vida de Dom Pedro I, o rei cavaleiro*, Companhia Editora Nacional, São Paulo 1943.
CALMON, PEDRO, *O Rei filósofo – vida de Dom Pedro II*, Companhia Editora Nacional, São Paulo 1939.
CALMON, PEDRO, *A Princesa Isabel, "A Redentora"*, Companhia Editora Nacional, São Paulo 1941.
CALMON, PEDRO, *História do Brasil*, vol. I-IV, 2ª ed., Companhia Editora Nacional, São Paulo 1947/1951.
CALÓGERAS, JOÃO PANDIÁ, *Formação Histórica do Brasil*, Pimenta Melo e Cia, Rio de Janeiro, SD.
CAMARGO, PAULO FLORÊNCIO DA SILVEIRA, *A Igreja na história de São Paulo (1851-1861)*, vol. III, VII, Indústria Gráfica José Magalhães, São Paulo 1953.
CAMARGO, PAULO FLORÊNCIO DA SILVEIRA, *História eclesiástica do Brasil*, Vozes, Petrópolis 1955.
CAMPOS, JOAQUIM PINTO DE, *O Sr. Dom Pedro II, Imperador do Brasil*, Tipografia Pereira da Silva, Porto 1871.
CARNÁXIDE, ANTÔNIO DE SOUZA PEDROSO, *O Brasil na administração pombalina*, Companhia Editora Nacional, São Paulo 1940.
CARNEIRO, ÉDSON, *Ladinos e crioulos*, Civilização Brasileira, Rio de Janeiro 1964.
CARNEIRO, ÉDSON, *O quilombo dos Palmares*, 3ª ed., Civilização Brasileira, Rio de Janeiro 1966.
CARNEIRO, ÉDSON, *Religiões negras, negros bantos*, 3ª ed., Civilização Brasileira, Rio de Janeiro 1991.
CARRATO, JOSÉ FERREIRA, *Igreja, Iluminismo e escolas mineiras coloniais*, Companhia Editora Nacional, São Paulo 1968.
CARRETERO, ISMAEL MARTINEZ, *Exclaustración y restauración del Carmen en España*, Edizioni Carmelitane, Roma 1996.
CARVALHO, CARLOS DELGADO DE, *História diplomática do Brasil*, Companhia Editora Nacional, São Paulo 1959.
CARVALHO, GILBERTO VILAR DE, *Frei Caneca: gesta da liberdade, 1779-1825*, Mauad Editora Ltda., Rio de Janeiro 2004.
CARVALHO (COORD.), JOSÉ MURILO DE, *Bernardo Pereira de Vasconcelos*, Editora 34, São Paulo 1999,
CARVALHO, ROBERTO MACHADO, *A glorificação da Serva de Deus, Madre Maria Teodora Voiron*, Sociedade Impressora Pannartz, São Paulo 1982.
CASCUDO, LUIZ DA CÂMARA, *Geografia dos mitos brasileiros*, José Olympio, Rio de Janeiro 1976.
CASIMIRO, ACÁCIO, *Fastos da companhia de Jesus restaurada em Portugal*, Tipografia Porto Médico, Porto 1930.
CASTELLANI, JOSÉ, *Os maçons que fizeram a história do Brasil*, Editora maçônica "A Trolha", Londrina 1996.
CASTELLANI, JOSÉ, *Os maçons e a questão religiosa*, Editora Maçônica "A Trolha", Londrina 1996.
CASTELLANI, JOSÉ– WILLIAM DE ALMEIDA CARVALHO, *História do Grande Oriente do Brasil. A Maçonaria na história do Brasil*, Madras Editora Ltda., São Paulo 2009.
CASTILHO, MARIA AUGUSTA, *Os índios Bororos e os Salesianos na missão de Tachos*, Editora UCDB, Campo Grande 2000.
CASTRO, OLEGÁRIO HERCULANO DE AQUINO E, *O Conselheiro Manoel Joaquim do Amaral Gurgel*, Tipografia Universal de Laemmert, Rio de Janeiro 1871.
CASTRO, TEREZINHA DE, *História documental do Brasil*, 2ª ed., Distribuidora Record de Serviços de Imprensa S.A, Rio de Janeiro SD.

CERON, IDA TERESA, *Consciência viva*, Editora Palloti, Santa Maria 1987.
CHACON, VAMIREH, *História dos partidos brasileiros*, Editora Universidade de Brasília, Brasília 1981.
CHEKE, MARCUS, *O ditador de Portugal – marquês de Pombal*, Livraria Civilização Editora, Lisboa 1946.
CINTRA, RAIMUNDO, *Candomblé e Umbanda, o desafio brasileiro*, Paulinas, São Paulo 1985.
CONTI, SERVILIO, *O santo do dia*, 3ª ed., Editora Vozes, Petrópolis 1986.
COOLS, ANGELITA E HILDELGARD WINPERSEE, *Madre Madalena Damen e sua congregação*, SNT.
CORRÊA, VIRIATO, *História da liberdade no Brasil*, Civilização Brasileira, Rio de Janeiro 1974.
COSTA, ARLINDO DRUMOND, *A nobreza espiritual de Dom Aquino Corrêa*, Livraria Teixeira, São Paulo 1962.
MACEDO COSTA, FRANCISCO DE, *Lutas e Vitórias*, Estabelecimento dos dois mundos, Bahia 1916.
COSTA, MANOEL G. DA, *Inácio de Azevedo, o homem e o mártir da civilização do Brasil*, Livraria Cruz, Braga 1946.
COSTA, ROVÍLIO E LUÍS A. DE BONI, *Os Capuchinhos do Rio Grande do Sul*, Est edições, Porto Alegre 1996.
COUTO, JORGE, *Portugal y la construcción de Brasil*, Editorial MAPFRE, Madrid 2007.
CRABTREE, ASA ROUTH, *História dos batistas do Brasil até o ano de 1906*, Casa Publicadora Batista, Rio de Janeiro 1937.
CROPANI ET ALII, ELIZABETH DE FIORI DI, *Nosso Século*, vol. I, Abril Cultural, São Paulo 1980.
CUNHA, MANUELA CARNEIRO DA, *Negros estrangeiros, os escravos libertos e sua volta para a África*, Brasiliense, São Paulo 1985.
D'ALBUQUERQUE, ARCI TENÓRIO, *A Maçonaria e as revoluções pernambucanas*, Gráfica Editora Aurora, Rio de Janeiro 1970.
DENIS, LÉON, *Cristianismo e espiritismo*, 17ª ed., Federação Espírita Brasileira, Brasília, 2014.
DONATO, HERNÂNI, *Dicionário das batalhas brasileiras*, Ibrasa, São Paulo 1987.
DONATO, HERNÂNI, *Brasil 5 séculos*, 2ª ed., Green Forest do Brasil Editora, São Paulo 2003.
DONISETE, LUÍS – BENZI GRUPIONI (ORG.), *Índios no Brasil*, Global Editora, São Paulo 1998.
DORNAS FILHO, JOÃO, *O Padroado e a Igreja brasileira*, Companhia Editora Nacional, São Paulo 1938.
DOYLE, ARTHUR CONAN, *História do espiritismo*, Editora Pensamento, São Paulo, SD.
DURÃO, JOSÉ DE SANTA RITA, *Caramuru*, Livraria Agir Editora, Rio de Janeiro 1957.
ECKART, ANSELMO, *Memórias de um jesuíta prisioneiro de Pombal*, Livraria A.I., Braga 1987.
EDMUNDO, LUIZ, *Recordações do Rio Antigo*, 2ª ed., Gráfica Elite, Rio de Janeiro 1956.
EDMUNDO, LUIZ, *A Corte de Dom João VI no Rio de Janeiro*, vol. III, 2ª ed., Gráfica Elite, Rio de Janeiro 1957.
EGAS, EUGÊNIO, *Galeria dos presidentes de São Paulo – período monárquico*, vol. I, Publicações Oficiais do Estado de São Paulo, São Paulo 1926.
ELLIS JÚNIOR, ALFRED, *Feijó e sua época*, Universidade de São Paulo, São Paulo 1940.
ENDRES, JOSÉ LOHR, *Catálogo dos Bispos, Gerais, Provinciais, Abades e mais cargos da Ordem de São Bento do Brasil (1582-1975)*, Editora Beneditina, Salvador 1976.
FARIA, CARLOS COELHO, *Vida e obra de Madre Teodora*, Gráfica Editora Bisordi, São Paulo SD.
FARIA, SHEILA DE CASTRO, *A colônia em movimento*, 2ª ed., Editora Nova Fronteira, Rio de Janeiro 1998.
FAUSTO ET ALII, BÓRIS, *O Brasil Republicano*, vol. II, 3ª ed., Difel, São Paulo 1985.

FAUSTO, BORIS, *Storia del Brasile*, Fabula, Cagliari 2010.
FERNANDES, ANTÔNIO PAULO CIRÍACO, *Missionários jesuítas no Brasil no tempo de Pombal*, Edição da Livraria do Globo, Porto Alegre 1936.
FERNANDES, CLÉLIA ALVES FIGUEIREDO, *Jackson de Figueiredo, uma trajetória apaixonada*, Forense Universitária, Rio de Janeiro 1989.
FERNANDO, JORGE, *O Aleijadinho*, Tecnoprint, Rio de Janeiro, 1967.
FERREIRA FILHO, ARTHUR, *História Geral do Rio Grande do Sul*, Editora Globo, Rio de Janeiro 1958.
FERREIRA, JÚLIO ANDRADE, *Galeria evangélica*, Casa Editora Presbiteriana, São Paulo 1952.
FERREIRA, JÚLIO ANDRADE, *História da Igreja Presbiteriana do Brasil*, vol. I, Casa Editora Presbiteriana, São Paulo 1992.
FIGUEIREDO, LUCIANO, *Rebeliões no Brasil colônia*, Jorge Zahar, Rio de Janeiro 2005.
FINZI, MARISA VITA, *Figlie di Paola, figlie della Chiesa*, Pubblicazioni della Curia Generalizia, Roma 2002.
FIRMO, OCTACIANO NOGUEIRA E JOÃO SERENO, *Parlamentares do Império*, Centro Gráfico do Senado Federal, Brasília 1973.
FLESCH, BENÍCIA, *Seguindo passo a passo a caminhada*, vol. I, 2ª ed., Editora Gráfica Metrópole, Porto Alegre SD.
FLUCK, MARLON RONALD, *Igreja Evangélica de Confissão Luterana no Brasil: início, missão e identidade*, Caleb, Curitiba 2005.
FONTOURA, EZEQUIAS GALVÃO DA, *Vida do Exmo. e Revmo. D. Antônio Joaquim de Melo*, Escola Tipográfica Salesiana, São Paulo 1898.
FORREST, ALAN, *La rivoluzione francese*, Isocietá Editrice Mulino, Bologna 1999.
FRAGOSO, AGUSTO TASSO, *Os franceses no Rio de Janeiro*, Biblioteca do Exército Editora, Rio de Janeiro, 2004.
FRANÇA, EURICO NOGUEIRA, *A música no Brasil*, Departamento de Imprensa Nacional, Rio de Janeiro 1953.
FREITAS, DÉCIO, *Palmares, a guerra dos escravos*, Edições Graal, Rio de Janeiro 1978.
FREITAS, DÉCIO, *Escravos e senhores de escravos*, Mercado Aberto, Porto Alegre 1983.
FREYRE, GILBERTO, *Casa grande e senzala*, 29ª ed., Record, Rio de Janeiro 1992.
FRIEIRO, EDUARDO, *O diabo na livraria do cônego*, Itatiaia, Belo Horizonte 1981.
FUGMANN, WILHELM, *Os alemães no Paraná*, Editora UEPG, Ponta Grossa 2010.
GABAGLIA, LAURITA PESSOA RAJA, *Epitácio Pessoa (1865-1942)*, Livraria José Olympio Editora, Rio de Janeiro 1951.
GABAGLIA, LAURITA PESSOA RAJA, *O Cardeal Leme*, Livraria José Olympio Editora, Rio de Janeiro 1962.
GALLAIS, ESTEVÃO MARIA, *O Apóstolo do Araguaia, frei Gil Vilanova* (editora não citada), Conceição do Araguaia 1942.
GAMA, JOSÉ BASÍLIO DA, *O Uraguai*, Régia Oficina Tipográfica, Lisboa 1769.
GIRALDI, LUIZ ANTÔNIO, *História da Bíblia no Brasil*, 2ª ed., Sociedade Bíblica do Brasil, São Paulo 2008.
GIRALDI, LUÍS ANTÔNIO, *A Bíblia no Brasil império*, Sociedade Bíblica do Brasil, São Paulo 2012.
GISMONDI, PEDRO CAMINADA, *Tentativa de uma pequena história da arte no Brasil*, Publicações Convívio, São Paulo 1964.
GUEDES, JOÃO ALFREDO LIBÂNIO – JOAQUIM RIBEIRO, *História administrativa do Brasil*, Editora Universidade de Brasília, Brasília 1983.

GUERRA, FLÁVIO, *A questão religiosa do Segundo Império brasileiro*, Irmãos Pongetti, Rio de Janeiro 1952.
GUIMARÃES, BERNARDO, *O seminarista*, B. L. Garnier, Rio de Janeiro 1872.
GUIMARÃES, FERNANDO, *Homem, Igreja e Sociedade no pensamento de Júlio Maria*, Editora Santuário, Aparecida 2001.
HAHN, CARL JOSEPH, *História do culto protestante no Brasil*, 2ª ed., ASTE, São Paulo 2011.
HASTENTEUFEL, ZENO, *Dom Feliciano na Igreja do Rio Grande do Sul*, Livraria Editora Acadêmica, Porto Alegre 1987.
HEMMING, JOHN, *O ouro vermelho. A conquista dos índios brasileiros*, Editora da Universidade de São Paulo, São Paulo 2007.
HOLANDA, SÉRGIO BUARQUE DE, *História geral da civilização brasileira*, vol. I, BCD União de Editoras, Rio de Janeiro 1997.
HOLANDA, SÉRGIO BUARQUE DE, *O Brasil monárquico*, 4ª ed., Difel, São Paulo 1985.
HOLANDA, SÉRGIO BUARQUE DE, *Raízes do Brasil*, 26ª ed., Companhia das Letras, São Paulo 2002.
HORTAL, JESÚS, *E haverá um só rebanho*, Edições Loyola, São Paulo 1989.
HUCKELMANN ET ALII, TEODORO, *Dom Vital in memoriam*, Companhia Editora de Pernambuco, Recife 1979.
HUCKELMANN, THEODORO, *Dom Francisco Cardoso Aires*, Universidade Federal de Pernambuco, Recife 1970.
IMBERT (ORG.), JOSÉ ESCUDERO, *Historia de la evangelización de América*, Libreria Editrice Vaticana, Ciudad del Vaticano 1992.
JARAMILLO, ROBERTO, *Los Agustinos en America Latina*, Centro de Estudios Teológicos de la Amazonia, Iquitos 1987.
JEDIN, HUBERT, *Stória della Chiesa*, vols. VI e IX, Jaca Book, Milano 2001.
KENNEDY, JAMES LILLBOURNE, *Cincoenta annos de methodismo no Brasil*, Imprensa Metodista, São Paulo 1928.
KLOPPENBURG, BOAVENTURA, *Espiritismo. Orientação para os católicos*, Edições Loyola, São Paulo, 1993.
KLUG, JOÃO, *Imigração e luteranismo em Santa Catarina*, Papa Livro Editora, Florianópolis 1994.
LANDO, ALDAIR MARLI – ELIANE CRUXÉN BARROS, *A colonização alemã no Rio Grande do Sul*, Editora Movimento, Porto Alegre 1976.
LEITE, AURELIANO, *História da civilização paulista*, Livraria Martins Editora, São Paulo 1946.
LEITE, SERAFIM, *História da companhia de Jesus no Brasil*, tomos I e VII, Livraria Portugalia, Lisboa 1938/1949.
LEITE, SERAFIM, *Novas páginas de história do Brasil*, Companhia Editora Nacional, São Paulo 1965.
LEMOS, JERÔNIMO, *Dom Pedro Maria de Lacerda, último bispo do Rio de Janeiro no Império (1868-1890)*, Edições Lumen Christi, Rio de Janeiro 1985.
LÉONARD, ÉMILE GUILLAUME, *O Protestantismo no Brasil*, ASTE, São Paulo 1963.
LIMA, HEITOR FERREIRA, *Perfil político de Silva Jardim*, Companhia Editora Nacional, São Paulo 1987.
LIMA, HERMES, *Tobias Barreto*, Companhia Editora Nacional, São Paulo 1939.
LIMA, MANUEL DE OLIVEIRA, *Formación Histórica de la nacionalidad brasileña*, Editorial América, Madrid 1918.
LIMA, MANOEL DE OLIVEIRA, *O Império brasileiro*, 2ª ed., Edições Melhoramentos, São Paulo SD.
LIMA, MARGARIDA PINHEIRO E NELI DO SANTO DEUS, *Irmã Francisca Pia*, Loyola, São Paulo 1993.

Lima, Maurílio César de, *Breve história da Igreja no Brasil*, Loyola, São Paulo 2004.
Lopes, Maria Antonieta Borges e Mônica M. Teixeira Vale Bichuette, *Dominicanas: cem anos de missão no Brasil*, Editora Vitória, Curitiba 1986.
Lorentz, Leônidas, *Teófilo Otoni no tribunal na história*, Editora Luna, Rio de Janeiro 1981.
Lyra, Heitor, *História de Dom Pedro II*, vol. II, Companhia Editora Nacional, São Paulo 1939.
Lyra, Heitor, *História da queda do Império*, tomo I, Companhia Editora Nacional, São Paulo 1964.
Lugon, Clóvis, *La Repubblica guaranica dei Gesuiti (1610-1768)*, Edtirce A.V.E, Roma 1976.
Luna, Joaquim Grangeiro de, *Os monges Beneditinos no Brasil*, Edições Lumen Christi, Rio de Janeiro 1947.
Luna, Lino do Monte Carmelo, *Memória histórica e biográfica do clero pernambucano*, Tipografia de F. C. De Lemos e Silva, Recife 1857.
Lyra, Heitor, *História de Dom Pedro II*, vol. II, Companhia Editora Nacional, São Paulo 1939.
Lyra, Heitor, *História da queda do Império*, tomo I, Companhia Editora Nacional, São Paulo 1964.
McBrien, Richard P., *Os Papas de São Pedro a João Paulo II*, Loyola, São Paulo 2000.
Machado Filho, Aires da Mata, *O negro no garimpo em Minas Gerais*, Itatiaia, Belo Horizonte 1985.
Maestri, Mario, *Lo schiavo coloniale*, Sellerio Editore, Palermo 1989.
Magalhães, Bruno de Almeida, *O Visconde de Abaeté*, Companhia Editora Nacional, São Paulo 1939.
Magalhães Júnior, Raimundo, *Deodoro, a espada contra o Império*, vol. I, Companhia Editora Nacional, São Paulo 1957.
Magalhães Júnior, Raimundo, *Rui, o homem e o mito*, 3ª ed., Civilização Brasileira, Rio de Janeiro 1979.
Magalhães, Walter, *Pastores da Bahia*, SNT 2001.
Maia, Pedro Américo, *Crônica dos Jesuítas do Brasil centro-leste*, Loyola, São Paulo 1991.
Maia, Pedro Américo, *O Apostolado da Oração no Brasil (1871-1993)*, Loyola, São Paulo 1994.
Mainwaring, Scott, *Igreja Católica e política no Brasil*, Brasiliense, São Paulo 1995.
Marcigaglia, Luiz, *Os Salesianos no Brasil*, Escolas Profissionais Salesianas, São Paulo 1955.
Mariz, Vasco, *Historia de la música en Brasil*, Centro de Estúdios Brasileños, Lima 1985.
Mariz, Vasco – Lucien Provençal, *Villegagnon e a França Antártica. Uma reavalição*, Nova Fronteira, Rio de Janeiro, 2000.
Martina, Giacomo, *Storia della Chiesa*, vol. 2, Morcelliana, Brescia 1994.
Martins, Joaquim Dias, *Os mártires pernambucanos vítimas da liberdade nas duas revoluções de 1710 e 1817*, Tipografia de F. C. de Lemos e Silva, Pernambuco 1853.
Mascarenhas, Nelson lage, *Um jornalista do Império*, Companhia Editora Nacional, São Paulo 1961.
Matos, Aderi Souza de, *Os pioneiros presbiterianos no Brasil (1859-1900)*, Editora Cultura Cristã, São Paulo 2004.
Matos et alii, Eduardo Silveira, *Arte no Brasil*, Abril Cultural, São Paulo 1980.
Mauch, Cláudia – Naira Vasconcellos (Org.), *Os alemães no sul do Brasil. Cultura – etnicidade – história*, Editora da ULBRA, Canoas 1994.
Megale, Nilza Botelho, *112 invocações da Virgem Maria no Brasil,* Vozes, Petrópolis 1979.
Meira, Sílvio, *Teixeira de Freitas, o jurisconsulto do Império*, José Olympio Editora, Rio de Janeiro 1979.

MELO, AMÉRICO BRASILIENSE DE ALMEIDA E, *Lições de História Pátria*, Tipografia da Província, São Paulo 1876.

MELO, ANTÔNIO ALVES DE, *A evangelização no Brasil: dimensões teológicas e desafios pastorais, o debate teológico e eclesial (1952-1995)*, Editrice Pontificia Università Gregoriana, Roma 1996.

MELLO, JOSÉ ANTÔNIO GONSALVES DE, *Tempo dos flamengos*, 2ª ed., Secretaria de Educação e Cultura de Pernambuco, Recife 1978.

MENDES JÚNIOR, ANTÔNIO E RICARDO MARANHÃO, *República Velha*, Hucitec, São Paulo 1989.

MENDONÇA, ANTÔNIO GOUVÊA DE, *O celeste porvir*, Edições Paulinas, São Paulo 1984.

MENEZES, JOSÉ RAFAEL DE, *Jackson de Figueiredo*, Agir, Rio de Janeiro 1958.

MESSINA, PLÁCIDO DE, *Trabalhos apostólicos dos missionários Capuchinhos italianos da Província de Messina no Império do Brasil*, vol. I, M. F. de Faria, Recife 1846.

MEZZADRI, LUIGI– PAOLA VISMARA, *La Chiesa tra Rinascimento e Illuminismo*, Città Nuova, Roma 2006.

MOORE, ROBERTO CECIL, *Los evangélicos en marcha... en América Latina*, Editoriales Evangélicas Bautistas, Santiago 1959.

MORAIS ET ALII, ZÉLIA REZENDE, *Dominicanas de Monteils – Província Nossa Senhora do Rosário*, Gráfica Ferrari, São Paulo 1995.

MORAIS, EUGÊNIO VILHENA DE, *O Gabinete de Caxias e a anistia aos bispos na "questão religiosa"*, F. Brugiet & Cia, Rio de Janeiro 1930.

MORALES (COORD.), FRANCISCO, *Franciscanos en América*, Conferência Franciscana de Santa Maria de Guadalupe, México 1993, p. 442.

MOREL, MARCO, *Frei Caneca: entre Marília e a pátria*, FGV Editora, Rio de Janeiro 2000.

MOURA, LAÉRCIO DIAS DE, *A educação católica no Brasil*, Loyola, São Paulo 2000.

NABUCO, CAROLINA, *A vida de Joaquim Nabuco*, Companhia Editora Nacional, São Paulo 1928.

NAPOLEÃO, ALUISIO, *O segundo Rio Branco*, Editora A Noite, Rio de Janeiro 1941.

NARLOCH, LEANDRO, *Guia politicamente incorreto da história do Brasil*, 2ª ed., Leya, São Paulo 2011.

NICOULIN, MARTIN, *A gênese de Nova Friburgo*, Fundação Biblioteca Nacional, Rio de Janeiro 1995.

OLIVEIRA, ALÍPIO ORDIER, *Traços biográficos de Dom Silvério Gomes Pimenta*, Escolas Profissionais Salesianas, São Paulo 1940.

OLIVEIRA, BETTY ANTUNES DE, *Centelha em restolho seco: uma contribuição para a história dos primórdios do trabalho batista no Brasil*, Vida Nova, São Paulo 2005.

OLIVEIRA, JOSÉ TEIXEIRA, *Dicionário brasileiro de datas históricas*, 2ª ed., Departamento de Imprensa Nacional, Rio de Janeiro 1950.

OLIVEIRA, LÚCIA LIPPI, *A questão nacional da Primeira República*, Editora Brasiliense, São Paulo 1990.

OLIVEIRA, MIGUEL DE, *História Eclesiástica de Portugal*, 2ª ed., Publicações Europa-América, Mira-Sintra 2001.

OLIVEIRA, JOSÉ TORRES DE, *Anchieta e a pacificação dos índios*, Duprat, São Paulo 1933.

OLIVEIRA, RAMOS DE, *O conflito religioso-maçônico de 1872*, Vozes, Petrópolis 1952.

OLÍVOLA, FÉLIX, *Dom Frei Vital Gonçalves de Oliveira*, Escola Industrial Dom Bosco, Niterói 1944.

ORICO, OSVALDO, *O demônio da regência*, Companhia Editora Nacional, São Paulo 1930.

PACE, CARLO, *Resumo histórico da maçonaria no Brasil*, Companhia Tipográfica do Brasil, Rio de Janeiro 1896.

PAGANO, SEBASTIANO, *O Conde dos Arcos e a revolução de 1817*, Companhia Editora Nacional, São Paulo 1938.

PASCHINI ET ALII, PIO, *Enciclopedia Cattolica*, vol. VIII, Casa Editrice G. C. Sansoni, Firenze 1952.

PALACIOS, SILVIO E ENA ZOFFOLI, *Gloria y tragedia de las misiones guaranies*, Ediciones Mensajero, Bilbao 1991.

PALAZZOLO, JACINTO, *Crônica dos capuchinhos do Rio de Janeiro*, Vozes, Petrópolis 1966.

PALAZZOLO, JACINTO, *Nas selvas dos vales do Mucuri e do Rio Doce*, Companhia Editora Nacional, São Paulo 1973.

PEREIRA, FRANCISCO DE ASSIS, *Protomártires do Brasil*, Departamento Estadual de Imprensa, Natal 1999.

PEREIRA, JOSÉ DOS REIS, *História dos Batistas no Brasil*, Junta de Educação Religiosa e Publicações (JUERP), Rio de Janeiro 1985.

PEREIRA, NILO, *Conflito entre a Igreja e o Estado no Brasil*, Imprensa Universitária, Recife 1966.

PEREIRA, SERAFIM JOSÉ, *Missionários Capuchinhos nas antigas catequeses indígenas e nas sedes do Rio de Janeiro, Espírito Santo e leste de Minas*, Editora Vozes, Petrópolis 1998.

PERES, DAMIÃO, *História de Portugal*, vol. VI, Portucalense Editora, Barcelos 1934.

PIAZZA, WALTER F., *A Igreja em Santa Catarina, notas para sua história*, Edição do Governo do Estado de Santa Catarina, Florianópolis 1977.

PIMENTA, SILVÉRIO GOMES, *Dom Antônio Ferreira Viçoso*, Tipografia Arquiepiscopal, Mariana 1920.

PINHEIRO, JOAQUIM CAETANO FERNANDES, *Apontamentos religiosos*, Tipografia do Diário de A. & L. Navarro, Rio de Janeiro 1854.

PINHEIRO, JOAQUIM CAETANO FERNANDES, *Estudos históricos*, 2ª ed., Livraria Editora Cátedra, Rio de Janeiro 1980.

PINHEIRO, JOSÉ FELICIANO FERNANDES, *Anais da Província de São Pedro*, 4ª ed., Vozes, Petrópolis 1978.

PIRES, HELIODORO, *A paisagem espiritual do Brasil no século XVIII*, São Paulo Editora Ltda., São Paulo 1937.

PIRES, HELIODORO, *Temas de história eclesiástica do Brasil*, São Paulo Editora, São Paulo 1946.

PONTIFÍCIA COMMISSIO PRO AMÉRICA LATINA, *História da evangelização da América*, Libreria Editrice Vaticana, Città del Vaticano 2000.

PONTIFÍCIA COMISSIO PRO AMERICA LATINA, *Os últimos cem anos de evangelização na América Latina*, Libreria Editrice Vaticana, Città del Vaticano 2000.

PORTA, PAULA (ORG.), *História da cidade de São Paulo, a cidade colonial*, Editora Paz e Terra, São Paulo 2004.

PORTO, AURÉLIO, *História das missões orientais do Uruguai*, Imprensa Nacional, Rio de Janeiro 1943.

POUPARD, PAUL (DIR.), *Dizionario delle religioni*, vol.4, Mondadori, Milano 2007.

PRIEN, HANS-JÜRGEN, *La historia del cristianismo en América latina*, Ediciones Sígueme, Salamanca 1985.

PRIMÉRIO, FIDÉLIS MOTA DE, *Capuchinhos em terras de Santa Cruz*, Cruzeiro do Sul, São Paulo 1956.

PRIORE, MARY DEL, *Do outro lado. A história do sobrenatural e do espiritismo*, Editora Planeta do Brasil Ltda., São Paulo 2014.

QUINTAS, AMARO, *A revolução de 1817*, 2ª ed., José Olympio Editora, Rio de Janeiro 1985.

RAMOS, ARTUR, *A aculturação negra no Brasil*, Companhia Editora Nacional, São Paulo 1942.

Reis, Arthur César Ferreira, *A conquista espiritual da Amazônia*, Escolas Profissionais Salesianas, São Paulo 1941.
Reily, Duncan Alexander, *História documental do Protestantismo no Brasil*, 3ª ed., ASTE [Associação de Seminários Teológicos Evangélicos], São Paulo 2003.
Ribeiro, Boanerges, *Protestantismo no Brasil monárquico*, Pioneira, São Paulo 1973.
Ribeiro et alii, Maria Amélia Ferreira, *150 anos de presença das Filhas da caridade de São Vicente de Paulo no Brasil*, Artes Gráficas Formato, Belo Horizonte 1999.
Ribeiro, Maria Luísa Santos, *História da educação brasileira*, 17ª ed., Editora Autores Associados, Campinas 2001.
Richetti, Gentila, *História da aprovação da Congregação das Irmãs do Imaculado Coração de Maria e "aggiornamento"*, Estudos Preparatórios da Cúria Generalizia à causa da beatificação da Madre Fundadora Maria Bárbara da Santíssima Trindade, Roma 2002.
Rio Branco, Barão do, *História do Brasil*, Conselho Estadual de Cultura, São Paulo SD.
Rio Branco, Barão do, *Efemérides brasileiras*, Imprensa Nacional, Rio de Janeiro 1956.
Rio, Marie-Benedicte, *Storia e Spiritualità delle Orsoline*, Pubblicazioni della Casa Generalizia OSU, Roma 1989/90.
Rockenbach, Sílvio Aloysio– Hilda Agnes Hübner Flores, *Imigração alemã. História e cultura*, CORAE, Porto Alegre 2004.
Rodrigues, José Carlos, *Ideias filosóficas e políticas em Minas Gerais no século XIX*, Itatiaia, Belo Horizonte 1986.
Rodrigues, José Honório, *A assembleia constituinte de 1823*, Vozes, Petrópolis 1974.
Rodrigues, José Honório, *História da história do Brasil*, 2ª ed., Companhia Editora Nacional, São Paulo 1979.
Rodrigues, Manuel Augusto, *A universidade de Coimbra e os seus reitores – para uma história da instituição*, Imprensa de Coimbra e Simão Guimarães filhos Ltda., Coimbra 1990.
Rodrigues, Pero, *Vida do Padre José de Anchieta SJ*, Edições Loyola, São Paulo 1981.
Rossi, Agnelo, *Diretório Protestante do Brasil*, Tipografia Paulista, Campinas 1938.
Röwer, Basílio, *História da Província Franciscana da Imaculada Conceição do Brasil*, Vozes, Petrópolis 1951.
Rubens, Carlos, *Pequena história das artes plásticas no Brasil*, Companhia Editora Nacional, São Paulo 1941.
Rubert, Arlindo, *A Igreja no Brasil*, vol. I-II, IV, Livraria Editora Palloti, Santa Maria 1981.
Saint-Adolphe, J. C. R. Milliet de, *Diccionario geographico, historico e descriptivo, do imperio do Brazil*, vol. 2, Casa de J. P. Ailaud, Paris 1845.
Salvador, José Gonçalves, *História do Metodismo no Brasil*, Imprensa Metodista, São Paulo 1982.
Samoral (Coord.), Manuel Lucena, *Historia de Iberoamerica*, tomo II, 4ª ed., Cátedra, Madrid 2008.
Santos et alii, Joel Rufino dos, *História nova do Brasil*, vol. IV, Brasiliense, São Paulo 1964.
Santos, Manoel Isaú Souza Ponciano, *Luz e sombras*, Salesianas, São Paulo 2000.
Scherer, Michael Emílio, *Frei Domingos da Transfiguração Machado*, Edições Lumen Christi, Rio de Janeiro 1980.
Schubert, Guilherme, *A província eclesiástica do Rio de Janeiro*, Livraria Agir Editora, Rio de Janeiro 1948.
Serrano, Jônathas – Marcílio Lacerda, *Um vulto de 1817*, Livraria J. Leite, Rio de Janeiro SD.
Serrão, Joaquim Veríssimo, *História de Portugal*, vol. VI, Editorial Verbo, Lisboa 1982.
Sganzerla, Alfredo, *A presença do frei Mariano de Bagnaia na Igreja do Mato Grosso no século XIX*, Gráfica Rui Barbosa, Campo Grande 1992.

SILVA, ANTENOR DE ANDRADE, *Os Salesianos e a educação na Bahia e em Sergipe – Brasil, 1897-1970*, Tipografia Abigraf, Roma 2000.
SILVA, HÉLIO, *Deodoro da Fonseca*, Editora Três, São Paulo 1983.
SILVA, MANOEL ALTENFELDER, *Brasileiros heróis da fé*, Tipografias Salesianas do Liceu Sagrado Coração de Jesus, São Paulo 1928.
SILVA NETO, BELCHIOR JOAQUIM DA, *Dom Viçoso, Apóstolo de Minas*, Imprensa Oficial, Belo Horizonte 1965.
SILVA, VAGNER GONÇALVES DA, *Candomblé e Umbanda, Caminhos da devoção brasileira*, Ática, São Paulo 1994.
SMET, JOACHIM, *I Carmelitani*, vol. II, Institutum Carmelitanum, Roma 1990.
SOARES, TEIXEIRA, *História da formação das fronteiras do Brasil*, Conquista, Rio de Janeiro 1975.
SODRÉ, NELSON WERNECK, *Panorama no Segundo Império*, Companhia Editora Nacional, São Paulo 1939.
SODRÉ, NELSON WERNECK, *História da imprensa no Brasil*, 4ª ed., MAUD Editora Ltda., Rio de Janeiro 1999.
SODRÉ, RUI DE AZEVEDO, *Evolução do sentimento religioso de Rui Barbosa*, Gráfica Sangirard, São Paulo 1975.
SOMMARIVA, TERESA E MARIA MARGUERITE MASYN, *Memórias acerca da venerável Serva de Deus Paula Frassinetti e do Instituto por ela fundado*, Gráfica Almondina, Torres Novas 1998.
SOUTO MAIOR, ARMANDO, *Quebra-quilos*, Companhia Editora Nacional, São Paulo 1978.
SOUZA, JOAQUIM SILVÉRIO DE, *Vida de Dom Silvério Gomes Pimenta*, Escolas Profissionais do Liceu Sagrado Coração de Jesus, São Paulo 1927.
SOUZA, JOSÉ EVANGELISTA DE, *Província Brasileira da Congregação da Missão*, Santa Clara, Contagem 1999.
SOUZA, LAURA DE MELO E, *O diabo e a terra de Santa Cruz*, Schwarcz, São Paulo 1987.
SOUZA ET ALII, NEY DE, *São Paulo, o Apóstolo e a cidade*, Imprensa Oficial do Estado de São Paulo 2009.
SOUZA, OTÁVIO TARQUÍNIO DE, *Bernardo Pereira de Vasconcelos e seu tempo*, José Olympio Editora, Rio de Janeiro 1937.
SOUZA, OTÁVIO TARQUÍNIO DE, *Diogo Antônio Feijó*, Itatiaia, Belo Horizonte 1988.
SOUZA, OTÁVIO TARQUÍNIO DE, *A vida de Dom Pedro I*, vol. II, Itatiaia, Belo Horizonte 1988.
TALASSI, LUIZ, *A doutrina do Pe. Feijó e suas relações com a Sé Apostólica*, Oficinas da Empresa Gráfica da Revista dos Tribunais, São Paulo 1954.
TAUNAY, AFONSO D'ESCRAGNOLLE, *História da cidade de São Paulo*, Edições Melhoramentos, São Paulo 1953.
TAUNAY, AFONSO D'ESCRAGNOLLE, *A Missão artística francesa de 1816*, Publicações da Diretoria do Patrimônio Histórico e Artístico Nacional, Rio de Janeiro 1956.
TAVARES, FRANCISCO MUNIZ, *História da Revolução de Pernambuco em 1817*, Imprensa Industrial, Recife 1917.
TERRA, JOÃO EVANGELISTA MARTINS, *O negro e a Igreja*, Loyola, São Paulo 1984.
TERRA, JOÃO EVANGELISTA MARTINS, *Catequese dos índios e negros no Brasil colonial*, Editora Santuário, Aparecida 2000.
TORRES, JOÃO CAMILO DE OLIVEIRA, *Interpretação da realidade brasileira*, José Olympio Editora, Rio de Janeiro SD.
TORRES, JOÃO CAMILO DE OLIVEIRA, *O Positivismo no Brasil*, Vozes, Petrópolis 1957.
TORRES, JOÃO CAMILO DE OLIVEIRA, *História das ideias religiosas no Brasil*, Editorial Grijalbo, São Paulo 1968.

TRENTO, ALDO, *Il paradiso in Paraguay*, Casa Editrice Marietti, Gênova 2006.
TRINDADE, RAIMUNDO, *Arquidiocese de Mariana – subsídios para a sua história*, vol. I, Escolas Profissionais Salesianas do Liceu Coração de Jesus, São Paulo 1928.
VAINFAS, RONALDO, *Dicionário do Brasil colonial (1500-1808)*, Editora Objetiva Ltda., Rio de Janeiro 2000.
VAINFAS ET ALII, RONALDO, *Dicionário do Brasil imperial (1822-1889)*, Editora Objetiva Ltda., Rio de Janeiro 2002.
VANGEL, GERALDO, *Resumo Histórico da Congregação das Religiosas do Sagrado Coração de Jesus*, SNT, Olinda 1992.
VARNHAGEN, FRANCISCO ADOLFO DE, *História geral do Brasil*, tomo II, E. H. e Laemmert, Rio de Janeiro 1857.
VARNHAGEN, FRANCISCO ADOLFO, *História das lutas com os holandeses no Brasil desde 1624 a 1654*, Edições Cultura, São Paulo 1943.
VEIGA, EUGÊNIO DE ANDRADE, *Os párocos no Brasil no período colonial*, Universidade Católica de Salvador, Salvador 1977.
VELHO SOBRINHO, JOÃO FRANCISCO, *Dicionário biobibliográfico brasileiro*, Gráfica Irmãos Pongetti, Rio de Janeiro 1937.
VERGER, PIERRE, *Orixás, deuses yorubas na África e no Novo Mundo*, 6ª ed., Corrupio, Salvador 2002.
VIANA FILHO, LUÍS, *Rui & Nabuco*, José Olympio Editora, Rio de Janeiro 1949.
VIANNA, HÉLIO, *Estudos de história imperial*, C. Ed. Nacional, São Paulo 1950.
VIANNA, HÉLIO, *História do Brasil*, 12ª ed., Edições Melhoramentos, São Paulo 1975.
VIEIRA, DAVID GUEIROS, *O protestantismo, a maçonaria e a questão religiosa no Brasil*, 2ª ed., Editora Universidade de Brasília, Brasília 1980.
VILLAÇA, ANTÔNIO CARLOS, *História da questão religiosa no Brasil*, Imago Editora, Rio de Janeiro 1976.
VIOTTI, HÉLIO ABRANCHES, *Anchieta: o Apóstolo do Brasil*, Edições Loyola, São Paulo 1966.
VOLNEY, JOSÉ BERKENBROCK, *A experiência dos orixás*, Vozes, Petrópolis 1997.
WANTUIL, ZÊUS, *Grandes espíritas do Brasil*, 4ª ed., Federação Espírita Brasileira, Rio de Janeiro 2002.
WENNINK, HENRIQUE, *Os Espiritanos no Brasil*, Promoção da Boa Família Editora, Belo Horizonte 1985.
WERNET, AUGUSTIN, *A Igreja paulista no século XIX*, Ática, São Paulo 1987.
WERNET, AUGUSTIN, *Os Redentoristas no Brasil*, vol. I, Editora Santuário, Aparecida 1996.
WILLEKE, VENÂNCIO, *Franciscanos na história do Brasil*, Editora Vozes, Petrópolis 1977.
WILLEKE, VENÂNCIO, *Franciscanos no Maranhão e Piauí*, Editora Vozes, Petrópolis 1978.
WIRTH, JOHN DAVIS, *Minas Gerais, o fiel da balança*, Paz e Terra, Rio de Janeiro 1982.
WIZNITZER, ARNOLD, *Os judeus no Brasil colonial*, Pioneira Editora, São Paulo 1966.
ZAGONEL, CARLOS ALBINO, *Igreja e imigração italiana*, Tipografia e Editora La Salle, Porto Alegre 1975.
ZAGONEL ET ALII, CARLOS ALBINO, *Capuchinhos no Brasil*, Edições Est, Porto Alegre 2001.
ZICO, JOSÉ TOBIAS, *Caraça: ex-alunos e visitantes*, Editora São Vicente, Belo Horizonte 1979.
ZICO, JOSÉ TOBIAS, *Congregação da Missão no Brasil*, Lithera Maciel Editora Gráfica, Belo Horizonte 2000.
ZWERLING, URI, *Os judeus na história do Brasil*, Outras Letras, Rio de Janeiro 2013.

2.2 – ARTIGOS E SIMILARES

A.I, (artigo sem título), em: *O Carijó* (29-3-1833), n. 45, T. Fluminense 1833.
A.I., (artigo sem título), em: *O Par de Tetas* (17-4-1833), R. Ogier, Rio de Janeiro 1833.
A.I., "Círculo dos Beneditinos", em: *Boletim do Grande Oriente do Brasil*, n. 4 (março), Tipografia do Grande Oriente e da Luz, Rio de Janeiro 1872.
ALVES, JOSÉ PEREIRA, "Os Papas na história do Brasil", em: *Jornal do Comércio* (25-12-1929).
ASSUNÇÃO, MOACIR, "Os herdeiros de Chico rei", em: *revista Isto é*, n. 1494, Editora Três, São Paulo 20-5-1998.
CASTRO, EMÍLIO SILVA, "A Ordem das Mercês no Brasil (1639-1965)", em: *Analecta Mercedária*, Tipografia Dom Bosco, Roma 1993.
CAVALCANTI, MANOEL TAVARES, "Relações entre o Estado e a Igreja", em: *RIHGB* (tomo especial – 1922), vol. VI, Imprensa Nacional, Rio de Janeiro 1928.
ESPÍRITO SANTO, ARNALDO, "Monita Secreta: uma mistificação que resiste", em: *Brotéria*, n. 1, vol. 156, Oficinas Gráficas de Barbosa e Xavier, Braga 2003.
CAVALCANTI, MANOEL TAVARES, "Relações entre o Estado e a Igreja", em: *Revista do Instituto Histórico e Geográfico Brasileiro*, (tomo especial – 1922), vol. VI, Imprensa Nacional, Rio de Janeiro 1928.
CASCUDO, LUIZ DA CÂMARA, "Um amigo de Dom Vital", em: *A Ordem*, vol. XVI, Centro Dom Vital, Rio de Janeiro 1936.
GRANDE ORIENTE DO LAVRADIO, "Sessão extraordinária n. 686 (16-4-1872), em: *Boletim do Grande Oriente do Brasil*, n. 6 (maio), Tipografia do Grande Oriente e da Luz, Rio de Janeiro 1872.
GRANDE ORIENTE DO LAVRADIO, "O Grande Oriente Unido do Brasil", em: *Boletim do Grande Oriente do Brasil*, n. 7 (junho), Tipografia do Grande Oriente Unido do Brasil, Rio de Janeiro 1872.
GUIMARÃES, FRANCISCO PINHEIRO, "Discurso na assembleia provincial legislativa", em: *Jornal do Comércio*, n. 330, Tipografia do Jornal, Rio de Janeiro 28-11-1864.
LASAGNA, LUIGI, "Lettera brasiliana", em: *Bolletino Salesiano* (agosto 1882), n. 8, Scuola Tipografia Salesiana, Torino 1882.
LIMA, MAURÍLIO CÉSAR DE, *O Padre Diogo Antônio Feijó – o sacerdote regalista* (opúsculo não impresso), Rio de Janeiro 1990.
MADUREIRA, JOSÉ MANUEL DE, "A Companhia de Jesus", em: *Revista do Instituto Histórico Geográfico Brasileiro*, vol. IV, Imprensa Nacional, Rio de Janeiro 1927.
NÓBREGA, APOLÔNIO, "Dioceses e bispos do Brasil", em: *RIHGB*, vol. 222, Departamento de Imprensa Nacional, Rio de Janeiro 1954.
PEREIRA, EPONINA DA CONCEIÇÃO, "Commemorazione del 150° anniversario dell'arrivo delle Figlie della Carità in Brasile", em: *Echi della Compagnia*, n. 6, Officine Grafiche Napolitane, Napoli 2000.
PINHEIRO, JOAQUIM CAETANO FERNANDES, "O Cônego Luís Gonçalves dos Santos", em: *Revista do Instituto Histórico Geográfico Brasileiro*, tomo XXV, Tipografia de D. Luís dos Santos, Rio de Janeiro 1862.
PINHEIRO, JOAQUIM CAETANO FERNANDES, "Os padres do patrocínio ou o Porto Real de Itu", em: *RIHGB*, tomo XXXIII, Rio de Janeiro 1870.
SILVA ET ALII, FRANCISCO DE LIMA E, *Proclamação* (página única), SNT, Rio de Janeiro 1833.
RODRIGUES, RAIMUNDO NINA, *Os africanos no Brasil*, Editora Universidade de Brasília, Brasília 1988.
RUBERT, ARLINDO, *Os bispos do Brasil no Concílio Vaticano I (1869-1870)*, em: *REB*, vol. 29, fasc. 1, Vozes, Petrópolis 1969.

SCHMIDT, EUGÊNIO, "Rui Barbosa e o decreto de separação", em: *REB*, vol. 14, fasc. 2, Vozes, Petrópolis 1954.
SILVA, JOSÉ BONIFÁCIO DE ANDRADA E, (artigo sem título), em: *A Arca de Noé* (13-4-1833), Tipografia do Diário, Rio de Janeiro 1833.
SILVA, MARCOS, *Cristãos-novos no Nordeste: entre a assimilação e o retorno*, Editora UFS, São Cristóvão 2012.
SOUZA, JOAQUIM SILVÉRIO DE, "O Pe. João Gualberto Chanavat", em: *RIHGB*, parte 1, tomo LXII, Imprensa Nacional, Rio de Janeiro 1900.
TABORDA, ANDRÉ M. ARAÚJO E VALCYR J., "Estórias e lendas de São Paulo, Paraná e Santa Catarina", em: *Antologia ilustrada do folclore brasileiro*, tomo I, Gráfica e Editora Edigraf, São Paulo SD.
TIACCI ET ALII, ENNIO, "I Cappuccini umbri in Amazzonia", em: *Voci Serafica di Assisi*, n. 3-5, Todi 1985.
ZICO, JOSÉ TOBIAS, "Os Lazaristas do Caraça", em: *REB*, vol. 41, fasc. 163, Vozes, Petrópolis 1981.

ÍNDICE

Siglas e abreviaturas | 5
Apresentação | 7
Nota introdutória | 9

Capítulo 1
Implantação e desenvolvimento da Igreja
no sistema colonial brasileiro | 11

1.1 – Os primeiros tempos da ocupação do Brasil | 12

1.2 – O Catolicismo semilaical das origens | 14

1.3 – A organização da vida eclesiástica e regular na colônia | 16
    1.3.1 – As primeiras paróquias e a ereção do
           bispado de Salvador | 17
    1.3.2 – O protagonismo dos jesuítas | 19
    1.3.3 – O trabalho desenvolvido pelos frades franciscanos | 26
    1.3.4 – Os carmelitas | 29
    1.3.5 – A ação de outros religiosos na colônia | 30
    1.3.6 – A questão judaica e as visitações da Inquisição | 33

1.4 – A tentativa de estabelecimento dos calvinistas
       franceses no Rio de Janeiro | 37
    1.4.1 – O "caso" de Jean de Bolés | 42

1.5 – Os protestantes holandeses no nordeste do Brasil | 43

Capítulo 2
As estruturas eclesiásticas da colônia, a problemática
dos índios e dos negros e as manifestações artísticas | 51

2.1 – As dioceses da colônia e as Constituições primeiras
       do Arcebispado da Bahia | 53

2.2 – Os jesuítas e a complexidade da questão indígena | 56
    2.2.1 – A devastadora escravidão dos nativos | 57
    2.2.2 – As querelas maranhenses | 60
    2.2.3 – Os "Sete Povos das Missões" no sul do Brasil | 61

2.3 – A situação dos negros escravizados | 63

2.4 – O embrionário regalismo | 69

2.5 – A sociedade patriarcal e a piedade popular | 71
    2.5.1 – A força das irmandades religiosas | 72
    2.5.2 – Os clérigos da "casa grande" e
        os clérigos das paróquias | 73

2.6 – A Igreja e a cultura barroca brasileira | 75
    2.6.1 – Os mestres mestiços da arquitetura e da escultura | 76
    2.6.2 – A música | 78
        2.6.2.1 – A música barroca de Minas Gerais | 79
        2.6.2.2 – A música barroca do Rio de Janeiro | 80
    2.6.3 – O ocaso de uma arte | 82

Capítulo 3
A Igreja lusófona sob a tutela do "pombalismo" | 85

3.1 – A implantação do projeto "pombalino" | 87
    3.1.1 – O confronto com os missionários no sul do Brasil | 88
    3.1.2 – A expulsão da companhia de Jesus das
        missões do norte e do Maranhão | 93
    3.1.3 – Os jesuítas sob intervenção e o "caso Malagrida" | 96
    3.1.4 – O atentado contra Dom José I e o início
        do encarceramento dos jesuítas | 101
    3.1.5 – O alvará de expulsão de 1759 | 102

3.2 – Apogeu e queda do pombalismo: sua herança histórica | 106
    3.2.1 – O início do antijesuitismo "oficial" | 109
    3.2.2 – A literatura pombalina | 111

3.2.3 – O "pombalismo" no período do
   seu máximo triunfo | 117
3.2.4 – O crepúsculo de um homem, a preservação
   de uma Mentalidade | 127

3.3 – O desenvolvimento do regalismo no Brasil | 133
   3.3.1 – O conúbio entre clero regalista e maçonaria
      no nordeste do país | 135
   3.3.2 – A "Revolução dos Padres" de 1817 | 141
   3.3.3 – A "Confederação do Equador" e a figura
      de frei Caneca | 145
   3.3.4 – A dissidência nas dioceses de São Paulo e Rio | 146

3.4 – Os influxos indiretos do regalismo sobre
   a religiosidade popular | 149

Capítulo 4
O Império do Brasil e a continuidade jurisdicionalista | 155

4.1 – As limitações contidas na Constituição de 1824 | 159

4.2 – A imposição da versão imperial do padroado em 1827 | 163

4.3 – A sedimentação do aparato controlador do Estado | 168
   4.3.1 – As medidas contra os religiosos | 171
   4.3.2 – As investidas do padre Feijó contra o celibato
      e as restrições instituídas na última fase do
      governo de Dom Pedro I | 176
   4.3.3 – O estabelecimento de cultos protestantes | 181

4.4 – A problemática eclesial durante a regência (1831-1840) | 187
   4.4.1 – As novas polêmicas do padre Feijó | 190
   4.4.2 – A questão da vacância da diocese do Rio de Janeiro
      e o ostracismo final dos "dignitários" regalistas | 193
   4.4.3 – A segunda investida protestante | 205

4.5 – O segundo império: liberalismo político,
   tradicionalismo regalista (1840-1889) | 207

Capítulo 5
A implantação da reforma eclesial ultramontana | 213

5.1 – Os precursores de uma grande transformação | 214

5.2 – A dinâmica do processo renovador do clero | 221
    5.2.1 – A involuntária contribuição da política para a mudança | 224
    5.2.2 – A influência decisiva do Seminário São Sulpício e do Colégio Pio Latino-americano | 226
    5.2.3 – O fortalecimento gradual da novidade ultramontana | 229

5.3 – A ação da primeira geração de bispos francamente reformadores | 230
    5.3.1 – A atuação de Dom Viçoso em Mariana (1844-1875) | 232
    5.3.2 – As renovações de Dom Antônio Joaquim de Melo em São Paulo (1852-1861) | 237
    5.3.3 – Dom Feliciano: as inovações do primeiro bispo de Porto Alegre (1853-1858) | 244

5.4 – A segunda geração episcopal reformadora e seus expoentes | 245
    5.4.1 – O trabalho desenvolvido pelos prelados de São Paulo e do Rio de Janeiro | 246
    5.4.2 – Os jovens bispos de Olinda e os primeiros conflitos de grande repercussão | 248
    5.4.3 – As transformações na diocese de Belém do Pará | 254

5.5 – O predomínio ultramontano no episcopado | 256

Capítulo 6
Os novos rumos da vida religiosa e as originais opções do clero reformado | 257

6.1 – A supressão "branca" das antigas ordens "brasileiras" | 258
6.2 – Um caso muito particular: os capuchinhos | 263

6.3 – Os pioneiros da instauração de uma forma diversa
de vida religiosa no Brasil | 270
    6.3.1 – Os lazaristas | 272
    6.3.2 – O retorno dos jesuítas | 277
    6.3.3 – A fundação dominicana | 280
    6.3.4 – Os salesianos de Dom Bosco | 281

6.4 – A contribuição das congregações religiosas femininas | 285
    6.4.1 – Filhas da caridade | 286
    6.4.2 – Irmãs de São José de Chambéry | 289
    6.4.3 – Irmãs de Santa Doroteia de Frassinetti | 290
    6.4.4 – Irmãs franciscanas da penitência e da caridade cristã | 292
    6.4.5 – Dominicanas de Nossa Senhora do
Rosário de Monteils | 294
    6.4.6 – As congregações autóctones | 295

6.5 – O triunfo do novo modelo religioso e
as resistências enfrentadas | 300

6.6 – As diretrizes inovadoras do clero ultramontano | 304
    6.6.1 – O refluxo das "batinas liberais" e revolucionárias | 305
    6.6.2 – O início da normalização da piedade popular | 308
    6.6.3 – A opção abolicionista | 313

Capítulo 7
Igreja e Estado em tempos de tensão | 323

7.1 – A tentativa imperial de controlar os seminários diocesanos | 325

7.2 – O problema da residência dos bispos e
o revide do clero regalista | 327

7.3 – Os prenúncios da irrupção de uma crise | 330

7.4 – Uma Igreja dotada de nova autoconsciência
e seus efeitos práticos | 332

7.5 – A reação dos opositores do novo clero | 335

7.6 – A delimitação das diferenças entre dois modelos socioeclesiais | 340
    7.6.1 – O problema da colação dos párocos | 341

7.7 – O início das desavenças públicas com os membros das "grandes lojas" e a apologética maçônica | 344

Capítulo 8
Da tensão ao confronto: a questão religiosa | 349

8.1 – A querela nas vias de fato | 354

8.2 – A repercussão dos interditos e o recurso à Coroa apresentado em Recife | 360

8.3 – A solidariedade do episcopado e a explosão da violência anticlerical na capital pernambucana | 363

8.4 – Os incidentes de Belém | 365

8.5 – A militância anticlerical de Joaquim Nabuco e os pareceres jurídicos | 367

8.6 – A tenacidade dos prelados envolvidos e o subjacente conflito de mentalidades | 370

8.7 – As repercussões no parlamento | 376

8.8 – A configuração jurídica da pendência entre as partes | 379

8.9 – O conflito na sua segunda fase: penalidades e calúnias | 382
    8.9.1 – A prisão de Dom Vital e Dom Antônio | 387
    8.9.2 – O julgamento e condenação dos prelados | 395
    8.9.3 – As campanhas difamatórias subsequentes e o alargamento das penalidades e discussões | 401

8.10 – A reação popular e o surgimento do "Quebra-quilos" | 405

8.11 – A expulsão dos jesuítas de Pernambuco | 408

8.12 – As controvérsias no meio político e militância
         da imprensa confessional | 410
8.13 – A anistia dos implicados | 413

Capítulo 9
A Igreja na fase posterior ao conflito aberto | 417

9.1 – O imperante clima de suspeita e a morte de Dom Vital | 419
9.2 – Os remanescentes regalistas e a militância quase isolada
         de Joaquim do Monte Carmelo | 424
    9.2.1 – Rui Barbosa e a apropriação do conceito
              germânico "romanização" | 426
9.3 – As controvérsias pendentes após a anistia dos bispos | 430
    9.3.1 – O fortalecimento da apologética católica | 431
    9.3.2 – A tentativa de se formar um partido confessional | 432
    9.3.3 – O recrudescimento da proposta de um governo laico | 434

Capítulo 10
A gestação de uma nova realidade religiosa nacional | 445

10.1 – As peripécias do anglicanismo no Brasil | 448
10.2 – As evoluções internas do luteranismo | 449
10.3 – Robert Kalley e o começo
         da pregação congregacionalista | 451
10.4 – O proselitismo dos presbiterianos | 453
10.5 – A reimplantação dos metodistas | 456
10.6 – A chegada e desenvolvimento dos batistas | 458
10.7 – A controvertida postura cultural de certos reformados | 460
10.8 – O apoio de anticlericais ao protestantismo e
         as alterações legais em prol dos cultos acatólicos | 460
10.9 – O Catolicismo emancipado nos estertores do império | 464

Fontes e bibliografia | 469